Altes Wissen neu entdeckt

Altes Wissen neu entdeckt

Die besten Tipps von einst
für den Alltag von heute

Reader's Digest

Autoren
Monika Dreykorn, Monika Judä, Christina Zacker

Producing
MCS Schabert GmbH
Redaktion:
Dorothee Kern, Karin Prager
Fachlektorat:
Dr. med. Eberhard J. Wormer
Bildresearch: Interfoto
Layout:
Ute Konstanzer, Klaus Lutsch
Schlussredaktion:
Text to go, Stuttgart

Reader's Digest
Redaktion: Stephanie Winterkorn (Projektleitung), Anne Diener-Steinherr, Joachim Wahnschaffe
Grafik: Gabriele Stammer-Nowack, Peter Waitschies
Bildredaktion: Sabine Schumberger
prepress: Frank Bodenheimer

Redaktionsdirektor:
Michael Kallinger
Chefredakteurin Buch:
Dr. Renate Mangold
Art Director: Susanne Hauser

Produktion
arvato distribution: Thomas Kurz

Druckvorstufe
Meyle+Müller GmbH+Co. KG, Pforzheim

Druck und Binden
Livonia Print, Riga

Printed in Latvia

ISBN: 978-3-95619-223-4
GR 1723/IC

Besuchen Sie uns im Internet:
www.readersdigest.de
www.readersdigest.ch
www.readersdigest.at

Die Informationen und Ratschläge in diesem Buch wurden von den Autoren und vom Verlag sorgfältig erwogen und geprüft, dennoch kann eine Garantie nicht übernommen werden. Eine Haftung der Autoren bzw. des Verlags und seiner Beauftragten für Personen-, Sach- und Vermögensschäden ist ausgeschlossen.
Die in diesem Werk enthaltenen medizinischen Informationen sind kein Ersatz für eine ärztliche Diagnose und Behandlung. Der Verlag empfiehlt allen Patienten mit Krankheits- bzw. Schmerzsymptomen, sich an einen Arzt zu wenden.

Viele Hausmittel beruhen traditionell auf der Anwendung pflanzlicher oder tierischer Substanzen. Pflanzliche Mittel (Extrakt, Tinktur, ätherische Öle) können bei Menschen mit Allergieneigung oder atopischen Beschwerden (Asthma, Heuschnupfen, Ekzem) Immunreaktionen hervorrufen und sollten deshalb mit Vorsicht eingesetzt werden. Bei Kindern unter zwei Jahren sollte man vorsichtshalber auf die Anwendung ätherischer Öle pflanzlichen Ursprungs verzichten.

Preiswert, umweltschonend und trotzdem wirksam – das ist keineswegs eine Erfindung der neuesten Zeit. Schon unsere Großeltern haben auf diese Weise ihren Haushalt geführt und kannten für jedes kleinere oder größere Alltagsproblem die ideale Lösung. Damit auch Sie an diesem reichen Erfahrungsschatz teilhaben können, hat unsere Redaktion in der Schatzkiste des alten Wissens gestöbert und die besten Tipps und Ratschläge zu den sechs wichtigsten Bereichen des täglichen Lebens für Sie zusammengestellt: Gesundheit, Körperpflege, Küche, Haushalt, Wohnen und Garten.

Selbstverständlich wurden sämtliche Tipps für unseren heutigen Alltag aufbereitet, teilweise noch durch modernere Lösungen ergänzt und von Experten auf Unbedenklichkeit geprüft.

Die Kapitel sind wie ein Nachschlagewerk übersichtlich nach Stichworten von A–Z gegliedert und enthalten zahlreiche praktische Tipps und Tricks.

Überzeugen Sie sich selbst: Nicht die neuesten und teuersten Mittel sind die besten, sondern die bewährten und erprobten!

Die Redaktion

INHALT

Gesundheit

auf sanfte Art

In jedem Haushalt ist eine Fülle von Heilmitteln vorhanden. Viele Nahrungsmittel, die sich ohnehin im Vorrats- oder Kühlschrank befinden, sind in spezieller Rezeptur oder Anwendung eine wirkungsvolle Hilfe bei diversen Beschwerden. Aber auch sanfte Mittel aus der Natur führen ganz ohne Chemie und Nebenwirkungen zu rascher Besserung.

Akne

In bestimmten Lebensphasen, etwa in der Pubertät oder den Wechseljahren, bilden sich auf der Haut plötzlich Mitesser und Pickel. Ursache dafür ist die Hormonumstellung, die zu einer erhöhten Talgproduktion und verstopften Talgdrüsen führt. Aber auch manche Medikamente, Kosmetika oder zu viel UV-Licht können die lästige Akne auslösen.

PAPAYAMASKE

1 Eine Papaya schälen, die Kerne entfernen und das Fruchtfleisch pürieren.

2 2–3 EL Sahne unter das Fruchtpüree rühren.

3 Mus auf eine Kompresse auftragen, aufs Gesicht legen und 30 Minuten einwirken lassen.

4 Die gegen Pickel und Mitesser helfende Maske mit warmem Wasser abspülen.

Hausmittel

Leichte Formen von Akne lassen sich gut selbst behandeln. Oberstes Gebot dabei ist es, Mitesser und Pickel nicht auszudrücken, da unschöne Narben zurückbleiben können. Masken und Tinkturen mit natürlichen Wirkstoffen pflegen die Haut sanft und unterstützen den Heilungsprozess.

- 3 EL **Heilerde** mit so viel warmem Wasser verrühren, bis eine dickflüssige Paste entstanden ist. Beim Auftragen die Augenpartie großzügig aussparen. Nach 30 Minuten die Maske mit lauwarmem Wasser wieder gründlich entfernen. Die Heilerdemaske dreimal pro Woche anwenden.
- Ebenfalls sehr wirkungsvoll: 2 EL **Quark** und 1 EL **Honig** zu einer Maske verrühren und auf Gesicht, Hals und Dekolleté auftragen. Der Quark kühlt, der Honig desinfiziert entzündete Stellen. Nach etwa 30 Minuten mit lauwarmem Wasser entfernen. Dreimal wöchentlich anwenden.
- Mitesser und Pickel heilen schneller ab, wenn man sie mit **Teebaumöl** oder **Ringelblumentinktur** (im Verhältnis 1:4 mit Wasser verdünnt) betupft. Zum Auftragen verwendet man am besten ein Wattestäbchen.
- Frische **Spitzwegerichblätter** mit einem Entsafter auspressen oder wie zu Großmutters Zeit in einem Mörser zerreiben und den Saft mit einem Wattestäbchen auf die Mitesser und Pickel tupfen.

Eine Heilerdemaske befreit die Haut von Fett und Talg, entfernt abgestorbene Hautschuppen und sorgt für bessere Durchblutung.

- Täglich 1–2 Tassen **Brennnesseltee** trinken. Er wirkt blutreinigend und unterstützt den Heilungsprozess der Haut.
- Ein **Kamillendampfbad** (zweimal pro Woche) öffnet die Poren: Kamillenblüten mit kochendem Wasser übergießen und den Dampf 5 Minuten einwirken lassen.

Reinigung der Haut

- Seife ist für die Aknehaut zu aggressiv; **seifenfreie Waschlotions** mit einem an den Säureschutzmantel der Haut angepassten pH-Wert von 5,5 reinigen dagegen schonend.
- Fettige Haut und von Unreinheiten stark betroffene Partien zusätzlich (sparsam) mit einem **alkoholhaltigen Gesichtswasser** behandeln.

Atemwegserkrankungen

Umweltbelastungen, Stress und Rauchen, aber auch die Kälte und trockene Heizungsluft der Wintermonate setzen den Atemwegen zu. Die Natur hält viele Mittel bereit, die vor Asthma, Bronchitis oder Reizhusten schützen oder die Behandlung hilfreich begleiten können.

Asthma

Bei *Asthma bronchiale* ist die Bronchialschleimhaut entzündet und die Schleimproduktion stark vermehrt. Infektionen, Allergien, Stress, Angst, aber auch Reize wie Staub, Rauch oder Kälte können lebensgefährliche Asthmaanfälle auslösen. Asthma muss unbedingt ärztlich behandelt werden. Wer gesund lebt, stärkt seine Atemwege und die Abwehrkraft des Körpers. Kommt es dennoch zu Beschwerden, hilft alles, was den Schleim löst und die Bronchialmuskulatur entkrampft. Bei Allergieneigung und allergischem Asthma können tierische und pflanzliche Wirkstoffe jedoch Immunreaktionen auslösen und sollten deshalb nur auf ärztlichen Rat eingesetzt werden.

- Wohltuend ist eine Mischung aus **Bienenhonig** und frisch geriebenem **Meerrettich** im Verhältnis 1:3. Davon dreimal täglich 1 TL einnehmen.
- Zur Krampf- und Schleimlösung 2 TL **Apfelessig** und 1 TL **Honig** in 250 ml Wasser auflösen und dreimal täglich ein Glas trinken. Behandlung mindestens 3 Monate lang durchführen.
- Ein warmer **Brustwickel** löst den Schleim: Ein Baumwolltuch in 50 °C warmes Wasser tauchen, ausdrücken und auf die Brust legen. Mit einem trockenen Tuch bedecken und 30 Minuten Bettruhe halten.
- Zu trockene Luft reizt die Atemwege: Abhilfe schaffen **feuchte Tücher**, die man über die Heizung hängt.

Bronchitis

Bei einer Bronchitis sind die tiefergelegenen Atemwege betroffen. Um den Heilungsprozess zu fördern, sollte man viel trinken: Tees und andere heiße Getränke beruhigen die gereizten Atemwege, verflüssigen den Schleim und erleichtern das Abhusten. Neben dem klassischen Kräuter-, Salbei- oder Kamillentee haben sich spezielle Teezubereitungen, Hausmittel auf Zwiebel-Zucker-Basis und Sirups als besonders wirkungsvoll erwiesen. Aber auch Inhalationen lindern die unangenehmen Beschwerden.

- 3 TL **Anis** im Mörser zerstoßen, mit 3 TL getrocknetem **Thymian** mischen. Mit 1 l kochendem Wasser übergießen.

Fenchelsamensirup

Ein altbewährtes Hausmittel gegen Husten und Bronchitis.
Man nimmt:

3 TL Fenchelsamen
3 TL Isländisch Moos
1,5 l Wasser
250 g Kandiszucker

Kräuter so lange im Wasser kochen, bis etwa die Hälfte der Flüssigkeit verdampft ist. Dann abseihen und mit dem Zucker zu Sirup einkochen. Abkühlen lassen, in eine Flasche füllen und gut verschließen. Der Sirup hält im Kühlschrank mehrere Wochen. Bei Bedarf alle 3 Stunden 1 EL einnehmen.

Seit Langem kennt man die krampflösende Wirkung des Fenchels und rät bei Atemwegserkrankungen zu 2–5 Tassen Fencheltee pro Tag.

> **Gut zu wissen**
>
> Luftveränderung
>
> *Chronische Atemwegserkrankungen erfahren durch das sogenannte Reizklima eine nachhaltige Besserung. Der Salzgehalt der Seeluft an Nord- und Ostsee löst den zähen Schleim in den Atemwegen. Außerdem ist die Seeluft weitgehend frei von Schadstoffen und Allergenen. Aber auch im Hochgebirge stellen die saubere klare Luft und das Sonnenlicht eine Wohltat für die angegriffenen Atemwege dar.*

Den Tee 5 Minuten ziehen lassen, dann abseihen, mit Honig süßen und über den Tag verteilt trinken.

- Eine große **Zwiebel** schälen und in Scheiben schneiden. Die Scheiben dick mit braunem Zucker bestreuen, in ein Glas schichten, dieses fest verschließen und über Nacht an einen warmen Platz stellen. Dreimal täglich 1 TL von der Masse einnehmen. Rest im Kühlschrank aufbewahren.
- Das ätherische Öl der **Kamille** beruhigt gereizte Atemwege. Zum Inhalieren gibt man etwa eine Handvoll getrocknete Kamillenblüten in eine Schüssel mit kochend heißem Wasser und lässt sie 10 Minuten ziehen. Dann den Dampf vorsichtig inhalieren. Anstelle von Kamillenblüten kann man auch 2–3 Tropfen Eukalyptus-, Thymian- oder Zypressenöl ins heiße Wasser geben.

Husten

Gegen den meist erkältungsbedingten Reizhusten gibt es viele Mittel, die den Schleim lösen und das Abhusten erleichtern. Bei trockenem Reizhusten zählen Tees aus Spitzwegerich, Thymian oder Malve zu den Klassikern. Heiße Bäder und aus Heilpflanzen oder Zutaten aus dem Vorratsschrank gewonnene Hustenmittel tragen zur Genesung bei.

- Einen schwarzen **Rettich** halbieren und aushöhlen. Beide Hälften mit je 2–3 TL Honig füllen und über Nacht an einem warmen Platz zugedeckt ziehen lassen. Dreimal täglich 1 EL von der Rettich-Honig-Masse einnehmen. Rest im Kühlschrank aufbewahren.
- Bei Erwachsenen lindert warmes **Bier** den Reizhusten und sorgt für erholsamen Schlaf. Dazu vor dem Zubettgehen 500 ml Bier mit 4 EL Honig erwärmen (nicht kochen) und langsam trinken.
- Für einen **Hustentee** 30 g getrockneten Thymian, 25 g Eibischwurzel, 15 g Spitzwegerichkraut, 10 g zerstoßene Fenchelfrüchte, 10 g Isländisch Moos und 10 g Süßholzwurzel mischen. 1 EL davon mit einer Tasse kochendem Wasser übergießen, 10 Minuten ziehen lassen und dann abseihen. Morgens und abends je eine Tasse trinken.
- Wirkungsvoll ist ein Zitronenwickel – bei empfindlichen Personen kann er allerdings zu Hautirritationen führen (dann den Wickel sofort abnehmen und die Haut mit warmem Wasser reinigen). Ein Versuch lohnt sich aber: Dazu den Saft von 2 **Zitronen** auf ein Baumwolltuch träufeln, das auf die Brust gelegt, mit einem Wollschal fixiert und dort 1 Stunde belassen wird.
- 3 Tropfen **Eukalyptusöl** zusammen mit etwas Wasser in ein Duftlämpchen geben – dies beruhigt die Atemwege.

Bei Bronchitis hilft ein Glas warmer, mit Honig und Zitronensaft abgeschmeckter Holundersaft.

Bei geschwollenen Lidern wirken ausgedrückte, im Kühlschrank abgekühlte Teebeutel (Schwarztee/grünerTee) Wunder.

Augenprobleme

So unterschiedlich die Umwelteinflüsse sind, denen die Augen ausgesetzt sind, so vielfältig sind auch die auftretenden Probleme. Doch ob man nun übermüdete Augen, eine Bindehautentzündung oder ein Gerstenkorn hat – mit Spülungen oder Auflagen lassen sich die Beschwerden gut in den Griff bekommen.

Bindehautentzündung

Entzündet sich die Bindehaut, sind die Augen gerötet, jucken und beginnen zu tränen. Steckt eine Infektion durch Viren oder Bakterien dahinter, ist die Erkrankung hochansteckend und gehört in ärztliche Behandlung. Sind Zugluft, Wind, Rauch, chlorhaltiges Wasser oder allergische Reaktionen die Ursache für eine Bindehautentzündung, kann sie durch alte Hausmittel gut therapiert werden.

- **Hygiene** steht an erster Stelle. Der durch die Entzündung entstandene Ausfluss wird mit einem Wattebausch, der mit destilliertem Wasser getränkt wurde, mehrmals täglich vorsichtig entfernt.
- Nach der Reinigung beruhigt man die entzündeten Augen mit **Augentrostkompressen**. Dazu 1–2 TL Augentrostkraut klein schneiden und mit einer Tasse kochendem Wasser übergießen (oder 1 TL getrocknete Blüten verwenden). Den Tee 2 Minuten ziehen lassen, abseihen und lauwarm abkühlen lassen. Zwei sterile Mullbinden damit tränken und mehrere Minuten auf die Augen legen.

Geschwollene Lider

Da die Schwellung durch eine Ansammlung von Gewebsflüssigkeit im Lid entsteht, ist alles hilfreich, was kühlt. Hierdurch ziehen sich die Blutgefäße zusammen und die Durchblutung wird angeregt.

- **Kalten Quark** auf ein Tuch geben und als Kompresse 15 Minuten auf die geschlossenen Augen legen.
- Die Augenlider 10 Minuten lang mit **Gurkenscheiben** bedecken.
- Einen **Kühlpack** auf die geschwollenen Lider legen. Zerstoßenes, in ein Tuch eingeschlagenes **Eis** erfüllt denselben Zweck, ebenso ein im Kühlschrank (nicht im Gefrierfach oder -schrank!) **gekühlter Metalllöffel**, der vorsichtig gegen die Lider gedrückt wird.

Müde, überanstrengte Augen

Computerarbeit, schlechte Beleuchtung, Schlafmangel – überanstrengte Augen reagieren mit Brennen, Juckreiz und Tränen. Als Erste-Hilfe-Maßnahme die Hände reiben, bis sie warm sind, und auf die geschlossenen Augen legen. Zur weiteren Behandlung hält die Natur einige Schätze bereit.

- Beruhigend wirkt ein Tee aus je 10 g **Rosenblüten** und **Thymian**. Diesen abkühlen lassen und ein Tuch damit tränken. 5 Minuten auf die geschlossenen Augen legen.
- Eine beruhigende und schmerzlindernde Augenspülung kann

Erfrischende Augenauflage

10 g Kornblumen
10 g echter Steinklee
20 g Spitzwegerich

Kräuter mit 300 ml kochendem Wasser übergießen, nach 10 Minuten abseihen. Mit der abgekühlten Lösung getränkte Wattebäusche auf die müden, geschlossenen Augen legen.

Spartipp

Ein Raumluftbefeuchter ist eine schöne Sache, doch muss man dafür kein Geld ausgeben: Machen Sie es wie die Großmütter und hängen Sie einfach ein feuchtes Tuch im Raum auf.

Wer am Computer arbeitet, sollte für ausreichende Erholungspausen sorgen – mindestens 5–10 Minuten pro Stunde sind angebracht.

man aus 250 ml Wasser und einem Beutel **Fencheltee** zubereiten. Diesen Tee mit derselben Menge Wasser verdünnen und lauwarm abkühlen lassen. Zum Spülen des Auges eine Augenbadewanne aus der Apotheke gemäß beiliegender Anleitung benutzen.

Gerötete Augen

Wind oder eine Grillparty am offenen Feuer können dazu führen, dass sich die Augen röten und brennen. Durch Reiben lässt sich der Juckreiz nicht beseitigen – echte Helfer dagegen sind Gänseblümchen, Augentrost, Spitzwegerich und Raute. Kalte Kompressen mit Tees aus diesen Heilpflanzen hatten schon zu Großmutters Zeiten Hochkonjunktur.

- Auch im Kühlschrank findet man ein wirksames Mittel gegen rote Augen: Etwas **Milch** lauwarm erwärmen, zwei Wattebäusche damit tränken und 10 Minuten auf die geschlossenen Lider legen.
- **Gurkenscheiben** helfen nicht nur bei geschwollenen Lidern, sondern auch bei roten Augen.

Gerstenkorn

Bakterien sind meist die Ursache für den schmerzhaften Eiterherd am Lidrand. Ein Gerstenkorn sollte man niemals ausdrücken – eine schwere Entzündung könnte die Folge sein. Wohl aber darf man es durch Wärme und Kräuterauflagen zur Reifung bringen, sodass sich der Eiterherd von selbst öffnet.

- Infrarotlichtbestrahlung beschleunigt die Reifung eines Gerstenkorns. Dieselbe Wirkung haben **warme Auflagen** mit Leinsamen, Fenchel- oder Kamillentee, ein nach wie vor wirkungsvolles und preiswertes Hausmittel von früher. Wichtig ist dabei, alle Auflagen immer frisch zuzubereiten und dem Auge genügend Ruhe zu gönnen.
- Eine **kühle Quarkpackung** wirkt schmerzlindernd. Dazu 3 EL Quark, den Saft einer Zitrone und 1 EL Milch verrühren. Die Masse auf ein Tuch geben und die Kompresse 20 Minuten auf das geschlossene Auge legen. Zweimal wiederholen.

Vorbeugung von Augenproblemen

Die Augen sind unzähligen Reizen durch Wind, Rauch, Staub, Sonne, aber auch Bakterien und Viren ausgesetzt. Dazu kommt häufig Überanstrengung. Zur Vorbeugung von Augenbeschwerden sollte man daher:

- bei starker Sonneneinstrahlung, Wind oder Staub die Augen durch eine **Brille** schützen.
- **Zugluft meiden** und auf Durchzug verzichten.
- die **Raumluftfeuchtigkeit** auf 50–60 % einstellen.
- zum Lesen eine dreh- und schwenkbare **Leseleuchte** mit breitem Ausstrahlungswinkel verwenden.
- nachts für **ausreichend Schlaf** sorgen.
- durch Entspannung, Bewegung an der frischen Luft und vitaminreiche Ernährung die **Abwehrkräfte des Körpers stärken**.

Blähungen

Der Darm ist ein sensibles Organ, das rasch aus dem Takt gerät und seinen geregelten Dienst verweigert. Auf falsche Ernährung, Bewegungsarmut oder Stress reagiert er mit unangenehmem Bauchdrücken. Glücklicherweise gibt es in der Natur zahlreiche Heilpflanzen, mit deren Hilfe sich der Darm zügig wieder erholt und die Blähungen schnell verschwinden.

So lecker eine Schweinshaxe auch sein mag – ein gereizter Darm darf nicht mit schwer verdaulicher, fettreicher Nahrung belastet werden.

Ein angegriffener Darm braucht Schonung – wenn der Bauch drückt, nimmt man am besten gar nichts oder nur ganz leichte Kost zu sich und rückt den Blähungen mit Heilpflanzen und Wärme zu Leibe.

- **Wärme** lindert den Schmerz. Ein Kirschstein- oder Dinkelkissen im Backofen oder kurz im Mikrowellengerät erhitzen und das etwa 40 °C heiße Kissen auf den geblähten Bauch legen.

Hausmittel

- Je 15 g zerstoßenen **Kümmel, Fenchel** und **Anis** mischen. 2 TL davon übergießt man mit 250 ml kochendem Wasser, lässt den Tee 10 Minuten ziehen und trinkt ihn nach dem Abseihen ungesüßt.
- **Kümmel** und **Koriander** fein mahlen und vor jeder Mahlzeit 1/2 TL davon mit wenig Wasser einnehmen.
- Auch das in Lakritze enthaltene **Süßholz** lindert Blähungen: Knapp 20 g Lakritze (aus dem Reformhaus) in 250 ml Kamillentee auflösen. Pro Tag nur eine Tasse davon trinken.

Ein Mörser leistet bei der Zubereitung einer darmwirksamen Gewürzmischung gute Dienste.

Ernährung

- Verdauungsfördernde **Gewürze** wie Kümmel, Anis, Majoran oder Ingwer machen das Essen bekömmlicher.
- In Ruhe essen und vor allem **gründlich kauen**.
- Wer auf Nummer sicher gehen will, sollte **blähende Nahrungsmittel meiden** – etwa frisches Brot oder kohlensäurereiche Getränke.
- **Hülsenfrüchte, Lauch und Kohl lange garen** – hierdurch wird das Gemüse leichter verdaulich.
- Lösen **Nahrungsmittelunverträglichkeiten** wie z. B. eine Laktoseintoleranz die Blähungen aus, hilft meist nur das Vermeiden entsprechender Speisen.

Gut zu wissen

Blähungen bei Babys und Kleinkindern

Bei Flaschenkindern hilft es, das Milchpulver mit Fencheltee statt Wasser anzurühren. Erleichterung verschafft auch ein mit 2 EL Kümmel oder Leinsamen gefülltes Leinensäckchen, das in heißem Wasser erwärmt und körperwarm 3 Minuten auf den Bauch gelegt wird. Auch eine sanfte Bauchmassage in kreisenden Bewegungen tut gut.

Blase und Nieren

Blase und Nieren verrichten täglich Schwerstarbeit, um den Körper von schädlichen Stoffwechselprodukten zu befreien. Was sie im Gegenzug von uns fordern, ist reichlich Flüssigkeit zur Durchspülung, um Bakterien abzuwehren. Trinken wir zu wenig, können Blasenentzündung oder Nierensteine die Folge sein.

HEUBLUMENSITZBAD

1 2 Handvoll Heublumen mit 4 l Wasser mischen und erhitzen.

2 30 Minuten köcheln, abseihen und dem Sitzbad zugeben.

Blasenschwäche und Inkontinenz

Nach einer Entbindung, aber auch als normale Alterungserscheinung bei Frauen und Männern kann es vorkommen, dass der Schließmuskel der Blase nicht mehr richtig funktioniert und etwa beim Lachen oder Niesen einige Tropfen Urin abgehen. Heute weiß man außerdem, dass eine Blasenschwäche oft auch psychisch bedingt ist und Stressbewältigungsprogramme wie Yoga oder autogenes Training zur Heilung beitragen können. Außerdem gibt es diverse Tees, die die Blasenmuskulatur kräftigen:

- **Heidelbeertee** ist ein probates Mittel gegen Blasenschwäche. Er wird aus 20 g Heidelbeerblättern und 250 ml Wasser zubereitet und dreimal täglich getrunken.
- Auch mit Honig gesüßter **Johanniskrauttee** ist hilfreich. Am besten trinkt man über einen Zeitraum von 5 Wochen zweimal täglich eine Tasse davon.
- Für eine sehr effektive dreiwöchige **Blasenkur** eignet sich dieser Tee, von dem man am besten dreimal täglich eine Tasse trinkt: 50 g Frauenmantel, 30 g Weidenröschen und 20 g Fenchelsamen mischen. Je 1 TL von dieser Mischung wird für eine Tasse Tee benötigt. Der Tee soll 10 Minuten lang ziehen.
- Dass **Wärme** bei Blasenproblemen das A und O ist, wussten schon unsere Großmütter und führten regelmäßig Sitzbäder mit Heublumen durch bzw. legten sich beim Zubettgehen eine Wärmflasche auf den Unterleib – ein einfach anzuwendendes, heute immer noch beliebtes Mittel.

Nierensteine

Bei der Entstehung von Nierensteinen steht Flüssigkeitsmangel als Ursache an erster Stelle. Er führt dazu, dass sich Mineralsalze nicht mehr auflösen, sondern zunächst zu Grieß verklumpen und dann langsam zu Nierensteinen heranwachsen. Kräuter- und Früchtetees aller Art, stilles Mineralwasser und verdünnte Fruchtsäfte sind bestens dafür geeignet, die Nieren zu spülen und gesund zu erhalten.

- Wer zu Nierenproblemen neigt, sollte **Apfel- und Grapefruitsaft meiden** – sie erhöhen das Risiko, dass sich Nierensteine bilden.
- **Milch** und **Milchgetränke,** ebenso **Bier, Wein** und **Kaffee** setzen entgegen früherer Annahme die Gefahr von Nierensteinen herab. Dabei dürfen die schädlichen Nebenwirkungen von Alkohol und Kaffee aber nicht übersehen werden.
- **Salz, Zucker** und **Fleisch** gelten als Mitverursacher von Nierensteinen und sollten daher nur in Maßen verzehrt werden.
- Haben sich bereits Nierengrieß bzw. kleine Nierensteine gebildet, kann die Hausmedizin wirksam Abhilfe schaffen:

Um Blase und Nieren gesund zu erhalten, sollte man mindestens 2 l am Tag trinken.

Harntreibende Tees aus Birkenblättern, Goldrute oder Eibischwurzel helfen dabei, die Steinchen auszuschwemmen. Dieselbe Wirkung hat auch Kombucha (aus dem Reformhaus), ein kalt getrunkener Tee, der mit dem sogenannten Kombucha- oder Teepilz fermentiert wurde.

- Die Durchspülungstherapie mit harntreibenden Heilkräutern (etwa **Birke, Goldrute, Bärentraube**) sollte nur vorübergehend (einige Tage) und mit viel Flüssigkeit (2,5–3 l Wasser täglich) durchgeführt werden.
- Verursachen die Nierensteine Schmerzen, versorgt ein in der Nierengegend aufgebrachter **Kartoffelwickel** aus gekochten, zerdrückten und noch heißen Kartoffeln die erkrankten Organe lange mit wohltuender Wärme. Auch eine Bestrahlung mit Infrarotlicht oder ein heißes Bad lindert die Beschwerden.
- Bei heftigen Schmerzen in der Nierengegend und/oder Harnstau sowie bei Fieber und Schüttelfrost muss sofort ein **Arzt** hinzugezogen werden.

Blasenentzündung

Frauen leiden häufiger unter einer Blasenentzündung als Männer, da ihre Harnröhre kürzer ist und Bakterien so leichter bis zur Blase vordringen können. Oft ist Flüssigkeitsmangel die Ursache. Die Blase kann sich aber auch „erkälten", etwa wenn nasse Badekleidung nicht gewechselt wird oder man zu lange auf einer kalten Unterlage sitzt. Gegen den ständigen Harndrang und die Schmerzen beim Wasserlassen kannten schon unsere Großmütter zahlreiche Hausmittel, die umso besser helfen, je früher man sie anwendet. Hat sich allerdings die Blasenentzündung nach 3 Tagen nicht deutlich gebessert, muss ein Arzt hinzugezogen werden.

- **Heißer Kräutertee** verbessert die Durchspülung und lindert die Schmerzen.
- **Saure Säfte** wie Preiselbeer-, Heidelbeer- oder Johannisbeersaft senken den pH-Wert im Urin und erschweren so die Vermehrung der Bakterien.
- Die Schmerzen lassen rasch nach, wenn man dreimal täglich 1 EL **Kürbiskerne** kaut.
- Ein frischer Salat mit **Brunnenkresse** und **Brennnesseln** wirkt harntreibend und schwemmt Bakterien aus.
- Der oft heftige Schmerz wird durch Wärme gelindert: Ein warmes **Dinkel-** oder **Kirschsteinsäckchen** zwischen die Beine und/oder auf die Blase legen.

Blasentee

Bei einer Blasenentzündung wirkt dieser Tee schmerzlindernd, desinfizierend und fördert die Durchspülung.

Man mischt:

50 g Bärentraubenblätter
15 g Birkenblätter
10 g Bohnenhülsen
10 g Schachtelhalmkraut
je 5 g Fenchel, Ringelblumenblüten und Pfefferminzkraut

1 TL dieser Mischung mit einer Tasse kaltem Wasser 5 Minuten lang aufkochen und dann 10 Minuten ziehen lassen. Abseihen und dreimal täglich eine Tasse trinken.

Blutdruckprobleme

Wer sich vieles zu Herzen nimmt, unter ständiger Anspannung und ungesund lebt, setzt Herz und Kreislauf enormen Belastungen aus. Irgendwann werden die Blutgefäße geschädigt und der Blutdruck gerät aus dem Takt – höchste Zeit, hiergegen aktiv vorzugehen!

> ***Gut zu wissen***
>
> Grüner Tee
>
> *Da grüner Tee nach der Ernte nur gereinigt und schonend getrocknet wird, enthält er viele wertvolle Substanzen. U.a. kann grüner Tee den Blutdruck beeinflussen. Beobachtungen haben gezeigt, dass seine Wirkung von der Ziehzeit abhängt: Lässt man ihn 1 Minute ziehen, ist er belebend und steigert den Blutdruck, zieht er dagegen 5 Minuten, wirkt er blutdrucksenkend. Da grüner Tee sehr bekömmlich ist, sollten am Tag mehrere Tassen getrunken werden.*

Regelmäßige Gymnastik und sanfter Ausdauersport wie Radfahren, Nordic Walking oder Schwimmen sind sowohl bei niedrigem als auch bei hohem Blutdruck hilfreich.

Bluthochdruck

Bluthochdruck ist einer der Hauptrisikofaktoren für Herzinfarkt und Schlaganfall. Eine regelmäßige Kontrolle des Blutdrucks und eine ärztliche Behandlung bei deutlich erhöhten Werten (ab 160/95) ist daher notwendig. Man kennt viele Pflanzen, deren Wirksubstanzen den Blutdruck senken, die Muskulatur der Blutgefäße entspannen oder beruhigend auf das Nervensystem wirken. Mit ihrer Hilfe kann man leicht erhöhte Werte wieder ins Lot bringen oder die medikamentöse Therapie eines deutlich zu hohen Blutdrucks begleitend unterstützen.

- Vor allem **Mistel, Weißdorn** und **Arnika** werden seit Langem zur Regulierung des Blutdrucks verwendet. Sie können einzeln zur Teezubereitung verwendet werden, sind aber auch Bestandteil vieler Teemischungen.
- Aus dem Mittelmeerraum stammt dieses Rezept für **Oliventee**: 2 TL getrocknete, klein gehackte Olivenblätter mit 250 ml kochendem Wasser übergießen, 10 Minuten ziehen lassen und abseihen. 3 Knoblauchzehen auspressen und mit 1 TL Honig unter den Tee mischen.
- Täglich ein Glas frischen **Ananassaft** trinken oder frische Ananas essen. Das in der Ananas enthaltene Enzym Bromelain vermindert Ablagerungen an den Blutgefäßwänden und macht sie wieder durchgängiger.
- 120 g **Rotwurzelsalbei**-Wurzeln klein schneiden, in eine durchsichtige Flasche füllen und mit Rotwein aufgießen. An einem warmen Ort 1 Monat ziehen lassen, dann abseihen und in eine dunkle Flasche füllen. Morgens und abends ein Schnapsglas (nicht mehr) davon trinken.
- **Bärlauch** enthält blutdrucksenkende Substanzen. Seine Blätter können Salate verfeinern, sind aber auch als Pesto zu Nudeln oder als Brotaufstrich gesund.
- Frischer **Knoblauch** und **Zwiebeln** halten die Blutgefäße elastisch und senken den Blutdruck. Täglich eine Knoblauchzehe kauen oder Salate mit Knoblauch und Zwiebeln verfeinern.

Schon Großmutter aß ab und zu gern Nüsse – sie enthalten blutdrucksenkende Fettsäuren.

Ernährung bei Bluthochdruck

- Im April, Mai und Juni ab und zu frischen **Spargel** essen. Dieses Gemüse wirkt harntreibend und kann so durch erhöhte Salz- und Wasserausscheidung eine Blutdrucksenkung herbeiführen.

Regelmäßige Bewegung an der frischen Luft hilft einem niedrigen Blutdruck auf die Sprünge.

- Den **Salzkonsum möglichst einschränken** und dafür die Speisen mit frischen Kräutern würzen. Zu viel Kochsalz lässt nämlich den Blutdruck steigen.
- **Auf Alkohol, Nikotin und Kaffee ganz verzichten**, da sie den Blutdruck erhöhen.
- Einmal pro Woche **Seefisch** wie Makrele oder Lachs mit wertvollen, blutdrucksenkenden Fettsäuren essen.
- Zum Kochen und Braten **pflanzliche Öle verwenden**.
- **Butter oder Margarine als Brotaufstrich** ist eine Frage des persönlichen Geschmacks. Beides sollte man sparsam verwenden, vor allem wenn bereits Erkrankungen wie Bluthochdruck oder Fettstoffwechselstörungen vorliegen.
- Viel Obst, Gemüse, Vollkornprodukte, jedoch **wenig Fett essen**.

Niedriger Blutdruck

Müdigkeit und Erschöpfung sind typische Symptome eines zu niedrigen Blutdrucks (systolische Werte unter 100 mmHg bei Frauen und 110 mmHg bei Männern), der nicht gesundheitsgefährdend ist, das Wohlbefinden aber doch beeinträchtigt.

- Anregend wirkt **schwarzer Tee**, der aber nicht länger als 3 bis maximal 5 Minuten ziehen darf, denn nur dann wird die blutdruckwirksame Substanz Theophyllin aktiviert.
- Ein Schnapsglas **Rosmarinwein**, das man mittags und abends zu den Mahlzeiten trinkt, bringt den Blutdruck im Handumdrehen auf Trab. Dazu 20 g Rosmarinblätter mit 750 ml Weißwein übergießen. Nach 5 Tagen abseihen und in eine Flasche füllen.
- Naschkatzen dürfen zu **Lakritze** greifen. Da der darin enthaltene Wirkstoff Glycyrrhizin aber in größeren Mengen zu unerwünschten Nebenwirkungen führt, sollte man täglich nur ein kleines Stück Lakritze essen.
- Mit leicht **erhöhtem Oberkörper** schlafen – das regt den Blutkreislauf an und erleichtert das Aufstehen am Morgen.
- Ein warmes, nicht zu heißes **Bad**, dem 1 EL Distelöl und 1 l Obstessig zugesetzt werden, kurbelt den Kreislauf an.
- Morgendliche heißkalte **Wechselduschen** mit dickem Wasserstrahl lassen den Blutdruck steigen: Man beginnt mit warmem Wasser, dreht nach 2 Minuten den Wasserhahn 15 Sekunden auf kalt und wiederholt die Prozedur dreimal. Wechselduschen enden immer mit kaltem Wasser.
- Auf Hausmittel wie **Kaffee** oder **Sekt** verzichten, da der blutdrucksteigernde Effekt nur kurz anhält, die Nebenwirkungen von Koffein und Alkohol aber nachteilig sind.

BÜRSTENMASSAGE

1 Mit einer Naturfaserbürste, am rechten Fußrücken beginnend, in kreisförmigen Bewegungen das rechte Bein bis zum Gesäß hoch bürsten – erst außen, dann innen.

2 Mit dem linken Bein ebenso verfahren.

3 Dann das Gesäß, den Oberkörper und die Arme bürsten.

4 Zum Schluss den Rücken kreisförmig massieren (lassen).

Depressive Verstimmung

Schmerzen der Seele waren etwas, worüber unsere Großeltern nicht gern sprachen, wohl aber kannten sie diverse Arzneien dagegen. Heute werden Stimmungstiefs als „depressive Verstimmung“ bezeichnet, aber immer noch oft und erfolgreich mit den altbewährten Mitteln behandelt.

Gut zu wissen

Johanniskraut

Das im Johanniskraut enthaltene Hyperizin entfaltet seine antidepressive Wirkung erst nach längerer und regelmäßiger Einnahme. Um einen gleichmäßigen Wirkstoffspiegel aufzubauen, sollten die Präparate – Tee, Dragees oder Tropfen – immer zur selben Zeit eingenommen werden. Eine hoch dosierte, standardisierte Zusammensetzung garantieren nur Präparate aus der Apotheke. Direkte Sonne ist bei der Anwendung von Johanniskraut zu meiden, da es die Haut lichtempfindlich macht.

Hausmittel

- Zur Stabilisierung des seelischen Gleichgewichts tragen **Tees** aus Johanniskraut, Hopfen, Baldrian oder Süßholzpulver (aus der Apotheke) bei.
- Auch **ätherische Öle** sind hilfreich: Eine altbewährte Mischung für das Duftlämpchen besteht aus je 2 Tropfen Rosen- und Melissenöl sowie 3 Tropfen Lavendelöl.
- Ein **Duftkissen** unter dem Kopfkissen lässt von Depressionen betroffene Patienten besser schlafen. Gefüllt wird es mit Baldrian, Lavendel, Primel, Holunder und Hopfen.
- **Kekse** mit den Gewürzen Muskat und Zimt tragen dazu bei, die Stimmung aufzuhellen. Hierfür kann man jedes gängige Rezept für Buttergebäck oder Spekulatius verwenden, dem als Geschmackszutaten je 1/2 TL Muskat und Zimt zugefügt werden.
- Gegen Verstimmung und Niedergeschlagenheit hilft der aromatische **Veilchenwein**. Dazu 15 g getrocknete Veilchenblätter und -blüten mit 500 ml trockenem Weißwein übergießen, alles erhitzen und 5 Minuten köcheln lassen. Je 5 g Galgantwurzel und Süßholzwurzel zufügen, nochmals kurz aufkochen, dann abseihen und den Wein in eine gut verschließbare Flasche füllen. Dreimal täglich ein Schnapsglas leicht erwärmten Veilchenwein trinken.

Spartipp

Therapielampen gibt es im Sanitätshaus oder, meist preiswerter, direkt beim Hersteller zu kaufen. Manche Ärzte oder Therapeuten verleihen sie aber auch – hier lohnt es sich auf jeden Fall, gezielt nachzufragen.

- **Fenchel-Honig-Milch** vertreibt düstere Gedanken, wenn sie lauwarm und in kleinen Schlucken 1/2 Stunde vor dem Schlafengehen getrunken wird. Zur Zubereitung 2 TL zerdrückte Fenchelfrüchte mit 250 ml Milch zum Kochen bringen, kurz ziehen lassen, dann abseihen und mit etwas Honig süßen.

Verhaltenstipps

- Wer an depressiver Verstimmung leidet, darf sich nicht in der Wohnung verkriechen – **frische Luft**, Bewegung und Sonne vollbringen wahre Wunder.
- Auch **Licht** und **Farben** beeinflussen das Wohlbefinden: Eine helle, freundliche Umgebung in warmen Farbtönen, beispielsweise in einem warmen Gelb, Rot oder Orange, hebt die Stimmung.
- Wenn sich vorzugsweise in den dunklen Wintermonaten Tristesse breitmacht, kann auch eine **Lichttherapie** helfen. Das Licht spezieller Therapielampen ist dem Sonnenlicht nachempfunden und wirkt nachweislich stimmungsaufhellend, wenn es über mehrere Wochen hinweg konsequent einmal pro Tag zum Einsatz kommt.

Durchfall

Viren oder verunreinigte Speisen sind häufige Ursachen für „Montezumas Rache". Versuchte man früher, den Durchfall sofort zu stoppen, lässt man ihm heute 1–2 Tage freien Lauf, da so die Schadstoffe rasch beseitigt werden, und rückt ihm dann mit altbekannten Hausmitteln zu Leibe.

Bei akutem Durchfall sollte man höchstens etwas Zwieback essen.

Erste Hilfe

In der akuten Phase ist es wichtig, besonders viel zu trinken, da mit dem Durchfall viel Flüssigkeit und Mineralien ausgeschieden werden. Achtung: Säuglinge und Kleinkinder, die unter Durchfall leiden, müssen vom Arzt untersucht werden. Ebenso gehört Durchfall, der sich nach 3 Tagen nicht bessert, in ärztliche Behandlung.

- Ideal ist stilles **Mineralwasser** oder schwarzer, mit Traubenzucker gesüßter und einer Prise Salz versetzter **Tee**.
- In der Apotheke gibt es auch spezielle **Glukose-Elektrolyt-Mischungen**, die den Salzverlust wieder ausgleichen.

Diese Lösungen sind für Kinder, Schwangere und ältere Menschen dringend zu empfehlen, da für sie starke Flüssigkeitsverluste besonders gefährlich sind.

- Wer selbst schnell und preiswert eine **Elektrolytlösung** herstellen möchte, mischt 500 ml stilles Mineralwasser mit 7 TL Traubenzucker, 1 TL Kochsalz und 500 ml Orangensaft, Kräuter- oder Früchtetee (als Kalium- und Geschmackslieferant). Über den Tag verteilt trinken.
- Auch **Tees** aus Eichenrinde oder Brombeerblättern sind geeignete Getränke (dreimal täglich eine Tasse). In ihnen sind Gerbstoffe enthalten, die ein Zusammenziehen der Gefäße verursachen und sowohl reizmildernd als auch antibakteriell wirken.
- **Kohletabletten**, einst als Erste-Hilfe-Maßnahme bei Durchfall sehr beliebt, sollten eigentlich nicht in der akuten Phase zum Einsatz kommen, da sie die Schadstoffe im Darm binden und der Erreger dadurch länger im Darm verbleibt. Bei Durchfall auf Reisen bleibt jedoch oft keine andere Wahl.

Dunkle Schokolade wirkt aufgrund des hohen Kakaoanteils und der darin enthaltenen Flavonoide als Durchfallbremse.

Gut zu wissen

Überholte Empfehlung

Früher schwor man bei Durchfall auf Cola und Salzstangen, heute sieht man darin eher Nachteile: Cola enthält nämlich viel Zucker, der den Durchfall verstärken kann. Darüber hinaus führt die Kohlensäure mitunter zu Blähungen und damit auch noch zu Bauchschmerzen. Durch die Salzstangen wird dem Körper lediglich Kochsalz zugeführt, das wichtige Kalium fehlt hier.

Kartoffel-Möhren-Suppe

Diese Suppe liefert Flüssigkeit und Mineralien, ohne die gereizte Darmschleimhaut zu belasten. Man nimmt:

250 ml Wasser
2 mittelgroße Kartoffeln
1 Möhre
1 Prise Salz

Das Wasser zum Kochen bringen. Das Gemüse schälen, klein schneiden und ins kochende Wasser geben. Bei schwacher Hitze weich kochen, dann pürieren und mit dem Salz würzen.

Hausmittel

Nach 1–2 Tagen ist es an der Zeit, den Durchfall zu stoppen und die geschädigte Darmflora wiederaufzubauen. Dazu stehen viele Hausmittel aus der guten alten Zeit zur Verfügung.

- Hilfreich ist **Blutwurztee**, der aus 20 g Blutwurz (Tormentill, Fingerwurz) und 250 ml Wasser (10 Minuten ziehen lassen) zubereitet wird. In der Apotheke sind Blutwurztinktur und Durchfallkapseln mit Blutwurz erhältlich.
- Alternativ 1 TL **Kohlepulver** oder **Heilerde** in einem Glas Wasser auflösen und trinken.
- Nach wie vor ein Klassiker ist die mit einer Prise Salz gewürzte **Haferschleimsuppe**. Die darin enthaltenen Schleimstoffe legen sich wie ein Schutzfilm über die empfindliche Darmschleimhaut.
- Durch den Verzehr von 1–2 TL getrockneten **Heidelbeeren** wird das überschüssige Wasser im Darm gebunden und so die Entleerung des Darminhalts verzögert.
- Wärme beruhigt den Darm. Eine **Wärmflasche**, ein Dinkel- oder Kirschsteinsäckchen leisten hier gute Dienste.
- Aus Großmutters Zeit stammt der Rat, 2 Handvoll in Wasser gekochte, ausgedrückte **Ringelblumen** in ein Leinentuch zu geben und warm auf den Bauch zu legen.
- Nervös bedingter Durchfall lässt sich durch eine Massage mit **ätherischen Ölen** kurieren. Dazu 3–4 Tropfen Kamillen-, Sandelholz-, Wacholder- oder Lavendelöl mit 2 TL Speiseöl vermischen und den Unterbauch damit kreisförmig massieren.

Schonkost

Klingt der Durchfall ab, erfolgt die Rückkehr zur Alltagskost stufenweise.

- **Milch, Kaffee** und **Alkohol** sind in dieser Zeit zu meiden.
- Empfehlenswert sind **geriebene Äpfel**, da sie das Wasser im Darm binden. Alternativ kann man auch eine Banane fein zerdrücken und langsam essen.
- Als nächster Schritt folgt eine klare **Gemüsebrühe** oder eine Kartoffel-Möhren-Suppe, dann trockenes Brot.
- Allmählich kann der Speiseplan wieder mit ein wenig **Fett** und leicht verdaulichem **Eiweiß** erweitert werden.

Die in Naturjoghurt enthaltenen Milchsäurebakterien helfen dabei, die geschädigte Darmflora wiederaufzubauen.

Ekzeme

Diese akuten oder chronischen Hautveränderungen lassen sich mit natürlichen Mitteln gut behandeln. Waschungen, Salben und Umschläge auf Pflanzenbasis lindern den Juckreiz sowie die Entzündung und versorgen die trockene Haut mit Feuchtigkeit.

Ein Brei aus Heilerde und Wasser lässt sich leicht auftragen und tut von Ekzemen geplagter Haut gut.

Basispflege der Haut

Haut, die zu Ekzemen neigt, braucht Fett und Feuchtigkeit, um die natürliche Hautbarriere wiederherzustellen. Achtung: Bei einer Neigung zu Allergien können tierische und pflanzliche Wirkstoffe Immunreaktionen auslösen und sollten daher nur mit Vorsicht eingesetzt werden.

- Geeignet sind **seifenfreie Waschlotionen** (Syndets).
- Als anschließende **Feuchtigkeitsspender** empfehlen sich etwa pflanzliche Salben mit Jojoba- oder Nachtkerzenöl.

Ekzeme behandeln

- Rohe **Kohl-** oder **Wirsingblätter** mit der Teigrolle walken, bis Saft austritt. Die Blätter in einem Sieb über Wasserdampf erwärmen und zweimal täglich auflegen.
- Lindert den Juckreiz und hemmt die Entzündung: 2 EL **Stiefmütterchenkraut** mit 250 ml kochendem Wasser übergießen, 10 Minuten ziehen lassen, dann abseihen und lauwarm abkühlen lassen. Ein Tuch damit tränken, ausdrücken und das Ekzem 15 Minuten damit bedecken.
- 2 TL **Walnussblätter** mit 250 ml kaltem Wasser übergießen, 5 Minuten köcheln lassen, dann abseihen und lauwarm abkühlen lassen. Ein Tuch mit dem Sud tränken, ausdrücken und 15 Minuten auf die erkrankte Haut legen.
- 3 EL **Heilerde** mit so viel kaltem Wasser anrühren, dass ein dicker Brei entsteht. Diesen auf das Ekzem auftragen und 20 Minuten einwirken lassen. Kühl abwaschen. Danach die Haut mit einer entzündungshemmenden Vitamin-E-haltigen Salbe pflegen.
- Altbewährte Feuchtigkeitsspender, die auch den Juckreiz lindern, sind **Kamillen-** oder **Ringelblumensalben**, die man dünn auf die erkrankte Haut aufträgt. Der Heileffekt lässt sich verstärken, indem man die Produkte im Kühlschrank lagert und kühl anwendet.
- Ölbäder (Badezeit maximal 10 Minuten bei höchstens 35 °C) mit **Kamille-** oder **Rosmarinöl** geben der Haut Feuchtigkeit zurück.
- Nach einem **Hafermehl**-Bad fühlt sich die Haut weich und geschmeidig an: 500 g Hafermehl in ein Leinensäckchen füllen, dieses gut verschließen und ins Badewasser legen.

Das sollten Sie meiden

- **Alkalische Seifen**, alkoholhaltige Kosmetika oder Pflegeprodukte auf synthetischer Basis, da sie die Haut noch weiter austrocknen und so anfällig gegenüber Sekundärinfektionen durch Bakterien, Viren oder Pilze machen.
- Häufigen Kontakt mit Wasser und **heiße Bäder** über 35 °C.
- Intensive **Sonnenbäder.**
- Umgang mit **Chemikalien** ohne Schutzhandschuhe.
- **Aggressive** Körperpflegeprodukte.

Gut zu wissen

Ursachen von Ekzemen

Kontaktekzeme sind Unverträglichkeitsreaktionen der Haut auf bestimmte Nahrungsmittel, Metalle, Reinigungsmittel oder kosmetische Substanzen. Bei endogenen Ekzemen liegt eine genetische Veranlagung vor. Etwa 10 % der Bevölkerung sind davon betroffen. Das häufigste endogene Ekzem ist die Neurodermitis, die unbedingt in ärztliche Behandlung gehört.

Erkältung

In den Wintermonaten treten Viren, die uns Schnupfen, Hals- und Giederschmerzen und oft auch Fieber bescheren, gehäuft auf. Antibiotika sind gegenüber Viren machtlos, doch viele Erkältungssymptome lassen sich mit bewährten Hausmitteln gut behandeln.

Hühnersuppe

Ein bewährtes, kräftigendes Hausrezept. Man nimmt:

1 Suppenhuhn
1 große Zwiebel, geviertelt
Salz, Pfeffer
je 3 Möhren und Selleriestangen
1 Kohlrabi
1 Bund Petersilie

Huhn mit Zwiebelstücken, Salz und Pfeffer in 2 l Wasser geben und 1 Stunde köcheln lassen. Geputztes und gewürfeltes Gemüse zufügen und 1 weitere Stunde kochen. Huhn herausnehmen, auslösen und in Stücke schneiden. Suppe durch ein Sieb gießen. Hühnerfleisch wieder zufügen und die Suppe mit Petersilie bestreuen.

Früher ging man mit den Begriffen Erkältung und Grippe recht willkürlich um, heute wird stärker differenziert. Hals-, Kopf- und Gliederschmerzen, Husten, Schnupfen, erhöhte Temperatur oder leichtes Fieber sind typische Symptome einer Erkältung oder eines grippalen Infekts, wie es korrekt heißt. Die echte Grippe oder Influenza geht dagegen mit hohem Fieber, Schüttelfrost und schwerem Krankheitsgefühl einher. Gegen die lästigen Erkältungsbeschwerden sollte man reichlich trinken, um Krankheitserreger auszuschwemmen, und den Körper mit Vitamin C versorgen. Empfehlenswert sind auch Dampfinhalationen mit ätherischen Ölen.

Fieber

Erst ab einer Temperatur von 39,5 °C spricht man von hohem Fieber, das gesenkt werden muss. Temperaturen darunter können und sollen toleriert werden, denn Fieber ist eine normale Abwehrreaktion des Körpers.

- **Wadenwickel** senken das Fieber nachhaltig. Dazu zwei Leinentücher in kaltes Wasser tauchen, auswringen und straff um die Waden wickeln. Darum je ein wärmendes Handtuch legen.
- Hilfreich ist es auch, zweimal täglich eine **fiebersenkende Mischung** aus 1 g Wermutpulver und 1 TL Honig einzunehmen. Achtung: Diese Mischung ist für Schwangere nicht geeignet!

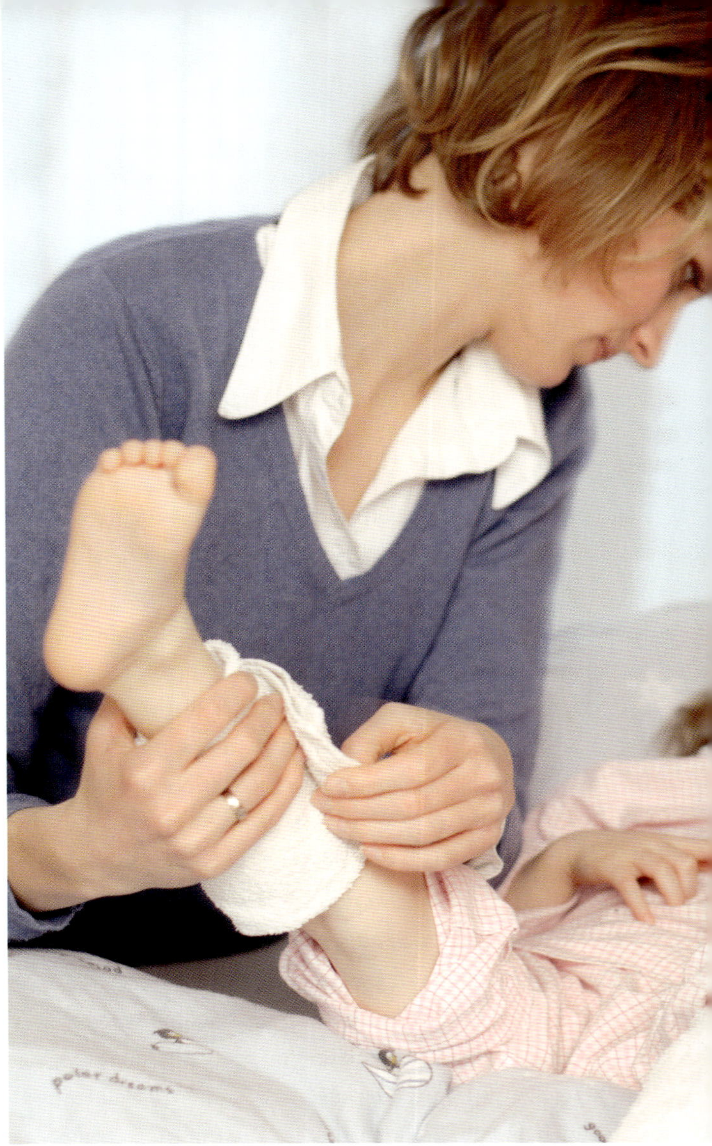

- Reichlich trinken: Geeignet sind Vitamin-C-haltige **Fruchtsäfte** aus Sanddorn oder Schwarzer Johannisbeere, Himbeersaft, stilles **Mineralwasser** mit einem Schuss Fruchtsaft, Kräuter- oder Früchtetees, hier vor allem der Vitamin-C-reiche Hagebuttentee. Nach wie vor als Klassiker gilt auch die **heiße Zitrone**.

Wadenwickel werden jeweils 5 Minuten angelegt und danach erneuert.

- Linden- oder Holunderblütentee eignet sich bei kreislaufstabilen Patienten für eine abendliche **Schwitzkur**: Reichlich trinken, danach heiß baden und sich dick eingepackt ins Bett legen. Sobald man zu schwitzen beginnt, 2 Stunden warten, sich danach abtrocknen, die Kleidung und, falls nötig, die Bettwäsche wechseln. Etwas trinken und wieder ins Bett legen.

Gliederschmerzen

Wärme entspannt, kurbelt die Durchblutung an und lindert Schmerzen.

- Heiße **Auflagen** aus Torf, Moor und Heilerde standen schon früher hoch im Kurs. Fertige Fangokompressen aus der Apotheke oder Infrarotlichtlampen erfüllen denselben Zweck, ihre Anschaffung ist aber viel teurer.
- Ein heißes **Fußbad** mit Senfmehl (30 g auf 10 l Wasser) wirkt schmerzlindernd.

Schnupfen

- Früher legte man heiße oder feuchtwarme **Kompressen** mit Heilerde, zerdrückten Kartoffeln oder Leinsamen auf die Nebenhöhlen – ein effektives und preiswertes Mittel. Alternativ leistet aber auch eine Bestrahlung mit einer Infrarotlichtlampe gute Dienste.
- Schalen mit dampfendem Wasser aufstellen und einige Tropfen Kamillen- oder Eukalyptusöl zufügen. Der Dampf kann auch zum **Inhalieren** genutzt werden.
- Gereizte Nasenflügel mit Majoransalbe einreiben. Für die **Salbe** 1 EL getrockneten Majoran im Mörser zerreiben, mit 1 EL Weingeist (95 %) übergießen und zugedeckt einige Stunden ziehen lassen. Dann mit flüssiger, lauwarmer Butter verrühren, die Masse durch ein Sieb in ein Cremedöschen streichen (im Kühlschrank 3–4 Wochen haltbar).
- Gute Dienste leistet auch eine **Nasendusche**, die in jeder Apotheke erhältlich ist. Hierbei wird die Nase (laut Anweisung) mit einer Salzwasserlösung gespült – eine Wohltat für strapazierte Nasenschleimhäute.

NASENSPÜLUNG

1. 2 TL Ackerschachtelhalm in 750 ml Wasser geben, aufkochen, abseihen und abkühlen lassen.
2. Etwas Tinktur in die hohle Hand geben. Ein Nasenloch zuhalten und die Tinktur in das andere einsaugen. Nach 2 Sekunden herauslaufen lassen.
3. Mit dem anderen Nasenloch ebenso verfahren. Die Nasenspülung dreimal täglich durchführen.

Vorbeugung

Von der Leistungsfähigkeit des Immunsystems hängt es ab, wie anfällig man für eine Erkältung ist. Zum Vorbeugen:

- reichlich an der **frischen Luft** bewegen.
- regelmäßig kalte **Waschungen** durchführen.
- viel **Vitamin C** (Obst, Salat, Gemüse) essen.
- Speisen regelmäßig mit Zwiebeln, Knoblauch, Rettich oder Meerrettich verfeinern, da deren **ätherische Öle** antibakteriell und blutreinigend wirken.
- Arzneien mit **Echinacea** (Roter Sonnenhut) einnehmen.
- **Stress, Nikotin** und **Alkohol** meiden.

Lindenblütentee wirkt bei Erkältungen Wunder: Er versorgt den Körper mit Flüssigkeit und senkt das Fieber.

Erschöpfung und Müdigkeit

Erschöpfung und Müdigkeit nach einem langen, anstrengenden Tag sind völlig normal. Wird dieser Zustand aber zum ständigen Begleiter, der einem Energie und Lebensfreude raubt, ist es an der Zeit, etwas dagegen zu unternehmen und die Lebensgeister wiederzuerwecken.

KALTER ARMGUSS

1 Einen kalten Wasserstrahl (Dusche oder Kanne mit Wasser) langsam von den Fingern der rechten Hand an der Armaußenseite bis zur Schulter hochführen.

2 Den Wasserstrahl an der Innenseite des Armes zurückführen.

3 Mit dem linken Arm ebenso verfahren.

Viele Menschen wachen erst richtig auf, wenn sie ihren Morgenkaffee getrunken haben. Doch leider macht der nur kurzfristig munter – viel wirkungsvoller ist es, wenn man, wie früher üblich, gleich nach dem Aufstehen erst einmal das Fenster weit öffnet und tief die frische Luft einatmet. Wer dann noch ein paar Kniebeugen macht, die Arme kreisen lässt und gesund frühstückt, bringt seinen Kreislauf optimal in Schwung.

Hausmittel

- Morgendliche **Wechselduschen** und kalte Armgüsse nach Pfarrer Kneipp sind wahre Muntermacher – insbesondere dann, wenn ein niedriger Blutdruck der Grund für die chronische Müdigkeit ist.
- Hat man wenig Zeit, empfiehlt sich ein **kaltes Armbad**, das sich im Handumdrehen durchführen lässt: Dazu taucht man die Arme einige Sekunden lang bis zu den Ellbogen in ein mit kaltem Wasser gefülltes Waschbecken.
- Ebenso hilfreich wie bei Blutdruckproblemen ist auch bei Erschöpfung und Müdigkeit eine morgendliche **Massage** mit einer Naturfaserbürste.
- Ein **Spaziergang** an der frischen Luft und in reizvoller Umgebung tut gut, wenn eine anhaltende körperliche oder seelische Belastung die Ursache für Erschöpfung und Müdigkeit ist. Auch **sanfter Sport** wie Gymnastik, Joggen oder Radfahren macht wieder fit.
- Anregend wirkt Brennnessel-, Ingwerwurzel-, Weißdorn- oder **Misteltee**. Am besten trinkt man davon täglich 2–3 Tassen.
- Als bewährtes pflanzliches Stärkungsmittel gilt auch Ginsengtee. Zur Zubereitung 1 gehäuften TL fein geschnittenen **Ginseng** mit einer Tasse kochendem Wasser übergießen, 10 Minuten ziehen lassen, dann abseihen. Zwei Tassen täglich trinken.
- Ein altbewährtes Hausmittel ist **Melasse mit Apfelessig**. Dazu 2 gehäufte TL schwarze Melasse (ein Nebenprodukt der Zuckerproduktion) mit 4 TL Apfelessig in einer Tasse verrühren. Die Tasse anschließend mit Honig auffüllen und alles gut vermengen. Davon nimmt man nach dem Aufstehen und vor dem Schlafengehen jeweils 2 TL, vor dem Mittag- und Abendessen je 1 TL ein.

Regelmäßige Saunabesuche kräftigen den Organismus und wirken zudem entspannend und ausgleichend.

Täglich auf den Tisch gehört frisches, vitamin- und mineralstoffreiches Obst.

- **Vollkornprodukte** werden im Körper langsam aufgespalten und die Zuckerbausteine gleichmäßig an das Blut abgegeben. So wird eine konstante Versorgung des Körpers mit Energie gewährleistet und ein Auf und Ab des Blutzuckerspiegels vermieden.

- Aufbauend bei Erschöpfungszuständen wirkt auch eine Teezubereitung mit **Isländisch Moos** (aus der Apotheke, da die Heilpflanze radioaktiv belastet sein kann).
- **Rosmarin** wird nicht nur wegen seines Aromas geschätzt, er hat wegen seiner belebenden Wirkung auch in der Hausmedizin seinen festen Platz. Vor allem als Badezusatz zu einem kühlen, wenige Minuten dauernden Bad gilt er schon seit Jahrzehnten als probates Mittel gegen Müdigkeit und Erschöpfung. Alternativ kann man auch **Fichtennadeln** ins Badewasser geben.

Ernährung

- Enthält die Nahrung zu wenig **Eisen**, verschlechtert sich der Sauerstofftransport im Körper und die Leistungsfähigkeit sinkt. Abhilfe schaffen Lebensmittel, die reich an Eisen sind, beispielsweise Fleisch, Leber, Vollkornprodukte oder grünes Blattgemüse.
- **Jodmangel** kann ebenfalls schuld an anhaltender Müdigkeit sein. Hier lässt sich mit jodhaltigem Speisesalz und Seefisch gegensteuern.
- Da frischer **Salat** und **Gemüse** sowie **Milch** und Milchprodukte das ganze Spektrum an Vitaminen und Mineralstoffen enthalten, die für das Wohlbefinden und die Leistungsfähigkeit des Organismus wichtig sind, gehören sie täglich auf den Speisezettel.
- Eine leckere und gleichzeitig gesunde **Vitamin- und Mineralstoffbombe** könnte z. B. so aussehen: Ein Vollkornbrot mit Quark bestreichen und mit fein gehacktem Knoblauch, Kresse und Schnittlauch bestreuen.
- **Kaffee, Cola oder Sekt meiden**. Diese Getränke werden zwar häufig als Muntermacher empfohlen, doch hält ihre aufputschende Wirkung nicht lange an und schlägt bereits nach kurzer Zeit ins Gegenteil um.
- **Ungeeignet sind Süßigkeiten** wie Schokolade oder Traubenzucker. Sie enthalten sogenannte Einfachzucker, die den Blutzuckerspiegel und damit die Leistungsfähigkeit rasch in die Höhe treiben – doch genauso schnell sinkt der Blutzucker wieder und ein Leistungstief folgt.
- Als **Snack** besser geeignet als Süßigkeiten ist ein Becher Joghurt oder ein Stück frisches Obst.

Gut zu wissen

Kurze Pausen

Neben ausreichender Nachtruhe braucht man auch tagsüber immer wieder Auszeiten, die dem Biorhythmus des Körpers angepasst sein sollten. Unsere innere Uhr schaltet im 4-Stunden-Takt auf müde, also etwa um 10, 14 und 18 Uhr. Kurze, etwa 15-minütige Pausen um diese Zeit sind daher besonders erholsam. Wer sich zu einem Mittagsschlaf hinlegt, läuft Gefahr, tief einzuschlafen. Da hilft ein kleiner Trick: Vor dem Mittagsschlaf eine Tasse Kaffee trinken – das belebende Koffein entfaltet seine Wirkung nach 15 Minuten, wenn das Nickerchen beendet sein sollte.

FRAUENPROBLEME

Hormone steuern den weiblichen Zyklus und prägen sowohl die Schwangerschaft als auch die Wechseljahre. Gegen die körperlichen Unannehmlichkeiten, die mit jeder dieser Phasen verbunden sein können, ist jedoch zum Glück mehr als ein Kraut gewachsen.

Menstruationsbeschwerden

Nicht nur die Periode selbst kann unangenehm sein, auch die „Tage vor den Tagen" und die Zeit um den Eisprung herum sind oft mit Beschwerden verbunden, die von Frau zu Frau unterschiedlich sein können. Das Spektrum reicht von Nervosität und Reizbarkeit über Spannungsgefühl in den Brüsten bis hin zu Kopf-, Rücken- oder Bauchschmerzen, die mitunter mit heftigen Krämpfen einhergehen.

- **Präparate mit Mönchspfeffer** greifen regulierend in den Hormonhaushalt ein und können so prämenstruelle Beschwerden wie das Spannen der Brüste und das Jucken der Haut lindern, aber auch zu starke Blutungen unterbinden.
- Schmerzlindernd und krampflösend sind warme **Fuß-, Sitz- oder Vollbäder**. Ein Zusatz von Melisse oder Lavendel gilt als entspannend. Kamille oder Schafgarbe wirken starken Blutungen entgegen, während Thymian oder Heublumen die Regelblutung anregen und stärken.
- Gegen Schmerzen und Krämpfe helfen **Massagen**: Unterleib und Rücken mit Johanniskraut-, Nachtkerzen- oder Lavendelöl sanft massieren.
- Tee aus **Hirtentäschelkraut** hilft gegen eine starke Monatsblutung.
- Tee aus **Taubnessel** mildert starke Blutungen und Krämpfe.
- Tee aus **Baldrianwurzel**, **Kamille** und **Pfefferminze**, zu gleichen Teilen gemischt, lindert starke, von Krämpfen begleitete Blutungen.
- Tee aus **Gänsefingerkraut** und **Ringelblume** hilft bei Krämpfen.
- Tee aus **Raute** und **Schafgarbe**, zu gleichen Teilen gemischt, ist bei unregelmäßiger und schmerzhafter Blutung anzuraten.

Schwangerschaft

Eine Schwangerschaft ist keine Krankheit, wohl aber ein Ausnahmezustand:

- Im ersten Schwangerschaftsdrittel werden viele Schwangere von **Morgenübelkeit** geplagt. Dagegen hilft ein einfacher Trick: Man legt sich vor dem Schlafengehen eine Packung Kekse oder Zwieback bereit und knabbert morgens gleich nach dem Aufwachen ein bisschen davon. Dann erst aufstehen und in Ruhe frühstücken, dazu schluckweise Pfefferminztee trinken.
- **Dehnungsstreifen** können an den Brüsten und am wachsenden Bauch auftreten. Sanfte Massagen mit Jojoba- oder Nachtkerzenöl halten die Haut feucht und elastisch.

Ingwertee kann in der Schwangerschaft auftretende Übelkeit bekämpfen.

- Ein warmer Umschlag mit Lavendelöl trägt dazu bei, das **Spannungsgefühl** in der Brust zu lindern.
- **Schmerzen im Becken** bessern sich beim Schwimmen oder durch sanfte Rückenmassagen.
- Gegen **Wadenkrämpfe** hilft Magnesium, das u. a. in Vollkornprodukten und Trockenfrüchten vorkommt.

Wärme galt schon bei unseren Großmüttern als Universalheilmittel: Eine Wärmflasche auf dem Unterleib entkrampft während der Monatsblutung.

Wechseljahre

Sie gehören zum Älterwerden und kommen unausweichlich auf die Frau in den mittleren Jahren zu. Man sollte die Veränderungen im Körper als natürlichen Vorgang akzeptieren und den mit der hormonellen Umstellung verbundenen Beschwerden mit Naturheilmitteln zu Leibe rücken.

- Verschiedene **Teezubereitungen** helfen dabei, gut durch die Wechseljahre zu kommen: Johanniskrauttee stabilisiert die Psyche, Baldriantee wirkt beruhigend und ausgleichend, Salbeitee reduziert Schweißausbrüche und Melissentee kann bei Schlafstörungen helfen.
- **Wechselwarme Fußbäder** waren schon zu Großmutters Zeit beliebt, um die berüchtigten Hitzewallungen abzuwehren. Dazu werden zwei Fußwannen mit Heublumen oder Hopfenblüten und Wasser gefüllt – eine warm (38 °C), die andere kalt (10 °C). Die Füße stellt man abwechselnd 5 Minuten ins warme Wasser, dann 10 Sekunden ins kalte.
- Bei Hitzewallungen spielt auch die **Ernährung** eine Rolle: Man sollte viel frische Kost zu sich nehmen und möglichst **auf Kaffee, Alkohol und Nikotin verzichten**, da diese den Östrogenspiegel zusätzlich absenken.
- In **Roten Beten** sind Substanzen enthalten, die wie weibliche Sexualhormone wirken und Wechseljahresbeschwerden reduzieren können.
- Viele Frauen profitieren auch von **Leinsamen** und **Sojamehl**, in denen Wirkstoffe mit östrogenähnlichem Effekt enthalten sind. Bestehen jedoch Gründe, dem Körper kein zusätzliches Östrogen zuzuführen, sollte man beim Verzehr zurückhaltend sein.

Gut zu wissen

Traubensilberkerze

Die Wurzeln der Traubensilberkerze enthalten Triterpenglykoside, die zur Stabilisierung des Sexualhormonstoffwechsels beitragen. Präparate mit dem Extrakt dieser Heilpflanze (aus der Apotheke) können prämenstruelle Beschwerden lindern, Zyklusunregelmäßigkeiten regulieren und schmerzhafte Regelblutungen abmildern. Auch gegen Hitzewallungen während der Wechseljahre hilft die Traubensilberkerze, allerdings setzt die Wirkung erst 4–6 Wochen nach der Ersteinnahme ein.

Die Abwehr-kräfte stärken

Ein starkes Immunsystem wird mit Viren mühelos fertig – ist der Körper aber geschwächt, haben sie leichtes Spiel. Sanfte Anwendungen und natürliche Wirkstoffe stärken die körpereigene Abwehr: Dies dient der Vorbeugung, hilft aber auch, wenn bereits erste Beschwerden einer Infektion aufgetreten sind.

Stress abbauen

Stress, Konflikte und Sorgen sind nicht nur für das seelische Wohlbefinden Gift, auch die Abwehrkräfte des Körpers leiden darunter. Um Körper und Psyche zu entlasten:

- Regelmäßige Pausen im Alltag einplanen und diese nur für sich nutzen.
- Eine Entspannungstechnik erlernen, z. B. Yoga, autogenes Training, progressive Muskelentspannung oder Qigong.
- Auf ausreichend Schlaf, möglichst immer zur selben Zeit, achten.

Gesund essen

- Vitamin C ist für das Immunsystem unentbehrlich. Besonders reichlich ist es in Zitrusfrüchten, Kiwis, Paprikaschoten, rohem Sauerkraut oder Fruchtsäften (hier empfiehlt sich vor allem Orangen-, Holunder- oder Acerolasaft) enthalten, aber auch in vielen anderen Obst- und Gemüsearten.
- Auf eine möglichst abwechslungsreiche Ernährung mit viel Obst, Gemüse, Vollkornprodukten, Pflanzenölen, Milchprodukten, Fisch und magerem Fleisch achten. Damit ist, vom Vitamin C abgesehen, auch die Versorgung mit anderen abwehrstärkenden Stoffen gesichert: Vitamin E, Betacarotin, Zink und Selen.
- Nikotin und Alkohol gänzlich meiden; beides schwächt das Immunsystem enorm.

Spartipp

Vitaminreiche Kräuter wie Kresse oder Petersilie auf der Fensterbank ziehen. So sind sie ständig und preiswert verfügbar.

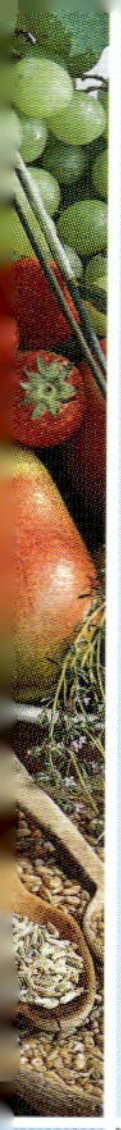

Viel bewegen

Regelmäßige Bewegung an der frischen Luft ist wichtig für ein funktionierendes Immunsystem. Sanfte Sportarten wie Radfahren, Gymnastik, Wandern oder Schwimmen sind ideal, aber auch der tägliche Spaziergang bewirkt schon viel Gutes. Schlechtes Wetter darf kein Hindernisgrund sein, nach draußen zu gehen, allerdings sollte die Kleidung entsprechend gewählt werden und vor Nässe und Kälte schützen.

Für Abhärtung sorgen

Kneipp'sche Anwendungen – oder auch das gute alte Tautreten – bringen das Immunsystem in Schwung:

- Gesund ist auch der regelmäßige Saunabesuch – aber nicht, wenn man bereits erkrankt ist, denn dann würde der Kreislauf zu stark belastet werden.

- Beim morgendlichen Wechselduschen mit warmem Wasser beginnen, nach 2 Minuten 15 Sekunden kalt duschen und den Vorgang dreimal wiederholen. Mit kaltem Wasser aufhören.
- Zum täglichen Wassertreten eine Wanne wadenhoch mit kaltem Wasser (12–18 °C) füllen und maximal 1 Minute im „Storchengang" auf der Stelle treten. Danach die Beine leicht abstreifen, warme Socken anziehen und auf und ab gehen, bis die Körperwärme zurückkehrt.

Aus der Apotheke

Zubereitungen aus dem Roten Sonnenhut *(Echinacea purpurea)* aktivieren das Immunsystem und stärken die Abwehrkraft. Die Einnahme entsprechender Präparate sollte über einen Zeitraum von etwa 8 Wochen erfolgen. Bei länger dauernder Anwendung schlägt die gewünschte Wirkung ins Gegenteil um: Wird das Immunsystem über einen zu langen Zeitraum angeregt, ist es in absehbarer Zeit erschöpft. Achtung: Bei einer Allergie gegen Korbblütler dürfen Echinaceapräparate auf keinen Fall eingenommen werden.

FUSSPROBLEME

Zu eng, zu hoch, zu spitz, zu wenig luftdurchlässig – falsches Schuhwerk zählt zu den Hauptursachen für Fußprobleme, denen jedoch gut beizukommen ist. Auch wer an den falschen Orten barfuß läuft, kann sich Ungemach in Form von Fußpilzinfektionen einhandeln.

BEI HÜHNERAUGEN: ESSIGBROT

1 Einige Scheiben Weißbrot in einer Schüssel mit etwas Weinessig übergießen und mehrere Stunden stehen lassen, bis ein Brei entsteht.

2 Den Brei auf die schmerzende Stelle streichen, mit einem Tuch bedecken und mit einem Mullverband fixieren. Über Nacht einwirken lassen.

3 Die Anwendung mit Essigbrot bei Bedarf mehrmals wiederholen.

Hühneraugen

Wo der Schuh drückt und die eingeengten Zehen aneinander reiben, können mit der Zeit Schwielen auftreten. Verdickt sich die Hornhaut weiter und bildet einen harten Kern, ist ein Hühnerauge entstanden.

- Am besten weicht man die Hornhaut in einem **Kamillen-** oder **Teebaumölfußbad** auf, noch bevor sich ein Hühnerauge gebildet hat. Dann reibt man sie mit einem Bimsstein oder einer speziellen Hornhautfeile vorsichtig ab.
- Damit Hornhaut und Hühneraugen aufweichen, die betroffenen Stellen täglich mit etwas **Rizinusöl** einreiben.
- Eine frische **Zwiebelscheibe** so lange auf das Hühnerauge legen und mit einem Mullverband fixieren, bis sich der Kern des Hühnerauges löst.
- Ein **Mullstück zwischen die Zehen stecken**, um die Reibung zu verringern und die betroffene Stelle zu entlasten.
- Für hartnäckige Fälle hält die Apotheke salizylsäurehaltige **Hühneraugenpflaster** bereit, die das Hühnerauge aufweichen, sodass man es zusammen mit dem Pflaster wieder abziehen kann.

Blasen

Sie treten auf, wenn die beiden oberen Hautschichten so lange gegeneinander reiben, bis sie sich voneinander lösen und ein Hohlraum entsteht, der sich mit Gewebewasser füllt.

- Zur Vorbeugung Schuhe nur **mit Socken oder Strümpfen tragen**, nicht barfuß hineinschlüpfen.
- Beim Wandern statt einem Paar dicker **zwei Paar dünne Socken** übereinander **tragen**, dann reiben die Socken aneinander und nicht am Fuß.
- Bei empfindlicher Haut die Füße vor einer Wanderung mit **Vaseline** oder **Hirschtalg** einreiben.

Wer öfter im Freien barfuß läuft, beugt
Fußschweiß und damit Pilzinfektionen vor.

Fußpilz

Fußpilz wird durch Fadenpilze verursacht, die in feuchtem Milieu gut gedeihen. Die größte Ansteckungsgefahr besteht im Schwimmbad oder in der Sauna. Wer dort Badeschuhe trägt und ansonsten auf Socken und Schuhe aus Naturmaterialien setzt, hat schon viel zur Vorbeugung getan.

- Mit Wechselfußbädern – 5 Minuten heiß, 10 Sekunden kalt – lässt sich Fußpilz wirkungsvoll bekämpfen. Als Zusatz ist **Kamille** oder **Eichenrinde** zu empfehlen, wobei man 3 EL der gewählten Substanz 30 Minuten in 1 l Wasser kocht, dann abseiht und den Sud dem Fußbad zugibt.
- Einige Tropfen **Teebaumöl** ins Fußbad träufeln oder direkt auf die erkrankten Stellen auftragen.
- Als Zusatz für Fußbäder eignet sich auch der schweißreduzierende **Salbei** (5 EL auf 2 l Wasser).
- Alternativ kann man auch **Salbeiöl** mit einem Wattestäbchen direkt auf die erkrankte Haut auftragen.
- Damit Fußpilz schneller abheilt, die betroffenen Partien mit einer zerdrückten **Knoblauchzehe** oder frischem **Bärlauchsaft** einreiben.
- Gegen Juckreiz einen dicken Brei aus ein wenig **Backpulver** und lauwarmem Wasser auftragen. Nach 3 Minuten wieder abspülen und die Füße gut trocknen.
- **Socken täglich wechseln** und möglichst heiß waschen.

Fußschmerzen

Auf langes Gehen oder Stehen, im schlimmsten Fall auch noch in unbequemen Schuhen, reagieren die Füße bisweilen mit heftigen Schmerzen. Ein Griff in die Hausapotheke verschafft rasch Linderung.

- Entspannend wirkt ein **warmes Fußbad** (38 °C) mit einigen Tropfen Eukalyptus, Rosmarin oder Wacholder.
- Für ein selbst hergestelltes **Fußmassageöl** 1/4 Tasse Sesam- oder Sonnenblumenöl im Wasserbad langsam erwärmen und 5 Tropfen Melissenöl untermischen. Die lauwarme Ölmischung sanft in die gut abgetrockneten, schmerzenden Füße einmassieren.
- **Eiswürfelabreibungen** bringen wieder Leben in die Füße. Das Eis hierfür in ein Tuch wickeln.
- **Franzbranntwein** war früher in jedem Haushalt vorhanden und wird auch heute noch bei Schmerzen in den Beinen oder Füßen zum Einreiben verwendet.

Fußschweiß

- Füße täglich mit **warmem Seifenwasser** waschen und anschließend gut abtrocknen, vor allem auch zwischen den Zehen.
- 10-minütige **Fußbäder mit Fichtennadeln, Apfelessig** oder **Kochsalz** (je 1/2 Tasse auf 1 l Wasser) sorgen für schweißfreie Füße.
- Aus 4 Beuteln **Schwarztee** 1 l Tee bereiten und in einer Fußwanne mit kaltem Wasser verdünnen, bis die Temperatur angenehm ist.

Fußmassagen mit Kieselsteinen
regen den Stoffwechsel an.

Spartipp

Fußschweiß zieht auch die Schuhe in Mitleidenschaft. Statt sie mit teuren und oft umweltschädlichen Schuhsprays zu behandeln, kann man sie innen mit Talkumpuder bestäuben oder über Nacht mit getrockneten Lavendelblüten füllen.

Gallenbeschwerden

Läuft jemandem „die Galle über“, ärgert er sich ganz besonders – und damit weist diese Redewendung auch schon auf die Hauptursache für Gallenbeschwerden hin: Ärger und Stress. Aber auch zu üppige oder fettreiche Ernährung, Alkohol und Nikotin machen der Galle zu schaffen.

Kräuterwein

Gegen Gallensteine helfen:

20 g Melisse
20 g Färberginsterkraut
20 g Hopfen
20 g Odermennig
20 g Pfefferminze
20 g Wermut
1 l Apfelwein

Die Kräuter mischen, mit Apfelwein übergießen und 12 Stunden ziehen lassen. Dann den Kräuterwein erhitzen, 5 Minuten ziehen lassen, abseihen und in eine Flasche füllen. Stündlich (achtmal am Tag) 1 EL einnehmen.

Hausmittel

Wenn die Galle streikt, gilt es, die Leber zu stärken und den gestörten Gallenfluss wieder in Gang zu bringen.

- Hier hilft ein **Tee aus Wegwarte**. Dazu 1 TL Wurzel und Kraut mit kaltem Wasser übergießen, erhitzen, 3 Minuten kochen lassen, dann abseihen. 2–3 Tassen täglich trinken.
- **Artischockensaft** regt die Gallensaftproduktion an, wenn man dreimal täglich nach dem Essen 1 EL Artischockensaft (aus Apotheke oder Reformhaus) mit wenig Wasser vermischt und einnimmt.
- Für eine **Löwenzahnkur** wird, über den Tag verteilt, mehrmals 1 EL Pflanzenpresssaft (aus Apotheke oder Reformhaus) eingenommen. Alternativ trinkt man mehrere Tassen Löwenzahntee (1 TL Blätter mit einer Tasse kaltem Wasser ansetzen, kurz aufkochen, abseihen).
- Es ist außerdem hilfreich, täglich mehrere **Kümmelkörner** zu **kauen** oder die Speisen damit zu würzen.
- **Tee aus Gelbwurz** (Kurkuma) fördert die Heilung einer Gallenblasenentzündung. Dazu 1/2 TL Kurkumapulver mit einer Tasse kochendem Wasser übergießen, 5 Minuten ziehen lassen, dann abseihen. 2–3 Tassen täglich trinken.
- Wärme tut bei einer Gallenkolik gut: Ein **warmes Kirschstein-, Leinsamen-** oder **Heublumensäckchen** auf die Lebergegend legen, mit einem Tuch abdecken und eine Wolldecke darüberbreiten.

Wann zum Arzt?

Häufige und heftige Blähungen, Völlegefühl im Oberbauch und Schmerzen in der Lebergegend sind Frühwarnsymptome, die auf Gallenbeschwerden hindeuten. Mit der Zeit können sich Grieß und Gallensteine bilden. Die Steine behindern den Gallenfluss und lösen sehr schmerzhafte Koliken aus. Akute Beschwerden der Gallenblase sind daher immer ein Fall für den Arzt.

Der hohe Schleim- und Bitterstoffgehalt des Löwenzahns fördert die Gallensekretion.

Gelenkerkrankungen

Früher fasste man unter dem Begriff Rheuma alle Beschwerden zusammen, die mit den Gelenken in Verbindung standen. Heute unterscheidet man dagegen zwischen Arthritis, Arthrose und Gicht – Krankheiten, deren Ursachen sehr verschieden sind. Was sie jedoch gemeinsam haben, sind heftige Schmerzen und eine eingeschränkte Beweglichkeit.

Während es sich bei der Arthritis um eine entzündliche Gelenkerkrankung handelt, versteht man unter Arthrose einen Verschleiß der Gelenke, der über das Normalmaß hinausgeht, und unter Gicht eine Stoffwechselerkrankung, bei der u. a. die Gelenke geschädigt werden können.

Arthritis

- **Kalte** (nicht warme!) **Moor-** oder **Heilerdepackungen**, die man einmal täglich um die betroffenen Gelenke legt, lindern die Beschwerden deutlich.
- Gegen die Entzündung und den Schmerz die Gelenke mit **Johanniskraut-** oder **Arnikaöl** einreiben.
- Den Arthritisschmerz lindert auch ein höchstens **körperwarmes** (37 °C) **Heublumen-** oder **Moorbad**.
- Dreimal täglich eine Tasse **Brennnesseltee** trinken; dies hilft gegen die Schmerzen und die Entzündung. Zur Zubereitung 1 EL getrocknetes Kraut auf eine Tasse Wasser verwenden und den Tee 10 Minuten ziehen lassen.
- Präparate mit natürlichen Inhaltsstoffen (Apotheke) wirken den entzündlichen Prozessen entgegen: etwa Kapseln mit **Borretschöl** und Salben mit **Arnika** oder **Beinwell** bzw. natürlichen Scharfstoffen wie **Capsaicin**.
- Die Wurzeln der **Teufelskralle** enthalten Substanzen, die schmerzlindernd und entzündungshemmend wirken. Da die Teufelskralle reich an Bitterstoffen ist, werden meistens standardisierte Extrakte (Apotheke) eingesetzt.

Arthrose

Hier kommt die Wahl der Anwendung – kalt oder warm – auf die Phase der Erkrankung an. Bei der sogenannten aktivierten Arthrose ist das Gelenk entzündet, heiß und geschwollen. Jetzt darf es nur mit Kühlpacks, Eiswürfelpackungen sowie kalten Auflagen mit Moor, Heilerde oder Lehm (aus der Apotheke) behandelt werden. Umgekehrt lindert Wärme in den ruhigeren Zwischenphasen die Beschwerden und fördert die Durchblutung.

- Für lokal durchgeführte **Wärmeanwendungen** stehen Auflagen mit Fango, Paraffin oder Heublumen, heiße Wickel und Umschläge zur Auswahl.
- Bei Arthrose lindern neben Brennnesseltee auch **Tees** aus Mädesüß oder Stiefmütterchenkraut (1–2 TL pro Tasse) die Symptome.
- Ein rasch zubereitetes und wirksames Mittel ist der **Sellerieaufguss**. Dazu 20 g Sellerie zerkleinern und mit 250 ml Wasser übergießen. Zum

Regelmäßiger, sanfter Sport wie z. B. Gymnastik stärkt die Gelenke.

Salben mit Rosskastanienextrakten aus der Apotheke hemmen die für eine Arthritis typische Entzündung.

Bei Sportarten wie Schwimmen und Wassergymnastik werden die Gelenke kaum belastet.

Kochen bringen, kurz ziehen lassen, abseihen. Aufguss mit Honig süßen und 2 Tassen täglich trinken. Achtung: Den Aufguss immer frisch zubereiten und nicht bei Nierenentzündung anwenden.

- Im Mörser **Farnkrautwurzeln** zerreiben und über Nacht als **Packung** (mit einer Mullbinde fixieren) auf das schmerzende Gelenk legen.

ÖLUMSCHLAG BEI ARTHROSE

1 Baumwolltuch mit heißem Wasser tränken, ausdrücken.

2 Rosmarin-, Majoran- und Lavendelöl zu gleichen Teilen mischen und 10 Tropfen davon auf das Tuch geben.

3 Den heißen Ölumschlag einmal täglich um die betroffenen Gelenke wickeln und ihn dort 10 Minuten belassen.

Vorbeugung bei Arthritis und Arthrose

- Seefisch wie Makrele, Lachs und Hering liefert **Omega-3-Fettsäuren**. Diese hemmen die Bildung jener Stoffe, die Gelenkschwellungen und Schmerzen auslösen.
- Aal vom Speiseplan streichen, denn er enthält **Arachidonsäure**, die die Schmerzen im Organismus entstehen lässt.
- **Vitamin C** hat einen positiven Einfluss auf den Krankheitsverlauf. Es steckt besonders reichlich in Zitrusfrüchten, Sanddorn, Kiwis und Paprikaschoten.
- **Vitamin E** (in pflanzlichen Ölen reichlich enthalten) fängt sogenannte Sauerstoffradikale ab, die bei akuten entzündlichen Gelenkerkrankungen vermehrt gebildet werden.
- **Kaffee, Alkohol und Nikotin** meiden.
- Übergewicht abbauen, um die Gelenke zu entlasten: **Viel Obst, Gemüse, Salate, Vollkorn-** und **Magermilchprodukte** essen, aber **wenig Fett** in Form von Fleisch, Wurst, fettem Käse, Butter und Sahne zu sich nehmen.
- **Tai-Chi-Chuan**, das chinesische Schattenboxen, bewirkt bei richtiger Ausführung eine Entspannung aller Gelenke.

Gicht

Gicht ist eine Stoffwechselkrankheit. Enthält die Nahrung zu viele Purine, steigen die Harnsäurewerte im Körper. Die Harnsäurekristalle sammeln sich an Gelenken, Sehnen und Muskeln an und führen dort zu schmerzhaften Veränderungen. Bei der Ernährung darauf achten, zweimal pro Woche Seefisch (aber keinen Aal) zu essen, den Fleischkonsum zu reduzieren (keine purinreichen Innereien und Kraftbrühen) sowie Linsen, Erbsen, rote und weiße Bohnen nur in Maßen zu konsumieren. Auf Alkohol und Süßigkeiten verzichtet man am besten ganz, da beides die Harnsäureausscheidung bremst.

- **Reichlich Wasser** und Kräutertee trinken.
- **Birkenblättertee** aktiviert die Harnsäureausscheidung. Dazu 2 TL Birkenblätter mit 250 ml kochendem Wasser übergießen, 10 Minuten ziehen lassen und abseihen. Täglich 2 Tassen trinken (nicht bei eingeschränkter Herz-, Nieren- und Blasentätigkeit anwenden).
- Gegen Gichtschmerzen hilft **Zinnkrauttee** (1 gehäufter TL Zinnkraut auf 250 ml Wasser).
- Körperwarme **Moor-** und **Schwefelbadmischungen** (Apotheke) wirken schmerzlindernd (zweimal pro Woche).
- Schmerzende Gelenke mit **Kampferspiritus** einreiben.

Gürtelrose

Tinkturen oder Pflanzensäfte werden am besten mit einem Wattestäbchen, -bausch oder einem sauberen Tuch auf die betroffenen Partien aufgebracht.

Die durch Viren hervorgerufene Gürtelrose ist eine ausgesprochen schmerzhafte Erkrankung, die mit einem infektiösen Hautausschlag einhergeht und in ärztliche Behandlung gehört. Neben viel Ruhe können Naturheilmittel stark zur Linderung und zur Unterstützung des Heilungsprozesses beitragen.

Hausmittel

- **Lehm- oder Heilerdeauflagen** sind schmerzlindernd und fördern das Austrocknen der Bläschen. Dazu den Lehm oder die Heilerde (aus der Apotheke) mit etwas Wasser zu einem dicken Brei verrühren, fingerdick auf ein Tuch streichen, mit einem sehr dünnen, durchlässigen Tuch (z. B. Gaze) bedecken und mit der dünnen Tuchseite auf die betroffene Hautpartie legen. Die Auflage erneuern, sobald sie sich erwärmt hat. Zweimal täglich anwenden.
- Auch verschiedene **ätherische Öle** lindern den Schmerz. Bewährt hat sich eine Mischung aus je 2 Tropfen Bergamott- und Eukalyptusöl mit 2 EL Mandelöl, mit der die Bläschen betupft werden (Wattebausch benutzen).
- Mit kaltem **Kamillen-** oder **Schafgarbentee** getränkte Leinentücher, die man auf den Ausschlag legt, werden als angenehm empfunden.
- Eine **Auflage mit Johanniskraut- oder Teebaumöl** fördert die Heilung: Etwas Öl auf ein Leinentuch träufeln und 30 Minuten auf die erkrankte Hautpartie legen.
- Die Bläschen heilen schneller ab, wenn man sie mit etwas verdünnter **Ringelblumentinktur** (1 Teil Tinktur, 4 Teile Wasser) betupft.

Der aus frisch geschnittenem Schöllkraut austretende Saft lässt die Bläschen besser abheilen.

Vorbeugung

- Damit Viren keine Chance haben, die **Abwehrkräfte stärken**: Hierfür sorgen regelmäßiger Sport, ausreichend Ruhepausen und eine Ernährung mit vitaminreicher Kost.
- **Ausgedehnte Sonnenbäder vermeiden**, da die UV-Strahlen den Körper unter Stress setzen.

Unbedingt zum Arzt

Die Gürtelrose geht auf das *Varicella-Zoster*-Virus zurück, das – meist in der Kindheit – Windpocken auslöst und dann, vom Immunsystem in Schach gehalten, in den Nervenbahnen verborgen bleibt. Wird das Virus reaktiviert (Stress gilt als möglicher Auslöser), kommt es zur Gürtelrose, die möglichst frühzeitig von einem Arzt therapiert werden muss, um einer Schädigung der Nerven, der sogenannten Postzosterneuralgie, vorzubeugen. Hausmittel unterstützen die Behandlung. Gleichermaßen wichtig ist viel Ruhe, da jede körperliche Anstrengung die Beschwerden verstärken kann.

Kräuterumschlag

Fördert die Abheilung des Ausschlags. Man nimmt:

25 g Eichenrinde
20 g Frauenmantel
20 g Kamille
20 g Salbei
10 g Steinklee
1 l kaltes Wasser

Die Zutaten mit dem Wasser übergießen und zum Kochen bringen. 5 Minuten ziehen lassen, dann abseihen. Den lauwarmen Absud mit einem Wattebausch auf die erkrankten Hautpartien tupfen oder ein Tuch damit tränken und auflegen.

Haarausfall

Sowohl Frauen als auch Männer müssen gelegentlich Haare lassen. Oft, aber nicht immer sind Hormone oder Gene daran schuld. Um die Haarpracht zu erhalten, sollte man sich besser nicht auf angebliche und meist teure Wundermittel verlassen, denn in der Natur lassen sich viele wirksame Arzneien und Anwendungen finden.

Der in Kapuzinerkresse enthaltene Schwefel kräftigt das Haar und sorgt dafür, dass es voll und vital bleibt.

BIERWÄSCHE

1. Das Haar nach dem Waschen mit warmem Wasser spülen.
2. 100 ml Bier in die Kopfhaut einmassieren und 15 Minuten einwirken lassen.
3. Das Haar mit warmem Wasser ausspülen und wiederum 100 ml Bier einmassieren.
4. Die Haare durchkämmen und das Bier auf der Kopfhaut trocknen lassen. (Es bleibt auf der Kopfhaut und zieht so gut ein, dass kein störender Geruch zurückbleibt.)

Hausmittel

Alles, was die Durchblutung der Kopfhaut anregt, wirkt sich positiv auf das Haarwachstum aus und trägt dazu bei, den gefürchteten Haarausfall zu vermeiden.

- Die **Zwiebel** ist ein altbewährtes Hausmittel, da sie viel Schwefel enthält, der zum Aufbau der Haare benötigt wird. Das verbliebene Haar wird fülliger und kräftiger, wenn man mit der frischen Schnittfläche einer Zwiebel die Kopfhaut 10 Minuten massiert und danach das Haar mit einem milden Shampoo wäscht.
- Ein gegen Haarausfall wirksames Haarwasser besteht aus jeweils 50 g **Kapuzinerkresse** und **Feldthymian** sowie 1 l 60%igem Alkohol. Zur Herstellung alle Zutaten in ein verschließbares Gefäß füllen und erst nach 10 Tagen abseihen. Das Haarwasser zweimal täglich kräftig in die Kopfhaut einmassieren.
- Ein weiteres Haarwasser, das vor Haarausfall schützt, besteht aus 200 g **Brennnesselwurzeln**, 500 ml **Apfelessig** und 1 l Wasser. Diese Zutaten werden in einen Topf gegeben und 30 Minuten lang gekocht, dann abgeseiht und nach dem Abkühlen in eine Flasche gefüllt. Das Haarwasser sollte dreimal pro Woche angewendet werden.
- Zur Anregung des Haarwuchses ein paar Tropfen reines **Teebaumöl** in die Kopfhaut einmassieren.
- Auch **Rosmarinöl** aktiviert die Haarbälge.
- Damit die Haare besser nachwachsen, die Kopfhaut täglich mit frisch gepresstem **Brennnesselsaft** einreiben.
- Hilfreich sind auch **Haarwechselduschen**: Hierfür morgens und abends die Kopfhaut abwechselnd warm und kalt abduschen. Mit kaltem Wasser beenden und die Kopfhaut trocken reiben.

Vorbeugung

- Zur besseren Durchblutung der Haarwurzeln dreimal täglich 5 Minuten lang mit den Fingerspitzen die **Kopfhaut massieren**.
- Mechanische **Belastungen des Haares meiden** (zu heißes Waschen, langes Föhnen, Frisierstäbe, Lockenwickler).
- Auf **Dauerwellen** und **Blondiermittel verzichten**.
- Eine Ernährung mit viel Obst, Gemüse und Vollkornprodukten versorgt den Körper mit **Eisen, Jod und B-Vitaminen**, die für die Gesundheit des Haares unentbehrlich sind.

Hämorrhoiden

Wenn man auch nicht gern darüber spricht, unternehmen muss man auf jeden Fall etwas gegen die Gefäßerweiterungen im unteren Darm, die mit Juckreiz und mitunter stechenden Schmerzen einhergehen. Frühzeitig behandelt, lassen sich Hämorrhoiden mit natürlichen Mitteln gut in den Griff bekommen.

Hausmittel

- **Kalte Waschungen** nach dem Stuhlgang hemmen den Juckreiz und tragen dazu bei, dass sich die Blutgefäße zusammenziehen. Dazu ein Leinentuch mit kaltem Wasser (12–16 °C) tränken, ausdrücken und den betroffenen Bereich damit waschen, sodass ein leichter Wasserfilm auf der Haut zurückbleibt. Nicht abtrocknen, sondern die Unterwäsche (aus hautfreundlichem Gewebe) anziehen und gut zugedeckt ins Bett legen, bis sich die Haut erwärmt hat.
- **Eichenrinde und Zinnkraut** enthalten Gerbstoffe, die ein Zusammenziehen des erkrankten Gewebes bewirken. Für ein **Sitzbad** 2 Handvoll Eichenrinde oder Zinnkraut mit 2 l Wasser 15 Minuten lang kochen, dann abseihen. Den auf Körperwärme abgekühlten Sud füllt man in eine kleine Wanne und nimmt darin ein 5-minütiges Sitzbad. Diese Anwendung zweimal täglich durchführen.
- Auch ein **Ölsitzbad** lindert die Beschwerden: Dazu je 2 Tropfen Zypressen- und Kamillenöl sowie 1 Tropfen Pfefferminzöl in eine mit körperwarmem Wasser gefüllte kleine Wanne geben und darin ein 5-minütiges Sitzbad nehmen. Danach den Afterbereich vorsichtig trocken tupfen und Kamillenöl auf die betroffenen Stellen auftragen.
- Der Juckreiz wird gelindert, wenn man einen **mit Öl getränkten Wattebausch** zwischen die Gesäßhälften steckt – die Knoten können dann nicht aneinander reiben.
- Salben mit **Ringelblume** oder **Hamamelis** (Apotheke) hemmen Entzündungen und Blutungen im Analbereich.
- **Himbeeren** wirken positiv auf die Darmtätigkeit und machen den Stuhl weicher, sodass die Hämorrhoiden nicht zusätzlich belastet werden. Bei Neigung zu Hämorrhoiden deckt man sich am besten zur Hauptsaison mit preiswerten Himbeeren ein und friert sie in kleinen Portionen ein.
- Frischer **Brennnesselsaft** ist ein Multitalent. Er wird von alters her auch bei Hämorrhoiden eingesetzt: Täglich 1 EL einnehmen.

Vorbeugung

- Eine **ballaststoffreiche Ernährung** schützt vor Hämorrhoiden.
- Eine **ausreichende Flüssigkeitszufuhr** beugt Verstopfung vor.
- Sanfter und **regelmäßiger Ausdauersport** sorgt für regelmäßigen Stuhlgang.
- **Weiches Toilettenpapier** verwenden oder das Papier vor der Benutzung mit etwas Wasser anfeuchten.

Spartipp

Eine spezielle Sitzbadewanne aus dem Sanitätsfachhandel ist nicht nötig – eine große Schüssel mit hohem Rand erfüllt denselben Zweck.

Für ein linderndes Sitzbad Kamille und Steinklee zu gleichen Teilen mischen und 1 EL davon mit 250 ml kochendem Wasser übergießen. Nach 10 Minuten abseihen und dem Sitzbad zugeben.

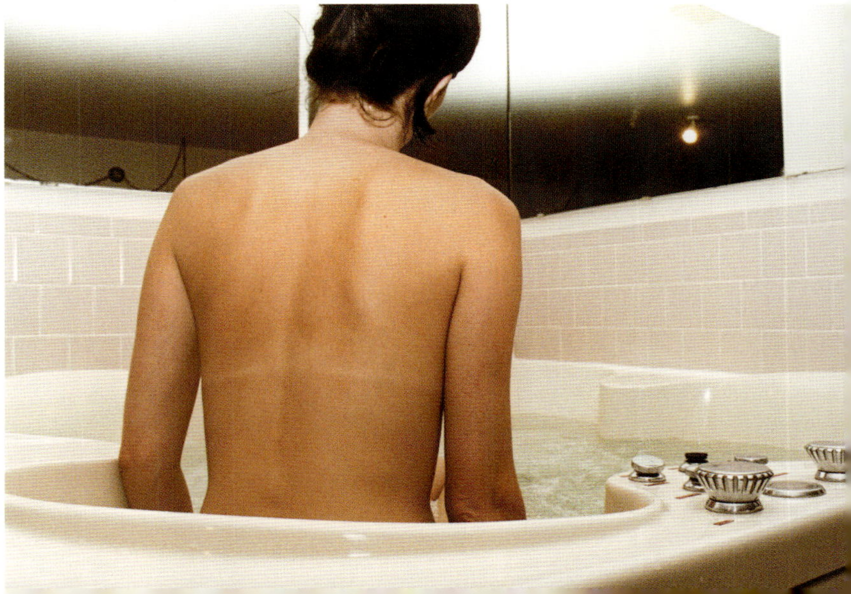

Halsbeschwerden

Der Hals schmerzt, das Schlucken tut weh und die Stimme versagt – Halsbeschwerden sind unangenehm und häufig typische Begleiter einer Erkältung oder Grippe. In vielen Fällen verschaffen natürliche Heilmittel rasche Linderung.

Zwiebelmilch mit Thymian und Nelken

Die Zwiebelmilch lindert Schmerzen und Entzündung. Man nimmt:

1 l Milch
1 Zwiebel
1 Zweig Thymian
2 Gewürznelken

Die Zwiebel grob hacken und mit der Milch, dem Thymianzweig und den Gewürznelken in einen Topf geben. Die Milch zum Kochen bringen, dann vom Herd nehmen und 10 Minuten ziehen lassen. Die Milch abseihen. Von der Zwiebelmilch dreimal täglich trinken.

Halsschmerzen

Das Spektrum von Halsschmerzen reicht von einem leichten Kratzen im Hals bis zu stark entzündeten Schleimhäuten in Hals und Rachen. Glücklicherweise gibt es hierfür probate Mittel, die in jedem Haushalt zur Verfügung stehen.

- Die angegriffenen Schleimhäute brauchen ausreichend Feuchtigkeit. **Reichlich trinken** steht daher bei der Behandlung von Halsschmerzen an erster Stelle. Heißer Kräuter- oder Früchtetee, insbesondere der entzündungshemmende Salbeitee, sind ideale Getränke. Sie können nach Belieben mit Honig gesüßt werden.
- **Honig** gilt seit uralten Zeiten als wirksames Hausmittel, nicht zuletzt wegen seiner natürlichen antibakteriellen Wirkung. Die Halsschmerzen lassen nach, wenn man mehrmals täglich 1 TL Honig langsam den Hals hinunterlaufen lässt.
- Wärme tut gut; sie unterstützt die körpereigene Abwehr. Ein **warmes Tuch** um den Hals ist hilfreich, zudem sollte man Zugluft und kühle Räume meiden.
- Bei brennenden Halsschmerzen hingegen ist Wärme kontraproduktiv. Hier bringt ein **kalter Halswickel** Linderung. Dazu wird ein Tuch in kaltem Salzwasser getränkt, leicht ausgedrückt und um den Hals gelegt. Darüber kommt ein dicker Wollschal. Der Wickel bleibt etwa 20 Minuten am Hals, bis er sich erwärmt hat. Diese Anwendung sollte man mindestens zweimal täglich durchführen.
- Trockene Luft reizt die ohnehin schon angegriffenen Schleimhäute. Um die Luftfeuchtigkeit der Raumluft zu erhöhen, kann man einfach und kostengünstig **feuchte Tücher über die Heizung legen** und Schalen mit Wasser

Zum Inhalieren werden Kamillenblüten mit kochendem Wasser übergossen, dann wird der Dampf eingeatmet. Das ätherische Kamillenöl befreit die Atemwege und lindert die Schmerzen.

auf die Fensterbretter stellen. Diesen können auch ein paar Tropfen ätherischen Öles, etwa Kamille, beigefügt werden.

- Gurgeln lindert Schmerzen und Entzündungen im Hals- und Rachenraum. Als **Gurgellösung** geeignet ist Salzwasser oder ein altes Hausmittel: mit Honig gesüßtes Apfelessigwasser (2 EL Apfelessig auf 250 ml Wasser).
- Ein sehr wirksames Hausrezept gegen Halsschmerzen besteht in einer Mischung, die besser schmeckt, als ihre Zutaten vermuten lassen: 1/2 TL **frisch geriebener Meerrettich** wird mit 1 TL Honig und einer Prise gemahlenen Gewürznelken in einem Glas warmem Wasser verrührt und langsam getrunken.

Heiserkeit

Der „Frosch im Hals" kann viele Ursachen haben: eine starke Beanspruchung der Stimmbänder, zu trockene Raumluft oder eine Viruserkrankung. Schonung ist da besonders wichtig – man sollte möglichst wenig und wenn, dann nur leise reden. Daneben können einfache Mittel den Heilungsprozess unterstützen. Tritt jedoch keine Besserung ein, dann sollte man einen Arzt aufsuchen.

- Heißer Tee aller Art tut dem Hals gut, vor allem **Salbeitee**, der aber im Idealfall jedes Mal frisch aus getrockneten Salbeiblättern zubereitet werden sollte. Auch leicht angewärmter Brombeersaft (aus dem Reformhaus) lindert die Beschwerden. Kalte Getränke dagegen sind absolut tabu.
- **Heiße Milch mit Honig** ist ein Klassiker in der Naturheilmedizin und lässt – wenn man sie mehrmals täglich trinkt – die Heiserkeit rasch abklingen.
- Lecker, preiswert und wirkungsvoll: Einen **Apfel** in Schnitze schneiden, mit wenig Butter oder Öl leicht anbraten, mit reichlich Zucker bestreuen und essen.
- Ein **warmer Kartoffelwickel** unterstützt den Heilungsprozess. Dazu werden 2–3 gekochte Kartoffeln geschält und zerdrückt. Den gut warmen Brei streicht man auf ein Tuch, wickelt dieses um den Hals und fixiert es mit einem Wollschal. Der Wickel wird so lange getragen, bis er abgekühlt ist, und am besten dreimal täglich angewendet.
- Für eine wohltuende **Halskompresse** aus Thymian-, Salbei- oder Königskerzentee ein Leinentuch mit dem gut warmen Tee tränken, leicht ausdrücken und um den Hals legen. Darüber kommt ein Wollschal.
- Die Brust und/oder den Rücken mit **Schmalz** einreiben und anschließend einen Tropfen Eukalyptus- oder Latschenkiefernöl auftragen. Die ätherischen Öle wirken, auf die Haut aufgetragen, krampflösend und beim Einatmen entspannend.
- Bei Halsentzündungen ist auch **Speiseeis** ein beliebtes Schmerzmittel, nicht nur bei Kindern. Allerdings sollte man Milcheis bevorzugen, da säurehaltiges Fruchteis die entzündeten Stellen noch mehr reizen kann.

Gut zu wissen

Wann zum Arzt

Heiserkeit ist oft eine Folge eines grippalen Infekts, kann aber auch ernstere Ursachen haben. Gehen Sie zum Arzt, wenn die Heiserkeit länger als 1 Woche anhält oder immer wieder auftritt, ebenso, wenn Sie ohne erkennbaren Grund heiser geworden sind. Verstärkt sich die Heiserkeit und wird sie eventuell noch von Fieber, Abgeschlagenheit oder Gewichtsverlust begleitet, muss ebenfalls ein Arzt konsultiert werden. Suchen Sie ihn auch auf, wenn Sie heiser sind und zugleich eine Halsschwellung oder vergrößerte Lymphknoten bemerken.

Hautverletzungen

Unzählige Gefahrenquellen umgeben uns im Alltag. Eine kleine Unachtsamkeit im Umgang mit Messern, zerbrochenem Geschirr und vielem mehr und schon ist es passiert. Zum Glück lassen sich geringfügige Verletzungen der Haut gut auf sanfte Weise behandeln.

Wundumschlag mit Kamillentinktur

1. 15 g Kamillenblüten mit 100 ml 70%igem Alkohol übergießen. 10 Tage ziehen lassen.
2. Die Lösung sorgfältig abseihen und die Blüten gut ausdrücken. Die Lösung in eine saubere Flasche füllen.
3. Zum Gebrauch wird die Tinktur im Verhältnis 1:4 mit Wasser verdünnt auf ein Mulltuch aufgetragen. Den Wundumschlag mindestens 30 Minuten auf der verletzten Hautpartie belassen.

Erste Hilfe

Reinigung und Desinfektion der Hautverletzung stehen an erster Stelle. Bei einer Schnittverletzung, Kratz- oder Schürfwunde werden sichtbare Fremdkörper vorsichtig mit einer desinfizierten Pinzette entfernt, danach nur die Wundränder mit einer antiseptischen Lösung (aus der Apotheke) desinfiziert. Blutende Wunden mit einem Pflaster oder einem sterilen Mulltuch abdecken.

Hausmittel

Frühestens ab dem zweiten Tag der Verletzung kann die Wunde – sie darf nicht mehr offen sein – zur besseren Abheilung behandelt werden. Dazu gibt es zwar zahlreiche Fertigpräparate, aber auch einfache und preiswerte Mittel aus der Hausapotheke.

- Bewährt haben sich **Kompressen** mit Johanniskraut- oder Teebaumöl. Dazu werden 5–8 Tropfen des Öles auf einen Mullverband – z. B. ein altes, sauberes Geschirrtuch – gegeben und die Wunde damit für mehrere Stunden (bei Johanniskraut) bzw. 24 Stunden (bei Teebaumöl) bedeckt. Diese Kompressen regelmäßig wiederholen.
- Für einen **Schafgarbenumschlag** wird 1 EL getrocknete Schafgarbenblüten mit 100 ml Wasser überbrüht und abgeseiht. Damit ein Leinentuch tränken, leicht ausdrücken und als Umschlag auf die betroffene Stelle legen.
- **Weißkohl** ist nicht nur für den Magen gut. Zur Schmerzlinderung und besseren Wundheilung bereitet man einen Kohlverband auf folgende Weise zu: Einige innere Blätter eines Kohlkopfs werden lauwarm abgespült, die Mittelrippe wird entfernt. Dann rollt man die Blätter mit einer Teigrolle weich, legt sie vorsichtig auf die betroffene Hautpartie und fixiert sie mit einem sauberen Tuch. Der Kohlverband sollte mehrere Stunden aufgelegt und zweimal täglich gewechselt werden.
- Die Wunde heilt um einiges schneller, wenn man einen Beutel **Lavendeltee** überbrüht, abkühlen lässt und auf die betroffene Stelle auflegt.
- Einfach anzuwenden: das Auflegen von **frischem Sauerkraut.** Es enthält mehr Vitamin C als Kraut aus der Dose und lässt Wunden schneller abheilen.

Vorbeugung

- Bei Arbeiten mit scharfkantigen Materialien Schutzhandschuhe anziehen.
- Messer in einem Messerblock oder mit der Klinge nach unten in einem Gefäß aufbewahren.
- Scherben nicht mit bloßen Händen anfassen.
- Immer darauf achten, dass die Tetanusschutzimpfung wirksam ist.

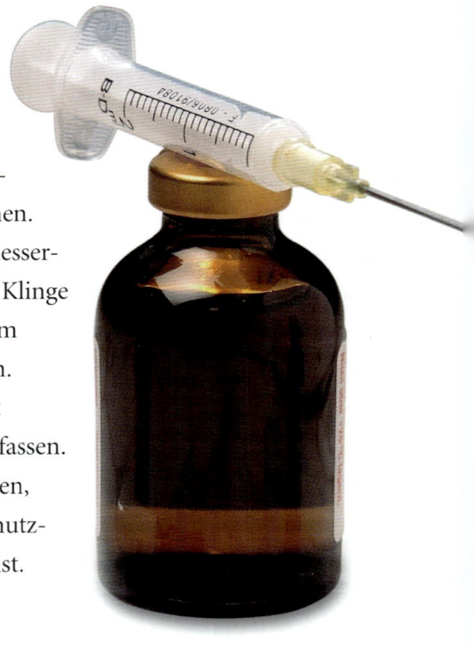

Herz und Kreislauf

Gesunde Ernährung mit viel frischer, vitaminreicher Kost, dazu regelmäßige Bewegung – viel mehr braucht es nicht, um das Herz-Kreislauf-System auf Trab zu halten. Treten dennoch Beschwerden auf, stehen stärkende bzw. lindernde Hausmittel aus der Natur zur Verfügung.

Die schwefelhaltigen Substanzen des rohen Knoblauchs schützen das Herz. Erhitzter Knoblauch ist deutlich weniger wirksam.

Durchblutungsstörungen

Ein leichtes Prickeln in den Fingern oder Zehen, die Haut ist blass, Hände und Füße sind kalt – Durchblutungsstörungen haben viele Gesichter und auch viele Ursachen, die der Arzt auf jeden Fall abklären muss. Ein Blick in Großmutters Hausapotheke zeigt, dass man Durchblutungsstörungen aber auch auf sanfte Weise beikommen kann.

- Leichte **Ganzkörpermassagen** wirken durchblutungsfördernd, wenn dem Massageöl einige Tropfen Eukalyptus-, Kiefernnadel- oder Rosmarinöl beigemischt werden.
- Aus getrockneten Ringelblumen, Gänseblümchen und Stiefmütterchenkraut zu gleichen Teilen gemischter **Tee** unterstützt die Durchblutung und den Kreislauf: 1 TL davon mit einer Tasse kochendem Wasser übergießen. Den Tee nach 5 Minuten abseihen und langsam trinken.
- Niedrigen Blutdruck kann man auch mit morgendlichen **Wechselduschen** bekämpfen.
- Die Durchblutung der Haut wird unterstützt, wenn man sie beim Duschen kräftig mit einer **Massagebürste** oder einem rauen Waschlappen abrubbelt.
- Lindernd bei Venenproblemen wirken **kalte Kniegüsse**. Dafür den Wasserstrahl vom rechten äußeren Knöchel über die Außenseite des Beines bis zur Kniekehle führen. Auf die Innenseite wechseln und den Strahl abwärts zum Innenknöchel führen. Am rechten Bein wiederholen.
- **Wechselfußbäder** stärken den Kreislauf vor allem in den Beinen. Dafür werden zwei Wannen benötigt. Zuerst die Füße in 38–42 °C warmem Wasser baden, nach 5 Minuten die Füße kurz in eine Wanne mit 18–20 °C warmem Wasser tauchen. Einmal wiederholen. Danach die Füße gut trocknen und 1 Stunde ruhen. Wechselfußbäder unterstützen den Kreislauf besonders wirkungsvoll, wenn sie zweimal pro Woche angewendet werden.
- **Salzsocken** bringen die Durchblutung wieder in Schwung. Dazu werden Baumwollsocken in warmer Meersalzlösung getränkt (35 g Meersalz pro Liter Wasser), ausgedrückt und anschließend angezogen. Darüber kommen trockene Wollsocken oder ein dickes Handtuch. Nach 1/2 Stunde Bettruhe warm duschen.
- Kneipp in der Badewanne: **Wassertreten** in einer Wanne, die 5 cm hoch mit kaltem Wasser angefüllt ist, verschafft eine gesunde Durchblutung.
- Bei Durchblutungsstörungen hilft ein **Vollbad mit Senfmehl**: 200 g Senfmehl mit 2 l kaltem Wasser mischen, nach einigen Minuten abseihen und das Senfwasser ins heiße Bad geben.
- Vorbeugend, aber auch hilfreich bei bereits bestehenden Beschwerden in den Beinvenen ist **Barfußlaufen** durch Schnee oder taunasses Gras.

Gut zu wissen

Multitalent Ginkgo

Aus seinen Blättern werden Extrakte gewonnen, die eine Reihe hochwirksamer Substanzen enthalten. Diese fördern u.a. die Durchblutung und beugen damit einer Kreislaufschwäche vor. Fertigpräparate in Form von Tee, Tropfen oder Tabletten gibt es in der Apotheke zu kaufen.

Ein starkes Duo: Pfefferminze und Milch. Das im Pfefferminzöl enthaltene Menthol regt die Herztätigkeit an, die B-Vitamine der Milch wirken positiv auf das Herz-Kreislauf-System.

STÄRKENDER HERZTEE

Mischen Sie:

40 g getrocknete Weißdornblüten/-blätter
15 g Arnikablüten
15 g Melissenblätter

1 EL der Kräutermischung mit 250 ml kochendem Wasser übergießen, nach 10 Minuten abseihen. Dreimal täglich eine Tasse davon trinken. Blüten und Blätter von Weißdorn, Arnika und Melisse gibt es in der Apotheke zu kaufen. Sie können aber auch gesammelt werden.

Herzschwäche

Erschöpfung bei der kleinsten körperlichen Anstrengung, Atemnot und Wasser in den Beinen? Wenn das Herz es nicht oder kaum mehr schafft, den Blutfluss in Gang zu halten, ist der Weg zum Arzt unumgänglich. Doch man muss nicht gleich zur „chemischen Keule“ greifen, um etwas gegen die Herzschwäche zu unternehmen.

- Ein altes Hausmittel, das in jedem Haushalt verfügbar ist: frisch gepresster **Zwiebelsaft** mit etwas Honig zur Stärkung der Herzleistung.
- **Pfefferminzmilch** ist ein preiswertes und wirkungsvolles Mittel bei Herzschwäche: Einige getrocknete Pfefferminzblätter mit kochender Milch übergießen und 5 Minuten ziehen lassen, dann abseihen und die Milch in kleinen Schlucken trinken.
- Eine Herzkur wird 6 Wochen lang durchgeführt: Dabei nimmt man mittags und abends je 1 EL **Mistel- und Weißdornsaft** zu sich.
- Das Herz wird durch Einreibungen der Füße mit **Rosmarinöl** unterstützt.
- Zur Vorbeugung einer Herzmuskelschwäche täglich Nüsse knabbern, da diese reichlich **Vitamin E** und ungesättigte Fettsäuren enthalten – beides Substanzen, die das Herz stärken und schützen.

Nervöse Herzbeschwerden

Während angenehme Ereignisse das Herz vor Freude höher schlagen lassen, verursachen Angst, Aufregung oder Stress nervöse Herzbeschwerden. Der Herzschlag ist unregelmäßig, das Herz „klopft, sticht oder stolpert“. Natürliche Arzneien sind wohltuende Helfer.

- Eine Tasse **Baldriantee** am Tag, am besten abends, beruhigt das Herz: 2 TL zerkleinerte Baldrianwurzel mit einer Tasse kaltem Wasser übergießen, einige Stunden stehen lassen, dann abseihen. Den Tee erwärmen und in kleinen Schlucken langsam trinken.
- Auch ein **Tee aus Wacholderbeeren** wirkt beruhigend: 1 TL zerdrückte Wacholderbeeren mit einer Tasse kochendem Wasser übergießen, 10 Minuten ziehen lassen, abseihen und schluckweise trinken. Davon 2–3 Tassen am Tag frisch zubereiten und trinken.
- **Kümmel- oder Melissentee** lindern ebenfalls nervöse Herzbeschwerden und werden schnell und einfach aus frischen Zutaten oder aber aus Teebeuteln zubereitet.
- Zu Hause immer verfügbar: Ein Glas mit **stillem Mineralwasser** und frischem Zitronensaft beruhigt das Herz. Überhaupt sollte man ausreichend trinken.
- **Ätherische Öle** (Anis, Lavendel, Ackerminze, Orange, Rose) – Bädern zugesetzt oder in Duftlämpchen angewendet – wirken beruhigend und entspannend.

Heuschnupfen

Pollenallergiker sehen dem Erwachen der Natur im Frühjahr mit gemischten Gefühlen entgegen, denn mit dem Blütenreichtum stehen Niesanfälle, juckende Schleimhäute, gerötete, tränende Augen und in schweren Fällen sogar allergisches Asthma nun wieder auf der Tagesordnung. Viele Hausmittel gegen die lästigen Beschwerden haben sich schon seit Jahrzehnten bewährt.

Hausmittel

- Zur Harmonisierung des Immunsystems kann eine **Kur mit Schwarzkümmelöl** beitragen. Dazu über einen Zeitraum von 3 Monaten dreimal täglich je 2 Kapseln (aus der Apotheke) einnehmen.
- Auch die Ernährung spielt eine wichtige Rolle, insbesondere im Vorfeld der Heuschnupfenzeit: **Vitamin C** (frisches Obst, Salat und Gemüse) und **Magnesium** (Nüsse, Milch- und Getreideprodukte) stärken das Immunsystem, sodass allergische Reaktionen weniger stark ausfallen.
- Des Weiteren hilft bei Heuschnupfen der weitgehende **Verzicht auf tierisches Eiweiß**, Honig und Tee, der aus Kräutern zubereitet wird, da all diese Stoffe ein hohes Allergiepotenzial bergen.
- Wenn die Nase juckt, kann eine **Nasenspülung mit Kochsalz** helfen: Dazu löst man 1 TL Kochsalz in 200 ml warmem Wasser auf. Die Salzlösung in eine Kanne mit langem dünnem Hals oder in eine Nasendusche füllen. Das Salzwasser mehrmals abwechselnd in die Nasenlöcher hinein- und wieder herauslaufen lassen. Nasenspülungen wendet man am besten vor dem Zubettgehen an.
- Altbewährt bei Heuschnupfen ist **Apfelessig**. Man gibt 1 TL Apfelessig in 1/2 Glas Wasser und trinkt diese Mischung langsam, am besten morgens.
- **Brennende Augen** erfahren wirkungsvolle Hilfe, wenn man einen feuchten Lappen darauflegt – dieser kann nach Belieben kalt oder warm sein, je nachdem, was man als angenehmer empfindet.

Verhaltenstipps

Folgende Tipps tragen dazu bei, den allergieauslösenden Pollen möglichst wenig ausgesetzt zu sein.

- Nur nachts und **stoßweise lüften**; tagsüber könnten zu viele Pollen in die Wohnung gelangen.
- Die **Wäsche nicht im Freien trocknen**, denn auf der feuchten Oberfläche bleiben Pollen besonders gut haften.
- Nach einem Aufenthalt im Freien zu Hause nach Möglichkeit sofort die **Kleidung wechseln**.
- In der Mittagszeit ist der Pollenflug am stärksten; in dieser Zeit nicht nach draußen gehen.
- Teppiche **häufig saugen** – der Staubsauger sollte einen Allergiefilter haben – und Böden regelmäßig wischen.
- Blühende Pflanzen und Schnittblumen in der Wohnung vermeiden, da auch sie Pollen verbreiten.
- Vor dem Schlafengehen die **Haare waschen**, damit keine Pollen auf das Kopfkissen gelangen.
- **Auf das Rauchen verzichten**. Nikotin erhöht die Anfälligkeit für Allergien bzw. verstärkt die Beschwerden.

Auf Haselpollen reagieren Schleimhäute von Allergikern besonders empfindlich.

Insektenstiche

Auch der schönste Sommertag hat seine Schattenseiten, wenn man von Bienen, Wespen oder Mücken gestochen wird. Aus Großmutters Zeit sind unzählige Hausmittel überliefert, die wirksam den Schmerz und die Schwellung bekämpfen sowie den Juckreiz lindern.

Gut zu wissen

Zeckenbiss

Zecken müssen im Fall eines Bisses rasch mitsamt dem Kopf entfernt werden. Dazu fasst man sie mit einer Pinzette oder Zeckenzange möglichst nah an der Haut und zieht sie langsam heraus. Bleibt der Kopf stecken, muss der Arzt aufgesucht werden. Dies gilt auch, wenn Tage oder Wochen nach dem Biss eine Rötung beobachtet wird, die sich kreisförmig um die Bissstelle ausbreitet – dies kann ein erster Hinweis auf Borreliose sein.

Während ein Mückenstich lästig, aber harmlos ist, sind Stiche von Bienen, Wespen oder Hornissen deutlich unangenehmer. Bei einem Stich in den Mund oder Hals droht Erstickungsgefahr; auch für Allergiker kann ein Stich lebensgefährlich sein – in diesen Fällen muss sofort der Notarzt gerufen werden. Ansonsten kann man getrost auf den Erfahrungsschatz der Hausmedizin zurückgreifen.

Hausmittel

- Bei Stichen von Bienen, Wespen oder Hornissen Stachel entfernen und die Einstichstelle unter **fließendem Wasser**, mit einem **Kühlpack** oder mit in ein Tuch gewickelten **Eiswürfeln** kühlen.
- Nach einem Insektenstich die betroffene Stelle sofort mit etwas Speichel befeuchten, dann einen **feuchten Würfelzucker** daraufdrücken.
- Um eine Schwellung zu verhindern, frische **Zwiebel-** oder **Zitronenscheiben auflegen**.
- **Teebaumöl** desinfiziert und hemmt Entzündungen: 1 Tropfen auf die Einstichstelle geben.
- Eine dicke **Paste aus Backpulver und Wasser** auf die Einstichstelle streichen.

Aromaöle wie Lavendel- und Teebaumöl helfen gut gegen Insektenstiche.

- 2 Tropfen **Zitronenöl** mit 1 TL **Honig** verrühren und großzügig auf die Einstichstelle streichen, um einer Entzündung vorzubeugen.
- Gegen Schwellung und Juckreiz ein Baumwolltuch mit klarem **Schnaps** oder **Kölnisch Wasser** tränken und auf die betroffene Stelle legen.
- Praktisch, wenn man gerade unterwegs ist: An so gut wie jedem Wegesrand wächst **Huflattich** oder **Spitzwegerich** – einfach ein Blatt davon **zwischen den Fingern zerreiben** und auf die Einstichstelle drücken.
- Bei Zeckenbissen nach dem Entfernen der Zecke die Einstichstelle mit einigen Tropfen **Teebaumöl, Jod oder Alkohol desinfizieren**.

Vorbeugung

- **Nicht** nach Bienen oder Wespen **schlagen**.
- Im Freien nur aus einem durchsichtigen Glas oder **mit Strohhalm trinken**, um keine Wespe zu verschlucken.
- Nach dem Picknick die **Essensreste rasch verpacken**, damit der Geruch keine Insekten anzieht.
- Die Nähe von **Abfallkörben** und Mülleimern meiden.
- Mit duftenden **Parfüms oder Haarsprays** zurückhaltend sein – sie ziehen Insekten magisch an.
- Beim Wandern möglichst **langärmlige Kleidung** und lange Hosen tragen.
- **Verschwitzte Kleidung wechseln** – Schweiß ist für Insekten ein attraktiver Duft.
- **Nicht barfuß** über blühende Sommerwiesen laufen.
- In **Zeckengebieten** besser nicht durch hohes Gras oder Gestrüpp gehen.

Kopfschmerzen

Kopfschmerzen sind keine Krankheit, sondern lediglich ein Symptom, das viele Ursachen haben kann. In den meisten Fällen ist es nicht notwendig, zu Schmerztabletten zu greifen – es gibt unzählige, seit Jahrzehnten bewährte Hausmittel, die sanft, rasch und nachhaltig helfen.

Auslöser für Kopfschmerzen gibt es viele, etwa Stress, Überanstrengung, Wetterfühligkeit, niedriger Blutdruck, Erkältungen, Zahn- und psychische Probleme. Spannungskopfschmerzen beruhen auf einer Verkrampfung der Nacken- und Schultermuskulatur und lassen sich gut mithilfe der Akupressur behandeln. Die Migräne nimmt eine Sonderstellung unter den Kopfschmerzen ein und äußert sich als halbseitiger, pulsierender, oft von Licht- und Lärmscheu, Übelkeit, Sehstörungen und neurologischen Ausfällen begleiteter Schmerz. Mögliche Auslöser sind Nahrungsmittel wie Alkohol (Rotwein), Kaffee, Käse und der Geschmacksverstärker Glutamat, außerdem Schlafmangel, Stress und hormonelle Einflüsse. Treten unerklärliche Kopfschmerzen über einen längeren Zeitraum wiederholt auf, sollte unbedingt der Arzt aufgesucht werden.

Hausmittel

- Einige Minuten auf dem Sofa ausruhen und dabei in ein Tuch gewickelte **Eiswürfel auf die Stirn** legen.
- Schläfen, Stirn und Nacken mit ein paar Tropfen **Melissengeist, Pfefferminz-, Nelken-** oder **Rosmarinöl** einreiben (nicht geeignet für Neurodermitiker und Kinder unter 2 Jahren).
- Schale einer unbehandelten **Zitrone** mit der Innenseite einige Minuten auf die Schläfen legen. Zuvor die weiße Innenhaut entfernen.

Bei Kopfschmerzen, die auf Verspannungen beruhen, helfen heiße Nackenkompressen.

AKUPRESSUR

1 Die gut tastbare Vertiefung 1 1/2 Fingerbreit hinter und knapp unter dem äußeren Ende der Augenbrauen mit dem Zeigefinger im Uhrzeigersinn sanft massieren (1 Minute lang).

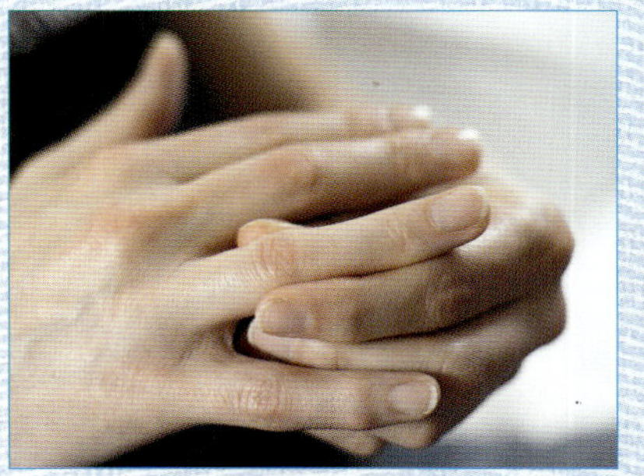

2 Dann das Mittelgelenk des Ringfingers an der dem kleinen Finger zugewandten Seite mit einer Fingerkuppe 1 Minute im Uhrzeigersinn massieren.

Bewährt bei Kopfweh: ein mit dem Saft einer halben Zitrone versetzter Espresso.

- Ein Baumwolltuch mit frisch gepresstem **Spitzwegerichsaft** beträufeln und als Stirnband um den Kopf legen.
- Für eine heiße, entspannende Nackenkompresse werden **Leinsamen, gehackte Zwiebeln** (beides im Wasserdampf oder im Mikrowellengerät erwärmen) oder zerdrückte, noch **heiße Kartoffeln** in ein Baumwolltuch eingeschlagen und so lange in den Nacken gedrückt, bis die Kompresse abgekühlt ist.
- Bei starken und häufig wiederkehrenden Kopfschmerzen **kalten Quark** oder frisch **geriebenen Meerrettich** auf ein Tuch streichen, zusammenrollen und als Packung in den Nacken legen.
- Heftige, plötzliche Kopfschmerzattacken mit **ansteigenden Fußbädern** bekämpfen: Dazu die Füße knöcheltief in 30–32 °C warmes Wasser stellen und nach und nach heißes Wasser zugießen, bis eine Endtemperatur von 40 °C erreicht ist. Die Anwendung dauert etwa 15 Minuten.
- Frisch gekochter **Tee aus Silberweidenrinde** enthält Salizin, einen natürlichen Verwandten der Azetylsalizylsäure, die in vielen gängigen Schmerzmitteln enthalten ist. Die Zubereitung nach Großmutters Art ist einfach: 1 TL Silberweidenrinde in 250 ml kaltem Wasser erhitzen und kurz aufkochen lassen. Den Tee 5 Minuten ziehen lassen, abseihen und schluckweise trinken (mehrmals täglich eine Tasse).
- Bei den ersten Anzeichen von Kopfschmerzen **10 süße Mandeln gut kauen** und dann erst hinunterschlucken.
- Naht eine Migräneattacke, legt man sich am besten in ein **ruhiges, dunkles Zimmer**.

Wacholderbeerentee

Man nimmt:

3–4 g Wacholderbeeren
1 Tasse Wasser

Die Wacholderbeeren zerdrücken und mit kochendem Wasser übergießen. Den Tee 5 Minuten ziehen lassen, abseihen und schluckweise trinken (dreimal täglich eine Tasse, aber nicht in der Schwangerschaft oder bei Nierenerkrankungen zu sich nehmen).

Vorbeugung

- **Nikotin meiden**, da es die Blutgefäße verengt.
- Sich **bei Alkohol zurückhalten**, da dessen toxische Abbauprodukte die Gefahr von Kopfschmerzen erhöhen.
- **Kaffee nur in Maßen** trinken; zu viel davon verursacht Kopfschmerzen.
- **Rotwein** und **Schokolade** können bei empfindlichen Menschen Kopfschmerzen auslösen.
- Täglich eine Tasse **Johanniskrauttee trinken**, dadurch wird Stress abgebaut und somit einer der Hauptauslöser von Kopfschmerzen beseitigt.
- Auf **ausreichend Schlaf** und **Erholung** achten.
- **Bewegung** (Joggen, Walking, Rückenschwimmen) fördert die Durchblutung und baut Stress ab.
- Vorbeugend bei einer Migräneattacke, im akuten Stadium aber auch krampflösend, wirken **Präparate mit Pestwurzextrakt** oder **Magnesium** (aus der Apotheke).

Krampfadern

Die häufig auftretende Erweiterung der Beinvenen beruht auf einer mangelhaften Funktion der Venenklappen, wodurch ein Blutrückstau in den Beinen entsteht. Da sich Krampfadern nicht mehr rückgängig machen lassen und nur der weitere Krankheitsverlauf gestoppt werden kann, ist die Vorbeugung ebenso wichtig wie die Behandlung.

Hausmittel

- Ganz wichtig: **Beine möglichst oft hochlagern**, um das in den Venen gestaute Blut zum Abfließen zu bringen.
- 250 ml lauwarmes Wasser mit 1 EL **Sahne** und 5 Tropfen **Zitronenöl** verrühren. Leinentücher damit tränken, leicht ausdrücken und als Umschlag um die Waden legen.
- Die Beine von unten nach oben massieren: Dazu je 5 Tropfen **Zypressen-, Lavendel-** und **Wacholderöl** mit 50 ml **Olivenöl** mischen.
- Schwere Beine mit **Franzbranntwein** einreiben.
- Auf geschwollene Beine **Quark** (mit etwas **Buttermilch** verrührt) auftragen und mit einem Tuch umwickeln.
- Beine zweimal täglich mit **Ringelblumensalbe** einreiben.
- Präparate mit **Rosskastanienextrakten** oder **Steinkleekraut** (Apotheke) bekämpfen das Schweregefühl in den Beinen und wirken abschwellend.
- Das Fußende des Bettes hochstellen oder die Füße auf einem **Keilkissen** lagern, um den Venenrückfluss zu fördern.

Vorbeugung

- **Langes Stehen und Sitzen vermeiden.**
- Vom Arzt verordnete **Kompressionsstrümpfe tragen.**
- Auf einen Stuhl setzen, die Beine ausstrecken und die Füße mehrfach anwinkeln und strecken, um die **Venenpumpe** zu **aktivieren**.
- Wandern, Schwimmen, Radfahren oder Skilanglauf stärken die **Wadenmuskulatur** und fördern den Blutfluss.
- **Treppensteigen** ist aktives Training der gesamten Wadenmuskulatur – Aufzüge oder Rolltreppen meiden!
- **Nicht heiß baden** oder in die Sauna gehen.

Wassertreten im Naturkneippbecken lindert die mit Krampfadern verbundenen Beschwerden im Handumdrehen.

Kalter Knieguss

1 Den kalten Wasserstrahl der Dusche (bei abgenommenem Duschkopf) außen am rechten Bein entlang vom Fußrücken bis eine Handbreit über dem Knie führen. 10 Sekunden dort verweilen.

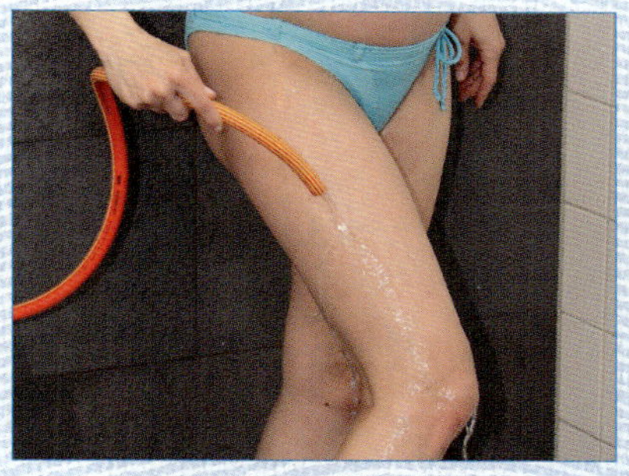

2 Den Strahl an der Innenseite des Beines wieder abwärtsführen.

3 Mit dem linken Bein ebenso verfahren.

4 Zum Schluss beide Fußsohlen kurz abgießen.

5 Das Wasser abstreifen und warme Wollsocken anziehen. Eine 20-minütige Ruhepause einlegen.

MAGENBESCHWERDEN

Die Hektik unserer Zeit, falsche Ernährung und zu wenig Bewegung schlagen auf den Magen. Am besten lässt man es gar nicht erst so weit kommen. Auch wenn bereits Beschwerden vorliegen, muss man nicht gleich zu Pulvern und Tabletten greifen – der sensible Magen reagiert sehr gut auf die sanften Arzneien, die die Natur zur Verfügung stellt.

Gut zu wissen

Ernährungsirrtum

Entgegen früherer Annahme ist bei einer Magenschleimhautentzündung keine spezielle Diät einzuhalten. Die bisher übliche Schonkost aus Eiern und Milchprodukten kann sogar mehr schaden als nutzen, da Milch zwar unmittelbar nach dem Verzehr die Magensäure neutralisiert, doch bereits wenige Minuten später Kalziumionen an die Magenwände abgibt, was die Säureproduktion anregt. Heute ist man der Meinung, dass der Patient alles essen darf, was ihm bekommt.

Magenschleimhautentzündung

Da Stress sowie Nikotin, Koffein und Alkohol die Magenwände angreifen, empfiehlt es sich, für Entspannung zu sorgen (hier steht Bewegung an erster Stelle) und auf unnötige Reizstoffe zu verzichten. Wer zudem viel Mineralwasser und ungesüßte Kräutertees trinkt – mindestens 2 l am Tag sollten es schon sein –, sich gesund ernährt und nicht zu viel auf einmal isst, hat schon viel für seinen Magen getan.

- Schluckweise **Fenchel-, Kamillen-, Melissen-** oder **Pfefferminztee** zum Essen und zwischendurch trinken.
- Aus 1 TL **Süßholzwurzel** und 1 TL **Baldrian** kann man einen entzündungshemmenden Tee zubereiten: Dazu die Zutaten mit 250 ml kochendem Wasser überbrühen und zugedeckt 10 Minuten ziehen lassen. Abseihen und jeweils eine Tasse langsam zu den Hauptmahlzeiten trinken (nicht in der Schwangerschaft anwenden).
- Eine **Rollkur mit Kamillentee** hilft sowohl bei nervösem Magen als auch bei einer Magenschleimhautentzündung.
- Dass **Haferbrei** und **Haferschleimsuppe** der angegriffenen Magenschleimhaut guttun, wusste schon die Großmutter und griff regelmäßig auf dieses Hausmittel zurück.
- **Vitamin A** baut die geschädigte Schleimhaut der Magenwände wieder auf. Karotin, die Vorstufe, aus der der Körper Vitamin A produziert, ist etwa in Möhren, Grünkohl, Feldsalat, Spinat, Paprikaschoten, Aprikosen und Honigmelonen enthalten.
- Schmerzlindernd wirkt eine **Bauchmassage** in leicht kreisenden Bewegungen. Dazu 1 EL Mandelöl mit 3–4 Tropfen Kamillenöl mischen und als Massageöl verwenden.
- Wohltuend bei einer Magenschleimhautentzündung sind auch **heiße Auflagen** (Wärmflasche oder Heublumensack) und eine anschließende **Kaltwaschung**. Für die Waschung einen Waschlappen in 12–16 °C kaltes Wasser tauchen und den Oberkörper damit zügig abreiben, sodass ein Wasserfilm auf der Haut zurückbleibt. Nicht abtrocknen, sondern ein T-Shirt überziehen und gut zugedeckt im Bett wieder aufwärmen.

Magenverstimmung

Auf zu üppiges, zu fettes, zu scharf gewürztes oder zu stark gebratenes Essen reagiert der Magen mitunter beleidigt, ebenso, wenn das Essen hastig hinuntergeschlungen wird.

Wer den Magen zu fettreiche Mahlzeiten zumutet, riskiert lästige Beschwerden.

Die Folge können Sodbrennen, Völlegefühl, Übelkeit und Bauchschmerzen sein. Gegen diese Beschwerden helfen neben den klassischen Hausmitteln wie Pfefferminz- und Fencheltee eine Änderung der Essgewohnheiten und weitere sanfte Mittel aus der Natur.

- Ein tägliches **Gläschen Verdauungswein**, morgens auf nüchternen Magen getrunken, beugt einer Magenverstimmung vor. Dazu werden 125 g Honig und 1 l Rot- oder Weißwein langsam zum Kochen gebracht. Dann gibt man 50 ml Wermutsaft dazu und lässt die Mischung nochmals kurz aufkochen. Den Wein noch heiß in sterile Flaschen füllen und gut verschließen.
- **Heilerde** ist ein altbewährtes Hausmittel. 1 TL davon in etwas Pfefferminztee oder Wasser auflösen und nach dem Essen **trinken**.
- Ein **Tee aus Holunderblüten, Lindenblüten** und **Pfefferminze** (zu gleichen Teilen gemischt) entkrampft und beruhigt den Magen. Zur Zubereitung 1 TL der Mischung mit 250 ml kochendem Wasser überbrühen.
- Schwarzer **Tee mit einer Prise Salz** und einem Stück Zwieback beruhigen den Magen.
- Bei Übelkeit 1 TL **Melissengeist** auf ein Stück Würfelzucker geben und einnehmen.
- Eine sanft kreisende **Bauchmassage mit Kamillen- oder Lavendelöl** (3–4 Tropfen mit 1 EL Mandelöl vermischt) lindert Schmerzen und entspannt.

Nervöser Magen (Reizmagen)

Mit dem Begriff Reizmagen bezeichnet der Mediziner eine ganze Reihe von Oberbauchbeschwerden, die jedoch auf keine erkennbare organische Störung zurückgehen. Welche Ursachen diese Beschwerden auslösen, ist nicht detailliert geklärt, doch mit hoher Wahrscheinlichkeit haben Stress und Hektik einen gewichtigen Einfluss. Diese nimmt der Magen genauso übel wie eine falsche Ernährung und reagiert mit heftigen Schmerzen im Oberbauch. Mit einer Umstellung der Lebensgewohnheiten lässt sich der Reizmagen in der Regel rasch kurieren. An erster Stelle steht Stressabbau. Kleine Pausen im Arbeitsalltag können schon viel helfen, aber auch das Erlernen von Entspannungstechniken ist hilfreich. Ebenso wichtig ist eine Änderung der Essgewohnheiten:

- Um sich und seiner Verdauung etwas Gutes zu tun, sollte man **für die Mahlzeiten genügend Zeit einplanen**.
- Auf allzu üppige Mahlzeiten verzichten und die Nahrungszufuhr auf **mehrere kleine Mahlzeiten** pro Tag verteilen.
- Gift für den Reizmagen sind **Alkohol** und **Zigaretten**.
- **Kaffee** und **Schwarztee** sollten eher die Ausnahme sein.
- **Scharfe Gewürze meiden**, ebenso Süßigkeiten, Geräuchertes, Schmalzgebackenes oder stark Gebratenes.
- Damit sich der Reizmagen beruhigt, vor jeder Mahlzeit ein Glas rohen **Weißkohlsaft** (Reformhaus) **trinken**.
- Quälende Magenschmerzen bessern sich, wenn man mehrmals täglich etwas **geschroteten Leinsamen** mit Wasser zu einem dünnflüssigen Brei verrührt und einnimmt; dazu viel trinken.
- Gute Erfolge erzielt man mit einer morgendlichen **Kamillenrollkur**, die mehrere Tage lang durchgeführt wird.

Wer statt fetthaltiger Speisen auf Frischkorn und Ballaststoffe setzt, hat schon viel dafür getan, den Magen ins Gleichgewicht zu bringen.

KAMILLENROLLKUR

1. Morgens aus 2–3 TL getrockneter Kamille und 250 ml Wasser Tee kochen.
2. Wieder ins Bett gehen und den Kamillentee auf nüchternen Magen schluckweise trinken.
3. 5–10 Minuten auf dem Rücken liegen bleiben, dann jeweils ebenso lange auf die linke Seite, den Bauch und die rechte Seite legen.
4. Zusätzlich tagsüber immer wieder Kamillentee trinken.

Die perfekte Hausapotheke

Zur Ausstattung einer Hausapotheke sind nicht ausschließlich teure Fertigpräparate nötig, auch einfache Mittel aus der Natur können im Ernstfall wertvolle Dienste leisten. Viele Kräuter sind wahre Multitalente und daher eine sinnvolle Ergänzung.

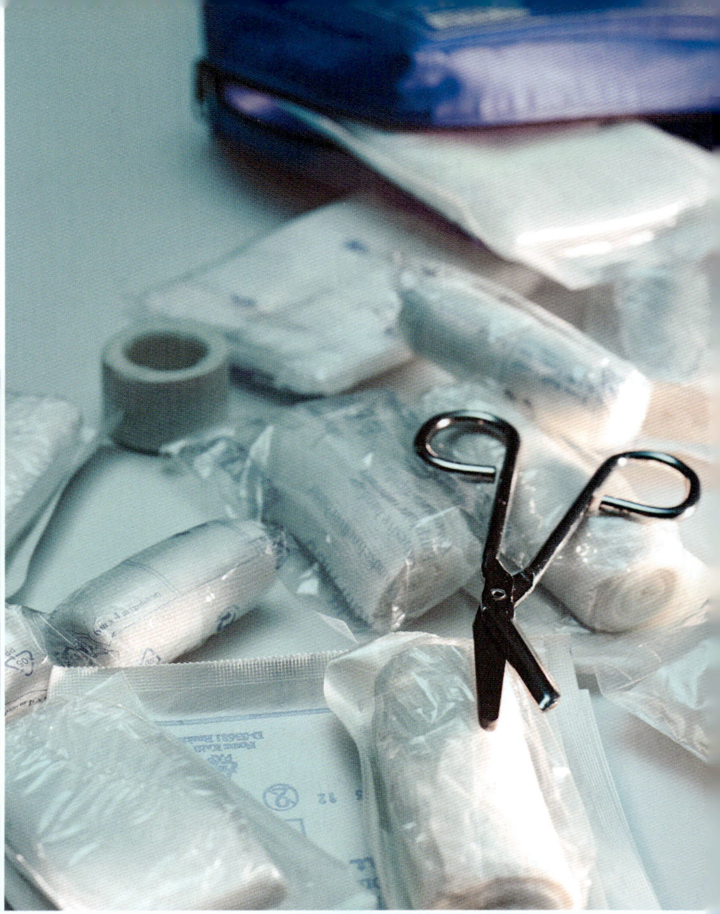

Empfehlenswerte Fertigpräparate

Für Beschwerden, die rasches Eingreifen erfordern, sollten Sie folgende Medikamente parat haben:

- Tabletten oder Zäpfchen gegen Fieber
- Desinfektionsmittel für kleinere Verletzungen
- Schmerztabletten
- Mittel gegen Verstopfung und Durchfall
- Brand- und Wundgel

Spartipp

Fragen Sie in der Apotheke immer nach günstigeren Generika (Nachahmerpräparaten).

Wichtige Materialien

Zur Grundausstattung einer Hausapotheke gehören:

- Wärmflasche
- Fieberthermometer
- Einmalhandschuhe
- Pinzette, Verbandschere
- Heftpflaster in verschiedenen Größen
- sterile Kompressen
- Mullbinden, elastische Binden
- Verbandsklammern, Sicherheitsnadeln
- Dreiecktuch
- Augenklappe

Heilmittel aus der Natur

Die Grundausstattung der Hausapotheke kann man sehr gut mit Mitteln aus der Natur ergänzen.

- Folgende ätherische Öle sollten in jeder Hausapotheke vertreten sein: Johanniskrautöl (Nervosität/Depressionen), Teebaumöl (Wundheilung), Eukalyptusöl (Atemwege). Jeweils 3–5 Tropfen davon nimmt man für Umschläge, als Badewasserbeigabe oder zur Inhalation. Naturreine Öle erhält man in der Apotheke oder im Reformhaus.
- Die wichtigsten Tinkturen, die in jeder Hausapotheke vorhanden sein sollten, werden auf der Basis von Ringelblume, Kamille und Johanniskraut hergestellt. Sie können innerlich und äußerlich angewandt werden. Kamille lindert z. B. Magen- oder Erkältungsbeschwerden, Ringelblume Verdauungsbeschwerden und Johanniskraut hilft gegen Nervosität und Depressionen. Als Faustregel für die innerliche Anwendung gilt: dreimal täglich 10 Tropfen. Zur äußerlichen Behandlung z. B. von Hautverletzungen werden oben genannte Tinkturen in der Regel im Verhältnis 1:4 verdünnt und als Kompresse angewandt. Sie können aber auch dem Badewasser zugesetzt werden, z. B. die Kamille bei Schlaflosigkeit oder Stress. Zudem kann man Tinkturen leicht auf Vorrat herstellen: Man benötigt dazu 15–20 g Kräuter pro 100 ml 70%igem Alkohol sowie dunkle, gut verschließbare Glasflaschen zur Aufbewahrung. Kühl gelagert halten sie etwa 1 Jahr.
- Aus 1 TL getrockneten Blüten und Blättern diverser Kräuter und 250 ml heißem Wasser lassen sich heilsame Tees für Beschwerden aller Art zubereiten:

Kamille	bei Magen- und Darmbeschwerden
Lindenblüten	bei fieberhaften Erkältungskrankheiten, Magen- und Darmkrämpfen, Nervosität
Melisse	bei Schlafstörungen, nervösen Magen-Darm-Beschwerden, Nervosität
Pfefferminze	bei Übelkeit, Erbrechen, Magenschleimhautentzündung, Blähungen
Spitzwegerich	bei Husten, Heiserkeit, Keuchhusten

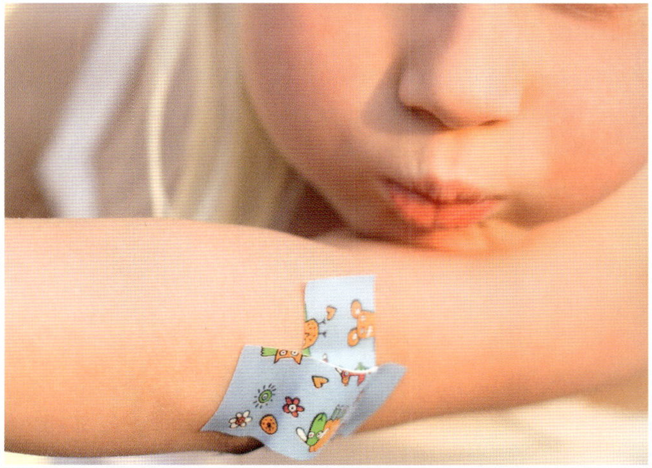

Notfallnummern

Jede Hausapotheke sollte auch die wichtigsten Notfallnummern enthalten: Rettungsdienst, Hausarzt, nächstgelegenes Krankenhaus/Giftnotfallzentrum, ärztlicher Notdienst und Apotheke.

Richtig aufbewahrt

Die Hausapotheke sollte sich an einem trockenen, dunklen und möglichst kühlen Ort in der Wohnung befinden oder in einem abschließbaren Kästchen – am besten unerreichbar für Kinder. Wichtig ist eine regelmäßige Überprüfung des Inhalts, etwa ob das Verfallsdatum von Medikamenten abgelaufen oder der Inhalt noch für eine Erstversorgung im Notfall vollständig ist.

Spartipp

Ziehen, ernten und trocknen Sie Ihre Heilkräuter selbst.

Mundgeruch

Schlechter Atem ist unangenehm – für die anderen mehr als für einen selbst. Man kann viel dagegen tun, um Mundgeruch bereits im Vorfeld zu verhindern. Ist es jedoch schon dazu gekommen, kennt man verlässliche Mittel aus dem Kräutergarten, die den Atem rasch wieder frisch machen.

ANISMUNDWASSER

1. 2 EL Anissamen in 100 ml Wasser aufkochen und abkühlen lassen.
2. Die Mischung durch einen Kaffeefilter abseihen und die Samen gut ausdrücken.
3. Den Sud mit 40 ml 45%igem Alkohol und 50 ml Rosenwasser mischen und in eine dunkle Flasche füllen.
4. Immer nach dem Zähneputzen einen Spritzer davon in ein Glas Wasser geben und den Mund gründlich spülen.

Ob man Mundgeruch hat oder nicht, merkt man meist nicht selbst und in der Regel wird man auch von niemandem darauf aufmerksam gemacht. Aber man kann seinen Atem mit einem einfachen Test rasch prüfen: Dazu hält man die hohle Hand vor den Mund, haucht hinein, hält schnell die Hand vor die Nase und kontrolliert die ausgeatmete Luft.

Hausmittel

- Nach dem Zähneputzen regelmäßig Mundwasser verwenden: Dazu ein paar Tropfen **Kamillen-, Pfefferminz-, Salbei-** oder **Melissenöl** in ein Glas Wasser geben und den Mund damit spülen.
- Den Mund bei morgendlichem Mundgeruch gleich nach dem Aufstehen **mit Apfelessig** (1 TL auf ein Glas Wasser) gründlich **spülen**.
- Wer tagsüber unter Mundgeruch leidet, sollte ab und zu ein wenig **Petersilie kauen** – damit wird der Atem rasch wieder frisch.
- Ein bewährtes Hausrezept aus Großmutters Zeit ist das **Kauen einer Kaffeebohne**, die danach allerdings wieder ausgespuckt werden muss.
- Mundgeruch verschwindet, wenn man **Dill-, Anis-** und **Fenchelsamen** mischt und gelegentlich einige Körner davon zerkaut.
- Ein **Apfel** schmeckt, macht den Atem frisch und ist obendrein noch gesund.
- Unterwegs ab und zu **Pfefferminz-** oder **Eukalyptusbonbons lutschen**.

Wer regelmäßig mit Zitronenwasser gurgelt, beseitigt nicht nur Mundgeruch, sondern auch unangenehme Mundtrockenheit. Alternativ kann man ein Stück Zitrone kauen.

Vorbeugung

Zunächst sollte man überlegen, ob Verdauungsstörungen oder Zahnfleischerkrankungen die Ursache des Mundgeruchs sein könnten – in diesem Fall kann nur der Gang zum Arzt das Übel beseitigen. Unangenehmen Atem aufgrund von Hygiene- oder Ernährungsfehlern dagegen beseitigt man am besten durch konsequentes Handeln.

- Zusätzlich zum Zähneputzen die Zahnzwischenräume mit **Zahnseide** und der **Munddusche** reinigen.
- **Regelmäßig essen und trinken** – bei vielen Menschen tritt Mundgeruch auf, wenn der Magen leer ist.
- Wer regelmäßig **Joghurt** isst, neigt deutlich weniger zu Mundgeruch als Menschen, die dies nicht tun.

Muskelschmerzen

Ungewohnte körperliche Belastungen rächen sich am folgenden Tag oftmals mit einem kräftigen Muskelkater. Ebenfalls auf eine Überlastung zurückgehen können Muskelkrämpfe; ihnen liegt jedoch mitunter auch eine Durchblutungsstörung oder ein Mineralstoffmangel zugrunde.

Vor intensivem Sport sollte man sich aufwärmen und die Muskeln mit Teebaumöl einreiben.

Muskelkater

Der Muskelkater ist eine zwar harmlose, aber unangenehme Erscheinung, die nach einigen Tagen von selbst verschwindet und vor allem durch Wärmeanwendungen gelindert wird. Wer regelmäßig trainiert und sich fit hält, bleibt von diesem Übel weitgehend verschont.

- In der akuten Phase ist **Schonung** angezeigt, da schmerzende Muskeln nur eingeschränkt funktionstüchtig sind und weitere anhaltend starke Belastungen ein erhebliches Verletzungsrisiko in sich bergen würden.
- Ein **heißes Vollbad** bringt rasche Besserung. Geeignete Zusätze sind Heublumen oder Moor (aus der Apotheke) sowie Fichtennadel- oder Latschenkieferextrakte.
- Ein **warmer Umschlag** mit Arnikatinktur mildert den Schmerz: Zuerst ein Tuch mit heißem Wasser tränken und auswringen, dann etwas Arnikatinktur daraufgeben und auf die schmerzenden Muskeln legen.
- Zur besseren Durchblutung die betroffenen Muskeln **mit Bienengiftsalbe** aus der Apotheke **einreiben** (Achtung: auf keinen Fall bei Allergieneigung anwenden).
- Durch **reichliche Flüssigkeitszufuhr** werden überschüssige Säuren ausgeschwemmt und der Körper wird mit wichtigen Mineralstoffen versorgt. Am besten eignen sich dazu Kräutertees sowie Gemüse- und Fruchtsäfte, die mit natriumarmem Mineralwasser verdünnt werden.

Muskelkrämpfe

- Um bei einem Wadenkrampf das Bein zu lockern, den **Muskel vorsichtig gegen die Krampfrichtung dehnen** und dann einige Schritte auf und ab gehen. In hartnäckigen Fällen setzt man sich auf den Boden, zieht die Zehen zu sich heran und streckt das Bein ganz durch. Danach den Muskel leicht massieren.
- Für eine **krampflösende Massage** eignen sich Salben, die Menthol-, Kampfer- oder Rosskastanienextrakte enthalten, ebenso ätherische Öle mit Johanniskraut, Eukalyptus, Fichtennadeln oder Thymian.
- Eine **Kur mit Apfelessig** versorgt den Körper mit Mineralstoffen: Mindestens 4 Wochen lang abends 2 TL Apfelessig (auf ein Glas Wasser) trinken.
- Das für die Muskeln wichtige **Magnesium, Kalium** und **Kalzium** ist reichlich in Fenchel, Brokkoli, Bananen, Trockenfrüchten, Haferflocken, Nüssen, Milch, Quark und Käse enthalten.
- Gehen die Krämpfe auf einen Magnesiummangel zurück, kann in ärztlicher Absprache die gezielte **Einnahme von Magnesium** in Form von Brausetabletten sinnvoll sein.

Wacholderspiritus

Man nimmt:

100 g Wacholderbeeren
1 l 45%igen Alkohol

Wacholderbeeren mit dem Alkohol übergießen und in einer hellen Glasflasche im Sonnenlicht 3–4 Wochen ziehen lassen, dann abseihen. Die schmerzenden Muskeln abends vor dem Schlafengehen damit einreiben.

Nervosität und Ängste

Reizüberflutung, Konflikte und ein mit Terminen überfrachteter Alltag halten die Nerven in ständiger Anspannung. Das Ergebnis sind Nervosität, Schlafstörungen und Ängste. Um das seelische Gleichgewicht wiederherzustellen, leisten Tees, Badezusätze und Duftmischungen hervorragende Dienste.

BERUHIGENDE ATEMÜBUNG

1 Aufrecht auf einen Stuhl setzen, die Füße stehen mit leichtem Abstand nebeneinander auf dem Boden. Die Arme hängen seitlich nach unten.

2 Beim Einatmen durch die Nase die ausgestreckten Arme seitlich ausbreiten und über dem Kopf Handfläche an Handfläche zusammenbringen. Dabei energisch aufstehen.

3 Die Hände so drehen, dass die Handrücken gegeneinander drücken. Den Mund öffnen und die immer noch gestreckten Arme seitlich wieder nach unten senken. Sich dabei langsam wieder setzen und die Luft ausströmen lassen.

4 Einige Sekunden warten, dann die Übung wiederholen (insgesamt zehnmal).

Wenn man sich überlastet fühlt, wirkt oft schon eine kurze Auszeit Wunder, etwa ein entspannendes Bad bei Kerzenlicht oder eine wohltuende Massage. Beherrschen Angst und Nervosität jedoch zunehmend das Leben, sollte man sich nicht scheuen, die Hilfe von Fachleuten in Anspruch zu nehmen.

Hausmittel

- Als **Badezusatz** stabilisieren Baldrian und Melisse das seelische Gleichgewicht, ebenso Lavendel, Bergamotte, Sandelholz oder Zeder. Jeweils vom gewählten ätherischen Öl einige Tropfen ins Badewasser geben.
- Für ein duftendes und entspannendes **Kräuterbad** je 100 g Kamillen-, Linden- und Lavendelblüten 30 Minuten in 2 l Wasser aufkochen. Dann abseihen und den Sud ins heiße Vollbad geben. Wer mag, hört beim Baden Musik.
- Sandelholzöl baut Ängste und Nervosität ab. Für eine **Massage** 3 Tropfen Sandelholzöl mit 1 TL Mandelöl mischen. Die Schulter- und Nackenpartie sowie die Arme und Beine damit sanft massieren.
- Zur Beruhigung der Nerven und für einen erholsamen Schlaf ein **Leinensäckchen mit Hopfenblüten** füllen und unter das Kopfkissen legen.
- Eine beruhigende Mischung für die **Duftlampe** besteht aus je 3 Tropfen Pfefferminz-, Basilikum-, Muskatellersalbei- und Lavendelöl.
- Bei Nervosität einen **Trunk** aus 1 l Buttermilch und 500 ml Kuhmilch zubereiten, 2 EL Zucker zufügen und über den Tag verteilt trinken.

Vorbeugung

- **Entspannungstechniken** wie autogenes Training, Yoga, progressive Muskelentspannung oder Meditationsübungen wirken ausgleichend und beruhigend.
- Auf **ausreichend Schlaf** und **Ruhepausen** achten.
- Den Tag so gestalten, dass **Zeit für einen selbst** bleibt.
- **Bewegung** an der frischen Luft, etwa ein Spaziergang und sanftes Joggen oder Walken, ist gut für die Nerven.
- Ein **maßvolles Sonnenbad** baut Stress ab und entspannt.

Beruhigend wirken Tees aus Melisse, Johanniskraut, Hopfen, Passionsblume oder Baldrian.

Ohrenleiden

Wärme und Heilpflanzen in unterschiedlicher Aufbereitung bilden die Hauptsäulen bei der Behandlung von Ohrenschmalz und -schmerzen. Auch gegen quälende Ohrgeräusche hat die Hausmedizin nützliche Tipps parat, mit deren Hilfe man das Leiden mildern kann.

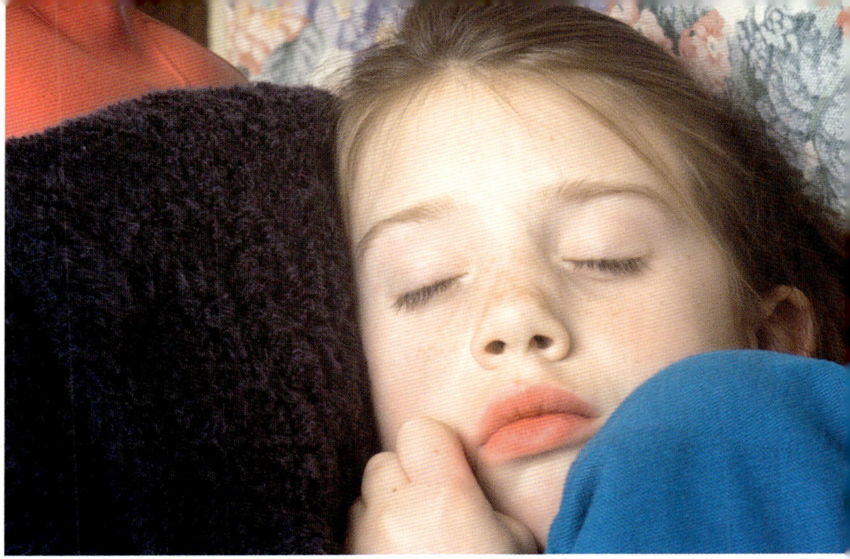

Schmerzt das Ohr, ist zunächst Wärme das Mittel der Wahl.

Schmalzpfropfen

Ohrenschmalz hat die Aufgabe, das Trommelfell zu schützen, ein Austrocknen der Haut zu verhindern und dem Eindringen von Staub und anderen Partikeln vorzubeugen. Im Normalfall reinigt sich das Ohr selbst, doch mitunter sammelt sich das Schmalz im Gehörgang an und bildet einen Pfropf, der sehr hart werden kann. Kommt Wasser hinzu, quillt er auf und der Gehörgang wird teilweise oder ganz verschlossen.

- Um den Pfropf aufzuweichen, etwas leicht erwärmtes **Teebaumöl** oder **Glyzerin** in den Gehörgang träufeln.
- Alternativ einen mit **Johanniskrautöl** getränkten Wattebausch im vorderen Gehörgang platzieren.
- Einige Tropfen **Olivenöl** mit etwas **Zitronensaft** und **Wasser** vermischen. Wenn man davon täglich einige Tropfen handwarm mit einer Pipette ins Ohr träufelt, wird der Propf weich. Denselben Zweck erfüllen Ohrreinigungstropfen aus der Apotheke.
- Die **Entfernung** des Schmalzpfropfens sollte man **Ärzten überlassen** – keinesfalls darf man versuchen, einen Ohrpfropfen mit irgendwelchen Gegenständen zu entfernen.

Ohrenschmerzen

Wer anfällig gegenüber Ohrenschmerzen ist, sollte bei Wind und Kälte nicht ohne Kopfbedeckung aus dem Haus gehen oder sich wenigstens etwas Watte in die Ohren stecken. Beim Schwimmen empfiehlt es sich, eine Badekappe zu tragen oder Wachs- bzw. Silikonstöpsel (Drogerie oder Apotheke) zu verwenden. Bei Ohrenschmerzen, die nicht innerhalb von kurzer Zeit auf eine Selbstbehandlung ansprechen, sowie bei Ohrenschmerzen bei Kleinkindern sollte immer der Arzt konsultiert werden.

- Wärme lindert den Schmerz. Dazu ein **erwärmtes Kirschsteinsäckchen** sanft gegen das schmerzende Ohr drücken, das Ohr mit **Infrarotlicht** bestrahlen oder über Nacht den Kopf auf eine **Wärmflasche** legen.
- Schmerzlindernd wirkt beispielsweise **Nelkenöl**. Etwas Watte damit tränken und im vorderen Gehörgang des schmerzenden Ohres platzieren.
- 3 EL **Senfmehl** mit warmem Wasser zu einem dünnen Brei verrühren. Diesen auf ein Stofftaschentuch streichen und 15 Minuten hinter das erkrankte Ohr legen.
- Für selbst hergestellte Ohrentropfen 3 Tropfen **Teebaumöl** mit 1 EL **Oliven- oder Mandelöl** mischen und im Wasserbad körperwarm erwärmen. Den Kopf zur Seite neigen und die Tropfen mit einer Pipette (aus der Apotheke) ins erkrankte Ohr träufeln.
- **Mädesüßtee** wirkt schmerzlindernd: Täglich 2–3 Tassen davon trinken.

Gut zu wissen

Überholte Methoden

Bei der Reinigung der Ohren sollte man auf Wattestäbchen verzichten – sie schieben das Schmalz nur tiefer in die Ohren hinein. Spülungen, bei denen mit einer Plastikspritze Flüssigkeit ins Ohr eingebracht wird, können das Trommelfell verletzen und dürfen nur vom Arzt vorgenommen werden. Gleiches gilt für den Einsatz von Ohrkerzen zur Reinigung der Gehörgänge.

ZWIEBELWICKEL

1 2 Zwiebeln in Ringe schneiden und in ein Stoffsäckchen füllen.

2 Das Säckchen über Wasserdampf erwärmen.

3 Zwiebeln mit einer Teigrolle quetschen, bis sich das Säckchen mit Saft vollgesaugt hat.

4 Säckchen auf das erkrankte Ohr legen und fixieren.

Um Ohrenschmerzen vorzubeugen, sollte man bei Kälte und Wind stets eine Mütze tragen.

- Schon unsere Großeltern legten sich **rohe Zwiebelscheiben** hinter das Ohr und hielten diese mit einem Stirnband fest – noch heute eine schnelle und elegante Methode.
- Noch wirkungsvoller, aber ein wenig aufwendiger ist ein **Wickel mit zerkleinerten Zwiebeln**, da hier zusätzlich die Wärme den Schmerz lindert. Der Wickel kann mit einem Wollschal oder mit einer Mütze fixiert werden und sollte 30 Minuten auf dem Ohr belassen werden. Dreimal täglich anwenden.

Ohrgeräusche

Mit Ohrensausen oder dem Begriff Tinnitus bezeichnet man Ohrgeräusche wie Rauschen, Summen oder Pfeifen, die man hört, ohne dass eine tatsächliche Schallquelle vorhanden ist. Sie können für den Betroffenen ebenso quälend sein wie die Tatsache, dass chronischer Tinnitus kaum heilbar ist und nur gelindert werden kann. Stress, Lärm und Durchblutungsstörungen gelten als Hauptursache für Ohrgeräusche. In diesen Fällen bringen folgende Maßnahmen Besserung:

- **Entspannungsübungen** und regelmäßige Pausen bewusst in den Alltag einplanen.
- Morgendliche **Wechselduschen** und leichter **Ausdauersport** fördern die Durchblutung – auch die des Innenohrs – und reduzieren so die Geräusche.
- **Reichlich trinken**, um das Blut zu verdünnen und die Durchblutung des Innenohrs zu verbessern.
- Wer dreimal täglich nach dem Essen eine Tasse **Melissentee** trinkt, profitiert von den ätherischen Ölen der Melisse: Sie beruhigen und kräftigen nicht nur, sondern haben bei Ohrgeräuschen nachweislich eine positive Wirkung.
- Durchblutungsfördernde **Ginkgoextrakte** helfen, entfalten ihre Wirkung aber erst nach mehreren Wochen.
- **Lärm meiden**, so gut es geht, um einer Verschlechterung der Beschwerden vorzubeugen.
- Umgekehrt ist aber auch **völlige Stille nicht ratsam**, da die Ohrgeräusche dann verstärkt wahrgenommen werden.
- **Hilfreich ist eine dezente Geräuschquelle** im Raum, etwa ein leise eingestelltes Radio oder ein Zimmerspringbrunnen. In der Natur wird das Rauschen der Baumwipfel oder das Plätschern eines Baches als angenehm empfunden.
- Stehen Ohrgeräusche in Verbindung mit plötzlicher Schwerhörigkeit, könnte dies auf einen **Hörsturz** hindeuten, der als Notfall **sofort in ärztliche Behandlung** gehört.

Spartipp

Anstelle von Stofftaschentüchern, die heute nicht mehr in jedem Haushalt vorhanden sind, kann man auch alte Geschirrtücher aus Baumwolle oder Leinen zuschneiden und für Ohren- oder Fingerwickel bereithalten.

Rückenschmerzen

In früherer Zeit gehörte eine aufrechte und gerade Körperhaltung zum guten Benehmen. Zugleich war sie, wenn auch unbewusst, die beste Art, Rückenschmerzen vorzubeugen. Heute leidet der Bewegungsapparat unter übermäßiger oder falscher Belastung, aber auch unter dem zunehmenden Bewegungsmangel unserer modernen Zeit.

Wer seinem Rücken etwas Gutes tun will, baut durch regelmäßigen Sport sein Übergewicht ab und stärkt die Muskeln. Dadurch werden Gelenke und Bandscheiben entlastet. Ein gezieltes Rückentraining, etwa im Fitnessstudio, sollte nur unter fachlicher Anleitung erfolgen. Spezielle Rückenschulkurse werden auch an Volkshochschulen oder von den Krankenkassen angeboten.

Hausmittel

- **Wärme** tut dem schmerzenden Rücken gut: Geeignet sind über Wasserdampf erwärmte Heublumenauflagen, heiße Kompressen mit Rosmarin- oder Thymiantee, erwärmte Kirschstein- oder Dinkelsäckchen, erhitzte Fangopackungen (in der Apotheke erhältlich) oder Bestrahlungen mit Infrarotlicht.
- **Moor- und Schwefelbäder** (die Zusätze bekommt man in der Apotheke) lockern verspannte Muskeln und fördern die Durchblutung.
- Schmerzlindernd sind auch **heiße Ölbäder mit Rosmarin- oder Thymianextrakten** und anschließende Massagen mit handwarmem Rosenholzöl.
- Ein **Bad in heißen Thermalquellen** tut Psyche und Rücken gleichermaßen gut.
- **Rücken mit Melissengeist einreiben**. Zur Zubereitung 200 g frische Melissenblätter in 1 l 60%igem Alkohol gut verschlossen an einem warmen Ort 10 Tage lang ziehen lassen. Dann abseihen und im Verhältnis 4:1 mit Wasser verdünnen.
- Den **Schmerz mit Johanniskrautöl bekämpfen**: Dazu etwas Öl zwischen den Händen verreiben und den Rücken des Patienten damit sanft massieren.
- Für eine **heiße Weizenpackung** 1 kg Weizenkörner weich kochen, heiß in ein Leinensäckchen füllen und dieses 15 Minuten auf den schmerzenden Rücken legen.
- Algen, Meeresablagerungen und Meersalz zählen zu den Hauptbestandteilen der sogenannten **Thalassotherapie** und sind in Form von Cremes, Packungen und Badezusätzen in der Apotheke erhältlich.
- **Sanfte Bewegung** (z. B. Radfahren oder Schwimmen) trägt dazu bei, Rückenschmerzen zu lindern. Bettruhe dagegen kann das Übel noch verschlimmern.
- Nachts ein **dickes Kissen oder Polster** so unter die Beine schieben, dass die Oberschenkel beinahe senkrecht nach oben zeigen und die Knie im rechten Winkel gebeugt sind, um die Wirbelsäule zu entlasten.

Vorbeugung

- Nicht einseitig tragen und **schwere Lasten nur aus der Hocke heraus anheben** – mit geradem Rücken.
- **Kälte und Zugluft** im Rückenbereich **meiden**.

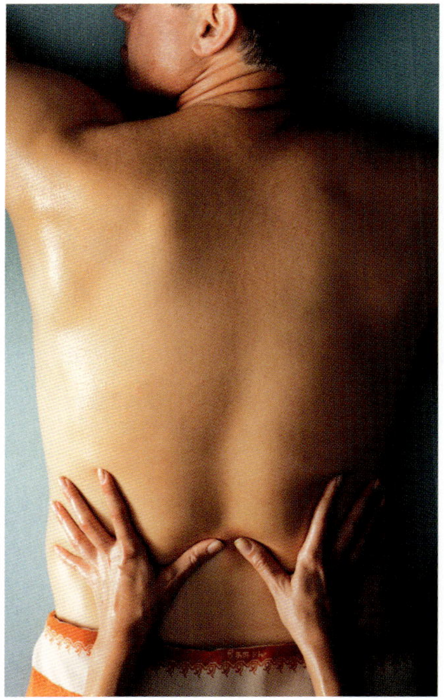

Eine sanfte Rückenmassage lockert die bei Rückenschmerzen verkrampfte Muskulatur. Als Massageöle eignen sich beispielsweise Lavendel-, Rosmarin- oder Ingweröl.

HEISSE ROLLE

1 Ein Frottiertuch der Länge nach falten und zu einem Trichter rollen. Um diesen Trichter weitere Tücher wickeln.

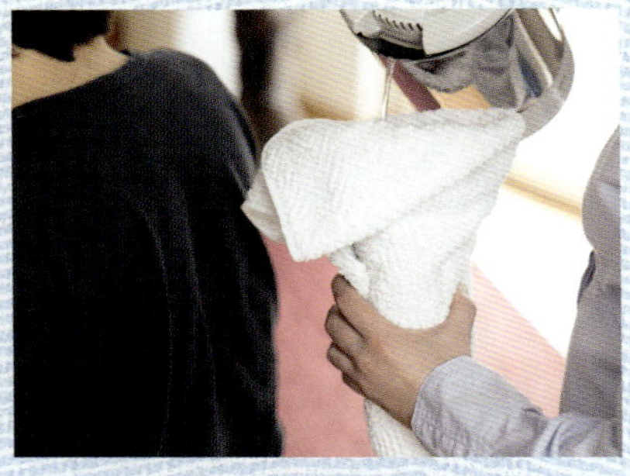

2 In die Trichteröffnung kochendes Wasser gießen.

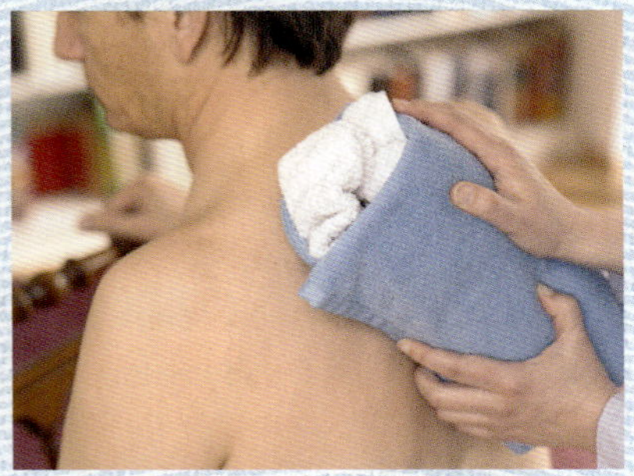

3 Die von einem trockenen Tuch umhüllte heiße Rolle an den Rändern fassen und damit vorsichtig den Rücken massieren.

Bei akuten Rückenschmerzen helfen Übungen nach Pilates.

- **Durchgelegene Matratzen ersetzen** und beim Kauf einer neuen Matratze nicht sparen: Sie sollte aus hochwertigem Material bestehen und weder zu hart noch zu weich sein.
- Unbedingt auch alte, **ausgediente Sitzmöbel austauschen**.
- Beim Sitzen unterstützt ein **Keilkissen** eine gerade Körperhaltung.
- Bei sitzender Tätigkeit die **Sitzposition häufig wechseln**. Am besten alle 30 Minuten aufstehen, sich kurz strecken und die Muskulatur lockern.
- Möglichst oft **bequeme Schuhe**, am besten mit Fußbett, tragen und hohe Absätze meiden.

Sonderfall Hexenschuss

Der berüchtigte Hexenschuss unterscheidet sich durch sein schlagartiges Auftreten von „normalen" Rückenschmerzen. Zugluft oder ruckartige Bewegungen, insbesondere eine Kombination aus Bück- und Drehbewegung, können eine schockartige Verspannung der tiefen Rückenmuskeln auslösen. Da sich ein Bandscheibenvorfall mit ähnlichen Symptomen äußert, muss ein Arzt aufgesucht werden, wenn sich die Beschwerden nach einigen Tagen nicht gebessert haben.

- Immer hilfreich ist eine **Rückenmassage mit der heißen Rolle**. Sobald das äußerste Tuch der Rolle abgekühlt ist, wird es entfernt und die Massage fortgesetzt.
- Beim Hexenschuss hilft **feuchte Wärme** besonders gut. Für eine Auflage 10 Tropfen Lavendelöl, je 8 Tropfen Kamillenöl und Zedernöl sowie je 4 Tropfen Wacholderöl und Muskatellersalbeiöl mit 200 g Sahne mischen. 2 EL der Mischung auf ein mit heißem Wasser getränktes, ausgedrücktes Tuch träufeln und dieses auf den schmerzenden Bereich legen. Ein trockenes Tuch darüberbreiten, mit einer Wolldecke zudecken. Mehrmals täglich wiederholen.
- Eine **Eisenkrautauflage** ist bei Hexenschuss sehr wirkungsvoll, lindert aber auch Rückenschmerzen aller Art. Dazu eine Handvoll Eisenkraut mit einem Eiweiß, 1 EL Mehl und 2 EL warmem Wasser verrühren. Ein Baumwolltuch mehrmals falten, bis es die Größe des schmerzenden Bereichs hat. Mit der Eisenkrautmischung bestreichen, in einen umgedrehten Topfdeckel legen und über Wasserdampf erwärmen. Ein heißes Dinkelkissen auf eine Gymnastikmatte legen, das Baumwolltuch (mit der Eisenkrautmasse nach oben) darüberbreiten und sich vorsichtig mit dem Kreuz darauflegen. Mit einer Wolldecke zudecken und möglichst lange auf der heißen Unterlage liegen.
- Bewährt haben sich auch **großflächige Pflaster mit durchblutungsfördernden Wirkstoffen** (z. B. Capsaicin) aus der Apotheke, da sie eine lang anhaltende Durchwärmung der Muskulatur bewirken.

SCHLAFSTÖRUNGEN

Im Normalfall braucht der Körper mindestens 6 Stunden Schlaf, um sich vollständig zu regenerieren. Ist der Schlaf gestört und wälzt man sich nachts stundenlang im Bett hin und her, fühlt man sich am nächsten Tag müde, abgeschlagen und unkonzentriert. Hält dieser Zustand länger an, sollte man sich nicht scheuen, professionelle Hilfe in Anspruch zu nehmen.

Stress, Sorgen, organische oder psychische Erkrankungen bzw. die Hormonumstellung in den Wechseljahren können der Grund dafür sein, dass man nicht einschlafen kann oder nachts mehrmals aufwacht. Oft sind Schlafstörungen vorübergehender Natur, doch mitunter erstrecken sie sich über Wochen, Monate oder sogar Jahre – für die Betroffenen oft ein Albtraum. Am häufigsten äußert sich das Leiden in Form von Ein- und Durchschlafstörungen. Die Ursachen hierfür liegen häufig in einem erlernten falschen Schlafmuster, doch können auch Depressionen und Angstzustände sowie organische Erkrankungen der Auslöser für Schlafstörungen sein. Im Zweifelsfall sollte man ärztliche Hilfe in Anspruch nehmen.

Hausmittel

- Die beruhigenden Wirkstoffe von **Baldrian**, **Hopfen**, **Melisse**, **Weißdorn** oder **Johanniskraut** erleichtern das Einschlafen, wenn man vor dem Zubettgehen eine Tasse Tee aus einem Aufguss dieser Kräuter langsam zu sich nimmt. Wer mag, kann den Kräutertee auch mit etwas Honig süßen.
- Das Ein- und Durchschlafen fördert ein **Schlaftee** aus 40 g Baldrianwurzel, 20 g Hopfenzapfen, je 15 g Melissen- und Pfefferminzblättern und 10 g Pomeranzenschale (pro Tasse 1 TL der Mischung verwenden).
- Hopfen gilt als probates Schlafmittel, das seine beruhigende Wirkung nicht nur in Tees oder Duftkissen, sondern auch im Bier entfaltet, wobei der Alkohol (in Maßen) die schlaffördernde Wirkung noch verstärkt. Ein **kleines Glas (0,2 l) Bier am Abend** kann daher Wunder wirken – mehr sollte es aber nicht sein, da sonst die Wirkung ins Gegenteil umschlagen kann.
- 1 Stunde vor dem Schlafengehen **ein Glas warme Milch** schluckweise trinken, die 20 g süße, fein gemahlene Mandeln enthält.
- Kalte Füße erschweren das Einschlafen. **Warme Socken** können hier helfen, ebenso **wechselwarme Fußbäder** vor dem Schlafengehen. Dazu die Füße 5 Minuten in warmes Wasser (38 °C) tauchen, dann 20 Sekunden in kaltes Wasser (12–16 °C). Den Vorgang wiederholen und die Füße zum Abschluss nochmals kurz im warmen Wasser baden.
- Ein **Vollbad mit Lindenblüten** entspannt und beruhigt. Am besten wirkt es 30 Minuten vor dem Schlafengehen.
- Eine **schlaffördernde Duftmischung** für die Duftlampe (alternativ verwendet man ein Schälchen mit warmem Wasser) besteht aus 4 Tropfen Kamillenöl sowie je 2 Tropfen Lavendel-, Sandelholz- und Neroliöl. Man stellt die rechtzeitig vorbereitete Duftlampe 1 Stunde vor dem Schlafengehen ins Schlafzimmer.

SCHLUMMERTRUNK

Eine wirkungsvolle Ein- und Durchschlafhilfe, wenn man vor dem Schlafengehen ein Likörglas voll davon trinkt.

Man nimmt:

10 g Baldrianwurzeln
10 g Hopfenzapfen
10 g Melissenblätter
10 g Johanniskraut
5 g Lavendelblüten
1 Stange Zimt
1 l Rotwein

Zutaten im Mörser zerstoßen und mit Zimt und Rotwein in eine Flasche füllen. Beiseitestellen, die Flasche aber jeden Tag schütteln. Nach 10 Tagen abseihen.

Um wieder gut schlafen zu können, muss man oft einfach seine Lebensgewohnheiten ein wenig ändern.

- Auf **gute Qualität der Matratze** achten und beim Kauf nach Möglichkeit Probe liegen.
- Bettwäsche aus **Naturmaterial** verwenden, um nächtliches Schwitzen zu vermeiden.
- Um abends müde zu sein, sollte man sich den Tag über **viel bewegen**, am besten an der frischen Luft.
- Kurz vor dem Schlafengehen noch einen kurzen **Spaziergang** machen.
- Schweres Essen liegt im Magen – zu reichliches und **fettreiches Essen am Abend meiden**.
- **Alkohol** im Übermaß, aber auch das **Koffein** in Kaffee, Schwarztee oder Cola putschen auf und beeinträchtigen den Schlaf.
- Am Abend **keine Probleme wälzen** – sorgenschwere Gedanken rauben einem mit Sicherheit den Schlaf. Besser ist es, eine Liste all der Dinge zu schreiben, die man am nächsten Tag in Ruhe angehen möchte.
- Kinder brauchen tagsüber ausreichend Bewegung, damit sie abends müde sind. Die letzte Stunde vor dem Schlafengehen ist aber keine geeignete Zeit mehr fürs Toben. Jetzt sollte das Kind **zur Ruhe kommen** und sich mit Dingen wie Malen, (Vor-)Lesen oder Puzzlen beschäftigen.

Schlafkissen

Ein Schlafkissen sorgt auf angenehm duftende Weise für erholsamen Schlaf.

Man nimmt:

1 Handvoll Lavendelblüten
1 Handvoll Hopfenzapfen
1 Handvoll Melissenblätter
1 Handvoll Johanniskraut
1 kleinen Kissenbezug

Die getrockneten Kräuter vermischen und in das Kissen füllen. Entweder als Kopfkissen verwenden oder direkt unter dem Kopfkissen platzieren.

- Einige Tropfen **Lavendelöl auf ein Dinkelkissen träufeln** und den Kopf darauflegen. Durch die Körperwärme verflüchtigt sich das Öl allmählich und fördert den Schlaf.
- Mit diesem Trick kann man versuchen, den Schlaf zu überlisten: Man legt sich in völliger Dunkelheit ins Bett, hält die Augen offen und sollte sich nun **zum Wachbleiben zwingen** – in der Regel schläft man dabei rasch ein.
- Moderne Methoden wie etwa das **autogene Training** tragen dazu bei, den Schlaf mithilfe der Autosuggestion herbeizuführen.

Tipps für einen gesunden Schlaf

- Das Schlafzimmer sollte **ruhig, abgedunkelt** und **nicht zu warm** (maximal 17 °C) sein.
- Vor dem Schlafengehen das Schlafzimmer **gut lüften**.
- Im Schlafraum sollte man **kein Fernsehgerät** aufstellen – der richtige Platz dafür ist das Wohnzimmer.
- Regelmäßige Bettgeh- und Aufstehzeiten sorgen für einen gesunden **Schlafrhythmus**.

Spartipp

Kurz vor der Blüte ein paar Zweige vom Lavendelstrauch aus dem Garten abschneiden, trocknen und das Duftsträußchen zur Schlafförderung ins Schafzimmer hängen.

Sodbrennen

Ob man nun zu hastig isst, aus Zeitmangel zu fettreichem Fastfood greift oder an Festtagen zu üppig auftischt – Sodbrennen zählt zu den typischen Alltagsbeschwerden, die sich jedoch gut bekämpfen und durch richtiges Verhalten weitgehend vermeiden lassen.

Zuviel Süßes kann Sodbrennen verursachen. Hier hat es sich bewährt, 1 EL trockene Haferflocken zu essen.

Hausmittel

- **Bullrichsalz** stand schon früher ganz oben auf der Hitliste der Mittel gegen Sodbrennen. In Form von Tabletten oder Pulver bindet es überschüssige Magensäure (nicht bei Bluthochdruck anwenden).
- Zur Linderung der unangenehmen Beschwerden **Spargelpulver** in lauwarmem Wasser auflösen (1 TL auf ein Glas) und schluckweise trinken.
- **Wacholderbeerentee** (1 TL zerdrückte Beeren auf 250 ml Wasser) bringt spürbare Besserung.
- Auch eine **Kur mit Weißkohlsaft** sorgt bei Sodbrennen für Erleichterung: Über 1–2 Wochen täglich 500 ml Weißkohlsaft (aus dem Reformhaus) trinken.
- Um die überschüssige Magensäure zu binden, **Heilerde** mit lauwarmem Wasser oder Kamillentee mischen (1 TL auf ein Glas) und trinken.
- Gerichte nach Möglichkeit **mit Wacholderbeeren oder Liebstöckel würzen**; diese machen Speisen nicht nur bekömmlicher, sondern lindern auch Sodbrennen.
- Zur Neutralisierung der Magensäure ein Stück trockenes **Weißbrot essen**.
- Bei nächtlichem Sodbrennen **mit leicht erhöhtem Oberkörper schlafen**, damit der Speisebrei nicht in die Speiseröhre zurückfließen kann.

Ein Glas frischer Möhrensaft ist ein gutes Mittel gegen Sodbrennen.

Vorbeugung

Tritt das Sodbrennen trotz aller Bemühungen häufig auf, sollte man den Arzt einschalten, da mit der Zeit eine Entzündung der Speiseröhre oder der Magenschleimhaut eintreten kann.

- **Bewusst essen** und auf Speisen, Getränke und Kombinationen verzichten, von denen man aus eigener Erfahrung weiß, dass sie Sodbrennen auslösen – dies können etwa Schokolade und Wein sein.
- **Alkohol, Nikotin und Koffein meiden** – sie lassen den Schließmuskel des Magens erschlaffen und begünstigen dadurch Sodbrennen.
- Langsam und nur **kleine Portionen essen**.
- **Bei Süßigkeiten Maß halten.**
- Damit der Magen noch etwa 3 Stunden Zeit für die Verdauung hat, **früh zu Abend essen**. Legt man sich kurz nach dem Essen schlafen, kann der saure Speisebrei in die Speiseröhre zurückfließen.

Gut zu wissen

Gründe für Sodbrennen

Fließt Mageninhalt in die Speiseröhre zurück, treten hinter dem Brustbein und in der Speiseröhre brennende Schmerzen auf. Eventuell schließt der Muskel zwischen Mageneingang und Speiseröhre nicht mehr vollständig bzw. ist überlastet. Durch zu fettreiche Speisen oder Süßigkeiten kann auch zu viel und zu schnell Magensäure gebildet werden.

Sonnenbrand

Zu viel Sonne erhöht das Hautkrebsrisiko und lässt die Haut vorzeitig altern. Dennoch lockt die Sonne regelmäßig Sonnenhungrige an, die sich erst dann in den Schatten zurückziehen, wenn die Haut schon gerötet ist, spannt und brennt.

Auch am Strand sollte man für Schatten sorgen und sich der prallen Sonne zunächst nur wenige Minuten aussetzen.

Labkrautbad

Ein Vollbad, dem Labkraut zugesetzt wird, lindert das Brennen und Spannen der strapazierten Haut.

Man nimmt:

100 g Echtes Labkraut

2 l Wasser

Labkraut mit Wasser erhitzen und 5 Minuten kochen lassen. Dann abseihen und das Labkraut ausdrücken. Den Absud als Badezusatz in ein lauwarmes Vollbad geben und 20 Minuten darin baden.

Erste-Hilfe-Maßnahmen

Da es sich bei Sonnenbrand um eine Verbrennung ersten Grades handelt, tut alles gut, was die Haut kühlt – das kann ein nasses T-Shirt sein, das man bei Sonnenbrand an Schultern und Rücken überzieht, oder ein kaltes, mit einer isotonischen Kochsalzlösung getränktes Leintuch, das man auf die verbrannte Haut legt.

Hausmittel

- Umschläge mit **kaltem Quark, Joghurt** oder **Buttermilch** lindern den Schmerz und kühlen. Sie werden mindestens zweimal täglich 30 Minuten auf die Haut gelegt.
- Die verbrannte Haut mit der Schnittfläche einer **Zitrone** oder **Tomate** abreiben – das Vitamin C fördert die Heilung.
- Dünn geschnittene **Gurken-, Kartoffel-** oder **Apfelscheiben kühlen** die heiße Haut.
- Einen **Umschlag, getränkt mit abgekühltem Schwarztee** oder **Hamamelistee** (3 TL Hamamelis auf 250 ml Wasser) mehrmals täglich auf die gerötete Haut legen.
- Einige Tropfen **Nachtkerzen-** und **Zitronenöl** zu gleichen Teilen mischen und einmal täglich auftragen.
- Ein lauwarmes **Vollbad mit 8 EL Heilerde** als Zusatz kühlt und fördert die Heilung.
- Gels oder Cremes mit dem Wirkstoff der **Aloe vera** oder **Arnika** (aus der Apotheke) lindern den Schmerz.
- **Reichlich trinken**, am besten kühle Kräutertees, Mineralwasser oder verdünnte Fruchtsäfte.
- Bei heftigen Kopfschmerzen, Sonnenbrand bei Babys und Kleinkindern, starken Schmerzen und Brandblasen (nie selbst öffnen) **unbedingt einen Arzt aufsuchen**.

Vorbeugung

- 30 Minuten vor dem Sonnenbad **Sonnenmilch** (mindestens LSF 15) oder **Gels** für Sonnenallergiker auftragen.
- **Sonnenbrille** und einen pflegenden **Lippenstift** mit Lichtschutzfaktor (LSF) verwenden.
- **Sonnenschutzmittel mehrmals täglich erneuern**, auf jeden Fall nach dem Schwimmen und Abtrocknen.
- **Sonnenhut tragen** und helle, luftige Kleidung, die die Haut schützt, ohne dass man ins Schwitzen gerät.

Übelkeit und Erbrechen

Oft sind üppige oder verdorbene Speisen, reichlicher Alkoholkonsum oder Viren die Auslöser für Übelkeit und Erbrechen. Diese unangenehmen Beschwerden können aber auch Symptome der Reisekrankheit, häufige Begleiter einer Schwangerschaft sowie eine Reaktion auf Stress oder Ekel sein.

Hausmittel

Eine beginnende Übelkeit lässt sich mit Mitteln der Hausmedizin gut bekämpfen, Brechreiz hingegen sollte man nicht unterdrücken, da das Erbrechen eine Abwehrreaktion des Körpers gegenüber Schadstoffen ist. Aber auch zur anschließenden Magenberuhigung kennt die Hausmedizin natürliche Arzneien.

- Aufsteigende Übelkeit wird wirksam bekämpft, indem man den **Duft eines frisch aufgeschnittenen Apfels** tief einatmet.
- Bei beginnender Übelkeit einen Tropfen **Pfefferminzöl auf die Zunge** geben. Man kann das Öl auch auf den Handrücken träufeln und den Duft tief einatmen.
- Früher hatte man ein Riechfläschchen mit Kölnisch Wasser dabei, heute greift man eher auf ätherische Öle zurück: Je 2 Tropfen **Lavendel-** oder **Sandelholzöl auf ein Taschentuch** geben und den Duft tief inhalieren.
- Zur Beruhigung des Magens 1 TL **Fenchelsamen** im Mörser zerstoßen, mit 250 ml Wasser übergießen, zum Kochen bringen und 10 Minuten ziehen lassen.

Bei Reisekrankheit

- Bei reisebedingter Übelkeit hilft dieser Tee, den man vorbereiten und in einer kleinen Thermoskanne mitnehmen kann: 1 TL **Zimtrinde** mit einer Tasse kochendem Wasser übergießen, 10 Minuten ziehen lassen, dann abseihen.
- Bei aufsteigender Übelkeit bringt es mitunter Erleichterung, etwas frischen **Ingwer zu kauen**.

Übelkeit lässt sich rasch und wirksam bekämpfen, indem man eine frische Zitronenscheibe lutscht.

KAMILLENWICKEL

1 Ein Handtuch zweimal falten, dann in warmen Kamillentee tauchen und ausdrücken.

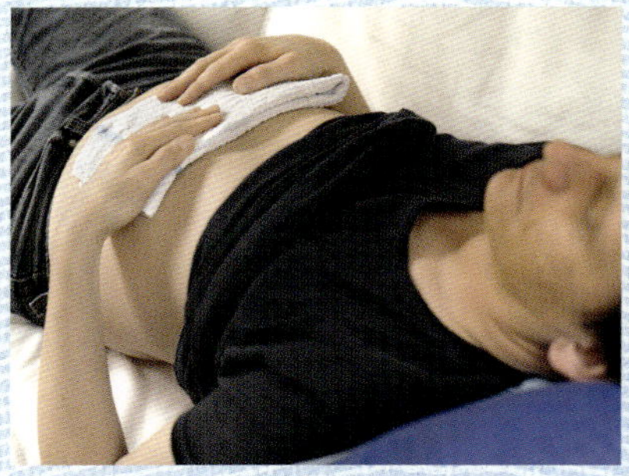

2 Das Handtuch auf die Magengegend legen, ein trockenes Handtuch darüberbreiten und mit einem Wollschal fixieren.

3 Den Wickel 10 Minuten einwirken lassen und gegebenenfalls erneuern.

Verbrennungen und Verbrühungen

Während Verbrennungen durch direkten Kontakt mit heißen Gegenständen, Feuer oder Strom entstehen, kommen Verbrühungen durch heiße Flüssigkeiten oder Dampf zustande. Hinsichtlich der Behandlung gibt es allerdings keine Unterschiede.

Zur Kühlung, Schmerzlinderung und Desinfektion die betroffene Partie unter fließend kaltes Wasser (kein Eiswasser!) halten.

Gut zu wissen

Überholte Empfehlung

Manche Hausmittel und Tipps aus Großmutters Zeit dürfen heutzutage nicht mehr angewandt werden, da sie sich als schädlich erwiesen haben. So darf man Verbrennungen oder Verbrühungen keinesfalls mit Mehl, Milch, Speisefett oder Puder behandeln, da dies die Poren der Haut verstopft. Brandsalben dürfen niemals auf frische Verletzungen aufgetragen werden, da diese Art der Behandlung die Wunde nur verschlimmern würde. Auf keinen Fall darf man Brandblasen öffnen, hier besteht Infektionsgefahr!

Wann zum Arzt?

Man unterscheidet Verbrennungen ersten, zweiten, dritten und vierten Grades. In die Hände der Hausmedizin gehören lediglich leichte Verbrühungen und Verbrennungen ersten Grades. Sie werden durch gerötete, schmerzende Haut charakterisiert und können ab dem zweiten Tag der Verletzung (es darf keine offene Wunde vorliegen) gut mit den natürlichen Mitteln behandelt werden. Alle schwereren und großflächigen Verbrennungen (ab dem zweiten Grad bilden sich Blasen) gehören in ärztliche Behandlung, in schweren Fällen muss der Notarzt gerufen werden!

Hausmittel

- Für eine Kompresse etwas **Johanniskrautöl** (Apotheke) auf ein mehrfach gefaltetes Leinentuch geben und dieses mindestens 30 Minuten mit der öligen Seite auf die Haut legen. Mit einer Mullbinde fixieren.
- 5–8 Tropfen **Teebaum**- oder **Lavendelöl** auf einen Mullverband geben und mehrere Stunden einwirken lassen.
- **Ringelblumensalbe** ist eine Wohltat für die geschädigte Haut.
- **Salben mit Aloe vera** fördern die Regeneration der Haut.
- Ein Klassiker und einfach in der Anwendung ist **frisches Sauerkraut**, das man auf die verbrannte Stelle auflegt. Da es viel Vitamin C enthält, fördert es die Wundheilung.
- **Weißkohlblätter** abspülen und die Mittelrippe entfernen. Die Blätter mit einer Teigrolle weich rollen, auf die Haut legen, mit einer Mullbinde fixieren und den Verband nach mehreren Stunden wechseln (zweimal täglich erneuern).
- Für eine narbenlose Abheilung 3 TL **Leinsamen** mit 6 Tassen Wasser übergießen. So lange kochen, bis sich Schleim bildet. Abseihen und abkühlen lassen, dann ein Leinentuch mit dem Absud tränken, ausdrücken und auflegen.

Dass Weißkohl bei Verbrennungen hilft, weiß man seit Generationen.

Verstauchungen

Man übersieht eine Bodenunebenheit, stolpert – und ist wegen eines verstauchten Knöchels mehrere Tage außer Gefecht. Kennt man aber die richtigen Erste-Hilfe-Maßnahmen und greift anschließend auf Großmutters Hausmittel zurück, geht die Heilung viel schneller vonstatten.

Erste Hilfe

Bei der Behandlung besteht das A und O darin, sofort zu reagieren. Kühlung ist die beste und wirksamste Hilfe, da sie die Schmerzen lindert und die verletzten Blutgefäße schließt. Dazu hält man den betroffenen Körperteil möglichst lange unter fließend kaltes Wasser oder legt einen Eiswürfelbeutel oder einen Kühlpack auf. Bei einem verstauchten Knöchel sollte man möglichst erst nach der Kühlungsphase den Schuh ausziehen, denn er wirkt zusätzlich als schwellungslindernde Kompresse. Nach der Kühlung empfiehlt es sich, den verstauchten Körperteil hochzulagern, um ein weiteres Anschwellen zu verhindern. Richtig gelagert wird ein verstauchtes Fußgelenk, indem man ein Kissen unter den Unterschenkel schiebt, sodass das Bein gestreckt ist und leicht erhöht liegt.

Hausmittel

- Da Franzbranntwein kühlt und der Schwellung entgegenwirkt, sind kalte, **mit Franzbranntwein getränkte Umschläge** bei Verstauchungen ein Klassiker.
- Auch **essigsaure Tonerde** ist in vielen Hausapotheken vorhanden. Für einen kalten Umschlag, der Schwellung und Schmerzen lindert, essigsaure Tonerde, 70%igen Weingeist und Wasser zu gleichen Teilen mischen, ein Tuch damit tränken und auf den verletzten Körperteil legen.
- Ebenfalls hilfreich ist ein **sehr kalter Quarkwickel**.
- Alternativ kann man ein **eiskaltes Kirschsteinsäckchen** auflegen.
- Frühzeitig aufgetragen hilft **Strohblumenöl** gegen das Anschwellen des Gelenks.
- **Teebaumöl** fördert die Heilung: Einige Tropfen davon vorsichtig auf der betroffenen Hautpartie verreiben.
- Salben und Tinkturen auf der Basis von **Rosskastanie, Beinwell** oder **Johanniskraut** (aus der Apotheke) beschleunigen den Heilungsprozess.
- Zur Herstellung einer **Arnikatinktur** 100 g getrocknete Arnikablüten 2 Wochen lang in 500 ml 70%igem Alkohol ziehen lassen, dann abseihen und in einer dunklen Flasche aufbewahren. Für einen schmerzlindernden Umschlag 1 TL der Tinktur mit 250 ml kaltem Wasser mischen, ein Tuch damit tränken und 10 Minuten auf das verstauchte Gelenk legen.
- Auch ein **Eichenrindenabsud** (100 g Rinde auf 500 ml Wasser, Kochzeit 15 Minuten) unterstützt die Heilung.

Ein elastischer Verband hilft, das verstauchte Gelenk ruhig zu stellen, und fördert so die Heilung.

Dillsalbe

Dillsalbe lindert die Schmerzen bei Verstauchungen.
Man nimmt:

2 EL gehackten Dill
1 EL Olivenöl
etwas Bienenwachs

Dill und Olivenöl mischen, 24 Stunden stehen lassen, dann durch ein Sieb streichen. Mit warmem Bienenwachs zu einer streichfähigen Paste verrühren. Die Salbe auf die betroffene Stelle auftragen.

VERSTOPFUNG

Eine unregelmäßige Verdauung und harter, schmerzhafter Stuhl sind weit verbreitet. Nur in seltenen Fällen müssen hier Abführmittel eingesetzt werden: Meist genügen kleine Umstellungen der Ess- bzw. Lebensgewohnheiten und Naturheilmittel, um das Problem zu lösen.

Eine ballaststoffreiche Ernährung mit Obst, Gemüse und Vollkornprodukten bringt den Darm in Schwung.

ABFÜHRTEE

Diese Arzneikräuter regulieren die Verdauung. Man nimmt:

50 g Sennesblätter
15 g Fenchelsamen (zerstoßen)
15 g Holunderblüten
10 g Kamillenblüten

Zutaten mischen und 1 TL davon mit einer Tasse kochendem Wasser übergießen, 5 Minuten ziehen lassen, dann abseihen. Dreimal täglich eine frisch zubereitete Tasse von diesem Tee trinken.

Hausmittel

- Eine Verstopfung lässt sich beseitigen, indem man morgens auf nüchternen Magen ein Glas **Pflaumen-** oder **Holundersaft, verdünnten Obstessig** oder warmes Wasser mit etwas Honig trinkt.
- Der Stuhl wird weicher, wenn man 1 TL **Karlsbader Salz** (aus der Apotheke) in warmem Wasser auflöst und einnimmt.
- **Sauerkrautsaft oder rohes Sauerkraut** machen im akuten Fall den Stuhl weicher und wirken zugleich vorbeugend, indem sie die Darmflora gesund erhalten.
- Eine hartnäckige Verstopfung verschwindet nach der Einnahme von **Rizinusöl** oder **Glaubersalz** (aus der Apotheke, Einnahme gemäß Anleitung).
- Eine mehrmals täglich durchgeführte **Bauchmassage** mit einem kalten Waschlappen (im Uhrzeigersinn) regt die Darmfunktion an.
- Sollte die Verstopfung auf keines der genannten Mittel reagieren, kann ein **Einlauf mit lauwarmem Wasser** versucht werden (Einlaufgeräte samt Anleitung gibt es in der Apotheke).

Vorbeugung

- Da sie den Darm träge machen, sollten **Fett und Zucker nur in begrenzter Menge** aufgenommen werden.
- In die tägliche Nahrung zusätzlich **verdauungsregulierende Ballaststoffe** wie Weizen- oder Haferkleie sowie Leinsamen einplanen: beispielsweise zum Backen verwenden oder ins Müsli streuen.
- Eine ballaststoffreiche Ernährung muss grundsätzlich mit einer **reichlichen Flüssigkeitszufuhr** kombiniert werden.
- Vor allem in dunkler Schokolade, Kakao, Schwarztee und Rotwein enthaltene **Gerbstoffe lähmen die Darmmuskulatur**. Diese Nahrungsmittel bei Neigung zu Verstopfung meiden.
- Bei **mangelnder Bewegung** bleibt auch der Darm träge. Um ihn zu mobilisieren, genügt es, öfter mit dem Rad zu fahren, regelmäßig spazieren zu gehen, abends ein paar Runden zu joggen und möglichst viele Dinge zu Fuß zu erledigen.
- **Zeitdruck auf der Toilette schadet**, ebenso zu starkes Pressen beim Stuhlgang.

Backpflaumen und anderes Trockenobst beheben eine Verstopfung auf natürliche Weise.

Warzen

Kinderärzte raten den kleinen Patienten gelegentlich, ihre Warze auf eine Postkarte zu malen und diese weit wegzuschicken – mit oft erstaunlichem Erfolg. Autosuggestion hilft hin und wieder auch bei Erwachsenen, doch in den meisten Fällen sprechen Warzen besser auf natürliche, altbewährte Arzneien an.

Hausmittel

Die Behandlung von Warzen erfordert Geduld, denn leider gibt es kein Allheilmittel, das bei jedem wirkt. Keinesfalls darf man an Warzen kratzen oder versuchen, sie abzureißen. Schmerzhafte, nach innen wachsende Dornwarzen, die oft am Fuß auftreten, gehören mitunter in ärztliche Behandlung.

- **Schöllkraut** gilt als Klassiker unter den Warzenmitteln. Man träufelt den Milchsaft, der aus den Schnittstellen der Blätter und Stängel tropft, direkt auf die Warze (Achtung: Schöllkraut nur äußerlich anwenden, da es giftig ist).
- Bei Warzen im Gesicht ist die Verwendung von **Ringelblumensalbe** zu empfehlen, da die hierin enthaltenen Substanzen relativ mild sind

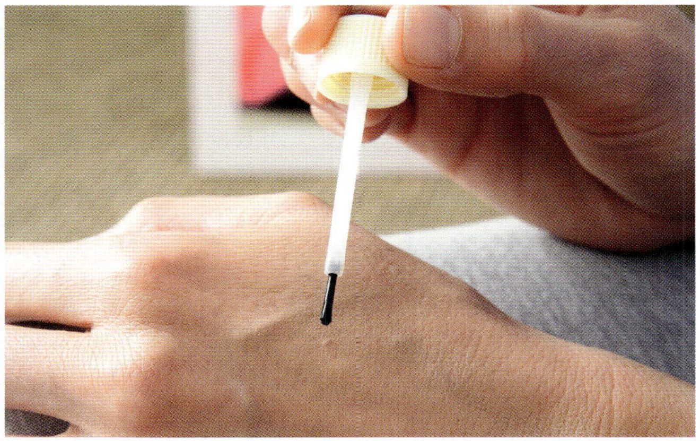

- Dreimal täglich einige Tropfen **Teebaum-, Lavendel-** oder **Nelkenöl** auf die Warze geben.
- Betroffene Stellen mehrmals täglich mit reinem **Rizinusöl** bestreichen, um die Vermehrung der Viren zu hemmen.
- Hilfreich ist auch eine **Paste aus Backpulver und Rizinusöl**, die mehrmals täglich auf die Warze gestrichen und mit einem Verband bedeckt wird.
- Für eine heilungsfördernde Mixtur **Bittersalz** und **Apfelessig** im Verhältnis 1:4 mischen und die Warzen damit mehrmals täglich betupfen.

Hilfe aus dem Lebensmittelschrank

- Warzen mit einer rohen **Kartoffel** einreiben.
- Die Hautwucherungen alternativ mit dem **Saft einer unreifen Feige** bestreichen.
- Wirkungsvoll ist es auch, die innere Seite einer **Bananenschale** auf eine Fußsohlenwarze zu legen und mit einem Verband zu fixieren.
- Eine **unbehandelte Zitrone** in Scheiben schneiden und in eine Schale legen. Mit so viel Apfelwein übergießen, dass diese gut bedeckt sind. Die Zitronenscheiben 2 Wochen ziehen lassen, dann die Warze damit einreiben.

Öle und Mixturen lassen sich gut mit einem kleinen Pinsel auftragen.

Gut zu wissen

Vorbeugung

Die durch Viren verursachten Hautwucherungen, die vor allem an Händen und Füßen auftreten, sind nicht nur unschön und lästig – Warzen sind auch ansteckend. Cremes, Handtücher und Waschlappen dürfen daher nicht mit anderen Personen gemeinsam benutzt werden. Bei der Hautpflege spart man die Warzen aus, um eine Schmierinfektion zu vermeiden. Um Warzen gar nicht erst zu bekommen, ist es ratsam, in Schwimmbädern, in der Sauna, in Turnhallen oder in Hotelzimmern nie barfuß zu laufen.

ZAHNPROBLEME

Durch ein Zuviel an Zucker entstehen Säuren, die den Zahnschmelz angreifen und aufbrechen. Karies ist die Folge. Mit zunehmendem Alter nimmt das Kariesrisiko ab, dafür kommen jedoch Zahnfleischentzündungen und Parodontose (Zahnfleischschwund) häufiger vor.

RATANHIAWURZEL-TINKTUR

Sie hemmt die Entzündung und kräftigt das Zahnfleisch.
Man nimmt:
50 g Ratanhiawurzeln (zerkleinert)
reinen 40%igen Alkohol
Ratanhiawurzeln in eine Flasche geben und mit so viel Alkohol übergießen, dass sie vollständig bedeckt sind. Die Wurzeln 2 Wochen gut verschlossen ziehen lassen, gelegentlich schütteln. Dann die Flüssigkeit in eine kleine Flasche abseihen, die Wurzeln hierbei gut auspressen. Das entzündete Zahnfleisch mehrmals täglich mit einem Wattestäbchen mit der Tinktur bestreichen.

Zähneknirschen

Ärger und Sorgen, aber auch schlecht sitzender Zahnersatz gelten als Ursachen für diese verbreitete Erscheinung, die zu Zahnabrieb und Zahnfleischproblemen führen kann.

- Der erste Gang führt zum **Zahnarzt**, denn möglicherweise sind Zahnfehlstellungen oder nicht passende Füllungen bzw. Kronen die Wurzel des Übels.
- Stecken psychische Belastungen hinter dem Knirschen, können **Entspannungstechniken** aller Art weiterhelfen.
- Vom Zahnarzt angepasste **Knirscherschienen** lindern die Folgen des nächtlichen Zähneknirschens.

Zahnfleischentzündung und Parodontose

Druckstellen und Verletzungen durch Zahnprothesen, aber auch Zahnbelag und Zahnstein können zu einer Zahnfleischentzündung führen, die mit Rötung, Schmerzen, Blutungen und unbehandelt auch mit Zahnfleischschwund einhergeht.

- **Salbeiöl desinfiziert** und lindert Schmerzen: 4 Tropfen des Öles in 1/2 Glas mit warmem Wasser geben und mehrmals täglich damit gurgeln.
- Zur Mundspülung 1 TL **Kochsalz** oder **Emser Salz** in einem Glas Wasser auflösen.
- 150 g **Quittensamen** in 1 l Wasser geben, 15 Minuten kochen, abseihen und abkühlen lassen. Den Mund dreimal täglich mit der Quittenlösung spülen.

Spartipp

Das nächtliche Knirschen lässt sich mit einem einfachen Trick vermeiden: Die Kaumuskulatur ermüdet, wenn man vor dem Schlafengehen etwas harte Brotrinde oder eine Möhre kaut.

Zahnschmerzen

Hausmittel können zwar den Schmerz lindern, aber ein Loch im Zahn natürlich nicht rückgängig machen. Zahnschmerzen sind daher immer ein Grund für einen Zahnarztbesuch.

- Zahnschmerzen bessern sich rasch, wenn man etwas **Nelkenöl** auf einen Wattebausch träufelt und diesen an den schmerzenden Zahn hält.

Um das Zahnfleisch zu kräftigen, täglich einen Apfel essen!

Bei Zahnschmerzen sorgt ein Kühlpack für rasche Linderung.

- Noch einfacher und ebenso wirkungsvoll ist es, eine **Gewürznelke** auf den schmerzenden Zahn zu legen und vorsichtig daraufzubeißen.
- Ein **Wirsingblatt** mit einer Teigrolle weich rollen und von außen an die entsprechende Wange drücken.
- Das Zahnfleisch rund um den schmerzenden Zahn mit einer zerdrückten **Knoblauchzehe** einreiben.
- Den Mund drei- bis fünfmal täglich mit einer schmerzlindernden Mischung aus **Arnika, Salbei** und **Kamille** spülen. Dazu 10 g Arnika, 30 g Salbei und 40 g Kamille mischen und 1 EL davon mit einer Tasse heißem Wasser übergießen. Dann abseihen und abkühlen lassen.
- Eis kühlt und lindert den Schmerz: Einen **Eisbeutel** an die Wange drücken oder einen **Eiswürfel lutschen**.
- Ein Stückchen Veilchen- oder **Kalmuswurzel** (aus der Apotheke) **kauen**: Dadurch werden schmerzlindernde Stoffe freigesetzt.
- **Weidenrinde** oder **Mädesüß** enthalten Stoffe, die mit der schmerzlindernden Azetylsalizylsäure (Bestandteil vieler synthetischer Schmerzmittel) verwandt sind. Ein Tee aus einem dieser beiden Kräuter hilft bei Zahnschmerzen.

Vorbeugung

- Mindestens **einmal jährlich** die Zähne vom **Zahnarzt** kontrollieren lassen, auch wenn keine Beschwerden vorliegen. Dabei auch die Beläge entfernen lassen.
- Um die Mundhöhle zu reinigen, den Mund mehrmals täglich nach dem Zähneputzen **mit Teebaumöl** (3–4 Tropfen Teebaumöl auf ein Glas warmes Wasser) **gründlich ausspülen**.
- Regelmäßig reinigendes und desinfizierendes **Mundwasser mit Salbei oder Kamille** verwenden.
- Zur Kräftigung das **Zahnfleisch** regelmäßig mit den Fingern **massieren**. Dazu kreisende Bewegungen mit leichtem Druck ausführen.
- Eine **zuckerarme Ernährung** entzieht den Bakterien die Lebensgrundlage und hält die Zähne gesund.
- Die Zähne **zwei- bis dreimal täglich** jeweils nach den Mahlzeiten **putzen**.
- Zum Zähneputzen **fluoridhaltige Zahnpasta** verwenden, die den Zahnschmelz härtet.
- **Zahnbürste regelmäßig ersetzen** (mindestens alle 2 Monate), da Bakterien aus dem Mund daran haften bleiben.
- Wer tagsüber unterwegs ist und keine Möglichkeit zum Zähneputzen hat, kann speziellen **Kaugummi zur Zahnreinigung** oder zuckerfreien Kaugummi kauen, der die Speichelproduktion anregt und auf diese Weise Essensreste entfernt.

ZÄHNE RICHTIG PUTZEN

1 Speisereste zwischen den Zähnen mit Zahnseide oder einer Munddusche entfernen.

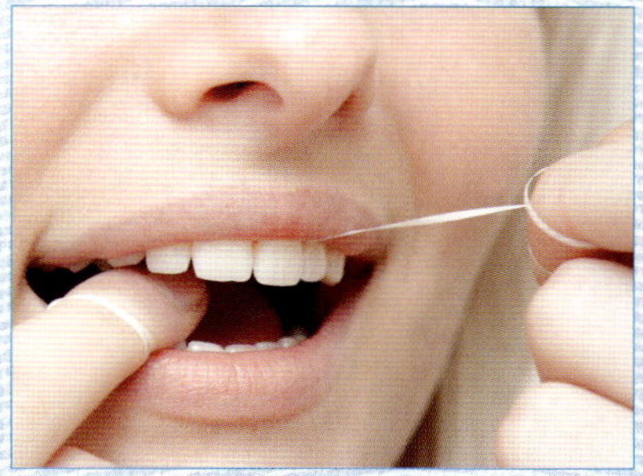

2 Beim Bürsten nach der Rot-Weiß-Technik vorgehen: immer vom Zahnfleisch weg zur Zahnspitze hin putzen.

3 Anschließend die Kauflächen reinigen.

4 Den Mund zum Abschluss gründlich mit Mundwasser spülen.

Körperpflege

aus der Natur

Entscheidend für ein gepflegtes Aussehen ist die Sorgfalt, die man für die tägliche Körperpflege aufbringt. In der Natur ist alles zu finden, was man hierfür braucht, und viele altbewährte Rezepturen zeigen, wie man natürliche Pflegeprodukte unkompliziert selbst herstellen kann und sich mit ihrer Hilfe ganz einfach wohl in seiner Haut fühlt.

Altersflecken

Braun pigmentierte Altersflecken treten meist auf dem Handrücken, aber auch an den Armen und im Gesicht auf. Mithilfe natürlicher Pflegemittel können die Flecken aufgehellt werden oder sogar ganz verschwinden – die Behandlung erfordert jedoch viel Geduld.

Altersflecken kann man mit hochdeckendem Make-up überschminken. Für eine dauerhafte Beseitigung stehen physikalische, chemische und mechanische Schälverfahren zur Verfügung, etwa die Entfernung mittels Laser. Aber all diese Methoden sind aufwendig und teuer, sodass es sich lohnt, auf diverse Hausmittel zurückzugreifen. Dabei ist es ratsam, alle Mittel zunächst an einer weniger auffälligen Stelle, z. B. an den Händen, auszuprobieren und dann erst im Gesicht anzuwenden.

Bleichmittel mit Ei

Man nimmt:

2 Eier
1 EL Buttermilch
1 TL Magnesiumsulfat (aus der Apotheke)

Die Eier schaumig rühren, dann mit der Buttermilch und dem Magnesiumsulfat zu einem Brei verrühren. Auf die Altersflecken streichen, 20 Minuten einwirken lassen, dann gut abwaschen.

Hausmittel

- Zweimal täglich **Zitronensaft auf die Altersflecken träufeln**, damit die Flecken heller werden.
- Zum Aufhellen je 10 g **Ingwerpulver** und **Rosenblütenblätter** mit 80 g **Labkrautpulver** (Apotheke) mischen. 2 TL davon mit lauwarmem Wasser zu einem streichfähigen Brei verrühren. Diesen auf die Flecken auftragen, mit einem Tuch bedecken und 30 Minuten einwirken lassen.
- Alternativ die Pigmentmale **mit Buttermilch aufhellen**.
- Für ein natürliches Bleichmittel je 1 TL **Honig und Joghurt verrühren**, einmal täglich auf die Flecken streichen und 30 Minuten einwirken lassen. Dann gut abwaschen.
- Die Altersflecken mehrmals täglich mit einem Stück **Papayafruchtfleisch** einreiben.
- Hilfreich sind **Gele mit Aloe vera** (Apotheke): Sie enthalten Stoffe, die das Wachstum gesunder Zellen anregen.

Die verstärkte Pigmentierung ist eine Folge jahrelanger UV-Bestrahlung der Haut und tritt in fortgeschrittenem Alter auf.

Vorbeugung

- Freie Radikale begünstigen das Auftreten von Altersflecken. Da ihre Entstehung durch UV-Bestrahlung gefördert wird, sollte man **auf intensive Sonnenbäder verzichten**.
- **Alkohol und Nikotin meiden** – sie fördern die Bildung freier Radikale.
- Eine **vollwertige Ernährung** versorgt den Körper dagegen mit „Radikalfängern“ wie Vitamin C und Provitamin A (in Obst, Gemüse), Vitamin E (in Pflanzenölen, Getreide) oder Selen (in Nüssen, Hülsenfrüchten, Getreide).

Augenpflege

Die Haut rund um die Augenpartie ist überaus empfindlich und stellt daher spezielle Ansprüche an die Pflege. Eine Behandlung dieser Partie mit Augencremes oder Ölen ist spätestens ab dem 30. Lebensjahr dringend zu empfehlen.

Pflegeprodukte

- **Augencremes auf Pflanzenbasis** gibt es in unzähligen Varianten in der Apotheke oder in Drogerien: Sie enthalten Augentrost, Ringelblume, Aloe vera oder Öle wie Weizenkeim-, Avocado- oder Macadamianussöl und werden morgens und abends angewendet.
- Auch **Pflanzenöle** wie Mandel-, Aprikosen-, Jojoba- oder Kokosöl, die sich gut und gleichmäßig verteilen lassen, versorgen die empfindliche Augenpartie optimal mit der notwendigen Feuchtigkeit und halten die Haut geschmeidig. Am besten trägt man einige Tropfen davon direkt auf oder tränkt ein Mulltuch oder Wattepad mit Öl und legt dieses als Kompresse auf die geschlossenen Augen und die umgebende Hautpartie.
- Für ein **selbst hergestelltes, duftendes Pflegeöl**, das die Haut mit Feuchtigkeit versorgt, 100 ml Avocadoöl und 3 Tropfen Rosenöl mischen.

Augenringe

Erschöpfung, Sauerstoff- oder Schlafmangel sind oft die Ursache unschöner Augenringe. Die verengten Blutgefäße, in denen sich das Blut staut, schimmern durch die dünne Haut und verleihen ihr ein bläuliches Aussehen.

- Für eine **belebende Kompresse** je 1 TL Augentrost und Lindenblüten mit 250 ml kochendem Wasser übergießen. 5 Minuten ziehen lassen, dann abseihen. Zwei Wattepads oder Wattebäusche mit dem abgekühlten Sud tränken und einige Minuten auf die geschlossenen Augen legen.
- Für eine **erfrischende Maske** 1 EL Eiweiß mit 3 EL Magerquark mischen und auf die Augenringe tupfen. Die Maske trocknen lassen, dann lauwarm abwaschen.
- **Augencremes oder Gele**, die Rosskastanie oder Mäusedorn enthalten, regen die Durchblutung an und lassen auf diese Weise die Augenringe verschwinden.

Mandelöl eignet sich perfekt zur Pflege der zarten Augenpartie, die für Fältchen und Augenringe besonders anfällig ist.

Gut zu wissen

Pflegeprodukte auftragen

Vor dem Auftragen einer Creme oder eines Öles wird die Augenpartie gereinigt: Am besten tupft man sie mithilfe eines Wattepads mit einer Reinigungsmilch auf Pflanzenbasis behutsam ab. Da die Haut um die Augen sehr zart ist, dürfen Pflegeprodukte nicht verrieben werden. Man trägt sie mit den Fingerspitzen vorsichtig auf und klopft sie leicht ein – unter dem Auge immer von außen nach innen.

- **Frische Gurkenscheiben**, am besten aus dem Kühlschrank, auf die Augen legen.
- Muss es einmal schnell gehen, leisten Abdeckprodukte, sogenannte **Concealer** aus der Drogerie oder Apotheke, optische Soforthilfe.

AUGENGYMNASTIK

1 Um Fältchen vorzubeugen, die Augen schließen. Nach 1 Minute wieder öffnen und langsam im Uhrzeigersinn wandern lassen. Nach kurzer Pause die Augen langsam entgegen dem Uhrzeigersinn bewegen. Kurz entspannen.

2 Die Unterlider bei geöffneten Augen mit den Fingerspitzen leicht nach unten ziehen. Die Lider gegen diesen Widerstand wieder heben und die Augen schließen. 1 Minute mit geschlossenen Augen entspannen.

3 Nun die Augenbrauen kräftig hochziehen. Die Augen gegen diesen Widerstand langsam schließen. Erneut 1 Minute mit geschlossenen Augen entspannen. Diese augengymnastischen Übungen zweimal täglich durchführen.

Krähenfüße

Mit zunehmendem Alter wird die Haut trockener, sodass sich Fältchen um die Augen bilden, wenn man der Haut nicht genügend Feuchtigkeit zuführt. Aber auch Weinen und Lachen, Blinzeln und Zwinkern hinterlassen ihre Spuren und damit Mimikfältchen im Gesicht.

- Um die gefürchteten Krähenfüße möglichst lange hinauszuzögern, muss die Haut durch **tägliche Pflege** geschmeidig gehalten werden. Geeignet sind hierfür beispielsweise neben reinem **Avocado- und Mandelöl** auch **Aloe-vera-Gele**, die der Haut Feuchtigkeit spenden und so der Fältchenbildung vorbeugen.
- Für eine **selbst hergestellte Antifaltencreme** verrührt man etwas Mandelöl und Lanolin und trägt die Creme vor dem Schlafengehen auf die Haut unter den Augen auf.
- Einmal wöchentlich sollte man die Haut rings um die Augen mit einer **nährenden und hautstraffenden Maske** verwöhnen. Dazu 1 Eigelb, 3 Tropfen Zitronensaft und 1/2 TL Olivenöl mischen und mit einem Pinsel auftragen. Die Maske 15 Minuten einwirken lassen, dann lauwarm abwaschen und zum Abschluss das Gesicht mit kaltem Wasser erfrischen.
- **Keinesfalls auf Sehhilfen verzichten** – durch das ständige Zusammenkneifen der Augen entstehen Fältchen.

Wimpernpflege

Kräftig, dunkel, dicht und lang – diesem Schönheitsideal kann man mit Wimperntusche leicht gerecht werden.

- Pflegende **Mascara mit Nerz- oder Mandelöl** verwenden, das die Wimpern kräftigt.
- Am Abend die Augen **sorgfältig abschminken**: Dazu etwas Lotion auf ein weiches Tuch geben und die Wimperntusche durch sanftes Reiben in Richtung Nase entfernen.
- Zur anschließenden **Wimpernpflege** vorsichtig etwas Oliven- oder Rizinusöl mit einem Wattestäbchen auftragen; das Öl darf jedoch nicht in die Augen gelangen.

Wer viel Mineralwasser trinkt, leistet einen wichtigen Beitrag zur Vorbeugung unerwünschter Augenfältchen.

Cellulitis

Von der berüchtigten Crangenhaut sind fast nur Frauen betroffen, da deren Bindegewebe weicher ist als das der Männer. Meist zeigen sich die störenden Dellen an Gesäß, Hüften und Oberschenkeln. Da sie nur schwer zu behandeln sind, sollte man rechtzeitig vorbeugen.

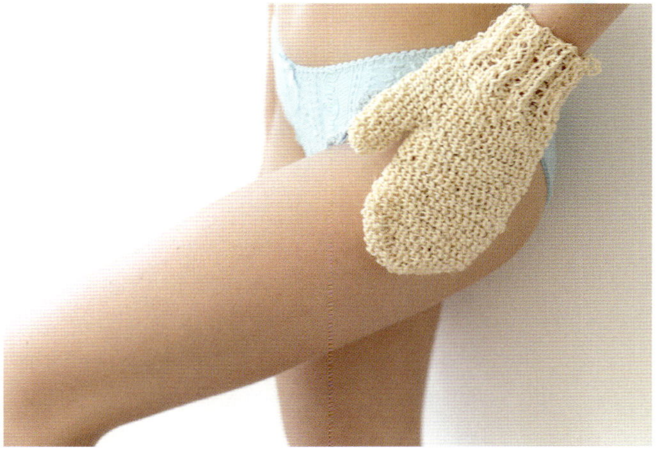

Eine Massage mit einem Sisalhandschuh – täglich morgens und abends – ist das A und O einer Cellulitisbehandlung.

Hausmittel

- Für ein Massageöl, das täglich in kreisenden Bewegungen kräftig einmassiert wird, 1 Handvoll frische **Efeublätter** mit 200 ml **Weizenkeimöl** übergießen und 2 Wochen an einem warmen Ort gut verschlossen ziehen lassen. Das Öl nach dem Abseihen mit 2 Tropfen Rosmarinöl mischen.
- **Kartoffeln straffen das Bindegewebe**: Dazu eine rohe Kartoffel schälen, in dünne Scheiben schneiden und diese auf der Cellulitishaut verteilen. Mit einem Baumwolltuch bedecken und 15 Minuten einwirken lassen.
- Um das Unterhautgewebe zu straffen, 3 EL **Efeublätter** in 2 l Wasser geben, 2 Minuten kochen lassen, dann abseihen. Tücher mit dem abgekühlten Sud tränken und einmal täglich 20 Minuten auf die betroffenen Stellen legen.
- Nach dem Duschen in die feuchte Haut **Meersalz einmassieren**, dann das Peeling lauwarm abspülen.

Vorbeugung

- **Übergewicht ist ein Risikofaktor** – wer zu viele Pfunde auf die Waage bringt, sollte abspecken.
- **Bewegung** fördert die Durchblutung und strafft Haut wie Bindegewebe – so hat die Cellulitis wenig Chancen.
- **Fett, Zucker und Salz reduzieren**. Sie fördern die Einlagerung von Fett bzw. Wasser und damit die Orangenhaut.
- **Reichlich trinken**, um Schlacken auszuschwemmen und die Haut von innen mit Feuchtigkeit zu versorgen.
- **Wechselduschen** kurbeln die Durchblutung und den Stoffwechsel an.

Spartipp

Kaffeesatz nicht wegwerfen – er leistet als Körperpeeling gute Dienste.

Erdbeerpeeling

Das Peeling wirkt vitalisierend auf die Cellulitishaut. Man nimmt:

50 g Erdbeeren
50 g Salatgurke (ungeschält)
2 EL Buttermilch
1 EL Speisequark
1 Eigelb
50 g gemahlene Mandeln

Alle Zutaten im Mixer fein pürieren oder im Mörser verreiben, in ein verschließbares Gefäß füllen und im Kühlschrank maximal 3 Tage aufbewahren.

Dekolleté und Hals

Das Dekolleté gilt als Symbol für Schönheit und Weiblichkeit. Um es straff zu erhalten, ist tägliche Pflege notwendig, da hier die Haut deutlich dünner und empfindlicher ist als an anderen Körperpartien. Gleiches gilt für den Hals, der leider oft vernachlässigt wird.

Kälte erfrischt die Haut: Die allmorgendliche Wechseldusche mit einem kurzen, kalten Schauer beenden.

Hausmittel

- Ein **Ölwickel** bekämpft Falten am Hals: 3 TL Mandelöl mit 3 TL Honig verrühren, auf ein Tuch geben und dieses um den Hals legen. Den Wickel 1 Stunde einwirken lassen, nicht abwaschen und wöchentlich anwenden.
- **Petersilienmilch** reduziert Halsfalten: 500 ml Vollmilch erhitzen und ein Bund gehackte Petersilie zufügen. Einige Minuten ziehen lassen, dann die Milch abseihen und lauwarm abkühlen lassen. Ein Tuch mit der Petersilienmilch tränken, um den Hals legen und 15 Minuten einwirken lassen.
- Eine **Zitronenkur** strafft die Haut an Dekolleté und Hals. Dazu ein Eiweiß steif schlagen und den Saft von einer Zitrone unterrühren. Die Mischung auftragen und 30 Minuten einwirken lassen. Dann lauwarm abwaschen und die Haut mit Feuchtigkeitscreme versorgen.
- Zur Zubereitung eines **Hautbalsams** 2 EL Aprikosenkernöl, 15 Tropfen Jojobaöl, 3 Tropfen Neroliöl und je 2 Tropfen Mandelöl, Rosenöl und Lavendelöl mit 2 TL Glyzerin mischen und in ein dunkles, verschließbares Gefäß füllen. Zur nächtlichen Regeneration der Haut vor dem Schlafengehen Dekolleté und Hals mit einigen Tropfen der Mischung sanft einreiben.
- Für ein makelloses Dekolleté 100 g Himbeeren pürieren und mit je 20 g Mandelkleie und Honig sowie ein Eigelb mischen. Als **Maske** auf das Dekolleté auftragen, 30 Minuten einwirken lassen, dann lauwarm abspülen.
- **Halsgymnastik** strafft die Haut. Dazu mit der rechten Hand über den Kopf ans linke Ohr fassen. Dabei den Kopf vorsichtig nach links drücken, die Spannung einige Sekunden halten, dann entspannen. Mit der anderen Seite ebenso verfahren.

Sonnenschutz

Die empfindliche Haut am Dekolleté sollte besonders gut vor der Sonne geschützt werden. Um eine Erschlaffung des Gewebes und Faltenbildung zu vermeiden, ist es ratsam, konsequent Sonnencreme oder -gel aufzutragen. Gleiches gilt für den Hals, der beim Eincremen häufig übersehen wird.

Statt Mandelöl kann man auch Avocadoöl für einen Halswickel verwenden.

Deodorants

Viel gesünder und oft auch billiger als die Fülle an Deodorants aus dem Drogeriemarkt sind die Kräuter und Öle aus dem Garten der Natur: Sie erfrischen auf sanfte Weise die Haut, reduzieren die Schweißproduktion und hemmen die Geruchsbildung.

Selbst hergestellte Deodorants füllt man am besten in eine Pumpflasche und schüttelt sie vor jeder Anwendung.

Grundrezeptur

Ätherische Öle bilden einen wichtigen Bestandteil vieler Rezepturen. Eine einfache Grundrezeptur besteht aus 50 ml klarem Alkohol (40%ig) und 50 ml Hydrolat wie Hamamelis-, Kornblumen- oder Rosenwasser. Nach individueller Vorliebe werden nun 40 Tropfen Öl zugefügt:

- **Angenehm kühlend** wirkt etwa das ätherische Öl vieler Zitruspflanzen wie Zitrone, Bergamotte, Lemongras, Limette, Neroli oder Grapefruit.
- Rosen- oder Lavendelöl verleiht dem Deo einen **zarten, femininen Duft**.
- Salbei- oder Zypressenöl wirkt adstringierend (zusammenziehend) und **drosselt so die Schweißproduktion**.
- Vor der Anwendung sollten auf diese Weise hergestellte Deos etwa **1 Woche lang ziehen**.

Hausmittel

- Wenn kein Deo vorrätig ist, 2–3 Tropfen ätherisches Öl, etwa **Rosen- oder Lavendelöl**, mit etwas Wasser mischen und in die Achselhöhlen tupfen.
- **Deosteine** sind preiswert, können aber die Poren verstopfen, wenn man zu viel davon aufträgt. Zu den bekanntesten zählt der Alaunsteinkristall.
- Schwitzt man stark, ein **Baumwolltuch mit Apfelessig beträufeln** und die Haut unter den Achseln damit abreiben.
- Für ein selbst gemachtes **Deo mit frischem Sommerduft** jeweils 3 EL getrockneten Salbei und getrockneten Lavendel, den Saft und die abgeriebene Schale von 1/2 Zitrone und jeweils 3 Tropfen Zitronen- und Neroliöl in ein verschließbares Gefäß füllen und mit 250 ml Hamameliswasser (Apotheke) übergießen. 1 Woche ziehen lassen, dann abseihen und 2 EL Apfelessig zufügen.
- Wirkungsvoll ist es auch, die Schweißbildung bereits im Keim zu ersticken: Hierzu regelmäßig **Salbeitee** trinken.

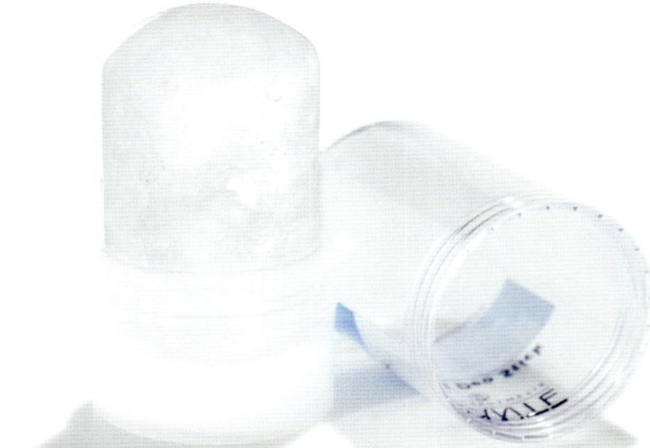

Deosteine bestehen meist aus Kristallen, die den Körpergeruch bekämpfen.

Gut zu wissen

Deos richtig anwenden

Deos sollten nur auf saubere Haut und erst 1 Tag nach der Rasur des Achselhaars aufgetragen werden, damit sich geruchsbildende Bakterien nicht so schnell vermehren können und die Gefahr von Hautreizungen gemindert wird. Allzu viel Deo ist ungesund: Verstopfte Schweißdrüsen und Entzündungen können die Folge sein. Rasiert oder kürzt man das Achselhaar, wird die Geruchsbildung reduziert.

Düfte

Düfte vervollkommnen seit Jahrtausenden die weibliche Schönheit, doch auch Männer finden zunehmend Gefallen an den wohlriechenden Kompositionen aus Blüten, Früchten, Hölzern und Gewürzen, die in allen Nuancen und Spielarten bereitstehen.

Duftwasser für ihn

1 EL Wodka (40%ig)
10 Tropfen Kamillenöl
10 Tropfen Geraniumöl
10 Tropfen Muskateller-salbeiöl
10 Tropfen Bergamottöl
10 Tropfen Neroliöl
5 Tropfen Korianderöl
100 ml Hamameliswasser

Wodka und ätherische Öle in eine Glasflasche füllen und gut schütteln, damit sich die Öle lösen. Hamameliswasser zufügen und erneut schütteln. Das Duftwasser 1 Woche ziehen lassen und vor jeder Anwendung schütteln.

Grundrezeptur

50 ml klaren Alkohol (40%ig), 1 TL destilliertes Wasser und etwa 25 Tropfen ätherisches Öl mischen und kräftig schütteln. Das so entstandene Duftwasser ist sofort einsatzbereit.

- Für **maskuline Duftmischungen** greift man oft auf Sandelholz und Zedernholzöl zurück. Ein **blumiges Aroma** lässt sich mit Patschuli-, Geranium- oder Lavendelöl erzielen, **liebliche Frische** mit Orangen- oder Bergamottöl und **schwere, sinnliche Noten** mit Veilchen- oder Rosenöl.
- Sauerstoff, Wärme und Licht zerstören das Duftwasser. Damit es seine maximale Haltbarkeit von etwa 3 Monaten erreicht, sollte selbst hergestelltes Parfüm in einer **gut verschließbaren Flasche** oder einem Flakon an einem kühlen und **dunklen Ort** aufbewahrt werden, z. B. in einer Schublade.

Selbst gemachte Düfte

- **Kölnisch Wasser** oder Eau de Cologne, schon zu Großmutters Zeiten ein Klassiker, kann man **selbst mischen**: Dazu versetzt man 300 ml Wodka mit je 12 Tropfen Bergamott- und Zitronenöl, je 10 Tropfen Orangen- und Geraniumöl, 6 Tropfen Rosmarinöl und 3 Tropfen Neroliöl. Die Mischung kräftig schütteln und 2 Tage ruhen lassen. Dann 80 ml destilliertes Wasser zufügen, erneut schütteln und etwa 1 Woche lang ziehen lassen.
- Ein sehr feminines **Duftwasser mit feinem Vanillearoma** lässt sich ganz einfach herstellen: 2 Vanillestangen aufschlitzen und mit 100 ml klarem Alkohol (40%ig) übergießen. Nach 3 Tagen die Vanilleschoten entfernen und 250 ml destilliertes Wasser zufügen.
- Ein **klassisches Sommerparfüm** aus Großmutters Zeiten profitiert vom reinen, frischen Geruch der Zitrusfrüchte: Dafür werden 1 EL Wodka (40%ig), je 10 Tropfen Orangenöl, Neroliöl, Zitronenöl, Mandarinenöl und Rosenöl sowie 5 Tropfen Bergamottöl gemischt, dann mit 100 ml Orangenblütenwasser ergänzt. Nach 1 Woche hat sich der Duft voll entfaltet.

Am besten füllt man Duftwässer in Fläschchen, die nach 3 Monaten aufgebraucht sind.

Aus den früher in den Gärten verbreiteten Veilchen lässt sich ein süßes, betörendes Parfüm herstellen.

- Für ein **betörendes Veilchenparfüm** 100 g Veilchenblüten mit 40 ml Alkohol (90%ig) und 50 ml destilliertem Wasser übergießen und 1 Woche ziehen lassen. Dann abseihen und mit 100 ml destilliertem Wasser mischen. Auch aus 2 Handvoll Lavendel- oder Rosenblüten kann auf diese Weise ein Duftwasser zubereitet werden.
- Für ein **duftendes Rosenwasser** 100 g frische Rosenblätter mit 1 l kochendem Wasser übergießen und 1 Stunde ziehen lassen, dann abseihen. Das Rosenwasser wieder zum Kochen bringen und weitere 100 g Rosenblätter damit übergießen; diese nach 1 Stunde erneut abseihen. Den Vorgang mit nochmals 100 g Rosenblättern wiederholen. Dann das abgekühlte Rosenwasser in einer dunklen Flasche aufbewahren. Es bietet sich für eine dezente Parfümierung zwischendurch an – zur Verwendung unterwegs etwas Rosenwasser in eine kleine Sprühflasche füllen.
- Der Brauch, Taschentücher zu parfümieren und das **duftende Tüchlein** bei sich zu tragen, ist zwar aus der Mode gekommen, würde es aber verdienen, wieder belebt zu werden. Für ein dazu passendes Duftwasser füllt man 10 Gewürznelken, 2 Zimtstangen, 20 g Veilchenwurzel und 20 g Sandelholz in ein verschließbares Gefäß und übergießt sie mit 100 ml Alkohol (90%ig). 2 Wochen ziehen lassen, gelegentlich schütteln, dann abseihen und mit 100 ml Rosenwasser mischen. Bei Bedarf einige Tropfen auf ein Stofftaschentuch geben.

Duftwässer anwenden

- Im Gegensatz zu **schweren Parfüms** für den Abend dürfen **nicht ganz so intensive Duftwässer** den Körper von Kopf bis Fuß mit einem zarten Hauch umgeben.
- **Auf keinen Fall zu viel Parfüm verwenden**, sonst wird der Duft aufdringlich. Wenige Tropfen aus einem Flakon oder 2–3 Sprühstöße aus der Pumpflasche sind völlig ausreichend.
- Damit der gewählte Duft richtig zur Geltung kommt, sollte man ein **Parfüm nur auf saubere Haut aufbringen**.

Schwere Düfte auf der Basis von Veilchen, Ylang-Ylang, Patschuli oder Jasmin sollten nur an der Innenseite der Handgelenke oder hinter dem Ohr aufgetragen werden.

Spartipp

Kleine Medizin- oder Likörfläschchen nicht wegwerfen, sondern gut ausspülen und als Flakon für Duftwässer verwenden.

FINGERNÄGEL

Wie die Hände sind auch die Fingernägel eine persönliche Visitenkarte: Brüchige Nägel und eine eingerissene Nagelhaut hinterlassen keinen guten Eindruck. Regelmäßige Pflege und eine vitaminreiche Kost danken die Nägel mit einem schimmernden Glanz.

Einmal in der Woche empfiehlt es sich, die Nägel mit einem warmen Ölbad zu verwöhnen.

A und O der Nagelpflege

Die Maniküre wird alle 2 Wochen durchgeführt: Zunächst entfernt man durch ein sanftes Peeling Hautschuppen und Schmutzreste, dann schiebt man die Nagelhaut zurück. Nun werden die Nägel mit einer Schere oder Feile in Form gebracht, wobei man bei Verwendung einer Feile immer vom Rand zur Nagelmitte feilt. Danach Hände und Nägel mit einem Feuchtigkeitsgel, z. B. mit Aloe vera, massieren.

- Zur **täglichen Reinigung** die Nägel mit einer weichen Bürste säubern, dann mit etwas Oliven- oder Mandelöl bestreichen.
- Für ein **Hand- und Nagelpeeling** 2 EL Kakaobutter erwärmen und mit 2 EL Mandelkleie und 5 Tropfen Zitronenöl mischen. Noch warm in Hände und Nägel einmassieren, anschließend mit lauwarmem Wasser abspülen. Das Peeling empfiehlt sich vor jeder gründlichen Maniküre, kann aber auch zwischendurch angewendet werden.
- Die **Nagelhäutchen nicht schneiden**, sondern vorsichtig zurückschieben. Zuvor mit etwas Olivenöl erweichen.
- Alternativ die **Nagelhaut erweichen**, indem man ein Eigelb mit 1 EL frischem Ananassaft, 1 TL Zitronensaft und 2 Tropfen Zitronenöl mischt und mit einem Pinsel oder Wattestäbchen aufträgt. Nach 15 Minuten abspülen.
- **Ob man die Nägel feilt oder schneidet**, ist Geschmackssache. Zum Feilen benutzt man eine Sandblatt- oder Glasfeile (für sehr kräftige Nägel eine Diamantfeile). Metallfeilen sind ungeeignet, da sie die Nägel brüchig machen. Nagelzwicker sind ebenfalls nicht zu empfehlen, sie verursachen Riffelungen und ein Ausfransen der Nägel.
- Für ein **pflegendes Ölbad** 50 ml Macadamianuss-, Mandel- oder

Für die Maniküre nur hochwertige Scheren bzw. Feilen benutzen!

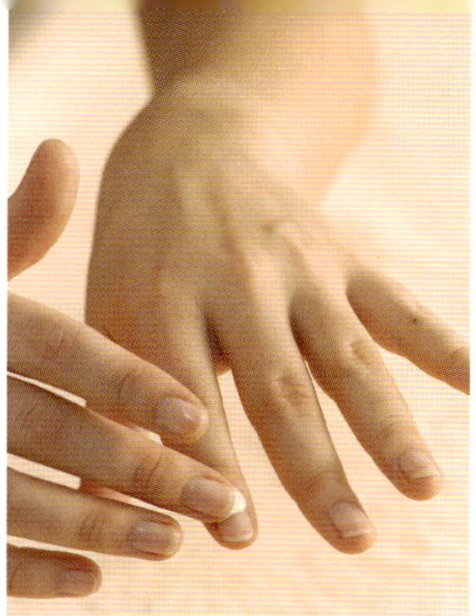

Wenn man die Fingernägel mit Bienenwachs einreibt, bekommen sie einen schönen Glanz.

Olivenöl erwärmen und je 1 Tropfen Geranium-, Sanddorn- und Lavendelöl zufügen. Die Finger 2 Minuten in das Ölbad tauchen. Danach die Hände mit dem restlichen Öl massieren.

- Einmal pro Woche eine **Nährpackung** auftragen: Dazu ein Eigelb und 2 EL Weizenkeimöl gründlich verrühren, dann je 1 EL Karottenraspel und Zitronenfruchtfleisch untermischen. Die Packung auf Nägel und Handrücken auftragen und mit einem Tuch bedecken. Nach 30 Minuten lauwarm abwaschen.
- Zum Abschluss die Nägel mit einem **Wildlederpolierkissen oder einer Polierfeile** zum Glänzen bringen bzw. farblosen Nagellack auftragen.

Brüchige Nägel

- Die Nägel jeden Abend **mit etwas lauwarmem Olivenöl bestreichen**, das mit ein paar Tropfen Zitronensaft versetzt ist. Weiche Baumwollhandschuhe überziehen und die Mischung über Nacht einwirken lassen.
- Zur Kräftigung angegriffener Fingernägel 2 EL **Kieselsäuregel** (aus dem Reformhaus) mit 1 TL **Bier** mischen, auf die Nägel auftragen und 5 Minuten einwirken lassen. Dann gründlich abwaschen.
- **Auf lange Nägel verzichten.** Die Nägel kurz und gerade schneiden bzw. feilen.
- **Schnell trocknenden Nagellack meiden**; er lässt die Fingernägel brüchig werden.
- **Vitamin H (Biotin) kräftigt die Nägel.** Es ist in reichem Maß z. B. in Bierhefe, Sojaprodukten, Innereien und Eigelb enthalten.

Weiche Nägel

- Weiche Nägel werden härter, wenn man sie einmal täglich mit einer Mischung aus etwas **Apfelessig und Zitronensaft** abreibt.
- Zur Kräftigung der Fingernägel 250 ml **Rosenwasser** mit 1 EL **Zitronensaft**, 1 TL **Salz** und 5 g **Natriumborat** mischen und in ein gut verschließbares Gefäß füllen. 2 Tage ziehen lassen, dann regelmäßig auf die Nägel auftragen.

Nagellack richtig auftragen

Beim Kauf des Nagellacks sollte man darauf achten, dass er möglichst wenig chemische Bestandteile enthält.

- Den Nagel mit einem schützenden, pflegenden **Unterlack grundieren**, bevor man Nagellack aufträgt.
- Den eigentlichen **Nagellack in zwei Schichten auftragen**: Man beginnt mit einem Strich in der Mitte des Nagels, dann folgen die Seiten. Zum Nagelbett hin einen schmalen Streifen frei lassen.
- Nagellack hält länger, wenn er mit einem farblosen **Schutzlack** überzogen wird.
- Der Nagellackentferner sollte **azetonfrei und ölhaltig** sein, damit die Fingernägel nicht zu sehr austrocknen.

NAGELÖL

Für flexible, kräftige Nägel.
Man nimmt:
2 EL Mandelöl
1 TL Jojobaöl
5 Tropfen Lavendelöl
5 Tropfen Lemongrasöl
Alle Zutaten mischen und morgens und abends in die Nägel einmassieren.

Fusspflege

Die Füße tragen uns durchs Leben – und in Bezug auf die zurückgelegten Entfernungen etwa dreimal um die Erde. Dafür haben sie sich eine Belohnung verdient: Fußbäder, Peelings und Lotionen halten die Füße gesund und schenken ihnen ein gepflegtes Aussehen.

Kräuterwaschung

Gegen schmerzende Füße nimmt man:

20 g Beifuß
20 g Kamille
20 g Pfefferminze
20 g Lindenblüten
1 l Wasser

Die Kräuter mit dem kalten Wasser übergießen, erhitzen und 15 Minuten kochen lassen. Vor dem Abseihen lauwarm abkühlen lassen, dann die Füße mit dem Kräutersud waschen.

Regelmäßige Pflege

- Für eine **pflegende Fußlotion** zur täglichen Anwendung 250 ml Milch mit einer Handvoll Pfefferminzblätter und 2 EL Rosmarinnadeln zum Kochen bringen. 15 Minuten ziehen und dann abkühlen lassen. Nach dem Abseihen 3 Tropfen Pfefferminzöl in die Kräutermilch mischen und die Lotion in eine verschließbare Flasche füllen. Morgens und abends die Füße damit einreiben. Die Lotion hält im Kühlschrank etwa 4 Wochen.
- Ein **wöchentliches Fußpeeling** entfernt Hautschuppen und macht die Haut wieder glatt und geschmeidig. Ein schnell zubereitetes Peeling besteht aus 1 EL Mandelöl, 1 TL Meersalz und 3 Tropfen Eukalyptusöl. Die Zutaten werden vermischt und einige Minuten lang in die Füße einmassiert, dann gut abgespült. Ein Peeling eignet sich zur Vorbereitung der anschließenden Pediküre, kann aber auch zwischendurch angewendet werden.
- Um schmerzhafte Schwielen zu vermeiden, sollte man die **Hornhaut ab und zu entfernen**, am besten nach dem Duschen oder Baden. Zum Erweichen der Hornhaut kann man auch Hirschtalgsalbe (Apotheke) verwenden. Nach dem sanften Abrubbeln der Hornhaut reibt man die Füße mit Olivenöl ein, um die Haut geschmeidig zu erhalten. Auf keinen Fall darf man an der Hornhaut herumschneiden, da dies zu gefährlichen Infektionen führen kann.

Müde, strapazierte und wunde Füße

- Eine **Fußmassage** macht müde Füße munter: Für das Massageöl 2 EL Mandelöl mit 3 Tropfen Lavendelöl mischen und die Füße mit sanften, gleichmäßig kreisenden Bewegungen massieren. Man beginnt auf der Fußsohle und arbeitet sich von den Zehen zur Ferse voran. Dann folgt der Spann, wo man ebenfalls bei den Zehen beginnt. Für die Fußmassage kann man auch eine Massagebürste oder einen Massageroller verwenden.
- Ein ebenfalls sehr wohltuendes, besonders für trockene Haut geeignetes **Massageöl** besteht aus 3 EL Olivenöl,

Nach der Pediküre tut man gut daran, die strapazierten Füße mit Feuchtigkeit zu versorgen.

Gute Dienste bei der Fußgymnastik leistet ein dünner Stab, auf dem man mit der Fußsohle hin und her rollt. Hierbei die Füße abwechseln.

1 TL Apfelessig, 1/2 TL Kamillenöl und 1/2 TL Alaun. Alle Zutaten werden im heißen Wasserbad verrührt und nach dem Abkühlen in die Fußhaut einmassiert.

- Müde Füße werden durch diese **Kräutermixtur** erfrischt: Je 20 ml Pfefferminz- und Ringelblumentinktur, 10 ml Rosmarintinktur, je 10 Tropfen Zitronenöl, Zypressenöl und Pfefferminzöl sowie 100 ml Hamameliswasser in eine Flasche mit Sprühaufsatz füllen und kräftig schütteln. Damit die Füße besprühen, bei Bedarf mehrmals täglich.
- Ein **Fußbad mit Holunderblüten** bringt müde, angeschwollene Füße wieder auf Trab. Dazu werden 2 Handvoll Holunderblüten mit einer Handvoll Pfefferminzblätter in 1 l Wasser aufgekocht. Nach dem Abkühlen und Abseihen füllt man den Sud in eine kleine Wanne mit lauwarmem Wasser und badet die Füße 10 Minuten darin.
- Für ein **Heilbad** eine Schüssel mit lauwarmem Wasser füllen und einige Tropfen Kamillen- oder Lavendelöl zugeben.
- Bei rissiger Haut empfiehlt sich ein lauwarmes **Pflegefußbad**, dem 1 l Milch oder Molke zugesetzt wird.
- Für ein **belebendes Badesalz** je 2 TL Rosmarin- und Fichtennadelöl in 2 EL Alkohol (70%ig) auflösen, dann 250 g Meersalz zufügen und alle Zutaten gut mischen. 2 EL des Badesalzes in 2 l lauwarmem Wasser auflösen und die Füße darin 10 Minuten baden. Das restliche Badesalz in einem gut verschlossenen Gefäß aufbewahren.
- Ein **Peeling mit Sand und Meersalz** entfernt Hornhaut und Hautschuppen an den Fußsohlen. Dazu einen Becher feinen Sand, 2 EL Meersalz, 200 ml Olivenöl und je 2 Tropfen Rosmarinöl, Pfefferminzöl und Zitronenöl gründlich mischen und mit kreisenden Bewegungen in die Fußsohlen einmassieren. Dann lauwarm abwaschen und die Füße gründlich trocken reiben.
- Zur Pflege wunder und spröder Haut eignet sich dieses **Kräuteröl**: 100 ml Olivenöl erwärmen und darin je 10 g Ringelblumen- und Lavendelblüten 3 Minuten bei schwacher Hitze ziehen lassen. Das abgekühlte Öl abseihen und hierbei die Blüten kräftig ausdrücken. Die Füße dünn mit dem handwarmen Öl bestreichen.
- Auch wenn man unterwegs ist, findet man Hilfe für die geplagten Füße: Bei müden Füßen legten schon unsere Großeltern **frische Farnkrautblätter** in die Schuhe, bei wunden Füßen wurden **Spitzwegerichblätter** verwendet.

Fußtraining

- **Barfußlaufen** und **Tautreten** kurbeln die Durchblutung an und härten die Füße ab.
- Durch **gezielte Fußgymnastik** können die Füße gekräftigt werden. Hierfür bietet es sich an, Murmeln auf dem Boden auszubreiten und die Füße zunächst darauf hin und her rollen zu lassen. Dann versucht man, die Murmeln mit den Zehen zu greifen.

PERFEKTE PEDIKÜRE

1. Ein 10-minütiges Fußbad mit lauwarmem Wasser und nach Belieben einigen Tropfen eines ätherischen Öles nehmen, dann die Hornhaut sanft entfernen.
2. Gut geeignet ist hierfür ein Bimsstein, der schon im Altertum für die Hautpflege benutzt wurde, oder ein spezieller, im Fachhandel erhältlicher Hornhauthobel

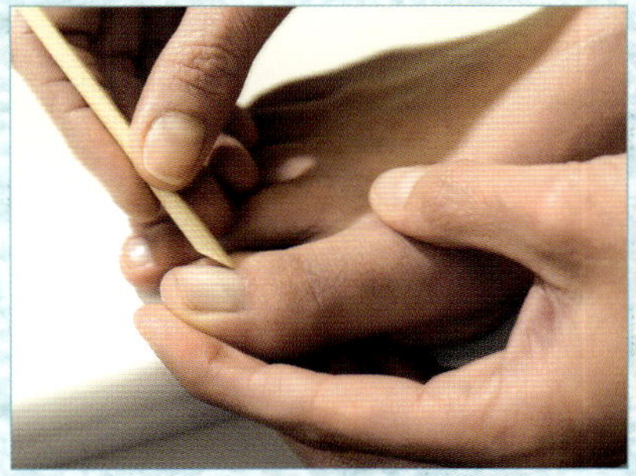

3. Falls erforderlich, die Nagelhaut mit etwas Olivenöl erweichen und mit einem Rosenholzstäbchen zurückschieben.
4. Die Nägel kürzen. Anders als die Fingernägel werden Zehennägel immer gerade geschnitten oder gefeilt, damit kein Nagel schmerzhaft einwächst.

Ernährung und Schönheit

Eine gesunde, ausgewogene Ernährung wirkt sich nicht nur positiv auf das Körpergewicht aus: Vitamine und Mineralstoffe machen die Haut glatt und geschmeidig, kräftigen Fingernägel, Zähne und Zahnfleisch und lassen die Haare seidig glänzen.

Vitamine

- Eine gute Versorgung mit Vitamin A legt den Grundstein für eine gesunde Haut und ein frisches Aussehen. Vitamin A erhält die Haut glatt und jung, indem es die Zellerneuerung stimuliert. Dieses wichtige Vitamin wird erst im Körper aus dem in vielen Obst- und Gemüsearten enthaltenen Betacarotin gebildet. Da Betacarotin vom Organismus nur schlecht verwertet wird, sollten Lebensmittel, die das wichtige Betacarotin enthalten, gekocht oder gedünstet und mit etwas Fett angereichert werden, um die Aufnahme zu erleichtern.
- Für die ständige Erneuerung von Haut, Haaren und Nägeln sind B-Vitamine unverzichtbar. Zu nennen ist hier vor allem Vitamin B_6, das die Aufgabe hat, das für ein straffes Bindegewebe notwendige Kollagen zu bilden. Das oft auch als Vitamin H bezeichnete Biotin gehört ebenfalls zu den Vitaminen der B-Gruppe und dient gleichfalls dem Schutz von Haut- und Haarzellen.
- Vitamin C beschleunigt die Kollagenproduktion in den Zellen und ist für ein gesundes Zahnfleisch unentbehrlich. Da Vitamin C durch Hitze rasch zerstört wird, sollte man Vitamin-C-reiche Lebensmittel möglichst roh verzehren.

Mineralstoffe

- Eisen ist u. a. für die Fitness zuständig, denn es wird für den Sauerstofftransport im Blut benötigt. Blässe, brüchige Fingernägel und Haarausfall können Anzeichen eines Eisenmangels im Körper sein.
- Kalium regt das Verdauungssystem und die Nieren an und sorgt auf diese Weise für die Ausscheidung von Schadstoffen, ist aber auch für die Elastizität der Haut wichtig.
- Kalzium (in Milchprodukten enthalten) ist für die Gesundheit und Festigkeit der Zähne unverzichtbar.
- Magnesium hält die Zellwände stabil und beugt damit der Faltenbildung der Haut vor.
- Selen kann ebenso wie Zink Hautschäden reparieren.
- Zink unterstützt das Vitamin A bei dessen Aufgaben und fördert zugleich die Wundheilung.

Vitamin- und Mineralstoffquellen

Betacarotin	orangefarbene und gelbe Früchte und Gemüse, dunkles Blattgemüse
Biotin	Ei, Hülsenfrüchte, Innereien
B-Vitamine	Getreide, Sojabohnen, Nüsse, Hülsenfrüchte
Eisen	Fleisch, Vollkornprodukte
Kalium	Trockenfrüchte, Hülsenfrüchte, Nüsse, Sojaprodukte, Gemüse, Pilze, Avocado
Kalzium	Milch und Milchprodukte
Magnesium	Vollkornprodukte, Hülsenfrüchte, Mineralwasser
Selen	Bierhefe, Vollkornprodukte, Meeresfrüchte, Pilze, Naturreis
Vitamin C	Zitrusfrüchte, Kiwi, Hagebutten, Schwarze Johannisbeeren, Paprikaschoten, Papaya, Brokkoli
Vitamin E	kaltgepresste Öle, Nüsse, Getreidekeime
Zink	Hülsenfrüchte, Getreide, Nüsse, Geflügel, Meeresfrüchte

Ob es sinnvoll ist, die Vitamin- und Mineralstoffversorgung des Körpers mithilfe von Präparaten kurzfristig zu ergänzen, sollte der Arzt entscheiden. Vorsicht ist bei den meist preiswerten Angeboten aus Drogerien geboten: Sie enthalten Vitamine und Mineralstoffe oft in zu geringer Dosierung.

Antioxidantien

Umweltverschmutzung, Zigarettenrauch, UV-Strahlen und nicht zuletzt Stress führen im Körper zur Bildung sogenannter freier Radikale. Hierunter versteht man aggressive Sauerstoffverbindungen, die das Gewebe schädigen und die Haut vorzeitig altern lassen, wenn sie im Übermaß entstehen. Natürliche Antioxidantien wie Vitamin C, Vitamin E, Betacarotin und Selen bekämpfen diese freien Radikale, indem sie mit ihnen reagieren, sie stabilisieren und auf diese Weise verhindern, dass sie im Körper Schaden anrichten. Durch eine Ernährung, die reich an Antioxidantien ist, lässt sich auch das Risiko für viele ernst zu nehmende Krankheiten herabsetzen.

Flüssigkeit

Um geschmeidig zu bleiben und ihr klares, frisches Aussehen zu bewahren, braucht die Haut viel Flüssigkeit. Auch die inneren Organe können nur dann Schadstoffe ausfiltern, wenn man ausreichend trinkt. Mindestens 1,5 Liter Flüssigkeit sollten es täglich sein, im Idealfall Mineralwasser, Fruchtsaftschorlen oder Kräuter- und Früchtetee. Wahre Schönheitsdrinks sind frisch gepresste biologische Frucht- und Gemüsesäfte, die Aussehen und Gesundheit gleichermaßen zugutekommen. Dabei sind der Fantasie beim Mixen keine Grenzen gesetzt. Allerdings darf man die Kalorienzufuhr durch Fruchtsäfte nicht unterschätzen: Schon 500 ml frisch gepresster Saft stellen einen vollwertigen Ersatz für eine Zwischenmahlzeit dar!

Gesichtscreme und -Öl

Einen makellosen Teint und nicht selten ewige Jugend verspricht die Kosmetikindustrie den Käufern ihrer oft sündhaft teuren Produkte. Ebenso gut beraten ist man mit natürlichen Rezepturen, die im Handumdrehen zubereitet und noch dazu sehr preiswert sind.

Welche Pflegecremes bzw. -öle man verwendet, hängt in erster Linie vom Hauttyp und vom Lebensalter ab, da reifere Haut eine andere Pflege benötigt als junge Haut .

> ***Gut zu wissen***
>
> Tages- und Nachtcreme
>
> *Nach der Reinigung wird die Haut morgens und abends mit einer auf den Hauttyp abgestimmten Creme gepflegt. Die Tagescreme hält schädliche Umwelteinflüsse ab. Die Nachtcreme bzw. ein abends aufgetragenes Öl unterstützt die Haut bei der Ausscheidung von Giftstoffen und der Aufnahme von Nährstoffen. Erhältlich sind aber auch Universalcremes für Tag und Nacht.*

Normale Haut

- Für eine altbewährte Pflegecreme ein **Eiweiß** steif schlagen und 1 TL **Honig** sowie 3 Tropfen **Mandelöl** zufügen. Die Masse weiter schlagen, bis eine dicke, glatte Creme entstanden ist. Im Kühlschrank hält diese Pflegecreme 3–4 Tage.
- 50 g **Bienenwachs** im heißen Wasserbad schmelzen, dann 100 ml **Weizenkeimöl** und 60 ml **Holunderblütenwasser** zufügen. Zutaten verrühren, danach die Creme in ein Porzellantöpfchen füllen und im Kühlschrank aufbewahren.

Fettige und unreine Haut

- Zur Herstellung einer Gesichtscreme, die Hautunreinheiten bekämpft, 100 ml destilliertes Wasser mit 15 g **Schafgarbenkraut** aufkochen. Die Lösung nach dem Erkalten durch ein feines Sieb filtern, mit 30 ml **Hamameliswasser** mischen und langsam unter 100 g **Basiscreme DAC** (Apotheke) rühren. Dann in ein Porzellantöpfchen füllen und im Kühlschrank aufbewahren.
- Alternativ eine **entzündungshemmende Creme** herstellen: 20 g Ringelblumenblüten mit 100 ml kochendem, destilliertem Wasser übergießen. Den Sud zugedeckt erkalten lassen. Dann durch ein feines Sieb abseihen, wobei man die Blüten gut ausdrückt. Die Lösung mit 20 ml Mandelöl verrühren und mit 100 g Basiscreme DAC vermengen.

Mit den antiseptischen Inhaltsstoffen der Schafgarbe lassen sich Hautunreinheiten gut bekämpfen.

Da selbst hergestellte Kosmetika keine Zusatzstoffe enthalten, sind sie im Kühlschrank in der Regel maximal 4 Wochen haltbar.

Reife Haut

- Dieses **Rosengel** ist schnell zubereitet und spendet der reifen Haut reichlich Feuchtigkeit: 150 ml destilliertes Wasser erhitzen und 1 TL Gelatinepulver darin auflösen.

1 TL Rosenöl und 3 Tropfen Lavendelöl sowie 3 TL Glyzerin unterrühren. Das Gel abkühlen lassen und in einem Porzellantiegel aufbewahren.

- Für eine Creme, die die Elastizität der Haut bewahrt, 10 g **Bienenwachs** bei 60–70 °C im Wasserbad schmelzen. 50 ml **Mandelöl**, 1 EL **Jojobaöl**, 15 g **Aloe vera** und 5 Tropfen **Rosenholzöl** zufügen und unterrühren.

Trockene Haut

- Für die speziellen Bedürfnisse der sensiblen, trockenen Haut 15 g **Emulsan** (aus der Apotheke), 10 g **Kakaobutter**, 10 g **Bienenwachs** und 70 ml **Mandelöl** in ein kleines Gefäß geben und im Wasserbad bei maximal 70 °C schmelzen. Abkühlen lassen und in einem verschließbaren Gefäß bis zu 6 Monate im Kühlschrank aufbewahren.
- Alternativ je 20 g **Lanolin und Vaseline** verrühren und je 2 Tropfen **Rosen- und Lavendelöl** zufügen; rühren, bis die Creme geschmeidig ist. Dann in ein Porzellangefäß füllen und im Kühlschrank maximal 2 Monate aufbewahren.

Gesichtsöle für die Nacht

Werden Gesichtsöle sparsam auf die zuvor gereinigte Haut aufgetragen, ziehen sie fast vollständig ein. Ihre Herstellung ist immer ähnlich: Man gibt die Zutaten in eine kleine dunkle Flasche und schüttelt diese kräftig. Im Kühlschrank aufbewahrt, sind selbst hergestellte Öle etwa 2 Wochen haltbar.

- Für **normale Haut**: 50 ml Jojoba- und Mandelöl mit je 5 Tropfen Geranium-, Rosen-, Lavendel-, Kamillen- und Weihrauchöl vermengen.
- Für **reife Haut**: 50 ml Mandelöl, 1 TL Weizenkeimöl und je 5 Tropfen Weihrauch-, Lavendel- und Kamillenöl in eine dunkle Flasche geben und gut schütteln.
- Für **trockene Haut**: 70 ml Olivenöl, 20 ml Traubenkernöl, 10 ml Avocadoöl und 10 Tropfen Zitronenöl mischen.
- Für **fettige Haut**: 50 g Aloepulver mit 40 ml destilliertem Wasser glatt rühren. 20 ml Orangenblütenwasser zufügen. 1 TL Honig mit 100 ml Aprikosenkernöl im Wasserbad verrühren, dann alle Zutaten mischen.
- Für **empfindliche Haut**: 80 ml Mandelöl, 20 ml Pfirsichkernöl und 10 Tropfen Neroliöl mischen.

Bei der Kosmetikaherstellung ist Sauberkeit oberstes Gebot. Zum Entnehmen der Creme ist ein Spatel empfehlenswert.

Orangenblütenwasser hat in der Kosmetik eine lange Tradition.

Spartipp

Gebrauchte Tiegel und Döschen mit klarem Alkohol reinigen und wieder verwenden.

Gesichtsmasken

Jugendliches, frisches Aussehen war schon immer wichtig und so verwöhnten die Frauen bereits im Altertum ihre Haut mit reinigenden oder nährenden Gesichtsmasken. Kühl- und Vorratsschrank sowie das Obstkörbchen sind die Hauptquellen für die Zutaten.

MASKEN KORREKT AUFTRAGEN

1 Eine Gesichtsmaske grundsätzlich nur auf die frisch gereinigte Haut auftragen, dabei Augen und Mund großzügig aussparen.

2 Die Maske 15 bis maximal 30 Minuten einwirken lassen. Dabei möglichst abschalten und entspannen, etwa indem man seine Lieblingsmusik anhört.

3 Anschließend die Maske mit lauwarmem Wasser sorgfältig abwaschen. Danach eine Feuchtigkeitscreme, ein Gel oder ein Hautöl auftragen.

Normale Haut

- Aus Großmutters Rezeptbuch stammt diese **Maske**: 1 EL Magerquark, 1 TL Schwarztee und 1/2 TL Zitronensaft verrühren. Die Maske auftragen, mit einem feuchtwarmen Tuch bedecken und einwirken lassen.
- Ebenfalls ein **Klassiker in der Schönheitspflege** ist die Kombination von Quark und Honig. Bewährt hat es sich, 1 EL Quark mit 1 EL Sonnenblumenöl, 1 TL Honig und 1 TL Zitronensaft zu verrühren und aufzutragen.
- Die **Reinigungskraft von Früchten** macht man sich zunutze, indem man im heißen Wasserbad 1 EL Gelatine in 1/2 Tasse Apfelsaft auflöst. Die Masse danach kühl stellen, bis sie eine gelartige Konsistenz angenommen hat. Nun als Maske auftragen und eintrocknen lassen, dann mit lauwarmem Wasser abspülen. Statt Apfelsaft kann auch Birnen- oder Pfirsichsaft verwendet werden.
- Für eine **nährende Maske** ein Eigelb mit 1 TL Honig und einigen Tropfen Olivenöl mischen und auf das Gesicht geben. Nach 15 Minuten lauwarm abwaschen.

Bei fettiger und unreiner Haut gehört Heilerde zum Standardrepertoire der Hausmedizin.

Fettige und unreine Haut

- Um eine Verbesserung des Hautbilds zu erzielen, 2 EL **Heilerde** mit so viel Wasser anrühren, dass eine streichfähige Paste entsteht.
- **Bierhefe** ist schon seit Generationen als wirksames Mittel gegen fettige Haut bekannt. Für eine Maske werden 20 g Bierhefe mit 20 g Sahne und 1 TL Honig verrührt.
- Gegen Pickel, Mitesser und Entzündungen hilft folgende Rezeptur: 3 EL Hafermehl mit 3 Tropfen antiseptisch wirkendem **Teebaumöl**, 2 Tropfen Salbeiöl und so viel lauwarmem Wasser anrühren, dass sich die Maske dick auftragen lässt.
- Dank der in ihr enthaltenen **Mandelkleie** wirkt diese Maske wie ein sanftes Peeling und befreit die Haut von Rückständen und Fett: 50 ml Vollmilch und 1 EL Mandelöl miteinander vermischen. So viel Mandelkleie zufügen, dass eine streichfähige Paste entsteht.
- Zur **Beruhigung der Haut** ein Eiweiß steif schlagen und eine halbe Möhre fein reiben. Beides locker mischen, mit je 1 TL beruhigendem Kamillen- und entzündungshemmendem Schafgarbentee verrühren und auftragen.
- 1 TL Basiscreme DAC (aus der Apotheke) mit 1 TL frischem **Traubensaft** und 1/2 TL entspannendem **Honig** verrühren und auftragen.

Gesichtsmasken versorgen die Haut mit Feuchtigkeit, bekämpfen Hautunreinheiten und tragen zu einem gepflegten Äußeren bei.

Reife Haut

Mit diesen Muntermachern aus dem Obstgarten der Natur wird müde, erschlaffte Haut im Handumdrehen wieder straff und geschmeidig:

- Für die legendäre „Pfirsichhaut" einen reifen **Pfirsich** häuten und pürieren. Das Mus mit etwas Gesichtscreme zu einem streichfähigen Brei vermischen und auftragen.
- Einen **Apfel** mitsamt der Schale reiben und das Fruchtmus mit 1 EL Apfelessig und 1 TL Stärkemehl verrühren.

Trockene Haut

Trockene, nach Feuchtigkeit dürstende Haut lässt sich mit diesen Rezepturen optimal versorgen:

- Das Fruchtfleisch der **Avocado** spendet der Haut natürliche Feuchtigkeit. Für eine Maske das Fruchtfleisch einer halben Avocado pürieren und mit je 1 TL Honig und Sahne verrühren.
- Reinigend und zugleich feuchtigkeitsspendend ist eine Maske aus **Haferflocken**: 2 EL feine Haferflocken etwa 30 Minuten in 1/8 l Buttermilch quellen lassen. Den Brei anschließend dick auf die Haut auftragen.
- Für eine reichhaltige **Honigmaske** 2 TL Honig, 2 EL Naturjoghurt und 1 TL Weizenflocken verrühren.
- 2 EL Heilerde mit 1 TL sanft pflegendem **Mandelöl** und so viel Wasser anrühren, dass eine streichfähige Paste entsteht.
- Neue Spannkraft gibt eine Maske aus 2 EL Heilerde, die mit 5 Tropfen **Wildrosenöl** und so viel Rosenwasser verrührt werden, dass sich die Maske dick auf der Haut verstreichen lässt.
- Rohe, geschälte **Kartoffelscheiben** sind schon seit Langem als Feuchtigkeitsspender bekannt: Sie werden nach der Reinigung für einige Minuten auf das Gesicht gelegt.

Empfindliche Haut

- **Pfefferminze fördert die Durchblutung** und klärt die Haut: 2 EL fein gemahlene Haferflocken mit 3 Tropfen Pfefferminzöl und so viel heißem Wasser verrühren, dass sich die Masse dick auf der Haut verstreichen lässt.
- Eine **Maske mit beruhigender Wirkung**: 2 EL Tonerde mit so viel lauwarmem Kamillentee verrühren, dass eine streichfähige Paste entsteht. Als Maske auftragen und mit einem feuchtwarmen Tuch bedecken.

Bananenmaske

Zur Pflege reifer und trockener Haut nimmt man:

1/2 Banane
1 TL Honig
1 Eigelb
1 EL Quark
1 EL Weizenflocken

Die Banane pürieren und mit Honig, Eigelb, Quark und Weizenflocken verrühren. Die Maske auftragen, mit einem Tuch bedecken und etwa 15 Minuten einwirken lassen.

Gesichtsreinigung

Eine schöne Haut kommt nicht von ungefähr: Mit einem Reinigungsmittel wird das Gesicht zunächst von Schweiß und Make-up befreit. Danach erfrischt und klärt man die Haut mit einem Gesichtswasser und trägt anschließend eine Creme, ein Gel oder ein Hautöl auf.

Nach der Gesichtsreinigung sollte man das Reinigungsmittel mit reichlich lauwarmem Wasser gründlich entfernen.

Bei der Reinigung der Haut sollen hauteigenes Fett und Feuchtigkeit erhalten bleiben. Daher empfiehlt es sich, nur milde, rückfettende Produkte zu verwenden – eine herkömmliche Seife oder ein Gesichtswasser mit hohem Alkoholanteil trocknet die Haut zu sehr aus. Natürlich sollten die Produkte auf den jeweiligen Hauttyp abgestimmt sein.

Reinigung normaler Haut

- Im Kühl- bzw. Vorratsschrank ist alles vorhanden, was man für eine schnell herzustellende Reinigungsmilch braucht: 1/2 Becher **Naturjoghurt**, 1 EL **Olivenöl** und 2 TL **Zitronensaft** werden miteinander verrührt, mithilfe eines Wattebauschs aufgetragen und nach etwa 2 Minuten lauwarm abgespült.
- Für 2–3 Tage auf Vorrat zubereiten und im Kühlschrank aufbewahren kann man diese Reinigungsmilch: 50 g **Buttermilch** leicht erwärmen und 1 TL **Honig** darin auflösen. Anschließend 1 TL **Zitronensaft** unterrühren. Die Zitronenmilch auf einen Wattebausch geben und das Gesicht damit in sanften, kreisenden Bewegungen reinigen. Das Ganze 2 Minuten einwirken lassen und dann mit lauwarmem Wasser abspülen.

Reinigung fettiger Haut

- Mit dieser Reinigungsmilch lässt sich der **Talgfluss regulieren**: Je 1 EL Frauenmantel, Kamille und Salbei mischen und mit 1 Tasse kochendem Wasser übergießen. Nach 5 Minuten abseihen und abkühlen lassen. Den Sud mit 200 ml Buttermilch auffüllen und in eine Flasche gießen (Im Kühlschrank maximal 3 Tage haltbar). Vor Gebrauch schütteln und mit einem Wattebausch auftragen. Kurz einwirken lassen, dann lauwarm abspülen.
- Die **Wirkstoffe der Brennnessel** fördern die Durchblutung und klären die fettige Haut: Eine Handvoll frische Brennnesselblätter mit 300 ml Milch erhitzen. Die Brennnesselmilch kurz vor dem Aufkochen abseihen und abkühlen lassen. Mithilfe eines Wattebauschs auftragen.
- Eine lange Tradition hat diese **Fenchellotion**, die ebenfalls dazu beiträgt, das Hautbild zu verbessern. Für die Herstellung 3 EL Fenchelsamen in 150 ml Buttermilch bei sehr schwacher Hitze 30 Minuten ziehen lassen. Erst abseihen, wenn der Aufguss abgekühlt ist. Die Fenchellotion mit einem Wattebausch auftragen.
- Alternativ 1 EL fein geschrotete **Leinsamen** mit 1 EL **Haferkleie**, 1 Tropfen **Zitronenöl** und etwas heißem Wasser zu einer streichfähigen Paste verrühren und zur Reinigung auf das Gesicht auftragen.

Reinigung reifer und trockener Haut

Hochwertige Fette und Öle reinigen sanft und geben der Haut ihre Feuchtigkeit zurück.

- **Bei trockener Haut** 100 ml Aloe-vera-Gel mit 3 EL Mandelöl und 3 Tropfen Lavendelöl in eine Flasche füllen und kräftig schütteln (ebenso vor jedem Gebrauch). Das Öl mit einem Wattebausch auftragen, kurz einwirken lassen und das überschüssige Öl mit lauwarmem Wasser abwaschen.
- **Bei reifer Haut** 10 g Bienenwachs, 40 g Lanolin und 10 g Kakaobutter im heißen Wasserbad schmelzen. Anschließend 80 ml Mandelöl zufügen und die Masse auf 60 °C erwärmen. Unter Rühren 80 ml ebenfalls auf 60 °C erwärmtes Rosenwasser zufügen. So lange rühren, bis die Reinigungscreme abgekühlt ist.

Reinigung empfindlicher Haut

- Diese rasch herzustellende Lotion enthält die hautfreundlichen, **beruhigenden Wirkstoffe der Ringelblume**: Einfach 150 ml warmes Wasser mit 1/2 Tasse Hafermehl, 1 EL Glyzerin und 2 Tropfen Ringelblumentinktur mischen.
- Für eine **duftende Reinigungslotion** eine Handvoll frische Veilchenblüten mit 300 ml Milch erhitzen. Die Veilchenmilch kurz vor dem Aufkochen abseihen und anschließend abkühlen lassen.

Die Wirkstoffe des Frauenmantels helfen bei fettiger Haut.

Gesichtswässer

Ein Gesichtswasser dient dazu, Reste der Reinigungsmilch zu entfernen und die Haut zu klären. Dazu gibt man etwas Gesichtswasser auf einen Wattebausch oder -pad und betupft die Haut damit. Ein Gesichtswasser wird in der Regel nicht abgewaschen.

- **Bei normaler Haut** 5 EL Hamameliswasser und je 3 EL Rosen- und Orangenblütenwasser in eine Flasche füllen und schütteln. Alternativ die Haut einfach mit einem Stück frischer Salatgurke abreiben.
- **Bei fettiger Haut** für ein Gesichtswasser mit adstringierender und entzündungshemmender Wirkung 50 ml Salbeiwasser (Apotheke), 1 TL Alkohol (70%ig) sowie je 1 Tropfen Teebaum- und Salbeiöl in eine Flasche füllen und schütteln. Alternativ Löwenzahntee verwenden.
- **Bei trockener Haut** 3 EL Ringelblumentinktur, 6 EL Orangenblütenwasser und 1 Tropfen Lavendelöl in eine Flasche füllen und schütteln.
- **Bei empfindlicher Haut** empfiehlt sich diese Rezeptur, die Hautreizungen vorbeugt: Dazu einfach 30 ml Ringelblumentinktur mit 70 ml destilliertem Wasser und 3 Tropfen Kamillenöl mischen.
- **Bei reifer Haut** 50 ml Orangenblütenwasser, 1 TL Apfelessig sowie je 2 Tropfen Sanddorn- und Weihrauchöl in eine Flasche füllen und schütteln (ebenso vor jedem Gebrauch).

Gesichtswässer mit Aloe vera sind besonders sanft und versorgen trockene und empfindliche Haut mit der notwendigen Feuchtigkeit.

Blütenlotion

Diese Lotion kühlt und erfrischt normale wie empfindliche Haut. Man nimmt:

4 EL Hamameliswasser
4 EL Rosenblütenwasser
2 EL Zitronensaft
2 Tropfen Lavendelöl
2 Tropfen Rosenpelargonienöl

Alle Zutaten in eine Flasche füllen und kräftig schütteln. Einige Tropfen der Lotion nach der Reinigung dünn auf die Haut auftragen.

Haare tönen mit Pflanzenfarbe

Schon die Frauen des Altertums färbten sich mithilfe natürlicher Substanzen die Haare. Auch heute noch erfreuen sich Pflanzenfarben großer Beliebtheit, da sie Haar und Kopfhaut schonen und mit einer großen Vielfalt seidig glänzender Farbnuancen punkten.

Der Umgang mit natürlichen Haarfarben setzt etwas Übung voraus. In jedem Fall ist es ratsam, zunächst nur eine Haarsträhne einzufärben, um die Farbwirkung zu überprüfen. Generell sollte man beim Färben mit Naturfarben die angegebene Einwirkzeit exakt einhalten, damit der Farbton weder zu schwach noch zu intensiv ausfällt.

Blonde Haare aufhellen und auffrischen

- Damit blondes Haar heller wirkt und stärker glänzt, den Saft und die abgeriebene Schale einer unbehandelten **Zitrone** mit 150 ml kochendem Wasser übergießen und 30 Minuten ziehen lassen. Dann abseihen und 1 TL **Apfelessig** einrühren. Das frisch gewaschene Haar mit dieser Mixtur gleichmäßig tränken und nach 10–15 Minuten mit warmem Wasser ausspülen. Das Aufhellen einmal pro Woche wiederholen.
- Für ein intensiv leuchtendes Blond 150 g **Kamillenblüten** mit etwas kochendem Wasser übergießen und 30 Minuten ziehen lassen. Dann abgießen und die Blüten zusammen mit 100 g getrockneten, fein zerstoßenen **Rhabarberwurzeln** in eine Schüssel geben. 1 EL **Olivenöl** und anschließend so viel heißes Wasser zufügen, dass eine streichfähige Paste entsteht. Diese mit einem breiten Pinsel auftragen, das Haar mit einer Plastikfolie abdecken und die Farbe 30 Minuten einwirken lassen. Anschließend ausspülen und die Haare waschen.

Haare braun färben

- Ein leuchtendes Braun erzielt man, indem man 1/2 Tasse **neutrales Henna** mit 1 Tasse fein zerstoßenen **Walnussschalen** vermengt und mit so viel kochendem Wasser verrührt, dass eine streichfähige Paste entsteht. 1 TL **Zitronensaft** und 1 EL **Olivenöl** unterrühren. Zum Auftragen einen breiten Pinsel verwenden. Dann die Haare mit einer Plastikfolie bedecken und die Farbe 20–30 Minuten einwirken lassen. Danach ausspülen und Haare waschen.

Rotfärbung

Dunkelbraunes Haar bekommt durch Henna ein schönes Rot, hellbraunes wird eventuell karottenfarben.

1 Tasse Hennapulver rot
250 ml Schwarztee
1 EL Olivenöl

Henna, noch lauwarmen Tee und Öl verrühren und sofort auftragen. Das Haar mit einer Plastikfolie bedecken und mit einem Handtuchturban umwickeln. Nach 2 Stunden lauwarm ausspülen und das Haar waschen.

Hennapulver gewinnt man aus den Blättern des Hennastrauchs, die getrocknet und zermahlen werden.

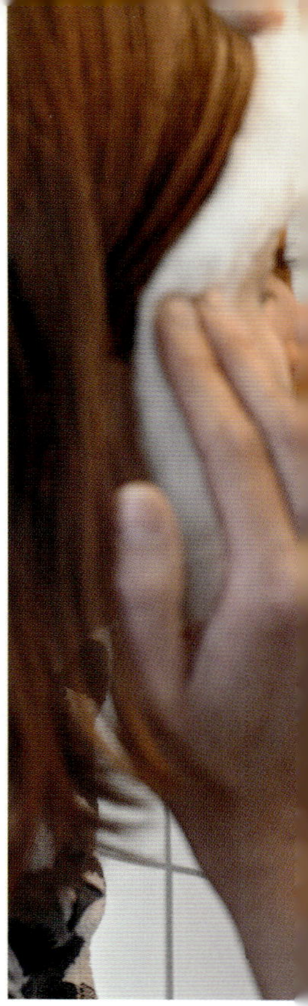

Beim Haarefärben empfiehlt es sich, den Stirnbereich knapp unter dem Haaransatz zu schützen.

- Für ein mittleres Braun mit leichtem Rotschimmer 100 g gemahlene **Zwiebelschalen** mit 50 g fein zerstoßenem **Sandelholz** und 1 EL **Olivenöl** mischen. So lange kochendes Wasser zufügen, bis eine streichfähige Paste entstanden ist, die mit einem breiten Pinsel aufgetragen wird. Dann deckt man die Haare mit einer Plastikfolie ab und lässt die Farbe 20–30 Minuten einwirken. Anschließend ausspülen und die Haare waschen.

Haare dunkel oder schwarz färben

- Für alle natürlichen Haarfarben geeignet ist folgende Rezeptur: 3 EL **Schwarztee** mit 1/2 Tasse **Hennapulver** schwarz, 1 EL **Olivenöl** und 1 TL **Apfelessig** verrühren. Portionsweise mit so viel kochendem Wasser mischen, dass eine streichfähige Masse entsteht. Diese mit einem breiten Pinsel auftragen, das Haar mit einer Plastikfolie abdecken und die Farbe 30–40 Minuten einwirken lassen. Anschließend ausspülen und die Haare waschen.
- Einen noch intensiveren Ton und zarten Schimmer erhält dunkles Haar, wenn man 4 EL getrockneten **Salbei**, 2 EL getrockneten **Rosmarin** und 1 EL **Zitronensaft** bei schwacher Hitze in 400 ml Wasser ziehen lässt. Nach 30 Minuten abseihen und abkühlen lassen. Dann als Spülung nach dem Haarewaschen verwenden.

Graue Haare färben und nachdunkeln

- Auch ergrautes Haar kann gefärbt werden. Oft entstehen dabei **Strähncheneffekte**, da die weißen Haare die Farbe anders annehmen als die noch nicht ergrauten.
- Zum Nachdunkeln 4 EL getrockneten **Salbei** und 1 TL **Schwarztee** mit 100 ml kochendem Wasser übergießen und 30 Minuten ziehen lassen, dann abseihen. Das Haar mit der lauwarm abgekühlten Lösung tränken und nach 30 Minuten lauwarm ausspülen.

Farbspülungen mit Kräuterabkochungen zaubern einen seidigen Glanz auf das Haar und frischen seine Farbe auf.

> ***Gut zu wissen***
>
> Farbspülungen
>
> *Farbspülungen lassen sich rasch herstellen, indem man beim Haarewaschen dem letzten Spülwasser Tee, Kaffee oder Kräuterabkochungen zufügt: Hierfür 6 EL Kräuter auf 500 ml Wasser geben und bei schwacher Hitze 30 Minuten ziehen lassen, dann abseihen. Für helles Haar nimmt man Kamillen- bzw. Ringelblumenblüten, Gelbwurz, Rhabarberwurzeln und Zitronenschalen, für dunkles Haar Salbei, Rosmarin, Walnussblätter oder -schalen, Kaffee und Schwarztee, für graues Haar Kornblumen oder Malvenblüten.*

Haare waschen

Schöne und gesunde Haare sind das Ergebnis richtiger Pflege und einer gesunden Ernährung mit reichlich Vitamin B2, Biotin und Zink. Milde, sanft reinigende Shampoos nach alten Rezepturen gibt es für jeden Haartyp – ganz ohne Chemie und Nebenwirkungen.

Bei der Wäsche wird ein walnussgroßer Klecks Shampoo mit sanften, kreisenden Bewegungen in Haar und Kopfhaut einmassiert.

Eine gute Ausgangsbasis für viele pflegende oder aufbauende Rezepturen ist das milde Neutralshampoo, das man in der Apotheke oder Drogerie bekommt. Nach der Wäsche lässt man das Haar am besten an der Luft trocknen – greift man zum Föhn, sollte man eine zu heiße Einstellung vermeiden.

Fettiges Haar

Produziert die Kopfhaut zu viel Talg, sind die Haare schon bald nach dem Waschen wieder fettig. Aggressive Shampoos lassen sie noch schneller nachfetten, pH-neutrale Shampoos dagegen regulieren die Talgproduktion. Fettiges Haar sollte mindestens alle 2 Tage gewaschen werden, da der Talg auf der Kopfhaut einen idealen Nährboden für Bakterien bildet.

- Für ein **mildes Kräutershampoo** je eine Handvoll Salbei, Rosmarin und Pfefferminze (frisch oder getrocknet) mit 1 l kochendem Wasser übergießen, 30 Minuten ziehen lassen, dann abseihen und 150 ml Neutralshampoo untermischen. Das Kräutershampoo in eine Flasche füllen.
- Für ein **Duftshampoo** 100 ml Neutralshampoo mit je 3 Tropfen Zedernöl, Bergamottöl und Lavendelöl mischen.

Feines Haar

Feinem Haar mangelt es an Volumen und Festigkeit. Um das Haar zu kräftigen, macht man sich die **Wirkstoffe der Brennnessel** zunutze: Für ein aufbauendes Shampoo 100 ml Neutralshampoo, 1 TL Honig, 50 ml Brennnesseltinktur, 20 Tropfen Lavendelöl und 1/2 l destilliertes Wasser in eine Flasche füllen und kräftig schütteln.

Glanzloses, stumpfes Haar

In der Regel sind chemische und mechanische Haarbehandlungen dafür verantwortlich, dass die Haare kraftlos herunterhängen und ihren gesunden Schimmer verlieren. Ein **Glanz verleihendes und zugleich pflegendes Shampoo** stellt man her, indem man 2 TL Weizenkeimöl mit 2 TL Honig verrührt. Danach 1 EL Olivenölseifenflocken in 100 ml heißem Wasser auflösen und 1 TL Zitronensaft untermischen. Alle Zutaten in eine Flasche füllen und vor Gebrauch schütteln.

Normales Haar

- Für ein **mildes und duftendes Shampoo** 100 ml Neutralshampoo mit je 2 Tropfen Neroliöl, Zitronenöl und Ylang-Ylang-Öl mischen und 1 Woche ziehen lassen.
- Lavaerde (aus der Apotheke) ist ein hervorragendes Reinigungsmittel, da sie Schmutz sehr gut bindet und den Haaren außerdem seidigen Glanz verleiht. Für ein **reinigendes Shampoo** 3 TL Lavaerde mit 50 ml warmem Wasser verrühren und 1 Stunde quellen lassen. Dann 3 Tropfen Rosenöl zufügen.
- Zum sofortigen Gebrauch bestimmt ist dieses **kräftigende Shampoo** aus der guten alten Zeit: ein Eigelb mit der Gabel schaumig schlagen und mit 2 EL Bier, 1 EL Cognac sowie 5 Tropfen Zitronenöl mischen.

Trockenes, strapaziertes Haar

Sondern die Talgdrüsen der Kopfhaut zu wenig Fett ab, werden die Haare trocken und brüchig. Zu viel Sonne, Salzwasser, Chlor, häufiges heißes Föhnen und chemische Haarbehandlungen schädigen das Haar zusätzlich. Ein für trockenes Haar geeignetes Shampoo sollte Substanzen wie Eigelb oder Öle enthalten, die das Haar mit der notwendigen Feuchtigkeit versorgen und wieder zum Glänzen bringen.

- Für ein **Eishampoo** 2 Eigelb mit 2 Likörgläsern Rum, 1 EL Olivenöl und dem Saft von 1/2 Zitrone verrühren. Das Shampoo ins nasse Haar und in die Kopfhaut einmassieren, kurz einwirken lassen, dann sorgfältig ausspülen.
- Für ein **regenerierendes Haarshampoo** 25 g Iriswurzelpuder, 75 g Talkpulver und je 10 Tropfen Zitronen- und Rosmarinöl mischen. In einem gut verschließbaren Gefäß aufbewahren.
- Ein alter Trick besteht darin, die Kopfhaut vor der eigentlichen Haarwäsche vorzubehandeln, um einem weiteren Austrocknen vorzubeugen. Dazu etwas **Olivenöl in die Kopfhaut einreiben** und 30 Minuten einwirken lassen, dann mit warmem Wasser ausspülen und die Haare wie gewohnt waschen, z. B. mit diesem blitzschnell zubereiteten Shampoo: 2 Eier und 1 EL Avocadoöl schaumig rühren und in die nassen Haare einmassieren.
- Trockenes Haar fühlt sich weich und seidig an, wenn man einen **Waschlappen mit Vollmilch** tränkt und die Milch in das gewaschene, feuchte Haar reibt. Nach 15 Minuten mit viel Wasser ausspülen.

Viele altbewährte Rezepturen für Shampoo enthalten Eigelb und Bier. Das im Eigelb enthaltene Lezithin verleiht dem Haar Vitalität, das Bier dient als natürlicher Festiger.

SEIFENKRAUTSHAMPOO

Man nimmt:

10 Seifenkrautstängel mit Blättern
500 ml Wasser
2 Handvoll frische Kräuter

Seifenkraut zerkleinern und mit dem Wasser zum Kochen bringen. Nach 15 Minuten abseihen. Frische Kräuter (fettiges Haar: Pfefferminze oder Weiße Taubnessel, stumpfes Haar: Petersilie oder Rosmarin, trockenes Haar: Echter Eibisch oder Schwarzwurz, normales und feines Haar: Brennnessel oder Schachtelhalm) zufügen und zugedeckt abkühlen lassen. Erneut abseihen und in eine Flasche füllen.

Haarspülungen und Haarkuren

Unsere Haare wollen über das Waschen hinaus verwöhnt werden – durch pflegende Spülungen, Packungen, Haarwässer und Festiger, die für Vitalität, Geschmeidigkeit und seidigen Schimmer sorgen. Die Natur hält dazu für jeden Haartyp die passenden Zutaten bereit.

Kräuterspülung

Diese Spülung darf bei fettigem Haar nach jeder Haarwäsche angewendet werden. Man nimmt:

1 TL Klettenwurzel
1 TL Kamillenblüten
1 TL Salbei
1 TL Pfefferminze
1 TL Lavendelblüten
1 TL Rosmarin
500 ml Wasser
1 EL Zitronensaft

Die Kräuter mit kochendem Wasser übergießen und 30 Minuten ziehen lassen. Anschließend abseihen und den Zitronensaft zufügen. Lauwarm anwenden und nicht ausspülen.

Fettiges Haar

- Für eine **Zitronenspülung** die Schalen von 2 unbehandelten Zitronen mit 1 l kochendem Wasser übergießen und zugedeckt 20 Minuten ziehen lassen. Dann abseihen und die Zitronenschalen gut ausdrücken. Das Zitronenwasser zum Spülen lauwarm abkühlen lassen.
- **Spülungen mit ätherischen Ölen** regulieren die Tätigkeit der Talgdrüsen: 3 EL Apfelessig mit je 2 Tropfen Salbei-, Wacholder- und Zitronenöl und 200 ml lauwarmem Wasser mischen und die Haare damit spülen. Mit klarem Wasser nachreinigen.
- Eine **Vanillespülung** befreit die Haare von Fett und duftet herrlich: Je 100 ml weißen Rum und Bier, 2 Eier, 1 TL Zitronensaft und 1/2 TL Vanillemark mischen und einmassieren. Nach 10 Minuten ausspülen und die Haare waschen.
- Eine **Packung mit Teebaumöl** reduziert die Talgbildung. Dazu 50 ml Mandelöl mit 3 EL Zitronensaft und 10 Tropfen Teebaumöl mischen, im feuchten Haar verteilen und 30 Minuten einwirken lassen. Ausspülen und die Haare waschen.
- Um die Talgproduktion zu drosseln, alle 10 Tage eine **Ölkur** durchführen: Dazu 2 EL Jojobaöl mit je 10 Tropfen Wacholder- und Teebaumöl mischen und auf das trockene, ungewaschene Haar und die Kopfhaut auftragen. Die Haare kämmen und das Öl 30 Minuten unter einem Handtuch einwirken lassen. Dann die Haare mit einem milden Shampoo waschen.

Feines Haar

- Kräftigend wirkt eine wöchentliche **Packung mit Ei und Bier**. Dazu 3 EL Bier mit einem Ei verrühren, ins nasse Haar einmassieren und 30 Minuten unter einer Plastikfolie und einem Handtuchturban einwirken lassen. Danach die Haare mit einem milden Shampoo waschen.
- Dieser **Haarfestiger** verleiht feinem Haar Glanz und Halt: 1 TL Honig in 200 ml warmem Brennnesseltee auflösen, dann 1 TL Obstessig zufügen. Die Lösung ins gewaschene, noch feuchte Haar einmassieren und trocknen lassen.

Glanzloses, stumpfes Haar

- Eine **Spülung mit Apfelessig** sorgt für Glanz: 1 EL Apfelessig, 5 Tropfen Lavendelöl und 500 ml warmes Wasser mischen und die gewaschenen Haare damit spülen. Nicht auswaschen.
- Schnell zubereitet ist auch diese **Glanzspülung mit Tee**: Je 500 ml Kamillen- und Orangenblütentee mischen und lauwarm anwenden.

Normales Haar

- Eine **Hennapackung** lässt die Haare seidig glänzen. Dazu 1 EL neutrales Henna mit einem Eigelb, 1 TL Olivenöl und so viel warmem Wasser verrühren, dass eine streichfähige

Eine Packung wirkt am besten, wenn man die Haare mit einer Plastikfolie bedeckt und einen Handtuchturban anlegt.

Paste entsteht. Diese gleichmäßig in die gewaschenen Haare einmassieren, 15 Minuten einwirken lassen, dann mit lauwarmem Wasser ausspülen.

- Für eine gesunde Kopfhaut und glänzendes Haar jeweils 3 Tropfen **Neroli-, Kamillen-, Lavendel- und Salbeiöl** in der Handfläche mischen und auf dem frisch gewaschenen Haar verteilen. Nicht ausspülen.
- Für einen **natürlichen Haarfestiger** 500 ml warmes Wasser mit 1 TL Honig, 1 TL Apfelessig und 3 Tropfen Zitronenöl mischen. Nach der Wäsche im Haar verteilen (keine Spülung verwenden) und das Haar trocknen lassen.

Trockenes, strapaziertes Haar

- **Avocados** sind hervorragende Feuchtigkeitsspender. Für eine Packung das Fruchtfleisch einer Avocado pürieren und mit 2 Eigelb und 1 EL Melasse mischen. Die Paste gleichmäßig in das feuchte Haar kneten und nach 30 Minuten gründlich ausspülen. Einmal pro Woche anwenden.
- Auch **Bananen** eignen sich für nährende Packungen: Eine zerdrückte Banane mit 1 EL Avocadoöl mischen und die Paste in Haare und Kopfhaut einmassieren. Die Packung unter einer Plastikfolie und einem Handtuchturban 20 Minuten einwirken lassen. Anschließend lauwarm ausspülen und die Haare mit einem milden Shampoo waschen.
- **Thymian** schützt das Haar vor dem Austrocknen. Diese Spülung kann nach jeder Haarwäsche angewendet werden: 3 EL Thymian (frisch oder getrocknet) mit 1 l kochendem Wasser übergießen, 10 Minuten ziehen lassen, dann abseihen und lauwarm abkühlen lassen.

Schuppen

Zu trockene oder fettige Kopfhaut sowie ungeeignete Haarpflegemittel sind meist der Grund für störende Schuppen.

- Diese **Spülung** wird nach der Haarwäsche in die Kopfhaut einmassiert (nicht ausspülen): Je 1 TL Beinwell, Rosmarin und Brennnessel (frisch oder getrocknet) mit 200 ml Hamameliswasser mischen und 5 Tage ziehen lassen.
- Dieses **Haarwasser auf Brennnesselbasis** sollte nur nach jeder zweiten oder dritten Haarwäsche eingesetzt werden: 50 ml Brennnesseltinktur und 150 ml Wasser mischen und mit einem Wattebausch auf die Kopfhaut auftragen.
- Eine nach jeder Haarwäsche angewendete **Spülung mit Lindenblütentee** (4 EL auf 500 ml Wasser) lässt die Schuppen verschwinden.
- Für eine **Ölkur** 1 EL Mandelöl mit je 2 Tropfen Zedernholzöl, Rosmarinöl und Zitronenöl mischen, in die Kopfhaut einmassieren und nach 2 Stunden wieder ausspülen.

Gut zu wissen

Haarspliss

Sind die Haarspitzen trocken und brüchig, sollte man ein- bis zweimal pro Woche nach dem Haarewaschen feuchtigkeitsspendende Packungen oder Ölkuren auftragen. In trockene Haarspitzen wird am besten jeden Abend etwas Klettenwurzel-, Oliven- oder Jojobaöl einmassiert (am nächsten Morgen gründlich ausspülen).

Bei Spliss die Haarspitzen vor jeder Wäsche mit Öl oder einer Mixtur aus Kakaobutter und Lanolin einreiben.

Handpflege

Die Hände werden täglich strapaziert, ungeschützt der Witterung ausgesetzt und häufig in Kontakt mit Wasser und Chemikalien gebracht. Da sie kaum Unterhautfettgewebe besitzen, sind sie besonders empfindlich und bedürfen gewissenhafter Pflege.

Handmaske

Für glatte, weiche Hände nimmt man:

1/2 Salatgurke
1 Eiweiß
1 EL Joghurt
1 EL Avocadoöl
1 TL Zitronensaft
2 Tropfen Minzöl

Gurke mit Schale pürieren und Eiweiß steif schlagen. Alle Zutaten mischen und auf den Händen verteilen. 15 Minuten einwirken lassen, dann lauwarm abwaschen. Die Handmaske einmal pro Woche anwenden.

Spröde Hände pflegen

- Raue Hände werden durch einen **Fenchelaufguss** wieder samtweich. Dazu am besten morgens 8 EL Fenchelsamen mit 300 ml kochendem Wasser übergießen, 10 Minuten ziehen lassen, dann abseihen und abkühlen lassen. Die Hände nach jedem Waschen 2 Minuten darin baden.
- Trockene Haut erhält durch eine **Joghurt-Ei-Packung** (einmal pro Woche) wieder Feuchtigkeit: 2 EL Joghurt, 1 EL Quark, 1 Eigelb, 1 EL Honig und 2 EL Zitronensaft mischen und etwa 3 Millimeter dick auf die Hände auftragen. Nach 15 Minuten mit lauwarmem Wasser abwaschen.
- Auch dieses **Peeling** glättet spröde Haut: 1 TL Zucker mit etwas Zitronen- oder Grapefruitsaft verrühren und die Hände damit abreiben, dann lauwarm abspülen.
- Durch diese **Öl-Honig-Massage** wird die Haut streichelzart: 1 TL Honig mit 2 TL Mandelöl und 2 Tropfen Sanddornöl mischen und in die gut abgetrockneten Hände einmassieren. Über Nacht einwirken lassen (Baumwollhandschuhe überziehen) und morgens lauwarm abspülen.
- Für eine **Feuchtigkeitsemulsion** 100 ml lauwarme Milch mit 1 TL Honig und dem Saft von 1/2 Zitrone verrühren und die Hände damit reinigen.
- Als **Handcreme für den täglichen Gebrauch** ist diese Mischung zu empfehlen: Den Saft von 2 Zitronen durch ein feines Tuch gießen. Den klaren Saft mit der gleichen Menge Mandelöl mischen. 2 EL Bienenwachs im Wasserbad schmelzen, das Zitronen-Mandelöl zufügen und die Masse rühren, bis sie abgekühlt ist. 5 Tropfen Zitrusöl (z. B. Zitrone, Grapefruit, Neroli oder Lemongras) zufügen. Die Creme in ein Cremetöpfchen füllen und im Kühlschrank aufbewahren (Haltbarkeit etwa 3 Tage).
- Sehr rissige Haut behandelte man zu Großmutters Zeiten gern mit **Melkfett**, aber auch ein wöchentliches Bad in lauwarmem **Olivenöl** macht die Haut wieder zart.

Ringelblumensalbe eignet sich hervorragend für die Pflege nach dem Händewaschen und fördert die Heilung kleiner Wunden.

Tipps gegen feuchte Hände

- Ein **Handbad mit Bockshornklee** beruhigt die überaktiven Schweißdrüsen. Dazu 12 EL Bockshornkleesamen 6 Stunden in 1 l kaltem Wasser einweichen, dann abseihen. Den Sud zum Kochen bringen und wieder abkühlen lassen. Die Hände zweimal täglich 15 Minuten in dem Sud, der täglich frisch angesetzt werden sollte, baden.
- Eine Mischung aus 1 EL **Zitronensaft** und 1 TL reinem **Alkohol** hilft gegen feuchte Hände, wenn sie regelmäßig (mindestens einmal täglich) angewendet wird.
- Das Einreiben der Hände mit **verdünntem Apfelessig** (zu gleichen Teilen mit Wasser gemischt) reduziert den Schweiß (dreimal täglich anwenden).
- Alternativ die Hände dreimal täglich mit **Franzbranntwein** einreiben.

Flecken und Geruch beseitigen

- Hartnäckige Flecken an den Händen, z. B. Nikotinflecken, lassen sich beseitigen, indem man sie mit etwas **Zitronensaft** abreibt.
- Eine Paste aus 1 TL **Olivenöl** und 1–2 TL **Zucker** entfernt Flecken an den Händen.
- Alternativ eine Paste aus **Puderzucker** und **Zitronensaft** verwenden.
- Unangenehm riechende Hände in **Milch** tauchen.
- Alternativ reibt man die Hände mit **feuchtem Salz** bzw. **Kaffeesatz** ab, um den Geruch zu beseitigen.
- Hilfreich ist es, die Hände vor dem Zwiebel- oder Knoblauchschneiden mit **Olivenöl** einzureiben, damit sie den Geruch gar nicht erst annehmen.
- Um Obstflecken an den Händen zu vermeiden, sollte man die Hände vor dem Schneiden oder Entkernen von Früchten **mit Essig abreiben**.

Hände schützen

- Die Hände **weder zu heiß noch zu kalt waschen**, um die Haut nicht zu reizen und auszutrocknen.
- Herkömmliche Seife schädigt den natürlichen Säureschutzmantel der Haut; sehr viel schonender und damit besser geeignet sind **milde, pH-neutrale Seifen** oder Reinigungslotionen auf natürlicher Basis.
- Die Hände **nach jedem Waschen gut abtrocknen**, hierbei auch die Bereiche zwischen den Fingern nicht vergessen.
- Die Haut nach jedem Händewaschen, vor allem aber vor dem Schlafengehen, dünn **mit einer Feuchtigkeitscreme eincremen** und diese auch in die sensible Nagelhaut einmassieren.
- Alternativ verwendet man zum Eincremen ein **selbst hergestelltes, duftendes Pflegeöl**: Dafür 1 EL Olivenöl mit 2 Tropfen Kamillen- oder Lavendelöl mischen.
- Für die Hausarbeit sind geschmeidige **Latexhandschuhe** zu empfehlen. Sie halten die Hände trocken und schützen sie gleichzeitig vor aggressiven Haushaltschemikalien.

Bei Gartenarbeiten sollte man robuste Handschuhe tragen, die auch Dornen widerstehen.

HANDMASSAGE

1 Die Hände waschen, trocknen und eincremen.

2 Mit den Daumen in kräftigen kreisenden Bewegungen die Handflächen massieren. Dann die Hände umdrehen und mit den Daumen sanft zwischen den Fingern massieren.

3 Finger spreizen, strecken und wieder entspannen. Den Vorgang mehrmals wiederholen.

4 Mit der anderen Hand an jedem Finger von der Spitze bis zum Handgelenk entlangstreichen. Dann Hände ausschütteln.

Das ABC der Naturkosmetik

Pflegende Öle spenden Feuchtigkeit und wichtige Nährstoffe, ätherische Öle entfalten herrliche Düfte, Trägersubstanzen auf natürlicher Basis garantieren gute Verträglichkeit. Hier sind die Eigenschaften der häufigsten Zutaten im Überblick dargestellt.

Pflanzliche Basisöle

- Aprikosenkernöl ist ein hervorragendes Massageöl mit leichtem Marzipangeruch. Es ist gut verträglich und für alle Hauttypen geeignet, aber eine besondere Wohltat für trockene und empfindliche Haut.
- Avocadoöl fördert die Regeneration der Zellen und lässt sich gut mit anderen Ölen mischen.
- Jojobaöl, ein flüssiges Wachs aus den Samen des Buchsbaums, ist für jeden Hauttyp geeignet, reguliert die Feuchtigkeit und hinterlässt keinen Fettglanz auf der Haut.
- Macadamianussöl ist reich an Ölsäure und damit eine ideale Zutat für reichhaltige Cremes.
- Mandelöl eignet sich für Massagen und die Pflege aller Hauttypen.
- Olivenöl pflegt jeden Hauttyp, vor allem aber regeneriert es trockene, spröde Haut.
- Weizenkeimöl ist reich an Vitamin E, das der Alterung trockener und reifer Haut entgegenwirkt.

Wirkstofföle

Diese ebenfalls pflanzlichen Öle verfügen über heilende und/oder pflegende Eigenschaften und werden Kosmetika nur in sehr geringen Mengen zugesetzt.

- Johanniskrautöl wird aus frischen Blüten gewonnen. Man verwendet es oft als Massageöl und in der Naturheilkunde, setzt es aber auch zur Pflege empfindlicher, unreiner, trockener und spröder Haut ein.
- Nachtkerzenöl, aus den Samen der Nachtkerze gewonnen, heilt, belebt und verbessert das Hautbild. Auch in Packungen für sprödes, strapaziertes Haar entfaltet es seine positiven Eigenschaften.
- Sanddornöl wird aus den Beeren des Sanddornstrauchs, einem Ölweidengewächs, gewonnen und eignet sich hervorragend zur Pflege trockener, reifer und rissiger Haut.
- Schwarzkümmelöl wirkt gegen Bakterien und Pilze und wird bei gereizter, entzündeter Haut eingesetzt.
- Wildrosenöl wird das Kernöl der Hagebutte genannt. Es spendet trockener und spröder Haut reichlich Feuchtigkeit und hat überdies eine zellerneuernde Wirkung.

Ätherische Öle

Sie verleihen vielen Pflegeprodukten auf natürlicher Basis einen herrlichen Duft und damit den letzten Schliff:

Gängige ätherische Öle

Bergamottöl	Das feinste aller Zitrusöle mit einem süßlichen, zitrusfrischen Duft.
Geraniumöl	Weiche, blumige und weibliche Note.
Lavendelöl	Reiner, frischer, blumiger Duft; universell einsetzbar.
Neroliöl	Frischer, blumiger Duft mit bittersüßer Note.
Rosenöl	Süßlich-blumiger Duft, ein typisch weibliches Öl.
Rosmarinöl	Intensiver, kampferartiger Geruch; nur sparsam verwenden.
Sandelholzöl	Warmer, schwerer und lang anhaltender Duft mit orientalischer Note für Sie und Ihn.
Weihrauchöl	Schweres Öl mit einer Note von Zitrone und Kampfer.
Ylang-Ylang-Öl	Exotisch-sinnlicher Duft, daher gut für Duftwässer, Deos oder Badezusätze geeignet; sparsam verwenden.
Zitronenöl	Reiner, frischer Duft mit zartsüßlicher Note; besonders gut für Reinigungsprodukte geeignet.

Organische Zutaten

- Basiscreme DAC ist eine weiche, mit Wasser abwaschbare Creme ohne Eigengeruch, die sich gut als Grundsubstanz zur Cremeherstellung eignet.
- Bienenwachs ist ein Stoffwechselprodukt der Bienen mit heilkräftigem Propolis; es verleiht Cremes, Salben, Lotionen und Lippenstiften die notwendige Konsistenz.

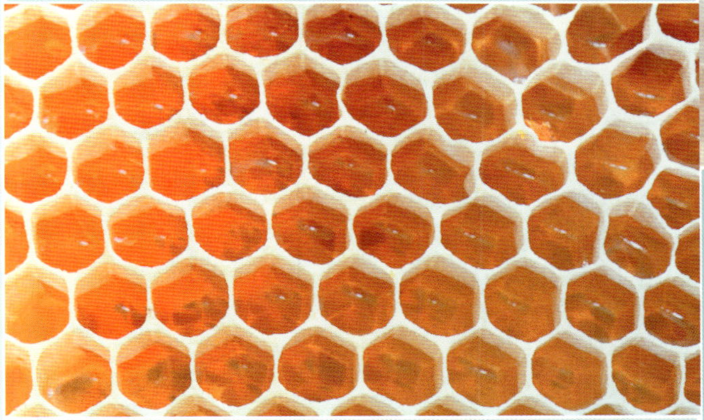

- Essig wirkt juckreizstillend, kühlend, erfrischend. Sein der Haut entsprechender pH-Wert sowie seine Vitamine und Mineralstoffe machen biologischen Apfel- oder Obstessig zu einem idealen Zusatz für Reinigungspräparate und Bäder.
- Glyzerin ist ein klarer, sirupartiger Alkohol, der in Cremes und Lotionen als Trägerstoff dient.
- Kakaobutter schmilzt bei niedriger Temperatur und eignet sich damit gut als Grundsubstanz für Seifen oder Cremes.
- Lanolin ist reines, wasserfreies Schafwollfett ohne Zusatz von Paraffinöl mit hervorragenden hautpflegenden Eigenschaften.

Mineralische Zutaten

- Heilerde ist eine sehr feinkörnige Erde, die aus weißem und rotem Ton, Lehm und Aluminiumsilikaten besteht. Das sterilisierte Pulver, das aus eiszeitlichen Lössablagerungen gewonnen wird, bindet Giftstoffe und kann sowohl innerlich als auch äußerlich angewendet werden. In letzterem Fall kommt die Heilerde beispielsweise in Wickeln, Auflagen, Gesichtsmasken, Bädern und bei der Haarpflege zum Einsatz.
- Lavaerde ist ein Oberbegriff für alle Tonerden mit Seifenwirkung und leitet sich von dem lateinischen Wort für waschen, lavare, ab. Sie wird zur schonenden Haut- und Haarpflege verwendet.

Hauttyp bestimmen

Die Haut ist das größte Sinnesorgan des Menschen. Sie schützt uns vor Hitze, Kälte und Krankheitserregern und scheidet Schweiß und Talg aus, während sie zugleich Fett und Feuchtigkeit speichert. Genetisch bedingt werden vier Hauttypgruppen unterschieden.

HAUTTEST

1 Die Gesichtshaut mit einer milden Seife reinigen. Keine weiteren Pflegeprodukte auftragen und 2 Stunden warten.

2 Danach einen Bogen Seidenpapier aufs Gesicht drücken.

3 Den Abdruck prüfen: Fettige Haut zeigt Abdrücke von Stirn, Nase, Kinn und Wangen, normale Haut nur einen Schimmer von Fett, Mischhaut lediglich Abdrücke von Stirn, Nase und Kinn. Bei trockener Haut ist gar nichts zu sehen.

Normale Haut

Normale Haut ist weitgehend frei von Hautunreinheiten und besitzt genügend Feuchtigkeit. Zu ihrer Pflege gehört:

- die Reinigung mit einer milden, **pH-neutralen Seife oder Waschlotion**.
- ein **Hydrolat zum Anfeuchten** (z. B. Rosen- oder Orangenblütenwasser).
- **nicht zu reichhaltige Cremes oder Gele**, die dünn aufgetragen werden.

Fettige Haut

Die Haut ist großporig und glänzt, häufig bilden sich Pickel und Mitesser. Die übermäßige Talgproduktion darf nicht darüber hinwegtäuschen, dass auch dieser Hauttyp Feuchtigkeit benötigt. Zu einem konsequenten Pflegeprogramm gehört:

- eine **pH-neutrale Reinigung** mit einer Seife oder Lotion.
- ein klärendes **alkoholfreies Gesichtswasser**.
- ein Öl, eine leichte Creme oder ein Gel mit **entzündungshemmenden Wirkstoffen**.
- ein wöchentliches sanftes **Peeling** mit anschließender **Gesichtsmaske**.

Mischhaut

Sie äußert sich durch vergrößerte Poren, fettigen Glanz und eventuell auch Hautunreinheiten in der T-Zone (Stirn, Nase und Kinn), während die übrige Gesichtshaut oft trocken ist. Die Mischhaut braucht neben einer milden, pH-neutralen Reinigung:

- ein **regelmäßiges Peeling** (einmal pro Woche).
- feuchtigkeitsspendende Cremes für trockene Haut im Wangenbereich und Cremes für fettige Haut in der T-Zone, am besten in Verbindung mit **adstringierenden Hydrolaten** (z. B. Hamamelis- oder Salbeiwasser).

Den Zustand der Haut sollte man regelmäßig überprüfen und bei Bedarf geeignete Pflegemaßnahmen ergreifen.

Trockene Haut

Sie ist charakterisiert durch kleine Poren, Fältchen, schuppige Stellen und Spannungsgefühl. Für ihre Pflege empfehlen sich:

- die Haut sanft reinigende **feuchtigkeitsspendende Lotionen** oder Pflanzenöle.
- Hydrolate wie etwa **Rosen- oder Orangenblütenwasser**.
- **reichhaltige Gesichtscremes**, Gele oder Öle.
- ein sanftes **Peeling** (ein- bis zweimal pro Monat).
- wöchentliche **Nährpackungen**.

Hautunreinheiten

Der Erfolg im Kampf gegen Pickel, Pusteln und Mitesser steht und fällt mit der Geduld, die man für die Behandlung aufbringt. Beeinträchtigen die Hautunreinheiten aber zunehmend die Lebensfreude, sollte man erwägen, professionelle Hilfe in Anspruch zu nehmen.

Frische Hefe ist die Hauptzutat einer klärenden Maske, die die Haut entfettet.

Hausmittel

- Gegen gerötete und irritierte Haut helfen die reizlindernden Eigenschaften der **Malve**. Für eine heilende Maske ein Eiweiß steif schlagen und 3 EL Malventee unter die Masse ziehen. Die Maske mit einem Pinsel auftragen, 15 Minuten einwirken lassen und dann abspülen.
- Für eine **Hefemaske** 20 g Bierhefe zerbröckeln und mit 20 g Sahne cremig rühren, dann 1 TL Honig untermischen. Die Maske einmal wöchentlich auf Gesicht, Hals und Dekolleté auftragen (die Haut zuvor befeuchten) und nach 20 Minuten gründlich abspülen.
- Aus 2 TL **Brennnesseln** und 250 ml kochendem Wasser einen Sud bereiten (10 Minuten ziehen lassen). Unreine Hautpartien dreimal täglich mit dem abgekühlten Sud waschen.
- Schon früher kannte man diverse Mittel, mit denen Pickel mehrmals täglich betupft wurden. Zu den bekanntesten zählen **Thymianöl, rohe Kartoffelscheiben, Zitronensaft** oder frisch angeschnittene **Knoblauchzehen**.

Unreiner Haut vorbeugen

- Tägliche **Hautreinigung** mit milden Substanzen.
- Jeden Abend das **Make-up gründlich entfernen** (kein fetthaltiges Make-up verwenden).
- **Sonne nur in Maßen** und mit geeignetem Sonnenschutz.
- Auch die **Ernährung** kann eine Rolle spielen: Es lohnt sich auszuprobieren, ob Alkohol, Nikotin, Kaffee, Schwarztee und fettreiches Essen die Hautunreinheiten verstärken.

Bei der Durchführung von Gesichtsdampfbädern sollte man Vorsicht walten lassen – sonst besteht die Gefahr, sich zu verbrühen.

Gesichtsdampfbad

Bei unreiner Haut empfiehlt sich eine wöchentliche porentiefe Reinigung. Man nimmt:

2 EL Kamille
2 EL Pfefferminze
2 EL Thymian
2 EL Zinnkraut
3 l Wasser

Die Kräuter in eine große Schüssel geben und mit dem kochenden Wasser übergießen. Den mit einem Handtuch bedeckten Kopf vorsichtig 10 Minuten über die Schüssel halten und den Dampf auf die Haut wirken lassen.

KÖRPERHAUT PFLEGEN

Von Kopf bis Fuß gepflegt – dazu tragen Lotionen, Cremes, Körperöle, Puder und Packungen bei, die, auf den jeweiligen Hauttyp abgestimmt, aus natürlichen Zutaten bereitet werden. Sie versorgen die Haut mit Nährstoffen und Feuchtigkeit und haben einen zarten Duft.

KÜRBISPACKUNG

Sie liefert Feuchtigkeit und eignet sich für jeden Hauttyp. Man nimmt:

100 g Kürbis ohne Schale
1 Pfirsich
50 g Salatgurke mit Schale
1 EL Kakaobutter
1 EL Honig
1 Eiweiß

Alle Zutaten im Mixer fein pürieren. Auf die Haut auftragen, den Körper in ein Leinentuch oder ein großes Handtuch wickeln und die Packung 20 Minuten einwirken lassen. Dann abduschen.

Normale Haut

Wie im Gesicht zeichnet sich die normale Haut auch am ganzen Körper dadurch aus, dass sie rein und unempfindlich und auch ausreichend mit Feuchtigkeit und Fett versorgt ist. Nach der Reinigung bleibt die Wahl des Verwöhnprogramms dem individuellen Geschmack überlassen.

- Eine **pflegende Körpercreme** wird aus 1/2 TL Lanolin und 1 TL Kakaobutter zubereitet, die man im heißen Wasserbad zum Schmelzen bringt. Dann fügt man 50 ml Mandelöl zu und lässt die Fettmischung unter häufigem Rühren abkühlen. Mit 5 Tropfen Rosenöl (für Frauen) oder 5 Tropfen Sandelholzöl (für Männer) versetzen.
- Die Haut wird zart und geschmeidig, wenn man sie einmal pro Woche mit dieser **Packung** verwöhnt: 100 g Schlamm aus dem Toten Meer (aus der Apotheke) mit 10 ml Aloe-vera-Gel mischen und auf die gereinigte, trockene Haut auftragen. Den Körper in ein großes Handtuch hüllen und die Packung 30 Minuten einwirken lassen, dann lauwarm abduschen.
- Für einen angenehm riechenden, **erfrischenden Körperpuder** je 75 g Pfeilwurzelstärke und Maismehl mischen. Je 5 Tropfen Ylang-Ylang-Öl und Neroliöl untermischen. Den Puder in ein luftdicht verschließbares Gefäß füllen und mit einer Puderquaste auf die gereinigte, vollständig trockene Haut auftragen.

Auf pflanzlichen Zutaten basierende Körperöle sind speziell nach dem Baden eine Wohltat für die Haut und tragen zu deren Regeneration bei.

Fettige Haut

Die Poren sind groß und deutlich sichtbar. Außerdem glänzt die Haut, da zu viel Talg produziert wird. Verstopft dieser die Poren, bilden sich Pickel und Mitesser – neben dem Gesicht sind vor allem der Rücken und das Dekolleté betroffen.

- Für ein **pflegendes Öl** 5 EL Jojobaöl mit 1 EL Mandelöl und je 5 Tropfen Lavendel- und Geraniumöl mischen und nach der Körperreinigung sparsam auf die Haut auftragen.
- Speziell gegen Hautunreinheiten an Rücken und Dekolleté hilft eine **Lavendel-Honig-Maske**. Dazu 2 EL Weizenvollkornmehl, 1 EL Honig und 2 EL Orangenblütenwasser im Wasserbad zu einer Paste verrühren. 5 Tropfen Lavendelöl zufügen und die Paste auf den Problemzonen verteilen. Nach 20 Minuten lauwarm abduschen (ein- bis zweimal pro Woche anwenden).
- Für einen **zart duftenden Körperpuder**, der der Haut den Fettglanz nimmt, 15 g Talkum mit 2 g Zinkoxid und 2 Tropfen Zitronenöl mischen.

Reife und trockene Haut

Sowohl trockene als auch reife Haut ist spröde und spannt; ihr muss von außen Feuchtigkeit und Fett zugeführt werden.

- Nach dem Baden oder Duschen versorgt diese **duftende Ölmischung** die Haut mit Feuchtigkeit: 50 ml Jojobaöl mit 10 Tropfen ätherischem Öl mischen. Besonders geeignet sind hier Patschuliöl, Mandarinenöl, Neroliöl, Zitronenöl, Myrrhenöl, Rosenöl und Lavendelöl.
- Ein **nach Blüten duftendes Körperöl** verwöhnt die Haut: Je 3 EL Avocadoöl, Mandelöl und Aprikosenkernöl mit 15 Tropfen Rosenöl und 5 Tropfen Lavendelöl mischen. Nach der Reinigung den Körper dünn damit einreiben.
- Für eine **feuchtigkeitsspendende Körpercreme** schmilzt man je 1 EL Kakaobutter und Bienenwachs im heißen Wasserbad und rührt dann je 1 EL Sesam-, Avocado- und Kokosnussöl unter. Die Creme in eine Dose füllen und maximal 2 Monate im Kühlschrank aufbewahren.
- Reife und trockene Haut profitiert von den feuchtigkeitsspendenden Inhaltsstoffen dieser **exotischen Packung**: Dafür eine Banane pürieren und mit 2 EL Buttermilch, 2 EL Kokosmilch, 2 EL Joghurt und 1 EL Honig gut verrühren. Diese Mischung sanft in die gereinigte und getrocknete Haut einmassieren. Den Körper anschließend in ein großes Handtuch hüllen und die Packung erst nach 30 Minuten wieder abduschen.

Pflege der Ellbogen

- Raue und spröde Ellbogen sollte man hin und wieder mit einer Packung verwöhnen: Dazu eine Mischung aus 2 EL erwärmtem **Honig** und 1 EL **Zitronensaft** auftragen und 30 Minuten einwirken lassen. Nach dem Abspülen die Ellbogen mit einer reichhaltigen Creme mit Feuchtigkeit versorgen.
- Alternativ reibt man die Ellbogen mit **warmem Mandelöl** ein, das man nach 5 Minuten mit einem Tuch abnimmt. Danach die Haut mit einer Mischung aus Zitronensaft und Glyzerin (Apotheke) behandeln.

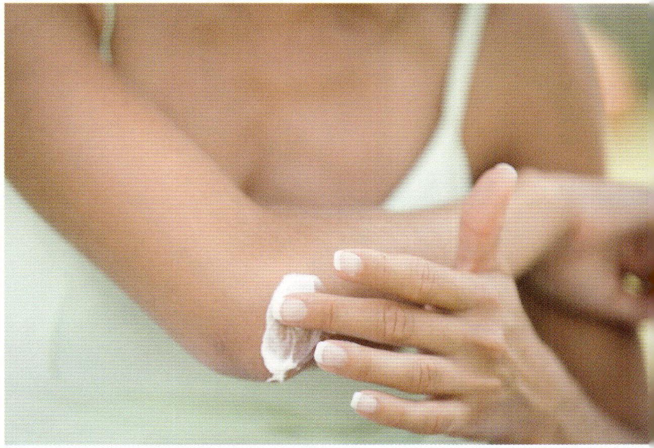

Da man sie schlecht sieht, werden die Ellbogen bei der Körperpflege oft vernachlässigt.

Zum Verschenken selbst hergestellte Lotionen, Cremes und Körperöle in dekorative Flaschen abfüllen!

Körperreinigung

Damit man sich in seiner Haut so richtig wohlfühlt, sollten auch die zur Körperreinigung verwendeten Seifen, Duschgels und Badezusätze auf den Hauttyp abgestimmt sein. Nach der Reinigung empfiehlt es sich, die Haut mit Creme, Lotion, Öl oder Puder zu pflegen.

Ein entspannendes Vollbad sollte maximal 20 Minuten dauern und nicht wärmer als 36–38 °C sein.

Normale Haut

- Duftende Pflege garantiert dieser **Badezusatz**: Einen Becher Joghurt mit 1 EL Honig, 2 EL Mandelöl und dem Mark einer Vanilleschote im Mixer pürieren. 10 Tropfen Orangenöl zufügen und dem Badewasser zusetzen.
- Für ein belebendes **Fichtennadelbadesalz** ein Marmeladenglas zu zwei Dritteln mit frischen Fichtennadeln füllen und Meersalz dazugeben, bis das Glas voll ist. 2 Wochen an einem warmen Ort ziehen lassen und täglich kräftig schütteln. 2 EL davon in ein Leinensäckchen füllen und ins Badewasser geben.
- Ein **duftendes Duschgel** ist schnell zubereitet: 100 ml neutrales Shampoo mit 50 ml lauwarmem Wasser, einer Prise Salz und 15 Tropfen Vanilleöl verrühren.

Fettige Haut

- Für ein **klärendes und porenreinigendes Bad** 1 l Buttermilch mit dem Saft von 4 Zitronen und 4 Handvoll Pfefferminzblättern pürieren und dem Badewasser zusetzen.
- Für ein **Hafermehlbad** 250 g Hafermehl mit einer Handvoll frischen Salbei- und Pfefferminzblättern und 10 Tropfen Zitronenöl mischen. In ein Leinensäckchen füllen, das man ins Badewasser gibt und beim Baden öfter ausdrückt.
- Wenn es schnell gehen soll, einfach 1 l **frische Molke** sowie 10 Tropfen **Minzöl** ins Badewasser geben.
- Für ein anregendes, **gewebefestigendes Duschgel** 250 ml Duschgelbasis (Apotheke) mit je 10 Tropfen Geranium- und Zitronenöl sowie je 5 Tropfen Rosmarin-, Wacholder- und Salbeiöl verrühren.

Reife und trockene Haut

- Samtweich wird die Haut, wenn man dem Badewasser ein **Badeöl** aus 50 ml Mandelöl, 10 Tropfen Grapefruitöl und je 5 Tropfen Zitronen- und Orangenöl zusetzt.
- Für ein **Lavendelbad** eine Handvoll getrocknete Lavendelblüten mit Wasser bedecken, 5 Minuten kochen lassen und abseihen. In den Sud 2 EL Honig und je 1 EL Sahne, Buttermilch und Olivenöl geben und dem Badewasser zusetzen.

Lippenpflege

Im Bereich der Lippen findet man die dünnste Haut des gesamten Körpers. Da die empfindlichen Lippen weder schweiß- noch fettabsondernde Drüsen besitzen, trocknen sie sehr schnell aus. Um zart zu bleiben, bedürfen sie regelmäßiger Pflege.

Schutz und Pflege

- Jeden Morgen die Lippen behutsam **mit einer weichen Zahnbürste massieren**. Wer mag, kann dazu etwas Honig auf die Zahnbürste geben.
- Die **Wirkstoffe der Papaya** machen die Lippen zart: Dazu 1/4 Papaya pürieren und großzügig auf die Lippen und die umliegende Haut auftragen. Nach 10 Minuten mit warmem Wasser abwaschen und Lippenbalsam auftragen. Achtung: Papaya nicht auf die Kleidung bringen, sie hinterlässt hartnäckige Flecken.
- Für einen **feuchtigkeitsspendenden Lippenbalsam** 2 EL Weizenkeimöl, 1 EL Bienenwachs und 1 TL Honig im Wasserbad schmelzen. 3 Tropfen Pfefferminzöl und 2 Tropfen Kamillenöl zufügen. Die Masse rühren, bis sie dick wird, dann in einen kleinen Tiegel füllen und abkühlen lassen.
- Für einen **Pflegebalsam** 100 ml Olivenöl mit 25 g Bienenwachs im Wasserbad schmelzen und lauwarm abkühlen lassen. 10 g Honig, 20 Tropfen Kamillentinktur und 5 ml Propolistinktur untermischen. Weiterrühren, bis der Balsam erkaltet ist, und kühl lagern.
- Ein **Lippenpeeling** (einmal wöchentlich) aus 1 TL Zucker und etwas Olivenöl entfernt Hautschüppchen, fördert die Durchblutung und pflegt die Lippen.
- Die Lippen immer durch Lippenbalsam (am besten mit integriertem Sonnenschutzfaktor) **vor UV-Licht schützen**.
- **Reichlich trinken**, um die sensible Haut der Lippen zart und geschmeidig zu halten.
- Vor allem im Winter sollte man die **Lippen auf keinen Fall ablecken** – die Kombination aus Nässe und Kälte entzieht den Lippen noch mehr Feuchtigkeit, wodurch sie trocken und spröde werden.

Bei spröden Lippen öfter etwas Honig auftragen und nach 15 Minuten ablecken.

Spröde, rissige Lippen

- Spröde Lippen werden wieder geschmeidig, wenn man sie mehrmals täglich mit etwas **Kakaobutter**, **Möhrensaft** oder **Sahne** bestreicht oder **Gurkenscheiben** auflegt.
- Alternativ je 1 TL **Quark und Honig** mischen und auf die Lippen auftragen. Nach 10 Minuten lauwarm abspülen.
- Für eine **warme Auflage** Thymian, Weidenrinde und Kamille zu gleichen Teilen mischen. 1 TL davon mit einer Tasse kochendem Wasser übergießen, 10 Minuten ziehen lassen, dann abseihen. Ein steriles Tuch mit dem lauwarmen Sud tränken und 20 Minuten auf die Lippen legen.

Lipgloss wird einfach mit dem Finger aufgebracht und trägt dazu bei, die Lippen zu schützen.

Farbiges Lipgloss

Man nimmt:

2 EL Kokosnussöl
1 EL Mandelöl
1 EL Bienenwachs
1 EL Kakaobutter
1 Messerspitze Perlglanzpigment
1–2 Tropfen rote Lebensmittelfarbe

Öle, Wachs und Kakaobutter im Wasserbad schmelzen und verrühren. Perlglanzpigment und Lebensmittelfarbe unterrühren. In ein Döschen füllen und abkühlen lassen.

PEELING

Ein regelmäßiges, aber nicht zu häufiges Gesichts- oder Körperpeeling auf der Basis natürlicher Produkte entfernt abgestorbene Hautschuppen, verfeinert und klärt das Hautbild und bereitet die Haut für die Aufnahme der anschließenden Pflegemittel vor.

> **Gut zu wissen**
>
> Wie oft?
>
> *Da Peelings wie eine Art Schleifmittel wirken, dürfen sie nicht zu häufig aufgetragen werden. Körperpeelings sollten im Abstand von etwa 4 Wochen erfolgen, Gleiches gilt für Gesichtspeelings bei trockener Haut. Normale Gesichtshaut dagegen sollte alle 2 Wochen, fettige Gesichtshaut wöchentlich behandelt werden. Nach dem Peeling immer dem Hauttyp angepasste Pflegeprodukte auftragen!*

Gesichtspeeling

- Für dieses hautklärende Peeling braucht man nur eine Zutat, nämlich **Orangenschalen**. Zur Vorbereitung den orangefarbenen Anteil der Schale einer unbehandelten Orange abreiben und einige Tage sorgfältig trocknen, dann in der Kaffeemühle oder im Mörser fein zermahlen. Vor der Anwendung etwas lauwarmes Wasser zufügen, dann die Haut damit abreiben. Gründlich abspülen.
- In fast jedem Haushalt vorrätig sind die Zutaten für dieses Peeling: 1 TL **Zucker** mit 1 EL **Olivenöl** verrühren und das Gesicht damit sanft massieren. Dann gründlich abspülen.
- Für einen frischen Teint bei normaler und fettiger Haut sorgt ein **Zitronenpeeling**: Dazu je 1 TL Mandelkleie und Hafermehl mit 1 TL abgeriebener, unbehandelter Zitronenschale vermischen. Etwas lauwarmes Wasser zufügen und das Peeling sanft in die Haut einmassieren. Nach 2 Minuten mit reichlich lauwarmem Wasser abspülen.
- Ein **Aromaölpeeling** macht trockene Haut wieder geschmeidig. Dazu 2 EL Mandelkleie mit so viel Rosenblütenwasser mischen, dass eine dickflüssige Paste entsteht. 2 Tropfen Rosenöl und 1 Tropfen Lavendelöl zufügen. Das Peeling sanft in die Haut einmassieren. Nach 2 Minuten mit lauwarmem Wasser abspülen.

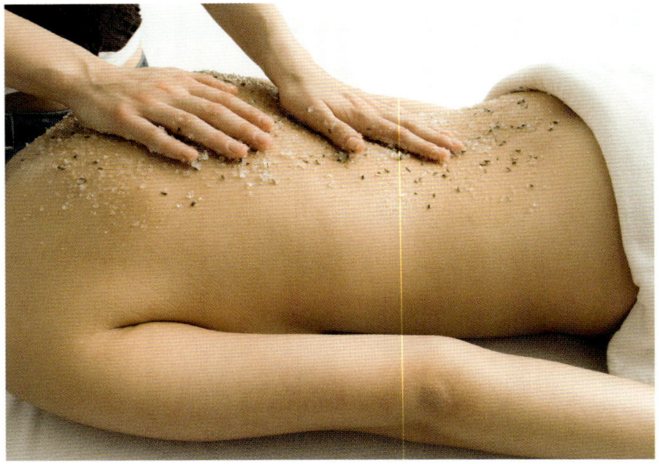

Ein Körperpeeling wird sanft in die Haut einmassiert und anschließend mit reichlich Wasser wieder abgespült.

Körperpeeling

- Zarte Haut bekommt man durch ein **Lavaerdepeeling**: 2 EL Lavaerde und je 50 ml warmes Wasser und Orangenblütenwasser verrühren und 1 Stunde quellen lassen. 5 Tropfen Neroliöl zufügen. Das Peeling wie ein Duschgel in die feuchte Haut einmassieren, dann abspülen.
- Für ein **Meersalzpeeling** 1 EL Meersalz mit 2 EL Mandelöl und 10 Tropfen Zitronenöl vermischen und auf einen Waschlappen geben. Die nach dem Duschen noch feuchte Haut damit massieren, dann mit viel Wasser nachspülen.
- Für ein **duftendes Peeling** 2 EL Meersalz mit 1 EL Walnussöl, 5 Tropfen Patschuliöl und 2 Tropfen Jasminöl mischen. Das Peeling auftragen und, in ein Handtuch gewickelt, 30 Minuten einziehen lassen. Danach gut abspülen.

Meersalz ist ein in der Schönheitspflege seit Langem bewährter Zusatz von Pflegemitteln auf natürlicher Basis.

Rasieren

Für die Gesichtshaut bedeutet die tägliche Rasur eine Strapaze, der man durch geeignete Pflegeprodukte begegnen sollte. Hat man sich trotz aller Vorsicht geschnitten oder ist ein Barthaar eingewachsen, gibt es viele altbewährte Hausmittel, die rasch Abhilfe schaffen.

Ob man sich für die Trocken- oder Nassrasur entscheidet, ist Geschmackssache. Bei unreiner Haut empfiehlt sich jedoch die Trockenrasur, da es bei der Nassrasur zum Öffnen von Pusteln und damit zu Schmierinfektionen kommen kann.

Hautreizungen lindern

- Gegen Hautreizungen helfen Cremes oder Salben mit **Ringelblume, Kamille** oder **Aloe vera**, die nach der Rasur aufgetragen werden, um die Haut zu beruhigen.
- Für eine ausgleichende **Aftershave-Lotion** 75 g neutrale Basiscreme (aus der Apotheke) und jeweils 1 TL Jojobaöl, Aprikosenkernöl, Mandelöl und Aloe-vera-Gel sowie jeweils 2 Tropfen Kamillenöl, Minzöl und Geraniumöl gut verrühren und in einen kleinen Tiegel füllen. Das Aftershave kühl aufbewahren.
- **Hamamelissalbe** (aus der Apotheke) beruhigt ebenfalls die frisch rasierte, gereizte Haut; verstärkt wird die Wirkung, wenn man einige Tropfen Johanniskraut- oder Teebaumöl untermischt.
- In der Apotheke gibt es **Bienensalbe mit Propolisextrakt**, die der Haut gleichfalls guttut.
- Nach der Rasur empfiehlt sich ein **angenehm duftendes Rasierwasser**, das die Haut beruhigt und desinfiziert: Hierfür 20 ml Alkohol (90%ig), 80 ml Hamameliswasser, 20 ml Rosenwasser und je 2 Tropfen Muskatellersalbei-, Sanddorn-, Sandelholz-, Zedern-, Zitronen- und Zypressenöl in eine kleine Flasche füllen, kräftig schütteln und 4 Wochen ziehen lassen. Pur anwenden oder nach Belieben etwas Rasierwasser auf die Hand geben und mit einigen Tropfen Jojobaöl verreiben, dann auftragen.

Kleine Schnitte behandeln

- Bei kleinen Schnittverletzungen einen **Wattebausch mit Alkohol tränken** und die Wunde betupfen, um die Blutung zu stoppen.
- Kleine Wunden hören auf zu bluten, wenn man sie mit einem angefeuchteten **Alaunstift** behandelt.
- **Schafgarbenblüten** gelten als altbewährtes Hausmittel gegen Schnittwunden: Getrocknete Blüten im Mörser zu Pulver verreiben. Dieses wird auf die Verletzung aufgetragen und mit einem feuchten Tuch leicht angedrückt.

Eingewachsene Barthaare entfernen

- Um ein eingewachsenes Barthaar zu entfernen, legt man zunächst eine **heiße Kompresse** (z. B. ein feuchtes Tuch mit 2–3 Tropfen Teebaumöl) auf. Anschließend zieht man das Haar mit einer sauberen Pinzette heraus und desinfiziert die betroffene Stelle mit einem Tropfen Teebaumöl.
- Zur Vorbeugung nur saubere und scharfe Klingen verwenden und immer **in Wuchsrichtung der Haare rasieren**.

Bei der Nassrasur wird die Klinge im oberen Wangenbereich angesetzt und mit kurzen Zügen rasiert.

Beim Einschäumen vor der Nassrasur leistet der gute alte Rasierpinsel noch immer hervorragende Dienste.

Sonnenschutz

Die Sonne ist Balsam für Körper und Seele, doch können die UV-Strahlen die Haut irreparabel schädigen. Um Sommer und Sonne unbeschwert genießen zu können, ist konsequenter Sonnenschutz erforderlich. Auch sollte man sich immer wieder im Schatten erholen.

Gut zu wissen

Lichtschutzfaktor (LSF)

Ohne Sonnenschutz darf man sich etwa 15 Minuten (dieser Wert entspricht der Eigenschutzzeit der Haut) in der Sonne aufhalten, bevor eine Rötung auftritt. Benutzt man ein Sonnenschutzmittel mit LSF, erhöht sich dieser Wert: Ein LSF 12 bedeutet demnach, dass man sich 12 mal 15 Minuten (also 3 Stunden) der Sonne aussetzen darf – doch dies ist oft schon zu viel des Guten. Besser beraten ist man, wenn man diese Maximalzeit um die Hälfte unterschreitet.

Die Augen sollten stets durch eine geeignete Sonnenbrille geschützt werden.

UV-Strahlen werden je nach Wellenlänge in UV-A, UV-B und UV-C eingeteilt. Für den Sonnenbrand in erster Linie verantwortlich sind tief in die Haut eindringende UV-B-Strahlen.

Verhaltenstipps

- **Reichlich trinken**, vor allem Mineralwasser, um die Haut vor dem Austrocknen zu bewahren.
- Die Haut **langsam an die Sonne gewöhnen** – am besten fängt man schon im Frühjahr damit an.
- Sich im Sommer möglichst **während der heißesten Tageszeit im Schatten aufhalten** (oder im Zimmer).
- Im Sommer sollte man sich **bei bedecktem Himmel ebenfalls eincremen** – auch Wolken lassen die UV-Strahlung ungehindert durch.
- Unbedingt die **Lippen eincremen** (Balsam mit integriertem Sonnenschutzmittel verwenden).
- Auch Kinder sollten durch **Sonnenbrille und Sonnenhut** geschützt werden.
- **Kleidung aus natürlichem Gewebe tragen** – UV-Strahlen sind in der Lage, Kunststoffgewebe zu durchdringen.
- Je näher man dem Äquator kommt, desto höher muss der LSF sein. Gleiches gilt für Höhenlagen: Durch die dünnere Luft wirken die Sonnenstrahlen stärker. Zu **intensiverer Einstrahlung** führen auch reflektierende Flächen (Wasser, Schnee).

Sonnenschutzmittel richtig anwenden

- Sonnenschutzmittel – Cremes für normale Haut, Gele für empfindliche Haut sowie Sonnenallergiker – **rechtzeitig auftragen**, und zwar 15–20 Minuten, bevor man ins Freie geht. Das Mittel vor dem Ankleiden gut trocknen lassen.
- Nach dem Schwimmen und Abtrocknen **sofort wieder eincremen**, auch bei Verwendung sogenannter wasserfester Sonnenschutzmittel.
- Den **Sonnenschutz mehrmals täglich erneuern**. Dabei das Mittel auf Nase, Wangen, Ohren, Dekolleté und Schultern besonders reichlich auftragen.

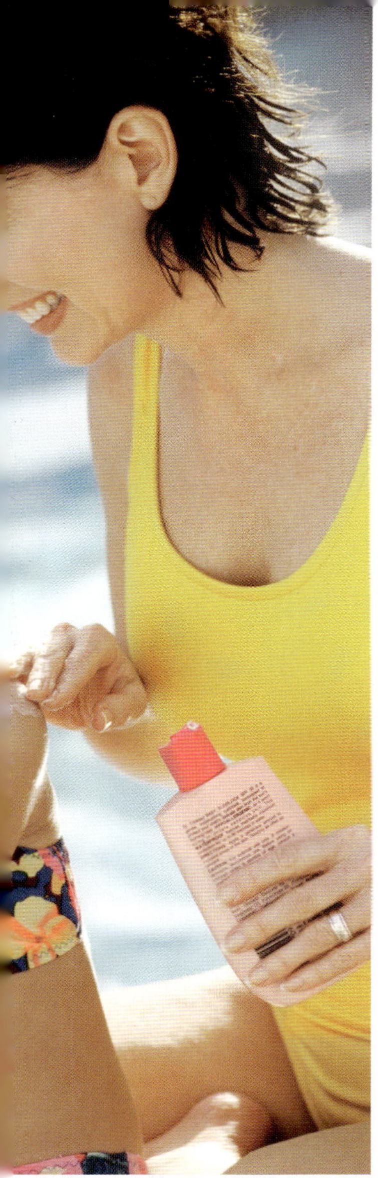

Zarte Kinderhaut muss durch Cremes mit besonders hohem Lichtschutzfaktor geschützt werden.

Natürliche Sonnenschutzmittel

Eines gleich vorweg: Natürliche Sonnenschutzmittel wie etwa Avocado- und Sesamöl oder auch Zitronensaft bieten nur wenig Schutz und sind generell nicht für Kinder oder Menschen mit empfindlicher Haut geeignet. Sie dürfen nur für gemäßigte Sonnenbäder von wenigen Minuten Dauer und auch dann nur angewendet werden, wenn die Haut bereits an die Sonne gewöhnt und vorgebräunt ist. Ins Urlaubsgepäck für südliche Länder gehören auf jeden Fall Präparate mit hohem Lichtschutzfaktor; Gleiches gilt für ausgiebige Sonnenbäder auch in unseren Breiten, von denen aber grundsätzlich abzuraten ist.

Nach dem Sonnenbad

- Ein **After-Sun-Körperöl** pflegt die Haut nach dem Sonnenbad und gibt ihr Feuchtigkeit zurück. Als Basisöl eignen sich Jojoba-, Weizenkeim- oder Wildrosenöl, reizlindernde ätherische Öle sind z. B. Sanddorn- oder Lavendelöl: 4 EL Basisöl mit 15 Tropfen ätherischem Öl mischen und dünn auf Gesicht und Körper auftragen.
- Diese **Lotion** versorgt die strapazierte Haut mit Nährstoffen und Feuchtigkeit: Dazu je 2 EL Kakaobutter und Lanolin im Wasserbad schmelzen und dann je 2 EL Jojoba- und Weizenkeimöl, 4 EL Schwarztee, 1 EL Glyzerin und 5 Tropfen Lavendelöl unterrühren. Die Creme abkühlen lassen, in ein Döschen füllen und kühl aufbewahren.
- Dieser Badezusatz trägt zur **Regeneration der Haut** bei: Dafür eine Gurke, 2 Tassen geschroteten Hafer, 2 EL Rosmarin, 100 ml Schwarztee und 1 EL Olivenöl im Mixer fein pürieren. Ins nicht zu heiße (30–34 °C) Badewasser geben und 20 Minuten in der Wanne entspannen.
- Dem Badewasser alternativ 2 l **Buttermilch** zugeben.
- **Zur Kühlung** der Haut einen Becher Joghurt mit 2 EL Jojobaöl mischen und auf Gesicht und Körper verteilen. Nach 20 Minuten lauwarm abduschen.

After-Sun-Packung

Man nimmt:

1 TL Thymian
1 TL Salbei
1 TL Kamille
1 TL Ringelblumen
1 TL Pfefferminze
(alle Kräuter fein gehackt, frisch oder getrocknet)
Wasser nach Bedarf
2 EL Aloe-vera-Gel
1 TL Honig
3 Tropfen Zitronenöl

Kräuter, mit Wasser bedeckt, 15 Minuten zugedeckt köcheln lassen. Restliche Zutaten unterrühren. Das Gel 10 Minuten in den Gefrierschrank stellen. Kalt auftragen und 15 Minuten einwirken lassen. Dann lauwarm abduschen.

Ein Sonnenhut mit breiter Krempe schützt vor intensiver Sonneneinstrahlung und ist überdies attraktiv.

Zahn- und Mundpflege

Für ein gepflegtes Äußeres ist die sorgfältige Mundhygiene ebenso wichtig wie die tägliche Gesichtspflege. Auch nehmen viele Krankheiten im Mund- und Rachenraum ihren Anfang – Grund genug, Zähnen und Mund die entsprechende Aufmerksamkeit zu widmen.

Die Zahnbürste sollte einen nicht zu großen Kopf haben, damit man Ecken und Winkel besser erreicht.

Zahnschäden – nein danke

Gesunde Zähne und kräftiges Zahnfleisch sind kein Geschenk der Natur, sondern das Ergebnis konsequenter Pflege und gesunder Ernährung. Zum Leidwesen speziell von Kindern ist Zucker der Zahnfeind Nummer eins: Er verbirgt sich in Süßigkeiten und Getränken wie Limonade, Cola oder Fruchtnektar. Der Zucker schadet den Zähnen gleich in zweierlei Hinsicht: Er entzieht ihnen wichtiges Kalzium und ist der Hauptverursacher von Karies. Sehr viel gesünder sind dagegen Milchprodukte: Sie liefern viel Kalzium, das die Zähne härtet. Um das Zahnfleisch gesund und kräftig zu halten, sollte man viel frisches Obst und Gemüse essen – das darin reichlich enthaltene Vitamin C ist ein wahrer Jungbrunnen.

Damit das Zähneputzen nicht anstrengt, sollte man darauf achten, dass die Zahnbürste gut in der Hand liegt.

Tipps zur Zahnpflege

- Ergänzend zum regelmäßigen Zähneputzen die Zahnzwischenräume täglich mit **Zahnseide** reinigen. Hierbei den Faden von unten nach oben über die Zahnkanten gleiten lassen und dabei behutsam hin und her bewegen. Danach den Mund spülen.
- Alternativ zur Reinigung der Zahnzwischenräume eine **Mundddusche** verwenden.
- Ob man **herkömmliche oder elektrische Zahnbürsten** verwendet, ist eine Geschmacksfrage: Unterschiede hinsichtlich des Reinigungserfolgs gibt es nach neueren Erkenntnissen nicht. Elektrische Zahnbürsten bewirken aufgrund ihrer schnellen, rotierenden Bewegungen zwar eine intensive Reinigung in deutlich kürzerer Zeit, wer mit einer herkömmlichen Zahnbürste 3 Minuten lang gründlich seine Zähne putzt, erzielt jedoch dasselbe Ergebnis. In jedem Fall sollte man die Zahnbürsten spätestens alle 2 Monate ersetzen.
- Leidet man unter **Zungenbelag**, der häufig Mundgeruch verursacht, kann man mit einem geeigneten Zungenschaber Abhilfe schaffen.

Hausmittel zum Zähneputzen

- Frischen Atem garantiert diese Zahnpasta, die hauptsächlich aus **Heilerde** und **Meersalz** besteht: Für die Herstellung 100 g feine Heilerde mit 1/2 TL Meersalz mischen und so viel abgekochtes Wasser zufügen, bis eine cremeartige Masse entstanden ist. Je 2 Tropfen Pfefferminz- und Teebaumöl untermischen.
- Zur Kräftigung des Zahnfleischs trägt dieses **Zahnpulver** bei: Dazu 40 g unbehandelte, getrocknete Orangenschale mit 30 g getrockneten Pfefferminzblättern fein zerreiben, mit 10 g Meersalz mischen und in ein Gefäß mit Schraubverschluss füllen. Beim Zähneputzen etwas Pulver auf die angefeuchtete Zahnbürste geben.
- Ein weiteres schnell zubereitetes Zahnpulver aus guter alter Zeit besteht aus einer Packung **Backpulver** und 2–3 Tropfen **Kümmelöl**. Diese Mischung sollte man jedoch keinesfalls zu oft verwenden, da im Backpulver Säuerungsmittel enthalten sein können, die möglicherweise den Zahnschmelz angreifen.
- Die **Zähne werden wieder weiß**, wenn man sie mit der Innenseite der Schale einer unbehandelten Zitrone einreibt. Gleichzeitig kräftigt man so auch das Zahnfleisch.
- Alternativ kann man die Zähne auch ab und zu mit **warmem Salbeitee** putzen.

Mundwässer

Nach der Reinigung der Zähne empfiehlt es sich, den Mund mit Mundwasser zu spülen.

- Für ein angenehm duftendes, erfrischendes Mundwasser jeweils 50 ml Wasser und Alkohol (70%ig) und je 3 Tropfen **Eukalyptus-**, **Anis-** und **Nelkenöl** mischen. In eine kleine Flasche füllen. Zum Gurgeln 1 TL des Mundwassers in ein Glas Wasser geben.
- 1/2 l Alkohol (70%ig) mit 10 ml **Ratanhiatinktur**, 10 ml **Pfefferminzöl**, 2 ml **Zimtöl** und 1 ml **Anisöl** mischen. Einen Spritzer davon in ein Glas Wasser geben und den Mund damit spülen.
- Zahnfleischkräftigend und erfrischend ist dieses Mundwasser: Je 10 ml **Arnikatinktur, Propolistinktur, Ratanhiatinktur** und **Salbeitinktur** mischen. 10 Tropfen davon in ein Glas Wasser geben und damit den Mund ausspülen.
- Entzündungslindernd wirkt eine Mundspülung aus 10 ml **Arnikatinktur**, die mit 30 ml Wasser verdünnt wurde.

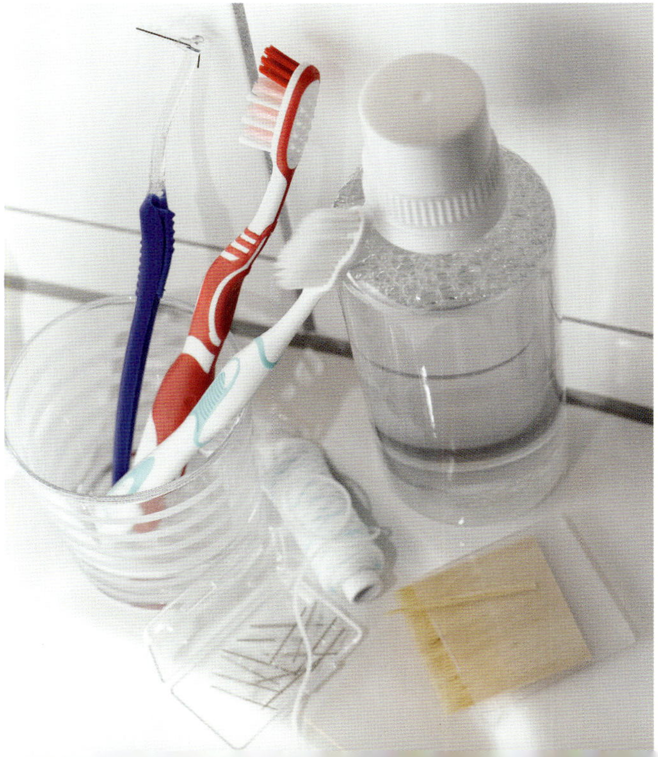

Rosenblüten-Mundwasser

Man nimmt:

5 EL Rosenblüten
4 EL Salbei
2 EL Rosmarin
1 EL Erdbeerblätter
150 ml Apfelessig
100 ml Rosenwasser

Die Kräuter in ein verschließbares Gefäß geben und mit dem erhitzten Apfelessig übergießen. 10 Tage ziehen lassen, dann abseihen und die Kräuter gut ausdrücken. Den Sud mit Rosenwasser mischen und nochmals durch einen Filter gießen. Einen Spritzer davon in ein Glas Wasser geben und den Mund damit spülen.

Für eine umfassende Mundhygiene reicht die Zahnbürste allein nicht aus: Die Zahnfleischtaschen in den Zahnzwischenräumen erreicht man am besten mit Zahnseide.

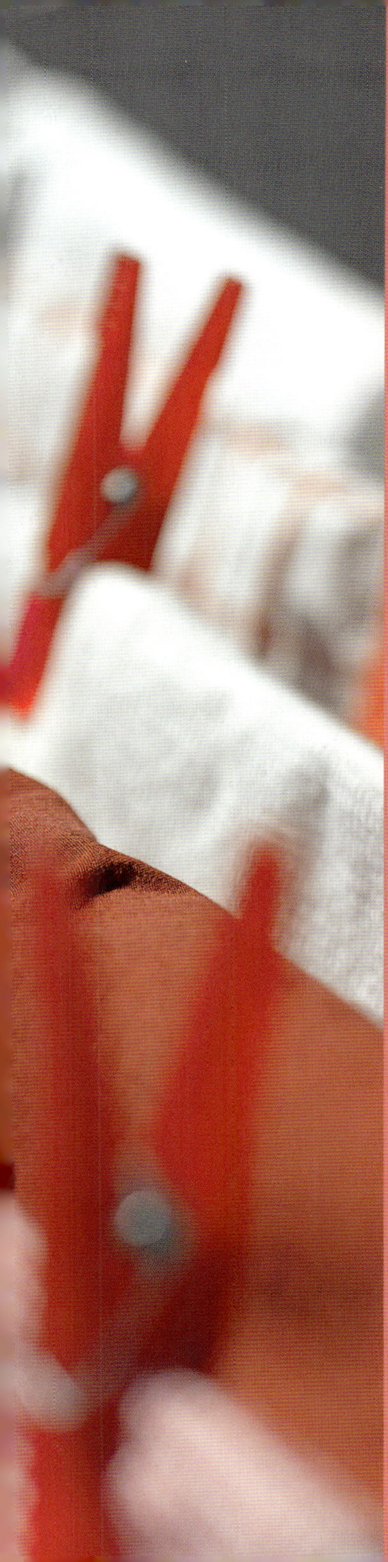

Haushalt
im Griff

Den Haushalt erledigen wir heute meist ganz nebenbei – und werden dabei immer wieder vor neue Herausforderungen gestellt. Wie bekommt man Kaugummi aus dem Teppich, pflegt Laminat oder bekämpft Gerüche? Da lohnt sich die Besinnung auf altbewährte Methoden, die erstaunliche Wirkung zeigen.

Bad und WC hygienisch und frisch

Saubere Sanitärbereiche sind das Aushängeschild jeder Wohnung. Wenn man sie regelmäßig reinigt, kann man auf starke Spezial- oder gar Desinfektionsmittel getrost verzichten. Mehr als in anderen Räumen bedarf es jedoch einer guten und regelmäßigen Belüftung, um Schimmel zu vermeiden.

Ein fensterloses Bad ist anfällig für Schimmel. Daher die Wanne nach Benutzung trocknen, keine feuchte Wäsche aufhängen und gut lüften.

Waschbecken, Badewanne und Dusche

Je härter der Wassergrad ist, desto häufiger sollte man Sanitärbereiche putzen, denn Kalk und Seife hinterlassen hier Spuren.

- Saure Milch eignet sich für die **tägliche Beckenreinigung**. Anschließend mit Weichspüler abreiben, dann perlt das Wasser besser ab und hinterlässt keine Ränder.
- Hartnäckige **Schmutz- oder Kalkränder** reibt man mit einer in Salz getauchten Zitronenschale ab.
- **Vergilbte Wannen oder Becken** erstrahlen in neuem Glanz, wenn man sie mit einem Brei aus Salz und Terpentin schrubbt. Gleiches gilt übrigens für Fliesen.
- Empfindliche farbige **Kunststoffwannen** reibt man mit einem feuchten Tuch ab, das in Bullrichsalz getupft wurde.
- **Duschabtrennungen** reinigt man mit einer milden Seifenlösung und weichem Lappen. Abziehen mit dem Gummiwischer verhindert Kalkflecken. Leichte Kalkschlieren reibt man mit Essig ab. Starke Ablagerungen behandelt man mit einem Brei aus Salz und Essig: mit einer Spülbürste kreisend abschrubben, abspülen und trocken reiben.
- **Duschvorhänge** gleiten leichter auf der Schiene, wenn man diese mit Vaseline einreibt. Neue oder frisch gewaschene Duschvorhänge in Salzwasser legen, das beugt Schimmelbildung vor. Stockflecken kann man mit Essig, Zitronensaft oder Natron behandeln.

Fliesen und Fugen

- **Fliesen strahlen** wie neu, wenn man sie mit einem in Salmiaklösung (1 TL auf 500 ml Wasser) getränkten Zeitungspapier oder Fensterleder abreibt. Mit etwas Speiseöl nachpolieren. Das gibt Glanz und schützt vor Feuchtigkeit.

Bei der Reinigung von schwer zugänglichen Stellen leistet eine ausgediente Zahnbürste gute Dienste.

- Bei **hartnäckigen Flecken** hilft Abreiben mit unverdünntem Salmiakgeist.
- **Rostflecken** entfernt man durch Abreiben mit Essigessenz, die länger einwirken muss.
- **Verfärbte Fugen** reinigt man mit Salmiaklösung oder Backpulver. Mit einem feuchten Tuch oder einer alten Zahnbürste auftupfen, einwirken lassen und abspülen.
- **Weiße Fugen** werden, mit Schlämmkreide eingerieben, wieder richtig weiß.
- **Silikonfugen** reinigt man mit in Wasser aufgelöstem Hefepulver.
- **Stark verschmutzte Fugen** kann man vorsichtig mit ganz feinem Sandpapier abreiben. Man sollte dabei aber nicht die Glasur der Fliesen beschädigen.

Armaturen

- Geruchfreien **Glanz** erzielt man durch Abreiben mit einem Mix aus 1–2 TL Zitronensäure und 500 ml Wasser.
- **Kalkränder an Armaturen** beseitigt man, indem man einen in Essig oder Zitronensaft getränkten alten Lappen um die Armatur wickelt und das Ganze einige Stunden oder auch über Nacht einwirken lässt. Aufgeweichte Kalkreste lassen sich mit einer Zahnbürste entfernen.
- **Verkalkte Perlatoren** und Duschköpfe legt man in eine Essig-Wasser-Lösung ein. Die Löcher im Duschkopf mit der Nagelbürste oder einer ausgedienten Zahnbürste reinigen.

Toilette

- Bei **Kalk in der Toilettenschüssel** über Nacht eine Lage mit Essig getränktes Toilettenpapier über die Ränder legen und am nächsten Morgen mit der Bürste nachschrubben.
- **Urinstein** verhindert man, indem man einmal wöchentlich einen Schuss Essig in den Fuß der Toilettenschüssel gibt und über Nacht einwirken lässt.

Abfluss

Ein Abflusssieb verhindert oder verzögert Verstopfung durch Haare. Ablagerungen lassen sich jedoch nie ganz vermeiden.

- Zur **Rohrreinigung** gießt man kochend heißes Kartoffelwasser in den Abfluss.
- Bei **Verstopfung** streut man Soda in den Abfluss und spült mit heißem Wasser nach.
- Gegen **üble Gerüche** hilft es, wenn man Natron in den Abfluss streut und über Nacht einwirken lässt.

Zitrusreiniger für das WC

Dieser WC-Reiniger ist umweltfreundlich und duftet auch noch angenehm.

10 ml Spülmittel
5 Tropfen Zitronenöl
25 g Zitronensäure
210 ml Wasser

Das Spülmittel mit dem Zitronenöl mischen. Wasser und Zitronensäure so lange rühren, bis eine klare Flüssigkeit entstanden ist. Die Spülmittel-Zitronenöl-Lösung unterrühren. In eine Flasche abgefüllt, hält der Reiniger etwa 3 Monate.

Betten pflegen

Im Bett verbringt der Mensch gut ein Drittel seines Lebens. Daher sollte man sich um seine Schlafstätte mit besonderer Aufmerksamkeit kümmern, bei Bettzeug und Matratze auf gute Qualität achten und beides regelmäßig reinigen und pflegen.

> **Gut zu wissen**
>
> Matratzenfüllungen
>
> *Gute Matratzen haben einen Kern aus Schaumstoff, Latex, Federkern oder Kokos, Rosshaar, Stroh oder Seegras, den ein Bezug aus Schafwolle, Vlies, Baumwolle oder Wildseide ummantelt. Matratzen mit Naturkern sollte man nach etwa 5 Jahren aufarbeiten lassen, da sie sich im Vergleich zu Latex oder Federkern durchliegen. Für Allergiker eignen sich staubfreie und Bakterien abweisende Matratzen aus Schaumstoff oder Latex.*

Bettdecken und Kissen

- Zu den täglichen Arbeiten im Haushalt gehört das **Lüften und Ausschütteln** des Bettzeugs. So verteilt man die Füllung gleichmäßig und bekämpft Milben und anderes kleines Getier, das Wärme und dunkle Ecken liebt.
- Daunendecken und -kissen freuen sich über **frische, trockene Luft**, mögen aber pralle Sonne gar nicht, da dann die Federn brüchig und porös werden. Bei feuchtem Wetter bleibt das Bettzeug in der Wohnung.
- Daunen- und Federbetten **nicht absaugen**, denn dadurch wird das Inlett durchlässig.
- **Waschen** sollte man seine Bettdecken etwa alle 5 Jahre, die Kissen alle 2 Jahre.
- In die **Waschmaschine** sollte man das Bettzeug nur geben, wenn die Trommel groß genug ist – sonst lieber in einer speziellen Bettenreinigung behandeln lassen.
- Für **Daunen** entweder ein **Daunenwaschmittel** verwenden oder ein **Haarshampoo** und anschließend mit einem Tennisball oder Turnschuh zusammen bei niedriger Temperatur in den Trockner geben.
- **Allergiker** müssen ihr Bettzeug öfter waschen. Sie verwenden daher anstatt Federbetten besser Kissen und Decken aus kochfestem **Synthetikmaterial** oder Viskose. Diese lassen sich einfacher waschen und trocknen, um Milben zu vertreiben.

Matratzen

Gute Matratzen sollen den Körper und vor allem die Wirbelsäule stützen. Man sollte sie alle 8–12 Jahre austauschen, da durchgelegene Matratzen die Wirbelsäule schädigen können.

- Das regelmäßige **Wenden** der Matratzen garantiert eine gleichmäßige Belastung.
- Außerdem sollte man die Matratze immer wieder mal zum **Lüften und Ausklopfen** aus der Bettstatt holen. Schwere Matratzen sind meist sehr unhandlich und allein kaum herauszuheben. Um sie zu reinigen, legt man ein feuchtes Betttuch auf die Matratze und klopft sie dann aus. Das Tuch nimmt dabei den Staub aus der Matratze auf.
- Gute Dienste beim **Entstauben** der Matratze leistet auch die Polsterdüse des Staubsaugers – am besten saugt man immer beim Wechseln der Bettwäsche.
- Bei starker **Hausstaubmilben-Allergie** haben sich spezielle Matratzenüberzüge bewährt, die man komplett verschließen und bei hoher Temperatur waschen kann.
- Vor Verunreinigung durch Schweiß und Blut schützen **Matratzenauflagen** aus Molton oder Frottee, die leicht abzuziehen und zu waschen sind.
- **Frische Blutflecken** mit Wasser abreiben, dann eventuell mit einer Mischung aus 200 ml kaltem Wasser, 3 EL Essig und 2 EL Waschpulver behandeln oder mit einer schwachen Glyzerinlösung aufweichen. Jeweils mit Wasser nachtupfen. Mit dem Föhn trocknen.
- Will man **Flecken nass entfernen**, stellt man die Matratze am besten auf. Während der Behandlung hält man ein Handtuch unter den Fleck, um die ablaufende Flüssigkeit aufzufangen.

Bügeln wie Profis

Mit modernen Dampfbügeleisen, Bügelbrettern und anderen Hilfsmitteln ist das Bügeln heute oft im Handumdrehen erledigt. Mit ein paar Tricks und Kniffen lassen sich auch delikate Textilien in Form bringen und knifflige Stellen meistern.

Die Ausrüstung

- Ein **höhenverstellbares Bügelbrett** schont den Rücken.
- Das Bügeln geht schneller mit einer **Alufolie unter dem Bezug** des Bügelbretts, es reflektiert die Hitze.
- Das **Dampfbügeleisen** vor jedem Einsatz zwei- bis dreimal abdampfen lassen, damit Kalkreste herausrieseln.

Vor dem Bügeln

- **Textilien aus Baumwolle**, auch Hemden und Blusen, bügeln sich ganz einfach, wenn man sie 15 Minuten bei mäßiger Temperatur in den Wäschetrockner gibt und dann erst zum Trocknen aufhängt.
- **Zu trockene Textilien** vor dem Bügeln mit warmem Wasser einsprühen – es verteilt sich rascher im Gewebe als kaltes.
- Eingesprengte **Wäsche bleibt feucht**, wenn man sie zusammenrollt und in eine Plastiktüte gibt.
- Durch etwas Essig im Einsprühwasser lässt sich die **Gleitfähigkeit der Wäsche erhöhen**.

In gleichmäßigen Bewegungen bügeln und nicht zu sehr aufdrücken.

Grundregeln fürs Bügeln

- **Säume und Nähte** drücken nicht durch, wenn man nur bis an die Ränder bügelt.
- **Knopfleisten** bügelt man am besten auf einer weichen Unterlage von der linken Seite, **Knöpfe** aussparen.
- **Quer verarbeitete Stoffe** dürfen nur gegen die Fadenlaufrichtung gebügelt werden.
- Ein Tuch oder Seidenpapier zwischen Bügeleisen und Textilie schützt **empfindliche Fasern**.
- Schwere Stoffe wie **Wolle, Wollflanell** und andere sollte man mithilfe eines feuchten Tuches bügeln.
- Bei **Hemden oder Blusen** wird zuerst der Kragen von beiden Seiten gebügelt – zunächst die Innenseite und von der Kragenspitze zur Mitte hin, damit sich an der Naht keine Falten bilden. Auf gleiche Art plättet man die Manschetten. Anschließend bügelt man die Ärmel, dann Vorder- und Rückenteile.
- Wenn man den Stoff von links besprüht, halten **Bügelfalten** länger.

Entkalker für Bügeleisen

Ein preiswertes Entkalkungsmittel kann man aus

100 ml Essig

100 ml Wasser

leicht selbst herstellen. Mischen und in den Tank des Bügeleisens geben. Anschalten und warten, bis es zu dampfen beginnt, dann abschalten. Eine Stunde einwirken lassen. Den Tank entleeren und gründlich mit klarem Wasser ausspülen.

Bevor man gebügelte Wäsche in den Schrank räumt, unbedingt lüften lassen, sonst bilden sich Stockflecken.

Fenster putzen

Das A und O beim Fensterputzen sind die Technik und die richtigen Hilfsmittel. Dann kann man getrost auf spezielle Reinigungsmittel verzichten und bekommt selbst stark verschmutzte Fenster streifenfrei sauber.

Besonders rußige Scheiben werden mit Spülmittellauge großzügig eingeschäumt und mit dem Fensterwischer streifenfrei abgezogen.

Zunächst nimmt man die Gardinen ab und räumt die Flächen vor den Fenstern und die Fensterbänke frei. Außerdem deckt man empfindliche Oberflächen zum Schutz vor Tropfwasser ab.

Langlebiges Fensterleder

Die Anschaffung eines echten Fensterleders lohnt sich durchaus, denn es nimmt Wasser schneller auf und gibt es beim Ausdrücken auch wieder schneller ab, zudem hält es bei richtiger Pflege jahrelang.

- **Weich und geschmeidig erhalten** kann man das Fensterleder nur, wenn man es lediglich zum Putzen mit Wasser unter Zugabe von Spiritus oder Essig benutzt. Putzmittel entziehen dem Leder die Fettstoffe und machen es hart.
- **Nach Gebrauch** wird das Fensterleder mit warmem Salzwasser ausgewaschen. So bleibt es weich.
- Fensterleder sollte man **niemals auswringen**, sondern stets nur sanft ausdrücken. Ausgebreitet ausschütteln und dann langsam an der Luft trocknen lassen.

Fensterbänke

- Für **normale Verschmutzungen** benutzt man am besten eine Schmierseifenlösung.
- **Flecken** beseitigt man mit einem weichen Lappen, der mit verdünntem Spiritus getränkt wurde.

Fensterrahmen

- Den **Falz des Fensterrahmens** saugt man am besten zunächst mit der Fugendüse des Staubsaugers ab und beginnt dann erst mit der Nassreinigung.
- **Lasierte oder klar lackierte Fensterrahmen** aus Holz werden nur feucht abgewischt. Man sollte das Wasser oft erneuern. Reibt man die Rahmen anschließend mit einer Spirituslösung ab, werden sie besonders sauber.
- **Farbig lackierte Rahmen** reinigt man mit einer Lösung aus 2 EL Salmiakgeist auf 500 ml Wasser.
- Nach dem Putzen werden **gewachste Holzrahmen** mit einem weichen Tuch getrocknet.
- **Fliegendreck auf Holzrahmen** reibt man mit einem angefeuchteten, rauen Tuch ab. Auch eine Mischung aus fettarmer Milch und kaltem Wasser im Verhältnis 1:1 wirkt.
- Zum Abwaschen von **Aluminium- oder Kunststoffrahmen** nimmt man einfach heiße Seifenlauge. Scheuerpulver würde die Rahmen verkratzen.

Fensterscheiben

- **Normal verschmutzte Scheiben** reinigt man regelmäßig mit einer Essiglösung aus 1 l lauwarmem Wasser und 250 ml Essig. Essig löst nicht nur den Schmutz, er vertreibt auch die Fliegen.

- **Stark verschmutzte Scheiben** reinigt man mit warmem Spülwasser vor und und wischt mit klarem Wasser nach.
- Gibt man einen Spritzer Glyzerin ins Putzwasser, so werden die Scheiben **Staub abweisend** und beschlagen im Winter nicht.
- Mit einigen Tropfen Salmiakgeist im Putzwasser lässt sich zudem das **Zufrieren verhindern**.
- **Abziehkanten** sowie Tropfenreste entfernt man mit einem fusselfreien Tuch, Zeitungspapier oder einem Fensterleder.
- Zum **Abziehen der Scheiben** feuchtet man die Kante des Gummiwischers an, dann quietscht er nicht und liegt gleichmäßiger auf.
- Das Polieren mit einer alten Nylonstrumpfhose verleiht geputzten Fensterscheiben **strahlenden Glanz**.
- **Kleine Scheiben** (Oberlichter, Lamellenfenster, Sprossenfenster) reinigt man nur mit dem Fensterleder – das Leder im Putzwasser gründlich anfeuchten, ausdrücken und dann auf dem Glas immer vom Rand zur Mitte hin arbeiten. Sofort nachwischen, dann gibt es keine Streifen.
- Am einfachsten reinigt man **Dachfenster** bei starkem Regen: das nasse Fenster vorsichtig kippen und mit Spülmittel einschäumen. Dann wieder schließen und abregnen lassen.
- **Blinde Scheiben oder Spiegel** werden wieder blank, wenn man sie mit Oliven- oder Leinöl abreibt. Eine Stunde einwirken lassen und mit Seidenpapier nachreiben, dann wie üblich putzen.
- **Fettflecken** auf Glasscheiben reibt man ganz einfach mit einer halbierten Zwiebel ab. Die Sulfide der Zwiebel besitzen eine starke Reinigungskraft.
- **Fliegendreck** entfernt man von Glasscheiben mit einem in warmen Schwarztee getauchten Tuch. Auch mit ein paar Spritzern Spiritus lässt er sich lösen und wegwischen.
- Ist beim Verglasen **Fensterkitt** auf die Scheibe geraten, rückt man ihm mit einem mit etwas Salmiakgeist oder Terpentin getränkten Wattebausch zu Leibe.
- **Aufkleber** auf neuen Scheiben weicht man mit warmem Wasser ein und hebt sie mit einem Glasschaber ab. Alte, spröde gewordene Reste von Aufklebern löst man am besten mit Olivenöl auf.
- Frische **Farbspritzer** gehen leicht mit Terpentin oder Nagellackentferner ab. Eingetrocknete Farbspritzer beseitigt man hingegen mit einem Glasschaber, wie man ihn beispielsweise für die Reinigung der Glaskeramikplatte des Herdes benutzt.

Sonderfälle

- Modernes **Buntglas** ist so robust, dass es wie normale Glasscheiben gereinigt werden kann. Altes Buntglas wird nur ab und zu behutsam feucht abgewischt. Altes, bemaltes Buntglas darf nicht abgewaschen werden, da die Farbe sonst abgehen könnte. Die Scheiben werden nur mit einem weichen Pinsel abgestaubt.
- **Milchglasscheiben** verleiht man durch die Reinigung mit heißem Essigwasser und sorgfältiges Trockenreiben einen matten Glanz.
- **Reliefglas** entstaubt man mit einem weichen Pinsel und putzt die strukturierte Seite mit dem Fensterleder. Die glatte Seite der Scheibe kann man mit dem Wischer abziehen.

Gut zu wissen

Ungünstige Witterung

Fenster sollte man nie bei Sonnenschein putzen, denn so trocknet das Wasser auf den Fenstern zu schnell und hinterlässt unschöne Streifen. Kalte Tage sind ebenfalls weniger geeignet, da das Glas dann sehr spröde ist. Sollte man dennoch bei Kälte Fenster putzen, setzt man dem Putzwasser Alkohol zu.

Eine halbierte rohe Zwiebel im Wischwasser sorgt für glänzende Scheiben.

Flecken entfernen

Wer hat sich nicht schon über einen Rotweinfleck auf der neuen Tischdecke oder einen Fettfleck auf dem Hemd geärgert. Dabei lassen sich solche kleinen Malheure meist rasch beheben. Selbst bei Klebstoffresten oder Kerzenwachs findet man die dazu nötigen Hilfsmittel oft im eigenen Haushalt.

Universelles Fleckenwasser

250 ml Alkohol (90 %)
100 ml Salmiakgeist
10 ml Waschbenzin

Die Zutaten mischen und in eine fest verschließbare Flasche füllen. Außerhalb der Reichweite von Kindern aufbewahren.

Grundregeln

Nicht jeder Fleck verlangt die gleiche Behandlung. Effektive Entfernung hängt von der Fleckenart ab. Je frischer und feuchter der Fleck, desto leichter und vollständiger lässt er sich mit relativ einfachen Mitteln entfernen.

- Am häufigsten sind **wasserlösliche Flecken**. Frisch lassen sie sich durch normales Waschen entfernen.
- **Eiweißhaltige Flecken** dürfen nur mit kaltem oder lauwarmem Wasser behandelt werden.
- **Ältere Flecken** kann man gut mit einer Mischung aus 2 EL Wasser und 3 EL Essig behandeln und nach dem Trocknen ausspülen. Generell arbeitet man sich beim Fleck von außen nach innen vor. Heißes Wasser sollte man dabei meiden, da es den Fleck fixieren kann (vor allem wenn man nicht weiß, um was für einen Fleck es sich handelt). Um Fleckenrändern vorzubeugen, sollte man die nasse Stelle trocken föhnen.
- So gut es geht, schabt man **eingetrocknete Flecken** mit einem Löffel ab und weicht sie vor der Behandlung mit Glyzerin auf.

Auf frische Rotweinflecken sofort Salz streuen, danach etwas Mineralwasser, Weißwein oder Sekt auf den Fleck geben und anschließend waschen.

Flecken-ABC

- **Bierflecken** lassen sich leicht mit einer dünnen Seifenlösung entfernen, der etwas Salmiakgeist beigemischt wurde; anschließend klar nachspülen.
- Sofort sollte man **Blutflecken** auf Kleidungsstücken mit kaltem Wasser auswaschen – niemals mit heißem, da das Eiweiß sonst gerinnt und sich an der Faser festsetzt. Bei besonders hartnäckigen Flecken weicht man das Kleidungsstück in kaltem Salzwasser ein. Eingetrocknete Flecken werden ebenfalls in kaltem Wasser eingeweicht, aber zusätzlich noch mit Gallseife, Salz- oder Sodawasser behandelt. Empfindliche Materialien sprechen hingegen gut auf einen Brei aus Wasser und Kartoffelmehl oder Speisestärke an: aufstreichen, kurz einwirken lassen, abreiben und dann mit klarem Wasser gut nachspülen.
- **Brandflecken** auf waschbaren Stoffen mit kaltem Wasser abwaschen, mit Salz bestreuen und in der Sonne trocknen lassen. Sollte das nicht helfen, kann man das Textil in einer Sauerstoffbleiche einweichen (zuvor an unauffälliger Stelle prüfen), den Fleck vorsichtig abreiben und anschließend gut nachspülen. Brandflecken auf empfindlichen Stoffen sollte man vorsichtig mit verdünntem Essig behandeln.
- **Fettflecken** bestreut man gleich mit Stärkemehl, welches das Fett absorbiert. Danach wird das vollgesaugte Mehl ausgebürstet. Sofern es das Material zulässt, kann man Fettflecken auch mit heißem Wasser ausreiben – etwas Spülmittel dazu und das Fett wird zuverlässig gelöst. Ältere Fettflecken können mit heißer Sodalösung oder mit Gallseife bearbeitet werden. Bei empfindlichen Stoffen sollten Sie dem Fleck eher mit saugfähigem Papier und

Bügeleisen zu Leibe rücken: Dazu legt man Küchenpapier unter sowie über den Fleck und bügelt mit dementsprechend temperiertem Eisen darüber. Aus Wollstoffen entfernt man Fettflecken am besten, indem man sie mit etwas Mineralwasser und einem Frotteehandtuch ausreibt.

- Frische **Grasflecken** reibt man mit Gallseife ein. Man kann es auch mit Salmiakgeist oder etwas Brennspiritus versuchen, sollte aber die Empfindlichkeit des Stoffes vorher an unauffälliger Stelle testen. In einigen Fällen hilft es auch, wenn man eine halbierte Kartoffel auf den Grasfleck legt, da die Stärke den Fleck herauslöst. Sodann wie gewohnt in die Waschmaschine geben. Ältere Grasflecken in Weißwäsche weicht man vor dem Waschen mit einer Mischung aus Eiweiß und Glyzerin (1:1) ein.
- **Kaffeeflecken** auf Tischwäsche oder Kleidung weicht man, solange sie frisch sind, sofort in kaltem Salzwasser ein. Alte Flecken werden mit Glyzerin abgetupft und dann ausgewaschen bzw. bei Polstern oder Teppichen trocken getupft.
- Angetrocknete **Kakaoflecken** weicht man in warmer Milch ein. Mit enzymhaltigem Waschmittel waschen.
- **Kaugummiflecken** auf Kleidungsstücken sind ganz leicht zu entfernen: Einfach in einer Plastiktüte für einige Zeit in den Gefrierschrank legen. Später lässt sich der Kaugummi dann gut von der Kleidung abkratzen.
- **Klebstoffflecken** sollte man sofort entfernen. Da die Mittel dazu oft aggressiv sind – Lösungsmittel etwa greifen Kunstfasern an –, empfiehlt sich ein Test an unauffälliger Stelle. Klare Klebstoffflecken reagieren gut auf Kölnisch Wasser oder ölfreien Nagellackentferner, in anderen Fällen helfen Terpentin, Spiritus oder Feuerzeugbenzin.
- **Milchflecken** wäscht man zuerst mit kaltem Wasser aus und gibt die Wäsche dann in die Maschine. Nicht waschbare Textilien erst mit kaltem Wasser, dann mit Salmiakgeist und zuletzt mit lauwarmem Wasser abtupfen.
- **Obstflecken** bekommt man am besten in den Griff, wenn sie noch frisch sind. Man spannt das schmutzige Wäschestück über eine Schüssel und tröpfelt langsam sehr heißes Wasser darüber. Alternativ kann man es in warmer Buttermilch einweichen und danach wie üblich waschen. Mit Buttermilch beseitigt man übrigens auf wunderbar pflegende Weise auch hartnäckige Obstflecken auf den Händen. Eingetrocknete Obstflecken beträufelt man mit Zitronensaft und spült nach 30 Minuten nach. Hilft dies nicht, so kann man sie auch mit einer Salmiak- (2 EL Salmiakgeist auf 1 l Wasser) oder Glyzerinlösung (gleiche Teile Glyzerin/Wasser) behandeln.
- Bei älteren **Rotweinflecken** helfen Zitronensaft, Salmiak- oder Glyzerinlösung und eine anschließende Wäsche.
- **Schweißflecken** verschwinden nach einer Behandlung mit Essigwasser (2 EL Essig zu 3 EL Wasser) oder Salmiaklösung.
- Auswaschen mit lauwarmem Wasser reicht bei **Teeflecken** zunächst aus. Im Anschluss kann man sie in einer Sodalösung einweichen oder mit Zitronensaft behandeln: Dazu den verschmutzten Stoff über eine Schüssel legen, den Fleck mit Saft beträufeln und mit heißem Wasser begießen.
- **Wachsflecken** kratzt man ab und legt unter und über die Stelle saugfähiges Papier. Dann bügelt man so oft darüber, bis der Fleck vom Papier aufgesaugt ist. Wenn nötig, das Papier erneuern. Verfärbungen durch farbiges Wachs verschwinden nach Betupfen mit Brennspiritus.

Schokoflecken lässt man am besten fest werden und schabt sie dann ab. Danach das Textil in Seifenlauge 30 Minuten einweichen und anschließend mit einem enzymhaltigen Waschmittel waschen.

Fussböden pflegen

Die Pflege von Fußböden hängt ganz vom Material ab. Glatte versiegelte Fußböden erfordern weniger Aufwand als unversiegelte. Empfindliche Böden bedürfen besonderer Pflege, Reaktionen auf bestimmte Substanzen sollte man kennen. Daher ist es sinnvoll, bei der Reinigung und Pflege einige Besonderheiten zu beachten.

Fliesenböden

Nach der Trockenreinigung mit Besen, Handfeger oder Staubsauger wischt man Fußböden vom Raumende in Richtung Tür Stück für Stück. Dabei geht man in Schlangenlinien vor und hebt Lappen oder Wischmopp nicht vom Boden ab. Bei stark verschmutzten Böden sollte man das Wischwasser bei Bedarf erneuern.

- Für Fliesenböden eignen sich Schwammwischer besonders gut, da sich Fugen und **kleine Unebenheiten** mit ihnen besser reinigen lassen. Für **hartnäckige Verschmutzungen** verwendet man eine Scheuerbürste.
- Mit etwas Salmiakgeist im Wischwasser werden Steinböden am saubersten. Zudem verleiht diese Kombination matten Fliesenböden wieder **schönen Glanz**.
- Poröse Terrakotta- und unglasierte Natursteinfliesen sollten nach dem Verlegen sofort **mit Leinöl imprägniert** und erst nach 2 Wochen feucht gewischt werden. Vor allem in stärker beanspruchten Räumen wie im Eingangsbereich und in der Küche ist auch später eine solche Imprägnierung immer wieder sinnvoll.
- **Getränkeflecken** (z. B. Tee, Kaffee, Cola, Rotwein, Fruchtsaft und Tinte) auf porösen Fliesen verschwinden, wenn man sie mit einer Entfärberlösung aus dem Drogeriemarkt abtupft.

KRATZER IM HOLZ BEHANDELN

1 Nehmen Sie feine Stahlwolle zur Hand und reiben Sie den Kratzer damit vorsichtig ab, ohne das umliegende Holz zu beeinträchtigen.

2 Vermischen Sie etwas braune Schuhcreme mit Bohnerwachs.

3 Reiben Sie die Mischung auf dem Kratzer ein, bis sich die Farbe dem Boden angleicht.

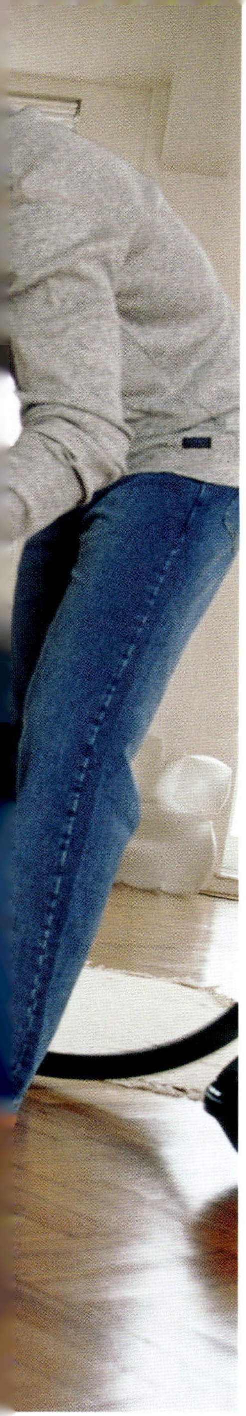

Bevor es ans Wischen des Parkettbodens geht, sollte der Boden von Staub und Flusen befreit werden.

Holzfußböden

Bei Holzböden ist etwas Vorsicht geboten, da sie aufquellen können, wenn man sie zu nass wischt. Außerdem kann bei zu heißem Wasser das Holz reißen und splittern.

- Bei **stärkeren Verschmutzungen und Streifen** auf versiegelten Holzböden fügt man dem Wischwasser einen Schuss Salmiakgeist bei.
- Wenn man Sand und Steine sofort enfernt, kann man **Beschädigungen vermeiden**.
- **Kratzer** im Holzboden beseitigt man mit Bohnerwachs und feiner Stahlwolle.
- Versiegelte Holzböden erhalten einen **matten Glanz** und eine **schöne Farbe**, wenn man sie mit kaltem schwarzem Tee wischt.
- Dem Wischwasser für gewachste Böden kann man hin und wieder 4 TL Möbelpolitur und 1 Glas Essig zugeben, um sich **häufiges Wachsen zu ersparen**.
- Geölte Holzböden kann man bei Bedarf mit einer warmen Sodalösung **scheuern**, danach mit klarem Wasser nachwischen und hin und wieder mit Leinölfirnis **neu einölen**.
- **Eingetretener Schmutz** wird bei Holzböden vorsichtig mit dem Messer abgeschabt, dabei immer in Richtung der Maserung arbeiten. Danach die Stelle mit Terpentinersatz abreiben, wachsen und mit einem feinen Tuch aufpolieren.

Andere Materialien

- **Laminatböden** werden lediglich gekehrt und nur leicht feucht gewischt, sonst quillt das Material auf.
- **Versiegelte Korkböden** werden feucht gewischt und trocken gerieben. Zweimal jährlich sparsam Wachs auftragen und hin und wieder blank bohnern. Mit Vinyl beschichtete Korkböden müssen nicht trocken gerieben werden.
- Zur Reinigung von **Schiefer- und Steinböden** nimmt man Wasser und Haushaltsreiniger. Aber Vorsicht, Soda im Putzmittel greift die Farbe an! Trägt man nach dem Wischen und Trocknen Zitronenöl auf, erstrahlen die Böden in neuem Glanz. Überschüssiges Öl mit einem trockenen Tuch entfernen. Steinfußböden schützt man am besten, indem man eine Zementversiegelung und Wachs aufbringt.
- **Polierte Kalksteinböden** sollte man mit einem Allzweckreiniger mit niedrigem pH-Wert reinigen, da der Boden sonst stumpf wird. Der Reiniger sollte zudem möglichst wenig Tenside enthalten (10–20 %) und höchstens 4 % Phosphate – denn beide sind nur schwer abbaubar.
- Natursteinbeläge wie **Marmor, Travertin, Solnhofener** und andere können sich unter säurehaltigen Reinigern auflösen. Daher sollte man hier bei der Fleckentfernung niemals Essig verwenden.
- **Linoleum** reinigt man am besten mit dem Wasser von abgekochten Kartoffeln.

Dieser Fransenwischmopp eignet sich hervorragend für schwer erreichbare Winkel und Ecken.

Gardinen und Vorhänge

Gardinen und Vorhänge bieten Sichtschutz nach außen, halten im Winter die Kälte fern und schützen im Sommer vor Hitze. Zudem sind sie auch noch sehr dekorativ. Sorgsame Pflege verlängert ihre Lebensdauer und lässt sie, ob weiß oder bunt, wunderbar strahlen.

Waschmittel für Gardinen

50 g Seife
10 l Wasser
4 EL Salmiakgeist
4 EL Terpentin

Man löst die Seife in heißem Wasser und rührt Salmiakgeist sowie Terpentin unter. Die Lösung über die in der Wanne glatt ausgelegten Gardinen geben und etwa 1 Stunde ziehen lassen. Ausspülen und trocknen lassen. Das Waschmittel ist besonders für empfindliche Gardinen geeignet.

Entstauben

- Gardinen und Vorhänge regelmäßig mit der Polsterdüse des Staubsaugers **absaugen**, dann müssen sie seltener gewaschen oder gereinigt werden.
- Vorhänge aus synthetischen Stoffen ziehen Staub an. **Kaltes Salzwasser** löst ihn wieder heraus.

Waschen

- Bei farbigen Gardinen verhindert **Einweichen in Salzwasser** das Ausbleichen und der Schmutz löst sich besser.
- Sehr empfindliche Gardinen sollte man in der Badewanne in reichlich Kernseifenlauge **von Hand waschen**.
- Will man Gardinen **in der Maschine waschen**, steckt man sie am besten in einen Kopfkissenbezug.
- Gardinen immer im **Schonwaschgang** mit reichlich Wasser waschen, dann knittern sie weniger.
- Von Hand gewaschene Vorhänge nur abtropfen lassen und **keinesfalls auswringen**. Damit sie schöner fallen, beschwert man die Gardinen nach dem Aufhängen an der Unterkante mit Wäscheklammern.
- Baumwollvorhänge nach der Wäsche möglichst noch **feucht dehnen,** da sie leicht einlaufen.
- Zum **Stärken der Gardine** gibt man eine Zucker-Wasser-Lösung (1:3) in den letzten Spülgang oder legt sie in Reiskochwasser ein.
- Ein paar Tropfen Parfüm oder auch ätherisches Öl im Weichspülgang sorgen für wunderbar **duftende Gardinen**.

Gilb bekämpfen

- Auch ohne chemische Bleichmittel werden **vergilbte Gardinen** wieder strahlend weiß, wenn man sie vor dem Waschen in einer Sodalösung (250 g auf 10 l) einweicht. Gibt man 1 Glas Cola, 2–3 Gebissreinigungstabletten oder Backpulver in den Waschgang, erfüllt das den gleichen Zweck.
- Das Allheilmittel Salz hilft auch hier: Einfach **von Rauch vergilbte Gardinen** über Nacht in eine Salzlösung (500 g Salz auf 10 l Wasser) einlegen, dann wie gewohnt waschen.
- Werden **ältere Gardinen** nicht mehr weiß, dann kann man schöne cremefarbene erhalten, indem man in den letzten Spülgang einen Aufguss von Lindenblütentee gibt. Die Farbintensität hängt davon ab, wie lange man den Tee ziehen lässt.

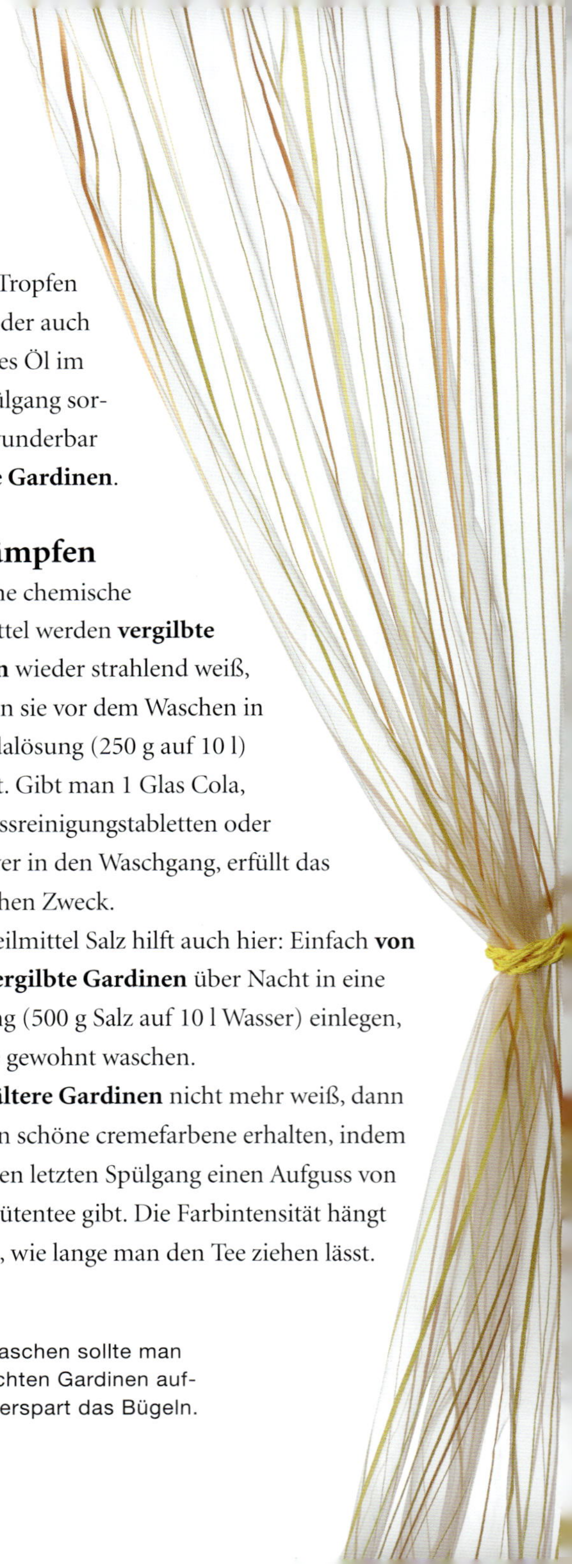

Nach dem Waschen sollte man die noch feuchten Gardinen aufhängen, das erspart das Bügeln.

Gerüche bekämpfen

Unangenehme Gerüche entstehen im Haushalt meist beim Kochen, bei längerer Lagerung von Lebensmitteln und im Badbereich. Doch auch der Besuch eines Rauchers oder oft getragene Turnschuhe stellen so manche Geruchsnerven auf die Probe. Zum Glück helfen dagegen schon einfachste Mittel.

Um zu vermeiden, dass kochende Milch überläuft, fettet man den oberen Topfrand mit Butter ein.

Rund ums Kochen

Viele Gerüche entstehen in der Küche. Zunächst sollte man ausgiebig lüften. Mit ein paar Tricks kann man außerdem hartnäckigsten Gerüchen zu Leibe rücken. Die meisten lassen sich schon während des Kochvorgangs eindämmen.

- **Gerüche** kann man **überdecken**, wenn man in einem kleinen Topf Wasser mit etwas Zimt kocht.
- Man spannt ein mit Essig getränktes Geschirrtuch über den Kochtopf, in dem z. B. gerade **Fisch** gart.
- Bei **Kohl** hat es sich sehr bewährt, eine Brotkruste mit in den Kochtopf zu geben, bei **Blumenkohl** eine halbe Zitrone.
- **Übergelaufene Milch** bestreut man mit Salz und verhindert damit jedes weitere Überkochen.
- **Nach dem Kochen** bekämpft man Essengeruch, indem man die erhitzten Kochplatten kurz mit Essig befeuchtet, etwas Kaffeepulver auf die Platten gibt oder Essig in Wasser aufkocht. Nelken und Zimtstangen, in Alufolie auf die noch warme Kochplatte gelegt, helfen ebenso.

In Küchenschränken und -geräten

- Muffige Gerüche **in Küchenschränken** bekämpft man, indem man sie mit Essigwasser auswäscht. Man kann zusätzlich noch den Kaffeesatzbeutel aus der Kaffeemaschine hineinlegen. Der Kaffee neutralisiert jeden Restgeruch.
- Auch **im Backofen** wirkt Essig Wunder: Einfach eine mit Essig gefüllte Schale hineinstellen. Sehr effektiv sind zudem Orangenschalen, die man in den noch warmen Backofen legt. Will man den Geruch schnell entfernen, kann man den Backofen alternativ mit einer halben Zitrone ausreiben.
- **Im Kühlschrank** vermeidet man unangenehme Gerüche, indem man Lebensmittel immer getrennt verpackt und Schüsseln gut abdeckt. Riecht es dennoch einmal unangenehm, helfen eine Schale mit Essig, ein halber Apfel oder etwas Natron in einem Säckchen oder auf dem Teller.
- Wenn man den Boden seines **Geschirrspülers** mit Natron bestreut, lassen sich unangenehme Gerüche beim nächsten Spülgang beseitigen. Ebenso wirkungsvoll ist es, wenn dem Spülgang einige Tropfen Orangenölkonzentrat zugefügt werden.
- **Holzbrettchen**, auf denen Zwiebeln oder Knoblauch geschnitten wurden, reibt man mit einer Zitronenhälfte ab, ebenso die Hände.
- Muffiger Geruch in **Ton- und Steinguttöpfen** verschwindet durch Ausspülen mit heißem Essig.
- **Thermoskannen** riechen wieder frisch, wenn man nach dem Spülen heißes Wasser einfüllt und mit etwas Backpulver einwirken lässt.

Für guten Duft in Wohnräumen brennt man getrocknete Orangenschalen ab.

- Gammeligen Geruch aus dem **Abfalleimer** vertreibt man durch Zugeben von Zitrusschalen oder Natron.

Geruchsbildung im Bad

- Gegen **muffigen Geruch** im Bad hilft das Abbrennen von Streichhölzern oder das Anzünden einer Kerze. Ein Potpourri aus intensiv duftenden Kräutern und Gewürzen wie Zimt, Rosmarin, Thymian, Nelken oder Lavendel übertüncht Gerüche ebenso.
- Damit die **Toilettenbürste** nicht unangenehm riecht, gibt man einen Schuss Toilettenreiniger oder Essigwasser in den Boden des Bürstenhalters.
- **Handtücher und Waschlappen** immer trocknen lassen und häufig wechseln, damit sie nicht muffig riechen.

Tabakgeruch

- **Zigarettenqualm** lässt sich mit Essig bekämpfen. Man kocht den Essig auf und füllt ihn nach dem Abkühlen in dekorative Fläschchen oder Schalen um, die man in der Wohnung verteilt. Gegen besonders hartnäckigen Tabakgeruch hilft Ammoniaksalz mit Lavendelessenz.
- **Aschenbecher** sollte man ebenfalls mit einer Essiglösung ausspülen. Starke Raucher sollten etwas Kaffeepulver oder Vogelsand in den Aschenbecher geben, da dies den Geruch der kalten Asche bindet.

Kleidung

- Für guten Geruch **im Kleiderschrank** sorgen ein Stück Seife, ein Säckchen mit Lavendelblüten, Zedernholzspänen oder etwas Kaffeepulver.
- **Mäntel und Jacken** auf dem Balkon auslüften, bevor man sie wieder in den Schrank hängt.
- **Muffelnde Turnschuhe** kennt vermutlich jeder, doch es gibt ein einfaches Gegenmittel: Ein Päckchen Backpulver in die Schuhe streuen, über Nacht stehen lassen und dann aussaugen. Bei starken Schweißfüßen sollte man seine Schuhe regelmäßig wechseln und sie nach jedem Tragen mit Katzenstreu füllen. Es bindet den Geruch und entzieht dem Schuh die Feuchtigkeit.

Sonstige Gerüche

- **Muffiger Geruch** verschwindet, wenn man ein Lorbeerblatt abbrennt, Schalen von Zitrusfrüchten auf warme Heizkörper legt oder eine Vanilleschote aufhängt.
- Wenn die **Staubsaugerabluft** schlecht riecht, einfach nach jedem Beutelwechsel einige Lavendelblüten, Pfefferminzblätter oder etwas Vanillezucker aufsaugen oder Parfüm oder Duftöl auf einem Wattebausch in den Beutel geben.
- Mischt man etwas Natron unter die **Streu von Kleinhaustieren**, nimmt das die Gerüche auf.
- Gibt man ein Stück Holzkohle ins **Blumenwasser**, fängt es nicht an zu riechen.
- Aus **Plastikdosen** verschwindet muffiger Geruch, wenn man sie nach dem Spülen mit zusammengeknülltem Zeitungspapier oder mit Kaffeesatz gefüllt über Nacht ins Gefrierfach legt.
- **Medikamentengeruch** neutralisiert man mit Essigwasser, das man in Schalen aufstellt.
- Muffig riechende **Lederkoffer** wischt man mit Essig aus und stellt sie einige Tage geöffnet an die frische Luft.

Spartipp

Die Spülmaschine duftet wieder frisch, wenn Sie eine Zitrusfrucht oder deren Schale mit in die Maschine geben. Nach dem Spülgang entfernen. So ist kein teures Spülmaschinendeo nötig.

Lavendel riecht nicht nur angenehm, sondern hält auch Motten vom Schrank fern.

Geschirr spülen

In kaum einem Haushalt fehlt heute mehr die Spülmaschine – und doch empfiehlt es sich immer noch, zum Spülschwamm zu greifen, etwa bei wertvollem Besteck und empfindlichem Prozellan oder wenn besondere Verschmutzungen Handarbeit erfordern.

Für ein gutes Spülergebnis muss das Spülwasser immer sauber sein. Sobald es trübe ist, sollte es erneuert werden.

In die Spülmaschine sollte man nur Geschirr geben, das vom Hersteller als spülmaschinenfest gekennzeichnet ist. Holzbretter und -besteck gehören nicht in die Maschine, denn sie vertragen die Hitze nicht, werden stumpf und laugen aus. Auch stark verschmutztes Kochgeschirr spült man besser von Hand. Es benötigt nicht nur viel Platz, sondern erfordert zudem auch den aufwendigeren vollen Spülgang.

Vor dem Abwasch

- Vor dem Abspülen weicht man **angetrocknete Reste** ein. Fettige Rückstände reagieren gut auf heißes Wasser, eiweiß- und kohlenhydrathaltige Reste eher auf kaltes.
- Bei **empfindlichem Porzellan** hat es sich bewährt, das Becken mit einem Frotteetuch auszulegen.
- **Lippenstiftspuren** reibt man vor dem Spülen mit Salz ab, dann lassen sie sich leichter abwaschen.

Abspülen von Hand

- Zum Abspülen von Hand benötigt man ein Tuch und einen **Spülschwamm,** die man **häufig wechseln** oder bei 60 °C waschen sollte, da sich gern Keime darin festsetzen.
- **Die richtige Reihenfolge** ist entscheidend, daher zuerst die Gläser, dann Teller, Platten und Schüsseln, schließlich das Besteck und zuletzt das Kochgeschirr abwaschen – dabei fettfreies vor fettigem Geschirr spülen.
- Zum **Nachspülen** füllt man ein zweites Becken mit klarem Wasser gleicher Temperatur; die Glasur von Steingutgeschirr ist sehr temperaturempfindlich.
- **Glasierte und unglasierte Töpferware** immer von Hand reinigen und auf Spülmittel möglichst verzichten.
- Altes **wertvolles Porzellan** befreit man sofort von Essensresten und spült die Teile am besten einzeln in lauwarmem Wasser.
- **Porzellan mit Goldrand** darf niemals mit Soda oder scharfen Mitteln gespült werden.
- Besondere Vorsicht muss man bei **Besteckgriffen** aus Holz, Bein oder Elfenbein walten lassen: Die Metallteile vorsichtig mit einem feuchten Schwamm reinigen, die Griffe dabei nicht ins Wasser tauchen. Mit den Griffen nach oben ins Abtropfkörbchen geben.

Flecken auf Porzellan entfernen

- Um **Teeflecken oder -ränder** aus Tassen zu entfernen, mischt man in der Tasse heißes Wasser mit etwas Backpulver, lässt dies ein wenig einwirken und wischt dann gut aus.

Spülmittel

80 g Schmierseife
80 ml destilliertes Wasser
Saft von 1/2 Zitrone

Die Zutaten gut verrühren und in ein Schraubglas gießen. 1 TL davon ins gefüllte Spülbecken geben. Bei einer Wassertemperatur von 50 °C löst sich Fett besonders gut.

Das Geschirr erhält einen strahlend schönen Glanz, wenn man dem letzten Spülwasser einen Schuss Essig zusetzt.

PORZELLAN KITTEN

1 Porzellan- oder dickflüssigen Sekundenkleber sowie Wäscheklammern oder Modelliermasse zum Fixieren der Porzellanteile bereitlegen.

2 Die zerbrochenen Porzellanteile reinigen und die Klebestellen mit einem fusselfreien Lappen säubern und gut trocknen lassen.

3 Klebstoff sehr dünn auf die jeweiligen Flächen auftragen.

4 Die Porzellanteile vorsichtig aneinandersetzen und festdrücken, nach Bedarf mit Klammern oder Modelliermasse in Position halten. Danach den Gegenstand nur noch von Hand spülen.

- **Leichte Kalkränder** lassen sich mit feuchtem Spülschwamm und Zitronensäure schnell abreiben.
- **Hartnäckige Kalkränder** müssen aufgelöst werden. Dazu etwas Zitronensäure und heißes Wasser in das Gefäß geben und 1 Stunde einwirken lassen. Bei Bedarf wiederholen.
- Mit einer Paste aus Essigessenz und Salz reibt man **braune Flecken** auf der Teekanne ab.
- Auch mit Salz, einer Mixtur aus Salz und Essig oder mit Zitronensaft lassen sich **Verfärbungen** abreiben.
- **Nikotinflecken** verschwinden, wenn man einen angefeuchteten Korken in Salz taucht und sie damit abreibt.

Kannen säubern

- Teekannen nie in Seifenlösung oder im Geschirrspüler waschen, einfach nur **heißes Wasser** verwenden. Der Gerbstoffbelag verstärkt auf positive Weise das Teearoma.
- Will man den Gerbstoffbelag trotzdem entfernen, so kann man **Essig** in die Kanne geben, ihn etwas einwirken lassen und dann gründlich nachspülen. Oder man tupft ein feuchtes Tuch in **Natron** und wischt die Kanne damit aus, anschließend ebenfalls gut nachspülen. Mit feiner **Stahlwolle** und Wasser lässt sich der Belag auch rein mechanisch entfernen. Die Reste werden ausgespült.
- Kaffeekannen kann man reingen, indem man sie mit einer Handvoll **Reiskörner** und Spülwasser füllt. Die verschlossene Kanne so lange gut durchschütteln, bis alle Rückstände entfernt sind. Nach dem Entleeren ausspülen.
- Bei hartnäckigen Kalkablagerungen kann man in der Kanne auch eine **Reinigungstablette** für Zahnprothesen in lauwarmem Wasser auflösen.
- Den Kannenhals gegebenenfalls nur mit einer neuen **Pfeifenbürste** reinigen, das ist völlig ausreichend.
- Um Thermoskannen zu reinigen, mischt man **heißes Wasser mit Backpulver oder Natron**, füllt es in die Kanne und lässt es einwirken. Das beseitigt zugleich auch Gerüche. Anschließend spült man die Kanne aus.

Nach dem Spülen

- Geschirr trocknet am besten an der Luft. Damit das Spülwasser ablaufen kann, stellt man das Geschirr aufrecht in einen **Abtropfkorb**. Bei Edelstahlbesteck ist darauf zu achten, dass die Griffe unten sind.
- Das Geschirr noch **warm abtrocknen**, damit vermeidet man Kalkflecken und das Geschirr glänzt schön.
- **Geschirrtücher** sollten aus saugfähigem Material, am besten aus Baumwolle oder Halbleinen, sein. Neue Tücher werden erst nach mehrmaligem Waschen saugfähig.
- Um altes oder wertvolles Porzellan zu schützen, legt man **Küchenpapier zwischen die Teller**, bevor man sie im Schrank stapelt.
- **Thermoskannen** lässt man innen gut trocknen und bewahrt sie bei geöffnetem Verschluss auf.

GLASWAREN

Gläser und Kristall wirken nur schön, wenn sie strahlend glänzen. Da sie aber meist sehr empfindlich sind, muss man sorgsam mit ihnen umgehen und bei Pflege und Aufbewahrung einige Regeln beachten. Grauschleier oder unschöne Ränder an Karaffen und Vasen gehören dann der Vergangenheit an.

Blinde Gläser bekommt man wieder klar und glänzend, wenn man sie mit Zitronenscheiben abreibt.

Gläserpflege leicht gemacht

Hochwertige Gläser oder solche mit langen Stielen erfordern sorgfältige Pflege. Am schonendsten ist das Handspülen, wenn man einige Regeln beachtet.

- Damit **empfindliche Teile** beim Spülen nicht anschlagen, legt man ein Geschirrtuch in das Spülbecken.
- **Lippenstiftspuren** entfernt man mit Kochsalz, bevor man die Gläser ins Spülwasser legt.
- **Trübes Glas** wird wieder klar, wenn man es in eine Salmiaklösung einlegt und anschließend gut abspült.
- Als **natürliche Glanzmittel** eignen sich ein Schuss Essig oder Zitronenschalen, die man dem Spülwasser beifügt.
- Kalte Gläser **nur in lauwarmes Wasser** geben, damit sie nicht springen. Kristallgläser verlieren durch zu heißes Wasser außerdem ihren Glanz; Gläser mit Gold- oder Silberrand leiden ebenfalls darunter.
- Damit **Stielgläser** nicht springen, legt man sie seitlich und nicht mit dem Fuß zuerst ins Spülwasser.
- Mit Goldrand verzierte oder bemalte Gläser nicht zu lange im Wasser liegen lassen, damit sich der **Dekor** nicht löst.
- Spülmittelreste verändern nicht nur den Geschmack, sie verderben auch das Perlen von Schaumwein und die Blume beim Bier. Daher **Bier-, Wein- und Sektgläser** unbedingt gut mit warmem, klarem Wasser ausspülen.
- Für **fusselfreies Abtrocknen** von Gläsern eignen sich Tücher aus Halbleinen am besten.
- Zum **Gläserpolieren** rührt man eine dünne Paste aus Backpulver und Wasser an und reibt die Gläser damit ab. Dann gut abspülen und mit weichem Tuch aufpolieren.
- Weingläser sollte man immer **aufrecht aufbewahren** und nicht auf den Kopf stellen, da sie sonst rasch muffig riechen und zudem die Glasränder leicht beschädigt werden können.

Vasen und Karaffen strahlend sauber

- Damit es seinen Glanz behält, wird **Kristall** nur lauwarm mit Spülmittel gewaschen. Danach abspülen und mit weichem Tuch abtrocknen.
- **Enghalsige Glasgefäße** reinigt man mit einer Flaschenbürste, die zuvor in Essigwasser getaucht wurde.
- **Nicht erreichbare Schmutzstellen** im Gefäß beseitigt man mit zerkleinerten Eierschalen und Zitronensaft. Zwei Tage stehen lassen, ab und zu schwenken, dann ausspülen.
- Gegen **Grünalgenbelag** gibt man eine Handvoll schwarzer Teeblätter in die Vase und begießt sie mit Essig. Die Vase dann so lange schwenken, bis der Belag verschwindet.
- **Bleikristallvasen** sollte man nach dem Spülen mit einem Fensterleder polieren.

MITTEL GEGEN TRÜB GEWORDENE GLASVASEN

Bei stärkerer Verschmutzung oder Eintrübung hilft eine Salmiaklösung aus

1 l Wasser
3 EL Salmiakgeist
1 TL Pottasche.

Wasser und Salmiakgeist mischen. Pottasche unterrühren. In die Vase geben. Einige Stunden einwirken lassen und hin und wieder schwenken. Ausleeren und mit klarem Wasser ausspülen.

Traditionelle Reinigungsmittel

Regalweise findet man heute im Supermarkt Reinigungs- und Waschsubstanzen. Im Vergleich dazu kam man früher im Haushalt mit einigen wenigen Mitteln aus, die auch heute noch bewährt sind.

Alle im Buch aufgeführten Mittel sind in der Apotheke oder Drogerie erhältlich. Meist kann man Mischungen oder Lösungen selbst herstellen. Tragen Sie am besten Handschuhe und Mundschutz, wenn Sie mit Salmiak, Talkum oder Terpentinprodukten arbeiten. Unbedingt vermeiden: Verschlucken, Einatmen oder Aufnahme über die Haut. Alle Reinigungsmittel sollte man außerhalb der Reichweite von Kindern aufbewahren und regelmäßig die Haltbarkeit kontrollieren.

Glyzerin

Dieser farb- und geruchlose, eher zähflüssige Alkohol wird auch Glycerol oder Propantriol genannt. Glyzerin wird in der Medizin, Kosmetik und in der Lebensmittelindustrie verwendet. Mit Glyzerin eingeriebene Fensterscheiben frieren nicht zu. Im Haushalt setzt man es vor allem zum Einweichen alter Flecken ein.

Kernseife

Kernseife ist eine neutrale, geruchslose Natronseife, die aus tierischen Fettsäuren und Natronlauge unter Verwendung von Kochsalz hergestellt wird. Sie zählt zu den ältesten Seifenprodukten. Kernseife greift die Haut kaum an. Das duft- und farbstofffreie Produkt kann kosmetisch und im Haushalt als Reinigungsmittel verwendet werden.

Salmiak

Salmiak oder Ammoniumchlorid ist das Ammoniumsalz der Salzsäure und ein kristalliner Feststoff. Im

Spartipp

Ein Brei aus Schlämmkreide und Spiritus (1:1) ergibt ein preiswertes Putzmittel für Silber.

Handel findet man meist die wässrige Lösung Salmiakgeist (Ammoniakwasser, 5%ige Lösung von Ammoniak in Wasser). Auch im Haushalt verwendet man Salmiakgeist, vor allem zur Fleckenbeseitigung oder zur Bekämpfung von Schimmel und Schädlingen. Achtung bei der Anwendung; die Lösung ist ätzend.

Schlämmkreide (Kalziumkarbonat)

Hierbei handelt es sich um durch Schlämmen in Wasser gereinigte Kreide in Pulverform, die z. B. als Poliermittel in Zahnpasta enthalten ist. Das sehr preiswerte Allroundmittel zur Reinigung von Möbeln, Fliesen, Waschbecken, Edelstahl, Marmor, weißen Schuhen sowie zur Fleckenbekämpfung kommt auch im Wiener Kalk (Kalzium-Magnesium-Karbonat) vor.

Talkum

Das mattweiß glänzende Magnesiumsilikathydrat ist das weichste Mineral. Es fühlt sich seifig oder fettig an und wird daher auch Speckstein genannt. Als fein gemahlener Füllstoff wird Talkum in der Papier- und Zellstoffindustrie, der Farben- und Lackindustrie sowie bei der Produktion von Gummi, Kunststoffen und Keramik genutzt. Auch in der Pharmaindustrie sowie bei der Lebensmittelproduktion findet es Verwendung. In gemahlener Form wird es als Körperpuder, aber auch als Grundlage für Schminke verwendet. Im Haushalt leistet es als besonders schonendes Scheuermittel oder als Schneiderkreide gute Dienste. Man pflegt damit Gummidichtungen und lässt knarrende Holzdielen oder Stufen verstummen. Talkumpuder darf man nicht einatmen, da er heftige Entzündungen in den Atemwegen hervorruft.

Terpentinöl

Terpentin, auch Balsamöl oder Kiefernöl genannt, ist ein Gemisch aus Harz und ätherischem Öl verschiedener Kiefernarten. Durch Destillation wird aus Terpentin Terpentinöl gewonnen, das eine besonders gute fettlösende Wirkung aufweist. Die farblose bis gelbliche, eher cremige Flüssigkeit findet im Haushalt vielerlei Verwendung, u. a. als Bohnerwachs, Schuhcreme oder als effektives Lösungsmittel bei der Fleckentfernung. Terpentinprodukte nicht im Abwasser entsorgen.

Kleidung ausbessern

Früher wurde Kleidung penibelst instand gehalten, denn sie war sehr teuer und musste daher lange halten. Auch heute sollte man sich zu helfen wissen, wenn es darum geht, Knöpfe anzunähen, Flicken aufzusetzen, Löcher zu stopfen oder einen Saum anzunähen.

Wenn sich ein Knopf löst oder der Saum aufgeht, dann greift man am besten schnell zu Nadel und Faden.

Der Nähkorb

Um seine Kleidung auszubessern, braucht man keinen großen Nähkorb, die wichtigste Ausstattung passt in einen alten Schuhkarton oder eine Keksdose.

- **Näh- und Stopfnadeln** in verschiedener Stärke bewahrt man in einem Nadelkissen oder einem Stück **Seife** auf. Seife lässt die Nadeln gut durch dicke, feste Stoffe stechen.
- Besonders praktisch ist auch ein **Magnet als Nadelkissen**, mit ihm kann man verlorene Nadeln leicht aufsammeln.
- **Steck- und Sicherheitsnadeln** finden ihren Platz in einer kleinen Streichholzschachtel.
- Außerdem benötigt man **Nähseiden, Näh- und Stopfgarn** in verschiedenen gängigen Farben und für robustere Stoffe eventuell Zwirn.
- **Fingerhut, Stopfpilz, Nahttrenner und Schere** ergänzen die Ausrüstung. Nützlich ist auch eine **Einfädelhilfe**.
- Im Lauf der Zeit sammeln sich **Knöpfe** im Nähkorb an und man verliert rasch die Übersicht: Das Auffädeln von Knöpfen gleicher Farbe erleichtert die Suche. Reserveknöpfe von Kleidungsstücken archiviert man am besten in entsprechend beschrifteten Klarsichttüten.

Flicken aufsetzen

- Sehr praktisch sind **aufbügelbare Flicken**, bei denen sich beim Bügeln der Klebstoff mit dem Stoffgewebe verbindet.
- Bei **dehnbaren Stoffen** muss man die aufbügelbaren Flicken immer am Rand von Hand nachnähen.
- Löcher in **Stricksachen** muss man vor dem Aufsetzen des Flickens einsäumen, damit sie sich nicht vergrößern.
- Bei durchgewetzten **Jeans** bietet es sich an, ein Stück einer bereits aussortierten Hose von innen gegenzunähen.
- Bei **robusten Stoffen** wie Jeans kann man die Flicken auch mithilfe der Nähmaschine aufsetzen.

Knöpfe und Knopflöcher

Auch bei neu gekaufter Kleidung kann sich ein Knopf lockern. Bevor er verloren geht und man womöglich keinen passenden neuen findet, sollte man ihn lieber gleich richtig annähen.

- Damit beim **Abtrennen** der Stoff nicht beschädigt wird, schiebt man einen Kamm zwischen Stoff und Knopf. Anschließend werden Fadenreste entfernt.
- Durch Einreiben mit Kerzenwachs kann man den **Faden stabilisieren**.
- Einen **Knopf mit vier Löchern** näht man möglichst über Kreuz mit zwei Fäden an. Wenn einer reißt, sitzt der Knopf noch durch den zweiten Faden fest.
- Als **Abstandhalter** zwischen Knopf und Stoff dient ein Zündholz. Ist der Knopf festgenäht, zieht man das Zündholz heraus. Man befestigt den **Steg**, indem man ihn mit dem Nähfaden besonders oft umwickelt. Das Fadenende links mit ein paar Stichen vernähen.

- Das **Ausreißen von Stoff an der Knopfleiste**, insbesondere bei Mänteln, wird verhindert, indem man beim Knopfannähen zugleich einen kleinen flachen Knopf auf der Innenseite gegennäht.
- Ein ausgeleiertes oder **zu großes Knopfloch** näht man von der linken Stoffseite zur Mitte hin mit ein paar Stichen so weit zu, dass der Knopf gerade hindurchpasst. Die Fadenenden links vernähen.

Säume nähen

Soll ein Saum gekürzt und festgenäht werden, geht man am besten wie folgt vor:

- Den eingeschlagenen Saum zunächst mit dem Bügeleisen plätten und **mit Stecknadeln fixieren**.
- Nun den umgeschlagenen Innenrand des Saumes im **Hexenstich** von links nach rechts an den Oberstoff nähen.
- Indem Sie **nur einzelne Fäden auffassen**, bleiben die Stiche auf der rechten Seite des Stoffes unsichtbar.
- Damit der Saum flexibel bleibt und nicht sofort wieder reißt, dürfen Sie die **Saumstiche nicht fest anziehen**.
- Abschließend mit dem Bügeleisen und einem feuchten Tuch **den Saum dämpfen**.

Hosensäume vor Abnutzung bewahren

Stoßbänder zum Aufbügeln sind meist recht steif und das Ergebnis ist unbefriedigend. Um Säume hochwertiger Hosen vor Abnutzung zu schützen, näht man ein Stoßband folgendermaßen an:

- Für ein Stoßband am Hosensaum die gewünschte Länge abmessen und **den Umschlag bügeln**.
- Dann das **Stoßband** mit der Maschine so **entlang der Bügelkante annähen**, dass es 1 mm am Saum vorsteht.
- Nun den **Umschlag** wie jeden anderen Saum **von Hand annähen**.

Schnelle Hilfe

- Für **leichtes Einfädeln** sprüht man das Fadenende mit Haarspray ein.
- Mit transparentem Nagellack oder etwas Klebstoff kann man **Laufmaschen** zwar stoppen, sie sind dann aber nicht mehr fachmännisch zu reparieren; daher sollte man nur im Ernstfall zu dieser Lösung greifen. Unterwegs kann man es auch mit angefeuchteter Seife versuchen.
- **Schwer gängige Reißverschlüsse** laufen wieder leicht, wenn man sie mit Bienenwachs einreibt.
- **Gebrauchte Reißverschlüsse** mit Stärke besprühen und glatt bügeln, dann lassen sie sich leicht wieder einnähen.
- Ein **Druckknopf schließt wieder besser**, wenn man mit einem Hammer leicht auf den Kopf im Oberteil schlägt.
- **Gummibänder ersetzen** geht ganz leicht: Das neue Band wird mit einer Sicherheitsnadel am alten befestigt. Zieht man das alte heraus, wird zugleich das neue eingezogen.
- Ein **Faden wird haltbarer**, wenn man ihn mit Paraffin oder mit Wachs einreibt.
- Wenn man keinen Faden im passenden Farbton hat, wählt man eine Nuance dunkler als das Original – **nie einen helleren Faden verwenden**.
- Aus Schnürsenkeln lassen sich ausgezeichnete **Aufhänger für schwere Jacken** machen. Man schneidet sie in passender Länge zu und befestigt sie mit Zwirn innen am Kragen.

STOPFEN – SO GEHT'S

1 Man sticht oberhalb und unterhalb des Loches jeweils in die erste unversehrte Masche und bildet möglichst parallele Längsfäden.

2 Die Längsfäden verwebt man durch parallele Querfäden. Dabei führt man die Nadel abwechselnd über und unter den Längsfäden durch.

Kochgeschirr pflegen

Töpfe und Pfannen gibt es heute in riesiger Auswahl aus den unterschiedlichsten Materialien. Umso wichtiger ist es für die Kaufentscheidung, die Vor- und Nachteile in der Verwendung und bei der Pflege der Materialien zu kennen.

Gusseisen entrosten

Haben sich trotz pfleglicher Behandlung an gusseisernem Geschirr Rostflecken gebildet, bekommen Sie diese mit Zitronenlösung in den Griff:

1 EL Zitronensäure

500 ml Wasser

miteinander vermengen. Eine Bürste hineintauchen und dann die Rostflecken damit bearbeiten. Danach das Geschirr wie gewohnt pflegen.

Allgemeine Pflegehinweise

- **Kein Metallbesteck** zum Kochen verwenden, da dies Oberflächen beschädigen kann.
- Schmutziges Kochgeschirr wird mit normalem Spülmittel und Wasser, mit **Spülschwamm oder Spülbürste** gesäubert. Bei manchem Email und Edelstahl kann man bei starker Verschmutzung **Stahlwolle** zu Hilfe nehmen.
- Angetrocknete und vor allem angebrannte Speisereste kann man mit Wasser und etwas Salz **über Nacht einweichen**. Die Mischung aufkochen, die Schmutzschicht nach dem Abkühlen auswischen und klar nachspülen.
- **Besondere Vorsicht** ist bei Geschirr mit Holzgriffen geboten, denn sie quellen beim Einweichen auf.

Aluminiumtöpfe

Wegen ihres geringen Gewichts werden Töpfe aus Aluminium oft beim Campen verwendet. Auf einige Besonderheiten sollte man allerdings achten.

- Nie in der Spülmaschine oder mit Soda reinigen. Verschmutzungen mit **Seifenlauge und Stahlwolle** entfernen.
- Aluminium wird blank, wenn man **Spinatabfälle oder Rhabarber einige Minuten darin auskocht**. Die Obst- oder Gemüsereste keinesfalls verzehren – Aluminium bildet mit Fruchtsäure gesundheitsschädliche Verbindungen. Deshalb eignen sich Aluminiumtöpfe nicht zum Kochen von Gemüse oder Obst.
- Grundsätzlich Aluminiumtöpfe **nicht zu lange einweichen und keine Speisen darin aufbewahren**, da das zu unschönen Verfärbungen und Lochfraß führen kann.

Emailtöpfe

- Vor der ersten Verwendung sollten die Töpfe mit einer **Essig-Salz-Lösung** (50 g Salz, 2 EL Essig, 1 l Wasser) 1 Stunde ausgekocht werden, um ihre Widerstandsfähigkeit zu erhöhen. Schadhafte Emailüberzüge können gesundheitsschädliche Schwermetalle freisetzen.
- In noch heißes Emailgeschirr **nie kaltes Wasser** gießen, da das Email sonst springt.
- Verfärbte Emailtöpfe kann man über Nacht in eine **hochkonzentrierte Sodalösung** tauchen. Auch durch das Auskochen von Rhabarberschalen werden Ablagerungen beseitigt (kein Verzehr!). Anschließend gut ausspülen.

Kochgeschirr aus Edelstahl

- Sofort **nach dem Kochen ausspülen**, da Kochsalz die Oberfläche angreifen kann.
- Edelstahl glänzt wie neu, wenn man ein Päckchen **Backpulver** in Wasser auflöst und das Geschirr damit auskocht.

Bewahren Sie Stahlwolle vor Rost, indem Sie sie nach Gebrauch in Alufolie wickeln.

- Flecken und kleinere Kratzer reibt man mit einer **Paste aus 1 EL Schmierseife und 1 EL Schlämmkreide** vom angefeuchteten Geschirr ab. Mit kaltem Wasser spülen und nachpolieren.

Gusseiserne Töpfe oder Pfannen

- Gusseisernes **vor dem ersten Gebrauch einbraten**: Töpfe reinigen, mit Öl einreiben und 5 Minuten im Backofen (höchste Stufe) erhitzen. In Pfannen gibt man 1–2 EL Öl und erwärmt sie auf der Kochstelle, bis das Öl raucht. Nach dem Abkühlen mit Küchenpapier ausreiben.

Wer beim Kauf von Geschirr auf Qualität achtet, spart nicht nur auf lange Sicht, sondern erzielt auch bessere Kochergebnisse.

- Nach Gebrauch **in warmem Spülwasser reinigen**. Sofort abtrocknen und mit etwas Speiseöl einreiben.
- **Aufbewahrung an einem trockenen Ort** ist ein absolutes Muss, damit das Geschirr nicht rostet.

Kupfergeschirr

- Neues Geschirr taucht man **in kochendes Wasser** und lässt es darin abkühlen.
- Angelaufene Stellen reibt man mit einer **halbierten Zitrone und etwas Salz** blank.
- Blank bekommt man Kupfer auch mit einem Brei aus **Essig und Salz**: 30 Minuten einwirken lassen, mit kaltem Wasser abspülen und mit einem Ledertuch trocknen.

Beschichtete Pfannen und Töpfe

Sie zerkratzen leicht, daher darf man auf keinen Fall Metallbesteck zum Kochen verwenden.

- **Lauwarm spülen** und mit ganz wenig Öl ausreiben.
- Um eingetrocknete Reste zu lösen, kocht man 3 EL **Backpulver** in 150 ml **Wasser** in der Pfanne auf, schüttet die Flüssigkeit ab und wischt die Schmutzreste aus.
- Legt man zum Aufbewahren **Küchenpapier zwischen die Pfannen**, vermeidet man Kratzer.

Wasserkessel

- Kalkbeläge haben keine Chance, wenn man den Kessel je zur Hälfte mit **Wasser und Essig** füllt und den Inhalt aufkocht. Einige Stunden einwirken lassen, gut nachspülen.
- Man kann Verkalkungen vermeiden, wenn man einen **Kieselstein oder ein Stück Marmor** in den Kessel legt.

Gut zu wissen

Dem Einbrennen vorbeugen

Am besten lassen sich Töpfe und Pfannen vor Einbrennspuren bewahren, indem man sie nach jeder Reinigung leicht mit Öl und Salz einreibt und mit Küchenpapier auswischt. So backen Lebensmittel nicht so leicht an der Pfanne oder am Topf fest und das anschließende Abspülen ist viel schneller und einfacher zu erledigen.

Küchenputz

In vielen Haushalten ist die Küche der am meisten beanspruchte Ort. Dort werden die Mahlzeiten zubereitet und gegessen, dort sitzt man gern bei einer Tasse Tee oder einem Glas Wein zusammen. Die Küche regelmäßig zu säubern versteht sich von selbst – vor allem, weil Lebensmittel strengste Hygiene erfordern.

BACKOFEN REINIGEN

1 Angebranntes, das noch feucht ist, mit Salz bestreuen und mit Papier abwischen.

2 Fest eingebrannte Stellen mit Seifenlösung gut einweichen, dann abwaschen.

3 Sind immer noch Reste von Eingebranntem vorhanden, 1 EL Paraffin mit 2 EL Salz mischen und damit die Verkrustungen abreiben.

4 Zum Schluss etwas Soda in warmes Wasser geben und den Backofen damit auswischen.

Eine saubere Küche ist kein Kunststück! Zudem braucht man für die Reinigung im Regelfall weder eine spezielle Ausstattung noch viele Putzmittel, wenn man eine gewisse Systematik einhält und bei Kochunfällen rasch handelt.

Oberflächenpflege

Zu den täglichen Arbeiten in der Küche gehört das Abwischen von Arbeitsplatten und beanspruchten Oberflächen. Jedes Material erfordert aber individuelle Pflege.

- Arbeitsflächen aus **Kunststoff oder Granit** sind sehr pflegeleicht, man kann sie mit Putzschwamm und Seifenlösung oder auch mit Essiglösung abwaschen. Gleich danach trocken wischen, damit keine Streifen bleiben.
- **Große Flächen** wischt man schnell mit einem Lappen in jeder Hand – einen zum Putzen, einen zum Trocknen.
- **Unversiegelte Holzflächen** schrubbt man regelmäßig mit Salz oder Salmiaklösung ab, um Keime zu beseitigen.
- **Schmutz abweisende Holzflächen** erhält man, wenn man sie nach der Reinigung mit Olivenöl oder Leinöl einreibt.
- Für die **Reinigung der Schränke** innen und außen gibt man als Fettlöser etwas Essig ins Seifenwasser.
- **Hartnäckige Fettverschmutzungen** auf Küchenmöbeln, Holz und Fliesen lassen sich mühelos mit Salmiaklösung entfernen.

Spülbecken

- **Edelstahlspülen** werden fleckenlos sauber, wenn man sie mit Kernseife reinigt. Auch Ausreiben mit Kartoffelschalen, Backpulver oder Zitronensaft hat sich bewährt.
- Mit dem Spülschwamm und ein paar Spritzern Zitronensäure reibt man **verfärbte Becken** aus.
- **Blinde Becken** mit einer Paste aus Schlämmkreide und Essig abreiben, feucht nachwischen und nachpolieren.
- **Kalkflecken** verschwinden, wenn man sie mit einer Mischung aus Essig und Salz behandelt: Küchenpapier auflegen, mit der Lösung beträufeln und einwirken lassen. Papier entfernen und nachspülen.

Kochstelle

Generell sollte man Spritzer oder Übergelaufenes auf der Kochstelle sofort wegwischen, das erspart viel zusätzliche Arbeit.

- Ist auf der **Elektroherdplatte** doch einmal etwas angebrannt, so legt man ein feuchtes, seifenhaltiges Tuch 2 Stunden auf die kalte Platte und wischt danach den Schmutz ab. Verschmutzungen in den Rillen der Kochplatten

Scheuerschwamm und -milch helfen bei hartnäckigem Schmutz.

werden gelöst, indem man die Platte leicht erwärmt und etwas Backpulver aufstreut, das mit dem Spülschwamm verrieben wird. Feucht abwischen.

- **Ceranfelder** lassen sich besonders spielend reinigen. Bei normaler Verschmutzung wischt man sie nur feucht ab. Ist etwas eingebrannt, so träufelt man ein wenig Zitronensaft darauf; kurz einwirken lassen, abwischen und eventuelle Reste mit einem Glasschaber beseitigen. Um einen schönen Glanz zu erhalten, kann man mit etwas Essig nachpolieren. Damit Kratzer auf Ceranfeldern gar nicht erst entstehen, hebt man Töpfe und Pfannen immer von einem Ceranfeld aufs nächste, anstatt sie zu schieben.
- Beim **Gasherd** reibt man Verkrustungen an nicht abnehmbaren Teilen leicht feucht mit einem Spülmaschinentab ab. Unbedingt mit Handschuhen arbeiten und nachwischen.

Backofen

- Stellt man ein Wassergefäß in das noch heiße **Backrohr**, löst sich der Schmutz und lässt sich leicht abwischen.
- Besteht bei **Back- oder Bratenformen** die Gefahr, dass der Inhalt überquillt, legt man Alufolie darunter, um aufwendigen Reinigungsarbeiten vorzubeugen.
- **Angebranntes** reinigt man im noch warmen Backofen mit Salz und wischt mit Zeitungs- oder Küchenpapier nach.
- Mit einem nassen Tuch weicht man **fest eingebrannte Speisereste** auf. Dann lassen sie sich mühelos entfernen.
- **Backbleche, Kuchenformen** und andere Schwarzbleche werden mit Spülmittel und Wasser gespült und dann abgetrocknet. Grobe Reste behandelt man mit Salz und Öl.
- **Zuckerkrusten** reibt man mit Zeitungspapier und Salz ab.

Hartnäckigen Fettablagerungen auf kunststoffbeschichteten Küchenschränken kann man auch mit Natron und etwas Wasser zu Leibe rücken.

Kühl- und Gefrierschrank

- Die **Gummidichtungen pflegen** Sie durch Einreiben mit Talkum; dann werden sie nicht spröde.
- Innen sollten Sie den Kühlschrank regelmäßig **mit Essigwasser reinigen** oder mit Sodalösung auswischen.
- Wenn sich Vereisungen an den Wänden von Gefrierfach oder Gefrierschrank bilden, ist es Zeit zum **Abtauen**. Danach mit Seifen-Essig-Wasser auswischen.
- Gegen zu schnelles Vereisen können Sie die **Innenwände mit Speiseöl oder Glyzerin einreiben**. Das Eis lässt sich beim Abtauen dann auch besser entfernen.

Küchengeräte instand halten

Ob Kaffeemaschine, Mixer oder Mikrowellengerät – die kleinen und praktischen elektrischen Helfer sind heute aus keinem Haushalt mehr wegzudenken. Wenngleich sie einfach zu handhaben sind, kommen auch moderne Geräte nicht ohne regelmäßige Pflege aus. Insbesondere hierbei bewährt sich so mancher traditionelle Trick.

Läuft Kaffee ungewöhnlich langsam durch den Filter oder verändert sich sein Geschmack, wird es Zeit für eine Entkalkung.

> ***Gut zu wissen***
>
> Essig, der Alleskönner
>
> *Fettige Ablagerungen lassen sich mit Essig leicht entfernen, Oberflächen werden glänzend sauber und unangenehme Gerüche verschwinden. Hauptwirkstoff ist die Essigsäure, die in Haushaltsessig mit 5–8 % und in Essigessenz mit 25 % enthalten ist. Essigsäure reizt die Schleimhäute, daher sollte man bei der Reinigung mit Essigessenz seine Augen schützen und gut lüften.*

Vorbereitung

- Für die Säuberung sämtlicher Küchengeräte immer zuerst den Netzstecker ziehen.
- Dann demontiert man abnehmbare Teile und spült sie oder stellt sie gegebenenfalls in die Spülmaschine.

Reinigung, Entkalkung, Wartung

- **Espressomaschine und Kaffeeautomat** entkalkt man regelmäßig mit einer Mischung aus 4 EL Essigessenz bzw. 1 EL Zitronensäure und 1 l Wasser. Bei Zitronensäure darauf achten, dass sie nicht mit Zierverchromungen aus Messing oder Kupfer in Berührung kommt. Diese Lösung gibt man in den Tank und lässt sie wie beim Kaffeebereiten durchlaufen. Zum besseren Einwirken kann man den Brühvorgang auch für einige Zeit stoppen und die Mischung dann erst durchlaufen lassen. Den Vorgang des Durchspülens zweimal mit klarem Wasser wiederholen.
- Den **Wasserkocher** füllt man ebenso mit einer Lösung aus 4 EL Essigessenz bzw. 1 EL Zitronensäure und 1 l Wasser auf. Bei starken Verkalkungen aufkochen, einige Zeit einwirken lassen, ausleeren und gut nachspülen. Bei Bedarf mit Stahlwolle nachreinigen.
- Ins **Mikrowellengerät** kann man eine Schüssel mit Wasser und einer Zitronenscheibe stellen. Das Ganze erhitzen, bis sich Wasserdampf bildet, dann das Gerät mit einem Tuch auswischen. Als ebenso wirksam erweist sich Essigwasser.
- Deckeldichtungen von **Küchenmaschinen** ab und zu mit etwas Speiseöl einreiben, damit sie wieder gut schließen.
- Damit sich Quirle und Knethaken des **Handmixers** besser drehen und leichter ein- und ausstecken lassen, kann man einen Tropfen Olivenöl in die Einstecköffnungen geben.
- Beim **Toaster** leert man die Bröselschublade und schüttelt die Brösel aus oder bläst sie mit einem Föhn heraus.
- **Getreidemühlen** muss man nur reinigen, wenn sehr feuchtes oder öliges Korn gemahlen wurde. Dann aber sofort säubern, da Öl schnell ranzig wird. Die Mühle dabei aber nur trocken ausbürsten und niemals auswaschen.

KÜCHENUTENSILIEN PFLEGEN

Das richtige Handwerkszeug in der Küche erleichtert die Arbeit sehr. Schon beim Einkauf sollte man auf Material und Qualität achten – und darauf, dass man bei der Reinigung keinen allzu großen Zeitaufwand betreiben muss.

Moderne Küchenutensilien bestehen aus Kunststoff, Metall oder Holz. Während man Kunststoffteile einfach in der Spülmaschine reinigt, stellen Holz- und Metallmaterialien oft viel höhere Pflegeansprüche. Was nicht in die Spülmaschine darf, reinigt man gleich nach Gebrauch mit Spülmittel und Wasser.

Messer

- Messer **regelmäßig schärfen**. Hat man keinen Wetzstahl oder Schleifstein zur Verfügung, eignet sich hierfür auch die unglasierte Unterseite einer Porzellantasse.
- Messer **schneiden besser**, wenn man die Klinge vorher angewärmt hat.
- **Hochwertige Messer** sollte man nur zum Schneiden von Lebensmitteln verwenden.
- Mit dem **Keramikmesser** keine gefrorenen Lebensmittel, Knochen oder harte Brotkrusten schneiden.
- Als **Schneidunterlage** verwendet man ein Kunststoff- oder Holzbrett. Ungeeignet sind Glas, Metall und Stein.
- Zum Schutz der Messerklingen und um Verletzungen zu vermeiden, bewahrt man Messer in einem **Messerblock**, an einer **Magnetstange** oder in einer **Rolltasche** auf.
- **Besonders scharfe Messerspitzen** schützt man, indem man ihnen einen Korken aufsteckt.
- **Angeklebte Reste** entfernt man mit der Spülbürste oder einem Korken, den man in Salz getaucht hat.

Metallgerätschaften

- Knifflige Bereiche an **Küchenreiben und Knoblauchpressen** reinigt man mit einer Zahnbürste.
- **Mehlsiebe** aus Metall säubert man gleich nach Gebrauch mit kaltem Wasser – warmes Wasser verklebt das Mehl.
- Sind **Bleche rostig**, kann man sie mit Salz bestreuen und mit einer Speckschwarte abreiben.
- **Rouladennadeln** steckt man auf einen Korken, dann bleiben sie beisammen und man sticht sich nicht.

Holzutensilien

- Da Hitze und Reiniger Holz angreifen, **Holzlöffel** nicht in den Geschirrspüler geben. Es reichen Wasser und Spülmittel; stark verschmutzte Löffel weicht man in Sodalösung ein.
- **Holzbretter** desinfiziert man nach dem Schneiden von Geflügel, Fleisch und Fisch durch Einreiben mit einem Brei aus Salz und Wasser. Danach wie üblich spülen und gut trocknen lassen.
- **Holzgriffe** spült man schnell und lässt sie gut trocknen. Von Zeit zu Zeit pflegt man sie mit Speiseöl.
- Hält man **Kochlöffel** vor der Benutzung unter kaltes Wasser, dann bleibt Fett nicht so rasch haften.
- Hängen an einer **Teigrolle** noch Reste, etwas Salz daraufstreuen und damit abreiben, abwaschen und gut trocknen.

Ob Schöpflöffel, Schneebesen, Abseih- oder Salatlöffel – sie sind immer griffbereit, wenn sie mit dem Stiel nach unten in einem Gefäß stehen.

LAMPEN PUTZEN

Lampen dienen nicht nur der Beleuchtung, sie setzen auch wunderbare Wohnakzente. Als Licht- und Dekorationsobjekte beeinflussen sie die Atmosphäre einer Wohnung. Auch das Thema Energiesparen spielt eine wichtige Rolle.

Oberflächliche Flecken auf Papierschirmen lassen sich vorsichtig mit einem Radiergummi entfernen.

Verschenken Sie keine Energie! Stark verstaubte Glühbirnen büßen bis zu 50 % ihrer Helligkeit ein, also regelmäßig reinigen.

Sicherheitsvorkehrungen

- Vor der Reinigung zieht man immer erst den Stecker heraus.
- Wenn möglich, entfernt man auch das Leuchtmittel.

Schirme, Leuchter, Drahtseile

- **Bast- oder Strohschirme** müssen regelmäßig abgestaubt oder mit der Polsterdüse abgesaugt werden.
- **Papierschirme** kann man nicht feucht reinigen. Imprägnierte Velinschirme jedoch sprechen bei Flecken gut auf Seifenwasser mit Spiritus an.
- Lampenschirme aus **Pergament** verschmutzen nicht so schnell und sind einfacher zu reinigen, wenn man sie mit farblosem Lack versiegelt. Einfach mit einem feuchten Tuch säubern.
- Zum Abstauben von **Samt- oder Samtpappeschirmen** ist eine Rollenkleiderbürste mit Klebeband ideal. Man kann solche Schirme auch bei niedriger Saugkraft vorsichtig mit der Polsterdüse des Staubsaugers absaugen.
- **Stoffschirme** werden abgesaugt oder mit einer Fusselrolle bearbeitet. Ansonsten fachmännisch reinigen lassen, damit sie nicht einlaufen.
- **Seidenschirme** wischt man mit lauwarmem Essigwasser ab. Der Lappen sollte gut ausgewrungen werden.
- **Tiffanylampen** wischt man ohne Putzmittel mit einem weichen, feuchten Tuch ab. Die Fugen reinigt man trocken mit einer weichen Zahnbürste.
- **Glas-, Kunststoff- und Metallschirme** wäscht man nach dem Abstauben zur gründlichen Reinigung innen und außen mit Seifenwasser ab und poliert mit einem trockenen, fusselfreien Tuch nach. Glaslampen und Kronleuchter glänzen schön, gibt man einen Schuss Essig ins Wasser.
- Ein Staubwedel aus Federn oder eine weiche Bürste leistet bei **Hängeleuchten** oder **Drahtseilsystemen** gute Dienste, bei hohen Räumen sollte man in einen Staubwedel mit Teleskopstange investieren.
- **Kronleuchter** reinigt man mit Spiritus, den man direkt auf ein fusselfreies Reinigungstuch gibt. Zuerst das Gestell, dann die Behänge und Glühbirnen säubern.
- **Deckenleuchten oder Wandleuchten** mit Halbschirm nimmt man mehrmals im Jahr ab, um die darin gefangenen Insekten und Staubflusen herauszuschütteln und den Schirm gründlich zu putzen.

Lederwaren pflegen

Lederwaren sind zwar nicht billig, dafür aber sehr robust und strapazierfähig. Bei sorgsamer Behandlung ist eine lange Lebensdauer garantiert. Statt auf teure und ökologisch bedenkliche Pflegeprodukte zurückzugreifen, sollte man bewährten Hausmitteln den Vorzug geben.

Die richtige Aufbewahrung

Leder muss atmen können und gehört daher unter keinen Umständen in Plastikbeutel.

- **Gürtel** bewahrt man am besten hängend im Kleiderschrank oder zusammengerollt in einem Stoffbeutel auf.
- Auch **Lederkleidung** verwahrt man, wenn sie länger nicht getragen wird, in Kleidersäcken aus Stoff.
- **Weiche Ledertaschen** stopft man mit Zeitungspapier aus, damit sie ihre Form behalten.

Lederkleidung

- Intensive Sonneneinstrahlung macht Leder fleckig, daher sollte man Ledersachen **nie lange der Sonne aussetzen**.
- **Nasse Lederkleidung** bei Zimmertemperatur trocknen lassen – nicht in der Sonne oder in Heizungsnähe, da das Leder sonst brüchig wird und Giftstoffe austreten können.
- **Veloursleder** muss man nach dem Trocknen gut aufbürsten. **Wildleder** bearbeitet man hin und wieder mit einer Spezialbürste mit Gumminoppen, welche die raue Oberfläche nicht glättet, sondern aufrichtet.
- Mit einem Radiergummi oder einer feinen Kreppbürste rubbelt man **speckige Kragen und Manschetten** ab.
- **Weißes Leder** säubert man mit etwas Milch.
- **Waschen** sollte man Lederkleidung mit maximal 30 °C warmem Wasser, aber nur, wenn es unbedingt nötig ist.

Handschuhe

- Reibt man **schwarze Lederhandschuhe** mit der Innenseite einer Bananenschale ab, so glänzen sie wie neu.
- Auf **weiße Lederhandschuhe** streut man Mehl und bürstet es nach einiger Zeit wieder ab.
- **Wildlederhandschuhe** wäscht man in Seifenwasser mit einigen Tropfen Salmiakgeist und Stearinsäure.
- Alte und **verhärtete Nappalederhandschuhe** sollte man mit Rizinusöl durchkneten.
- **Zu eng gewordene Handschuhe** legt man einige Stunden zwischen feuchte Tücher und zieht sie feucht an.

Gürtel und Taschen

- **Farbige Ledergürtel oder -taschen** kann man hin und wieder mit heißem Wasser und etwas Hirschhornsalz reinigen. Das Hirschhornsalz auflösen, auf das Leder geben und das Leder so lange reiben, bis Schaum entsteht. Auswaschen und mit einem trockenen Tuch abreiben.
- **Verschmutzte und verstaubte Lederkoffer** reinigt man mit einer Lösung aus je einem Teil Milch und Terpentin.
- **Aktentaschen aus hellem Rindsleder** säubert man mit einer Kleesalzlösung (1 TL Kleesalz auf 1 Glas Wasser). Kleesalz, das Salz der Oxalsäure, erhält man in Bioläden.
- Zur **Pflege von Koffern** trägt man Rizinusöl großzügig auf und lässt es einziehen. Mit weichem Tuch nachpolieren.

Lederhandschuhe waschen

1. Das Waschbecken mit lauwarmem (Kern-)Seifenwasser füllen und etwas Glyzerin zufügen. Dadurch wird das Leder weicher und dehnfähiger.
2. Die Lederhandschuhe anziehen und im Seifenwasser waschen.

3. Mit klarem Wasser nachspülen und zum Trocknen auf ein Wäschegitter legen. Sind sie halb trocken, knetet man sie durch, damit sie weich werden.

Messing- und Zinngegenstände

Während Zinngegenstände heute meist nur noch Dekoration sind, findet sich der Werkstoff Messing im Haushalt oft an Tür- oder Fensterklinken. Im Lauf der Zeit wird Messing allerdings stumpf, doch mit ein paar Tricks bringt man es wieder auf Hochglanz.

Um Messing wieder zum Strahlen zu bringen, eignet sich eine Paste aus Zitronensaft und Salz. Etwa 5 Minuten auf den angelaufenen Stellen einwirken lassen, mit warmem Wasser abwaschen und trocken polieren.

Messing

Messing ist eine Legierung aus Kupfer und Zink und entwickelt durch seine goldene Farbe eine besondere Strahlkraft. Diesen besonderen Glanz kann man sich mit den folgenden Pflegetipps leicht erhalten:

- Objekte aus Messing werden einfach mit einem feuchten Fensterleder abgewischt. **Für eine gründliche Säuberung** eignet sich eine Essigpaste: einige EL Essig mit Salz und Mehl zu einer dünnflüssigen Paste verrühren und damit die Messingteile bestreichen. Etwas einwirken lassen, abwaschen und nachpolieren.
- **Bei Flecken** versucht man es mit einer Mischung aus 500 ml Buttermilch und 1 EL Salz. Damit reibt man mehrmals kräftig über die schmutzigen Stellen, bis sie verschwinden, wäscht den Gegenstand dann ab und poliert mit einem weichen Tuch nach.
- Eine halbe rohe Kartoffel sorgt für lang anhaltenden, **schönen Glanz**. Man reibt den Messinggegenstand mit der Schnittfläche der Knolle ab und poliert dann nach.
- **Gegen Grünspan** hilft eine Lösung aus 1 EL Salz auf 25 ml Salmiakgeist. Ein Tuch in die Lösung tupfen und den Messinggegenstand damit abreiben, anschließend wieder abwaschen. Tunkt man ein Tuch in etwas Stearinöl, tupft damit eine Messerspitze Sand auf und poliert das Messing damit nach, dann erstrahlt es wieder wie neu.

Zinn

Da Zinn ein sehr weiches Schwermetall ist, gilt es, seine silbern glänzende Oberfläche auch bei der Reinigung möglichst schonend zu behandeln, damit sie nicht zerkratzt wird.

- Als **natürliches Mittel zur Pflege** eignet sich Zinnkraut. Dazu in einer Schüssel 1 l Wasser mit einer Handvoll Zinnkraut und 1 TL Essigessenz mischen und den Gegenstand über Nacht hineinlegen. Trocknen und nachpolieren.
- **Zur Reinigung** reibt man das Zinnobjekt mit den äußeren Blättern eines Kohlkopfs ab und spült mit klarem Wasser nach. Anschließend kann man die Oberfläche noch mit einem Stück Lauchstange behandeln und erneut abspülen.
- **Bei starken Verschmutzungen** legt man das Zinnobjekt in warmes Bier ein und schrubbt es mit einer weichen Bürste ab. Ist es danach noch nicht sauber, bearbeitet man hartnäckige Flecken mit Schlämmkreide und Terpentin.
- Zum **Entfernen von Wachs** legt man Zinnkerzenständer ins Kühlfach. Das Wachs blättert dann ab. Reste schmilzt man mit dem Föhn und wischt sie vorsichtig ab.

Zinn wird wieder schön, wenn man es mit Zigarettenasche abreibt.

Möbelpflege

Möbel werden aus unterschiedlichsten Materialien hergestellt, jedes verlangt eine spezielle Behandlung. Im Handel erhältliche Pflegemittel können Umwelt und Gesundheit belasten, weil sie Lösungsmittel enthalten. Doch es gibt auch Alternativen.

Antike Möbel

Antikes Holz ist durch sein Alter besonders empfindlich und sollte deshalb nie direkter Sonne ausgesetzt oder mit herkömmlichen Polituren bahandelt werden.

- **Schellack** (in der Drogerie erhältlich) und Spiritus im Verhältnis 1:1 mischen, das Möbelstück damit einreiben und mit einem Wolltuch nachpolieren.
- Mit Antikwachs behandelte Möbel poliert man ab und zu mit einem **Spezialbienenwachs** aus dem Baumarkt.

Holzmöbel

Holzart und Verarbeitung entscheiden grundsätzlich über Art und Mittel der Pflege. Bei furnierten Möbeln richtet sich die Behandlung nach der Holzart des Furniers.

- Sind **Teak- oder Palisandermöbel** stumpf geworden, so mischt man 300 ml Bier mit 1 EL geschmolzenem Bienenwachs und 2 TL Zucker. Mit einem Pinsel dünn auftragen, trocknen lassen und mit einem Wolltuch polieren.
- Reibt man **Nussbaumholz** hin und wieder mit Milch ein, dann treten Maserung und Färbung deutlicher hervor. Das Abreiben mit einem halbierten Walnusskern wirkt bei Kratzern in diesem vielseitigen Holz wahre Wunder.
- Stumpfe **Ebenholzflächen** bringt man wieder zum Glänzen, indem man sie mit Vaseline einreibt. Einwirken lassen, Reste entfernen und mit einem Wolltuch nachpolieren.
- Zur Pflege von **Eichenholz** trägt man erwärmtes helles Bier auf und geht anschließend mit einem Wolllappen darüber. Hartnäckige Verschmutzungen entfernt man vorsichtig mit Schleifpapier. Die Stellen mit Terpentin nachbehandeln und wieder eine Schutzlackierung aufbringen.
- **Unbehandeltes sowie mattiertes Holz** ist besonders aufnahmefähig für Schmutz. Es quillt bei Berührung mit Flüssigkeiten rasch auf. Flecken nur leicht feucht abwischen oder durch Abschleifen entfernen.
- Zur Pflege von **unbehandeltem sowie lackiertem Holz** stellt man eine Wachsmischung her: 300 ml Bienenwachs im Wasserbad schmelzen, etwas erkalten lassen, mit 300 ml Terpentinöl verrühren und hart werden lassen. Mit einem Lappen sparsam auf die Oberfläche auftragen und mit einem sauberen Tuch nachwischen.
- Eine Möbelpflege für **mattiertes sowie poliertes Holz** mischt man zu jeweils gleichen Teilen aus Essig, Terpentin und Leinöl. Man trägt die Politur mit einem weichen Lappen auf und poliert dann nach.
- Bei **Wasserflecken** hilft das Einreiben mit Zahnpasta, der man eventuell etwas Natron beimischt. Bei hellem Holz kann man auch mit einer Paranuss über den Fleck reiben. Bei dunklem Holz sollte man eher eine Mischung aus Zigarettenasche und Pflanzenöl mit einem Korken auf die Flecken tupfen.

Holzoberflächen mit Schnörkeln lassen sich hervorragend mit einem Rasierpinsel abstauben.

Holzpolitur

50 g Bienenwachs
150 ml Terpentin

Beides in ein Schraubglas geben, den Deckel auflegen, aber nicht zuschrauben. In eine Schüssel stellen und in diese heißes Wasser gießen. Das Glas so lange schwenken, bis eine Paste entstanden ist.

In Flechtstrukturen verfängt sich leicht Zimmerstaub. Dagegen hilft das regelmäßige Absaugen mit dem Bürstenaufsatz des Staubsaugers.

WACHSFLECKEN AUF HOLZ ENTFERNEN

1 Man stellt den Haartrockner auf die schwächste Gebläse- und die höchste Heizstufe und bringt damit die Wachsreste zum Schmelzen.

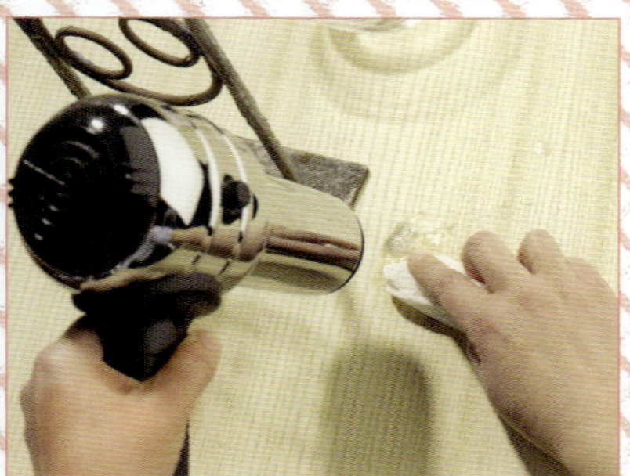

2 Dann reibt man das Wachs mit einem Küchenpapier ab und wischt mit einer Lösung aus Essig und Wasser zu gleichen Teilen darüber.

- Um **Glasränder** zu entfernen, mischt man etwas Butter mit Mayonnaise und ein wenig Zigarettenasche und reibt damit über die betroffenen Stellen.
- **Kleine Kratzer** verschwinden, wenn man sie mit Schuhcreme behandelt, dabei die Farbe dem Holzton anpassen. Auf hellem Holz kann man Kratzer auch mit Vaseline oder einer Mischung aus 1 TL Öl und 1 TL Essig entfernen. Für dunkles Holz ersetzt man den Essig durch Rotwein.

Rattan- und Korbmöbel

- **Zur Grundreinigung** von unbehandeltem Rohr, Rattan, Bambus oder naturbelassener Wasserhyazinthe saugt man die Möbel ab und reinigt sie dann mit Lappen und Bürste unter Verwendung einer milden Seifenlösung. Dem Seifenwasser eventuell einen Spritzer Salmiakgeist zufügen. Bei lackierten Korbmöbeln, Peddigrohr oder Stühlen mit Bast- oder Strohsitzflächen reicht eine Seifenlösung.
- Man **erhöht die Widerstandskraft** der Möbel, indem man sie einmal im Jahr mit Salzwasser abbürstet.
- Eine **Aufhellung des Geflechts** erreicht man durch eine Abreibung mit einer halbierten Zitrone. Auch hat sich eine Mischung aus Salz und Essig dafür bewährt, die man nach der Behandlung wieder mit Wasser abspülen sollte.
- Durchgesessene **Sitzflächen kommen wieder in Form**, wenn man sie mit heißem Wasser abbürstet. Die Möbelstücke am besten im Freien trocknen, allerdings nicht direkt in der Sonne, da sie sonst ausbleichen.
- Wenn man die Möbel einer Behandlung mit Zitronenöl unterzieht, kann man eine **Austrocknung verhindern**. Das Rohr wird geschmeidig und bricht nicht so leicht.

Glatte Oberflächen

- **Marmorplatten** nur leicht feucht abwischen, Flecken mit etwas Zitronensaft oder -schale und Salz behandeln, den Saft aber nur ganz kurz einwirken lassen, damit die Säure nicht den Stein angreift. Auf stumpfem Marmor eine Mischung aus 3 EL Natron und 1 l warmem Wasser aufbringen, 15–30 Minuten einwirken lassen, mit Wasser abwaschen und trocken reiben.
- Möbel mit **Kunststoffoberflächen** sind besonders pflegeleicht. Zur Reinigung benötigt man lediglich eine Seifenlösung mit einem Spritzer Essig.
- **Mit Kunststoff beschichtetes Holz** darf genauso wenig mit Scheuermitteln gereinigt werden wie Kunststoffmöbel. Flecken beseitigt man möglichst rasch mit Seifenwasser.
- **Glasscheiben an Möbeln** wie Vitrinen und Bücherschränken werden abgestaubt. Bei starker Verschmutzung tränkt man einen Wattebausch mit etwas Spiritus und reibt kreisend über die Scheiben, damit keine Streifen zurückbleiben. Den Wattebausch möglichst oft erneuern.

Polstermöbel reinigen

Mit einem Buch oder in geselliger Runde verbringt man auf Sofas und Sesseln so manche Stunde. Kinder turnen darauf, auch das eine oder andere Haustier macht es sich auf der Couch bequem. Da ist die Pflege von Polsterung und Bezugsstoff besonders wichtig.

Pflege von Stoffpolstern

- Die regelmäßige Reinigung von Polstermöbeln erledigt man mit dem **Staubsauger**; dabei aber die Saugkraft reduzieren, da sonst die Unterpolsterung Schaden nimmt.
- Das **Ausklopfen** von Stoffpolstern sollte man im Freien vornehmen, damit der Staub sich nicht im Zimmer verteilt und sich dann wieder auf den Möbeln absetzt.
- **Große Polstermöbel** werden dazu vor dem Klopfen stückweise mit einem feuchten Tuch bedeckt, das den Staub beim Klopfen auffängt. Wird das Tuch mit Essigwasser getränkt, verleiht man den Farben zusätzlich neue Frische.
- **Druckstellen** werden mit etwas heißem Wasser befeuchtet, dann mit weißem Papier belegt und trocken gebügelt.
- Essiglösung eignet sich hervorragend zur alljährlichen feuchten Reinigung **normal verschmutzter Polster**. Mit einem Tuch auftragen, dann mit Wasser nachwischen.
- **Abnehmbare Bezüge** kann man, wenn nötig, in der Maschine waschen oder reinigen lassen. Dabei die Pflegeanleitungen beachten. Brokat, Chintz, Samt, Seide und Wolltweed nur chemisch reinigen.
- Die **Bezüge** nach dem Waschen von links bügeln und noch feucht über die Polster ziehen, so dehnen sie sich besser und trocknen, ohne Falten zu bilden.
- Verschmutzte Stellen auf **Baumwoll- oder Leinenbezügen** reibt man mit einem weichen Radiergummi ab.
- Dunkle Bezüge aus **Möbelsamt** reinigt man mit einer Bürste, die man mit kaltem Kaffee angefeuchtet hat.
- Bei Verschmutzungen auf **Cordstoff** hat sich Sauerampfersud als sehr effektiv erwiesen.
- **Kunststoffbezüge** reinigt man, indem man ein feuchtes Tuch in etwas Natron tupft und die Polster damit abreibt. Mit Wasser oder Seifenlösung nacharbeiten.
- **Fusseln und Haare von Haustieren** nimmt man mit einem feuchten Schwamm auf oder mit einem Klebeband, das man mit der klebenden Seite nach außen um die Hand wickelt.

Fleckentfernung auf Stoffpolstern

Rückstände hebt man sofort ab und saugt dann die Feuchtigkeit auf. Flecken entfernt man zur Mitte hin, um Schmutzränder zu vermeiden.

- **Frische Fett- und Ölflecken** bestreut man mit Stärkemehl. So lange einwirken lassen, bis das Fett absorbiert ist, anschließend ausbürsten.
- **Ältere Fettflecken** mit Salmiaklösung, Spiritus oder Kölnisch Wasser betupfen. Mit Wasser vorsichtig nachreiben.

Mit der Polster- und Fugendüse des Staubsaugers erreicht man auch Schmutz in den Polsterritzen.

Auffrischung für Stoffpolster

25 g Seifenflocken
500 ml Wasser
100 ml Glyzerin
100 ml Weingeist

Das Wasser erhitzen und die Seifenflocken darin auflösen. Abkühlen lassen, dann Glyzerin und Weingeist unterrühren. Die Mischung in ein Gefäß geben und bei Bedarf 1 EL davon in etwas Wasser auflösen. Mit dem Schneebesen umrühren und den Schaum mit einem Schwamm auftragen.

- **Milchflecken** sofort mit kaltem Wasser oder neutraler Seifenlauge, vermischt mit etwas Salmiakgeist, behandeln, dann mit lauwarmem Wasser. Zum Schluss trocken tupfen.

Lederpolsterpflege

Insbesondere Lederpolstermöbel haben eine sehr lange Lebensdauer und bleiben bei richtiger Pflege jahrelang schön.

- **Abwaschbares Leder** säubert man mit Seifenlösung (1 TL Schmierseife auf 1 l Wasser). Das Putztuch dazu gut auswringen. Trocknen lassen und erst dann polieren.
- **Dunkles Leder** sollte man zur Pflege ein- bis zweimal im Jahr gründlich mit Rizinusöl einreiben.
- **Helles Leder** wird mit Vaseline behandelt. Das überschüssige Fett nach etwa einer Stunde Einwirkzeit mit einem weichen Lappen aufnehmen.
- Mit einer Mischung aus aufgeschlagenem Eiweiß und Leinöl werden **abgewetzte Lederpolster** wieder glatt.
- Eine **natürliche Politur** für Leder kann man leicht selbst herstellen: Leinöl aufkochen, abkühlen lassen und mit der gleichen Menge Essig vermischen. Mit einem weichen Tuch auftragen und nachpolieren.
- Für **älteres Leder** gibt es spezielle Nährfette, die man nach dem Auftragen etwa 24 Stunden einwirken lässt. Dann nachpolieren. Beim Einfetten von Lederpolstern sollte man immer gut nacharbeiten, damit nichts auf die Kleidung abfärbt.

Ob das Leder abwaschbar ist, prüft man vorab: Zieht aufgetröpfeltes Wasser ein, dann darf die Reinigung nur trocken erfolgen.

Flecken von Glattleder entfernen

- **Wasserlösliche Flecken** entfernt man mit einem feuchten Lappen und Kernseifenschaum. Mit lauwarmem Wasser nachwischen.
- Bei **hartnäckigeren Flecken** schäumt man Sattelseife auf und reibt sie mit einem Schwamm kreisend ein. Je nach Verschmutzungsgrad variiert die Einwirkzeit. Mit Wasser nachreinigen und nach dem Trocknen Lederfett auftragen.
- **Ältere Fettflecken** auf farbechtem Leder behandelt man mit Hirschhornsalz. Ein Tuch in heißes Wasser tauchen, auswringen, Hirschhornsalz aufstreuen und damit den Fettfleck vorsichtig zur Mitte hin abreiben. Mit einem warmen, feuchten Tuch nacharbeiten.
- **Kugelschreiberflecken** lassen sich in den meisten Fällen mit etwas Milch entfernen.
- Bei **Tintenflecken** kann man es mit lauwarmem Wasser versuchen. Andernfalls muss man zu härteren Mitteln greifen und die Stelle vorsichtig mit Terpentinersatz behandeln.

Flecken von Rauleder entfernen

- **Frische Fettflecken** sollte man mit Talkumpuder bestreuen. Das Fett wird dann vom Puder absorbiert. Anschließend abbürsten und bei Bedarf wiederholen.
- Mit feinem Schleifpapier oder einem Radiergummi kann man **speckiges Rau- oder Wildleder** behandeln. Mit Schleifpapier darf man allerdings nicht zu stark oder zu lange reiben, da sonst das Leder beschädigt wird.
- **Wasserflecken** auf Rauleder lässt man zunächst trocknen und raut sie dann mit einer Bürste auf.

Putzgeräte säubern

Der alltägliche Kampf gegen Staub und Schmutz wird um einiges einfacher, wenn man die Putzgeräte gleich zur Hand hat. Damit die Arbeiten rasch und zur Zufriedenheit erledigt werden können, säubert man alle Geräte am besten sofort nach dem Gebrauch.

Besen und Bürsten

Mit Naturborsten lässt es sich am besten arbeiten; deren Pflege ist jedoch aufwendiger als die von Nylon- oder Plastikborsten.

- **Neue Naturborsten** von Besen oder Scheuerbürsten halten länger, wenn man sie vor dem ersten Gebrauch für kurze Zeit in Salzwasser taucht.
- Hin und wieder sollte man **ältere Besen und Handfeger** mit Naturborsten in warmem Seifenwasser auswaschen.
- Besen mit **zu weichen Naturborsten** legt man in Essigwasser ein, damit sie wieder fest werden.
- **Verhärtete Naturborsten** werden wieder weich, wenn man sie kurze Zeit in eine Lösung aus 60 g Alaun und 1 l Wasser eintaucht. Statt mit Alaunpulver kann man das Wasser auch im Verhältnis 1:1 mit Milch mischen.
- Hängt man Besen mit dem Stiel nach unten an die Wand, bleibt die **Elastizität der Borsten** erhalten, dies gilt für Natur- wie Kunststoffborsten und trifft auch für Spülbürsten zu.
- Hält man **umgeknickte Borsten** über heißen Wasserdampf, so richten sie sich schnell wieder auf.

Lappen, Schwämme und Tücher

Regelmäßige Reinigung verhindert, dass Putzlappen und -schwämme sowie Tücher zum Nährboden für Keime und Bakterien werden.

- Sämtliche **Putz- und Staubtücher** wäscht man bei 60 °C in der Waschmaschine und lässt sie anschließend gut trocknen. So kann man sie mehrmals verwenden.
- Trocknertaugliche **Mikrofasertücher** werden nach jeder dritten Wäsche in den Trockner gegeben. Durch häufiges Waschen können die Fasern stumpf werden, der Trockengang macht sie wieder flauschig weich.
- **Spüllappen** nehmen rasch einen unangenehmen Geruch an. Deshalb sollte man sie regelmäßig über Nacht in Zitronen- oder Essigwasser einlegen.
- Immerwährend **feuchte Putzlappen** hin und wieder zum Austrocknen in die Sonne legen. Das UV-Licht wirkt desinfizierend und tötet so Bakterien ab.
- **Naturschwämme** kocht man in Essigwasser aus. Das bekämpft die Keime.
- **Staubtücher** nehmen Staub und Flusen besser auf, wenn man sie nach dem Waschen in Glyzerin taucht. Trocknen lassen und in einem Plastikbeutel aufbewahren.

Staubwedel

- **Staubwedel aus Federn** wäscht man im Waschbecken in einem lauwarmen Bad mit Babyshampoo. Nachspülen, das Wasser vorsichtig ausdrücken und mit dem Föhn trocknen.
- **Mikrofaserstaubwedel** schüttelt man aus und wäscht sie dann in Seifenwasser. Ausspülen und trocknen lassen.

Besen reinigen

1 Die Borsten von Besen und Bürsten in warmem Seifenwasser auswaschen.

2 Die gewaschenen und gespülten Borsten mit einem engzackigen Kamm durchkämmen. Gut trocknen lassen.

Hausputz mit System

Seinen Haushalt im Griff zu haben ist eigentlich kinderleicht. Das Zauberwort heißt Organisation. Wer tägliche, wöchentliche oder gelegentlich anfallende Arbeiten plant und mit der nötigen Disziplin durchführt, spart Zeit und Energie.

Täglich

Die täglichen Hausarbeiten sind in der Regel im Handumdrehen erledigt. Zudem lässt sich ein ordentlicher Haushalt leichter sauber halten.

- Täglich aufräumen, egal ob Kleidung, Schuhe, Spielzeug, Zeitungen oder Bügelzeug; auf diese Weise fallen nicht alle Arbeiten an einem Tag an.
- Betten gut ausschütteln und Schlafzimmer ausgiebig lüften, damit die Feuchtigkeit entweichen kann.
- Waschbecken im Bad nach dem morgendlichen Zähneputzen mit Wasser ausspülen und mit einem Lappen nachwischen, damit sich kein Kalk ansetzt.
- Einmal über die Arbeitsflächen in der Küche wischen, damit sich Schmutz erst gar nicht festsetzt.

Wöchentlich

Vernachlässigt man auch die wöchentlich anfallenden Hausarbeiten nicht, wird der Zeitaufwand für den alljährlichen Großputz umso geringer ausfallen.

- In allen Räumen staubwischen, staubsaugen und die Böden feucht wischen.
- Bad gründlich reinigen: Waschbecken, Dusche und/oder Wanne sowie Toilette putzen; Fliesen in Nassbereichen abwischen und Boden reinigen.
- Spiegelflächen putzen.
- Kühlschrank auswischen, Kochstelle und Spüle gründlich säubern.
- Müll entsorgen (bei Bedarf oder bei sommerlichen Temperaturen natürlich öfter).
- Leergut zurückgeben, Wertstoffe und Papier entsorgen.
- Haushaltswäsche wechseln und waschen.
- Balkon und Terrasse fegen.

Von Zeit zu Zeit

Um bei Arbeiten, die nur gelegentlich anfallen, den Überblick zu bewahren, empfiehlt es sich, einen Reinigungsplan aufzustellen. Auf diese Weise hat man alles immer genau im Blick und es wird kein Bereich zu sehr vernachlässigt.

- Fenster putzen.
- Gardinen und Vorhänge waschen.
- Türen und Türrahmen säubern.
- Polstermöbel gründlich reinigen.
- Holzmöbel pflegen.
- Küchenschränke auswischen.
- Küchengeräte instand halten.
- Lampen säubern.
- Teppiche und Teppichböden reinigen.
- Wände abstauben.
- Putzgeräte säubern.

Frühjahrsputz

Man nimmt sich jeden Tag nur einen überschaubaren Bereich vor, z. B. die Schlafzimmer, am nächsten Tag die Sanitärbereiche usw.

- Möbel verrücken und vernachlässigte Ecken reinigen.
- Den Kleiderschrank ausmisten und lange nicht getragene Stücke aussortieren.
- Den Gefrierschrank auf abgelaufene Lebensmittel überprüfen und diese wegwerfen; danach abtauen und reinigen.
- Eingelagerte Lebensmittelvorräte im Keller auf Frische prüfen und Verdorbenes wegwerfen.
- Keller und Speicher entrümpeln und Brauchbares in die Flohmarktkiste sortieren.

Putzen mit System

Bevor man mit dem Putzen loslegt, sollte man sicherstellen, dass alle nötigen Putzgeräte und -mittel vorhanden sind. Auch für den Frühjahrsputz sind keine chemischen Reinigungskeulen nötig. Ein milder Allzweckreiniger, Essig, Zitrone und das eine oder andere hier beschriebene Möbelpflegemittel genügen.

Für den Hausputz sollte man ausreichend Zeit einplanen. Da man leicht ins Schwitzen kommt und sich eventuell schmutzig macht, zieht man am besten bequeme abgetragene Kleidung an. Außerdem sind rutschfeste Schuhe und Handschuhe zu empfehlen sowie, je nach Art der Arbeit, eine Schutzbrille.

Um mit System zu putzen, hilft die Einhaltung dieser drei Regeln:

- von oben nach unten
- von hinten nach vorn
- gleiche Materialien in einem Zug.

Man beseitigt also zuerst Spinnweben an der Decke, wischt dann Staub, reinigt sämtliche Polsterflächen, dann Holz, Glas usw. und säubert zuletzt den Boden. Man arbeitet immer von der hinteren Ecke zur Tür hin. Rechtshänder arbeiten übrigens effektiver von rechts nach links, Linkshänder hingegen von links nach rechts.

Schmuckstücke

Schmuckstücke sind aus zweierlei Gründen für viele Menschen besonders kostbar: Außer den erlesenen Materialien besitzen sie oft einen hohen Erinnerungswert. Damit die Schätze ihren Glanz behalten oder wiedererlangen, gibt es für jedes Material spezielle Tricks. Auch Edelsteine oder Perlen strahlen wieder wie neu.

Zur Vermeidung von Beschädigungen bewahrt man Schmuck am besten in mit Samt ausgeschlagenen, mehrfach unterteilten Kästchen auf.

Gold

Vor der Reinigung muss klar sein, was echtes Gold und was lediglich vergoldet ist.

- **Vergoldeten Schmuck** reinigt man nur mit Seifenwasser.
- **Reines Gold** säubert man mit etwas Backpulver, das man auf einen feuchten Wattebausch gibt. Danach abspülen.
- Man kann **matten Goldschmuck** mit Zwiebelsaft einreiben, damit er wieder glänzt. Nachpolieren nicht vergessen!
- **Verschmutzten Goldschmuck** mit einer Lösung aus 2 El Salmiakgeist und 1 l Wasser reinigen, danach abspülen und trocknen. Bei starker Verschmutzung mit einer Lösung aus 1 El Spiritus und 1 l Seifenwasser abwaschen, dann mit klarem Wasser spülen und abtrocknen.
- Goldschmuck **schützt man vor dem Verkratzen**, indem man die einzelnen Stücke zur Aufbewahrung in weiche Papiertücher einschlägt.

Beläge auf filigranem Silberschmuck entfernt man mit einer weichen Zahnbürste, auf Edelsteinen zusätzlich mit Zahnpasta.

Silber

Silber oxidiert, insbesondere wenn das Schmuckstück über längere Zeit nicht getragen wird.

- Um die **Oxidationsschicht** vom Silber zu **entfernen**, kleidet man einen tiefen Teller mit Alufolie aus, legt den Schmuck hinein, bestreut ihn mit Salz und gießt kochendes Wasser darüber. Nach einer Stunde nimmt man das Schmuckstück heraus und reibt es so lange, bis es blitzblank glänzt.
- Als wirksamer **Anlaufschutz** dienen ein Silberputztuch oder auch eine Alufolie, in die man das Schmuckstück fest einwickelt.
- **Zur Reinigung** legt man Silberschmuck in einen Topf mit Wasser und 1/2 TL Spülmittel. Dann Inhalt langsam erhitzen und den Schmuck 2–3 Minuten „kochen" lassen. So löst sich jeder Schmutz leicht von selbst.
- **Silber glänzt wieder**, wenn man es über Nacht in Bier legt. Abspülen und anschließend polieren. Für schönen Glanz kann man Silberschmuck auch mit Kartoffelwasser übergießen, spült dann lauwarm nach und reibt den Schmuck mit einem weichen Lappen trocken.

Modeschmuck

- Zur **Reinigung** sollte man ihn nur mit einem feuchten Tuch abwischen, scharfe Reiniger könnten ihn beschädigen.
- Ist Modeschmuck **stark verschmutzt**, streut man Backpulver darüber und schrubbt ihn mit einer Zahnbürste ab. Anschließend abwaschen und trocknen.
- Glassteine erstrahlen wieder in vollem **Glanz**, wenn man sie zur Reinigung in Essigwasser gibt.
- **Dunkles Abfärben** auf Haut und Kleidung kann verhindert werden, indem man auf die Rückseite des Schmucks farblosen Nagellack aufträgt.

Edelsteine

- Harte Edelsteine **(Diamanten, Saphire, Rubine)** reinigt man mit einer Lösung aus 1 l Wasser und 2 EL Salmiakgeist oder badet sie kurz in reinem Alkohol. Dann abspülen.
- **Smaragde** nie in Wasser legen. Der eher weiche Stein hat manchmal Risse, in die Flüssigkeit eindringen kann.
- Die empfindlichen **Opale** mögen keine starken Temperaturschwankungen. Man poliert sie am besten mit einem Ledertuch. Fleckige Opale legt man über Nacht in Magnesiumpulver und bürstet sie mit einer weichen Bürste ab.
- Viele Edelsteine wie **Smaragde, Opale, Türkise** oder **Lapislazuli**, aber auch Perlen, vertragen keine Sonne. Beim Sonnenbaden sollte man sie daher ablegen.

Perlen

Häufiges Tragen ist die beste Pflege für Perlen, denn bei Hautkontakt behalten sie ihre Farbe und ihren Glanz.

- Haarspray, Hautcremes oder **Parfüm sofort abwischen**.
- Perlen dürfen **niemals mit Säure in Kontakt** kommen, sie lösen sich sonst auf.
- Perlen **reinigt** man mit einer weichen Bürste in einer milden Spülmittellösung. Abwaschen und eventuell wiederholen.
- Alle 2–3 Jahre kann man Perlen mit Olivenöl einreiben, um den **Glanz zu erhalten**.
- Ein kleines Samtsäckchen oder ein weiches Tuch gewährleisten **Schutz vor Kratzern**.

Bernstein

- **Verschmutzungen** entfernt man am besten mit lauwarmem Wasser, anschließend den Stein gleich abtrocknen.
- **Fettflecken** mit weißer Kreide überdecken, nach ein paar Stunden Einwirkzeit mit einem weichen Tuch abwischen.

Korallen

- Um sie zu **reinigen**, tupft man Korallen in Seifenwasser mit einem Leinenlappen ab. Danach spült man sie mit klarem Waser und poliert mit einem Ledertuch nach.
- Korallen **glänzen schön**, wenn man sie 2–3 Stunden in eine leichte Kochsalzlösung legt und anschließend trocken poliert.

Zu starke Wärme- oder Sonneneinwirkung kann den Aquamarin ausbleichen.

REINIGUNGSBAD FÜR GOLDKETTEN

1. Etwas Seife in warmem Wasser auflösen.
2. 1–2 TL Kalkpulver zugeben und umrühren.
3. In eine kleine Flasche oder ein anderes Gefäß mit Deckel füllen.
4. Die Goldkette in die Lösung legen, das Gefäß verschließen und 1 Minute gut durchschütteln.
5. Die Kette herausnehmen und mit klarem Wasser spülen.

Schuhpflege

Man sollte nicht unterschätzen, wie viel Feuchtigkeit unsere Füße jeden Tag abgeben. Deshalb sind Schuhe aus echtem Leder oder anderen luftdurchlässigen Materialien besonders gesund; sie sorgen dafür, dass die Füße atmen können und Fußpilz keine Chance hat.

Schuhcreme – selbst gemacht

Farblose Schuhcreme für glattes Leder lässt sich mit folgenden Zutaten im Handumdrehen selbst zusammenmischen:

150 g Vaseline
10 g Wachs
10 ml kochendes Wasser
5 g Seifenflocken.

Die Vaseline und das Wachs im Wasserbad schmelzen, anschließend das kochende Wasser und die Seifenflocken zugeben. Nun so lange mit einem Kochlöffel oder Stab umrühren, bis eine homogene Masse entstanden ist. Die Mischung in ein Glas oder in eine Dose füllen. Sie hält etwa ein halbes Jahr.

Schonende Aufbewahrung

- Schuhe sollte man **keinesfalls ineinanderstellen**, da sie sich sonst verformen und wegen schlechter Belüftung leichter Schimmel ansetzen. Am besten ist ein Schrank mit extra Schuhfächern.
- Schuhe **niemals in einen Plastikbeutel geben**, denn darin können sie nicht atmen; besser geeignet sind Stoffbeutel. Man kann Schuhe aber auch einzeln in aussortierte Strümpfe stecken.
- Damit Schuhe in Form bleiben, sollte man **Schuhspanner verwenden**. Da deren Anschaffung recht kostspielig ist, behilft man sich mit zusammengeknülltem Zeitungspapier, das man in einen alten Nylonstrumpf stopft, den man dann in der Länge des Schuhs verknotet.
- Steckt man einige Lagen zusammengerolltes **Zeitungspapier in den Stiefelschaft**, knickt er nicht um.

Neue Schuhe

- **Schuhe kauft man nachmittags**, weil am Morgen die Füße kleiner sind.
- Neue Schuhe sollten vor dem ersten Tragen unbedingt mit einer farblosen, Wasser abweisenden Creme dünn eingerieben werden. So lassen sich **Flecken vermeiden**.
- Wenn man neue Lederschuhe, vor allem dunkle, innen mit Essig einreibt, wird ein **Abfärben verhindert**.

- **Wenn ein neuer Schuh drückt**, so tränkt man einen Wattebausch mit Alkohol oder Essig, befeuchtet damit die drückende Stelle und zieht den Schuh einige Zeit an.
- **Schuhbänder halten länger**, wenn man sie einige Stunden in essigsaure Tonerde legt.
- Man erhält **widerstandsfähige Korkabsätze**, wenn man sie mit klarem Nagellack bestreicht.

Schuhe säubern und pflegen

Man benötigt eine härtere Bürste zum Säubern der Schuhe, mehrere weiche Lappen zum Auftragen der verschiedenen Cremes – für jede Farbe einen anderen – und zum Polieren eine weiche Bürste. Dabei verwendet man jeweils eine eigene für helle und dunkle Schuhe.

- **Lederschuhsohlen** halten länger, wenn man sie ab und zu mit Rizinusöl bestreicht. So weisen sie Wasser besser ab.
- Rizinusöl wirkt auch auf dem Schuh imprägnierend und sorgt für ein **geschmeidiges Oberleder**.
- **Flecken auf Glattlederschuhen** reibt man mit einer halbierten Zwiebel ab und poliert dann nach.

Lederschuhe cremt man immer abends ein, damit das Mittel über Nacht gründlich einwirken kann – morgens dann aufbürsten und polieren.

- **Hartes Kalbsleder** wird weich, wenn man es mit einer Mischung aus Wasser und Milch einreibt. Dann polieren.
- Ein **Pflegemittel für Lackleder** kann man leicht selbst herstellen, indem man Leinöl und Sahne im Verhältnis 1:2 mischt. Mit einem weichen Tuch einreiben und mit einem alten Nylonstrumpf nachpolieren.
- Einreiben mit rohem Eiweiß und danach mit etwas Wachs sorgt für **Hochglanz bei Lacklederschuhen**. Den gleichen Effekt erzielt man mit Vaseline. Altes Lackleder glänzt wieder, wenn man es mit einer halbierten Zwiebel abreibt. Immer gut nachpolieren!
- Im Winter sollte man Lackleder vor dem Tragen leicht anwärmen, **damit der Lack nicht springt**.
- Glyzerin **hält Lackleder elastisch**.
- **Wild-, Nubuk- und Veloursleder** reinigt man mit einer Krepp- oder Gummibürste.
- **Stärker verschmutzte Raulederschuhe** reinigt man mit einer milden Feinwaschmittellauge und reibt sie dann mit kaltem Wasser ab. Anschließend trocken tupfen und mit Zeitungspapier ausstopfen. Nach dem Trocknen gut ausbürsten.
- **Rauleder bleibt schön** und weist zudem Nässe und Schmutz ab, wenn man es zur Pflege mit einer Gummi- oder Kreppbürste aufraut.

Eingetrocknete Schuhcreme auf die Heizung stellen, damit sie wieder geschmeidig wird.

- **Flecken auf Raulederschuhen** lassen sich behutsam mit einem Radiergummi entfernen.
- Zur **Imprägnierung von Wildlederschuhen** mischt man 15 ml Glyzerin mit 15 ml Obstessig und 70 ml Wasser, füllt alles in eine Sprühflasche und besprüht die Schuhe vorsichtig damit.

Alltägliche Probleme

- **Nass gewordene Schuhe** stopft man mit zusammengeknülltem Zeitungspapier aus. Keinesfalls dürfen Schuhe neben der Heizung trocknen; das Leder wird sonst rissig und spröde. Nach dem Trocknen befreit man sie mit einer Bürste von Schmutzresten – auch unter der Sohle – und reibt sie anschließend mit Schuhcreme ein. Nachpolieren.
- **Unschöne Schnee- oder Wasserränder** an Glattlederschuhen reibt man mit einer Zwiebelhälfte oder etwas Zitronensaft ein. Das Ganze kurz einwirken lassen und dann abbürsten. Bei Wildlederschuhen rubbelt man die Ränder mit Salz ab.
- **Weiße Stoff- oder Leinenschuhe** werden wieder wie neu, wenn man eine Mischung aus Schlämmkreide und Milch auf die Schuhe streicht. Gut eintrocknen lassen und dann ausbürsten.
- Die **Enden ausgefranster Schuhbänder** taucht man in farblosen Nagellack oder umwickelt sie mit Klebestreifen; dann lassen sie sich wieder einfädeln.
- Gegen **verschwitzte Schuhe** hilft Talkumpuder. Einstreuen, über Nacht einwirken lassen und danach wieder gut ausschütteln. Mit Talkumpuder kann man auch das Pelzinnenfutter von Schuhen reinigen.

Damit Schuhe nach dem Tragen austrocknen können, sollte man sie täglich wechseln und in einem gut durchlüfteten Schuhschrank aufbewahren.

Silber pflegen

Tafelsilber, Silberbesteck und Dekorationsgegenstände aus diesem Edelmetall sind schön anzusehen, sofern sie glänzen. Da Silber aufgrund des Schwefelgehalts in der Luft jedoch leicht anläuft, erfordert es einen gewissen Pflegeaufwand.

Putzmittel und Anlaufschutz

1 Die angelaufenen Silberstücke in eine Plastikschüssel geben und einige Streifen Alufolie dazulegen.

2 4 TL Salz und 4 TL Soda oder Backpulver zufügen und mit kochendem Wasser übergießen.

3 Mindestens 30 Minuten einwirken lassen, dann die Silberstücke herausnehmen und mit einem weichen Tuch blank reiben.

Das A und O: die Aufbewahrung

- Silber immer **trocken verwahren**. Für Silberbesteck und anderes Tafelsilber eignet sich eine mit Samt ausgeschlagene Schublade. Sie sollte möglichst dicht schließen.
- **Alufolie** zum Abdecken der Gegenstände oder ein Stück **Kreide** in der Schublade sind ein guter Anlaufschutz.
- Für die Aufbewahrung von Silberbesteck bietet der Fachhandel **Wickeltaschen mit Fächern aus Filztuch** an. Filz lässt das Silber zudem nicht so schnell anlaufen.
- Um das Anlaufen zu verhindern, kann man Besteck auch in **dicht verschlossene Plastiktüten** legen. Starke Temperaturschwankungen sollte man vermeiden. Auch hauchdünnes **Einreiben mit Glyzerin** hilft.
- Besteck aus weichem Silber wird von härterem aus Edelstahl leicht zerkratzt; daher besser **getrennt aufbewahren**.

Erste Hilfe bei angelaufenem Silber

- Zeigt Silber **erste Anlaufspuren**, sollte man es sofort mindestens 30 Minuten in saure Milch (Milch mit einigen Spritzern Essig) oder in Buttermilch einlegen, dann abwaschen und mit einem weichen Tuch polieren.
- **Leichte Anlaufflecken** behandelt man mit einer Paste aus Stärkemehl oder Backpulver und Wasser. Die Paste lässt man einige Zeit einwirken, spült sie dann ab und poliert mit einem weichen Lappen nach.

Feine Verzierungen und Ränder am besten mit Zahnpasta und einem weichen Tuch säubern.

- **Stärkere Anlaufflecken** mit Salmiakgeist abreiben.
- **Großflächig schwarz angelaufenes Silber** wird mit einer Mischung aus Kreidepulver, Essig und Alkohol bzw. Salmiakgeist so lange bearbeitet, bis es wieder glänzt.

Silberbesteck und Tafelsilber

- Bei Kontakt mit **Ei, Brokkoli und Fisch** läuft Silber sofort an. Deshalb Besteck gleich abwaschen.
- **Eierflecken** auf Silber verschwinden ganz schnell, wenn man sie mit feuchtem Salz abreibt. Danach Besteck gut mit klarem Wasser abspülen.
- **Flecken auf silbernen Kaffeekannen** entfernt man mit feiner Stahlwolle und etwas Essig.
- **Teekannen** füllt man mit kochendem Wasser und gibt etwas Waschsoda hinzu. Über Nacht einwirken lassen und gut nachspülen.

Dekorationsgegenstände

- **Geprägte oder punzierte Stücke** reinigt man mit lauwarmem Seifenwasser und einem weichen Pinsel.
- Bei **Grünspan** hilft ähnlich wie bei Messing eine Behandlung mit 1 EL Salz auf 25 ml Salmiakgeist.
- Silberstücke mit **absichtlich geschwärztem Dekor** am besten nur mit einem Silberputztuch abreiben – dann bleiben geschwärzte Vertiefungen auch dunkel.

Spiegel- und Glasflächen

Sie ziehen Staub an, Schmutz und Kratzer fallen sofort ins Auge und jeder Fingerabdruck hinterlässt seine Spuren – trotzdem mag man auf Spiegel und Glasflächen in der Wohnung nicht verzichten. Gewusst wie, ist die Pflege gar nicht so problematisch.

Spiegel

- Spiegelflächen **nie zu feucht reinigen**, sonst könnten Reinigungsmittel auf die Rückseite gelangen und die Silberschicht beschädigen.
- Spiegel lassen sich gut **mit heißem Essigwasser säubern**.
- Alternativ kann man Spiegel auch **mit einer halbierten Kartoffel abreiben**, mit klarem Wasser nachspülen und zum Schluss polieren.
- **Streifenfreies Spiegelglas** erhält man, wenn man es mit abgekühltem, starkem schwarzen Tee abwischt und dann mit einem Leder nachpoliert.
- Reibt man Spiegel mit etwas Spiritus ab, sorgt das nach dem Polieren für tollen **Glanz**. Mit Spiritus lässt sich auch **klebriger Film von Haarspray entfernen**.
- Nach dem Duschen sind **beschlagene Spiegel** oft hinderlich. Abhilfe schafft kurzes Trocknen des Spiegels mit dem Föhn.
- **Spiegel beschlagen nicht**, wenn sie vor dem Duschen mit Rasiercreme oder Zahnpasta eingerieben und nachpoliert werden.
- Ständige direkte **Sonneneinstrahlung macht Spiegel blind**; daher einen Sonnenschutz vorsehen.
- **Blinde Spiegel** werden wieder klar, wenn man sie mit Magnesia und einem in Spiritus getränkten Lappen abwischt.

Glasflächen

- **Tischplatten glänzen** wie am ersten Tag, wenn man sie mit Zitronensaft einreibt. Mit Küchenpapier trocken reiben und mit Zeitungspapier polieren.
- **Kleine Kratzer** in Glasplatten werden mit etwas Zahnpasta wegpoliert.
- **Trockener Fliegendreck** wird am einfachsten mit Salmiakgeist abgewischt.
- **Wachs** lässt man fest werden und hebt es dann vorsichtig mit einem Klingenschaber ab. Den Rest entfernt man mit Spiritus.
- Eine **angeschlagene scharfe Kante** bei einer Glasplatte stellt eine Verletzungsgefahr dar. Trägt man auf die Kante klaren Nagellack dick auf, kann sich niemand mehr so leicht daran verletzen.
- Nach dem Abstauben reinigt man **Glasbildschirme** von Fernsehern und Computern mit etwas Spiritus. Einfach ein feuchtes Tuch damit beträufeln, den Bildschirm abreiben und polieren. Vorher sollte man allerdings die Gebrauchsanweisung lesen, um Schäden zu vermeiden.

Mit einer Lösung aus 2 EL Essig auf 500 ml Wasser gehören Streifen auf dem Spiegel bald der Vergangenheit an.

Teppiche und Teppichböden

Teppiche und Teppichböden erfreuen sich seit langem großer Beliebtheit, weil sie Wärme in den Raum bringen und Atmosphäre ausstrahlen. Jedoch stellt sich ständig die Frage: Wie geht man mit Schmutz oder Flecken um?

Groben Schmutz lässt man gut trocknen. Oft reicht es dann, wenn man ihn absaugt.

Entstauben

- **Staubsaugen** ist die einfachste Form der Teppichpflege. Man sollte regelmäßig und langsam saugen und vor allem nicht warten, bis der Schmutz schon zu sehen ist.
- Neue Teppiche sollte man im ersten halben Jahr nur mit einer Bürste **sanft ausklopfen**.
- Echte Perserteppiche nicht zu häufig und nur **bei reduzierter Saugluft absaugen**, damit die feinen Fasern nicht beschädigt werden.

Teppichreinigung

- Hin und wieder benötigt jeder textile Bodenbelag eine **feuchte Reinigung**. Maschinenwaschbare kleine Teppiche kommen in die Waschmaschine, die anderen reinigt man mit einer Feinwaschmittellauge von Hand und bürstet sie anschließend mit klarem Wasser aus. Teppiche hängt man zum Trocknen möglichst an der frischen Luft auf.
- **Reinigungspulver aus eigener Herstellung** leistet ebenfalls gute Dienste: Man mischt 3 EL Seifenflocken mit 500 g Kartoffelmehl oder Stärke, streut die Mischung auf den Teppich, arbeitet sie mit Bürste oder Schrubber gut ein und saugt sie anschließend ab.
- Zur **Schnellreinigung** und Auffrischung bestreut man Teppiche und Teppichböden mit feuchtem Salz. Man lässt es einige Zeit einwirken und saugt es danach wieder ab.
- **Natürliche Reinigung**: rohe Kartoffeln reiben und mit kochendem Wasser überbrühen. Nach 3 Stunden abseihen und mit der Masse den Teppich abbürsten. Trocknen lassen und absaugen.
- Ein **Bad im Schnee** ist für jeden Teppich eine Verjüngungskur. Dazu wird er mit der Florseite nach unten auf den nicht zu nassen Schnee gelegt und dann ausgeklopft – hinterher strahlt der Teppich wie neu.
- Zur **Auffrischung der Farben** reibt man einen Teppich mit Essigwasser ein. Wirkungsvoll ist auch eine Behandlung mit gut abgetropftem Sauerkraut. Man streut es auf den Teppich und reibt ihn damit ab. Die gröberen Stücke kehrt man mit dem Handfeger auf, den Rest saugt man gründlich ab.

Fleckenbehandlung

Auf den Teppich getropfte Flüssigkeiten saugt man sofort mit einem sauberen Tuch auf. Flecken bearbeitet man grundsätzlich von außen nach innen.

- Für die **Sofortbehandlung von Fett-, Obst-, Blut-, Rotwein- und Kaffeeflecken** löst man etwas Gallseife in Wasser auf und reibt den Fleck damit ein. Im Anschluss daran 2 EL Essig mit 2 EL Wasser verdünnen und die verschmutzte Stelle mit der Lösung abtupfen.
- Frische **Kaffee- oder Blutflecken** kann man auch mit Mineralwasser behandeln. Anschließend abtrocknen und mit dünner Salmiaklösung betupfen.
- **Eingetrocknete Flecken** weicht man mit Glyzerin auf, bevor man sie weiterbehandelt.
- Hat man **leichte Brandflecken**, bei denen der Teppichflor noch nicht zerstört ist, hilft folgende Behandlung: 250 ml Essigessenz mit 50 g Talkumpuder und 2 grob gehackten Zwiebeln aufkochen. Abkühlen lassen, auf den Fleck geben und trocknen lassen, dann Reste abbürsten.
- **Bei Brandlöchern** hilft nur eines: Man schneidet mit einer Rasierklinge an einer versteckten Stelle Fasern aus dem Teppichflor, gibt etwas Alleskleber ins Brandloch und verteilt die Fasern darin. Während des Eintrocknens beschwert man die Stelle.
- Mit Salmiaklösung reibt man **Grasflecken** ab und behandelt den Fleck dann mit klarem Wasser nach.
- **Fett- oder Ölflecken** bestreut man mit Roggen- oder Maismehl. Etwas einwirken lassen, abbürsten und mit klarem Wasser die Reste entfernen.
- Auf **frische Rotweinflecken** streut man Salz. Sobald es die Flüssigkeit aufgenommen hat, saugt man es weg und betupft den Fleck mit Mineralwasser.
- **Weißweinflecken** reibt man mit warmem Wasser ab und behandelt sie dann mit Gallseife und Essigwasser nach.
- **Schokolade** nimmt man vorsichtig mit einem Messer auf, dann reinigt man die Stelle mit kaltem und zuletzt mit warmem Wasser.
- Klebt **Kaugummi** auf dem Teppich, legt man eine mit Eiswürfeln gefüllte Plastiktüte darauf oder besprüht die Stelle mit Trockeneisspray aus der Apotheke. Der Kaugummi wird dadurch brüchig und kann abgekratzt werden.

Was man sonst noch wissen sollte

- Zur **Vorbeugung gegen Abdrücke** bieten sich runde Plastikunterleger an, die einen etwas größeren Durchmesser haben als die Möbelfüße.
- Man kann **Druckstellen beseitigen**, indem man ein feuchtes Tuch auflegt und vorsichtig darüberbügelt, anschließend die Fasern gegen den Strich aufbürsten.
- **Teppiche verrutschen nicht**, wenn man Einmachgummiringe unter die Teppichecken näht, bei größeren Teppichen auch entlang der Seiten und in der Mitte.
- Mit einer Mischung aus 220 ml Weichspüler und 2,5 l Wasser, die man auf dem Kunstfaserteppich versprüht, lassen sich **elektrische Schläge verhindern**.
- **Teppichfransen liegen besser**, wenn man sie mit Stärke besprüht und mit einem Kamm glättet.
- **Strohteppiche werden nicht brüchig**, wenn sie ab und zu mit Salzwasser besprüht werden.
- Mit Backpulver lassen sich **Gerüche aus dem Teppich entfernen**. Man bestreut die Fläche, lässt das Backpulver eine halbe Stunde einwirken und saugt es dann ab. Bei hartnäckigen Gerüchen reibt man den Bodenbelag erst mit Essigwasser ab und verteilt dann das Backpulver.

MÖBELABDRÜCKE ENTFERNEN

1 Das Möbelstück anheben und so weit verschieben, bis der Abdruck für die Bearbeitung gut zu erreichen ist.

2 Eiswürfel auf die eingedrückten Fasern legen, damit sie aufquellen. Anschließend darübersaugen, damit sich der Flor wieder aufstellt.

TEXTILIEN FÄRBEN

Abgetragene Kleidungsstücke oder Wäsche mit Grauschleier bekommen neuen Pep, wenn man sie einfärbt. Neben synthetischen Mitteln kennt man dafür seit Jahrhunderten ebenso effektive Naturfarbstoffe, die oftmals in Garten oder Haushalt vorhanden sind.

Helle Stoffe lassen sich besser färben als dunkle.

KLEIDUNG MIT PFLANZEN FÄRBEN

1 200 g Pflanzenteile 1 Stunde in 2 l Wasser einkochen.

2 Unterdessen löst man pro 50 g Färbegut 10 g Alaun in 2 l Wasser auf. Textil ins Beizbad geben, dieses auf 70 °C erhitzen, abkühlen lassen.

3 Danach wird der gut ausgespülte Stoff 1 Stunde in den Pflanzensud gegeben und gekocht; zum Fixieren das Textil in Essigwasser einlegen.

Grundregeln des Färbens

Nur Naturfasern pflanzlicher Herkunft, also Baumwolle, Viskose, Leinen oder Halbleinen und auch Mischgewebe daraus, lassen sich färben. Synthetikfasern wie Polyester oder Polyacryl nehmen Farbe nicht an, wohl aber Mischungen aus Natur- und Synthetikfasern. Da nur die Naturfasern auf das Färbemittel reagieren, sollte deren Anteil bei mindestens 60 % liegen, damit die Farbe kräftig genug wird. Prinzipiell gilt:

- **Immer helle Stoffe dunkler färben**, niemals umgekehr, und Funktionsfasern wie Goretex, Mikrofasern oder mit Daunen gefüllte Kleidungsstücke gar nicht.
- Das Färben **mit synthetischen Farben** kann in der Waschmaschine erfolgen.
- Für das Färben **mit Lebensmitteln** verwendet man einen großen Topf – am besten aus Email.

Der Färbevorgang

- Beim **Färben in der Maschine** erhält man mit dem Farbpulver einer Packung für 1200 g Stoff einen mittleren Farbton, weniger Stoff wird dunkler. Den Stoff in die Waschmaschine geben und 150 g Färbesalz daraufstreuen. Das Pulver in 1 l Wasser auflösen und das Waschprogramm bei 40 °C starten. Nach Ende des Wasserzulaufs die aufgelöste Farbe zu- und 1 l Wasser nachgießen. Erst das Programm, danach einen Waschgang durchlaufen lassen.
- Zum **Färben im Topf** ermittelt man zunächst das Stoffgewicht. Pro 100 g Stoff benötigt man 2 l Farbbad. Man erhitzt Wasser auf 40 °C, gießt es in einen entsprechend großen Topf, löst die benötigte Menge Farbpulver (siehe Packungsangabe) darin auf und gibt pro Liter Wasser 1 EL Färbesalz zu. Zuletzt den Stoff 60 Minuten im Farbbad hin und her bewegen. Danach gut auswaschen.

Farben aus der Natur

Ausgehend vom Grundrezept (siehe Box) wird der Farbton bei höherem Pflanzenanteil und längerer Kochzeit intensiver.

- Eichenblätter – Dunkelbeige bis Oliv
- Heidelbeeren – Violett
- Kamillenblüten – Gelb bis Goldgelb
- Rote Bete – Karminrot
- Sauerampfer – Maisgelb
- Walnussblätter – Mittelbraun
- Zwiebelschalen – Ocker

Türen instand halten

Im Haushalt wird wohl kaum ein Gegenstand von so vielen Menschen täglich benutzt wie die Türen. So ist es kein Wunder, wenn sich nach geraumer Zeit einige Defekte und Ermüdungserscheinungen bemerkbar machen.

Rund ums Türblatt

- **Klemmt eine Tür** oben oder seitlich, dann ermittelt man die Stelle mit einem in den Falz geklemmten Stück Kohlepapier und bestreicht sie mit Paraffin. Klemmt die Tür, weil zu viel Farbe aufgetragen worden ist, muss diese vorsichtig entfernt werden. Die Kanten an Tür und Türstock werden zusätzlich etwas abgeschliffen und dünn lackiert.
- **Eine schleifende Tür** hebt man aus den Angeln und legt nach Bedarf eine oder mehrere Beilagscheiben in die Scharniere. Hat man gerade keine Beilagscheiben zur Hand, dann behilft man sich mit einem dicken Draht, den man um die Dorne der Scharniere wickelt. Einfetten, die Tür einhängen und den Draht abknipsen.
- Ist zwischen Tür und Rahmen zu viel Spiel, dann **klappert die Tür beim Schließen.** In diesem Fall stellt man die Beschläge nach, um den Abstand zwischen Rahmen und Tür zu verkleinern.
- Bei **undichten Türen** klebt man Dichtbänder in die inneren Falze. Die Dicke des Dichtbands ermittelt man mit Knetgummi im Türfalz. Beim Anbringen des Dichtbands muss man darauf achten, dass der Untergrund sauber und fettfrei ist. Auch muss das Band an jeder Kante neu angesetzt werden, damit sich die Tür leicht schließen lässt.
- **Zieht es durch die Außentür**, kann man sie in der kalten Jahreszeit mit einem dicken Türvorhang verhängen.

Schlösser und Beschläge

- **Lässt sich eine Tür schwer zuziehen**, kann dies am Türschnapper liegen. Bestreicht man seine schräge Fläche mit Grafit, z. B. aus einer Bleistiftmine, dann gleitet die Tür wieder leicht zu.
- **Wenn die Tür laut ins Schloss fällt**, dämpft man das Geräusch durch Einkleben von Filzstreifen in den Türfalz auf der Höhe des Schlosses.
- Man kann auch einen mechanischen Türschließer anbringen, **damit die Tür nicht knallend zufällt**.
- **Klemmt ein Türschloss**, spritzt man entweder flüssiges Schmiermittel direkt in den Zylinder ein oder trägt mithilfe eines Bleistifts etwas Grafitpulver auf den Schlüssel auf und schließt mit diesem dann mehrmals das Schloss auf und zu.
- Reibt man **schwer schließende Schlüssel** mit Kerzenwachs ein, gleiten sie wieder ganz leicht ins Schloss.
- **Türschlösser frieren nicht zu**, wenn man sie vor Wintereinbruch gründlich einfettet.
- **Bei quietschenden Türscharnieren** hilft in der Regel etwas Vaseline, Seife oder Wachs, das man auf die betroffenen Scharniere gibt. Dazu hebt man das Türblatt an und streicht vorsichtig etwas Gleitmittel zwischen die beiden Scharnierteile. Dann das Türblatt wieder einhängen und überschüssiges Gleitmittel mit einem Tuch abwischen.

Bei schweren Türen, deren Scharniere quietschen, spritzt man einfach etwas Nähmaschinenöl oder anderes flüssiges Schmiermittel ins Scharnier.

Ungeziefer vertreiben

Die einen sind unsichtbar, die anderen lieben dunkle oder feuchte Räume. Allen ist jedoch gemein, dass sie überaus lästig werden können und man die ungebetenen Gäste lieber heute als morgen los hätte. Dabei muss man nicht gleich zur chemischen Keule greifen, auch bewährte Hausmittel machen dem Ungeziefer Beine.

Gut zu wissen

So hält man Hund und Katze von Ungeziefer frei

Hunde sollte man nach jedem Spaziergang auf Flöhe oder Zecken untersuchen. In den Hundekorb legt man bei Verdacht auf Ungeziefer vorsorglich Walnussblätter. Sind Katze oder Hund befallen, dann mischt man 2 EL Wermut mit 1 l Wasser, lässt die Lösung 2–3 Stunden ziehen und reibt das Fell des Tieres damit ab.

Ameisen

- Legt man **Gewürznelken** in der Wohnung aus, dann machen sich Ameisen meist von selbst aus dem Staub.
- Zieht man mit einem Stück **Kreide** einen Strich durch die Ameisenstraße, können die Tiere diesen nicht überqueren.
- Ameisen fressen ausgestreutes **Backpulver** und verfüttern es an ihren Nachwuchs. Es führt zum Platzen der Panzer.
- Auch eine Lösung aus **Zucker, Hefe und Wasser** wird von Ameisen gern gefressen und lässt sie platzen.
- Wirkungsvolle Köder sind **Honigwasser, Himbeerwasser oder Sirup**. In einem flachen Teller aufgestellt, werden die Ameisen davon angezogen und verenden darin.

Fliegen

- Am effektivsten ist es, **Fliegengitter** anzubringen, alle Lebensmittel im Schrank aufzubewahren oder abzudecken.
- Schalen mit **Essig**, der allerdings täglich erneuert werden muss, oder **Lavendelsäckchen** vertreiben Fliegen.
- Tischdecken sollte man in **Blau** bevorzugen, da Fliegen diese Farbe meiden.
- Der **Duft** von Basilikum, Pfefferminze, Lavendel oder Tomatenpflanzen wirkt ebenfalls gegen Fliegen.
- Belegt man vor dem Grillen das Fleisch mit **Zitronenmelisse oder Basilikum**, sucht jede Fliege das Weite.

Flöhe

- Haben sich Flöhe in Sofa oder Sessel eingenistet, dann stellt man einen **Eimer Wasser** vor das Möbelstück und rollt das Polster mit einer **Fusselrolle** in Richtung Eimer ab. Die Flöhe hüpfen ins Wasser und ertrinken.
- Im Kleiderschrank legt man **Zitronenscheiben** aus, um Flöhe zu vertreiben.
- Bei Flohbefall im Teppich bestreut man diesen mit **Salz**, lässt es einige Zeit einwirken und saugt den Teppich ab.
- Verträgt der Teppich Hitze, kann man ihn auch **abbügeln**.
- Für hartnäckige Fälle gibt es im Handel **Biosprays**.

Kellerasseln

- Stellt man im Keller eine Flasche mit **süßen Likör- oder Weinresten** auf, so krabbeln die Tierchen hinein und bleiben betäubt liegen. Man entsorgt sie dann mitsamt der Flasche und wiederholt die Prozedur falls nötig.
- Wenn Kinder im Haus sind, sollte man lieber auf **ausgehöhlte Kartoffeln oder Rüben als Lockmittel** zurückgreifen. Man legt sie aus und vernichtet sie mitsamt den hineingekrabbelten Asseln.

Mit Nelken gespickte Orangen auf dem Fensterbrett verhindern, dass Fliegen überhaupt erst in die Wohnung kommen.

Mäuse

- Bevor man zur Falle greift, kann man versuchen, die Tiere mit **Kamillenblüten oder Pfefferminze** zu vertreiben.
- **Pfefferminzöl oder Kampfer** haben den gleichen Effekt, auch der Geruch von **Terpentin** hält Mäuse fern.
- Vor jedem Gebrauch **Mausefallen mit heißem Wasser auswaschen** und den Köder (Speck, Käse) wechseln.

Milben

- Milben mögen weder frische Luft noch Helligkeit. Daher **Betten gründlich ausschütteln**, Decke aufschlagen.
- **Teppiche saugen** oder ausklopfen und öfter waschen.
- Teppichböden durch **Holzdielen oder Fliesen** ersetzen.

Motten

- **Getrocknete Zitrusschalen oder Zedernholzspäne** in kleinen Säckchen oder auch ein Stück Kernseife im Wäscheschrank schrecken Motten ab.
- Motten nisten sich nicht in viel benutzte Textilien ein. Deshalb sollte man alle **regelmäßig schütteln**.
- Von Lebensmittelmotten befallene Vorräte sofort entsorgen und die Küchenschränke **mit Essigwasser auswaschen**.

Mücken

- Aus der Wohnung hält man sie mit einem **Fliegengitter** fern, vom Schlafbereich mit einem **Moskitonetz**.
- Von Terrassen und Balkonen vertreibt man sie, indem man ein Tuch aufhängt, das zuvor mit einigen Tropfen **Nelken- oder Lorbeeröl** bespritzt wurde. Man kann das Öl auch in ein Schälchen geben oder in ein Öllämpchen füllen.

Pelzkäfer

- Regelmäßiges **Staubsaugen** verhindert, dass sich Haare und Fusseln ansammeln, von denen sich die Larven ernähren.
- **Parkettritzen versiegeln** und entlang der Fußbodenleisten **Neemöl versprühen** (Apotheke). Das führt zu Fressstopp und verhindert Wachstum und Vermehrung der Larven.

Schaben

- Bei geringem Befall hat sich als Lockmittel **ein mit Wein oder Bier getränktes Tuch** bewährt. Sitzen die Tiere darauf, übergießt man es mit kochendem Wasser.
- Zur Bekämpfung stellt man eine **Schüssel mit gekochten Kartoffeln**, abgedeckt mit Gras, in eine Zimmerecke. Die Schaben krabbeln hinein und man kann sie beseitigen.

Silberfischchen

- Man streut etwas **Gips auf feuchte Tücher**, legt diese nachts in Bad oder Küche aus und schüttelt sie am Morgen im Freien mit den darauf verbliebenen Tierchen aus.
- Mit einer **geriebenen Kartoffel** auf einem Stück Papier lockt man die Fischchen an; alles zusammen entsorgen.

Wespen

- Wespen suchen das Weite, wenn sie den **Geruch von erhitztem Essig** wahrnehmen.
- Spickt man **Zitronenscheiben mit Gewürznelken**, so hält das die Insekten ebenfalls fern.
- Für eine **Wespenfalle** füllt man enghalsige Flaschen mit einer Zuckerlösung oder verdünntem Obstsaft und etwas Spülmittel und Essig.

Motten bleiben von Textilien fern, wenn man Lavendelblüten in Säckchen füllt oder einen Strauß der Kräuterpflanze in Schrank und Ankleide auslegt.

WÄNDE SAUBER HALTEN

Saubere Wände und Zimmerdecken lassen einen Raum heller und freundlicher wirken und tragen so zu einem angenehmen Wohnklima bei. Wer sie regelmäßig reinigt, der kann sich so manche Renovierung und damit auch viel Geld sparen.

Ein sauberer Malerpinsel eignet sich gut zum Abstauben schwer erreichbarer Ecken von Holzverkleidungen.

Pflegeroutine

Damit Wände und Decken nicht so schnell verschmutzen und verrußen, entstaubt man sie regelmäßig.

- Haben Sie keinen Staubwedel zur Hand, können Sie ein **Staubtuch um einen Besen binden**.
- Damit Spinnweben besser hängen bleiben, **Staubwedel mit Wasser besprühen**.
- Spinnweben lassen sich mit der **Fugendüse des Staubsaugers** leicht aufsaugen.
- **Durchsichtige Klebefolie** schützt anfällige Bereiche um Lichtschalter vor Verschmutzung.
- Für eine Fleckentfernung sollten Sie an einer unauffälligen Stelle alle **Mittel und Methoden vorab testen**.
- Ob eine **Tapete scheuerbeständig** ist, darüber informiert das Etikett.
- Sollen Wände nass abgewaschen werden, auf jeden Fall den **Strom abschalten**.

Unverputzte Flächen

- Unverputzte Wände ab und zu **mit einer Wurzelbürste** abbürsten und den abgelösten Mörtel auffegen.
- Bei unverputzten Wänden ist eine **Nassreinigung ungeeignet**, da in das poröse Mauerwerk leicht Feuchtigkeit einzieht und dann Schimmelpilze entstehen können.

Stuck

- Stuckleisten und -verzierungen **regelmäßig abstauben**, am besten mit einem Staubwedel. Bei besonders verschnörkelten Ecken und Rundungen erleichtert ein weicher Pinsel diese Arbeit.
- Bei Stuck erfolgt eine **Nassreinigung nur bei Bedarf**. Zuerst überprüft man, ob der Stuck fest genug ist. Anschließend besprüht man ihn mit ein wenig Seifenwasser, um auch die Ritzen zu erreichen. Danach mit klarem Wasser nachsprühen und sämtliche Flüssigkeit mit einem Frotteetuch auftupfen.

Gestrichene Flächen

- Verschmutzungen oder Flecken auf Wänden, die mit **Dispersions- oder Ölfarbe** gestrichen sind, kann man mit etwas Spülmittellauge entfernen. Kugelschreiber- oder Fettflecken tupft man am besten mit Terpentinersatz vorsichtig ab.
- **Mit Latexfarbe gestrichene Wände** wischt man mit Spülmittellauge ab, der einige Spritzer Salmiakgeist zugegeben wurden. Rund um die Lichtschalter ist ein weicher Scheuerschwamm hilfreich. Mit klarem Wasser nachwischen und trocken tupfen.

- **Mit Lackfarbe gestrichene Wände** nicht zu feucht mit einem seifenfreien Reiniger von oben nach unten abwischen.
- Um mit **Strukturfarbe** gestrichene Wände zu säubern, gibt man dem Reinigungswasser pro Liter 1 TL Spülmittel und 2 EL Salmiakgeist zu. Dabei Handschuhe tragen!
- **Getünchte Wände** darf man auf keinen Fall feucht reinigen, da sonst die Farbe abgeht.
- Mit einem Radiergummi oder mit einem frischen Stück Weißbrot rubbelt man **Flecken auf gestrichenen Wänden oder Tapeten** ab.

Tapeten

- In stark frequentierten Räumen wie der Küche oder dem Treppenhaus empfiehlt es sich, **Stoff- oder Papiertapeten** mit einer farblosen Lasur zu überziehen, dann lassen sie sich leicht abwaschen. Gleiches gilt für Kinderzimmer und Bereiche rund um den Lichtschalter. Allerdings sollte man die Tapete zuvor auf ihre Farbechtheit hin prüfen. Damit man sie fachgerecht reinigen kann, empfiehlt es sich, die Pflegeanweisung aufzuheben.
- **Bei starken Verschmutzungen** ist es oft einfacher, die Tapete an der betroffenen Stelle zu entfernen und durch ein neues Stück zu ersetzen. Dabei den Flicken an den Rändern nicht überlappen, sondern anstoßen lassen.
- Vor allem **schutzbeschichtete Tapeten sowie Strukturtapeten aus Vinyl** staubt man immer zuerst ab. Erst dann wischt man sie mit einem feuchten Tuch, einem Schwamm oder einer weichen Bürste und warmer Spülmittellauge ab. Dabei gilt aber: nicht zu feucht werden lassen, mit klarem Wasser nachwischen und wieder gut abtrocknen.
- **Fettflecken auf Strukturtapeten** bestäubt man mit Talkumpuder, lässt ihn einwirken und bürstet anschließend den Puder wieder ab.
- **Stoff- oder Korktapeten nie durchnässen**, denn sie würden aufquellen. Am besten wischt man sie mit einem feuchten Tuch vorsichtig ab.
- Nach **Versiegelung von Korktapeten** mit mattglänzendem Lack kann man sie wie abwaschbare Tapeten behandeln.
- **Grastapeten oder Rupfen** – ein Leinengewebe aus Jute- oder Flachsgarnen – saugt man ganz vorsichtig auf niedriger Stufe mit dem Staubsauger ab. Auf eine feuchte Reinigung verzichtet man besser.

Paneele

- **Gewachste Flächen** dürfen keinesfalls zu nass werden. Ansonsten behandelt man sie auf die gleiche Weise wie gewachste Böden oder Möbel.
- **Versiegelte, gestrichene oder lackierte Paneele** wischt man mit Seifenwasser ab. Scheuerpulver ist tabu, da es unschöne Kratzer hinterlässt.
- Einmal im Jahr kann man **farblos lackiertes Holz** mit Möbelpolitur behandeln.
- Haben sich **Schimmelflecken** auf Holzverkleidungen gebildet, föhnt man diese trocken und schrubbt sie mit einer weichen Bürste ab. Bei dieser Arbeit unbedingt einen Mundschutz tragen. Zu guter Letzt poliert man mit einem weichen Tuch und einer Möbelpflege nach.
- **Schichten von Politur** entfernt man mit feiner Stahlwolle und Terpentinersatz. Dabei reibt man sachte entlang der Maserung.

FETTFLECKEN AUF TAPETEN ENTFERNEN

1. Man legt zunächst saugfähiges Papier auf den Fettfleck oder die Wachsmalkritzelei.
2. Dann fährt man mit einem nicht zu heißen Bügeleisen darüber, und zwar so lange, bis der Fleck verschwindet. Zwischendurch das Papier verschieben und gegebenenfalls auswechseln.
3. Restflecken tupft man sehr vorsichtig mit Terpentinersatz ab oder reibt sie mit einem Tuch und Natron weg.

Wäsche fachgerecht pflegen

Saubere Wäsche erhält man heute per Knopfdruck. Mit ein paar Handgriffen erledigt man, was vor wenigen Jahrzehnten noch harte Arbeit war. Doch schon damals wusste man sich mit kleinen Tricks zu helfen, die heute noch Energie sparen und die Umwelt schonen.

Natürliches Bleichmittel

4 gehackte Zwiebeln
25 g geraspelte Kernseife
1 l Essig
100 g Holzasche

Zwiebeln und Kernseife mit Essig und Holzasche mischen und in einem Topf aufkochen. Die Mischung gibt man in eine Schüssel und legt gerade so viel Wäsche hinein, dass diese bedeckt ist. Man weicht sie 12 Stunden ein und wendet sie dabei immer wieder. Dann ausspülen und wie gewohnt waschen. Auch die Sonne wirkt hervorragend als Bleichmittel.

Die Umwelt schonen und Energie sparen

Mit einer energieeffizienten Waschmaschine und folgenden Grundregeln wird Wäsche umweltfreundlich sauber.

- **Waschmittel nicht überdosieren** und nie mehr verwenden, als vom Hersteller empfohlen.
- Den **Härtegrad berücksichtigen** – je weicher das Wasser ist, desto weniger Waschmittel ist nötig. Den Härtegrad erfährt man beim zuständigen Wasserwerk.
- Nur **mit gut gefüllter Trommel waschen**. Das schont die Maschine vor allem beim Schleudern.
- Ein normaler Haushalt ohne Kleinkinder oder kranke Menschen kommt **ohne Kochwaschgang** aus, denn auch bei 60 °C wird Wäsche hygienisch sauber.
- Bei normal verschmutzter Wäsche ist **Vorwäsche unnötig**.

Vorbereitung der Wäsche

- **Vergilbte oder vergraute Wäschestücke** weicht man zunächst mit einem natürlichen Bleichmittel ein.
- **Empfindliche Wäschestücke** packt man zum Waschen in einen Stoffbeutel oder einen alten Kissenbezug.
- **Reißverschlüsse** werden vor dem Waschen geschlossen und mit Bleistift oder etwas Fett eingerieben, damit sie hinterher nicht klemmen. **Knöpfe** werden vor dem Waschen geöffnet, **Taschen** nach außen gestülpt.
- **Flecken entfernen** sollte man, wenn möglich, schon vor dem Waschen.
- **Stark verschmutzte Wäsche** weicht man vor dem Waschen über Nacht in Seifenwasser ein. Ein Schuss Terpentin in der Seifenlauge löst Schmutz noch besser.
- **Kragen und Manschetten** von Hemden und Blusen werden beim Waschen nicht immer sauber. Man reibt sie vor der Wäsche mit Gallseife oder mit einer Mischung aus 1 EL Alkohol und etwas grobem Salz ein.

Weichspüler

- Wenn man dem letzten Spülwasser 1 EL **Salz** zusetzt, wird die Wäsche wunderbar weich.
- Ebenso wird sie weich, wenn 1 Tasse **Essig** in den letzten Spülgang gegossen wird.

Weißwäsche

- Um besonders gute Waschergebnisse bei weißer Wäsche zu erzielen, kann man 1–2 Päckchen **Backpulver** in den Hauptwaschgang geben.

Arbeitskleidung immer separat waschen, damit sich der Schmutz nicht in anderen Wäschestücken festsetzt.

- Kochwäsche wird weiß, wenn man einige **Eierschalen oder Zitronenscheiben** in einem gut verschlossenen Wäschesäckchen mitwäscht.
- **Weiße Baumwollteile** kann man zum Bleichen auch in einem Zitronenwasserbad einweichen oder man gibt den Saft einer Zitrone mit in den Kochwaschgang.
- Verfärbte Weißwäsche legt man so lange in frische **Milch** ein, bis diese sauer geworden ist. Nachspülen und wie gewohnt waschen.

Buntwäsche

- Ein Schuss Essig im Waschwasser **verhindert das Abfärben** neuer farbiger Textilien.
- Bunte Wäsche wird farbenfroh, wenn man **Zucker** ins Spülwasser gibt.
- Buntwäsche sollte man zum Trocknen **nie in die pralle Sonne** hängen, da die Farben sonst ausbleichen.
- Will man Jeans vor dem Auswaschen schützen, legt man sie vor der Wäsche in eine **Salzlösung** (1 EL Salz auf 1 l Wasser) ein.
- Rote und blaue Stoffe behalten ihre Farbe weitgehend, wenn man sie in schwachem **Sodawasser** wäscht.
- Bunte Wäsche **nicht heiß stärken**, da sonst die Farbe auslaufen kann.

Spitzen, Samt und Seide

- **Blusen oder Kissenbezüge aus Naturseide** wäscht man von Hand mit einem speziellen Woll- oder Seidenwaschmittel. Anschließend gut ausspülen und dann tropfnass aufhängen.
- **Schwarze Seidenwäsche** behält ihren Glanz, wenn man sie mit schwarzem Tee und ein wenig Feinwaschmittel wäscht.
- **Farbige Seidenunterwäsche** wäscht man in einem handwarmen Sud aus Efeublättern und spült ausgiebig mit Salz-Essig-Wasser nach.
- **Rohseide** wäscht man durch Schwenken in warmem Seifenwasser. Das Kleidungsstück ohne Auswringen aufhängen und schließlich halb feucht bügeln!
- **Spitzen** bleiben weiß und steif, wenn man sie mit aufgekochter Milch anfeuchtet und dann bügelt.
- Damit **Samt** nach dem Waschen wieder schön glänzt, bürstet man ihn mit etwas Salz ab.

Wolle

- **Schweißgeruch** verschwindet, wenn man zwei Tücher mit einer Wasser-Salmiakgeist-Lösung tränkt, das Kleidungsstück dazwischenlegt und mit dem Bügeleisen dämpft.
- In einer Lösung aus Wasserstoffperoxid und kaltem Wasser (1:8) weicht man **vergilbte ungefärbte Schafwolle** über Nacht ein. Danach ausspülen und waschen.
- **Blanke Stellen** an Ellbogen mit einer Lösung aus 1 TL Salmiakgeist auf 500 ml Wasser aufbürsten.
- Als **Waschmittel für Wolle** – ob in der Maschine oder im Becken – eignet sich Haarshampoo hervorragend. Es greift das Gewebe nicht an und die Wolle verfilzt nicht.
- Einen **kratzenden Pullover** kann man 10 Minuten in ein Haarkurbad einlegen, damit er weich wird.
- **Wollsachen, die nicht geschleudert werden dürfen**, wickelt man in ein sauberes Handtuch und wringt sie leicht aus. Zum Trocknen legt man sie auf den Wäscheständer.

FETTIGE SAMTKRAGEN SÄUBERN

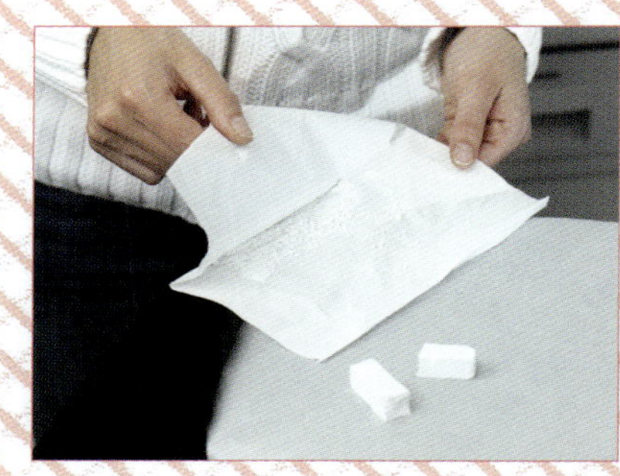

1 Kreidestücke zerreiben und auf ein saugfähiges Papiertuch streuen. Die Kreide ins Papier einfalten.

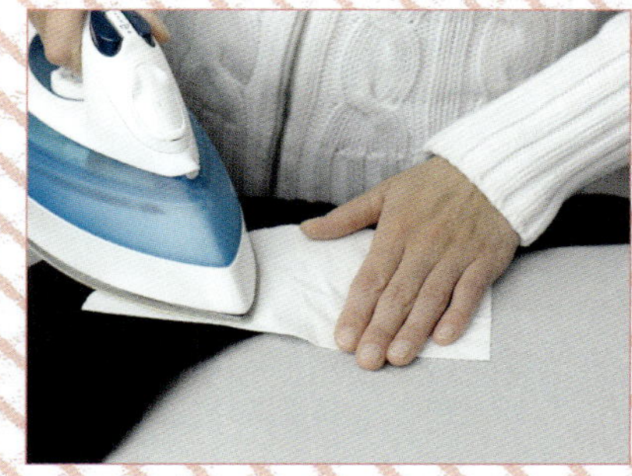

2 Das Papiertuch auf den Samtkragen legen und mit dem Bügeleisen überbügeln, bis der Fettschmutz aufgesogen ist.

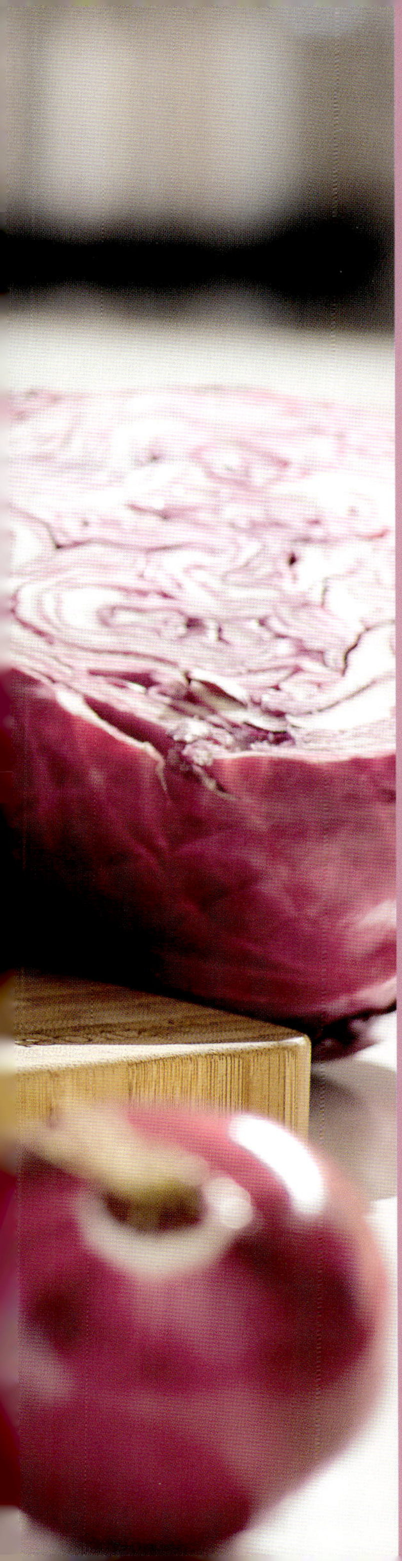

Küche

mit Tradition

Von Generation zu Generation hat sich immer mehr Wissen über Lebensmittel und ihre Verarbeitung angesammelt. Wie legt man Gemüse ein, wie behebt man kleine Kochpannen oder verwertet Reste und wie bewirtet man seine Gäste, ohne stundenlang in der Küche stehen zu müssen. Viele kleine Tipps von gestern helfen in der Küche von heute.

Alkoholische Spezialitäten

Seit Langem weiß man, dass Alkohol die Wirkstoffe und Aromen von Heilkräutern und Früchten einfängt und konzentriert. Zucker sollte die oft bittere Medizin versüßen. Heute genießt man Liköre und eingelegte Früchte einfach des Geschmacks wegen.

Das Obst darf keine faulen Partien oder Druckstellen aufweisen. Bei Himbeeren muss man besonders vorsichtig sein.

Was braucht man?

Bei der Herstellung von alkoholischen Spezialitäten achtet man auf frische und qualitätvolle Zutaten sowie auf saubere Utensilien und Zubereitung. Liköre und eingelegte Früchte füllt man in Flaschen bzw. Gläser, Rumtopf reift gut in einem Steinguttopf.

- Besondere Beachtung verdienen die **Gefäßverschlüsse**: Sie müssen sauber sein und gut schließen.
- Zum Ansetzen der Fruchtliköre benötigt man zusätzlich große **Einmachgläser mit einem weiten Hals**, die mindestens 2 l fassen können.
- Filtern Sie Liköre durch **Tee- oder Kaffeefilter, ein dünnes Leinentuch** oder ein **feines Metallsieb**. Man kann den Likör auch durch ein normales Sieb filtern, das mit 1 oder 2 Blatt Küchenpapier ausgelegt ist.
- Der **Zucker** wird in Form von Läuterzucker, als weißer oder brauner Kandis, als Kristallzucker, Zuckerrohrgranulat oder Honig zugesetzt. Je nach Konsistenz lösen sich die verschiedenen Zuckersorten mit der Zeit von selbst auf.
- Zum Ansetzen eines Likörs oder zum Einlegen von Früchten greift man zu **Weingeist** – 96%iger Alkohol aus der Apotheke, den man immer mit der gleichen Menge Wasser verdünnt – oder zu **Kornbrand**. Beide sind geschmacksneutral und lösen hervorragend die Aromen und Wirkstoffe aus festen Geschmacksträgern wie Wurzeln.
- Auch **gute Destillate** wie Wodka, Obstbrände, Tequila, ein milder Trester, Rum oder Weinbrand kommen infrage.
- Als Einlage für Fruchtliköre eignen sich besonders **gut saftende Früchte**, also Sauerkirschen, Johannisbeeren oder Erdbeeren. Setzen Sie Ihrer Phantasie keine Grenzen, auch aus Holunderbeeren, Schlehen, Mirabellen, Papayas oder Zitronenschalen lassen sich wunderbare Liköre herstellen.
- Verwenden Sie nur **unbehandelte Früchte**, da sie oft samt Schale eingelegt werden.
- Haben die gewünschten Früchte gerade keine Saison, nimmt man **Tiefkühlware**.

Grundrezept für Fruchtlikör

- Geben Sie die Früchte in ein großes Gefäß und zuckern Sie sie mit **etwa 250 g Zucker je 500 g Früchte** ein.
- Hat die Mischung Saft gezogen, den **Alkohol aufgießen**. Die Früchte vorsichtig **umrühren**, sie müssen danach vollständig bedeckt sein.
- Den Inhalt im verschlossenen Glas nach Geschmack **ziehen lassen**, dann filtern und abfüllen.

Variationen für Liköre

- Würzzutaten wie Vanille- oder Zimtstangen, Zitrusschalen, ein Stück Ingwer, Gewürznelken, Kardamom oder einige Tropfen Bittermandelöl verleihen den Likören **besondere Geschmacksnoten**.
- Wer es würziger mag, kann einen **Kräuter- bzw. Gewürzlikör** mit Fenchel, Nelken, Blutwurz, Koriander, Enzianwurzel, Pfefferminze, Anis, Ingwer, Zimtstangen, Wermutkraut, Kümmel, Löwenzahn oder Bitterklee ansetzen. Man übergießt 50–100 g Kräuter oder Gewürze mit 500 ml Alkohol, zuckert nach Belieben und filtert nach 2–3 Wochen ab. Lässt man den Zucker weg, erhält man einen Schnaps.
- Soll der **Likör nachgären**, kann man noch etwas hochprozentigen Schnaps oder auch reinen Alkohol zusetzen.
- Will man nach der Reifezeit einen **zu starken Likör ausgleichen**, gibt man entweder einige Früchte oder noch etwas Zucker dazu und lässt ihn nochmals ziehen.

Rumtopf ansetzen

Den Rumtopf setzt man im späten Frühjahr an und genießt ihn dann zur Weihnachtszeit. Die Früchte schmecken sehr gut zu Eis oder Cremedesserts.

- Im **Frühling** sollten Sie den Rumtopf mit Beeren und Kirschen ansetzen – 250 g Zucker auf 500 g Früchte – und die Mischung mit hochprozentigem Rum übergießen. Der gut verschlossene Topf wird dunkel und kühl gelagert.
- In **Sommer und Herbst** folgen andere Saisonfrüchte und, jeweils im Verhältnis 2 : 1, Zucker. Anschließend so weit mit Rum auffüllen, dass die Früchte gut bedeckt sind.
- Im **Oktober** würzen Sie den Rumtopf mit Zimtstange und Sternanis und lassen ihn dann noch etwas ruhen.

Eingelegte Früchte

In Alkohol eingelegte Früchte schmecken allein, als delikate Beilage zu Fleisch- und Wildgerichten oder als köstliche Ergänzung feiner Nachspeisen. Da die Früchte mit Alkohol durchsetzt sind, sollten Kinder sie nicht verzehren.

- Man rechnet **250 g Zucker pro 500 g Früchte**. Wer die Früchte intensiver mag, reduziert die Zuckermenge.
- Am besten verwendet man braunen oder weißen **Kandiszucker für ein besonderes Aroma**.
- Das vorbereitete Obst mit dem Zucker in die Gläser schichten und **mit Alkohol übergießen**.
- Nimmt man einen Fruchtbrand zum Ansetzen, sollten **Frucht und Brand harmonieren**.
- Beim Ansetzen von Früchten sollte man **billige Brände meiden**, sonst könnte der Geschmack enttäuschen.
- Den Alkohol kann man, soweit er nicht mitverzehrt wurde, **für Punsch verwenden**.

Die Früchte sollten vor der ersten Kostprobe 8–10 Wochen ruhen.

Nach 6–8 Wochen Reifezeit werden Fruchtliköre vorsichtig abgefiltert.

Gut zu wissen

Verkauf verboten

Anders als Schnapsbrennen unterliegt die private Herstellung von Likör, in Alkohol eingelegten Früchten und Ansatzschnäpsen keinen rechtlichen Einschränkungen. Der Verkauf ist allerdings verboten.

Brot selbst backen

Brot gehört seit langer Zeit zu den unentbehrlichen Grundnahrungsmitteln und hat sich in den vergangenen Jahrzehnten gleichzeitig zu einer variantenreichen Delikatesse gewandelt. Dabei bedarf es nur weniger Zutaten, um ein Brot im eigenen Backofen zu backen.

Sauerteigbrote lässt man 1–2 Tage liegen, sie schmecken dann besser und lassen sich leichter schneiden.

Außer Getreidemehl oder -schrot benötigt man Wasser, Salz und ein Treibmittel wie Hefe, Sauerteig oder Backpulver, um einen Brotteig herzustellen. Sämtliche Zutaten werden bei Zimmertemperatur verarbeitet. Je gründlicher und ausgiebiger der Teig geknetet wurde, desto lockerer und feiner wird die Krume. Außerdem muss man dem Teig Zeit geben, in Ruhe und bei einer gleichbleibenden Temperatur von etwa 22 °C zu gehen. Nicht die abgelaufene Zeit, sondern das eindeutig größere Teigvolumen bestimmt das Ende des Vorgangs.

Grundrezept für Hefeteige

Für ein Weizenbrot braucht man 500 g Weizenmehl oder Weizenschrot, 20 g Hefe, 1 Prise Zucker, 175 ml lauwarmes Wasser und 1 TL Salz.

- Will man den sogenannten **Hefevorteig herstellen**, verrührt man 5 EL Mehl mit der zerbröckelten Hefe, dem Zucker und dem Wasser in einer Schüssel und lässt das Ganze an einem warmen Ort **15–30 Minuten gehen**.
- Das übrige Mehl mit dem Salz darübersieben und **alles verkneten**, bis sich der Teig vom Schüsselrand löst.
- Dann wird auf der Arbeitsfläche weitergeknetet, bis sich der Teig **elastisch und trocken** anfühlt.
- Zu einer Kugel geformt in eine Schüssel legen, mit einem Tuch abdecken und **erneut gehen lassen**, bis sich das Volumen verdoppelt hat. Das dauert etwa 30–60 Minuten.

Bei größeren Mengen erledigt ein Handrührgerät oder eine Küchenmaschine das Kneten des Teiges schneller.

- Nach neuerlichem Durchkneten auf dem Backblech einen **Laib** formen und **30–60 Minuten gehen** lassen.
- Zuletzt den Laib **mit Wasser bestreichen** und bei 200 °C etwa 1 Stunde **backen**.

So gelingt der Hefeteig

- **Salz und Hefe vertragen sich nicht** und dürfen daher nicht unmittelbar zusammengeraten.
- Nach Geschmack kann man dem Teig **Gewürze zusetzen**: Koriander, Kümmel oder Pfeffer. Auch 1–2 EL Sonnenblumenkerne oder Leinsamen schmecken gut.
- Wenn man mit der Fingerspitze fest auf den Teig drückt und der Abdruck nach dem Wegnehmen des Fingers sichtbar bleibt, ist der **Gärprozess abgeschlossen**.
- Damit die beim Aufgehen entstandenen Luftblasen entweichen, muss man den Teig vor dem Formen **kräftig abschlagen**. Dann wird er vorsichtig mit dem Handballen für einige Minuten durchgeknetet.

- **Weicher Teig**, der zu lange gegangen ist, wird immer in einer Form gebacken, auf dem Blech läuft er auseinander.
- Für ein **Toastbrot** verwendet man feines Weizenmehl und nur 1/2 TL Salz und gibt den Teig in eine gefettete Kastenform. Zugedeckt 1 Stunde gehen lassen, dann mit einem spitzen Messer die Oberfläche längs einmal anritzen und bei 200 °C 40–50 Minuten backen.
- Hefeteigbrote schmecken **am besten frisch** und halten sich 1–3 Tage.

Grundrezept für Roggenbrot

Bei dunklem Mehl genügt Hefe als Treibmittel nicht: Man benötigt einen Sauerteig aus dem Reformhaus oder stellt ihn selbst her.

- Zum **Ansetzen eines Sauerteigs** löst man 20 g Hefe in 500 ml lauwarmem Wasser auf und vermengt dann 300 g Roggenbackschrot damit. Der Ansatz schäumt während des Gärens auf und muss gut zugedeckt 3 Tage bei Zimmertemperatur ruhen.
- Als **weitere Zutaten** mischt man 300 g Roggenbackschrot mit 300 g Roggenmehl und 400–450 g Weizenmehl sowie 1 EL Salz und 1 TL gemahlenem Koriander oder Kümmel.
- Dann 100 g Sauerteigansatz mit 42 g Hefe und 700 ml Wasser **verrühren**, mit der Mehlmischung **verkneten** und den Teig bei Zimmertemperatur 2 Stunden **gehen lassen**.
- Vollkornbrotteig wird durch **gemahlene Nüsse** nicht nur schmackhafter, sondern auch lockerer.
- Nach **einer Nacht im Kühlschrank** erneut gut durchkneten, zu Laiben formen und 1–2 Stunden **gehen lassen**.
- 20 Minuten bei 220 °C **backen**, dann die Temperatur auf 190 °C herunterstellen und weitere 60 Minuten backen.
- Zur **Garprobe** klopft man gegen die Unterseite des Brotes; es sollte dumpf und hohl klingen.
- Sauerteigbrote lässt man am besten im ausgeschalteten Backofen **auskühlen**.
- Sauerteigbrote **schmecken besser**, wenn sie 1–2 Tage alt sind. Roggenmischbrote halten sich 8–10 Tage, reine Roggenbrote noch länger.

Tipps fürs Backen

- Ein **Teig fällt zusammen**, wenn er nicht nach spätestens 3 Stunden gebacken wird.
- Zum **Brötchenformen** rollt man den Teig in einen dickeren Strang, schneidet ihn in Stücke und formt mit der hohlen Hand jedes Stück zu einem glatten Ball.
- Brot oder Brötchen werden **knusprig**, aber nicht hart, wenn man eine Schale mit Wasser in den Backofen stellt.
- Streicht man die Laibe mit Wasser oder Eigelb ein, **glänzen** sie schön.

Mohn, Sesam oder Leinsamen haben nicht nur einen dekorativen Zweck, die Brötchen schmecken auch besser.

Teige, die gehen müssen, lässt man in einer bedeckten Schüssel gehen, damit der Vorgang nicht durch Zugluft unterbrochen wird.

Spartipp

Aufgeschnittenes Brot trocknet nicht so rasch aus, wenn man es in ein Tuch einwickelt. Es hilft auch, eine geschälte Kartoffel oder einen halben Apfel in den Brotkasten zu legen. Brötchen vom Vortag kann man vor dem Aufbacken mit Wasser oder Milch einreiben, dann werden sie wieder wunderbar knusprig.

Brühen und Suppen

Brühen erhält man quasi als Nebenprodukt, wenn man Gemüse oder Fleisch, Fisch oder Geflügel in Wasser kocht. Für einen Fond hingegen werden Knochen, aromatisches Gemüse und Gewürze stundenlang eingekocht. Beide dienen als Grundlage für vielerlei Suppen.

Bei einer klaren Suppe handelt es sich um eine Brühe, die nach Geschmack mit Einlagen wie Juliennegemüse, Ei, Nudeln, Fleischstückchen oder Klößchen versehen werden kann. Gebundene Suppen basieren oft auf Brühe oder Fond, sie werden allerdings mit einer Mehlschwitze, mit Sahne oder Crème fraîche eingedickt. Klassische Püreesuppen erhält man dagegen, indem man die gegarten Zutaten am Ende püriert.

Brühen

Verwenden Sie einen möglichst großen Topf, da die Zutaten schwimmen müssen.

- Für eine **einfache Fleischbrühe** benötigt man 375 g Rind- oder Geflügelfleisch, 2 Möhren, 2 Stangen Lauch, 1 Zwiebel, ein Stück Knollensellerie sowie Salz, Pfeffer und 1 Lorbeerblatt. Alle Zutaten in 1,5 l Wasser 30 – 40 Minuten sieden lassen.
- Nudeln, Graupen oder Reis werden als **Suppeneinlage** separat gekocht und später zugefügt, da die Suppe sonst rasch trüb wird.
- **Gewürze** wie Lorbeer, Nelken oder Sternanis gibt man am besten in ein Tee-Ei oder Mullsäckchen und hängt sie beim Kochen in den Topf.
- Für eine besonders **gehaltvolle Brühe** legt man die Zutaten ins kalte Wasser.
- Will man **das mitgegarte Fleisch verzehren**, z. B. als Tafelspitz, kommt es erst ins kochende Wasser.
- Etwas Cognac oder auch ein Schuss Essig im Kochwasser sorgt für **besonders zartes Suppenfleisch**.

Mit einer Handvoll frischer Kräuter verleiht man der Brühe den letzten Schliff.

Fonds

Für die Herstellung von Fonds benötigt man zusätzlich Fleischknochen oder Fischgräten und -karkassen.

- Geben Sie für **helle Fonds** pro Liter Wasser 750 g zerhackte Knochen, 1 Zwiebel, 1 Bouquet garni, Suppengrün, einige Pfefferkörner und 1 Knoblauchzehe in den Topf. Langsam zum Kochen bringen, dann 4 – 5 Stunden leise köcheln lassen und zuletzt abseihen.
- Für **dunkle Fonds** werden Knochen und Gemüse zunächst im Backofen geröstet.
- Fonds **dürfen nur sieden**, um flüchtige Aromen zu schützen. Außerdem werden sie sonst leicht trüb. Durch langes Sieden gehen die Vitamine und Mineralstoffe in die Flüssigkeit über.
- Ein Fond ist **fertig**, wenn er ein konzentriertes Aroma angenommen hat, Hühnerknochen sollten auseinanderfallen.

Im Sommer schmecken Cremesuppen wie diese Zucchinisuppe auch gekühlt ganz hervorragend.

- Für einen **Fischfond** mischt man 1,5 l Wasser mit 500 ml trockenem Weißwein und gibt Gemüse, Salz, Pfeffer, Petersilie sowie 1 kg magere Weißfischkarkassen hinzu. Aufkochen und 20 Minuten bei milder Hitze ziehen lassen. Der Fond wird bei längerer Garzeit bitter.

Tipps für Brühen und Fonds

Während des Garens bildet sich immer wieder Schaum aus geronnenem Eiweiß. Man sollte ihn regelmäßig abschöpfen und überschüssiges Fett entfernen.

- **Entfetten** Sie Brühe oder Fond durch Abschöpfen oder Absaugen mit Küchenpapier. Man kann sie auch abkühlen lassen und anschließend das an der Oberfläche erstarrte Fett mit dem Löffel abnehmen.
- Eine fertige Brühe klären Sie, indem Sie **geschlagenes Eiweiß** mit ihr aufkochen. Das Eiweiß bindet beim Gerinnen Schwebstoffe.
- Filtern Sie Brühe oder Fond zum Klären durch ein **Haarsieb** oder ein **Stofftuch**.
- Anfangs dürfen Sie nur **schwach salzen**, denn durch das Verdampfen der Flüssigkeit werden Brühen oder Fonds konzentrierter. Würzen Sie besser am Ende der Garzeit vorsichtig nach.
- Verwenden Sie **nur ganze Pfefferkörner**, aus der Mühle schmeckt Pfeffer nach langen Garzeiten meist bitter.
- Für Fonds greifen Sie zu **Petersilienstängeln**, ihr Aroma ist intensiver. Die Blätter werden bei langer Garzeit bitter.
- Im Kühlschrank sind Fond oder Brühe **2 – 3 Tage haltbar**, im Tiefkühlgerät bis zu 3 Monate.

Püree- und Cremesuppen

Für Püreesuppen wählt man vorzugsweise Wurzelgemüse, Hülsenfrüchte, Kartoffeln oder auch Kürbis. Nur nach gründlichem Garen verbinden sich die stärkehaltigen Zutaten und die Suppe wird schön sämig.

- Etwa 500 g Gemüse wird für eine **Püreesuppe** in Fett angedünstet und dann mit passenden Würzzutaten sowie Salz und Pfeffer in 1 l Wasser gegart. Durch ein Passiersieb streichen oder im Mixer pürieren und abschmecken.
- **Cremesuppen** werden nach dem Andünsten des Gemüses mit 1 – 2 EL Mehl angedickt und zuletzt mit 250 ml Sahne oder Crème fraîche verfeinert.
- **Zu dicke Suppen** verdünnt man mit Milch oder etwas Wasser, **zu dünne Suppen** bindet man am besten mit etwas Stärkemehl.
- Püreesuppen **verfeinert** man mit Sahne, Butter oder frischen Kräutern und reicht dazu Croûtons, gewürfelten Räucherspeck oder Grieben.
- Die Mehlschwitze und die Ablöschflüssigkeit müssen bei der Zubereitung einer Cremesuppe heiß sein, dann bilden sich **keine Klümpchen**.
- Eine Cremesuppe **wird sämiger**, je mehr Mehl man verwendet. Lässt man das Mehl vorsichtig durch einen Trichter in die Suppe laufen, wird die Suppe glatt. Man muss die Suppe allerdings **gut durchkochen**, damit sie nicht nach Mehl schmeckt.
- Um ein **Gerinnen zu verhindern**, werden säurehaltige Zutaten gründlich gegart, allerdings nur durch Sieden. Außerdem wird die Suppe in den Topf mit der Sahne gegossen und nicht umgekehrt.

FLEISCHBRÜHE

1 Man gibt das geputzte Gemüse, die Gewürze und zuletzt das Fleisch ins kalte Wasser. Das Wasser sollte alle Zutaten bedecken.

2 Nach dem Aufkochen köchelt die Brühe weiter. Einen Löffel zwischen Topf und Deckel legen, damit der Dampf abzieht.

3 Am Ende der Garzeit nimmt man das Fleisch heraus und gießt den Topfinhalt dann vorsichtig durch ein Sieb in einen zweiten Topf.

Einfrieren

Kaum ein Gemüse lässt sich so gut einfrieren wie Erbsen. Sie schmecken danach fast so gut wie frische.

Die Erfindung der Tiefkühltruhe revolutionierte die Lagerhaltung in der Küche: Seit es sie gibt, kann man fast alle Lebensmittel für längere Zeit lagern und gleichzeitig jederzeit die jeweils gewünschten Speisen auf den Tisch zaubern.

SO WIRD GEMÜSE BLANCHIERT:

1. 5–10 l Wasser zum Sieden bringen, dann das geputzte Gemüse ins kochende Wasser geben und aufkochen lassen.
2. Erbsen, Gurken, Paprika, Schwarzwurzeln und Spinat nach 2 Minuten, Grünkohl, Kohlrabi, Möhren, Lauch oder Sellerie nach 4 Minute herausnehmen und mit kaltem Wasser abschrecken.
3. Vor dem Verpacken gut abtropfen lassen.

So friert man richtig ein

Lebensmittel, die man einfrieren will, sollten unbedingt frisch sein oder im Fall von gegarten Speisen unmittelbar nach dem Abkühlen ins Gefriergerät gegeben werden. Auf keinen Fall bereits wieder aufgewärmte Gerichte noch einmal einfrieren.

- Zum Einfrieren verwendet man nur **feste Beutel, Kunststoffbehälter, Aluformen** oder **spezielle Gefrierdosen**.
- Kunststoffgefäße werden **nie bis zum Rand** mit Sauce, Suppe oder anderen flüssigen Lebensmitteln gefüllt, weil diese sich ausdehnen und den Deckel abheben.
- Gefrierbeutel sollte man **nur flach befüllen**, so gefriert der Inhalt schneller und die Beutel lassen sich besser stapeln.
- Um **Gefrierbrand** zu **vermeiden**, wird die Luft so weit wie möglich aus den Beuteln entfernt.
- Es ist sinnvoller, mehrere **kleine Mengen einzufrieren** und im Bedarfsfall zwei Packungen aufzutauen.

Welche Lebensmittel friert man wie ein?

- **Fleischportionen** sollten maximal 10 cm dick sein und höchstens 2,5 kg wiegen. Je nach **Fettgehalt** kann man Fleisch 6–12 Monate einfrieren. Mageres Fleisch hält sich länger, da sich Fett bei tiefen Temperaturen allmählich zersetzt und ranzig wird.
- Bei **Schnittwurst** verhindert Folie zwischen den Scheiben, dass sie verkleben. Sie darf 2 Monate ins Gefrierfach.
- Nur fangfrischen rohen **Fisch** einfrieren. Er muss zuvor geschuppt, ausgenommen und gewaschen werden. Nach maximal 6 Monaten verbrauchen.
- Das vorherige Blanchieren von **Gemüse** verhindert die Gefahr des Gefrierbrands. Gemüse hält sich bis zu 10 Monate.
- **Pilze, Rosenkohl oder Hülsenfrüchte** werden durch das Einfrieren sogar leichter verdaulich. Sie verlieren dadurch diejenigen Inhaltsstoffe, die oft Blähungen hervorrufen.
- **Beeren** legt man zum Einfrieren auf ein Backblech und füllt sie dann in Beutel um. Obst bewahrt man maximal 12 Monate im Tiefkühlgerät auf.
- **Mürbeteig** kann roh und gebacken eingefroren werden, Hefeteig lässt man vor dem Einfrieren einmal gehen.
- **Brot und Brötchen** lassen sich problemlos einfrieren und bleiben 3 Monate haltbar. Friert man Brot scheibenweise ein, kann man ganz nach Bedarf auftauen.

Was gehört nicht in die Tiefkühltruhe?

- Rohe oder gekochte **Eier** kann man nicht einfrieren. Eigelb und geschlagenes Eiweiß kann man in geeigneten Plastikdosen hingegen gut tiefkühlen.
- Mit Ausnahme von Käse gehören **Milchprodukte** nicht in den Gefrierschrank.
- **Exotische Obstsorten** mögen die Kälte nicht. Bananen bekommen eine braune Schale. Zitrusfrüchte werden fleckig.
- **Tomaten, Kartoffeln oder Zwiebeln** nehmen ebenfalls eine unappetitliche Farbe an oder werden weich.
- **Radieschen** verlieren ihren Geschmack und ihre typische knackige Beschaffenheit. **Blattsalate** fallen beim Einfrieren in sich zusammen.

Einkauf und Vorrat

Wer Lebensmittel mit Überlegung einkauft und aufbewahrt, spart bares Geld und kostbare Zeit. Eine detaillierte Einkaufsliste reduziert die Gefahr, unnötige Dinge oder zu viel zu erwerben. Das A und O jeder Vorratshaltung ist die regelmäßige Kontrolle.

Ordnet man die Einkaufsliste nach den verschiedenen Produktkategorien, ist der Einkauf deutlich schneller erledigt.

Den Einkauf planen

Frische, qualitätvolle und meist auch günstige Ware bekommt man direkt beim Erzeuger oder in Städten auf wöchentlichen Bauernmärkten. Wer sich außerdem an die Produkte der Saison und der Region hält, bekommt frischere Ware, schont seinen Geldbeutel sowie die Umwelt, da Transportwege entfallen.

- Die **Einkaufsliste** hängt in der Küche an einem gut sichtbaren Platz. Wenn etwas fehlt, kann man es sofort darauf vermerken. Zum Einkauf nimmt man sie mit.
- Ein **Speiseplan** für die anstehende Woche optimiert die Einkaufsplanung. Man kauft dann nur die nötigen Zutaten ein. Auf Angebote im Geschäft oder in der Reklame von Supermärkten sollte man allerdings flexibel reagieren.
- **Niemals hungrig einkaufen** gehen: Die Gefahr, zu unnötigen Produkten zu greifen, ist groß und man gibt mehr Geld aus als geplant.

Sorglos einkaufen

Damit die Einkaufsware keinen Schaden nimmt, packt man immer zuerst die haltbaren Waren in den Wagen oder Korb und darauf die Frischwaren. Für Tiefkühlprodukte gibt es spezielle Isoliertaschen. Achten Sie auch bei allen Produkten auf das Verfallsdatum.

- **Großpackungen** sind meist deutlich günstiger. Man kann sie auch mit Nachbarn oder Freunden teilen.
- Greifen Sie zu **Mehrwegverpackungen oder Nachfüllprodukten**, um Verpackungsmüll zu vermeiden.
- Unten in den Warenregalen finden sich meist die **preiswerten Artikel.**
- **Handelsklassen** betreffen Aussehen und Größe der Ware, nicht aber gesunde Inhaltsstoffe von Obst und Gemüse.
- Im Supermarkt sollte man **verpackte Frischware nachwiegen**. So mancher Kunde sortiert Obst und Gemüse gern ein wenig um.
- **Gefriertruhen** im Supermarkt sollten aufgeräumt und nicht mit dicken Eisschichten belegt sein. Die Waren dürfen keinen Gefrierbrand aufweisen.
- **Eingedellte Konservendosen** lässt man besser im Regal.
- **Keine Milchprodukte mit gewölbtem Deckel** kaufen, da der Inhalt dann meist verdorben ist.

In gut verschließbaren Plastikgefäßen sind Nudeln, Nüsse, Reis oder Zucker gut vor Schädlingen geschützt.

Spartipp

Auf dem Wochenmarkt kann man oft kurz vor dem Ende der Marktzeit günstige Angebote finden. Gerade vor dem Wochenende wird der Preis von Frischware oft deutlich herabgesetzt.

- Bei **Kefir** zeigt der gewölbte Deckel das unermüdliche Arbeiten der Gärmikroben an. Die Wölbung ist unbedenklich.
- **Frischen Fisch** erkennt man an klaren, prallen Augen, rot leuchtenden Kiemen und einer glänzend-feuchten Haut.
- Kräftig rot sollte **Rindfleisch** sein, **Schweinefleisch** hingegen rosarot.

Vorratshaltung

Lebensmittel müssen richtig gelagert werden, da Temperatur, Lichtverhältnisse und Feuchtigkeit ihr Aussehen sowie ihren Geschmack und Vitamingehalt beeinflussen und die Waren bei falscher Lagerung rasch verderben.

- **Langlebige abgepackte Waren** wie Trockenvorräte lagert man am besten in einem Vorratsschrank, in einer dunklen Vorratskammer oder einem trockenen Kellerraum.
- Auch **Konserven** müssen vor Feuchtigkeit und großen Temperaturunterschieden geschützt werden.
- In **Gläsern, Flaschen oder hellen Plastikbeuteln** abgefüllte Produkte müssen unbedingt dunkel gelagert werden.
- **Nachschub** verstaut man immer hinter schon vorhandenen Waren.

Gut gekühlt

Um die Haltbarkeit zu erhöhen, sollte jedes Lebensmittel an den richtigen Platz im Kühlschrank.

- **Leicht verderbliche Lebensmittel** wie Fisch, Fleisch, Wurst und zubereitete Speisen gehören in die kälteste Zone oberhalb des Gemüsefachs.
- **Milch, Milchprodukte und Käse** sowie **Halbkonserven** lagert man direkt darüber.
- Lebensmittel, für die eine leichte Kühlung ausreicht, wie etwa **Butter, Eier, Getränke oder Ketchup** sind oben oder in den dafür vorgesehenen Türfächern richtig aufgehoben.
- **Obst und Gemüse** bringt man am besten unverpackt in der Gemüselade unter.
- **Fleisch** wird ohne Verpackung, in einer Schüssel oder auf einem Teller mit Folie bedeckt, kühl gestellt.
- Im Kühlschrank lässt sich frischer **Fisch** maximal 1 Tag lagern, gegart hält er sich 2–3 Tage.
- **Eier** lagert man mit der stumpfen Seite nach oben, weil sich dort die Luftkammer befindet. So bleibt die Luft oben und die innere Haut löst sich nicht.
- Damit Schimmel nicht übergreift, trennt man **Schimmelkäse** von anderen Käsesorten.
- In der kühlen Jahreszeit kann man weniger empfindliches **Gemüse oder Obst** auch auf dem Balkon lagern. Vor Frost und direkter Sonneneinstrahlung muss es aber geschützt werden.

Im Stoffbeutel bleibt Brot lange frisch. Der Beutel beansprucht zudem wenig Platz.

Einlagern im Herbst

Früher diente ein Keller oder die kühle Speisekammer als Kühlschrank, um auch im Winter nicht auf Obst und Gemüse als Vitaminspender verzichten zu müssen. Auch heute lohnt es sich einzulagern, denn die Ware ist im Winter oft deutlich teurer.

Beste Voraussetzungen

Für die Einlagerung benötigt man lediglich einen kühlen, gut belüfteten Kellerraum oder eine frostsichere Garage. Die optimale Raumtemperatur beträgt 4–5 °C bei einer Luftfeuchtigkeit von 80–90 %.

- Ist der Keller nicht feucht genug, kann man einen oder mehrere **mit Wasser gefüllte Eimer** in den Raum stellen.
- In betonierten, trocken-warmen Räumen schaffen **Kisten mit feuchtem Sand** Abhilfe.
- Die **Stellagen** wäscht man vor dem Einlagern mit **Sodawasser oder Essig** ab, damit sich Schimmelpilzsporen nicht ausbreiten können.
- Man sollte nur absolut gesunde und **nicht beschädigte Früchte und Gemüse** einlagern. Insbesondere bei Chinakohl, Endiviensalat, Weiß- und Blaukraut sowie Wirsing konsequent kranke Blätter entfernen, um Krankheiten zu vermeiden.
- Während der Lagerung muss man Obst und Gemüse **regelmäßig kontrollieren** und verdorbene Stücke sofort aussortieren.

Der Obstvorrat im Keller

Außer Kernobst, Kirschen und Trauben sind die meisten Obstsorten für ein langes Winterlager im Keller ungeeignet, da sie bereits bei Temperaturen von 10 °C Kälteschäden erleiden. Lagern Sie Obst keinesfalls in einem Raum, in dem auch gärende Getränke, Sauerkraut oder Salzgurken im Fass aufbewahrt werden. Das würde dem Obst schaden.

- **Äpfel** legt man einzeln mit dem Stiel nach oben auf Holzstellagen. Die einzelnen Früchte sollten sich nicht berühren. So halten sich eingelagerte Äpfel nach der Erntezeit je nach Sorte bis Februar oder sogar bis in den März.
- Ebenso verfährt man mit **Birnen**. Sobald sie am Stielende auf leichten Daumendruck nachgeben oder sich verfärben, werden sie an einen wärmeren Ort gebracht. Innerhalb weniger Tage erreichen sie dann ihre volle Reife.
- Einzulagernde **Kirschen** muss man mit Handschuhen pflücken. Wenn man sie dann in einen Steintopf füllt und diesen mit einer Schweinsblase zubindet, können sie bis Weihnachten frisch bleiben.
- Auch **Weintrauben** lassen sich gut längere Zeit aufheben, solange sie frei hängen können. Vorher zupft man die faulen Beeren heraus und verschließt die Schnittfläche des Stiels luftdicht mit Siegellack.

Gemüse einkellern

- **Kartoffeln** lagert man am besten in einer auch von unten gut belüfteten Holzkiste oder in einem Drahtkorb. Sie müssen unbedingt im Dunkeln aufbewahrt werden, denn durch Lichteinwirkung entstehen grüne Stellen, die

Nüsse halten sich in einem luftdurchlässigen Sack an einem dunklen, kühlen Ort viele Monate.

gesundheitsschädlich sind. Betroffene Knollen sollten weggeworfen werden. Kartoffeln vertragen Temperaturen bis zu 2 °C, bei größerer Kälte in der Garage muss man sie mit Stroh oder Heu bedecken. Werden Kartoffeln falsch gelagert, verlieren sie ihren Gehalt an Vitamin C.

- **Kohlköpfe** werden nach Möglichkeit an den Strünken zusammengebunden, an Drähten oder Balken mit dem Kopf nach unten aufgehängt. Ansonsten lagert man sie gut belüftet auf Holzregalen, muss sie dann aber häufig kontrollieren und schadhafte Blätter entfernen.
- Auf einem Sandbett am Boden bewahrt man dagegen **Endivien und Wurzelgemüse** auf.
- **Tomaten** halten sehr lange frisch, wenn man sie lose und ohne dass sie sich berühren auf am Boden liegende Bretter legt. Man kann unreife Tomaten im Herbst auch mitsamt der Staude ausreißen und, an den Wurzeln zusammengebunden, in die Zugluft hängen. Dann reifen sie nach.

Gut zu wissen

Nicht jeder mag mit jedem

Vorsicht bei bestimmten Kombinationen im Lager: Äpfel, Birnen und Tomaten müssen weitab von anderem Obst und Gemüse aufbewahrt werden. Sie beschleunigen nämlich die Nachreife der anderen Früchte. Bei Kohl und Salat führt dies rasch zum Vergilben und Faulen der Blätter.

Einlagern im Garten

Wenn der Keller zu klein ist und eine Garage nicht zur Verfügung steht, kann man auch im Garten einlagern. Bevorzugen Sie einen schattigen Ort in Hausnähe.

- Kleinere Mengen an Gemüse oder Obst werden jeweils separat und sorgsam in Holzkisten gelegt und in sogenannten **Erdmieten** knapp unter der Oberfläche im Garten eingegraben.
- Schlägt man die Kisten zusätzlich mit kleinmaschigem **Hasendraht** aus, können Mäuse nicht eindringen.
- Die **Feuchtigkeit** im Boden hält die Ware frisch. Äpfel, Möhren oder Sellerie können einige Monate gelagert werden.

Möhren und anderes Wurzelgemüse lagert man in mit Sand gefüllten Kisten. Vorher muss man jedoch alle Blätter entfernen.

Manche lieben es eher trocken

Untauglich für das Kellerlager sind Sorten wie Knoblauch, Zwiebeln oder Zitrusfrüchte, die keine Feuchtigkeit vertragen.

- **Zwiebeln** lässt man nach der Ernte an einem möglichst warmen Ort trocknen. Dann flicht man die Knollen zu Zöpfen und hängt sie mit dem Kopf nach unten in einen luftigen, trockenen Raum.
- Auch **Knoblauch** kann getrocknet werden. Am besten schneidet man vorher einige Zehen auf, denn sie dürfen keinen grünen Kern enthalten.
- **Orangen oder Clementinen** gehören zwar zu den Exoten, lassen sich, eingewickelt in Seidenpapier, aber in trockenkalter Umgebung lange lagern.

Einmachen mit Pfiff

Obst oder Gemüse macht man im Einkochtopf, im Dampfkochtopf oder im Backofen ein. Entscheidend für das Gelingen ist das Herstellen eines Vakuums, mit dem das Eindringen von schädlichen Mikroorganismen verhindert wird.

Die Vorbereitung

Neben Gläsern benötigt man zum Einmachen von Obst oder Gemüse auch Küchenwaage, Messbecher sowie Schaumlöffel und Trichter, um das Einkochgut in die Gläser zu füllen. Ein Glasheber erleichtert das Herausnehmen der Gläser aus dem heißen Wasser. Vergessen Sie auch die Etiketten zum Beschriften der fertigen Gläser nicht.

- Am besten eignen sich **spezielle Einweckgläser** mit Gummiring, Glasdeckel und Federklammer.
- Man sollte alle Einmachgläser auf **Schrammen und Splitter kontrollieren**.
- Die **Gummiringe** zum luftdichten Verschließen der Gläser untersucht man auf brüchige Stellen.
- Vor dem Einwecken die Gläser und Ringe in **Essigwasser auskochen** und zum Abtropfen kopfüber auf ein Geschirrtuch stellen.

Kompott bietet auch gesundheitliche Vorteile. Säureempfindliche Menschen vertragen es besser als Frischobst.

- Man kann die Gläser auch **im Backofen sterilisieren**; dazu stellt man sie auf einem mit Küchenpapier ausgelegten Blech für 10 Minuten in den auf 160 °C vorgeheizten Backofen.
- Kocht man im Topf ein, sollten **alle Einmachgläser die gleiche Höhe** haben und den Topfrand nicht berühren.
- Je nachdem, ob das Einweckgut im Glas **mit kaltem oder warmem Wasser** aufgefüllt wurde, darf auch nur kaltes oder warmes Wasser in den Topf nachgegossen werden, weil die Gläser sonst springen könnten.
- Zum **Einkochen im Backofen** stellt man die Gläser auf einen Rost oder ein Blech. Nicht vorheizen.

Süße Früchte

Prinzipiell sind alle einheimischen Obstsorten fürs Einkochen geeignet und aufgrund ihres hohen, desinfizierenden Fruchtsäureanteils problemlos zu verarbeiten.

- 2 kg Früchte mit 1 l Wasser und 500 g Zucker zu einem **Sirup einkochen**.
- Je nach Zuckergehalt der Früchte passt man die angegebene **Zuckermenge** an, damit das Kompott einen ausgewogenen Geschmack erhält.
- Die gewaschenen und nach Bedarf zerkleinerten Früchte legt man in **Zitronenwasser**, damit sie nicht oxidieren.
- Das Obst schichtet man höchstens bis **2 cm unter den Rand** der Einmachgläser.

Die Blätter des Rotkohls sollten Sie vor dem Einkochen in kleine Streifen schneiden und bissfest garen.

Sehr nützlich sind spezielle Metallkörbe, in denen man die Gläser in den Topf oder Backofen gibt.

Spartipp

Statt Original-Einweckgläsern kann man auch gebrauchte Marmeladen- oder Gemüsegläser mit Schraubverschluss verwenden. Wichtig ist, dass diese luftdicht abschließen und keinerlei Beschädigungen aufweisen. Die Säure kann die Metalle angreifen und Stoffe freisetzen, die dann unter Umständen auf das Einmachgut übergehen. Vor dem Benutzen müssen Gläser und Deckel gründlich gereinigt und am besten ausgekocht werden.

- Dann die Gläser mit dem **Zuckersirup füllen**, verschließen und in den Topf bzw. den Backofen stellen. Obst kocht man bei 90 °C etwa 30 Minuten ein.

Gemüse einmachen

Besonders gute Ergebnisse erzielt man beim Einmachen von Gurken, Möhren, Paprika und Tomaten. Bohnen, Erbsen Kohl, Pilze oder Sellerie sind auch geeignet.

- Das Gemüse schichtet man in die Gläser, drückt es an und füllt es mit einer **kochenden Salzlösung** aus 1 TL Salz und 1 l Wasser auf.
- Die meisten Gemüse kochen bei einer **Temperatur** von 90–95 °C 90 Minuten ein. Kraut, Sellerie, Erbsen und Bohnen brauchen 2 Stunden, Tomaten und Gurken aber nur 30 Minuten bei 85 °C, sonst werden sie zu weich.
- Die **Einkochzeit** verringert sich, wenn man das Gemüse vorher blanchiert bzw. halb gart.

Fehlerdiagnose

- Wenn das eingelegte Gemüse **nicht knackig** ist, war die Salzlösung nicht stark genug.
- Hat sich das Einweckgut **dunkel verfärbt**, sollte man das nächste Mal destilliertes Wasser verwenden. Auch jodiertes Salz kann zu dunklen Verfärbungen führen.

Nach dem Einkochen

- Die **Federklammern** werden bei Einmachgläsern erst nach dem vollständigen Abkühlen entfernt.
- Bei **Schraubverschlüssen** wölbt sich der Deckel bei einem entstandenen Vakuum in der Mitte nach oben.
- Beim **Schnappverschluss** öffnet man den Verschluss vorsichtig und hebt das Glas am oberen Rand an, ein Vakuum muss das Gewicht halten.
- Ist **kein Vakuum** entstanden, stellt man das Glas in den Kühlschrank und verzehrt den Inhalt rasch.
- Einmachgläser, die **sich nicht öffnen lassen**, hält man kopfüber in einen Topf mit heißem Wasser. Dadurch wird der Innendruck kleiner und das Glas geht leicht auf.
- Eingemachtes Obst oder Gemüse kann man an einem dunklen, kühlen Ort **1 Jahr lagern**.

Kirschen werden vor dem Einmachen entstielt und vorsichtig entkernt, damit sie nicht zu viel Saft verlieren.

Essig und Öl mit Aroma

Aromatisierte Essige oder Öle bringen Abwechslung in den Speiseplan. Olivenöl mit Zitrusaroma verfeinert gebratenen Fisch, Kräuteressig gibt der Salatsauce den letzten Schliff.

Was man braucht

Beim Aromatisieren von Essig und Öl gelten die üblichen Gebote der Frische und Hygiene.

- Flaschen, Verschlüsse, Töpfe sowie andere **Utensilien** müssen **sauber** und die Kräuter oder andere **Zutaten frisch** und in einwandfreiem Zustand sein.
- Zum Verschließen von Öl- und Essigflaschen eignen sich **Kork-, Plastik- oder Glasverschlüsse**. Metall würde von der Essigsäure angegriffen.

Öle verfeinern

Am besten eignen sich Öle ohne Eigengeschmack, also mildes raffiniertes Oliven-, Sonnenbumen- oder Sojaöl.

- Die **Kräuter leicht zerdrückt und locker** in ein Einmachglas geben und mit Öl übergießen. Pro Liter Öl benötigt man etwa 150 g Kräuter.
- Das Öl sollte **2 Wochen ziehen** und einmal täglich umgerührt werden. Das Glas mit einem Musselintuch bedecken.
- Dann das Öl **durch das Mulltuch abfiltern** und in Flaschen füllen.
- Statt frischer kann man mit fast gleichem Resultat **getrocknete Kräuter** verwenden.
- Mit **Knoblauch, Chili oder Zitrusschalen** kann man Öle ebenfalls aromatisieren.
- Für aromatisierte Öle mit einem asiatischen Einschlag nimmt man als Basis **Erdnuss- oder raffiniertes Sesamöl**.
- Für **Basilikumöl** sollte man das Öl vor dem Übergießen der Kräuter auf 40 °C erwärmen.
- Ungeöffnet sind Öle etwa **1 Jahr haltbar** Eine Geruchs- und Geschmacksprobe zeigt, ob sie noch frisch sind.

Essig aromatisieren

Gute, klare Wein- oder Apfelessige mit mindestens 5 % Säure sind die beste Grundlage für aromatisierte Essige.

- Man lässt den **Essig sprudelnd aufkochen** und gießt ihn, sobald er auf 40 °C abgekühlt ist, über die zerdrückten Kräuter im Einmachglas. Glas gut verschließen.
- Für **2–3 Wochen ziehen** lassen und ab und zu schütteln. Anschließend abfiltern und in Flaschen füllen.
- Außer mit Kräutern und Kräuterkombinationen kann man Essig mit zahlreichen **Gewürzen** aromatisieren. Thymian und Estragon passen gut zu Knoblauch, Chili und Pfefferkörnern.
- Die Würzzutaten in ein kleines **Mullsäckchen füllen**, im Essig aufkochen und dann etwa 10 Minuten köcheln lassen.
- Für eine süße Note löst man im warmen Essig 2–4 EL **Zucker oder Honig** pro Liter auf.
- Ungeöffnet sind gewürzte Essige **mehrere Jahre haltbar**, sie reifen und werden mit der Zeit milder.

Chili-Essig

2 große milde Chilischoten
3 getrocknete scharfe Chilischoten
1 TL Pfefferkörner
1 in Streifen geschnittene Schalotte

Alle Zutaten mit dem erwärmten Essig übergießen und im verschlossenen Glas 2 Wochen ziehen lassen. Täglich schütteln. Danach durchsieben und abfüllen.

Zur Dekoration gibt man einige frische Kräuterzweige in die Flaschen.

Fleisch, Fisch und Geflügel

Gerade bei Fleisch, Fisch oder Geflügel hängt der Kocherfolg wesentlich von der guten Vorbereitung ab. Eine nächtliche Buttermilchbeize macht Fleisch ebenso zart wie das Beträufeln mit Cognac. Fisch und Geflügel gilt es stets gut zu waschen.

Welche Mengen sind richtig?

Bei der Zubereitung von Fleisch und Fisch muss man beachten, dass sie durch das Garen an Gewicht verlieren.

- Generell rechnet man bei **Fleisch** mit **200 g pro Person**, bei einer Keule mit Knochen eher 300 g.
- Je nach Größe eines **Brathähnchens** oder einer **Ente** werden 3 Personen davon satt. Eine **Gans** reicht meist für 6 gute Esser. Als Faustregel gelten **350 g pro Person**.
- Bei **Fischfilet** rechnet man mit **250 g pro Person**, bei **ganzen Fischen** mit **350 g**.

Speck macht den Braten nicht nur saftig, sondern verleiht ihm zusätzlich Geschmack.

Fleisch vorbereiten

Damit Fleisch zart und saftig bleibt, wird es geklopft, pariert oder mit Fett ergänzt.

- Schnitzel oder Steaks zwischen Schichten von Frischhaltefolie legen und mit der Teigrolle oder einem schweren Messer weich **klopfen**.
- Fleisch für Gulasch oder Geschnetzeltes lässt sich **leichter schneiden**, wenn man es 45 Minuten in den Gefrierschrank legt und dann in angefrorenem Zustand aufschneidet.
- Mit einem scharfen Messer den Braten **parieren**, d. h. von überschüssigem Fett, Sehnen und festem Bindegewebe befreien.
- Beim **Spicken** zieht man mehrere Zentimeter lange, bleistiftdünne Speckstreifen mit einer Spicknadel durch die obere Fleischschicht, sodass diese an beiden Enden etwas hervorstehen.
- Ein gewürzter Braten wird zum **Bardieren** mit dünnen Speckstreifen umwickelt. Dabei können auch andere Zutaten wie Trüffel oder Knoblauch unterlegt werden.

Fleisch panieren

Vor dem Ausbacken in Fett wird das Gargut in Mehl, dann in geschlagenem und gewürztem Ei und schließlich in Paniermehl gewendet.

- Ist kein Ei im Haus, können Sie stattdessen **Zitronensaft** verwenden. Die Panade haftet ebenso gut und das Gericht bekommt einen pikanten Geschmack.
- Semmelbrösel kann man durch gemahlene **Haselnüsse, Mandelsplitter** oder zerkleinerte **Cornflakes** ersetzen.
- Das Fleisch wird immer erst **kurz vor dem Braten paniert**, sonst bröselt die Panade ab.
- Die Fleischstücke sollten **im Fett schwimmen**. Verwenden Sie einen Löffel, um die nach oben zeigende Seite mit dem heißen Fett zu begießen.
- Zum **Absaugen von überschüssigem Fett** legen Sie die fertigen Stücke kurz auf Küchenpapier.

Zum Dressieren von kleinerem Geflügel kann man auch Zahnstocher verwenden. Das Geflügel behält die Form und die Füllung quillt nicht heraus.

Eine gute Fleischmarinade

Während des Marinierens dringen die verwendeten Aromen ins Gargut ein. Gleichzeitig zersetzt die Säure das Bindegewebe der Muskeln und löst die enthaltene Gelatine. Das Gewebe wird dadurch locker und zart und die Ausbreitung von Bakterien wird gehemmt. Die Marinade kann später als Saucengrundlage weiterverwendet werden.

- Für eine **einfache Marinade** verrührt man 75 ml Öl mit 5 EL Essig, 1 Prise Pfeffer und 1 Prise Zucker. Das Fleisch in ein tiefes Gefäß legen, mit der Marinade komplett begießen und im Kühlschrank ziehen lassen, ab und zu wenden.
- Mit **Salz** sollten Sie eher sparsam umgehen, um dem Fleisch nicht das Wasser zu entziehen.
- **Weitere Zutaten** wie Honig, Senf, Wein, Zitrone, Zwiebel, Gewürze, Kräuter oder Früchte wie Äpfel und Orangen können je nach Geschmack zugegeben werden.
- **Kalbfleisch oder Innereien** werden maximal 2 Stunden mariniert, andere Fleischsorten 3–4 Stunden. **Wild oder Sauerbraten** können 1–3 Tage in der Marinade ziehen.
- Bei **langen Marinierzeiten** wird dem Fleisch der Saft entzogen, man gart es daher in der Marinade.

Fisch vorbereiten

Wird ein ganzer Fisch serviert, schneidet man Seiten- und Rückenflossen ab und kürzt die Schwanzflosse v-förmig ein.

- Zum **Entschuppen** hält man den Fisch am hinteren Ende und schabt mit einem Messer mit Wellenschliff oder einem Entschupper vom Schwanz in Richtung Kopf.
- Komplizierter ist das **Entgräten**. Klappen Sie die Bauchhöhle auf und schneiden Sie die quer verlaufenden Gräten beiderseits vom Fleisch los. Dann wird die Mittelgräte an Kopf und Schwanz abgetrennt und zusammen mit den Bauchgräten vorsichtig herausgezogen.

Geflügel zerlegen, marinieren und füllen

Zum Zerlegen von Geflügel benötigt man ein scharfes Messer und eine Geflügelschere.

- Man legt das Geflügel auf den Rücken, **durchtrennt die Haut** zwischen Keulen bzw. Flügeln und Brust mit dem Messer und trennt dann die **Knochen mit der Geflügelschere** am Gelenk ab.
- Dann wird vorsichtig das **Brustfleisch** beiderseits des Brustbeins mit dem Messer herausgelöst.
- Helles Geflügel **mariniert** man in Weißwein mit vielen Kräutern, dunkles in Rotwein.
- Mit Olivenöl, Zitrone, Knoblauch und Kräutern bekommen Brathähnchen eine **mediterrane Note**.
- Für die **Füllung** von Geflügel eignen sich herzhafte Zutaten wie Hackfleisch, Gemüse und Maronen ebenso wie Äpfel, Birnen oder auch Trockenfrüchte.
- Zunächst wird die **Bauchhöhle** gesalzen und gepfeffert, dann die vorbereitete Füllung hineingegeben.
- Bei großen Vögeln füllt man auch durch das **Halsende**, damit sich die Füllung gut verteilt, und zieht dann die Halshaut über die Öffnung.

FISCH FILETIEREN

1 Man schneidet auf einer Seite des Rückgrats die Haut vom Kopf bis zum Schwanz ein und führt das Messer flach entlang der Mittelgräte.

2 Mit einem zweiten Schnitt löst man das obere Filet komplett von den Gräten und legt es auf die Seite.

3 In einem letzten Schnitt führt man das Messer flach unterhalb der Mittelgräte und löst sie so vom zweiten Filet.

Gäste bewirten

Die Planung einer Einladung hängt wesentlich davon ab, zu welchem Anlass man Gäste ins Haus bittet. Ob Cocktailparty, gepflegtes Abendessen oder gemütliche Runde bei Wein oder Bier – je besser der Gastgeber vorbereitet ist, desto sicherer ist Ihnen der Erfolg.

> **Gut zu wissen**
>
> Checkliste aufstellen
>
> *Oft gerät man als Gastgeber vor einer Feier ziemlich in Bedrängnis. Der Stress resultiert in der Regel aus dem unbestimmten Gefühl, dass noch so viel zu erledigen ist, ohne dass man eigentlich weiß, was. Eine Checkliste mit genauem Zeitplan hilft den Überblick zu bewahren. Dort werden alle Aufgaben aufgeführt und eine Spalte legt fest, wann sie erledigt sein müssen.*

Im Vorfeld der Einladung

Die Vorbereitungen beginnen lange vor dem Tag der Einladung. Wie lädt man ein, was wird gebraucht und wann kauft man ein?

- Nur bei Feiern im kleinen Kreis reicht der Griff zum Telefon. Bei größeren oder förmlichen Einladungen dagegen ist eine **schriftliche Benachrichtigung** angemessener.
- **Überlegen** Sie frühzeitig, **was Sie zusätzlich benötigen**: Brauchen Sie für eine größere Einladung wie einen Stehempfang Bistrotische und zusätzliche Gläser oder Geschirr?
- **Biertische und -bänke** können Sie leihen oder preisgünstig erwerben und mit Tischdecken und Sitzkissen aufwerten. Auch auf kleinem Raum entstehen so viele Sitzplätze.
- Steht die Einkaufsliste fest, können **Getränke und nicht verderbliche Lebensmittel** 1–2 Wochen vor der Feier besorgt werden – das verhindert Stress.
- Auch Tischkarten und Tischschmuck können Tage vor der Einladung vorbereitet werden, sofern keine frischen Blumen Bestandteil der **Dekoration** sind.
- 2–3 Tage vor der Einladung werden die **verderblichen Lebensmittel** gekauft und im Kühlschrank gelagert.

Auswahl der Gerichte

Ein gutes Menü richtet sich nach der Jahreszeit und dem entsprechenden Saisonangebot. Je mehr Gänge man vorgesehen hat, desto kleiner sollte man die Portionen planen und desto leichter sollten die einzelnen Speisen sein.

- Für **eine Cocktailparty** bereitet man **handliche Häppchen** vor, denn meist hat man nur eine Hand zur Verfügung.
- Um die Arbeit am Tag der Einladung zu erleichtern, nimmt man in die Menüfolge **Gerichte** auf, die sich 1–2 Tage **vorher zubereiten** lassen. Suppen, viele Desserts oder Salatsaucen werden dann im Kühlschrank aufbewahrt.
- Bei Einladungen ab 6 Personen sollte man **auf Kurzgebratenes verzichten**, damit man als Gastgeber nicht zu lange in der Küche steht – ein Braten, geschmortes Fleisch oder ein im Backofen gegarter Fisch sind besser.
- Ungeübte haben **maximal ein noch nicht erprobtes Gericht** in der Speisenfolge.

Am Festtag selbst

Am Tag der Einladung sollte man sich seine Zeit gut einteilen. Eine spezielle Checkliste für diesen Tag hilft dabei.

- Je früher Sie **den Tisch decken und dekorieren**, desto besser.
- In der Küche sollten **Schüsseln und Platten** bereitstehen und in der Nähe des Tisches das **Vorlegebesteck**.

Bei einer gelungenen Familienfeier plant man das Menü so, dass für alle Generationen etwas dabei ist.

- Bei Cocktailpartys stellt man **Getränke und Gläser** bereit und verteilt **Snacks** auf den Tischen.
- **Schwere Rotweine** öffnet man mindestens 2 Stunden vor dem Essen, damit sich das Aroma optimal entwickeln kann. Abhängig von Alter und Sorte karaffiert man sie.
- Den **Käse** für eine Käseplatte nimmt man 1–2 Stunden vor dem Servieren aus dem Kühlschrank. Auch er muss sein Aroma in der Wärme entfalten.
- Kurz vor Ankunft der Gäste die **Kerzen entzünden** und ein letztes Mal kontrollieren, ob alles bereit ist.

Speisen garnieren

Kreativ gestaltete Kunstwerke aus Obst und Gemüse, Eiern, Käse oder Brot erfreuen das Auge und regen den Appetit an.

- Schneiden Sie von einer **Tomate** oben zwei Stücke weg, so dass in der Mitte ein kleiner Steg übrig bleibt, der wie ein Henkel aussieht. Für das Tomatenkörbchen nun das Kerngehäuse vorsichtig herauslösen und für einen guten Stand die Unterseite gerade abschneiden. Dann beliebig füllen.
- Von einer rohen, geschälten **Möhre** hobeln Sie feine Streifen ab und blanchieren sie. Dann in der Mitte der Länge nach einschneiden und ein schmales Ende durch den Schlitz zu einer Möhrenschleife ziehen.
- Schneiden Sie aus hart gekochten **Eier- oder Käsescheiben** mit kleinen Ausstechern oder einem spitzen Messer lustige Formen aus.
- Ein geputztes **Radieschen** schneiden Sie im oberen Drittel rundum fünfmal überkreuz ein und legen es dann in kaltes Wasser; es geht auf wie eine Rose.

Wenn die Gäste da sind

Mit einem vorbereiteten Aperitif begrüßt man die ersten Gäste und überbrückt damit die Zeit, bis alle eingetroffen sind. Hier bietet sich eine gute Gelegenheit, die Gäste miteinander bekannt zu machen.

- Kurz vor dem Servieren sollten die **Teller 5 Minuten in den warmen Backofen** gestellt werden, damit die Speisen beim Essen nicht so schnell abkühlen.
- Über aufgebackenes Brot oder frisch gekochte Eier legt man ein **Geschirrtuch**, damit sie warm bleiben.
- Beim **Einschenken von Getränken** wird das Glas nicht in die Hand genommen. Die Flasche wird frei gehalten und sollte nicht auf den Glasrand aufgelegt werden.
- Damit sich das **Aroma eines guten Weines** richtig **entfalten** kann, sollte ein Weinglas stets nur zu einem Drittel gefüllt werden. Zuerst schenkt man den Damen, dann den Herren ein. Zuletzt ist das Glas des Gastgebers an der Reihe.

Man karaffiert Weine spätestens 2 Stunden vor dem Genuss. Je jünger der Wein, desto früher füllt man um.

Gut zu wissen

Rotwein karaffieren

Junge Rotweine werden karaffiert, da sich ihr Aroma durch die Oxidation entfaltet und sie an Geschmeidigkeit gewinnen. Zum Karaffieren wird die Flasche entkorkt und der Wein vorsichtig in eine Karaffe gefüllt. Alte Weine hingegen dekantiert man, um Depot oder Bodensatz zu entfernen.

Getränke ohne Alkohol

Den Großteil seines täglichen Flüssigkeitsbedarfs nimmt der Mensch durch nicht alkoholische Getränke auf. Grundbestandteil aller Erfrischungsgetränke sowie von Kaffee und Tee ist das Wasser.

Als Dekoration sehen Zitronenscheiben und Minze- oder Zitronenmelisseblätter sehr hübsch aus.

Lebenselixier Wasser

Mineralwasser wird mit unterschiedlichem Gehalt an Mineralstoffen und Spurenelementen angeboten. Dieser muss auf der Flasche gekennzeichnet sein, ebenso wie die Tatsache, ob das Wasser behandelt, also enteisent oder entschwefelt wurde.

- Wasser schmeckt je nach **Mineralgehalt** unterschiedlich: Ein hoher Schwefelanteil macht das Wasser eher bitter. Natrium schmeckt eher salzig, Kalzium trocken und erdig. Bei 6–8 °C entfaltet sich der Geschmack von Mineralwasser am besten.
- Zu bevorzugen sind Sorten mit einem **geringen Natriumgehalt** von weniger als 100 mg/l und einem hohen Magnesium- und Kalziumgehalt von 50 bzw. 150 mg/l.

Limonade selbst herstellen

Erfrischungsgetränke sollen Durst löschen. Im Handel erhältliche Getränke enthalten oft viel zu viel Zucker.

- Für eine **hausgemachte Limonade** reibt man die Schale von 6 unbehandelten Zitronen dünn ab und kocht sie mit 125 g Zucker und 500 ml Wasser auf. Einige Minuten köcheln, abkühlen lassen und anschließend den Saft der Zitronen zugeben.
- Das Limonadenkonzentrat **filtern** und in eine Glaskanne gießen. Mit **Eiswürfeln** und kaltem Wasser auffüllen.
- Auch **Limetten oder Orangen** eignen sich hervorragend als Basis für Limonade.
- Mit **Honig, Ingwer oder Rosenwasser** bekommt die Limonade ein ganz besonderes Aroma.

Gesunder Aperitif mit Früchten

- Schneiden Sie für eine **Fruchtbowle** 500 g Früchte nach Wahl in Stücke und vermengen Sie sie mit dem Saft von 1/2 Zitrone und 50–100 g Zucker.
- Je nach Fruchtart und Zuckergehalt des Saftes passen Sie die **Zuckermenge** an.
- Eine Flasche **Apfel- oder Traubensaft aufgießen** und einige Stunden kühlen; zwischendurch mehrfach umrühren. Kurz vor dem Servieren eine weitere Flasche Saft und eine Flasche Mineralwasser zufügen.
- Sie können auch **Zitrusfruchtscheiben** einfrieren und diese statt Eiswürfel zugeben.

Wissenswertes über Tee

Tee bereitet man aus den Blättern des Teestrauchs oder Kräutern und Früchten sowie heißem Wasser zu.

Spartipp

Die Mär vom edlen Wasser stimmt nicht. Billige Mineralwässer sind nicht schlechter als teure. Der Griff zu einer bestimmten Marke ist reine Geschmackssache. Man sollte lediglich darauf achten, dass der Kochsalzgehalt möglichst gering ist, da zu viel Salz gesundheitsschädlich ist.

Um eine Bowle kühl zu halten, ohne sie dabei zu verwässern, fügt man Eiswürfel aus Fruchtsaft hinzu.

- Der Kenner kauft Tee im **Spezialgeschäft**, da die Qualität dort verlässlicher ist.
- **Schwarztee** wird mit kochendem Wasser aufgegossen und **zieht 3–5 Minuten**.
- **Grüntee** übergießt man mit 80 °C warmem Wasser und lässt ihn nur **2 Minuten ziehen**.
- Bei sehr **kalkhaltigem Wasser** sollte man entweder kräftigere Teemischungen verwenden oder das Wasser zum Teekochen durch einen speziellen Wasserfilter laufen lassen.
- Tee muss immer gut verschlossen und **trocken aufbewahrt** werden. Dosen aus speziellem Blech oder Porzellan sowie lichtundurchlässige Tüten sind geeignet.
- Tee für den **täglichen Gebrauch** darf man **nicht im Kühlschrank lagern**, da die empfindlichen Blätter unter den ständigen Temperaturschwankungen leiden würden.
- Zur **langfristigen Aufbewahrung** kann man ihn gut verpackt ins **Gemüsefach des Kühlschranks** legen.
- In einer Teedose sollte man immer nur die **gleiche Teesorte** lagern, denn Tee nimmt rasch andere Aromen an.
- Wichtigster Bestandteil von **Früchtetees** sind Hagebutten und Malvenblüten. Je nach Jahreszeit reichert man sie mit passenden **Gewürzen** an: im Sommer mit Limonen- oder Zitronenschalen, im Winter mit Zimt oder Nelken.

Für heiße Tage

- Für einen **Eistee** brüht man 3–4 TL Teeblätter mit 1 l Wasser auf und lässt den Tee **3 Minuten ziehen**.
- Den Saft von 1 1/2 Zitronen unterrühren, nach Geschmack süßen und dann zum **Schocken** über 25 Eiswürfel gießen. So wird der Tee schnell kalt und nicht bitter.
- Nach Geschmack mit Apfelsaft, Fruchtnektar, Zitrusfrüchten oder Minzeblättern **aromatisieren**.

Schwarze Bohnen

Frisch gemahlener Bohnenkaffee, der mit weichem, sprudelnd kochendem Wasser aufgegossen wird, schmeckt besonders aromatisch.

- Die **Dosierung** hängt von Geschmack und Wasserqualität ab. Bei hartem, kalkhaltigem Wasser muss man höher dosieren. Für normalen Kaffee nimmt man 6–7 g Kaffeepulver pro Tasse, für Mokka 15 g und für Espresso etwa 23 g.
- Kaffeebohnen **trocken, kühl und dunkel lagern** und stets gut verschlossen aufbewahren, sonst rauchen sie aus und verlieren ihr Aroma.
- **Vakuumverpackt** lässt sich Kaffee problemlos mehrere Monate lagern, tiefgefroren sogar bis zu einem Jahr.
- **Gemahlener Kaffee** verliert sein Aroma schnell und sollte innerhalb eines halben Jahres verbraucht werden.

Das Aroma von losem Tee übertrifft das von Beuteltee. Auch sein Mineralien- und Vitamingehalt ist deutlich höher.

Gut zu wissen

Muckefuck und Zichorienkaffee

In Krisenzeiten trank man oft Kaffee aus Malz oder Zichorienwurzeln oder verlängerte den Bohnenkaffee damit. Dieses Ersatzprodukt wurde Muckefuck genannt. Heute sprechen Gesundheitsgründe für Getreidekaffee aus Malz, gerösteten Eicheln, Feigen oder Zichorienwurzeln. Er ist für den Magen besser verträglich, da die gemälzten Körner koffeinfrei sind und weniger Gerbsäuren enthalten als Kaffeebohnen.

Tipps für die sparsame Küche

Rund um die Küche lässt sich mit etwas Planung, Geschick und Kreativität viel Geld sparen – ohne dass man auf gutes Essen verzichten muss. Überprüfen Sie Ihre Küchenausstattung, Ihre Einkaufsgewohnheiten und Ihren Umgang mit Resten.

Energie sparen

- Haushaltsgeräte haben einen Anteil von bis zu 45 % am häuslichen Stromverbrauch. Auf die Dauer rechnet es sich, Energiefresser wie alte Kühlschränke oder -truhen und Elektroherde zu ersetzen.
- Ein Gasherd ist sparsamer als ein Elektroherd.
- Achten Sie auf gutes, wärmeleitendes Kochgeschirr.
- Setzen Sie Töpfe immer auf die passende Herdplatte und vergessen Sie beim Kochen einen gut schließenden Deckel nicht.
- Nutzen Sie die Restwärme, indem Sie Reis oder Nudeln auf der abgeschalteten Kochplatte fertig garen.
- Ein Schnellkochtopf spart bei Garzeiten über 20 Minuten bis zu 30 % Energie.

Lebensmittel überlegt einsetzen

- Lebensmittel sollten Sie nicht verderben lassen: Aus Obst kann man Pürees, Marmelade oder Kompott herstellen. Frieren Sie auch kleine Saucenreste ein, z.B. in Eiswürfelformen und peppen Sie damit später Gerichte auf. Hackfleisch lässt sich wunderbar anbraten und dann einfrieren.
- Kaufen Sie überlegt ein: Suppenfleisch von guter Qualität ergibt eine gute Brühe und einen Tafelspitz als Hauptspeise dazu.
- Beachten Sie alte Kochtricks: Beim Einkochen von Marmelade kann man durch die Zugabe des Saftes von 1 – 2 Zitronen Gelierzucker einsparen und das Verfärben der Früchte verhindern.
- Auch Getränkereste lassen sich verwerten: Verwenden Sie sauer gewordenen Wein als Essig oder abgestandenes Mineralwasser für die Zubereitung von Tee.
- Kochen Sie vor: Von Kartoffeln oder Nudeln kann man die doppelte Menge kochen. Ein oder zwei Tage später muss man sie nur noch aufwärmen.

Wenn etwas fehlt …

- Statt mit einer Mehlschwitze kann man Saucen oder Suppen mit Kartoffelbrei eindicken.
- Der Kartoffelpuffermasse mischt man statt 1 Ei 1 gehäuften EL Grieß unter.
- Hat man zum Kochen von Saucen keine Sahne im Haus, kann man diese durch Kondensmilch oder Kaffeesahne ersetzen. Für Schlagsahne eignet sich dieser Ersatz allerdings nicht.
- Fruchtjoghurt erhält man, indem man unter Naturjoghurt einen Löffel Marmelade rührt.
- Eingemachtes Obst eignet sich als Obstkuchenbelag.
- Ist keine Teigrolle zur Hand, kann man den Teig auch mit einer sauberen Flasche auswellen.
- Kristallzucker kann man in der Kaffeemühle rasch zu Puderzucker mahlen.
- Semmelbrösel auf Aufläufen oder Blumenkohl kann man problemlos durch gemahlene Nüsse ersetzen.
- Aus einer Plastiktüte kann man ganz einfach einen Trichter herstellen, indem man eine Ecke abschneidet.

Sparsam wirtschaften

- Beim Einkauf immer auf Sonderangebote achten.
- Saisonware ist nicht nur preiswerter, sondern auch geschmackvoller. Zudem ist durch die kurzen Transportwege vom Erzeuger zum Verbraucher alles frischer.
- Führt man etwa einen Monat ein Haushaltsbuch, kann man überblicken, ob sich die finanzielle

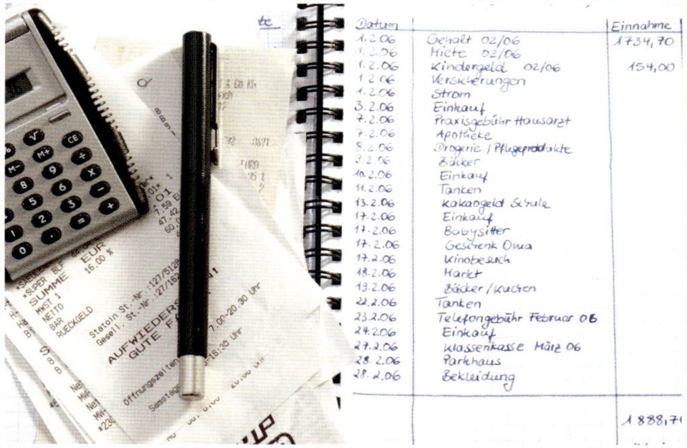

Planung mit den tatsächlichen Einnahmen und Ausgaben deckt, und sein Verhalten entsprechend anpassen.
- Eine gute Vorratshaltung schont den Geldbeutel. Sind Waren teuer, greift man einfach auf seinen Vorrat zurück. So kann man im Sommer Beeren einfrieren und im Winter auftauen.
- Kauft man Käse oder Brot am Stück, so halten sie länger frisch.
- In vielen Bäckereien gibt es Brot vom Vortag günstiger. Gerade bei Sauerteigbroten sollte man dann zugreifen.

Speisen aufwerten

- Pinseln Sie angetrockneten Kastenkuchen mit Milch ein und backen Sie ihn im Backofen kurz auf – er schmeckt wieder wie frisch.
- Noch nicht gegarte Pilze können Sie roh mit etwas Brühe pürieren, einfrieren und später zum Verfeinern von Saucen oder Suppen verwenden.
- Eine Sauce hollandaise wird mit einer Prise Estragon zur Sauce béarnaise, mit etwas Tomatenmark zur Sauce Choron. Erwärmt mit 1 EL Orangenschale und 2 EL Orangensaft, verwandelt sie sich zur exotischen Malteser Sauce.
- Lassen Sie abgespülte Dosenkrabben 15 Minuten in 2 EL Essig und etwas Sherry ziehen, damit sie den Dosengeschmack verlieren.

Getreide mit Tradition

Rund um den Globus ernährt sich die Menschheit von den sieben Hauptgetreidesorten Weizen, Roggen, Gerste, Reis, Mais, Hirse und Hafer. In den letzten Jahren entdeckte man vor allem in Europa die Urformen von Weizen, Dinkel und Grünkern, wieder.

Dinkel ist resistenter als Weizen und verträgt raueres Klima. Er enthält wenig Gluten und ist für manche Personen daher besser verträglich.

Getreide lagern

Getreide wird entweder als ganzes Korn, geschrotet oder gemahlen verzehrt. Bei Vollkorngetreide wurde lediglich die harte Hülse, der Spelz, entfernt, bei poliertem Korn auch die Keimschicht. Aufgrund des höheren Ballaststoffgehalts sollte man Vollkorngetreide vorziehen.

- Zum Schutz vor Feuchtigkeit und Insekten wird Getreide **in luftdicht verschlossenen Gefäßen** kühl und dunkel gelagert. Es darf nicht säuerlich oder muffig riechen.
- Vollkorngetreide kann man bis zu 4 Monate im **Kühlschrank** aufbewahren, polierte Körner halten sich im **Vorratsschrank** bis zu einem Jahr.

Getreide vorbereiten und garen

- Getreide sollte man **vor dem Garen waschen**, um Schmutz und Staubpartikel zu entfernen.
- Mit Ausnahme von Reis und Hirse müssen alle Sorten **quellen**, damit man sie besser verdauen kann. Dazu gibt man Getreidekörner und die doppelte Menge Wasser in einen Topf und lässt den Inhalt leise köcheln. Nach dem Quellen sind die Körner kernig weich und etwa doppelt so groß wie zuvor.
- Wurde die **Quellflüssigkeit** nicht komplett aufgesogen, verwendet man sie zum Garen. In ihr sind wertvolle Nährstoffe enthalten.
- Durch **Darren**, d. h. leichtes Rösten im Backofen, wird Getreide verdaulicher und gart später schneller. Man bedeckt die Körner in einer Schüssel mit Wasser und lässt sie 12 Stunden quellen. Anschließend auf einem Blech ausbreiten, gut trocknen lassen und dann 5 Stunden in den 70 °C warmen Backofen geben. Die Tür einen Spalt offen stehen lassen und die Körner hin und wieder wenden.
- Viele Getreidesorten **haften leicht am Topfboden an**, deshalb erfordert die Zubereitung ständiges Rühren. Eine Ausnahme ist Weizengrieß. Er darf nicht gerührt werden.
- Nach dem Garen lässt man Getreide kurz im bedeckten Topf **ziehen** und lockert die Körner mit einer Gabel auf.
- Bereits gegartes Getreide gibt man zum **Aufwärmen** in eine gefettete Form, deckt es mit gefetteter Alufolie ab und bäckt es im Ofen bei 175 °C etwa 15 Minuten.

Verschiedene Getreidesorten

In Europa werden vor allem Weizen und seine Unterarten sowie Roggen und Hafer verwendet. Hirse fand über die maghrebinische Küche den Weg nach Europa.

Müsli deckt einen großen Teil des täglichen Vitamin- und Ballaststoffbedarfs.

Mit einer kleinen Handmühle kann man frische Getreidekörner stets ganz nach Belieben mahlen.

- **Dinkel** liefert sehr wertvolles, eiweißreiches Mehl, aus dem sich besonders kernige Spätzle herstellen lassen. Im Kuchenteig sorgt Dinkel für einen nussartigen Geschmack, aber auch als Beilage oder in Eintöpfen schmeckt er gut.
- Wird Dinkel halb reif geerntet und anschließend geröstet, nennt man ihn **Grünkern**. Aufgrund seines herzhaften Aromas wird er gern als Suppeneinlage oder im Auflauf verwendet. Er setzt allerdings leicht am Topfboden an.
- Die Körner des **Weizens** sind wegen der Säuren in den Randschichten schwer verdaulich. Aus Hartweizen stellt man vor allem Brot und Teigwaren her. Der weniger eiweißhaltige Weichweizen wird für die Produktion von Auszugsmehl für Kuchen und Feingebäck verwendet.
- An kühle und trockene Klimata ist **Roggen** besser angepasst. Er hat einen hohen Ballaststoffgehalt, quillt nicht so stark auf und wird geschrotet als Frühstücksgetreide oder in Flocken für Suppen, Aufläufe oder Füllungen verzehrt.
- Als wichtiger Bestandteil von Bier wird **Gerste** meist gleich an Brauereien geliefert. Gerstenmehl allein ist wegen seines geringen Glutengehalts zum Backen ungeeignet. Man kann aus Gerste aber schmackhafte Suppen kochen.
- **Hirse** ist eine der ältesten Getreidearten. Die Körner kann man wie Reis verwenden oder zu Salat verarbeiten. Brot aus Hirsemehl vermischt mit anderen Mehlsorten ist besonders knusprig.

- Ernährungsphysiologisch ist **Hafer** die hochwertigste Getreideart Mitteleuropas, da sein Eiweiß und Fett besonders bekömmlich und leicht verdaulich sind. Aus Hafer werden Haferflocken, Hafermilch und Hafermehl gewonnen.

Bircher-Frühstücksmüsli

Dieses von einem Schweizer Arzt entwickelte Müsli hat als gesunde Frühstücksmahlzeit in vielen Haushalten Einzug gehalten. Es ist sehr einfach zuzubereiten und lässt sich nach Geschmack variieren.

- Über Nacht **6 EL Getreideflocken mit 12 EL Wasser** einweichen und dann mit 6 EL **Milch** oder geschlagener Sahne und dem Saft von 2 **Zitronen** gut verrühren.
- Reiben Sie 2 **Äpfel** fein und mischen Sie sie unter die Getreideflocken. Nach Geschmack etwas zuckern und 2–3 EL geriebene **Nüsse** darübergeben.
- Je nach Jahreszeit können Sie die **Zutaten variieren** und Äpfel durch andere Früchte oder Obstkombinationen und die Sahne durch Joghurt oder Quark ersetzen.
- Möchten Sie die Flocken durch **Getreideschrot** ersetzen, verrühren Sie den Schrot mit der Flüssigkeit und lassen Sie den Brei mindestens 4 Stunden ziehen.

Gut zu wissen

Einweich-, Quell- und Garzeiten

Sorte:	*Einweichzeit* *Garzeit* *Nachquellzeit*
Hirse:	*keine* *5–15 Min.* *10–20 Min.*
Grünkern:	*mind. 3 Std.* *20–30 Min.* *15–30 Min.*
Dinkel:	*ca. 3 Std.* *30–45 Min.* *30–45 Min.*
Gerste:	*über Nacht* *30–45 Min.* *30–60 Min.*
Roggen:	*über Nacht* *30–45 Min.* *30–60 Min.*
Schrot:	*keine* *5–10 Min.* *10–20 Min.*

Gewürze richtig verwenden

Einst kostbare Gewürze wie Pfeffer, Ingwer, Safran oder Muskat sind aus der heutigen Küche kaum noch wegzudenken. Doch Vorsicht: Ihre würzigen oder scharfen Aromastoffe verlieren bei falscher oder zu langer Lagerung mit der Zeit an Intensität und Würzkraft.

Wildgewürz

3 Lorbeerblätter
1 EL Pfefferkörner
8 Wacholderbeeren
4 Pimentkörner
3 Nelken
jeweils 1/2 EL getrockneter Majoran und Thymian

Alle Zutaten in einem Mörser fein zerstoßen und zur Marinade des Wildfleischs geben. Dann lösen sich die Aromastoffe der Gewürze und gehen in die Marinade und damit ins Fleisch über.

Man unterscheidet Frucht- und Samengewürze wie Pfeffer, Paprika, Muskatnuss und Kümmel, Blütengewürze wie Safran und Nelken, Rindengewürze wie Zimt sowie Wurzel- und Zwiebelgewürze wie Ingwer und Knoblauch.

Gewürze aufbewahren

- Gewürze am besten in luft- und lichtundurchlässigen Verpackungen an einem **dunklen, kühlen Ort** lagern. Sonnenlicht vertragen sie gar nicht.
- Da Gewürze ihre Aromastoffe an die Umgebung abgeben und fremde Gerüche annehmen, sollte man ein Gewürz **immer im gleichen Gefäß** aufbewahren.
- Gut geschützt sind Gewürze etwa **2 Jahre haltbar**, manche auch noch länger.

Gewürze verarbeiten

Ob man sie hackt, zerdrückt, mahlt oder zerschneidet – nur wenn die schützende Haut oder Schale zerstört wird, können sich unter Sauerstoffeinwirkung die typischen Aromen und ätherischen Öle entfalten.

- Bevorzugen Sie **unzerkleinerte Gewürze**, denn nur sie entfalten bei der späteren Verarbeitung ihr volles Aroma.
- Mit einem **Mörser** und dem dazugehörigen Stößel werden Gewürze zerstoßen. Der Mörser sollte unbedingt einen hohen Rand haben, damit die kleinen Gewürzkugeln nicht herausspringen. Meist geht das Zerkleinern einfacher, wenn man etwas Salz zufügt.
- Für Muskatnuss oder andere **harte Gewürze** sind Gewürzmühlen praktisch. Sie sollten sich einfach säubern lassen.
- **Weiche Gewürze** wie rote Pfefferkörner oder Wacholderbeeren kann man mit dem Küchenmesser zerdrücken, zerschneiden oder hacken.
- Liebhaber von **Knoblauch** verwenden statt einer Presse lieber ein breites Messer, mit dem die geschälten Zehen einmal durchgeschnitten, mit Salz bestreut und mit der Querseite des Messers zerdrückt werden. Im Mixer zerkleinerter Knoblauch bekommt hingegen einen bitteren, penetranten Beigeschmack.
- Spezielle Reiben für **Ingwer oder Muskat** sollten immer nur für dieses spezielle Gewürz verwendet werden, da die Aromastoffe sonst leicht übertragen werden.

Die asiatische Küche geht seit Jahrhunderten sehr gekonnt mit einer Vielzahl von Gewürzen um.

Richtig würzen

Unzerkleinerte oder grobe Gewürze gibt man beim Garen früh, fein gemahlene möglichst spät zu.

- Fleisch und Gemüse werden meist vor dem Garen gewürzt, dann sind sie besonders aufnahmefähig. **Salz** entzieht rohem Fleisch aber Feuchtigkeit, sodass es zäh werden kann. Daher erst nach dem Anbraten salzen. Durch andere Gewürze lässt sich die Salzmenge überdies reduzieren.
- Mithilfe von **Marinaden** gelingt das Würzen bei Fleisch besonders gut.
- Gewürze sollen den Eigengeschmack der Speisen betonen, nicht erschlagen. Daher sollte man **mit Maß würzen** und nicht zu viele Gewürze bei einem Gericht benutzen.
- Viele Gewürze wie Paprika, Chili, Knoblauch oder Curry sollten Sie **nicht in heißes Fett** geben, da sie dann sehr schnell an Geschmack verlieren oder bitter werden. Leicht angedünstet, entfalten sie ihr Aroma besser.

Die gebräuchlichsten Gewürze in der Küche

- **Cayennepfeffer** besteht aus getrockneten und gemahlenen Chilischoten. Er gibt Saucen und Eintöpfen wie dem klassischen Chili con Carne seine Schärfe. Erst kurz vor dem Servieren zugeben, er wird sonst bitter.
- Frische **Chilischoten** schneidet man besser mit Gummihandschuhen so fein es geht. Ihr Saft sollte wegen seiner Schärfe nicht in Augen oder auf Schleimhäute gelangen. Getrocknete Chilischoten zerreibt man nach Bedarf im Mörser oder in einer Gewürzmühle.
- Für Reisgerichte, Saucen, Geflügel und Fleisch verwendet man **Curry**, eine Mischung aus verschiedenen Gewürzen.
- **Ingwer** verleiht Backwaren, Gulasch, Reisgerichten oder Obst eine frische, leicht scharfe Note. Man verwendet nur frische, feste Ingwerwurzeln.
- In unzähligen Speisen wird **Knoblauch** verwendet, ob beim Braten, Grillen oder zum Abschmecken von Gemüse. Haben die Spitzen der Knoblauchzehen grün ausgetrieben, bekommt Knoblauch einen strengen Schwefelgeschmack.
- Mit **Kümmel** würzt man Brote, Kohlgerichte, Sauerkraut, Hammel, Kartoffeln und Rote Bete.
- Roher **Meerrettich** ist scharf, man kocht ihn daher nicht mit. Er passt zu kaltem Braten, gekochtem Rindfleisch oder zu winterlichen Suppen.
- Lebkuchen, Kartoffelspeisen, Saucen, Wirsing und Kohl verfeinert man mit dem süßwürzigen **Muskat**.
- Bei **Nelken** denkt man zunächst an Weihnachten und Glühwein, doch ihr scharfsüßes Aroma passt ebenso zu Beizen, Wild, Rotkraut und Birnenkompott.
- Von mild bis scharf reicht die Bandbreite von **Paprika**. Man darf ihn nicht lange mitgaren, da er dann seinen pikanten Geschmack verliert.
- Ohne den Gewürzklassiker **Pfeffer** kommt kein Koch aus. Unreif geernteter grüner Pfeffer hat ein zitroniges Aroma. Schwarzer Pfeffer wird kurz vor der Reife geerntet und dann fermentiert, rote Pfefferkörner wurden im Gegensatz zu weißen nicht geschält und sind aromatischer.
- Zur Verfeinerung von milden Reisgerichten und Hammelfleisch benötigt man **Safran**.
- **Zimt** als Stange oder gemahlen wird in asiatischen Gerichten, Saucen und vielen Süßspeisen verwendet.

Gut zu wissen

Vorsicht bei Muskatnuss!

In größeren Mengen genossen, sind Muskatnüsse giftig. Sie sollten immer für Kinder unzugänglich aufbewahrt werden: Zwei Muskatnüsse können für ein Kleinkind bereits tödlich sein.

Wählen Sie einen Mörser aus Stein. Holz nimmt die Aromen der Gewürze an.

Grundteige für Kuchen

Beim Backen hängt der Erfolg wesentlich vom richtigen Verhältnis der Zutaten ab. Außerdem sollte man die einzelnen Arbeits- und Ruhephasen genau beachten, dann verwandeln sich Eier, Mehl, Butter und Zucker in leckere Kuchen.

Sämtliche Zutaten eines Kuchenteigs werden bei Raumtemperatur verarbeitet. Nur bei Mürbeteig sollte die Butter kalt sein.

Tipps rund um Teige

Die Zubereitung der Grundteige unterscheidet sich zwar deutlich, einige Tricks gelten aber für alle.

- Ersetzt man Butter teilweise durch Öl oder gibt man 1 EL Essig in den Teig, wird der **Kuchen besonders locker**. Gleiches gilt, wenn man die Hälfte der Milch durch Mineralwasser ersetzt.
- Im Backofen angewärmte Formen lassen sich **leichter einfetten**.
- Stellt man die Form nach dem Einfetten kurz ins Gefrierfach, lassen sich Kuchen später **besser lösen**.
- Hefe-, Mürbe- oder Blätterteig sticht man vor dem Backen mit einer Gabel mehrfach ein, damit er **keine Blasen wirft**.
- In den ersten 20 Minuten darf man den **Backofen nicht öffnen**, sonst könnte der Kuchen zusammenfallen.
- Kuchen **geht besonders schön auf**, wenn man ein feuerfestes Gefäß voll Wasser mit in den Backofen stellt.
- Zur **Garprobe** sticht man mit einem Zahnstocher oder einer dicken Nadel in die Teigmasse. Bleibt beim Herausziehen kein Teig hängen, ist der Kuchen fertig.
- Kuchen darf man **niemals abrupt abkühlen**, sonst fällt er zusammen. Besser im offenen Backofen stehen lassen.
- Ob die **Feuchtigkeit eines Teiges** stimmt, erkennt man so: Hefeteig klebt beim Kneten nach dem Gehen nicht mehr an den Fingern. Rührteig reißt in langen Zapfen von den Quirlen des Handrührgeräts ab; bleibt er daran hängen, ist er zu fest. Mürbeteig muss nach dem Kneten geschmeidig sein; krümelt er, ist er zu trocken.

Biskuitteig

Luft spielt beim Biskuitteig die wichtigste Rolle: Eiweiß und Eigelb müssen gut durchgeschlagen werden.

- 6 Eigelbe mit 175 g Zucker im heißen Wasserbad **dick und cremig schlagen**, aus dem Wasserbad nehmen.
- Anschließend 6 **Eiweiße sehr steif schlagen** und nach und nach vorsichtig mit dem Schneebesen unter die Zuckermasse heben.
- 150 g **Mehl** mit 80 g **Speisestärke** mischen, auf die Eiercreme sieben und vorsichtig **unterheben**.
- Teig in eine gefettete Backform füllen, glatt streichen und auf dem mittleren Rost bei 180 °C im vorgeheizten Backofen **sofort** etwa 35 Minuten **backen**, sonst fällt er zusammen.

Schneiden Sie Butter vor der Verarbeitung in kleine Stücke, dann verbindet sie sich besser mit den anderen Zutaten.

Den ausgerollten Teig gibt man in eine Backform, drückt ihn an den Seiten leicht an und schneidet überstehenden Teig ab.

Hefeteig

Wirft der Hefevorteig nach etwa 30 Minuten Blasen, kann man ihn weiterverarbeiten:

- Den Vorteig mit dem Mehl zu einem glatten Teig **verkneten**, zudecken und 1 Stunde **gehen lassen**. Nach nochmaligem Durchkneten den Teig ausrollen bzw. formen und auf dem Blech erneut 15 Minuten gehen lassen.
- Für einen **schweren Hefeteig** gibt man außer dem Mehl 2–4 Eier hinzu.
- Anschließend bei 180–200 °C im vorgeheizten Backofen etwa 20 Minuten **backen**.
- Hefeteig ist **empfindlich** und verträgt keinerlei Zug oder Kälte. Türen und Fenster sollten geschlossen bleiben.
- Hefeteig ist im Kühlschrank **1 Tag haltbar**. In der Tiefkühltruhe hält er sich bis zu 5 Monate.

Mürbeteig

Verarbeiten Sie Mürbeteig mit kalten Händen, dann bleibt der Teig nicht daran kleben.

- 300 g gesiebtes Mehl mit 100 g Zucker, 1 Ei und 200 g Butterflocken mit den Händen zu einem geschmeidigen Teig **verkneten**. Zu einer Kugel formen, in Folie einschlagen und **kaltstellen**.
- Kneten Sie den Teig nicht zu lange. Ist er **zu krümelig** geworden, gibt man 1 EL Quark hinzu.
- Den Teig mit Mehl bestäuben, nochmals durchkneten und **dünn ausrollen**. Auf ein gefettetes und mit Mehl bestäubtes Backblech geben und bei 200–220 °C im vorgeheizten Backofen 10–15 Minuten **backen**.
- Mürbeteig ist im Kühlschrank etwa **1 Woche haltbar**. Eingefrorener Teig muss im Kühlschrank auftauen.

Rührteig

Beim Rührteig muss sich der Zucker gut auflösen. Mit einem Handrührgerät geht das heutzutage sehr schnell.

- 250 g weiche Butter mit 250 g Zucker und 1 Päckchen Vanillezucker **schaumig rühren**. Dann die abgeriebene Schale einer Zitrone und 4 Eier zugeben und unterrühren. 500 g Mehl und 1 Päckchen Backpulver gut vermischen, **auf den Teig sieben** und mit bis zu 125 ml **Milch gut unterrühren**.
- Ein Rührkuchen wird **lockerer**, wenn man 3–4 EL Joghurt mitverarbeitet. Mischt man einen fein geriebenen Apfel unter den Teig, wird er **saftiger**.
- Rosinen, Korinthen und kandierte Früchte **sinken weniger** nach unten, wenn man sie vor dem Untermischen in den Kuchenteig mit etwas Mehl bestäubt.
- Den fertigen Teig in eine gefettete, mit Semmelbröseln ausgestreute Backform geben und diese zu **höchstens zwei Drittel füllen**. Im vorgeheizten Backofen bei 180 °C 50–60 Minuten **backen**.

HEFEVORTEIG

1 Zum Ansetzen eines Hefeteigs gibt man 500 g gesiebtes Mehl in eine Schüssel und formt in der Mitte eine Mulde.

2 Inzwischen löst man 40 g Hefe in 250 ml Milch auf, verrührt diese mit 4 EL Mehl und etwas Zucker und gießt sie in die Mehlmulde.

3 Die Schüssel mit einem Küchentuch bedecken und an einem warmen Ort 30 Minuten gehen lassen.

Hygiene in der Küche

Eine saubere Küche und der hygienische Umgang mit Lebensmitteln sind wichtig, damit sich keine Keime ausbreiten und Nahrungsmittel nicht verderben. Bei unsachgemäßer Handhabung oder Lagerung vermehren sich schädliche Mikroorganismen sehr schnell.

Bei rohem Fleisch lässt man besondere Vorsicht walten. Hackfleisch muss am Tag des Einkaufs zubereitet werden.

Wichtige Regeln

Sauberkeit in der Küche beginnt bei der persönlichen Hygiene. Gründliches Händewaschen vor dem Arbeiten oder Kochen und zwischen einzelnen Arbeitsschritten ist geboten.

- Achten Sie bei den **Küchenutensilien** auch zwischen den Arbeitsgängen auf peinliche Hygiene, vor allem bei Messern und Schneidbrettern. Nach Gebrauch immer **heiß abwaschen**.
- Schneidbretter aus **Kunststoff** sind hygienischer, da sich in den Ritzen der Holzbretter leicht Keime festsetzen können.
- Benutzen Sie zum Verarbeiten von rohen und gegarten Lebensmitteln **verschiedene Schneidbretter**.
- Auf dem feuchtwarmen Milieu von **Lappen oder Schwämmen** vermehren sich Bakterien geradezu explosionsartig, daher werden sie regelmäßig ausgetauscht.
- Beim Transport von empfindlichen Lebensmitteln müssen Sie auf die **ununterbrochene Kühlkette** achten.
- Frischwaren oder auch Speisereste dürfen Sie nie über längere Zeit bei **Raumtemperatur** aufheben, da sich dann Keime ausbreiten.
- Entsorgen Sie regelmäßig sämtlichen **Abfall**.

Hier ist besondere Vorsicht geboten

Wer mit Fleisch, Fisch, Geflügel und Eiern sorgsam umgeht, gibt schädlichen Bakterien keine Chance.

Da Geflügelfleisch Salmonellen enthalten kann, wird es vor der Zubereitung immer gut gewaschen.

- Fleisch, Fisch oder Geflügel legt man zum **Auftauen** immer unverpackt auf einen abgedeckten Teller in den Kühlschrank. Die Tauflüssigkeit wird weggegossen, da sie schädliche Bakterien enthalten kann. Aufgetaute Produkte gründlich unter fließendem Wasser **waschen** und anschließend sofort zubereiten.
- Fleisch, Hackfleisch und frische Bratwurst werden immer **vollständig durcherhitzt**: Die Kerntemperatur im Fleisch muss für mindestens 10 Minuten 70 °C betragen, damit Salmonellen abgetötet werden.
- Für Gerichte mit rohen Eiern werden **nur ganz frische Eier** verwendet. Die fertige Speise darf man maximal 24 Stunden im Kühlschrank aufbewahren.
- **Enteneier nie roh verzehren** oder für Rühreier, Mayonnaise, Puddinge oder Spiegeleier verwenden. Sie müssen mindestens 8 Minuten kochen.
- Krustentiere oder Muscheln **unbedingt am Tag des Einkaufs zubereiten** und vor dem Garen gründlich waschen. Bereits geöffnete Muscheln sind immer zu entsorgen und die richtigen Garzeiten zu beachten.

Kartoffeln

Die aus Südamerika stammende Kartoffel galt lange als Speise der Armen. Inzwischen ist die braune Knolle wegen ihrer Vielseitigkeit zur Königin der Beilagen geworden. Noch dazu ist sie ausgesprochen nahrhaft und preisgünstig.

Weltweit gibt es rund 5500 Kartoffelsorten. Neue Kartoffeln mit sehr dünner Schale muss man nicht schälen.

Alte Sorten

In den letzten Jahren sind viele alte Kartoffelsorten wegen ihres guten Geschmacks wieder in Mode gekommen.

- Die festkochende Sorte **Bamberger Hörnchen** hat eine gelbrosa Schale und einen sehr würzigen Geschmack.
- Bei der aus Skandinavien stammenden Sorte **Blauer Schwede** oder **Blue Congo** sind Schale und Fleisch violettblau gefärbt, sie hat einen eher cremigen Geschmack.
- Die hörnchenförmigen Knollen der Sorte **Kipfler** haben ebenso wie die in Frankreich sehr beliebte Sorte **La Ratte** nach dem Garen einen nussigen Geschmack.
- Die ertragreiche **Edzell Blue** besitzt eine violette, genetzte Schale und weißliches Fleisch. Sie zeichnet sich durch ihren kräftigen Geschmack aus.

Tipps rund um die Kartoffel

Gute Kartoffeln riechen erdig und nicht muffig. Sie enthalten neben Kohlenhydraten und Eiweißen viel Vitamin C und Mineralstoffe.

- Letztere finden sich besonders unter der Schale, sodass man Erdäpfel nur sehr **dünn oder gar nicht schälen** sollte.
- Rohe junge Kartoffeln lassen sich **leichter schälen**, wenn man sie einige Augenblicke in kochendes Wasser gibt und die Schale wie bei Tomaten oder Mandeln abzieht.
- Keime oder **grüne Stellen** an Kartoffeln muss man unbedingt großzügig wegschneiden, da sie das giftige Solanin enthalten.
- Geschälte rohe Kartoffeln bedeckt man in einer Schüssel mit Wasser und gibt einige Tropfen **Essig** zu, so halten sie im Kühlschrank 2–3 Tage.
- Wegen ihres geringeren Stärkegehalts sollte man alte Kartoffeln in **kaltem Wasser** aufsetzen, neue aber ins kochende Wasser geben. Etwas Fett im Kochwasser verhindert das Überkochen.
- Bedecken Sie abgeseihte Salzkartoffeln nach dem Kochen im Topf mit einem **Tuch**. Der Dampf zieht ins Tuch und die Kartoffeln bleiben trocken, aber warm.
- Als **Kräuter** passen Petersilie und Majoran besonders gut zu Kartoffeln. Auch die **Gewürze** Kümmel oder Muskat unterstreichen den Geschmack der Erdknollen.

Anders als Kartoffelpuffer werden Rösti nur durch die in den Kartoffeln enthaltene Stärke gebunden, also ohne Ei und Mehl.

Gut zu wissen

Bratkartoffeln

Knusprige Bratkartoffeln gelingen, wenn man die Kartoffeln am Vortag kocht. Dann wird die Stärke gebunden und die Scheiben werden kross. Man benötigt auch weniger Fett, da gekochte Kartoffeln im Gegensatz zu frischen das Fett nicht aufsaugen und daher nicht matschig werden. Man brät Kartoffeln bei mittlerer Hitze.

Kochen und Braten

Zum Garen von Speisen gibt es seit jeher viele verschiedene Methoden, wobei Wasser bzw. Flüssigkeit oder Fett eine wichtige Rolle spielen und teilweise wie beim Schmoren auch kombiniert werden.

Gut zu wissen

Gesund garen

Zur besonders schonenden Zubereitung gart man Lebensmittel am besten in Wasserdampf in speziellen Topfeinsätzen oder im Römertopf im Backofen. So bleiben sie saftig und bewahren ihre Nährstoffe und ihr Aroma. Beim Garen in Wasserdampf würzt man nicht die Lebensmittel, sondern das Wasser. So verteilt sich das Aroma mit dem Dampf über das gesamte Gargut.

Fleisch in Wasser garen

Fleisch gart man in siedender Flüssigkeit wie z. B. Wasser, Milch, Brühe, Wein oder Sud.

- Da Inhalts- und Geschmacksstoffe ins Kochwasser übergehen, hält man die **Flüssigkeitsmenge** möglichst **gering**.
- Das Fleisch für **helle Ragouts** wird in heller Flüssigkeit mit hellen Aromazutaten gegart.
- Das Garen im **Wasserbad** eignet sich besonders für Saucen und Nachspeisen, die Butter, Eier oder Sahne enthalten. Sie würden bei der normalen Zubereitung gerinnen. Man stellt den Topf mit dem Gericht in einem größeren, zu einem Viertel mit Wasser gefüllten Topf auf die Kochstelle und erhitzt die Speise indirekt über das heiße Wasser.

Fisch blau

Die blaue Farbe entsteht bei dieser traditionellen Zubereitungsart durch die Zugabe von Essig. Da diese Garmethode sehr sanft ist, bleibt der Fisch schön saftig.

- Der Fisch muss über eine intakte Schleimschicht verfügen, daher sollte man ihn **nicht schuppen**.
- Aus 75 ml Essig, 1 l Wasser und 250 ml Weißwein stellt man den **Sud** her.

Zum Dämpfen legt man Lebensmittel in einen Siebeinsatz über das kochende Wasser. Das Wasser darf die Speisen jedoch nicht berühren, damit Vitamine und Geschmack nicht verloren gehen.

Lammkoteletts oder Steaks werden besonders zart, wenn man sie vor dem Braten mit Öl bestreicht oder mariniert.

- Nach Belieben kann man ihn mit Möhren, Lorbeerblättern, Pfefferkörnern und Zwiebeln **verfeinern**.
- Je nach Größe lässt man den Fisch mindestens 10 Minuten **im köchelnden Sud ziehen**, er ist gar, wenn sich die Augen weißlich verfärben bzw. undurchsichtig werden.

Garen mit Fett und Flüssigkeit

Beim Dünsten und Schmoren werden Lebensmittel zunächst in Fett leicht angebraten und dann in der eigenen oder in zugesetzter Füssigkeit gegart.

- Geben Sie beim Dünsten von Gemüse oder Fisch nur wenn unbedingt nötig **etwas zusätzliche Flüssigkeit** zu, sonst werden sie leicht zu weich oder zerfallen.

- Achten Sie beim Schmoren darauf, dass das Gargut etwa **zur Hälfte in der Flüssigkeit** liegt.
- Das Gericht wird bekömmlicher, wenn Sie nach dem Anbraten das stark erhitzte **Fett abgießen**.
- Schmorfleisch ist **gar**, wenn beim Anstechen kein Blut mehr austritt.

Garen in Fett

- Damit sich **Fisch** beim Braten nicht wölbt, schneiden Sie die Haut vorher mehrfach schräg ein.
- Für einen schönen **Braten** bräunt man das Fleisch in einer Pfanne rundum in heißem Fett an. So schließen sich die Poren sofort und das Bratgut bleibt schön saftig.
- Mit einem **Fleischthermometer** lässt sich am besten bestimmen, ob ein Braten gar ist.
- Ersatzweise funktioniert auch ein **Holzspieß**: Fühlt er sich beim Herausziehen warm an, ist das Fleisch noch blutig, ist er heiß, so ist der Braten durch.
- Große Braten **garen nach**, oft bis zu 10 Minuten. Lässt man sie im Sud liegen, bleibt das Fleisch saftiger.
- Beim **Sautieren** werden sehr dünn geschnittene Fleisch- oder Gemüseteile in heißem Fett geschwenkt. Man würzt immer nach dem Garen und serviert direkt aus der Pfanne.
- Um jegliches Fettspritzen zu verhindern, gibt man etwas **Salz** ins Bratfett oder stäubt zuvor die Pfanne oder den Bräter damit ein.
- Beim **Frittieren** muss man auf die Temperatur achten: Zu heißes Fett entwickelt gefährliche Schadstoffe, zu kaltes Fett wird aufgesaugt. Nach dem Garen sollte man das Frittiergut kurz auf Küchenpapier abtropfen lassen.

Braten und Grillen im Backofen

Im Backofen gart ein Braten meist von ganz allein. Beim Grillen muss man allerdings darauf achten, dass das Grillgut saftig bleibt und die Nährstoffe und Aromen nicht verloren gehen.

- Das **Fleisch** für einen schönen Braten sollte marmoriert sein und einen Fettrand haben. Bindegewebe entfernt man besser, denn es wird bei hohen Temperaturen zäh.
- Will man z. B. ein Roastbeef im Backofen garen, legt man das gewürzte Fleisch im Bräter zum **Abbräunen** in den auf 250 °C vorgeheizten Backofen.
- Beim Wenden sollte man den Braten **nicht anstechen**, damit er keinen Saft verliert.
- Den beim Anbräunen entstandenen **Bratenfond** nutzt man für die Sauce.
- Nach 15 Minuten schaltet man die Hitze herunter. **Je niedriger die Temperatur** ist, desto zarter bleibt das Fleisch; die Garzeit verlängert sich natürlich dementsprechend.
- **Vor dem Grillen** wird mageres Fleisch oder Fisch und Gemüse mariniert oder mit Öl bestrichen. Gewürzt wird vor dem Grillen, gesalzen erst danach.
- Ein **Grillhähnchen** sollte immer wieder mit dem eigenen Fett übergossen werden. Eine Mischung aus Olivenöl, Zitrone, Pfeffer und Knoblauch verleiht ihm einen mediterranen Geschmack.
- Eine **knusprige Haut** bekommt das Hähnchen, wenn man es mit Kondensmilch einpinselt.
- Man kann auch **Gewürzbutter** in mehrere Taschen zwischen Haut und Brustfleisch des Hähnchens schieben. Dann erspart man sich das Übergießen und die Haut wird trotzdem knusprig und das Fleisch zart und saftig.

Einen Braten kann man auch im Topf anbräunen, dann mit Brühe angießen und im Backofen garen.

Kochpannen meistern

Ein Malheur in der Küche kann jedem passieren. Ein Braten brennt an, der Kartoffelbrei ist versalzen, die Sauce zu dick oder die Suppe zu dünn. Mit etwas Improvisation und einigen Tricks lässt sich vieles wieder in den Griff bekommen – selbst wenn die Gäste schon vor der Tür stehen.

Ist eine Suppe oder Sauce zu fett geraten, lässt man sie abkühlen und hebt das Fett dann ab.

Kochpannen vorbeugen

Manches Unglück in der Küche kann man im Voraus verhindern.

- **Milch brennt nicht an**, wenn man den Topf vor dem Erhitzen mit kaltem Wasser ausspült.
- Gibt man etwas geschmacksneutrales Speiseöl mit in die Pfanne, wird **Butter nicht braun**.
- Eine **Rinderbrühe bleibt klar**, wenn man eine saubere Eierschale mitkocht.
- **Kochwürstchen platzen nicht**, wenn man etwas Milch ins kochende Wasser gibt.
- Damit **Braten nicht zäh** wird, begießt man ihn nur mit heißem Wasser oder heißer Brühe.
- Kartoffelpuffer oder **Eierspeisen kleben nicht** an der Pfanne, wenn man diese vor dem Braten mit Salz ausreibt.
- Damit beim Braten in der Pfanne **Fisch nicht anhaftet**, mehlt man ihn ein oder gibt etwas Salz ins Bratfett.
- **Fisch zerfällt** beim Garen **nicht** so leicht, wenn man ihn zuvor mit Zitronensaft beträufelt und etwas ruhen lässt.

Schnelle Hilfe

Es gibt viele kleine Missgeschicke, die sich rasch und mit wenig Aufwand beheben lassen.

- **Platzt ein Ei** im Kochwasser, gibt man rasch einen Schuss Essig hinzu, das Eiklar stockt sofort. Angeschlagene Eier wickelt man vor dem Kochen fest in Alufolie.
- **Zähes Suppenfleisch** wird durch einen Schuss Essig im Kochwasser wieder zart.
- Selbst gerührte **Mayonnaise gerinnt nicht**, wenn man rasch ein Eigelb mit etwas Salz steif schlägt und dann tropfenweise unter die Mayonnaise rührt.
- Wird **Eiweiß nicht steif**, gibt man einige Tropfen Zitronensaft und etwas Salz zu.
- Zu **feste Grießklöße** legt man 10 Minuten in kaltes Wasser. Beim Aufkochen quellen sie stark und werden locker.
- **Zusammenklebende Nudeln** hält man über Wasserdampf, damit sie sich voneinander lösen.
- **Verklumpt Gelatine**, erwärmt man die Speise vorsichtig unter ständigem Rühren oder streicht sie durch ein Sieb.
- Ein **Kuchen löst sich leichter** aus der Form, wenn man sie auf ein feuchtes Tuch legt.

Mit Reibkäse kann man verbrannte Aufläufe retten.

Raspeln Sie angebrannte Stellen am Kuchen nach dem Abkühlen mit einer Reibe ab und überziehen Sie ihn dann mit einer Glasur.

- Möchte man eine **zu fette Sauce oder Suppe** rasch entfetten, kann man einige Salatblätter oder Küchenpapier über die Flüssigkeit ziehen, das Fett bleibt daran hängen.

Angebrannt

- Angebrannte **Pell- oder Salzkartoffeln** nimmt man bis auf die unterste Lage vorsichtig aus dem Topf, gibt sie zum Fertiggaren in frisches Wasser und salzt nach, damit sie den Brandgeschmack verlieren.
- Angebrannte **Saucen** darf man keinesfalls umrühren. Man füllt den nicht angebrannten Teil rasch in einen anderen Topf und gibt etwas trockenes Brot oder rohe geschälte Kartoffelstücke zu.
- Ist der **Braten** angebrannt, sollte man die betroffenen Stellen großzügig wegschneiden und den Braten dann in frischem Fett in einem sauberen Topf erneut anbraten.
- Bei einem angebrannten **Auflauf** nimmt man die oberste Schicht ab, bestreut ihn mit Käse, Semmelbrösel oder gemahlenen Nüssen und Butterflocken und bäckt ihn fertig.
- Gibt man eine Prise Salz in den Topf, bindet es den Geschmack von leicht angebrannter **Milch**.

Zu dick oder zu dünn

- **Zu dünne Saucen oder Suppen** werden mit 1 TL Stärkemehl oder Kartoffelpüreeflocken eingedickt. Diese zunächst mit etwas Wasser glatt rühren und dann in die Sauce geben. Alles aufkochen und bei Bedarf nachwürzen. Alternativ kann man Mehl und Butter zu gleichen Teilen verkneten und portionsweise zugeben, bis die Suppe oder Sauce sämig ist.
- **Zu dicke Sauce** können Sie mit Wasser, Brühe, Milch oder Sahne verdünnen. Gegebenenfalls nachwürzen.
- **Klumpige Sauce** streicht man durch ein Haarsieb, dann wird sie wieder glatt.

Versalzen oder zu scharf gewürzt

- **Zu viel Salz** kann man in den meisten Fällen ganz leicht mit einer Mischung aus Apfel- oder Weinessig und Zucker zu gleichen Teilen neutralisieren.
- **Versalzene Suppen oder Saucen** verdünnt man mit Wasser, Wein, Milch oder Sahne.
- Bei gebundenen **Suppen oder Eintöpfen** reduziert eine hineingeraspelte Kartoffel den Salzgeschmack.
- In **versalzene Brühen** gibt man 1 – 2 rohe Eiweiße; sie gerinnen und nehmen das Salz auf. Anschließend die Brühe durch ein Sieb geben oder das Eiweiß mit dem Schaumlöffel herausnehmen.
- In zu **scharfe Fleischbrühe** gibt man eine geriebene Möhre oder Kartoffel und kocht alles noch einmal auf.
- Ist der **Knoblauchgeschmack zu intensiv**, hängt man ein Mullsäckchen mit klein gezupfter Petersilie in die Speise, bis sie den Geschmack ausgeglichen hat.

Gut zu wissen

Notfallausrüstung

Manchmal muss man Gerichte nach einer Panne nicht nur aufbessern, sondern auch verlängern, damit sie für alle Esser reichen. Getrocknete Zwiebeln eignen sich ideal zum Strecken von Suppen und Eintöpfen. Sie geben fadem Gemüse mehr Geschmack und sind, gemischt mit Cornflakes, eine tolle Kruste für den Auflauf. Mit Obst, Thunfisch, Oliven und Nüssen kann man viele Salate strecken. Getrocknete Pilze oder Sherry retten oft fade Suppen.

Konservieren in Essig und Öl

Das Einlegen von Obst, Gemüse, Kräutern, Fisch oder Käse in Essig oder Öl gehört zu den ältesten Methoden der Lebensmittelkonservierung. Im sauren Milieu des Essigs haben Fäulnisbakterien ebenso wenig Chancen wie in luftundurchlässigem Öl.

Eingelegte Köstlichkeiten in schönen Gläsern eignen sich hervorragend als besonderes Mitbringsel für liebe Freunde.

Zutaten und Grundlagen der Konservierung

Bei allen Konservierungsmethoden spielt Hygiene eine wichtige Rolle. Bei der Auswahl der Essige und Öle sollte man wählerisch sein, da sie den Geschmack beeinflussen.

- Milde raffinierte **Öle** wie Olivenöl, Sonnenblumenöl, Traubenkernöl oder Sesamöl sind gut geeignet, da sie das Aroma der Zutaten nicht übertönen. Für einen intensiven Geschmack nimmt man kalt gepresste Öle.
- Für einen intensiveren Geschmack fügt man dem Öl beim Einlegen **Kräuter oder Gewürze** zu.
- Beim **Essig** greift man zu hellen, destillierten Sorten mit gutem Aroma wie z. B. Apfelessig, Weißweinessig oder Malzessig.
- In Essig kann praktisch **alles mit halbwegs fester Schale** eingelegt werden. Obst wie etwa Birnen oder Pflaumen oder Mischungen aus Gemüse und Obst werden eher süßsauer eingelegt.
- Beim Konservieren mit Essig darf man **kein Geschirr aus Aluminium, Kupfer oder Messing** verwenden, da die Essigsäure das Geschirr angreift und so das Einkochgut mit Schwermetallen versetzt werden kann.
- Vor dem Genuss lässt man die Produkte **1 Monat ziehen**. Dunkel und kühl gelagert, halten sich verschlossene Gläser einige Monate. Nach dem Öffnen rasch verbrauchen.

Grundrezept für sauer Eingelegtes

- Um zu verhindern, dass Gemüse aufgrund seines hohen Wassergehalts den Essig verwässert, legt man es zunächst etwa 24 Stunden in eine **Salzlake** ein. Dazu verrührt man 1 l Wasser mit 75 g Salz, gibt das Gemüse in eine Schüssel und bedeckt es vollständig mit der Lake. Nach dem Einlegen gut abspülen und wie gewohnt verarbeiten.
- Für den **Essigsud** kocht man 500 ml Essig mit 250 ml Wasser, 1 TL Salz sowie Gewürzen und Kräutern nach Wahl auf.
- Darin 1 kg geputztes und eventuell zerkleinertes **Gemüse kurz blanchieren**.
- Mit der Schaumkelle herausnehmen und bis 2 cm unter den Glasrand **in die Gläser schichten**.
- Häufig verwendete **Gewürze** sind Pfeffer- und Senfkörner, Knoblauch, Lorbeer oder Chili. Man kann auch frische Gewürze zwischen das Gemüse schichten.
- Manche Gewürze möchte man vielleicht nicht in die Gläser geben, man hängt sie daher in einem **Mullsäckchen** oder einem **Teefilter** in den Sud und nimmt sie vor dem Umfüllen wieder heraus.

Will man süßsauer eingelegte Früchte länger als 6 Monate aufbewahren, muss man sie zusätzlich einkochen.

- Man kocht den Essigsud nochmals auf und befüllt die Gläser damit. Der Sud muss das **Gemüse vollständig bedecken**. Gläser verschließen und kurz auf den Deckel stellen.

Rezepte und Tipps für süßsauer Eingelegtes

Dem sauren Essigsud gibt man nach Belieben 2–3 TL Zucker zu und verfährt ansonsten nach der gleichen Methode wie bei sauer eingelegten Produkten.

- **Steinobst** wie Zwetschgen können Sie auch roh in die Gläser schichten. Mit dem heißen Essigsud auffüllen und die Gläser dann verschließen.
- Als **Gewürze** für süßsauer Eingelegtes eignen sich zusätzlich Nelken, Ingwer oder Piment sehr gut.
- Den Zucker können Sie teilweise durch **Honig oder Fruchtdicksaft** ersetzen.
- Süßsauer eingelegte Essigfrüchte passen zu allen Fleischgerichten und ganz besonders zu **Wild**.

Versiegeln in Öl

Öl versiegelt die eingelegten Zutaten luftdicht und macht sie dadurch haltbar. Je nach Rezept und vor allem bei Meeresfrüchten ist eine zusätzliche Konservierung durch Einsalzen, Garen oder Marinieren in Essig notwendig.

- Möchte man 1 kg Gemüse oder Pilze einlegen, benötigt man **500 ml Öl, 1 EL Salz** sowie Gewürze und Kräuter nach Belieben.
- Nach dem Waschen und Putzen schneidet man das Einlegegut in mundgerechte Stücke und **dünstet** es kurz an.
- Tomaten kann man zuvor im Backofen **trocknen**, Auberginen oder Paprika unter dem Grill **anrösten** und dann schälen. Sie werden nicht zusätzlich angedünstet.
- Anschließend mit Gewürzen und Kräutern in Gläser schichten und mit 75 °C heißem Öl so weit **auffüllen**, dass alles komplett bedeckt ist.
- Mit einem Löffel gut **nach unten drücken**, damit alle Luftblasen aufsteigen und die Gläser luftdicht verschlossen werden können.
- Die **Gewürze** kann man **variieren**: Pilze vertragen sich gut mit Pfefferkörnern, Thymian und Zitronenschale. Tomaten würzt man mit Basilikum oder Minze und Rosmarin sowie eventuell Chili; Auberginen harmonieren mit Knoblauch und Zitrone sehr gut.
- Will man **Meeresfrüchte** in Öl einlegen, sollte man sie auf jeden Fall zuvor in einem gewürzten Essigsud garen, um mögliche Bakterien abzutöten.
- Da Gewürze und Kräuter beim Einlegen ihre **Aromastoffe** auch an das Öl abgeben, kann man es wunderbar zum Würzen anderer Gerichte weiterverwenden.

Gut zu wissen

Einlegegut anstechen

Gurken oder Zwetschgen werden würziger und knackiger, wenn man sie vor dem Einlegen mit einem Zahnstocher ringsum ansticht.

Steinpilze bekommen einen sehr intensiven Geschmack, wenn man sie mit Lorbeer und Wacholderbeeren in Öl einlegt.

Konservieren in Salz

Bis ins vorletzte Jahrhundert spielte das Einsalzen von Fleisch eine große Rolle, weil man es dadurch über längere Zeiträume lagern konnte. Im Zeitalter des Kühlschranks salzt man Gemüse oder Fisch ein, da sie einen besonders guten Geschmack annehmen.

Rote Bete einlegen

1 kg Rote Bete
2 Zwiebeln
2 EL Kümmel
3 Lorbeerblätter
Salzlake

Rote Bete in dünne Scheiben schneiden oder raspeln. Mit den geschnittenen Zwiebeln und den Gewürzen in Gläser schichten und mit der erkalteten Lake auffüllen; bedecken und bei Zimmertemperatur gären lassen. Bis zum Verzehr noch mindestens 4 Wochen kühl lagern.

Einlegen in Salz

Bei dieser Konservierungsmethode wird Schimmelpilzen und Mikroorganismen durch die wasserbindende Wirkung von Salz die Feuchtigkeit als Grundlage zur Vermehrung entzogen.

- Zum Einsalzen nimmt man Salz und Kräuter oder Gemüse im **Verhältnis 1 : 2**.
- **Kräuter** wie Petersilie, Schnittlauch, Kerbel, Estragon, Basilikum, Liebstöckel, Borretsch sowie **Wurzelgemüse** oder **Bohnen** eignen sich besonders.
- Kräuter und Gemüse waschen und trocknen lassen. Große Gemüsesorten muss man **fein zerkleinern**, damit das Salz gut eindringen kann.
- Dann alles sehr fest **in ein Gefäß schichten** und jede Schicht **einsalzen**.
- Zuletzt die oberste Schicht mit einem schweren Gegenstand **beschweren** und das Gefäß mit einem Geschirrtuch **bedecken**. Etwa **1 Woche ziehen** lassen.
- Man kann das Einlegegut **nach und nach verbrauchen**, sofern der Behälter jeweils luftdicht verschlossen wird.
- Da zu viel Salz für den menschlichen Körper gesundheitsschädlich sein kann, sollte man eingesalzenes Gemüse oder Kräuter **vor der Verwendung gut abwaschen**.
- Mit eingesalzenen Scheiben von Wurzelgemüse lassen sich **Suppen und Saucen verfeinern**. Das Gericht sollte man dann aber nicht zusätzlich salzen.

Fisch einsalzen

Sprotten, Heringe, Sardinen oder Anchovis nehmen in Salz einen ganz charakteristischen Geschmack an. Vor dem Verzehr legt man sie einige Stunden in Milch oder Wasser ein.

- 1 kg gesäuberten Fisch innen und außen mit **feinem Salz** einreiben. In eine flache Schale legen und zwischen die einzelnen Schichten Salz streuen. Nach 4–5 Stunden herausnehmen und mit Küchenpapier trocknen.
- Etwas **grobes Salz** in ein Einmachgefäß streuen, dann jeweils eine Schicht Fische, 1 Lorbeerblatt und einige Pfefferkörner mit grobem Salz 5 mm dick bedecken.
- Zuletzt mit einer Schicht Salz versehen, mit einem schweren Gegenstand beschweren und zugedeckt **1 Woche im Kühlschrank ziehen lassen**.
- Zur **längeren Lagerung** entfernt man die durch das austretende Fischfett entstandene Ölschicht und gießt eine

Junge, zarte Bohnen kann man auch ganz einsalzen, vorher werden lediglich die Endstücke gekappt und die Nahtfasern entfernt.

starke Salzlösung auf, bis die Fische komplett bedeckt sind. Danach können Sie sie im Kühlschrank bis zu 6 Monate aufbewahren.

Milchsaure Konservierung

Milchsäuregärung als Methode der Konservierung kannten bereits die Römer und die alten Chinesen. Eine geringe Menge Salz konserviert das Gemüse, bis durch die Gärung der Einlegeware genügend Milchsäurebakterien entstehen. Während der Gärung werden Kohlenhydrate zu Milchsäure abgebaut, die das Wachstum schädlicher Bakterien verhindert, während wichtige Vitamine, Spurenelemente und Ballaststoffe erhalten bleiben.

- Als Gefäße kann man je nach Menge zu **Einmachgläsern** oder großen glasierten **Keramiktöpfen** greifen.
- Neben sämtlichen Kohlarten kommen Bohnen, Gurken, Kohlrabi, Kürbisse, Möhren und zahlreiche andere **kohlenhydratreiche Gemüsesorten** infrage.
- Man sollte nur **unbehandeltes Gemüse** verwenden. Bei gespritztem oder künstlich gedüngtem Gemüse kann das Konservieren misslingen, da die chemischen Mittel die Milchsäurebakterien zerstören können.
- Die **gebräuchlichsten Gewürze und Kräuter** sind Estragon, Dill, Knoblauch, Kümmel, Lorbeerblätter, Meerrettich, Senfkörner und Nelken.
- Zum Einsalzen des Gemüses wird **Koch- oder Meersalz** ohne Jod oder Fluor verwendet.
- Für die **Salzlake** zum Aufgießen eignet sich am besten abgekochtes Wasser oder frisches, kalkfreies Mineralwasser. Pro Liter Wasser rechnet man 25 g Salz.
- Um die Gärung schneller in Gang zu bringen, kann man neben der Salzlake einen sogenannten **Starter einsetzen**, z. B. Molke, Gärsaft oder Wein.
- Während der zehntägigen Gärung im Warmen darf man das **Gefäß auf keinen Fall fest verschließen**, damit kein Überdruck entsteht. Man beschwert es lediglich mit einem Holzbrett und bedeckt dieses mit einem Tuch.
- Die **Abdecktücher** sollte man vor der Verwendung stets in klarem Wasser auskochen.
- Wenn nach der Gärung das Gemüse nicht mehr mit Flüssigkeit bedeckt ist, muss man **Salzlake nachgießen**.
- Anschließend legt man einen Holzdeckel auf das Gärgefäß und stellt es 4 – 6 Wochen in einen **dunklen, kühlen Raum**. In dieser Reifezeit nimmt das Gemüse sein typisches Aroma an.
- Zum Abdecken sollte man **keine Metalldeckel** verwenden, da sie durch Salz und Säure angegriffen werden.
- **Frühgemüse** ist meist bereits nach 2 – 3 Wochen konserviert. Es sollte zügig verbraucht werden.

Kürbis wird mit Knoblauch, frischer Chilischote oder buntem Pfeffer, Ingwer, Koriander und Dillsaat eingelegt.

WEISSKRAUT EINLEGEN

1 Einige äußere Blätter des gewaschenen Weißkohls abbrechen und zur Seite legen. Den Rest des Kopfes vierteln, vom Strunk befreien und mit dem Gemüsehobel in feine Streifen hobeln.

2 Krautstreifen im Steinguttopf etwa 10 cm hoch schichten. Einstampfen, bis sich reichlich Saft gebildet hat.

3 Salz und Gewürze wie Apfelscheiben und Wacholderbeeren oder Knoblauch und Kümmel zufügen. Schichtweise wiederholen, bis der Topf zu drei Viertel voll ist.

4 Mit Wasser und gegebenenfalls dem Starter aufgießen und dann mit den Krautblättern bedecken und mit einem Holzbrett beschweren.

Kräuter zum Verfeinern

Kräuter setzen Farbtupfer, runden Gerichte ab und reduzieren die benötigte Salzmenge. Durch sie gewinnen Speisen an Mineralstoffen und Vitaminen. Aromastarke Kräuter verwendet man zurückhaltend, zartes Grün gibt man erst kurz vor Ende der Garzeit an das Gericht.

Wer keinen Garten hat, kann frische Kräuter problemlos in dekorativen Tontöpfen auf der Fensterbank oder auf dem Balkon ziehen.

Vom Umgang mit Kräutern

Kräuter sind empfindliche Lebensmittel, die ihre Aromen bei falscher Behandlung rasch verlieren. Verarbeiten Sie sie gleich nach der Ernte oder dem Einkauf und zerkleinern Sie die zarten Blätter immer sehr vorsichtig.

- Zerkleinern Sie Kräuter auf einem **angefeuchteten Holzbrett** oder auf einem aus **Kunststoff**. Bei trockenen Holzbrettern ziehen die Aromen ins Holz.
- Kräuter sollten Sie **um die Mittagszeit ernten**, dann sind die ätherischen Öle am intensivsten.
- In ein **feuchtes Küchentuch** gewickelt, halten Kräuter im Gemüsefach des Kühlschranks 1–3 Tage.
- Zur längeren Aufbewahrung können Sie Kräuter **trocknen, einfrieren** oder **in Öl einlegen**.

Die gebräuchlichsten Kräuter in der Küche

- Das hocharomatische **Basilikum** schmeckt scharfsüß und passt zu süßen und pikanten Speisen. Man sollte es nur zerzupfen oder mit der Schere in feine Streifen schneiden.
- Der leicht bittere **Beifuß** wird bei fetten Gerichten wie Aal, Gänsebraten oder Hammel verwendet. Das Kraut wird stets mitgekocht, aber aufgrund der Bitterstoffe nur sparsam dosiert.
- **Bohnenkraut** wird wegen seines pfeffrig-würzigen Geschmacks ebenfalls maßvoll verwendet. Es schmeckt zu Bohnengerichten oder Kurzgebratenem. Einfrieren lässt es sich allerdings nicht.
- Den an Kalium und Kalzium reichen **Borretsch** fügt man Salaten, Erbsen- und Bohnensuppen oder kalten Saucen zu. Er schmeckt leicht salzig und gurkenähnlich. Die Blüten kann man kandieren. Trocknen lässt er sich nicht.
- **Dill** passt hervorragend zu Fisch, Krustentieren, in die Vinaigrette und zum Gurkensalat. Sein Geschmack erinnert an Kümmel. Am kräftigsten ist er im Sommer. Dill erst kurz vor dem Servieren über heiße Speisen streuen.

Spartipp

Häufig werden Kräuter nur in größeren Portionen angeboten. Überschüssige Ware zerkleinert man und friert sie in Plastiktüten oder -containern ein. So hat man stets einen Frischevorrat.

- Der aus Sibirien und Nordamerika stammende **Estragon** verfeinert Essig, Senf oder Sauce béarnaise und passt zu hellem Geflügel, Kaninchen sowie Krustentieren. Sein bittersüßwürziges Aroma geht beim Trocknen verloren.
- Der frischwürzige **Kerbel** gehört in Salate, Suppen oder Kräuterbutter sowie zu Eier- und Käsegerichten.
- Die Blätter des **Liebstöckels** – auch Maggikraut genannt – würzen Suppen, Eintöpfe oder kräftige Fleischgerichte. Seine Samen peppen Salate, Käsebrote oder Brotteig auf. Das intensive Kraut sollte man nur sparsam dosieren.
- **Lorbeer** gehört nicht nur in die Marinaden von Sauerbraten und Wild, sein Aroma passt auch zu Fisch oder Pasteten. Lorbeer regt den Appetit an und wirkt konservierend.
- **Majoran** fördert die Verdauung und passt daher gut zu schweren Speisen wie Gans, Hammel, Schmalz oder Erbseneintopf. Man kann ihn aber nicht einfrieren.
- Von den vielen **Minzesorten** werden Grüne Minze und Pfefferminze am häufigsten verwendet. Minze unterstreicht – maßvoll dosiert – den feinen Geschmack von Frühlingsgemüse, Erbsen und Salaten und macht sich gut auf Desserts oder in Fruchtbowlen.
- **Oregano** gehört zur gleichen Familie wie Majoran und wird auf der Pizza und in Tomatengerichten serviert. Das leicht herbe Kraut sollte mäßig dosiert werden.
- Die vitaminreiche **Petersilie** ist wohl das wichtigste Küchenkraut und gehört in viele Salate, Saucen, Suppen, aber auch zu Gemüse und Fisch. Man gart sie nur kurz mit.
- Zu Lamm, Wild, Fisch und Schwein sowie zu Tomaten passt **Rosmarin** wunderbar. Die kräftig schmeckenden Nadeln verwendet man dezent.
- Mit dem leicht bitteren **Salbei** würzt man kurz vor Ende der Garzeit Schweinebraten oder Geflügel. Ansonsten passt er zu Tomaten und Bohnen.
- **Schnittlauch** schmeckt zwiebel- und lauchähnlich. Er passt zu Salaten, Fleischbrühen, zu Gemüsesuppen, Quark und Kartoffeln sowie zu Rührei. Je jünger er ist, desto zarter ist seine Konsistenz und desto würziger schmeckt er.
- Die verschiedenen **Thymianarten** finden vielfältige Verwendung in Suppen, an Gemüse, in Aufläufen und Fleischgerichten. Thymian verträgt sich gut mit Knoblauch. Frischer Zitronenthymian passt zu Fisch oder Geflügel.

Mit einem Wiegemesser lassen sich vor allem zarte Kräuter sehr aromaschonend und rasch zerkleinern.

Zerkleinerte Kräuter kann man portionsweise in Eiswürfelformen geben. Dann mit Wasser auffüllen und einfrieren. Bei Bedarf in Suppen oder Saucen auflösen.

Gut zu wissen

Nach dem Frost besonders würzig

Basilikum, Dill, Estragon, Salbei und Thymian haben nach dem Einfrieren eine höhere Würzkraft. Fertige Gerichte sollte man daher vor dem Einfrieren nur schwach damit würzen.

Was hat wann Saison?

Bei Obst und Gemüse sollte man berücksichtigen, wann eine bestimmte Sorte Saison hat. Sie ist dann in der Regel preiswerter erhältlich und wesentlich frischer und intensiver im Geschmack.

Obst	Monat des Hauptangebots
Äpfel	Januar bis März, September bis Dezember
Aprikosen	Ende Mai bis Anfang September
Birnen	August bis Oktober
Brombeeren	Ende Juli bis Anfang Oktober
Erdbeeren	Mai bis Juli
Himbeeren	Juni bis September
Holunderbeeren	Ende September bis Anfang November
Johannisbeeren	Juli und August
Kirschen	Ende Mai bis August
Pfirsiche/Nektarinen	Juni bis August
Pflaumen	Juli bis September
Preiselbeeren	August bis Oktober
Quitten	September bis November
Stachelbeeren	Juni bis August
Weintrauben	Juli bis September

Gemüse	Monat des Hauptangebots
Artischocken	April und Mai
Auberginen	Mai bis August
Bataviasalat	Mai bis September
Bleichsellerie	Januar bis Dezember
Blumenkohl	März und April, Juli bis Oktober
Grüne Bohnen	Juli bis September
Brokkoli	Juli bis Oktober
Champignons	Januar bis Dezember
Chicorée	Januar bis April, November und Dezember
Chinakohl	Januar bis März, Oktober bis Dezember
Eichblattsalat	Mai bis September
Einlegegurken	August bis Oktober
Eisbergsalat	Mai bis Oktober
Endiviensalat	September bis November
Grüne Erbsen	Juni bis August
Feldsalat	Oktober bis Dezember
Fenchel	Januar bis Juni, September bis Dezember
Grünkohl	Januar und Februar, November und Dezember
Kohlrabi	Juni und Juli, Oktober

Kopfsalat	März bis Oktober
Kürbis	August bis November
Lauch/Porree	Januar bis März, August bis Dezember
Lollo Rosso	Mai bis September
Meerrettich	März bis Mai, November und Dezember
Melonen	Juni bis Oktober
Möhren	Januar bis Mai, Dezember
Paprika	Juni bis November
Petersilie	Januar bis Dezember
Radieschen	Mai bis Juli
Rettich	Mai bis Oktober
Rhabarber	April bis Juni
Rosenkohl	Januar und Februar, November und Dezember
Rote Bete	Januar und Februar, Oktober bis Dezember
Rotkohl	Januar bis März, Juli bis Dezember
Salatgurken	März bis Dezember
Schwarzwurzeln	Dezember
Sellerieknollen	Januar bis März, Oktober bis Dezember
Spargel	April bis Juni
Spinat	März bis Mai, September und Oktober
Tomaten	April bis November
Weißkohl	Januar bis April, Oktober bis Dezember
Wirsing	Januar bis Mai, Oktober bis Dezember
Zucchini	Juni bis November
Zwiebeln	Januar bis Mai, August bis Dezember

Marmeladen und Gelees

Ohne Marmeladen oder Gelees wäre für viele ein Frühstück undenkbar und selbst gemacht schmecken sie am allerbesten. Für das Gelieren ist ein ausgewogenes Verhältnis von Säure und Pektin entscheidend, das aber nicht alle Früchte von Natur aus mitbringen.

Zum Abfüllen eignen sich zuvor sterilisierte Gläser mit Schraubdeckel.

Marmeladen bzw. Konfitüren stellt man aus Früchten her, indem man diese zerkleinert oder zerquetscht und mit Zucker einkocht. Bei Gelees werden lediglich reine Fruchtsäfte verarbeitet. Offiziell ist der Begriff Marmelade übrigens als spezielle Form der Konfitüre nur für Produkte aus Zitrusfrüchten erlaubt.

Wichtige Utensilien

Bei der Verarbeitung der Früchte muss auf Sauberkeit geachtet werden. Schon kleinste Verunreinigungen an Obst oder Arbeitsgeräten können das Produkt verderben lassen.

- An Küchengeräten benötigt man neben **Schneidbrett** und **Messer** eine **Waage**, einen großen **Topf**, einen Rührlöffel sowie einen **Schaumlöffel** zum Abschäumen.
- Kupfertöpfe leiten zwar sehr gut Wärme, reagieren aber mit Säure, weshalb man einen **Edelstahltopf** wählt.
- Ein **Abfülltrichter** und eine **Schöpfkelle** erleichtern das Einfüllen.

Früchte gelieren unterschiedlich

Prinzipiell eignen sich fast alle Früchte zur Herstellung von Konfitüren und Gelees. Je pektinreicher die Früchte sind, desto kürzer ist die Kochzeit der Fruchtmasse. Bei einigen Früchten muss Pektin in Form von Zitronensaft, anderen Früchten oder Pektinkonzentrat zugesetzt werden.

- Äpfel, Brombeeren, Rote Johannisbeeren, Stachelbeeren und Zitrusfrüchte sind **pektinreiche Früchte**. Sie gelieren überdurchschnittlich schnell.
- Aprikosen, Himbeeren, Schwarze Johannisbeeren, Mirabellen, Nektarinen, Pfirsiche, Pflaumen und Zwetschgen haben einen **mittleren Pektingehalt**, etwas Zitronensaft unterstützt hier das Gelieren.
- Ananas, Birnen, Erdbeeren, Holunder, Kirschen, Kürbis und Weintrauben haben einen **niedrigen Pektingehalt**. Diesen Früchten gibt man auf jeden Fall den Saft einer Zitrone zu oder kombiniert sie mit pektinreichem Obst.

Konfitüre zubereiten

Auf einen Teil Gelierzucker – das ist eine Mischung aus Zucker, Pektin und Zitronensäure – kommt ein Teil Früchte. Bei Gelierzucker 1 : 2 rechnet man auf einen Teil Zucker zwei Teile Früchte.

- Die gewaschenen, geputzten und **zerkleinerten Früchte** werden abgewogen und in einen möglichst großen Topf gegeben, damit der Inhalt nicht überkocht.
- Härtere Früchte wie Ananas, Birnen oder Äpfel kocht man mit wenig Wasser zunächst **halb gar**.
- Zum Schluss etwas **Zitronensaft** unterrühren, das erhält die Farbe der Früchte.

- Dann gibt man den **Gelierzucker** zu den Früchten, vermischt alles gut und wartet einige Minuten, bis die Früchte etwas **Saft ziehen**.
- Den Topfinhalt vorsichtig **unter ständigem Umrühren zum Kochen bringen**. Am Topfboden darf sich nichts absetzen und anbrennen.
- Gibt man eine **Messerspitze Butter** in den Fruchtbrei, läuft er beim Kochen nicht über.
- Die Fruchtmasse muss 5–10 Minuten **sprudelnd kochen**, dabei immer wieder umrühren und vorsichtig mit einem Schaumlöffel den entstehenden **Schaum abheben**.
- Nach der **Gelierprobe** zieht man – je nach Ergebnis – den Topf von der Kochstelle oder kocht die Marmelade noch einige Minuten weiter, falls sie zu flüssig ist.

Wer bei Erdbeeren, Himbeeren oder Brombeeren keine kleinen Kerne in der Marmelade haben möchte, passiert sie nach dem Saftziehen durch ein Sieb.

- Die fertige Konfitüre sofort in heiß ausgespülte **Gläser füllen**, den Glasrand abwischen und die Gläser **luftdicht verschließen**.
- Stellt man die Gläser einige Minuten auf den Deckel, bildet sich ein **Vakuum**, das die Marmelade vor Schimmelbefall schützt.
- Aus den **Gemüsesorten** Kürbis, Möhren oder Tomaten kann man ebenfalls leckere Konfitüren herstellen.
- **Gewürze** wie Ingwer, Vanille oder Kardamom können den Geschmack von Konfitüren verfeinern, frische **Kräuter** wie Minze- oder Zitronenmelisseblätter geben ebenfalls eine besondere Note.

Gelee herstellen

- Um den für ein Gelee nötigen Fruchtsaft zu gewinnen, gibt man das geputzte, zerkleinerte Obst mit etwas Gelierzucker in einen Topf und lässt es **Saft ziehen**.
- Die Mischung aufkochen und so lange **köcheln** lassen, bis alle Fruchtstücke oben schwimmen.
- Dann gibt man die Fruchtmasse mitsamt der Flüssigkeit in ein **mit einem Mulltuch ausgekleidetes Sieb** und fängt den Saft in einer Schüssel auf. Nicht ausdrücken, sonst wird das Gelee trüb.
- Den **Saft** mit der gleichen Menge Gelierzucker aufkochen und 5–10 Minuten **kochen** lassen.
- Nach der **Gelierprobe** in sterilisierte Gläser abfüllen und verschließen.
- Wenn man die Fruchtmasse nach dem Abtropfen zurück in den Topf gibt, mit Wasser bedeckt und nochmals köchelt, kann man die **Saftmenge vergrößern**.

DIE GELIERPROBE

1 Geben Sie einen kleinen Klecks der kochenden Fruchtmasse auf einen kalt abgespülten Teller.

2 Lassen Sie die Probe abkühlen. Man kann sie dazu kurz in den Kühlschrank stellen.

3 Ist der Klecks erstarrt und hat sich kein Wasser um ihn herum gebildet, ist die Masse abfüllbereit.

Nudeln und Reis

Nudeln und Reis gehören als wertvolle Energielieferanten seit vielen tausend Jahren auf den Speiseplan, es gibt sie in zahlreichen Variationen und man kann sie mit allerlei Lebensmitteln, Saucen und Gewürzen kombinieren.

Für Tortellini kleine Rechtecke aus dem Teig ausschneiden und die Füllung auflegen. Danach wird der Teig vorsichtig über die Füllung gefaltet. Die Ränder vorher anfeuchten, damit sie zusammenhalten.

Grundrezepte für Nudelteig

Während Nudeln in Asien auch aus Reismehl oder Mungobohnenstärke bestehen, werden europäische Nudeln überwiegend aus Hart- und Weichweizenmehl oder -grieß hergestellt. Nudeln aus Hartweizen werden ohne, solche aus Weichweizen mit Ei hergestellt.

- **Für Nudeln ohne Ei** mischen Sie 180 g Hartweizengrieß mit 125 g Mehl und 1 Prise Salz, fügen 175 ml Wasser zu und verkneten alles zu einem elastischen, glatten Teig.
- Geben Sie noch etwas **Wasser** zu, falls der Teig zu trocken ist. Er sollte fest, aber nicht klebrig sein.
- Etwa **1 Stunde ruhen** lassen, dann ausrollen, schneiden und trocknen.
- Nudeln aus Hartweizen passen besonders gut **zu gehaltvollen Saucen**.
- **Für Eiernudeln** 250 g Weizenmehl mit 3 leicht verschlagenen Eiern, 1 TL Salz und 3 TL Öl zu einem geschmeidig glänzenden Teig verkneten. Er ist fertig, wenn er sich vom Untergrund löst und eine glatte Oberfläche hat. Nach der Ruhezeit ausrollen, schneiden und trocknen lassen.

Tipps rund um die Nudelküche

- **Feuchte Luft** in der Küche begünstigt die Herstellung von Nudeln. Italienerinnen empfehlen das gleichzeitige Aufbrühen von Kaffee.

Eine Nudelmaschine bietet enorme Erleichterung für das Ausrollen und Schneiden des Nudelteigs in feine Bandnudeln.

- Das **Ausrollen** geht leichter, wenn man den Teig dabei mehrfach umdreht.
- Nudelteig **portionsweise verarbeiten** und den restlichen Teig in Folie lagern, damit er nicht zu trocken wird.
- Eiernudeln kann man **färben und aromatisieren**. Mit Roten Beten werden Nudeln dunkelrot, mit Tomaten hellrot, mit Möhren oder Kürbis orange, mit Safran gelb, mit Spinat grün, mit Pilzen braun und mit Tintenfischtinte schwarz. Vermischen Sie diese Zutaten mit Eiern, Öl und Salz und verkneten Sie sie dann mit dem Mehl. Eventuell benötigt der Teig etwas mehr Mehl.
- In einem großen, hohen Topf können die Nudeln während des Kochens **frei schwimmen**.
- Teigwaren **quellen beim Garen** etwa auf das 2 1/2-fache auf. Man gibt sie in sprudelnd kochendes Wasser.
- Sobald sie im Wasser sind, rühren Sie die Nudeln um, damit sie **nicht verkleben** und ihre Form behalten.
- **Öl im Wasser** verhindert zwar das Überkochen, nicht aber das Verkleben der Pasta. Stattdessen verklebt Öl deren Poren, sodass sie die Sauce nicht mehr gut aufnehmen.

- Nudeln sollte man entgegen der landläufigen Meinung **nicht** in kaltem Wasser **abschrecken**.
- Nudelgerichte schmecken pikanter, wenn man dem Nudelwasser etwas **Brühe** zufügt.

Reissorten und Garmethoden

Die Samen einer der ältesten Kulturpflanzen der Menschheit dienen in Asien als wichtigstes Grundnahrungsmittel.

- **Langkornreis oder Patnareis** hat lange schlanke Körner und einen trockenen, glasigen Kern. Man lässt ihn quellen und dünstet ihn.
- Durch heißen Dampf werden bei **Parboiledreis** vor dem Schälen und Polieren etwa 80 % der im äußeren Silberhäutchen enthaltenen Vitamine und Mineralstoffe ins Innere des Reiskorns gepresst, sodass er ernährungsphysiologisch sehr wertvoll ist. 200 g Reis lässt man in 1,5 l kochendem Salzwasser 20 Minuten ziehen. Dann abgießen.
- Der auch **Milchreis** genannte **Rundkornreis** ist kalkweiß gefärbt und im Kern weich und klebrig. Er gibt beim Kochen viel Stärke ab und wird für Risotto oder Süßspeisen verwendet. Man kann ihn quellen lassen oder dünsten.
- Beim **Quellen** bringt man Reis mit der doppelten Menge Wasser bei mittlerer Hitze zum Kochen. Salzen, den Topf gut verschließen und 20 Minuten bei milder Hitze ausquellen lassen. Dann dampft der Reis ab, bis das Wasser vollständig aufgenommen ist. Mit einer Gabel auflockern.
- Um Reis zu **dünsten**, brät man eine klein geschnittene Zwiebel mit wenig Fett in einem großen Topf glasig an. Nach Geschmack würzen, 2 Tassen Reis zufügen, kurz mitrösten und mit 4 Tassen Brühe aufgießen. Bei mittlerer Hitze 15–20 Minuten fertig garen.

Geben Sie einige Tropfen Zitronensaft ins Kochwasser, dann bleibt der Reis beim Garen schneeweiß.

Tipps für die Reisküche

- Beim Kochen sollte man Reis **nicht rühren**, sondern im Topf **schütteln**, dann wird er nicht klumpig und die Körner bleiben ganz.
- Reis **verdreifacht seinen Umfang**. Man rechnet daher für 4 Personen etwa 2 Tassen Reis als Beilage.
- Bereitet man Reis in **Brühe, Tomatensaft** oder einem **Wasser-Wein-Gemisch** zu, wird er schmackhafter.
- Gekochter Reis lässt sich mit Butter, Wasser und Gewürzen wunderbar als **Bratreis** oder **Backreis** weiterverwenden. Auch als **Suppeneinlage** macht er sich gut.
- Damit Reis **nicht überkocht**, gibt man dem Kochwasser ein Stückchen **Butter** zu.
- Ist der Reis nach dem Kochen **zu feucht**, lässt man ihn im Backofen auf einem Backblech 10 Minuten trocknen.
- Rohreis trocken, luftig und nicht in der Nähe geruchsintensiver Lebensmittel **lagern**, da er gerne andere Aromen annimmt.

Reis gibt es geschält und ungeschält. Bei Wildreis handelt es sich um den Samen einer wild wachsenden Grasart.

Gut zu wissen

Wertvolle Silberhaut

Die Nährstoffe der Reiskörner sitzen überwiegend in der Silberhaut. Aus gesundheitlichen Gründen sollte man daher immer auf Natur- bzw. Vollkornreis setzen, der nicht von seiner Silberhaut befreit wurde – oder auch auf den Parboiledreis.

RESTEVERWERTUNG

Selbst die beste Planung kann nicht immer verhindern, dass von Gerichten Reste übrig bleiben. In jedem Kühl- oder Vorratsschrank finden sich dann aber weitere Zutaten, mit denen man aus Resten schmackhafte und variantenreiche Speisen zaubern kann.

Kartoffel-, Nudel- und Reisreste verwerten

Als gängigste Art, Kartoffel-, Nudel- oder Reisreste zu verwerten, bieten sich Aufläufe und Salate an. Suppen und Desserts sind aber auch möglich.

- Kartoffel- oder Kloßreste ergeben mit klein geschnittenen Braten- oder Fleischresten und einem verquirlten Ei ein leckeres **Kartoffelgröstl**.
- Versuchen Sie es einmal mit **Kartoffelplätzchen**: Kartoffeln zerdrücken, mit einem Ei, Salz, Pfeffer, Knoblauch, Petersilie und einer gehackten Zwiebel vermischen, zu Talern formen, panieren und in Pflanzenöl ausbacken.
- Für eine **Kartoffelsuppe** pürieren Sie Kartoffelreste, verdünnen sie mit Brühe und würzen nach Geschmack mit Sahne, Kräutern oder Schinkenwürfeln.
- Beim Überbacken von Aufläufen gibt **Parmesan** ein wunderbares Aroma. Er verbrennt aber schnell, da er sehr trocken ist. Entweder vorher mit Milch oder Sahne einweichen oder auf dem Auflauf zusätzlich Butterflocken verteilen.
- Aus Nudeln vom Vortag können Sie leckere **Schinkennudeln** zubereiten. Rösten Sie Schinken und Zwiebelwürfel an, fügen Sie die Nudeln zu und geben Sie zwei mit Salz, Pfeffer und frischen Kräutern verquirlte Eier darüber. Sobald die Eimasse stockt, umrühren und servieren.
- Geben Sie für einen sommerlich leichten **Nudelsalat** eine Dose Thunfisch samt dem eigenen Saft, 1–2 EL Kapern oder klein geschnittene saure Gurken über die Nudeln und schmecken Sie das Ganze mit Essig, Olivenöl, Salz und Pfeffer ab.
- Salate aus Nudeln schmecken besonders gut, wenn Sie sie **lange durchziehen lassen**. Gleiches gilt für Kartoffel- oder Reissalate.
- Reisreste können Sie mit Eiern, Schinken oder Hackfleisch, Zwiebeln und Gemüse zu einer kräftigen **Reispfanne** verarbeiten. Für eine asiatische Note nimmt man zum Anbraten Sesamöl und schmeckt mit Sojasauce ab.
- Zaubern Sie aus dem Reis vom Vortag ein **Dessert**: Vermengen Sie Cocktailfrüchte aus der Dose mit dem Reis und verteilen Sie alles auf hitzebeständigen Desserttellern. Drei Eiweiße mit etwas Zucker steif schlagen, über den Reis geben und im Backofen überbacken.
- Für delikate **Reispfannkuchen** vermischen Sie Reisreste mit Mehl, Milch und Eiern und braten den Teig portionsweise an. Mit Zimt und Zucker oder Marmelade servieren.

Ein Klassiker der Resteküche ist der Auflauf. Bei den Zutaten sind nahezu keine Grenzen gesetzt.

Croûtons aus Brotresten ergänzen frische Salate oder Püreesuppen hervorragend.

Gemüse mal anders

- Für einen **Auflauf** schichtet man Gemüsereste mit Kartoffeln oder Nudeln in eine Form und übergießt alles mit Sahne oder Béchamelsauce. Mit Käse bestreuen, im Backofen überbacken.
- Aus den Gemüseresten kann man auch ein **Püree** herstellen: Man erhitzt das gewürfelte Gemüse in wenig Brühe, püriert es und rührt Milch ein, bis eine cremige Konsistenz erreicht ist. Anschließend 1/2 EL Butter darin schmelzen, unterrühren und das Ganze abschmecken.

Variationen für altes Brot

- Aufgeweicht finden alte Brötchen in **Frikadellen oder Hackbraten** Verwendung. Weicht man die Brötchen in Brühe ein, wird das Gericht schmackhafter.
- Wenn die Brötchen oder auch das Brot noch nicht zu alt sind, kann man daraus ganz einfach **Croûtons für Salate oder Suppen** herstellen. Einfach in Würfel schneiden und in der Pfanne in wenig Fett anbraten. Gibt man Zwiebeln, Nüsse oder Parmesan dazu, bekommen die Croûtons einen besonders leckeren Geschmack.
- Im Sommer findet ein **Brotsalat** großen Anklang. Dafür zerschneidet man alte Weißbrotscheiben in mundgerechte Stücke und mischt sie mit klein geschnittenen Tomaten, Zwiebeln, Olivenöl und Weinessig. Mit Salz, Pfeffer und Kräutern abschmecken und etwas ziehen lassen.

Andere Reste

- Reste von **gebratenem Hähnchen** oder **Putenbrust** serviert man tags darauf mit einem grünen Salat. Dazu passt eine Vinaigrette mit Balsamicoessig. Zum Anreichern kann man Walnüsse, Pinienkerne, Rosinen oder Cranberrys verwenden.
- In **übrig gebliebene Pfannkuchen** rollt man je 1–2 Scheiben Schinken und Käse und gibt sie dann in eine feuerfeste Form. Die Rollen mit einer Sahne-Eiermischung übergießen, geriebenen Käse darüberstreuen und im Backofen einen wohlschmeckenden Auflauf daraus backen.
- **Gegarte Getreidekörner** sind eine nahrhafte und sättigende Suppeneinlage.
- **Keinesfalls** darf man **Reste von Krustentieren oder Muscheln** wieder erwärmen.

Mit Reibkäse kann man Aufläufe, Salate und Suppen aus Resten aufwerten.

Gut zu wissen

Spinat und Pilze nicht aufwärmen?

Die einst eherne Regel, dass Spinat und Pilze nicht aufgewärmt werden sollen, ist längst widerlegt. Sie stammt aus der Zeit, als es noch keine Kühlschränke gab. Man sollte Pilze oder Spinat nicht lange bei Raumtemperatur stehen lassen und sie beim Aufwärmen rasch erhitzen.

Mit der Reibe oder dem Mixer werden hart gewordene Brötchen oder Weißbrot zu Paniermehl verarbeitet.

Saft und Sirup

Selbst gemachte Säfte werden als flüssige Nahrung rasch verdaut und versorgen den Organismus mit vielen wertvollen Nährstoffen. Mit Zucker wird Fruchtsaft zu haltbarem Sirup – eine Vitaminquelle für den Winter oder eine Zugabe zum Dessert.

Mit den modernen Entsaftern ist die Saftherstellung ein Kinderspiel. Das Gerät sollte aber von guter Qualität und leicht zu reinigen sein.

Die in Säften enthaltenen Vitamine, Proteine, Kohlenhydrate, essenziellen Fettsäuren, Mineralien und anderen Nährstoffe liefern Energie, stärken das Immunsystem sowie die Knochen und reinigen die Haut. Allerdings sollte man nicht zu viel davon zu sich nehmen, da die Getränke aufgrund der Fruchtsüße viele Kalorien enthalten.

Die Frische vorziehen

Um sie haltbar zu machen, werden abgepackte Säfte pasteurisiert. Dabei gehen viele Vitamine und Mineralstoffe verloren.

- Frische Säfte enthalten **keinerlei Zusatzstoffe**, dafür aber sämtliche Nährstoffe des ausgepressten Produkts sowie Enzyme und Ballaststoffe, die die Verdauung fördern.
- Frisch gepresste Säfte sollte man **rasch trinken**, da sich die Vitamine sonst sehr schnell verflüchtigen.
- Im **Kühlschrank** halten frisch gepresste Säfte in dunklen, gut verschließbaren Gefäßen **bis zu 3 Tage**.
- Gibt man etwas **Ascorbinsäure** – Vitamin C – aus der Apotheke oder Drogerie hinzu, verhindert man das Verfärben der Säfte.

Herstellung von Saft

- Die beste Methode zur Saftherstellung ist die Rohentsaftung in einem **elektrischen Entsafter**. Man gibt das geputzte Obst oder Gemüse in den Einfüllschacht des Entsafters. Darunter kreist eine Raspel, die das Fruchtfleisch zerkleinert. Durch Zentrifugalkraft wird der Saft durch Siebe geschleudert, während sich die Rückstände in einem Korb sammeln.
- Will man den vollständigen Vitamin- und Nährwert erhalten, sollte man **Geräte, die mit heißem Dampf arbeiten, meiden**, da die Hitze die Vitamine zerstört.
- Auf **traditionelle Weise** entsaftet man Früchte, indem man sie mit etwas Wasser in einen Topf gibt und köchelt, bis sie aufplatzen oder weich werden. Dann gibt man sie in ein Tuch oder Sieb und fängt den Saft in einer Schüssel auf. Zuletzt wird der Saft mit Zucker aufgekocht und heiß in Flaschen gefüllt, die luftdicht verschlossen werden.

Tipps zu Obst und Gemüse

- Man sollte immer Obst und Gemüse **aus ökologischem Anbau** verwenden, da es nicht mit Giftstoffen belastet ist.
- Nach dem Putzen und Waschen die Ware **gut abtrocknen**, sonst würde der Saft verwässern.
- Nur Obst mit sehr harter Schale muss man **schälen**, ansonsten genügt es, es zu entkernen und zu zerkleinern. Eine Fruchtpresse leistet bei festen Früchten gute Dienste.

Frischer Apfelsaft verfärbt sich rasch, daher sollte man ihn gleich trinken.

Zitrusfrüchte kann man leicht mit der Hand auspressen, für größere Mengen gibt es auch elektrische Geräte.

- Wem **Grapefruitsaft** zu bitter schmeckt, mischt ihn mit Birne, sie entschärft die Bitterstoffe.
- Um Kindern **Gemüsesaft** schmackhaft zu machen, kann man Möhren oder Tomatensaft mit Obstsaft mischen.
- **Möhrensaft** hilft gegen Sodbrennen, fördert das Wachstum von Haaren und Nägeln, sorgt für schöne Haut und verbessert das Sehvermögen.
- **Paprika** hat dreimal so viel Vitamin C wie Zitronen oder Orangen und stimuliert daher das Immunsystem.
- **Rote-Bete-Saft** hat antibakterielle Eigenschaften, stärkt über den enthaltenen Eiweißbaustein Betain die Leber und hilft so dem Körper, sich selbst zu entgiften.
- Bei chronischer Verstopfung reguliert **Sauerkrautsaft** den Darm auf sehr milde Weise.

Fruchtsirup

Fruchtsirup wird mit handelsüblichem Einmachzucker haltbar gemacht und ist daher stark zuckerhaltig. Je nach Rezept benötigt man Fruchtsäuren, die im Reformhaus oder in der Apotheke erhältlich sind.

- Zur Gewinnung von Sirup sollte man **vollreifes Obst** verwenden, es gibt mehr Saft ab und ist im Geschmack wesentlich aromatischer.
- Man entsaftet die Früchte auf traditionelle Weise und mischt den Saft mit der **gleichen Menge Zucker**. Erneut aufkochen und abfüllen.
- Anstelle von normalem Kristallzucker kann man auch **Gelierzucker** nehmen, der den Sirup länger haltbar macht.
- Mit Mineralwasser vermischt, ergibt Fruchtsirup ein herrliches **Erfrischungsgetränk**.
- Auch für die Herstellung von Eis und Milchshakes oder zum **Verfeinern** von Kuchen und Desserts, Buttermilch, Joghurt, Kefir oder Quark findet Sirup Verwendung.

Kräutersirup

Aus Kräutern wie Zitronenmelisse, Minze, Rosmarin oder Lavendel lässt sich ebenfalls ganz einfach Sirup herstellen.

- Je nach Rezept lässt man die gewaschenen Kräuter in Wasser **köcheln** und über Nacht **ziehen**. Mit Zucker und Zitronensaft mischen und nach dem Aufkochen abfüllen.
- Man trinkt den Sirup verdünnt mit Wasser oder peppt damit **Desserts** auf.

Holunderblüten-Sirup

20 – 30 Holunderdolden
2 l Wasser
1 kg Zucker
4 unbehandelte Zitronen
40 g Zitronensäure

Aus Wasser und Zucker eine Zuckerlösung herstellen, Zitronen in Scheiben und Blütendolden hineingeben. 2 – 3 Tage ziehen lassen, Flüssigkeit abfiltern und die Zitronensäure zufügen. In Flaschen abfüllen.

Holunderblüten schneidet man am besten, wenn die Dolden voll erblüht sind und es schon ersten Blütenstaub gibt.

Saucen und Dressings

Saucen runden eine Speise ab oder geben ihr erst die besondere Note. Sie sind unabdingbare Begleiter von Salat oder Braten und lassen sich durch neue Würzkombinationen leicht variieren.

Löscht man den Bratensatz mit Wein oder Brühe ab, bekommt er einen intensiveren Geschmack.

Das Ablöschen

Die einfachste Art und Weise, den Grundstock für eine Bratensauce zu bekommen, ist das Ablöschen.

- Man nimmt das Fleisch nach dem Anbraten aus dem Topf und gießt **Wasser** oder eine **andere Flüssigkeit** hinein.
- Durch das anschließende Aufkochen unter ständigem Rühren **löst sich der Bratensatz**. Er verleiht der späteren Sauce ihr unverwechselbares Aroma.
- Brät man mit dem Fleisch eine **Zwiebel** und eine **Möhre** an, verleiht das Gemüse der Sauce einen besonders feinen Geschmack.

Das Geheimnis des Saucenbindens

Durch das Abbinden bekommt eine Sauce die richtige Konsistenz und gewinnt an Geschmack.

- Im Bratenfond mitgegartes und dann **püriertes Gemüse** verleiht der Sauce Bindung und Geschmack.
- Fruchtig und gleichzeitig sämig wird die Sauce durch das Beifügen von 2 TL **Preiselbeeren**.
- Gibt man zu Beginn des Schmorens **kleine Brotstücke** zum Braten in den Topf, zerfallen sie und machen den Bratenfond sämig.
- Sehr häufig nimmt man zum Binden **Mehl oder Stärke**. Sie werden in etwas Wasser oder Wein verrührt und in die Sauce gegeben. Die Sauce danach einmal aufkochen, damit Mehl oder Stärke ausquellen. Nimmt man je zur Hälfte Mehl und Stärke, wird die Bindung feiner und leichter.
- Für eine **Béchamelsauce** wird eine helle Mehlschwitze mit Milch angegossen, für eine **Velouté** gießt man die Schwitze mit hellem Fond an.
- Die **dunkle Mehlschwitze** nutzt man für Bratensaucen und gießt sie mit dunklem Fond an.
- Zum Binden kurz vor dem Servieren hat sich eine **Mischung aus Mehl und Butter** bewährt. Man verknetet sie zu gleichen Teilen und gibt sie als kleine Flocken in die kochende Sauce. Mehlbutter hält sich gekühlt 2 Wochen.
- Stark eingekochte Fonds bindet man mit **kalter Butter**. Sie wird mit dem Schneebesen portionsweise unter die heiße Sauce gerührt, bis diese eine cremige Konsistenz annimmt. Servieren Sie die Buttersauce direkt nach dem Aufschlagen.
- Unter einen stark reduzierten Bratenfond kann man zum Binden kurz vor dem Servieren auch saure oder süße **Sahne, Crème fraîche oder Crème double** schlagen.

Besonders fein mit Eigelb oder Sahne

Helle Saucen kann man vor dem Servieren mit Eigelb und Sahne legieren, d. h. eindicken und verfeinern.

Die Vinaigrette gilt traditionell als Salatbegleiter, sie schmeckt aber auch zu Fisch- oder Fleischgerichten.

- Verrühren Sie einige Löffel Sauce mit einem Eigelb und fügen Sie diese Mischung unter ständigem Rühren in die heiße, **nicht kochende Sauce**. Wenn die Flüssigkeit kocht, flockt das Eigelb aus und gerinnt.
- Soll mit der Sauce Gemüse oder Fleisch gratiniert werden, zusätzlich etwas **Schlagsahne** einrühren.

So gelingen Saucen besser

- Saucen auf Basis einer Mehlschwitze grundsätzlich **nach dem Eindicken würzen**.
- Mit einer Mehlschwitze gebundene Saucen sollte man noch **mindestens 5 Minuten kochen** lassen. So verliert sich der Mehlgeschmack.
- Auf hellen Saucen **bildet sich keine Haut**, wenn man mit einer Gabel ein Stück Butter darüberzieht.
- Will man eine Sauce **mit Butter anreichern**, nimmt man den Topf von der Kochstelle, gibt die Butter stückweise zu und lässt sie schmelzen. Den Topf darf man nur schwenken.
- Saucen mit dem Schneebesen **kräftig durchschlagen**, dann werden sie sämig und verklumpen nicht so leicht.
- Um die **Konsistenz** einer Sauce zu **prüfen**, taucht man einen Holzlöffel hinein. Die Sauce sollte leicht anhaften.
- Zu wenig Sauce kann man durch Fonds, etwas Gemüsebrühe, Sahne, Crème fraîche, Kochwasser von Gemüse oder Nudeln, Wein oder Sherry **verlängern**.

Die perfekte Vinaigrette

Das klassische Dressing für einen Salat bleibt die Vinaigrette, bei der es auf die ausgewogene Mischung der hochwertigen Zutaten ankommt.

- **Essig und Öl** werden im Verhältnis **1 : 3** verwendet. Die Menge des Senfes hängt von seiner Schärfe ab. Man nimmt etwa 1 TL **Senf** auf 4 EL Salatsauce.
- Den Essig mit Salz und Pfeffer verrühren, dann den Senf gründlich untermischen. Nach und nach **unter ständigem Rühren** das Öl zugießen, bis sich Essig und Öl zu einer Emulsion verbinden.
- Das **Öl** immer erst ganz **zum Schluss unterschlagen**. So erhält die Sauce ihre cremige Konsistenz.
- Trennen sich die Zutaten wieder voneinander, muss man die Vinaigrette nochmals **kräftig durchschlagen**.
- Ist die Vinaigrette **zu ölig**, gibt man mehr Essig und Gewürze zu. Schmeckt die Vinaigrette **sauer**, fügt man Öl und Salz zu. Auch etwas Zucker schadet nicht.
- Eine Vinaigrette lässt sich auf **Vorrat** herstellen. In eine Flasche abgefüllt, hält sie sich im Kühlschrank etwa 3 Wochen. Vor der Verwendung sollte man sie stets gründlich durchschütteln.
- Eine Vinaigrette kann man mit Zwiebeln, Knoblauch, Nüssen, getrockneten Früchten oder Kräutern **variieren**.

MEHLSCHWITZE

1 Man lässt 20 g Butter im Topf schmelzen bzw. anschwitzen und gibt unter Rühren 20 g Mehl dazu.

2 Weiterrühren, bis sich das Mehl mit dem Fett verbindet. Für eine dunkle Schwitze die Masse leicht anrösten.

3 Dann fügt man unter Rühren die Flüssigkeit zu. Aufkochen und rühren, bis die Sauce andickt.

Sicherheit in der Küche

Nirgendwo im Haushalt geschehen so viele Unfälle wie in der Küche. Man schneidet sich mit dem Messer, rutscht auf dem Küchenboden aus oder verbrennt sich am heißen Topf. Durch Vorsichtsmaßnahmen lassen sich die Risiken begrenzen.

Verbrennungen am Backofen lassen sich vermeiden, wenn man immer Topflappen oder wattierte Handschuhe benutzt.

Verbrennungen vorbeugen

Der Herd sollte niemals unbeaufsichtigt bleiben – insbesondere wenn es sich um einen Gasherd handelt. Platten oder nicht benötigte Kochfelder unbedingt sofort ausschalten.

- **Pfannen- und Topfgriffe** dürfen niemals über die Herdkante ragen, da man sie beim Vorbeilaufen schnell herunterreißen kann.
- Man sollte **Pfannen oder Töpfe mit heißem Fett** stets im Auge behalten: Sie sind leicht entzündlich und die häufigste Ursache für Küchenbrände.
- **Beim Öffnen des Backofens** immer zurücktreten und die heiße Luft entweichen lassen.
- **Beim Herausnehmen von Speisen** achtet man darauf, dass keine heiße Flüssigkeit aus den Töpfen schwappt.
- Niemals **heiße Gerichte** an den Rand von Herd, Tisch oder Arbeitsplatte stellen. Der Topf könnte leicht kippen.
- Da sie leicht Feuer fangen, darf man **Küchentücher** nicht in die Nähe von Herdplatten legen.
- Regelmäßig wechselt man **die Filter von Dunstabzugshauben**. Vollgesogen mit Fett, entzünden sie sich leicht.
- Bei **Dampfdrucktöpfen**, Kaffeemaschinen mit Druckbehälter oder ähnlichen Geräten darf man den Druck nicht von Hand ablassen, um den Deckel zu öffnen.
- Am besten verwendet man einen **automatischen Wasserkocher**, der sich abschaltet, wenn das Wasser kocht.
- In **Fritteusen** sollte das Fett nicht überhitzen und verunreinigtes Fett ausgetauscht werden – es hat eine niedrigere Zündtemperatur und kann leichter in Flammen aufgehen. Die Heizschlangen müssen immer vollständig im Fett stehen, sonst kann sich das Fett entzünden.
- Lässt man kaltes Wasser ins Becken laufen, wenn man **Kartoffeln oder Gemüse abseiht**, dann verbrüht man sich nicht die Hände durch den aufsteigenden Dampf.

Vorsicht mit Messern und Scherben

- Messer und andere scharfe Gegenstände bewahrt man außer Reichweite von Kindern in einem **Messerblock** auf.
- Messer beim Spülen **nicht ins Spülwasser fallen lassen**, denn unter Schaumbergen im trüben Spülwasser kann man schnell in die Klinge greifen.
- Gereinigt werden Messer am besten direkt nach dem Gebrauch mit **Reinigungsbürsten**. Ist der Schmutz angetrocknet, stellt man sie mit der Klinge nach unten in ein mit warmem Wasser gefülltes schweres Gefäß.
- Bei Allesschneidern, Schnitzlern, Cuttern, Fleischwölfen oder anderen Küchengeräten mit Klingen sollte man sich genau informieren, wie man die **Messer gefahrlos herausnehmen** und reinigen kann.
- **Beim Schneiden Abstand halten**: Mit abgewinkelten Fingerkuppen führt man das Messer vom Körper weg.
- Scherben werden immer sofort zusammengekehrt und entsorgt. Kleine Splitterreste nimmt man mit einem **angefeuchteten Wattebausch** auf.
- Ist ein Glas im Spülwasser zersprungen, sollte man das **Wasser ablassen** und die Scherben dann beseitigen.

Bei einer Reibe oder der Brotmaschine sollte man immer einen Restehobel verwenden, um die Finger zu schützen.

Andere Gefahren

- **Haushaltschemikalien** muss man unbedingt kindersicher lagern. Da die oft hochgiftigen Substanzen auch für Erwachsene gefährlich sind, sollte man sie niemals neben Lebensmitteln aufbewahren oder gar in Behältern, die normalerweise Nahrungsmittel beinhalten.
- **Auf den Boden getropfte Flüssigkeiten** oder verspritztes Fett wird sofort aufgewischt, sonst wird der Fußboden zu einer gefährlichen Rutschbahn.

Für Kinder muss der Herd tabu sein. Am besten schützt man Kinderhände durch ein Gitter an der Vorderseite.

Was tun im Notfall?

Wenn doch einmal etwas passiert, gilt es vor allem einen kühlen Kopf und Ruhe zu bewahren.

- **Fängt das Fett in einer Pfanne Feuer**, erstickt man die Flammen mit einem Küchenhandtuch oder einer Löschdecke. Greifen Sie jedoch keinesfalls zu Wasser oder Schaumlöschern.
- Der Backofen wird **bei einem Feuer im Backrohr** sofort ausgeschaltet. Die Ofentür hält man geschlossen. Ohne Sauerstoffzufuhr erstickt das Feuer.
- **Prellungen nach Stürzen** kühlt man mit einem Kühlkissen oder mit Eisbeuteln. Eiswürfel allerdings niemals direkt auf die Haut legen. Auch Umschläge mit essigsaurer Tonerde oder kühlender Franzbranntwein helfen. Bei schwereren Stürzen unbedingt den Notarzt rufen.
- Lauwarmes Wasser oder die Schnittfläche einer kalten, rohen Kartoffel lindern den **Verbrennungsschmerz** und verhindern Brandblasen.
- Mit einem Quarkpflaster kann man **kleinere verbrannte Stellen** versehen, an denen die Haut noch intakt ist.
- **Offene Brandwunden** bedeckt man mit einer keimfreien, nicht klebenden Brandgaze und kühlt sie mit einem Eisbeutel. Bei schwereren Verbrennungen muss man sofort den Notarzt informieren.
- Zum Ausbluten hält man **Schnittwunden** unter fließend kaltes Wasser. Das Wasser stoppt die Blutung und reinigt zugleich die Wunde. Danach schließt man sie mit einem Pflaster oder einem Schnellverband, um eine Infektion zu vermeiden. Größere Schnittwunden müssen vom Arzt genäht werden.

Gut zu wissen

Bei Vergiftungen – Finger weg von „Hausmitteln"!

Bei Vergiftungen ruft man den Notarzt. In der Zwischenzeit schluckt der Kranke Wasser, Tee oder Saft in kleinen Mengen. Keine Milch verabreichen, sie beschleunigt in vielen Fällen die Aufnahme des Giftes durch den Darm. Auch Salzwasser sollte nicht getrunken werden, selbst wenn dadurch Erbrechen ausgelöst wird. Von Olivenöl ist ebenso abzuraten. All diese Hausmittel können fatale Folgen haben.

Süsses selbst gemacht

Auch wenn man Zucker nur in Maßen zu sich nehmen sollte, sind kleine Leckereien hin und wieder erlaubt. Viele davon lassen sich kinderleicht herstellen. Bei den Zutaten, vor allem bei Schokolade und Frischwaren, sollte man allerdings auf Qualität achten.

Ganache herstellen

1 150 g Sahne in einem kleinen Topf zügig erhitzen, bis sie kocht. Dann den Topf zum Abkühlen neben die Kochstelle ziehen.

2 Währenddessen 300 g Kuvertüre oder gute Schokolade hacken und im Wasserbad schmelzen.

3 Sahne und Schokolade verrühren. Dabei sollte eine glatte Masse entstehen. Gegebenenfalls noch etwas kalte Sahne unterrühren.

Gutes aus Schokolade

Grundlage vieler Pralinen ist die Ganache, eine Schokoladenmasse aus Kuvertüre mit Sahne oder Butter, die sehr einfach hergestellt werden kann. Je mehr Schokolade man im Verhältnis zur Sahne benutzt, desto fester und haltbarer wird sie.

- Die noch warme Ganache kann man im Topf mit Likör, Rum, Sekt oder Champagner, Honig, Kaffee, Krokant, Nugat, getrockneten Früchten, Sirup oder anderem mehr **verfeinern**.
- Rührt man aus verschiedenen Schokoladensorten mit unterschiedlichem Kakaoanteil mehrere Ganachen an, lassen sich **marmorierte Pralinen** herstellen. Schön und sehr schmackhaft ist beispielsweise der Wechsel zwischen einer Schicht weißer Schokolade mit Pfefferminzöl und einer Schicht dunkler Ganache.
- Weiche Ganache mit Löffeln portionsweise **in Pralinenförmchen setzen** oder **kleine Kugeln daraus rollen**. Anschließend kühl stellen.
- Für die **Dekoration von Ganachepralinen** ist alles erlaubt, was gut schmeckt und hübsch aussieht: von Zuckerguss, ganzen oder gehackten Nüssen bis hin zu eingefärbten Dekoelementen aus Marzipan. Die Kugeln kann man mit Schokolade überziehen oder in pulverförmigen bzw. klein gehackten Zutaten wie Nüssen oder Schokoladenstreuseln wälzen.

Wer Zimt mag, rollt die Kugeln aus Ganachemasse in einer Mischung aus Zimtpulver und dunklem Kakao.

Eis – Leckeres für heiße Tage

Die Basis für ein Sorbet ist Wasser. Eiscreme hingegen stellt man aus Milch, Sahne oder auch Crème double her. Seinen Geschmack erhält das Eis durch Zucker, Obst und Gewürze.

- Für ein **Sorbet** 250 ml Wasser mit 200 g Zucker erhitzen und 2 Minuten köcheln lassen, bis sich der Zucker aufgelöst hat. 500 g püriertes Obst oder 500 ml Fruchtsaft sowie etwas Zitronensaft unterrühren. Abkühlen lassen, mit Zucker oder Zitrone abschmecken und einfrieren.
- **Milcheis** gelingt ebenso leicht: 3 Eigelb mit 85 g Zucker schaumig schlagen und mit 225 ml Sahne sowie 175 ml Milch gut verrühren. Anschließend gefrieren.
- Mit Fruchtpüree, gemahlenen Nüssen, Schokolade oder Joghurt kann man diese Grundmasse **verfeinern**.

- **Wer keine Eismaschine hat**, stellt die Eismasse in einer flachen Metallschüssel ins Gefriergerät. Ist sie angefroren, wird sie gründlich durchgerührt und weiter gefroren. Dieser Vorgang wird mehrfach wiederholt.

Tipps rund um die Eiszubereitung

- Ist das **Eis zu körnig**, war der Wasseranteil zu hoch oder der Zuckeranteil zu gering. Eventuell ist das Eis zu schnell gefroren oder wurde nicht genügend gerührt.
- **Eis verliert** beim Gefrieren an **Aroma**, deshalb sollte man die Masse eher süß und intensiv abschmecken.

Kinder freuen sich über ein Eis am Stiel. Dafür gibt man die Eismasse ganz einfach in spezielle Formen.

Süße Früchtchen

Beim Kandieren werden Früchte wiederholt in eine stark konzentrierte Zuckerlösung eingelegt. Das konserviert sie und verleiht ihnen einen fruchtigsüßen Geschmack. Alternativ kann man Ananas, Äpfel, Bananen, Birnen oder Erdbeeren mit Schokoladenguss überziehen.

- Mit Ausnahme von Erdbeeren sind Beeren **nicht zum Kandieren geeignet**, da sie zu weich sind.
- Früchte, die wie **Weintrauben** komplett kandiert werden, muss man einstechen, damit die Zuckerlösung eindringen kann. Orangen- und Zitronenscheiben werden mit der Schale kandiert, man wählt daher nur unbehandeltes Obst.
- **Für den Sirup** kocht man 1 l Wasser mit 1 kg Zucker, bis sich Fäden ziehen.
- 500 g Früchte oder Fruchtstücke in einem Sieb über eine Edelstahlschüssel hängen und die **Zuckerlösung über die Früchte gießen**, bis sie bedeckt sind.
- Einen Tag **ziehen lassen**, die Früchte herausnehmen und antrocknen lassen. Dann die Zuckerlösung erneut aufkochen und die **Früchte noch einmal übergießen**.
- Diesen Vorgang **fünfmal wiederholen** und beim letzten Mal die Zuckerlösung stärker einkochen. Die fertigen Früchte auf einem Kuchengitter gut austrocknen lassen.
- Will man **Früchte mit Schokoladenguss überziehen**, sollte man größeres Obst in mundgerechte Stücke schneiden, auf Holzspieße oder Zahnstocher stecken und in die flüssige Kuvertüre tauchen.
- **Lange Spieße** legt man auf ein Pralinengitter oder auf ein mit Backpapier ausgelegtes Backblech und übergießt sie dann vorsichtig mit der Schokolade.

Beim Schmelzen von Schokolade sollte man ständig rühren, sie brennt leicht an.

Kleine Birnen lassen sich auch am Stück kandieren. Dann lässt man zu Dekorationszwecken den Stiel an der Frucht.

Tisch und Tafel schön decken

Ein sorgfältig gedeckter und liebevoll dekorierter Tisch trägt zum Gelingen jeder Feier bei, denn das Auge isst mit. Die Dekoration sollte Pfiff haben, den Ablauf des Essens aber nicht stören.

Die Blumen und Kerzen auf der Anrichte nehmen die Farben der eher zurückhaltenden Dekoration auf.

Die Tischwäsche

Tischwäsche wählt man je nach Anlass aus und stimmt sie auf Geschirr, Besteck und Gläser ab.

- Ein **Tischtuch** sollte an jeder Seite des Tisches 25–30 cm **überhängen**. Um die Tischplatte zu schützen, kann man ein Moltontuch unterlegen. Es verhindert auch das Verrutschen der Tischdecke.
- **Weiße Tischtücher** lassen für die weitere Dekoration am meisten Gestaltungsfreiraum. Man kann längs oder quer über das Tischtuch einen bunten Läufer oder Bänder legen.
- Für rustikale Gedecke kann man **Platzdecken** oder **Sets** verwenden.
- Benötigt man für längere Tafeln **mehrere Tischtücher**, achtet man darauf, dass die **Stoffbrüche** exakt übereinanderliegen.
- Die **Servietten** werden entweder auf den Tellern oder links daneben platziert. Man kann sie im Serviettenring bereitlegen oder zu dekorativen Figuren falten.
- Mit etwas Geschick entstehen **ungewöhnliche Serviettenringe**. Man bindet Gräser, Blumen oder Blätter mit etwas Bast um die Serviette oder verwandelt Kreppmanschetten aus dem Blumenladen oder Seidenbänder in farbige Serviettenringe.

Tischlein, deck dich!

Die wichtigste Devise beim Decken einer festlichen Tafel lautet: Sie muss übersichtlich bleiben.

- Die **Teller** stehen etwa 1 cm von der Tischkante entfernt. Der **Abstand** zwischen 2 Gedecken sollte von Gedeckmitte zu Gedeckmitte 60–80 cm betragen.
- Rechts vom Gedeck sollten nicht mehr als 4, links nicht mehr als 3 **Besteckteile** liegen.
- Das **Besteck für den Nachtisch** liegt immer quer oberhalb des Tellers. Der Griff einer Gabel zeigt nach links, der eines Löffels nach rechts. Reicht man frische Früchte zum Nachtisch, wird statt eines Löffels ein Dessertmesser über den Teller gelegt.

Für einen einfachen Tischschmuck kann man Blüten, Blätter und Schwimmkerzen in flache, mit Wasser gefüllte Schalen geben.

Hier wurde die Dekoration farblich auf Orange- und Lilatöne und auf das Essen, eine Kürbissuppe, abgestimmt.

- Bei Bedarf steht der **Brotteller** mit einem kleinen Buttermesser links neben dem Platz.
- **Gläser** deckt man über dem Besteck der rechten Hand in der Reihenfolge ihrer Benutzung ein.
- Das **Weißweinglas** ist oben gerade oder sogar leicht nach außen geschwungen. Man füllt es zu zwei Dritteln.
- **Rotwein** wird üblicherweise in großen, breiten Kelchen gereicht, die eine nach oben leicht geschlossene Form haben. Sie werden nur bis zu einem Viertel gefüllt, damit der Wein Platz zum Atmen hat.
- Leichte **Rosé- und Weißherbstweine** entfalten sich am besten in einem leicht geschwungenen Glas, man gießt es maximal halb voll.

Der letzte Schliff

Tischschmuck darf niemals überladen wirken oder die freie Kommunikation bei der Mahlzeit behindern. Er soll eine angenehme und festliche Atmosphäre bei Tisch fördern.

- Die **Tischkarten** werden oberhalb des Gedecks aufgestellt. Man kann die Karten mit Zeichnungen, Fotos oder kleinen, zur Tischdekoration passenden Blüten schmücken. Auch ein beschrifteter Stein, ein Plätzchen mit Namenszug in Zuckerguss oder eine mit einem kleinen Blumenstöckchen gefüllte Papiertüte kann den Zweck erfüllen.
- Bei **Kindergeburtstagen** kann man die Namen auch mit Buchstabenkeksen oder Smarties bilden.
- **Menükarten** werden vor allem bei offiziellen Anlässen eingesetzt. In privater Runde können sie die Dekoration abrunden und als Erinnerungsstück dienen. Sie dürfen gerne einmal rund, oval oder dreieckig sein und man kann sie passend zur Einladung oder zur Menüfolge dekorieren.
- Bei großen Einladungen kann man die Speisenfolge auch mit Kreide auf eine schwarze **Tafel** oder auf ein **Blatt in Posterformat** schreiben.

Blumen und Kerzen

- Der **Blumenschmuck** sollte der Jahreszeit und dem Charakter des Festes entsprechen. Man hält ihn **niedrig**, damit der Blickkontakt zum Gegenüber nicht behindert wird.
- Statt eines großen Blumenstraußes, der beim Essen meist weggeräumt werden muss, streut man **Blütenblätter** aus oder verteilt einzelne **kleine Sträuße oder Töpfchen**. Auch einzelne Blüten und haltbares Grün wie lange Efeuzweige machen sich lose auf einer Festtafel gut.
- **Kerzen** müssen einen sicheren Stand haben, damit sie nicht umkippen. Man stellt sie auf kleine Untersetzer oder Papierservietten, damit heruntertropfendes Wachs nicht auf die Tischdecke gerät.
- Bei einer größeren Tafel machen sich **Teelichter** in dekorativen Tischgläsern oder kleinen Windlichtern sehr gut. Man passt die Farbe dem Blumenschmuck an.
- Bunte Glassteine, Nüsse, Mandarinen oder kleine Tomaten sind **das i-Tüpfelchen** einer schönen Tafel.
- An besonderen Festtagen kann man auf jeden Teller eine kleine **Aufmerksamkeit aus Schokolade** legen: ein Osterei, einen Nikolaus, ein kleines Herz.

Spartipp

In der Natur findet sich in der Regel alles, was man für einen schönen Tisch braucht. Im Herbst bieten sich buntes Laub, Kastanien oder Kastanienschalen, Nüsse, Kürbisse oder Hagebutten zum Dekorieren an. Aus frischen grünen Zweigen, Osterglocken oder Tulpen, Wiesenblumen, Gräsern, Moos oder Kresse kann man preiswerten Tischschmuck für Frühjahr und Sommer herstellen.

Trocknen nach der Ernte

Seit Jahrtausenden trocknet man Obst, Pilze und Kräuter, um sie auch im Winter genießen zu können. Das Trocknen ist die natürlichste Form der Konservierung. Außerdem verleiht sie vielen Obst-, Gemüse- oder Kräutersorten ein intensives Aroma.

Beim Trocknen wird dem Gewebe von Obst, Gemüse, Pilzen und Kräutern durch warme Luft Wasser und damit schädlichen und verderbenden Keimen der Nährboden entzogen. Durch den Wasserentzug erhöht sich zudem die Konzentration der Geschmacks- und Aromastoffe im Gewebe. Getrocknetes Obst und Gemüse muss jedoch regelmäßig auf Schimmel kontrolliert werden, da sich im Gewebe gern größere Wassermengen verstecken – es sei denn, man trocknet es bei hohen Temperaturen. Doch dann verliert es an Geschmack.

Gedörrte Zucchinichips

2 kg Zucchini
Kräutersalz
Paprikapulver
Currypulver

Die ungeschälten Zucchini waschen, putzen und abtrocknen. Dann in etwa 0,5 cm dicke Scheiben schneiden und auf einem Blech nebeneinander auslegen. Nach Belieben mit den Gewürzen bestreuen und 6–7 Stunden bei ca. 60 °C dörren.

Was kann man trocknen?

- Trocknen Sie nur **reife Frischware** von guter, möglichst ungespritzter Qualität.
- Sie sollten Produkte zum Trocknen nur **an trockenen, sonnigen Tagen ernten**. Feuchte Ware fault leicht und braucht lange zum Trocknen. Kräuter erntet man am späten Vormittag oder frühen Nachmittag, wenn der Wassergehalt am niedrigsten ist.
- **Fallobst eignet sich nicht** zum Trocknen.
- **Kern- oder Steinobst** lässt sich problemlos trocknen. Kernobst schält man nach Geschmack.
- Kleine **Zwetschgen** bestehen nach dem Trocknen meist nur aus Haut und Kern, wobei sich der Kern in der Regel nur widerwillig von der Haut lösen lässt. Deshalb besser zu großen, späten Sorten greifen und die Früchte halbieren, damit sie schneller trocknen.
- Um sich das mühsame Abzupfen der **Holunderbeeren** zu ersparen, trocknen Sie die ganzen Dolden. Die Beeren fallen dann fast von allein ab.
- Bei allen **Beerensorten** achten Sie auf vollreifes Aroma, sonst schmecken die getrockneten Früchte nach nichts.
- Beim Trocknen verändert sich das Aroma von **Kräutern**, manche wie Dill, Kerbel, Estragon, Basilikum, Kresse oder Schnittlauch büßen es ganz ein.

Trockengut vorbereiten

Das Trockengut einer Partie sollte einheitlich groß und dick sein, damit es gleichmäßig trocknet.

- **Obst verliert die Farbe nicht**, wenn man es unmittelbar nach dem Zerkleinern kurz in **Zitronenwasser** aus 5 ml Zitronensaft und 500 ml Wasser einlegt.
- Ein **Honigbad** wirkt genauso: 250 g Honig mit 250 g Zucker in 250 ml Wasser auflösen. Aufkochen und wieder erkalten lassen, bevor man das Obst kurz eintaucht.

Zum Trocknen eignen sich relativ wasserarme Pilzsorten wie Steinpilze. Anschließend gemahlen kann man sie als Würzzutat verwenden.

Kräuter wie Lorbeer oder Rosmarin werden gebündelt und dann an einem luftigen Ort zum Trocknen aufgehängt.

- Trockengut wird immer einlagig **mit der Schnittseite nach oben** und eng aneinander ausgelegt.
- **Aprikosen und Pfirsiche** sollte man vor dem Trocknen entsteinen, blanchieren und häuten.
- Auch **Bohnen** werden zuvor blanchiert, damit sie Farbe und Aroma behalten. Wer möchte, kann auch anderes Gemüse vor dem Trocknen blanchieren.
- **Apfelscheiben, Pilze oder Chilischoten** werden auf einen Baumwollfaden aufgefädelt.
- Bei **Kräutern** trocknet man entweder die abgezupften Blättchen oder rebelt die Blätter nach dem Trocknen von den Stängeln ab.

Trocknen an der Luft

An trockenheißen Tagen kann man an der frischen Luft trocknen, sonst auf dem Dachboden. Zum Trocknen legt man das Dörrgut auf Tabletts oder – noch besser – auf einen mit Gaze bespannten Holzrahmen und deckt es mit Mulltüchern ab.

- Die **Luft** muss beim Trocknen gut um das Trockengut **zirkulieren** können.
- Im Freien dauert das Trocknen **2–3 Tage**, auf dem Dachboden **bis zu 2 Wochen**.
- Tritt beim Auseinanderbrechen des Trockenguts **kein Saft mehr** aus, ist es trocken und kann abgefüllt werden.

Schneller trocknen im Backofen

Zum Trocknen im Backofen legt man das Dörrgut auf einen Rost. Backbleche sind ungeeignet, da sie die Luftzirkulation behindern. Die Backofentür hält man mithilfe eines Kochlöffels leicht geöffnet, so kann die Feuchtigkeit entweichen.

- Da die Fruchtsäure das Metall angreifen kann, legt man eine Lage **Backpapier** zwischen Rost und Dörrgut.
- Je niedriger die **Temperatur** ist, desto weniger Vitamine gehen beim Trocknen verloren. Obst und Gemüse werden bei maximal 60 °C getrocknet, Kräuter wegen der ätherischen Öle bei höchstens 35 °C.
- Das Dörrgut während des Trocknens **einmal wenden** und den Rost dann andersherum in den Backofen schieben.
- **Pilze** sind trocken, wenn sie schrumplig aussehen und sich ledrig anfühlen.

Da das Dörrgut auf den oberen Gittern eines Dörrapparats langsamer trocknet als das auf den unteren, sollte man ab und zu die Gitter umschichten.

Gut zu wissen

Gut aufbewahrt!

Dörrprodukte brauchen zwar weniger Platz als Frischware, aber einen trockenen Lagerort mit weniger als 60 % Luftfeuchtigkeit. In der Küche sollte man daher nur aufbewahren, was man kurzfristig braucht. Um den Abbau der Inhaltsstoffe zu verlangsamen, lagert man getrocknete Ware dunkel und kühl in luftdicht verschlossenen Gefäßen. Frost schadet nicht. Kontrollieren Sie die Ware regelmäßig auf Schimmel.

Wohnen

mit Komfort

„Zuhause ist es doch am schönsten“ – damit dies auch so bleibt, erfahren Sie hier beispielsweise, wie das Bad mit wenigen Handgriffen zum Wohlfühlraum wird, wie Farben die Raumwirkung verändern oder auch nur, wie man richtig lüftet. Viele Tipps helfen Ihnen dabei, den Traum vom schönen Wohnen immer wieder neu in die Praxis umzusetzen.

Aufbewahren

Jahrtausendelang war es die Truhe, in der die wertvollen Dinge des Haushalts verwahrt wurden. Erst zu Beginn des 19. Jahrhunderts setzte sich der Schrank als wichtigstes Aufbewahrungsmöbel durch, gefolgt von Kommoden, Regalen und vielerlei Kleinmöbeln.

Um dauerhaft Ordnung zu halten, ist es wichtig, dass jeder Gegenstand seinen Platz hat und nach der Benutzung wieder dorthin zurückgestellt wird. Hierbei leisten funktionale Möbel und Ordnungssysteme gute Dienste.

Aufgeräumter Kleiderschrank

Aus dem Einzelmöbel mit Doppeltür sind heute ganze Schrankwände geworden, die unsere Kleidung aufnehmen.

- Kleiderstangen, Einlegeböden und Schubladen **auf keinen Fall überladen** – Kleidung und Accessoires sollten sich mühelos herausnehmen und wieder einräumen lassen.
- Hat man wenig Platz, leisten **Mehrfachkleiderbügel** hervorragende Dienste.
- Um den Platz optimal zu nutzen, im Schrank möglichst **zwei Stangen montieren** – eine für lange Kleidungsstücke wie Kleider, die andere für kürzere wie Hemden.
- Accessoires wie Schals, Krawatten, Gürtel, Strümpfe oder Handschuhe am besten **in Schubladen aufheben**.
- Praktisch sind **passende Einsätze**, die die Schubladen unterteilen, etwa niedrige Kartons ohne Deckel oder aus festem Karton zugeschnittene Gitter.
- Taschen oder Krawatten über **Stangen oder Haken an der Innenseite der Schranktür** hängen.
- Selten gebrauchte Dinge i**m obersten Fach lagern** – am besten in Kartons, die leicht herunterzuheben sind.

DEKORATIVE BOXEN SELBST GEMACHT

1 Boxen zum Verstauen kleinerer Dinge müssen nicht teuer sein – bekleben Sie einfach einen geeigneten Schuhkarton!

2 Einen passenden Schuhkarton für die zu verstauenden Utensilien auswählen.

3 Ein hübsches Geschenkpapier passend zuschneiden.

4 Den Karton mit Tapetenkleister bestreichen und das Zierpapier aufkleben.

Bei der Nutzung der oberen nur mithilfe einer Trittleiter zugänglichen Schrankfächer leisten dekorative Boxen gute Dienste.

Kommoden

- **Unterschiedliche Schubladenhöhen** erleichtern die Aufbewahrung – so eignen sich flache Schubladen für Unterwäsche und hohe für Pullover.
- Beim Kauf auf einen **reibungslosen Lauf der Schubladen** achten – eine Mehrinvestition, die sich lohnt.

- Beim Einräumen zwischen der Oberkante der Schublade und dem Inhalt **etwa 2,5 cm Luft lassen**, damit sich die Schublade reibungslos öffnen und schließen lässt.
- Die Kommode so aufstellen, dass man **genügend Platz zum Ein- und Ausräumen** hat.
- Damit der Boden nicht bricht, sehr schwere Gegenstände besser **nicht in Schubladen aufbewahren**.

Regale und Vitrinen

- **Offene Regale** haben den Nachteil, dass die darin aufbewahrten Gegenstände schnell verstauben und regelmäßig gereinigt werden müssen. Wer diese Arbeit scheut, ist mit einer **Vitrine** bzw. einem Regal mit Glastür besser bedient.
- Beim Kauf eines Regals den **Einsatzbereich beachten**: Die Böden eines leichten Regals können sich durchbiegen oder sogar brechen, wenn die Last zu groß wird.
- Offene, dekorativ bestückte Regale eignen sich hervorragend als **Raumteiler** und können etwa den Essbereich auf geschmackvolle Weise vom Wohnbereich abtrennen.

Truhen, Buffets und Anrichten

- Die gute alte **Truhe ohne Einteilungssystem** eignet sich nach wie vor, um darin große Wäschestücke oder Kinderspielzeug unterzubringen.
- Im Esszimmer leistet ein **Buffet** oder eine **Anrichte** auch heute noch gute Dienste – sei es als Abstellfläche für Speisen und Getränke oder zur dekorativen Unterbringung von Geschirr, Gläsern und Besteck. Früher waren diese Möbel recht wuchtig, heute gibt es jedoch platzsparende, an die Erfordernisse moderner Wohnungen angepasste Modelle.

Praktische Helfer

- **Dekorative Boxen** nehmen die saisonal nicht benötigte Kleidung oder Schuhe auf. Sie können unauffällig auf dem Schrank, unter dem Bett oder im Keller gelagert werden. Mit durchsichtiger Folie überzogene Sichtlöcher oder ein Foto des Inhalts erlauben einen gezielten Zugriff.
- In **Rollwagen** lassen sich verschiedenste Utensilien übersichtlich unterbringen. Ein Klassiker ist hier der Nähwagen, der bei Bedarf aus seiner Nische hervorgerollt wird.
- Für einen nur ab und zu genutzten Arbeitsplatz bietet sich ein moderner **Rollcontainer** an. Wird nicht mehr gearbeitet, schiebt man den Container in eine leere Zimmerecke.
- **Zeitungsständer oder -ablagen** sind praktisch, müssen jedoch regelmäßig geleert werden.
- Küchenutensilien können an **mit Haken versehenen Leisten** aufgehängt werden.
- Für Messer empfehlen sich **magnetische Leisten**.
- Werkzeug hängt man am besten an eine **Holz- bzw. Metallplatte mit Haken**. Aufgemalte Konturen der Werkzeuge tragen zur Übersichtlichkeit bei.
- Für die Aufbewahrung von kleinerem Haushaltswerkzeug empfehlen sich **stabile Kunststoffboxen**.

Besser geht es nicht: Die übersichtlich aufgeteilte Box mit durchsichtiger Oberseite verrät auf den ersten Blick, was sie enthält, und lässt sich mit einem Handgriff unters Bett schieben.

Bad zum Wohlfühlen

Im Badezimmer beginnt der Tag und dort endet er auch – Grund genug, diesen Raum so einzurichten, dass er mehr als eine funktionale Nasszelle ist. Um ein in die Jahre gekommenes Bad zu verjüngen, genügen oft schon wenige Änderungen.

Die freundlichen Farben der Textilien und der moderne Waschtisch harmonieren perfekt mit den schon älteren Fliesen an Wand und Boden und sorgen für ein zeitgemäßes Ambiente.

Einrichten – gewusst wie

- Durch neue **Spiegel** und Änderungen in der **Beleuchtung** lassen sich Bäder geschickt frisch in Szene setzen. In jedem Fall sollte der Raum gut ausgeleuchtet und frei von Schattenwurf sein, da dunkle Stellen das Bad optisch verkleinern würden. Den Spiegel beleuchtet man am besten indirekt.
- Kleine Bäder erscheinen durch **helle Farben** wie Weiß, Hellblau, Beige oder helles Holz größer. Will man nicht gleich neu fliesen oder streichen, wählt man einfach neue Accessoires in diesen Farbtönen.
- Eine **neue Duschabtrennung** ist meist ohne größeren Aufwand zu installieren und wirkt gerade in angejahrten Bädern Wunder. Der Fachhandel bietet hierfür zahlreiche platzsparende Faltmechanismen. In kleinen Bädern ist **Glas das Material der Wahl**.
- Um Ruhe und Harmonie zu schaffen, sollte man das **Bad entrümpeln**: Auf offene Ablagen gehört nur das, was man täglich braucht.
- Ist der Platz sehr begrenzt, sollte man prüfen, ob Textilien wie **Handtücher im Schlafzimmerschrank** Platz finden.
- Statt offener Ablagen, auf denen die Utensilien leicht verschmutzen, sollte man auf **geschlossene Schränke**, platzsparende Unterschränke, verschließbare Körbe oder Rollwagen setzen.
- Praktisch sind auch **Hängeregale**, die selbst in der schmalsten Ecke Platz finden.
- Badezimmermöbel müssen nicht unbedingt funktional aussehen: Mittlerweile gibt es Möbel mit den verschiedensten **Oberflächen von Lack bis Holzlamellen** (darauf achten, dass die Oberfläche feuchtigkeitsabweisend ist).
- Hilfreich bei der Morgentoilette im Bad ist eine **Uhr**, die beispielsweise mit Saugnäpfen an den Fliesen angebracht ist – so behält man die Zeit im Auge.
- Wer mit Musik in den Tag starten möchte, legt sich ein **spritzwassergeschütztes Duschradio** zu – im Handel erhältlich sind sogar Modelle mit integrierter Wellnesslampe.

Frischen Wind ins Badezimmer bringt dieses funktionale, filigran wirkende Duschregal, das sich jeder Einrichtung anpasst.

Badtextilien

- Der Duschvorhang sollte auf die Einrichtung des Bades abgestimmt sein und regelmäßig gereinigt werden. Am besten eignen sich hierfür **textile Duschvorhänge**, die man in der Waschmaschine waschen kann.
- Schöne und **einheitliche Handtücher** lassen das Bad aufgeräumt erscheinen.

Problemzone Fliesen

Wenn alte, gesprungene Fliesen, ergraute Fugen oder ein Dekor im Stil der 1970er-Jahre die Laune im Bad verderben, muss man nicht gleich die Fliesen abschlagen:

- Oftmals hilft es bereits, die vorhandenen **Fliesen gründlich zu reinigen**. Bei hartnäckigen Flecken verwendet man Wasser mit Salmiakgeist oder Spiritus; Kalkflecken beseitigt man mit Essig. Neuen Glanz bekommen alte Fliesen, wenn man sie mit etwas Leinöl einreibt.
- Haben die Fliesen nur **kleine Risse**, kann man diese mit farbgleicher Künstlerfarbe ausbessern. Dazu eine kleine Menge der entsprechenden Farbe mit Fugenweiß mischen, die feine Paste auf die Fliesen streichen und damit die Haarrisse verfüllen.
- Um ältere Fliesenflächen wieder aufzufrischen, kann man die **Fugen nachfärben** (spezielle Fugenfärbemittel gibt es im Fachhandel). Dabei sollte die Farbe auf die restliche Einrichtung abgestimmt werden. Nicht geeignet ist Fugenfarbe bei unglasierten Fliesen und wasserbeständiger Fugenmasse.
- Praktisch sind **Spiegelfliesen zum Aufkleben**, da sie den Raum optisch vergrößern. Sie sind auch das Mittel der Wahl, wenn man alte Fliesen nicht mehr nachkaufen kann.
- Sollen ungeliebte Fliesen ganz kaschiert werden, kann man sie mit einer **Klebefolie** überkleben oder mit Fliesengrundierung und -lack überstreichen. Beides sollte man allerdings mit dem Vermieter absprechen.
- Sind die Fliesen nicht mehr zu retten, kann man sie auch, um Arbeitszeit und Geld zu sparen, **mit neuen Fliesen überkleben**.

Schimmel – nein danke

- Das beste Mittel gegen Schimmel ist eine **ausreichende Belüftung**, damit sich die Feuchtigkeit nicht festsetzen kann.
- Gleich nach dem Duschen an Duschwand und Fliesen den **Dampfniederschlag mit einem Abzieher beseitigen**.
- Die Ecken zwischen Dusche bzw. Badewanne und gefliester Wand vorbeugend ab und zu **mit Essigessenz reinigen**.
- Die freien Wandflächen und die Decke im Bad **mit schimmelresistenter Farbe streichen**.
- Das Badezimmer nicht bis unter die Decke, sondern **nur im spritzwassergefährdeten Bereich fliesen**.
- Hat sich der Schimmel bereits angesiedelt, den **Fugenkitt sauber entfernen** und die gereinigte Kante mit neuem Fugenkitt abdichten.

BESCHÄDIGTE FLIESEN ERNEUERN

1 Zuerst die beschädigte Fliese komplett von der Wand lösen. Hierfür mit dem Bohrer mehrere Löcher hineinbohren.

2 Mit Hammer und Flachmeißel Bruchstücke aus der Fliese herausschlagen, bis die Fliese vollständig von der Wand gelöst ist.

3 Die Ersatzfliese auf der Rückseite mit Kleber einstreichen und an die Wand drücken. Dabei Fugenkreuze verwenden, um die Fliese richtig zu positionieren. Anschließend ausfugen und säubern.

Beleuchtung

Funktionsbereiche wie Küche oder Essplatz müssen ausreichend hell ausgeleuchtet werden – Gleiches gilt für den Garderobenspiegel oder das Bad. Im Arbeitsbereich sollte möglichst blendfreies Licht eingesetzt werden. Doch künstliches Licht dient nicht nur der Beleuchtung, sondern wird auch zunehmend zum Gestaltungselement.

> ***Gut zu wissen***
>
> Das Ende der Glühlampe
>
> *Thomas Alva Edison meldete die Glühlampe 1880 zum Patent an. Die Europäische Kommission besiegelte 2009 ihr Ende: Energiesparlampen verbrauchen nur einen Bruchteil der von Glühlampen benötigten Energie und sind heute in vielen Formen und Lichtfarben bzw. -temperaturen erhältlich. So lässt sich der Energieverbrauch bei der Beleuchtung um bis zu 80 % senken.*

Grundlicht

- In vielen Wohnungen sorgen **Deckenleuchten** für die Grundausleuchtung. Hierbei sollte die Glühlampenfassung wegen der großen Hitze aus Keramik oder Email bestehen.
- Die Lichtquelle sollte den Raum **gleichmäßig ausleuchten**.
- Das **Streulicht von der Decke** darf nicht so hell sein, dass die Wirkung von Steh- oder Tischleuchten untergeht.

Pendelleuchten

- Pendelleuchten sind für die Ausleuchtung von Esstischen optimal. Im Idealfall sind sie **höhenverstellbar**, damit auch ein ausgezogener Tisch gut beleuchtet werden kann.
- Die **Höhe so wählen**, dass die Gesichter nicht von oben angestrahlt werden und man nicht geblendet wird.
- **Als Materialien bewährt** haben sich durchscheinendes Porzellan, Opalglas oder Alabaster.

Kronleuchter

- Der effektvoll glitzernde Kronleuchter ist die **edle Spielart der Pendelleuchte** und durch den Einsatz von glasähnlichen Kunststoffelementen erschwinglich geworden.
- Da die filigranen Kunstwerke **schnell verstauben bzw. verschmutzen**, gehören Kronleuchter nicht über einen Esstisch, auf dem Fondue oder Raclette zubereitet wird.

Wandleuchten

- Wandleuchten ergänzen die Hauptlichtquelle im Raum und sind ein **wichtiges Element bei der Wandgestaltung**.
- Durch auf der Wand nach oben oder unten abstrahlende Lichtkegel lassen sich **verschiedene Funktionsbereiche** optisch voneinander trennen.
- Sollen Wandleuchten zu einer gleichmäßigen Ausleuchtung beitragen, darauf achten, dass **mehr Licht nach oben als nach unten** abgegeben wird.

Stehleuchten

- Stehleuchten verbreiten **Gemütlichkeit** und beleben tote Ecken im Raum.
- Deutliche Akzente setzen Deckenfluter, die sich auch **mit einer Leseleuchte kombinieren** lassen.

Tischleuchten

- Tischleuchten in allen Formen und Farben haben in erster Linie **gestalterische Funktion**. Was hier zählt, sind vor allem Farb- und Lichtakzente.
- Aus Tongefäßen oder Vasen lassen sich fantasievolle **Lampenschirme selbst herstellen** (mit Füßen und Fassungen aus dem Handel kombinieren). Die Materialien dürfen nicht brennbar sein.

Stilvoll und vor allem blendfrei ausgeleuchtet wird dieser ansprechende Essplatz.

Küche

- Für das **Grundlicht** sorgt eine Deckenleuchte.
- Die Arbeitsfläche am besten durch **Halogenspots oder Leuchtstoffröhren** unter den Oberschränken beleuchten.

Wohnbereich

- Im Wohnzimmer kommt es auf das Ambiente an – daher kann das Grundlicht über **Deckenfluter** erzeugt werden.
- Deckenfluter betonen **Unebenheiten an Decke und Wand** – daher gut überlegen, welcher Platz sich eignet.

- Für eine angenehme Lichtstimmung sorgen **versteckt angebrachte Leuchten** – etwa unter dem Sofa, in Vitrinen oder hinter der Gardinenleiste.
- Durch **Lichtinseln** (sie lassen sich beispielsweise durch mehrere kleine Tischlampen erzeugen) kann man bestimmte Bereiche gezielt betonen.
- Für spektakuläre Effekte stehen **farbige Leuchtmittel** zur Verfügung.
- Um das Auge zu entlasten, die **Wand hinter dem TV-Gerät** durch eine schwache Lichtquelle beleuchten.

Essbereich

- Über den Esstisch gehört eine **Pendelleuchte** mit angenehmem, nicht zu hellem Licht.
- Gute Dienste leistet ein **Dimmer**, über den sich das Licht individuell einstellen lässt: Hell für Bastel- oder Näharbeiten, gedämpft für das Abendessen im Familienkreis.

Schlafzimmer

- Im Schlafzimmer sorgt eine **Deckenleuchte**, die von der Tür und vom Bett aus ein- und ausschaltbar sein sollte, für die notwendige Grundausleuchtung.
- Eine weitere wichtige Lichtquelle sind **Leseleuchten** neben dem Bett.

Bad

- **Halogenleuchten oder Leuchtstoffröhren** sorgen für ausreichend Grundlicht.
- **Rechts und links neben dem Spiegel** bringt man eine blend- und schattenfreie zusätzliche Beleuchtung an.

Dieser Stehleuchtenklassiker punktet mit einem stoffbespannten Schirm, der sanftes Licht verbreitet.

Bilder und Fotos arrangieren

Ob man Ölgemälde, die Ahnengalerie oder Fotos vom letzten Urlaub gekonnt in Szene setzen will: Eine geschmackvolle Anordnung, die richtige Beleuchtung und der passende Rahmen bilden die Voraussetzung dafür, dass Fotos und Bilder optimal zur Geltung kommen.

Bilder arrangieren

Grundsätzlich gilt bei der Anordnung von Bildern oder Fotos, dass sie zu einem Drittel über der durchschnittlichen Augenhöhe hängen sollten. Darüber hinaus hat man beim Gestalten freie Hand, sollte jedoch einige Grundregeln beachten:

- **Bevor man die Bilder aufhängt**, legt man das Arrangement am besten auf den Boden und begutachtet es dort.
- **Bilder gleicher Größe und Form** kommen hervorragend zur Geltung, wenn man sie in geometrisch strenger Reihenfolge neben- oder untereinander aufhängt.
- **Bilder unterschiedlicher Größe** ordnet man anhand imaginärer Linien an, die sich durch die Mitte, den unteren oder oberen Rand der jeweiligen Bilder ziehen. Auf diese Weise bringt man Ruhe in das Arrangement.
- Eine größere **Bildergruppe** kann auch ein Rechteck, ein Oval oder einen Kreis bilden. Alternativ orientiert man sich an einem imaginären Kreuz in der Mitte der Anordnung.

Von bestechender Klarheit ist dieses nahezu quadratische Arrangement, bei dem Bilder gleicher Größe kombiniert wurden.

Ins rechte Licht setzen

- **Im Rampenlicht**: Eine starke, direkt ausgerichtete Halogenleuchte kann selbst in einem gut ausgeleuchteten Raum ein Bild oder eine Bildergruppe hervorheben.
- **Von unten oder oben**: Es gibt spezielle Leuchten, die für eine sanfte Beleuchtung der Bilder von unten oder von oben sorgen. Diese Variante ist zwar weniger hell, setzt die Bilder aber ebenso in Szene wie die Halogenleuchte.
- **Von hinten**: Ganz besonders raffiniert und originell ist die Beleuchtung von hinten. Dazu druckt man ein Fotomotiv auf Folie, klebt diese auf mattes Glas und bringt dahinter ein Licht an, das nun durch das Bild leuchtet.

Richtig aufhängen

Neben dem guten alten Nagel in der Wand gibt es viele weitere Möglichkeiten, Bilder fast unsichtbar aufzuhängen:

- **Galerieschienen** werden an der Decke befestigt und sind der Deckenfarbe angepasst. Die Bilder hängen an fast unsichtbaren Nylonfäden und können stufenlos hin und her geschoben sowie höhenverstellt werden.
- An die Wand montierte Aluminium-U-Profile eignen sich speziell in modern eingerichteten Wohnungen als **Standleisten für Bilder**. Die Kunstwerke werden einfach daraufgestellt und an die Wand gelehnt.
- Leichte Bilder, Fotos und Poster kann man **mit speziellem Klebeband an der Wand befestigen**.
- Hängt das Bild trotz aller Bemühungen immer wieder schief, einfach ein wenig **Schaumstoff an die Ecken der Rahmenrückseite kleben** – und schon bleibt das Bild so hängen, wie es soll.

Blumenschmuck

Verliebte bringen ihre Gefühle gern mit einem Blumenstrauß zum Ausdruck. Auch ein Raum erwacht durch den passenden Blumenschmuck erst richtig zum Leben – im Sommer sind frische Schnittblumen geeignet, im Winter greift man auf Trockenblumen und Gestecke zurück.

Schnittblumen

- Blumen nur **bei trockenem Wetter schneiden** – erblühte früh am Morgen, noch nicht erblühte dagegen am Abend.
- Damit die Blumen möglichst viel Wasser aufnehmen und lange halten, den **Stiel schräg anschneiden**.
- Die Pflanzen bis zur Blüte **in lauwarmes Wasser stellen**, am besten in einen Eimer.
- Bei sommerlicher Hitze sollte man Schnittblumen ab und zu **mit Wasser besprühen**.
- Beginnen die Blumen zu welken, die Stiele um 2–3 cm kürzen und **einige Zeit in heißes Wasser stellen** (Blüten hierbei mit Küchenkrepp vor dem Dampf schützen). Dann gibt man die Blumen 1 Stunde lang in tiefes, kaltes Wasser, bevor man sie wieder in der Vase arrangiert.
- Knickt der Stängel einer Blume ein, kann man ihn **mit Draht oder Klebestreifen stützen**.

Blumen trocknen

- Frische Schnittblumen (zu kleinen Sträußen gebunden) **in einem trockenen, gut durchlüfteten Raum kopfüber aufhängen**. Da die Stängel im Lauf der Zeit dünner werden, muss die Schnur, mit der die Sträuße gebunden sind, eventuell nachgezogen werden. Nach etwa 3 Wochen kann man die Blumen für ein Gebinde verwenden.
- Durch die **Trocknung mit Glyzerin** wird die Form der Blumen bewahrt, meist verändert sich jedoch die Farbe. Geeignet ist das Verfahren z. B. für Beeren, Immergrün, Rosen und Anemonen: Dazu Glyzerin und doppelt so viel kochendes Wasser in einen hohen, engen Behälter gießen. Die Pflanzen schräg anschneiden und 8–10 cm tief in die heiße Lösung stellen. Das Gefäß an einem kühlen Ort so lange stehen lassen, bis an den Blättern kleine Glyzerintröpfchen zu erkennen sind.

Dieses in Creme-, Rosé- und Fliedertönen gehaltene Arrangement gibt einem Raum Leichte.

Schwimmender Garten

Dekorative Schale
Wasser
Blüten bzw. Blätter
Steine

Schale mit Wasser füllen und die Blüten bzw. Blätter hineinlegen. Damit die Stängel unter Wasser bleiben, fixiert man sie mit Steinen. Um große Blätter zum Glänzen zu bringen, reibt man sie mit abgestandenem Bier ab. Wer mag, fügt dem Wasser ein wenig Duftöl zu.

Eine hübsche Idee ist es, Blumentöpfe passend zur Blütenfarbe in Geschenkpapier einzuwickeln.

- Mit **Kieselgel** aus der Apotheke lassen sich etwa Studentenblumen, Pfingstrosen und Nelken trocknen. Hierzu werden die Blütenstiele auf 3 cm Länge gekürzt und auf einen stumpfen Draht gesteckt. Anschließend Kieselgel auf den Boden eines luftdichten Behälters entsprechender Größe geben. Die Blüten darauflegen und 2–3 cm dick mit Kieselgel bedecken. Den Behälter verschlossen 2 Tage lang an einen warmen Ort stellen.
- Stiefmütterchen, Rittersporn, Vergissmeinnicht und Orchideen werden mithilfe von **Quarzsand** getrocknet (dabei bleiben Form und Farbe erhalten): Die Blumen in einen gut schließenden, 5 cm hoch mit Quarzsand ausgestreuten Behälter legen und mit Quarzsand bedecken (hierbei dürfen sich die Blumen nicht berühren, denn nach dem Trocknen könnte man sie nicht mehr trennen). Den Behälter fest verschließen (eventuell mit Klebefolie abdichten) und etwa 10 Tage beiseitestellen. Der Quarzsand kann mehrfach verwendet werden, wenn man ihn bei mäßiger Hitze (100–120 °C) im Backofen trocknen lässt.

Gestecke und Steckhilfen

Gestecke können sowohl aus frischen als auch aus Trockenblumen hergestellt werden. Dabei gibt es manches zu beachten:

- **Höchstens fünf verschiedene Blumenarten** miteinander kombinieren.
- Immer in der Mitte **mit dunklen Farben beginnen**. Das Gesteck sollte nach oben hin leichter und dünner werden, während die Seiten voll und schwer sein dürfen.
- **Moos** eignet sich nur für Gestecke mit frischen Blumen, da es regelmäßig befeuchtet werden muss.
- Als Steckhilfe kann man **Knetmasse oder Fensterkitt** verwenden: Beides wird zu einer Halbkugel geformt; die Löcher sticht man mit einer Stricknadel.
- Auch **Kieselsteine oder Murmeln** können in einem hohen Glas als dekorative Steckhilfe dienen.

Vasen und Gefäße

- **Zinngefäße** harmonieren gut mit pfirsichfarbenen Blüten.
- Schöne **Flaschen** eignen sich für einzelne hohe Blumen.
- Ein **Rahmen aus Holzleisten** wird zu einem lebendigen Bild, wenn man die untere Leiste mit Löchern versieht, in die man **Reagenzgläser** setzt. Die Blumen darin werden immer wieder ausgetauscht.
- **Geflochtene Körbe** passen gut zu Feld- und Kornblumen. Damit die Blumen nicht verwelken, stellt man sie in mit Wasser gefüllte Plastikbeutel, die man vorsichtig zubindet.
- Beliebt sind auch **Terrakottatöpfe**, die sich für viele Blumenarten eignen. Besonders schön sehen Zweige von Beerensträuchern darin aus.

GESTECKE HERSTELLEN

1 Einen Steckschwamm aus dem Fachhandel gut wässern.

2 Mit Moos überziehen; mit Draht fest umwickeln.

3 Dekorative Elemente wie Kerzen, Ostereier, Beeren oder Früchte mit Blumendraht oder Zahnstochern befestigen.

4 Nun die ausgewählten Blumen, von der Mitte her beginnend, vorsichtig einstecken. Blumen, die in der Natur zusammen vorkommen, harmonieren in der Regel auch in einem Gesteck miteinander.

Bücher ordnen und aufbewahren

Bücher begleiten uns durchs Leben – deshalb will jede Büchersammlung liebevoll gepflegt und geordnet sein. Je umfangreicher die Bibliothek, desto leichter verliert man die Übersicht. Abhilfe schafft hier ein Ordnungssystem, das langwieriges Suchen erspart.

Nachdem man sich einen Überblick verschafft hat, werden Bücher, die man nicht mehr zur Hand nimmt, aussortiert. Dann reinigt man jedes Buch mithilfe eines Staubtuchs oder Staubsaugers (keinesfalls ein feuchtes Tuch benutzen).

Bücher richtig aufbewahren

- Bücherregale sollten **fester und besser verarbeitet** sein als Zierregale, da sie eine enorme Last tragen.
- Bücherschränke mit **Glastüren** verhindern das Verstauben der Bücher ebenso wie selbst genähte **Bücherdecken**.
- In Wohnwänden mit **offenen Fächern** lassen sich vielbändige Lexika oder alte Bücher wirkungsvoll präsentieren.
- Bücherregale sollten stets in einem **trockenen Raum** stehen. Bei hoher Luftfeuchtigkeit ist es ratsam, einen Luftentfeuchter zu verwenden.
- Zwischen der Oberkante der Bücher und der Unterkante des darüberliegenden Fachbodens sollten **etwa 2 cm Platz** sein, damit man die Bücher leicht herausnehmen kann.
- Bücher sollten, **nach Autoren, Themen oder Fachgebieten geordnet**, eingeräumt werden.
- **Schwere Bände** gehören in die unterste Regalreihe, da die Stabilität des Regals dadurch erhöht wird.
- Lässt man **genügend Raum zwischen den Themengebieten**, kann man Neuzugänge problemlos einsortieren, ohne gleich das Regal neu einrichten zu müssen.
- Bücher **nicht zu dicht stellen** oder über der Heizung lagern, sonst wird die Leimbindung spröde.

Mit der Bücherbürste des Staubsaugers lassen sich Bücher rasch absaugen.

Gut zu wissen

Staubsaugerzubehör

Die Bücherbürste im Staubsaugerzubehörkasten ist das am wenigsten genutzte Zubehörteil, da kaum jemand weiß, wozu es dient. Dabei ist das kleine Bürstchen mit den weichen Borsten ungemein praktisch, da sich damit ganze Buchreihen schonend und schnell entstauben lassen, ohne dass man gleich das Regal ausräumen muss. Oft genügt es schon, die Bücher einige Zentimeter vorzuziehen.

Naturmaterialien verwenden

Natürlich und gesund leben ist ein Stil, der sich zunehmender Beliebtheit erfreut. Mit Naturprodukten schont man gleichzeitig Umwelt und Klima – schon aus diesem Grund sollte man den Einsatz natürlicher Materialien in Haus oder Wohnung erwägen.

Wand

- Kalkputz ist ein Mörtel aus fein gesiebtem Sand und Kalk, der die Feuchtigkeit gut regulieren kann.
- Eine ähnlich positive Wirkung auf das Raumklima hat Lehmputz. Er kann als Grund- oder Oberputz bzw. Streich- oder Strukturputz eingesetzt werden.
- Leimfarbe besteht aus Leim, Kreide, Wasser und Pigmenten. Sie ist ungiftig und sehr preiswert.
- Kalkfarbe ist ideal, weil sich auf ihr keine Schimmelpilze festsetzen. Sie lässt sich am besten auf Kalk- und Lehmputz verarbeiten, haftet aber auch auf Dispersionsfarben oder Tapeten.
- Quark- oder Kaseinfarbe ist hundertprozentig ungiftig und umweltfreundlich – Eigenschaften, die nicht nur für Allergiker von Interesse sind.

Boden

- Korkböden sind trittelastisch und warm. Ein massiver Korkboden kann sogar abgeschliffen werden.
- Linoleum ist ebenfalls ein Naturprodukt und erlebt aufgrund seiner dämmenden, antibakteriellen und antistatischen Eigenschaften derzeit eine Renaissance.
- Naturgeölte Holzböden bieten eine Alternative zu Laminat oder verklebtem Parkett. Kratzer können abgeschliffen und mit Öl ausgebessert werden.
- Im Vergleich zu Bodenbelägen aus Kunststoff sind Fliesen- oder Steinböden äußerst langlebig und nicht mit Schadstoffen belastet.

Möbel

- Massivholzmöbel haben eine höhere Wertigkeit als aus Spanplatten und Furnier gefertigte Einrichtungsgegenstände. Durch die Aufnahme und Abgabe von Luftfeuchtigkeit reguliert massives und geöltes Holz das Raumklima und riecht angenehm.
- Auch Korbmöbel aus Naturmaterialien wie Peddigrohr, Bambus, Rattan oder Weide sorgen für ein natürliches Ambiente. Zum Auffrischen feuchtet man die Möbel einfach mit heißem Wasser an.
- Eisen- oder Edelstahlmöbel stellen insbesondere für Allergiker eine gute Alternative zu möglicherweise schadstoffbelasteten Holzmöbeln dar.
- Auch beim Kauf von Polstermöbeln sollte man auf die Verwendung natürlicher Materialien für den Aufbau und in den Bezügen achten.

Bett

- Gerade beim Bettgestell sollten natürliche Materialien zum Einsatz kommen. Ideal ist ein geöltes Massivholzgestell, aber auch Schmiedeeisen oder Edelstahl sind empfehlenswert.
- Beim Matratzenkauf auf umweltschonende Materialen Wert legen: Reiner Naturlatex ohne synthetische Latexanteile hat, Ernte und Transport mit eingerechnet, eine viel günstigere Energiebilanz als synthetischer Latex auf Erdölbasis.
- Beim Kauf eines Futons darauf achten, dass die Füllung zusätzlich zu den Baumwollfasern mit atmungsaktiven, wärmenden Naturfasereinlagen

wie Rosshaar, Schurwolle, Kokosfasern und Naturlatex angereichert ist.
- Bei Bettdecken und -bezügen auf Daunen, Federn, Baumwolle und Leinen setzen. Für Allergiker empfehlen sich dagegen bis 60 °C waschbare oder kochfeste Decken und Kissen aus Kunstfasern.

Heimtextilien

- Decken sollten aus Wolle oder Baumwolle bestehen, Küchen- und Tischwäsche aus Leinen.
- Auch für Bettwäsche und Bettlaken empfehlen sich Baumwoll- und Leinengewebe, da die hohe Saugfähigkeit der Naturfasern zu einem trocken-warmen Schlafklima beiträgt.
- Vorhänge aus Filz stellen für Raucher und Allergiker eine Alternative zu herkömmlichen Vorhangstoffen dar. Sie speichern in der Raumluft vorkommende Dämpfe und Gerüche und haben durch ihre feuchtigkeitsregulierende Wirkung eine positive Auswirkung auf das Raumklima.

Decken und Plaids

Wenn man im Herbst oder Winter in eine ausgekühlte Wohnung zurückkehrt oder im Sommer noch spätabends auf der Terrasse sitzt, gibt es nichts Schöneres, als sich in eine flauschige Decke zu hüllen, die aus Wolle, Baumwolle oder Kunstfasern bestehen kann.

Für eine kurze Ruhepause auf dem Sofa gibt es kein besseres Accessoire als eine kuschlige Decke.

Wolldecken

Für kühle Sommerabende oder in der Übergangsjahreszeit gibt es nichts Besseres als eine Decke aus reiner Wolle.

- Die traditionelle, auch heute noch in fast jedem Haushalt vorhandene Wolldecke besteht aus **reiner Schafwolle**. Sie ist knitterarm und unempfindlich gegen Gerüche.
- Besonders hochwertig und in den Wärmeeigenschaften unübertroffen sind Decken aus **Merinowolle, Lammwolle, Kamelhaar, Alpaka** oder **Kaschmir**.
- Wolldecken sollte man möglichst nicht waschen, sondern regelmäßig **auf dem Balkon lüften** und ab und zu ausbürsten.
- Seit der Einführung des Kunststoffs werden Wolldecken zunehmend von preisgünstigen und pflegeleichten Decken aus **Polyacryl** oder **Fleece** verdrängt. Doch die besten Wärmeeigenschaften hat immer noch echte Wolle.
- Unter einem **Plaid** versteht man eine relativ dünne, in der Regel gemusterte Wolldecke aus hochwertiger Schurwolle. Sie verbindet ausgezeichnete Wärmeeigenschaften mit einem in der Regel geringen Gewicht.

> **Gut zu wissen**
>
> Traditionsreiche Quilts
>
> *Früher nähten amerikanische Siedlerfrauen dünne, aus drei Schichten bestehende Steppdecken – sogenannte Quilts. Für die meist in Patchwork gehaltene Schauseite verwendeten sie Stoffreste. Die mittlere Lage ist eine flauschige Einlage. Bald entwickelten sich regionaltypische Muster. Quilts können als Bettüberwurf, Wandbehang, Sofadecke, Tischtuch oder als Teppich verwendet werden.*

Baumwolldecken

- Baumwolldecken sind **pflegeleicht, robust** und auch für den kleinen Geldbeutel erschwinglich.
- Als leichte Decken sind sie **für jede Jahreszeit geeignet**.
- Auf Fußböden aus Holz oder Laminat können Baumwolldecken **vor Fußkälte schützen** und dienen Krabbelkindern als perfekte Spielwiese.

Tagesdecken

- Tagesdecken können aus verschiedenen Materialien bestehen und sind auch **in großen Maßen erhältlich**.
- Mit gemusterten oder gefärbten Tagesdecken lassen sich Sofa, Couch oder Bett im Handumdrehen immer wieder **dekorativ verändern**.
- Bunt gemusterte Sofas werden durch **unifarbene Decken** optisch beruhigt.
- Durch eine aparte Tagesdecke wird das Bett vor Schmutz geschützt und – eventuell mit passenden Kissen – in eine **bequeme Sitzlandschaft** verwandelt.
- Eine Tagesdecke sollte man häufig reinigen – beim Kauf darauf achten, dass sie **maschinenwaschbar** ist.

Dekoration rund ums Jahr

Frühling, Sommer, Herbst und Winter – jede Zeit hat ihren eigenen Reiz, der sich auch in Wohnung und Garten spiegeln sollte. Durch richtig ausgewählte Stoffe, Tischdekorationen, Blumenschmuck und Zierrat holt man sich den Rhythmus der Natur ins Haus.

Frühling

Im Frühling erwacht die Natur zu neuem Leben. Zu dieser Stimmung passen frische, fröhliche Farben und leuchtend bunte Frühjahrsblumen.

- Farblich gestaltet man um das Osterfest herum meist mit **hellem Grün** und **strahlendem Gelb**. Auch Orange und helle Rottöne passen gut in diese Zeit.
- Für textile Dekorationen eignen sich **transparente Stoffe** hervorragend, weil sie besonders leicht sind.
- Das Fensterbrett mit in kleinen Töpfen gezogenen **Frühblühern** wie Krokussen, Tulpen und Narzissen dekorieren.
- Schön sind auch **in Gläsern vorgezogene Hyazinthen**, die man vor Beginn der Blüte aufs Fensterbrett stellt.
- Zu Ostern **Eier auspusten und färben**: Dazu oben und unten Löcher in das Ei stechen und Eiweiß bzw. Eigelb mithilfe eines Strohhalms in eine Schüssel pusten. Dann die Eier mit speziellen Eierfarben färben und aufhängen.
- Im Haus **Zweige aufhängen**, die man mit bemalten Eiern, Schleifen und Papierbildchen schmückt.

Sommer

Der Sommer ist die Zeit satter, bunter Farben, in denen die Fülle des Sommers zum Ausdruck kommt.

- Tischwäsche aus Leinen mit **üppigen Blumenmustern** sorgt für eine heitere Sommerstimmung.
- **Kühle Farben** wirken der sommerlichen Hitze entgegen: In Blau und Weiß gehaltene Sommertafeln bringen allein durch ihre Optik einen Hauch von Kühle in den Garten.
- Für ein **maritimes Flair** sorgen Glasröhren, die man einfach mit Sand unterschiedlicher Farbe und Korngröße füllt und auf Balkon oder Terrasse aufstellt.
- Feierliche Abendeinladungen verleihen textilen **Dekorationen aus knisterndem Taft** den letzten Schliff, ohne dabei zu schwer und zu warm zu wirken.
- In Glasvasen arrangierte **Sonnenblumen**, nach Einbruch der Dunkelheit von Windlichtern in Szene gesetzt, bereichern Gartenpartys oder Grillabende auf der Terrasse.

Spartipp

Aus Konservengläsern werden Windlichter: Zu Ostern verwandelt man sie mit Glasmalfarbe und Moos in ein leuchtendes Nest, im Sommer hängt man sie mit einer am Schraubverschluss festgezogenen Drahtschlaufe als Lampions in die Bäume.

Frühjahrsboten wie Narzissen und Tulpen dürfen im März und April in keiner Wohnung fehlen (unten links). Im Sommer punktet man mit bunten Farben und üppigen Arrangements.

Ausgehöhlte, beleuchtete Kürbisse dürfen zu Halloween nicht fehlen (ganz links). Kühle Materialien und Farben passen gut zur der winterlich kalten Jahreszeit.

Herbst

Der Herbst steht ganz im Zeichen der üppigen Ernte aus der Natur. Mit selbst gesammelten Blättern und Früchten aus Feld und Wald lässt sich Haus oder Wohnung ohne großen Aufwand effektvoll dekorieren.

- **Warme Braun- und Rottöne**, die sich an die Farben der herbstlichen Bäume anlehnen, dunkles Grün oder edles Gold bestimmen nun die Tagesordnung.
- Mit dem Herbst beginnt auch die Zeit, in der man **weiche und warme Stoffe** wie Filz einsetzt. **Satin in allen Farben** veredelt jede Tischdekoration.
- In schlichten Schalen angeordnete Dekorationselemente wie frische oder getrocknete **Blätter, Kastanien, Eicheln** oder **Bucheckern** verschönern Tische und Fensterbretter.
- Aus **Kürbissen, getrockneten Getreidehalmen, Maiskolben, Hagebutten** oder **Hopfenranken** entstehen im Handumdrehen herbstliche Tischdekorationen: Das Material wird einfach auf dem Tisch verteilt.
- **Rotbackige Äpfel** und **saftige Birnen** machen aus jeder Glasschale ein Schmuckstück.

Winter

In puncto Dekoration dreht sich im Winter fast alles um die Advents- und Weihnachtszeit – bunte Weihnachtskugeln, Weihnachtsengel und Adventssterne prägen den Dezember. Für die übrigen Wintermonate bietet es sich an, rund um das Thema Frost zu dekorieren.

- An Eis und Schnee erinnern die Farben **Weiß, Türkis** und **Blaugrün**. *Die* Farbe des Winters ist natürlich **Schneeweiß**, das sich optimal mit anderen Farben kombinieren lässt. Für gemütliche Teestunden wählt man Weiß mit Braun- und Beigetönen. Weiß, kombiniert mit Karomuster, erinnert an den rustikalen Winterurlaub.
- Die **Stoffe des Winters** sind weiche Wolle, anschmiegsamer Samt oder auch Materialien wie Lammfell.
- **Dekoelemente aus Glas**, etwa Eiszapfen, Vasen oder Windlichter, sind besondere Hingucker im Winter. Ziergegenstände **aus Holz** setzen hierzu einen wohltuenden rustikalen Kontrapunkt.
- **„Geeistes Obst“** nimmt ebenfalls das Thema Schnee und Eis auf. Dazu einfach Eischnee steif schlagen und mit viel Puderzucker zu einer festen Masse verrühren. Das Obst damit bestreichen und zum Abschluss in Zucker wälzen.
- Herrscht draußen klirrender Frost, kann man Pflanzenteile wie **Beeren oder immergrünes Laub in Eis einfrieren** und auf dem Balkon oder an der Außenseite des Fensters aufhängen. Hierzu beispielsweise eine Herzform etwa 4 cm hoch mit Wasser füllen und die Beeren bzw. Blätter darin anordnen. In den Gefrierschrank stellen, bis das Wasser durchgefroren ist, dann ein Loch in das Eisherz bohren und an einem Faden aufhängen.

Düfte im Haus

Viele Kindheitserinnerungen sind mit bestimmten Gerüchen verbunden – dem Duft von Großmutters frisch gestärkter Schürze oder dem Lavendelduft im Kleiderschrank. Mit Blumen, Kräutern, Potpourris oder Duftsäckchen kann man diese Stimmungen zurückholen und natürlich neue schaffen.

Natürliche Düfte

Wohltuende Raumdüfte lassen sich ohne künstliche Geruchserzeuger wie Raumsprays oder Duftessenzen auf natürliche und gesunde Art und Weise erzeugen. Dabei gilt die Devise, nicht zu übertreiben, da man sich schnell an bestimmte Duftnoten gewöhnt und dazu neigt, zu viel des Guten zu tun.

- Der natürlichste Duft, der sich denken lässt, ist der frischer **Blumen**. Schon ein großer Strauß Flieder, Rosen oder Lilien auf dem Tisch erfüllt das Wohn- oder Esszimmer mit einem intensiven Duft.
- Auch **Kräuter** wie Rosmarin, Thymian oder Pfefferminze, die an der Decke oder einem Balken zum Trocknen aufgehängt werden, verströmen einen angenehmen Geruch.
- **Obst und Gewürze** wie Orangen, Limetten, grüne Äpfel, Zimt oder Nelken sehen in einer schönen Schale oder auf einem Teller dekorativ aus und duften wohltuend.
- **Potpourris** sind Mischungen aus getrockneten Blüten und Blättern von Duftpflanzen. Rosenblüten, Jasmin, Lilien, Lavendel, Rosmarin, aber auch Zimt- und Vanillestangen sind häufig verwendete Bestandteile von Potpourris, die man offen in einer Schale auslegen oder in ein Duftkissen füllen kann. Mit **ätherischen Ölen** lässt sich ihr Duft noch intensivieren. Wichtig ist, dass vorher alle Bestandteile gut durchgetrocknet wurden. Die Gefäße sollten aus Porzellan, Glas oder Steingut sein.
- Aus getrocknetem Obst, Kräutern und Gewürzen kann man **Potpourris** auch **selbst zusammenstellen**. In Duftsäckchen oder -kissen gefüllt, eignen sie sich als individuelles Geschenk.
- Im Winter legt man **Orangen- und Zitronenscheiben** auf die Heizung und lässt sie dort trocknen.
- **Duftkerzen** sind rasch zur Hand und blitzschnell angezündet. Es müssen nicht einmal solche sein, die nach Rosen oder Vanille duften – ebenso geeignet sind Bienenwachskerzen, die einen schweren, süßen Duft verströmen.
- Neben **Weihrauch**, den viele Menschen mit der katholischen Kirche assoziieren, gibt es unzählige Möglichkeiten, Düfte mithilfe von Rauch im Raum zu verteilen. Hierzu zählen **Räucherstäbchen, Räucherkerzen** oder auch **Räucherzylinder**.
- **Duftlampen** gibt es in allen erdenklichen Formen, doch das Prinzip ist immer gleich. Eine Kerze steht unter einem Teller oder Schüsselchen, das man mit Wasser und einigen Tropfen eines ätherischen Öles befüllt. Die Flamme darunter

Die Duftlampe wird mit Wasser und dem Öl befüllt, das zur jeweiligen Laune und Stimmung passt.

Mit einem Potpourri bestückte Duftteller eignen sich für viele Plätze im Haus.

erwärmt das Wasser-Öl-Gemisch und verbreitet so den Duft im Raum.

- Will man einen bestimmten Duft, z. B. den eines ätherischen Öles, im ganzen Haus verbreiten, einfach **einige Tropfen auf den Staubsaugerbeutel träufeln**, bevor man mit dem Reinigen der Wohnräume beginnt.
- Für eine **Duftkugel** einfach eine Styroporkugel mit Kleber bestreichen und mit den getrockneten Blüten aus einem Potpourri bestecken.
- Einen **Duftspender** kann man leicht selbst herstellen, indem man Rosenblätter in ein verschließbares Glas füllt und dabei jede Lage mit Salz bestreut. So können die Blüten nicht faulen. Wann immer ein Raum beduftet werden soll, einfach das Glas für eine Weile aufschrauben.
- Praktisch sind auch **Dufthölzer** – darunter versteht man in ätherisches Öl getauchtes Holz, das seinen Duft kontinuierlich wieder abgibt.

Wie Düfte wirken

Düfte können den Menschen und sein Nervensystem stark beeinflussen und sogar heilende Wirkungen entfalten.

- **Eukalyptus** erfrischt, befreit bei leichtem Schnupfen die Nase und erhöht die Konzentrationsfähigkeit.
- Der betörende Duft von **Flieder** wirkt anregend, wird jedoch von vielen Menschen als sehr intensiv empfunden.
- Der Duft von **Honig** trägt zur Entspannung bei und kann Nervosität vertreiben.
- **Lavendel** vertreibt nicht nur Motten, ihm wird auch eine entspannende und erfrischende Wirkung zugeschrieben. Bei nervösen Verspannungen und Depressionen wirkt er harmonisierend.
- **Mandarinen- und Orangenduft** weckt die Erinnerungen an den Sommer und steht daher im Ruf, bei Winterdepressionen hilfreich zu sein.
- Der Duft von **Pfefferminze** sollte bei Erkältungen genutzt werden. Auch wenn man sich konzentrieren muss, kann der stärkende, belebende Geruch von Vorteil sein.
- Der oft als betörend empfundene **Rosenduft** gilt als schmerzstillend und euphorisierend. Wer auf Rosenduft setzt, sorgt in hektischen Stresssituationen schnell für bessere Laune.
- Nach neueren Untersuchungen soll der Duft von **Vanille** den Heißhunger auf Süßigkeiten bremsen und daher bei der Gewichtsreduktion hilfreich sein.
- Der Duft von **Zimt** wirkt wärmend und entspannend und ist nicht ohne Grund mit Winter und Weihnachten verbunden.

DUFT AUS DEM SÄCKCHEN

1 Zwei jeweils 10×5 cm große Stoffstücke an den Längsseiten und an einer Breitseite zusammennähen. Geeignet hierfür sind Leinen, Batist oder Baumwolle. Ganz besondere Effekte lassen sich mit transparenten Stoffen wie Organza erzielen, die man mit farbigen Blüten füllt.

2 An der Öffnung einen breiten Saum (mit Öffnung) einnähen und ein Bändchen einziehen, damit das Säckchen elegant verschlossen werden kann.

3 Die Stofftasche mit Blüten oder Kräutern befüllen.

Farben zum Wohlfühlen

Die Farben, mit denen man sich in der Wohnung umgibt, haben Einfluss auf Stimmung und Wohlbefinden. Ob man warme oder kalte, dunkle oder helle, kräftige oder sanfte Farben wählt, sollte nicht zuletzt von der Funktion des betreffenden Raumes abhängen.

Das kleine Farbeneinmaleins

- **Helle Farben**, also lichte Grün- und Blautöne sowie Gelb und Orange, vermitteln ein Gefühl von Weite. Sie wirken meist freundlich, fröhlich und leicht, fördern die Kommunikation und sind daher besonders empfehlenswert für den Essbereich und die Küche.
- **Dunkle Farben**, wie Rot, Violett, Blau und dunkle Grüntöne, können einengend und düster wirken. Gleichzeitig vermitteln sie aber, wenn sie an der richtigen Stelle eingesetzt werden, Gemütlichkeit und Geborgenheit.
- **Warme Farben**, beispielsweise Rot- und Gelbtöne, erhöhen die wahrgenommene Raumtemperatur. Sie sind daher besonders geeignet für Räume, die nach Norden ausgerichtet sind. Sie regen zu Aktivität an und sollten daher in Räumen, die der Entspannung dienen, vermieden werden.
- **Kalte Farben**, also alle Blau- und Grüntöne, haben eine beruhigende Wirkung. Sie sind besonders für Schlafräume geeignet: Abends geht man entspannt ins Bett, morgens wacht man erfrischt wieder auf.
- **Kräftiges Blau** hemmt die Kommunikationsbereitschaft und sollte daher im Wohn- und Essbereich nicht in dominierender Funktion zum Einsatz kommen.
- **Rot** wird nachgesagt, die Aggressionsbereitschaft zu fördern – die Farbe eignet sich daher nicht für das Kinderzimmer. Hier sind **sanfte Pastelltöne** vorzuziehen.
- Im Essbereich und in der Küche sollte man die Farbe **Grau** vermeiden, da hierdurch der Appetit verringert werden könnte.

Raumwirkung

Durch eine geschickte Farbwahl kann man Räume größer, kleiner, höher oder niedriger erscheinen lassen und auf diese Weise bauliche Nachteile optisch ausgleichen.

- **Kleine Räume**: Damit ein Raum großzügiger wirkt, sollte er in möglichst hellen Farben gehaltenwerden.
- **Große Räume**: Will man in derartigen Räumen Gemütlichkeit schaffen, wählt man am besten dunkle, warme Farben, beispielsweise dunkle Rottöne.
- **Niedrige Räume**: Die Decke erscheint höher, wenn sie in einem helleren Farbton als die Wand gestrichen wird. Wichtig ist, dass diese Farbe genau an der Deckenkante abschließt.
- **Hohe Räume**: Will man die Raumhöhe optisch reduzieren, bietet sich eine dunkel gefärbte Decke an. Auch wenn man den Raum im unteren Bereich in einem hellen Farbton streicht, der zur Decke hin stufenlos dunkler wird, erscheint das Zimmer niedriger. Hellt sich der Farbton dagegen von oben nach unten auf, wirkt der Raum höher.

In diesem Farbfächer liegen kalte Farben (Grün bis Violett) oben, die warmen (Pink bis Gelb) unten.

Spartipp

Wer die Wände hell und freundlich streicht, benötigt weniger künstliche Lichtquellen und spart auf diese Weise Strom.

In diesem Wohnzimmer setzt das rote Sofa einen kräftigen Akzent. Die Kissen nehmen den grünen Grundton der Wand wieder auf.

Gut zu wissen

Der Farbkreis

Grundlage des Farbkreises von Johannes Itten sind die Grundfarben Rot, Blau und Gelb. Die Komplementärfarben liegen sich gegenüber. Sie bilden den höchstmöglichen Farbkontrast, passen aber gut zusammen. Farben, die miteinander harmonieren, sind immer die drei Farben, die durch ein gleichschenkliges Dreieck verbunden werden können (wie die drei Grundfarben). Auch im Kreis nebeneinanderliegende Farben gelten als harmonisch.

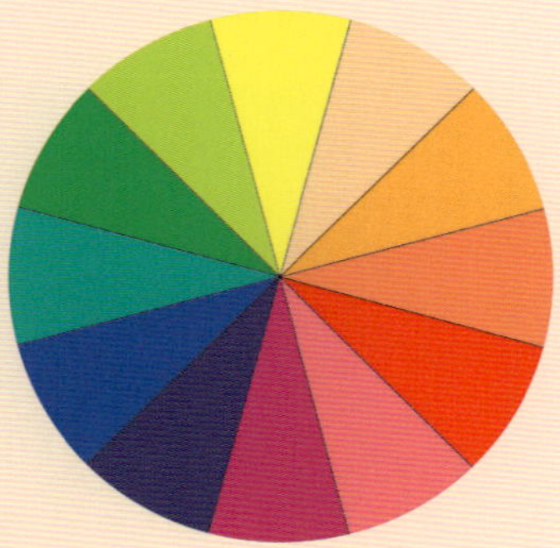

- **Schmale Räume**: Durch hell leuchtende Farben an den Wänden erscheinen schmale Räume optisch breiter.
- **Breite Räume**: Streicht man dagegen zwei gegenüberliegende Wände in einem dunkleren Ton als die übrigen, wird der Raum optisch verengt.

Das richtige Farbkonzept

Entscheidend für eine gelungene Raumgestaltung ist nicht nur die gewählte Wand- und Deckenfarbe, sondern auch eine farblich ansprechende Kombination mit Möbeln, Wohntextilien und Accessoires.

- Zunächst wählt man einen **Grundton**, der einem gefallen, aber gleichzeitig auf die Nutzung des Raumes abgestimmt sein sollte. Dieser Grundton wird für Wände, Teppiche und Vorhänge genutzt und kann natürlich in seiner Intensität variieren.
- Möbel und Accessoires werden in einem stimmigen **Begleitton** gehalten. Um effektvolle Akzente zu setzen, kann man hierfür eine **komplementäre Farbe** wählen oder aber man gestaltet den Raum **Ton in Ton** (z. B. in verschiedenen Schattierungen). Es ist auch möglich, **zwei Begleittöne** zu wählen; diese sollten dann aber im Farbspektrum nebeneinanderstehen.
- Bei der Kombination von **Farben unterschiedlicher Intensität** ist Vorsicht geboten. Stellt man beispielsweise kräftige Farben neben zarte Pastelltöne, muss das Auge ständig zwischen hellen und dunklen Nuancen hin und her springen. Hier kommt schnell optische Unruhe auf, die sich auf die Wohnatmosphäre übertragen kann.
- Wählt man Weiß oder Hellgrau als Grundton, verträgt das Farbkonzept durchaus einige **frische Akzente** – Rot, Blau oder auch Pink. Dazu eignen sich Überwürfe, Kissen oder auch Accessoires wie Blumenvasen oder Bilder.
- Wer sich bei der Farbwahl unsicher ist, lässt sich am besten **im Fachhandel beraten**, um eine langweilig-zurückhaltende oder zu poppig-bunte Gestaltung zu vermeiden.

Fenster dekorieren

Vorhänge, Gardinen, Rollos und Accessoires sollten auf die Fenster abgestimmt sein und mit den Proportionen des Raumes harmonieren. Außerdem hat die Fensterdekoration die Aufgabe, vor Lichteinfall, Zugluft und unerwünschten Einblicken zu schützen.

Da sich eine zweckmäßige und schöne Fensterdekoration in das Gesamtkonzept des Raumes einfügen sollte, werden die benötigten Stoffe und Dekoelemente erst ausgewählt, wenn Klarheit über Wandgestaltung, Möbel und Kissen besteht.

Vorhänge für jeden Stil

Allgemein unterteilt man Vorhänge in transparente Stores und blickdichte Gardinen bzw. Übergardinen.

- **Stores** sollten den Blick nach draußen so wenig wie möglich einschränken, dabei aber ein Höchstmaß an Sichtschutz gewährleisten.
- **Gardinen** haben die Aufgabe, einen vollständigen Blend- und Sichtschutz zu bieten.
- Als Ersatz für Stores kommen in modern eingerichteten Wohnungen häufig **Rollosysteme** zum Einsatz.
- Wem der **klassisch-moderne Stil** gefällt, greift zu klaren Formen, geometrischen Mustern und leuchtenden Farben.
- **Luxuriös** wirkt die Kombination von leichten Stores mit Übergardinen aus Seiden-Baumwoll-Damast.
- **Damaststreifen** verleihen einem Raum ein Flair, das an die Biedermeierzeit erinnert.
- Üppig muten **schwere Schabracken** aus Chenille, Brokat oder Samt an, die mit Gardinen aus Tüll und Gaze kombiniert werden. Diese ins Auge fallende Kombination schluckt jedoch viel Licht und erfordert hohe Räume.
- **Romantisch-verspielt** wirken Wolkenstores oder Gardinen aus duftigen Stoffen mit blumigen Mustern.

Kurz oder bodenlang?

- **Kurze Vorhänge** sehen rustikal aus und passen gut zu kleinen quadratischen oder breiten, niedrigen Fenstern. Sie enden knapp über oder kurz unter der Fensterbank.
- Für Blumenfenster empfehlen sich **Bogenstores**, die einen ungehinderten Blick auf die Zierpflanzen erlauben.

Raffrollos lassen sich stufenlos einstellen und damit ganz nach Bedarf variieren – steht gerade ein schöner Blumenstrauß auf dem Fensterbrett, verzichtet man einfach darauf, sie ganz zu schließen (links). Eine deutlich elegantere Wirkung erzielt man mit einer schweren, üppigen Übergardine, die von einem kunstvollen Gardinenraffer gehalten wird (oben).

Gardinenstangen gibt es in den verschiedensten Formen und Materialien.

- **Bodenlange Vorhänge** bringen hohe schmale Fenster, wie man sie etwa in Altbauwohnungen häufig findet, optimal zur Geltung. Am besten lässt man sie etwa 3 cm über dem Boden enden – so kann man darunter leicht saugen und es verfangen sich keine Wollmäuse.

Raumwirkung

- Sollen die Fenster und der ganze Raum höher wirken, sind **bis zum Boden reichende Gardinen** das Mittel der Wahl. Ein Fenster wirkt optisch höher, wenn man die Gardinenstange relativ hoch aufhängt.
- Indem man **ausladende Vorhänge** anbringt, gibt man schmalen, hohen Fenstern mehr Breite.
- Hat ein Raum **Fenster mit unterschiedlichen Höhen**, kann man diese Unregelmäßigkeit durch auf gleicher Höhe aufgehängte Gardinen kaschieren.

Vorhangstangen und -schienen

- Damit die Fensterdekoration optimal zur Geltung kommt, sollten Vorhangstangen **mindestens 15 cm über dem Fensterrahmen** angebracht sein und an den Seiten wenigstens 15 cm über das Fenster hinausragen.
- Bei weit vorstehenden Fensterbänken kann man die **Halterung auf Holzleisten montieren**, die vorher an der Wand befestigt wurden.
- Schienen benötigen **wenig Platz** und sind deshalb ideal für Fenster, die knapp unter der Decke enden.

Gut zu wissen

Pollenschutz

Durch das geöffnete Fenster kommen im Frühling und Sommer zum Leidwesen der Allergiker auch Pollen in die Wohnung, was zu tränenden Augen, lästigem Niesreiz und Hautreaktionen führen kann. Abhilfe schaffen Pollenschutzgitter vor den Fenstern, die den größten Teil der von draußen kommenden Pollen abfangen. Sie sollten in jedem Fall vor den Schlafzimmerfenstern angebracht werden.

Dekoration

- Mit jahreszeitlich passenden **Fensterbildern** kann man im Innenraum eine besondere Atmosphäre schaffen und gleichzeitig neugierige Blicke von außen abschirmen.
- Kaum eine Ablagefläche lässt sich so fantasievoll dekorieren wie eine Fensterbank: Neben blühenden oder grünen Pflanzen eignen sich hier **Accessoires** wie schöne Steine, edle Vasen oder kunstvolle Blumenarrangements.

Beim Fensterschmuck sind der Kreativität keine Grenzen gesetzt, wie dieses Arrangement mit getrockneten Blumen zeigt.

Feste

Feste feiert man das ganze Jahr über – natürlich mit der passenden Dekoration für Tische, Fenster, Terrasse oder Garten. Damit das Familienfest, der Grillabend mit Freunden oder der Kindergeburtstag ein voller Erfolg werden, gilt es, einige Regeln zu beherzigen.

Familienfeste

Ob nun runde Geburtstage, Jubiläen oder die Geburt eines neuen Familienmitglieds – in einer Familie gibt es immer wieder etwas zu feiern.

- Bevor man zum Fest einlädt, sollte man sich über den **Rahmen bzw. das Motto** klar werden: Handelt es sich um eine feierliche Abendeinladung, um einen bunten Nachmittag mit Einlagen, eine sommerliche Kaffeetafel oder einen unkomplizierten Brunch?
- Der nächste Schritt besteht in der meist **schriftlichen Einladung**. Sie sollte originell, persönlich und auf den Anlass abgestimmt sein.
- **Tischkärtchen** passt man an den gewählten Rahmen an. Dabei sind der Fantasie keine Grenzen gesetzt: Liebevoll bemalte Steine, selbst gebackene Muffins oder im Scherenschnitt gestaltete Bildchen können genauso als Tischkärtchen dienen wie ein kalligrafisch kunstvoll verziertes Transparentpapier.
- Eine schöne Idee ist es, die **Menükarte** auf eine Schultafel zu schreiben oder auf eine leere Flasche zu kleben, die gleichzeitig als Vase für eine einzelne Blume dienen kann.
- Auch der **Blumenschmuck** sollte dem Anlass entsprechen: Ein bunter Wiesenstrauß schmückt die sommerliche Tafel, eine einzelne Amaryllis in einer schlanken Silbervase gibt einem feierlich gedeckten Tisch einen edlen Anstrich.

Feiern im Freien

- Auf die Sommertafel gehören **frische Blumen und viel Grün**: Efeuranken beispielsweise kommen auf hell eingedeckten Tischen optimal zur Geltung.
- Ganz nach individuellem Geschmack hält man die Tafel **ein- oder zweifarbig** (etwa in kühlem Blau-Weiß oder Sonnenblumengelb) oder spielt mit den bunten Farben der Sommerblumen.
- Mit lustigen **Papierschirmchen** lassen sich Cocktails oder Eisbecher verzieren. Auch auf der Terrasse verteilte **Strohhüte mit bunten Blumenkränzen** geben eine schöne Dekoration ab.
- Bei einer abendlichen Grillparty dürfen auf den Tischen verteilte **Windlichter** nicht fehlen. Um Mücken abzuhalten, wählt man **duftende Kerzen**: Am besten wirken Nelken-, Minze- und Eukalyptusduft.
- Am Abend sind **Lichterketten und bunte Lampions** ein Muss. Auch mit Fackeln lässt sich im Garten eine romantische Beleuchtung schaffen.

Fast vollständig in Violett gehalten ist diese rustikale Sommertafel, die allein schon durch die Farbwahl für gute Laune sorgt.

Die Faben Rot, Grün und Weiß beherrschen dieses festlich-dezent wirkende Weihnachtsarrangement.

Fliegende Ballons

Becher
Schnüre (etwa 1m lang)
Ballons (mit Helium gefüllt)

Etwa 10 Becher zur Hälfte mit Wasser füllen. Jeweils das Ende einer Schnur in einen Becher tauchen und alles in die Gefriertruhe legen. Nach dem Einfrieren Ballons an die Schnüre binden und die Becher im Garten verteilen. Sobald das Eis geschmolzen ist, fliegen die Ballons weg – einer nach dem anderen.

Kindergeburtstag

Für Kinder ist der Geburtstag ein ganz besonderer Tag im Jahr. Eine gelungene Dekoration muss nicht kostspielig sein:

- Bunte **Pappteller, Servietten und Konfetti** bringen Farbe auf den Tisch.
- Der Platz des Geburtstagskinds sollte besonders schön geschmückt werden: **Luftschlangen und Girlanden** können den Ehrenplatz krönen.
- Für gute Unterhaltung sorgt eine **Papiertischdecke zum Bemalen**, auf der die kleinen Gäste künstlerisch tätig werden können.
- Für einen **leckeren Süßigkeitenkranz** einfach Lakritze, Weingummi und kandierte Früchte mit Zahnstochern auf einen Styroporkranz stecken.
- **Bunte Luftballons** gehören zu jedem Kindergeburtstag. Sie können, an den Stuhl geknotet, mit den Namen der Kinder beschriftet werden und dienen als **schwebende Platzkärtchen**.

Weihnachten

Das Fest der Feste ist ein ganz besonderes Ereignis im Jahr, auf das man sich während der Adventszeit einstimmt. Insgesamt sollte man darauf achten, dass die Weihnachtsdekoration nicht zu kitschig ausfällt: Traditionelle Weihnachtssterne, Nussknacker, Räuchermännchen oder Engel, in althergebrachten Handwerkstechniken hergestellt, schmücken Haus oder Wohnung oft festlicher als an der Fassade emporkletternde Weihnachtsmänner oder poppig blinkende Sterne im Fenster.

- Im Mittelpunkt der Dekoration steht **weihnachtliches Tannengrün**, das man im Adventskranz, in Gestecken oder Zweiggirlanden auftauchen lässt.
- Auch in **bestickten Servietten, Deckchen** oder **Tischläufern** kann man das festliche Grün zeigen.
- Besonders gut zum Tannengrün passen neben Rot auch Silber und Gold: Einfach Äpfel, Nüsse, Tannenzapfen oder Glasmurmeln **mit Metallicfarbe besprühen** und diese auf einer Silberschale mit Efeuranken dekorieren.
- Ohne großen Aufwand lassen sich aus Filz **Schneeflocken, Sterne, Engel oder Tannenbäume ausschneiden**, die man an grünen Zweigen aufhängt.
- Licht ist ein Symbol des Weihnachtsfests: **Kerzen** in schönen Kerzenständern und im Raum verteilte Windlichter sorgen für weihnachtliche Stimmung. Wer mag, schmückt Fenster, Balkon oder Gartenbäume mit **Lichterketten**.

Kamin und Kachelofen

Die Nähe zum knisternden Feuer und die behagliche Wärme machen den besonderen Reiz von Kamin und Kachelofen aus. Bei jeder offenen Feuerstelle im Haus gilt es jedoch, die entsprechenden Sicherheitsvorschriften streng zu beachten.

Mit Öfen lassen sich Heizkosten sparen: Ein Kamin oder Kachelofen beheizt punktgenau die Räume, in denen sich das Leben im Haus abspielt. Wenn man das Brennmaterial kostengünstig in größeren Mengen kauft, reduzieren sich die Heizkosten um bis zu 15 %. Bei in Zukunft vermutlich weiter anziehenden Öl- und Gaspreisen dürfte dieser Wert noch steigen. Da ein Ofen, den man als Ergänzung zur konventionellen Gas- oder Ölheizung einsetzt, nachwachsende Brennstoffe für die Wärmeerzeugung nutzt, ist diese Art des Heizens auch ökologisch sinnvoll.

Spartipp

Getrocknete Blumen oder Beeren, die vor dem Ausbrennen ins Feuer geworfen werden, vermindern den unangenehmen Geruch nach kaltem Rauch und machen den Einsatz von Raumdeos überflüssig.

Offener Kamin

Der offene, fest eingemauerte Kamin verbreitet auch heute noch wohlige Wärme. In puncto Sicherheit und Handhabung gibt es jedoch einiges zu berücksichtigen:

- Ein **Schutzgitter** verhindert Funkenflug und sollte Standard sein.
- Eine spezielle **hitzebeständige Glasscheibe** vor dem Kamin sorgt für Sicherheit und lässt dabei den ungehinderten Blick auf das Feuer zu.
- Zum Anfachen des Kaminfeuers ist ein **Ofengeschirr** notwendig – ein Blasebalg und eine Feuerzange helfen beim Anschüren.

Über Warmluftkanäle, in denen die Hitze transportiert wird, kann ein Kachelofen auch mehrere Räume beheizen.

Gut zu wissen

Der richtige Brennstoff

Moderne Kaminöfen verbrennen Brennholz, Holzbriketts, Holzpellets, Papier oder auch Bio-Alkohol. Rund 700 kg trockenes, abgelagertes Brennholz ersetzen die Energie aus etwa 210 l Heizöl oder 200 m³ Erdgas. Eine gute Verbrennung kann man an der hellgrauen bis grauen Asche erkennen, die keine Kohlenreste mehr enthält und im Garten als Dünger verwendet werden kann. Als Feueranzünder geeignet sind übrigens getrocknete Zitronenschalen: Sie brennen hervorragend und verströmen einen angenehmen Duft.

Schwedenofen und Bullerofen

Die moderne Variante des offenen Kamins sind Schwedenöfen oder Cheminéeöfen. Hierbei handelt es sich um Kaminöfen, bei denen das Feuer in einer geschlossenen Kammer brennt und durch eine Glasscheibe sichtbar ist.

- Ein Vorteil dieser Öfen besteht darin, dass sie in der Regel **nicht eingemauert** sind. Sie stehen direkt neben einem Schornstein und geben ihre Wärme über ihren schweren Metallkorpus ab.
- Nachteilig wirkt sich aus, dass Staubpartikel aus der Luft sich auf dem Ofen absetzen und verbrennen – dadurch **wird die Luft sehr trocken**, obwohl das eigentliche Feuer gekapselt ist.
- Das **Verrußen der Scheibe** kann auch bei richtigem Gebrauch nicht verhindert werden. Sie wird einfach mit einem Glasreinigungsmittel gesäubert. Wichtig: Nicht zu lange mit der Reinigung warten und den Glasreiniger nicht auf die Scheibe, sondern auf einen Lappen sprühen, um Scharniere und andere Teile nicht zu beschädigen.
- Eine beliebte Variante dieser Kaminöfen sind **gusseiserne Bulleröfen**, die mit Holz befeuert werden und sich durch eine besonders hohe Wärmeabgabe auszeichnen.
- Die wärmeabstrahlenden Flächen sind beim Bullerofen durch **zusätzliche Eisenrohre** vergrößert worden.
- Bei der Anschaffung eines Ofens gibt der sogenannte **Wirkungsgrad** Auskunft darüber, wie viel von der Energie tatsächlich in der umgebenden Raumluft ankommt.

Ein Schwedenofen findet auch in kleineren Wohnungen Platz und ist ein wichtiger Baustein bei der Wärmeerzeugung.

Kachelofen

- Während Kaminöfen Wärme schnell erzeugen und abgeben, setzen die gemauerten, oft mit Kacheln verkleideten Kachelöfen auf eine **lang anhaltende Wärmeabgabe**.
- Bei Kachelöfen brennt das Feuer in **geschlossenen Brennkammern**. Es darf weder zu hoch noch zu heiß brennen, damit keine Risse im Ofenfutter entstehen.
- Um die unvermeidlichen feinen Haarrisse in der Glasur der Kacheln sauber zu halten, einen feuchten Lappen und **einfache Neutralseife** verwenden.
- Die Ofentür immer erst **nach Erkalten des Ofens öffnen**, da es sonst zu einer Gasexplosion kommen kann.

Kerzen

Vor dem Zeitalter der Glühbirne dienten Kerzen neben Öl- und Talglampen als wichtige Lichtquelle. Heute nutzt man ihr warmes, sanftes Licht eher als romantisches Dekorationselement, das im Handumdrehen Gemütlichkeit schafft.

Von schlichter Schönheit ist dieses Arrangement aus Kerzen unterschiedlicher Höhe. Die Steine schaffen eine gelungene Verbindung zu Form und Material des Kerzentellers.

Material

- **Kerzen aus Bienenwachs** sind relativ teuer, aber auch von hoher Qualität. Besonders ihr süßer Geruch macht den Reiz echter Bienenwachskerzen aus.
- Aus Erdöl gewonnenes Paraffin ist das bei der Kerzenherstellung am häufigsten eingesetzte Material. **Paraffinkerzen** sind wesentlich günstiger als Bienenwachs- oder Stearinkerzen.
- Stearin stellt man aus pflanzlichen und tierischen Fetten her. Im Vergleich zu Paraffinkerzen haben **Stearinkerzen** eine geringere Schadstoffbelastung, rußen weniger und sind formstabiler.

Originelle Kerzenständer

- In jedem Haushalt findet man **schön geformte Flaschen**, die sich als Kerzenhalter eignen. Steckt man eine **Tropfkerze** hinein, läuft das Wachs an der Flasche herunter und verleiht ihr ein antikes Aussehen (immer eine Unterlage verwenden, um Flecken zu vermeiden).
- Hat man etwas Zeit, kann man die **Flaschen bemalen** oder farbigen Sand bzw. dekorative Steine einfüllen.
- **Äpfel** aus der Speisekammer oder **ausgehöhlte Kürbisse** geben preiswerte und originelle Kerzenständer ab.
- Wer gern improvisiert, stellt die Kerze einfach auf eine farblich passende, vielleicht **bunt bemalte Untertasse**.

Windlichter

- Eine **Kerze im Glas** macht sich auf der Terrasse immer gut. Geeignet sind große, bauchige Gläser, die man z. B. mit Sand, Steinen oder Immergrün bestücken kann.
- Umwickelt man das Glas, in dem die Kerze steht, mit **Butterbrot-** oder **Transparentpapier**, erzeugt man ein besonders sanftes Licht.
- Teelichter kommen in **Joghurtgläsern**, die man zu Gruppen arrangiert, wirkungsvoll zur Geltung.
- **Konservendosen** lassen sich ebenfalls zu Windlichtern umfunktionieren. Mit Hammer und Nagel kann man Muster nach Wahl erzeugen. Damit die Dose hierbei nicht verbeult wird, füllt man sie vor der Bearbeitung mit Wasser und stellt sie einige Stunden in den Gefrierschrank.

Vorsicht, brennbar!

- Kerzen sollte man **nie unbeaufsichtigt lassen** – auch nicht für kurze Zeit und selbst dann nicht, wenn es sich um Tee- und Windlichter handelt.
- Immer **ein geeignetes Gefäß verwenden**, in dem die Kerze senkrecht stehen kann.
- Den Docht der Kerze stets **auf 1 cm Länge** kürzen.

KISSEN

Kissen erfüllen verschiedene Funktionen: Sie stützen und entlasten die Nacken- und Rückenpartie beim Schlafen oder Sitzen und sorgen für Bequemlichkeit. Daneben haben sie die Aufgabe, durch Farben, Formen und Materialien die Wohnräume zu verschönern.

Kissen verzieren

Schablone aus Karton
Unifarbener Kissenbezug
Stoffmalfarbe

Zunächst die Schablone in der gewünschten Form zurechtschneiden (oder fertig im Handel kaufen) und mit Kreppband auf dem Stoff fixieren. Dann die Stoffmalfarbe auf die gesamte Schablone aufbringen: Auf dem Stoff erscheint nur dort Farbe, wo das Muster ausgeschnitten wurde.

Kissen für den praktischen Einsatz

- Wer ein weiches und warmes Kopfkissen bevorzugt, sollte eine Füllung mit **Daunen und Federn** wählen.
- Besseren Halt für den Nacken bietet dagegen ein mit **Spelzen oder Mineralschaum** gefülltes Kopfkissen.
- Soll der Nacken noch weiter entlastet werden, leistet eine **Nackenrolle** gute Dienste.
- Für die Reise eignen sich **aufblasbare Nackenkissen**, die im Gepäck wenig Platz einnehmen.
- Bei Rückenproblemen empfiehlt es sich, auf Stühlen zusätzlich ein relativ **festes Keilkissen** einzusetzen. Seine Oberfläche senkt sich zur Stuhlkante hin ab, sodass die Wirbelsäule angenehm entlastet wird.
- **Sitzkissen**, die auf der Sitzfläche von Stühlen, Bänken oder Hockern liegen, bieten Sitzkomfort bei harten Materialien. Ihre Stoffe sollten passend zur übrigen Gestaltung gewählt werden.
- **Bodenkissen** sorgen für Sitzgelegenheiten auf dem Fußboden. Es gibt sie in unterschiedlicher Stärke, Form und Farbe.
- Sehr beliebt sind auch **Sitzsäcke** – große, mit Styropor oder Sand gefüllte Stoffsäcke, auf denen man es sich ähnlich wie in einem Sessel bequem machen kann.

Dekorieren mit Kissen

- Mit dekorativen **Zierkissen** schmückt man Sofa, Sessel und Bänke und wertet so das Gesamtbild des Raumes auf.
- **Gleiche Kissen** schaffen eine Verbindung zwischen verschiedenen Sitzmöbeln.
- Auf **einfarbigen Sofas** Kissen unterschiedlicher Strukturen und Materialien arrangieren. Schön wirken hier variierende Muster bei gleicher Farbwahl.
- Zum **Landhausstil** passen Blumenmotive, Paisley oder Brokat.
- Schlichte Polstermöbel und ein **modernes Ambiente** verlangen nach Kissen mit Streifen und Karos. Auch Seiden- und Samtstoffe in leuchtenden Farben passen hier gut.

Zu Gruppen arrangierte Kissen können ein einfarbiges Sofa beleben oder das Bett zur Sitzlandschaft machen.

LICHTVERHÄLTNISSE

Jeder Architekt berücksichtigt die Regel, dass Wohn- und Essräume dorthin gehören, wo möglichst viel Licht einfällt. Morgensonne im Schlafzimmer gibt einen positiven Energieschub und auf einer nach Westen ausgerichteten Terrasse klingt der Tag angenehm aus.

In Arbeitsräumen sollte der Kontrast zwischen dem Computerbildschirm und der Umgebung nicht zu stark sein, damit das Auge nicht ermüdet.

Für die richtige Beleuchtung sorgen

Dass Wohn- und Esszimmer auf die Südseite gehören, das Schlafzimmer nach Osten ausgerichtet sein sollte und ein Süd- oder Westbalkon dem Nordbalkon vorzuziehen ist, leuchtet ein – doch häufig ist diese Idealaufteilung der eigenen vier Wände nicht gegeben. Um eine dunkle (oder auch sehr helle) Wohnung dennoch ansprechend und stimmungsvoll zu gestalten, gibt es hilfreiche Kunstgriffe:

- Ein **dunkler und fensterloser Flur**, von dem die Wohnräume abgehen, prägt oft den Ersteindruck von Haus oder Wohnung. Um einen solchen Flur aus seinem Mauerblümchendasein zu befreien, sollte man ihn gleichmäßig ausleuchten, bespielsweise durch **Deckenspots**, die man auf der ganzen Fläche verteilt.
- Gelangt das natürliche Sonnenlicht nur in den fensternahen Teil eines Raumes, kann man es **durch Spiegel einfangen und gezielt lenken**. Getreu der Regel „Einfallswinkel gleich Ausfallswinkel" erreicht das Licht auf diese Weise auch dunkle Ecken und Bereiche.
- Helle oder **gut ausgeleuchtete Wände** rufen den Eindruck von Weite hervor, weil sie das Sonnenlicht zu reflektieren scheinen. Eine derartige Wand lässt den Raum größer und freundlicher wirken.
- **Dunkle Wände** absorbieren Licht und rücken damit optisch näher an den Betrachter heran – ein Trick, den man sich bei lang gestreckten Räumen zunutze machen kann.
- Den Fernseher so aufstellen, dass **keine Lichtreflexe** auf ihn fallen.
- Wer Fensterbänke und Terrassen durch Hölzer oder Farben optisch als **Fortsetzung der Inneneinrichtung** gestaltet, erweitert den Raum auf geschickte Weise, denn das natürliche Licht erzeugt dann innen wie außen gleiche Farben.

Sonnen- und Blendschutz

So angenehm helle, sonnendurchflutete Räume wirken, so störend kann ein starker Sonneneinfall im Hochsommer sein.

- Ein Sonnenschutz gehört außen vor das Fenster – nur dort kann ein **Rollladen** oder eine **Jalousie** das Sonnenlicht wirksam reflektieren.
- Verstellbare **Lamellen** lenken das Licht gezielt nach oben oder nach unten und regulieren so den Lichteinfall.
- Ebenso wichtig ist der **Blendschutz**, der die direkte Bestrahlung mit Sonnenlicht verhindert. Er ist innen am Fenster angebracht und sollte leicht verstellbar sein.
- **Flächenvorhänge** dämpfen direktes Licht und lassen dennoch Helligkeit herein. So bleiben alle Plätze im Wohnzimmer blendfrei.

LÜFTEN UND HEIZEN

Wer richtig heizt und lüftet, spart Energie und schafft ein gesundes Wohnklima, in dem sich der gefürchtete Schimmel gar nicht erst bilden kann. Die Wohnraumtemperatur, bei der sich die meisten Menschen wohlfühlen, liegt in der Regel zwischen 18 und 22 °C.

Wer regelmäßig lüftet, sorgt auch für die richtige Luftfeuchtigkeit – 50 % relative Feuchte sind ein guter Wert.

Vernünftig heizen

- Für das **Schlafzimmer** reicht eine Temperatur von 15 °C in der Regel aus.
- Im **Bad** sollte es zumindest morgens und abends angenehm warm sein: Wer aus der Badewanne oder Dusche kommt, empfindet Temperaturen um 18 °C als kühl.
- Auf keinen Fall sollte man die **Räume zu stark auskühlen lassen**: Der Bedarf an Heizenergie, um kalte Wände wieder anzuwärmen, ist vergleichsweise hoch.
- Eine **Fußbodenheizung** ist ökonomisch durchaus sinnvoll, erzeugt aber nicht unbedingt eine wohlige Wärme. Das sollte man vor einer entsprechenden Entscheidung bedenken.
- Um Energie zu sparen, **Türen geschlossen halten**, die Räume unterschiedlicher Temperatur verbinden.

Richtig lüften

- Hat eine Wohnung Fenster, die sich gegenüberliegen, sorgt der **Durchzug** für einen schnellen Luftaustausch.
- **Stoßlüften** heißt die Empfehlung aller Experten. Hierbei werden die Fenster dreimal am Tag etwa 3–10 Minuten lang weit geöffnet. Dies reicht für einen weitgehenden Luftaustausch, ohne dass die Wohnung zu stark auskühlt.
- **Dauerlüften** empfiehlt sich nur in der warmen Jahreszeit. Bei Heuschnupfen sollte man auch im Sommer den schnellen, punktuellen Luftaustausch bevorzugen.

Schimmelbildung verhindern

Zu feuchte Raumluft ist der beste Nährboden für Schimmel. In Wohnräumen findet man den Schimmelpilz am häufigsten in Holz, Pappe, Teppichböden, Tapeten, Putz oder im Mauerwerk. Ursache für Schimmelbefall ist meist falsches Lüften:

- Entsteht beim Kochen oder Baden **Wasserdampf**, sollte man sofort stoßlüften oder in der Küche den Abzug einschalten, um den Dampf nach draußen zu tansportieren. Die **Türen geschlossen halten**, damit sich die feuchte Luft nicht in den übrigen Räumen verteilt.
- Wer **Wäsche** in der Wohnung trocknet, sollte die Feuchtigkeit durch häufiges Lüften nach draußen abführen.
- **Große Schränke** möglichst in 2–4 cm Abstand zu den Außenwänden aufstellen. Sonst kann sich dahinter leicht und vor allem unbemerkt Schimmel bilden.
- Ganz besonders wichtig ist das regelmäßige Lüften bei **neuen Isolierglasfenstern** – diese sind so dicht, dass kaum noch Frischluft durch Rahmen und Fenster in die Wohnung kommt.

Polstermöbel kaufen

Nur allzu oft gibt das Design bei der Auswahl der Polstermöbel den Ausschlag. Über der zweifellos wichtigen Optik sollte man jedoch nicht vergessen, dass sich die eigentlichen Qualitäten eines Polstermöbels unter dem Bezug verbergen!

Kriterien für die richtige Auswahl

- Da Sessel oder Sofa Tag für Tag beansprucht werden, sollte man darauf achten, dass sie **strapazierfähig** sind – sowohl in der Bauart als auch in Material und Farbe des Bezugs.
- Bei Modellen in hellen Farben auf **abnehmbare Bezüge** achten, die man waschen oder reinigen kann.

- Moderne Möbelstoffe verfügen oft über eine wasser- und schmutzabweisende **Teflonausrüstung**, die dafür sorgt, dass das Möbelstück über lange Zeit wie neu aussieht.
- Um ein **Ausbleichen** des Bezugsstoffs zu verhindern, sollte man Sessel oder Sofa nicht der prallen Sonne aussetzen.
- Wer Hunde hat, die auf dem Sofa sitzen dürfen, sollte über ein pflegeleichtes **Ledersofa** nachdenken.
- Hochwertige Polstermöbel gibt es, wie Matratzen auch, in **verschiedenen Härtegraden** zu kaufen. Um in den Genuss eines optimalen Sitzkomforts zu kommen, sollten schwerere Menschen eine härtere Polsterung bevorzugen.
- Auch die **Höhe von Sitz und Rückenlehne** sollte bei der Kaufentscheidung eine Rolle spielen. Älteren Leuten fällt das Aufstehen aus höheren Sitzmöbeln wesentlich leichter als aus tiefen Bodencouchs.
- Sessel mit mechanischer oder elektromotorischer **Aufstehfunktion** unterstützen das Aufstehen durch körpergerechtes Heben und Neigen der Sitzfläche.
- Auf jeden Fall sollte man sich **für den Kauf genügend Zeit nehmen** – schließlich müssen ja Sofa oder Sessel auch nach einem langen Fernsehabend noch bequem sein.

Beim Kauf von Polstermöbeln, die einem im Möbelhaus gut gefallen, sollte man sich ganz bewusst die Frage stellen, ob sie in Farbe und Form wirklich zur eigenen Einrichtung passen.

Gut zu wissen

Moderne Polstermöbel

Heute bestehen Sessel oder Sofas aus einem Grundrahmen, mehrschichtigen Federkern- oder Schaumstoffaufbauten und einer weichen Polsterauflage. Wichtig für die Qualität sind auch Details wie die Kantenverarbeitung oder ob Schonschichten zwischen Polsterung und Bezug eingenäht wurden. Denn liegt der Bezugsstoff direkt auf dem Schaumstoff auf, so wird er in kurzer Zeit durchgescheuert.

Schönheits-reparaturen

Wenn eine Wohnung trotz sorgsamer Pflege in die Jahre gekommen ist und nicht mehr ganz dem Zeitgeist enspricht, muss man nicht gleich einen Innenarchitekten engagieren: Meist kann man schon mit wenig Aufwand viel bewirken.

Aus Alt mach Neu

- Oft sind es nur kleine Details, die das Ambiente unmodern erscheinen lassen: So trüben kaputte oder altmodische Steckdosen und Lichtschalterabdeckungen die Freude an jeder Wohnung. Im Fachhandel findet man Ersatz für sie, und dies zu bezahlbaren Preisen. Am besten tauscht man alle Abdeckungen auf einmal aus.
- Stört die Optik der Türen, muss man sie nicht gleich streichen oder austauschen, wenn sie insgesamt noch gut in Schuss sind: Oft reicht es schon, die Türgriffe und/oder -beschläge zu ersetzen und so für ein zeitgemäßes Erscheinungsbild zu sorgen.

Problemfall Boden

- Oft ist es der Bodenbelag, der den Raumeindruck schmälert. Wer nicht gleich den Teppichboden oder das Parkett erneuern will, sollte zumindest für saubere Abschlüsse sorgen und gegebenenfalls die Teppich- oder Sockelleisten austauschen lassen.
- Weist der Boden Flecken auf, macht man aus der Not eine Tugend und kaschiert sie mit schönen Truhen, großen Pflanzen oder einer dekorativen Bodenvase.
- Auf einen angejahrten Teppichboden kann man auch einen farbenfrohen Läufer legen, der das Auge von etwaigen Schadstellen ablenkt.
- Unansehnliche Balkonbeläge lassen sich unter schnell zu verlegenden hölzernen Bodenplatten aus dem Baumarkt verstecken. Denselben Zweck erfüllt auch ein grüner Kunstrasen – mit fröhlich-bunten Balkonmöbeln kombiniert, wirkt er alles andere als spießig!

Schönheitskur fürs Bad

- Mit altmodischen Badarmaturen muss man nicht leben: Moderne Wasserhähne und Duschköpfe kann man in jedem Baumarkt erstehen. Sie sind in allen Preisklassen zu haben und der Austausch erfordert keinen Fachmann.
- Ein neuer Spiegel mit integrierter indirekter Beleuchtung über dem Waschbecken sorgt im Handumdrehen für frischen Wind im Bad.
- Oft bevölkern zahlreiche Tuben und Flaschen mit Duschgel, Haarwaschmittel und Badezusätzen den Badewannenrand. Ein schönes Badregal, in dem diese verschwinden, ein Weidenkorb oder ein Holzzuber machen Schluss mit dem Durcheinander.
- Schneller als die Farbe der Fliesen lässt sich die der Accessoires verändern: Ein neuer Badezimmerteppich, dazu passende Handtücher und ein neuer Duschvorhang geben dem Bad ein ganz neues Flair.

Dekoration statt Farbe

- Wer weder die Zeit noch die Möglichkeit hat, einem Zimmer einen neuen Farbanstrich zu geben, kann den Raum auch mit anderen Mitteln gestalten: Schnell angebracht ist beispielsweise eine Fototapete, die lediglich eine Wand (oder einen Teil davon) neu in Szene setzt.
- Großer Beliebtheit erfreuen sich Wandtattoos, die geschickt von einem nicht mehr ganz frischen Wandanstrich ablenken und einfach anzubringen sind. Es gibt sie in allen möglichen Farben und Designs, die von Blumenmustern bis hin zu Sprüchen und Zitaten reichen.

- Vergleichsweise rasch montiert ist auch eine Heizkörperverkleidung, die dem Raum ein völlig neues Ambiente verleiht und altmodische Heizkörper verbirgt. Zur Auswahl stehen unterschiedlichste Dekore und Materialien.

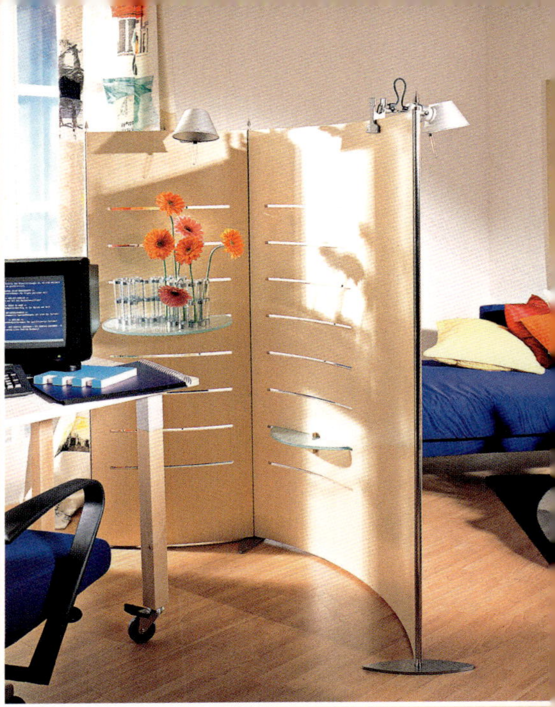

Dem Blick entzogen

- Auch in der aufgeräumtesten Wohnung gibt es Bereiche, die den Blicken der Besucher entzogen werden sollen: Hier ist ein attraktiver Paravent ein bewährter Helfer in der Not.
- Der Inhalt eines offenen, übervollen Regals verschwindet hinter dekorativen Rollos aus Holz, Stoff oder Metall. Sie sind im Baumarkt günstig erhältlich und einfach zu montieren.
- Eine offene Küche hat zweifellos viele Vorteile – einen rundum erfreulichen Anblick bietet sie jedoch nur in aufgeräumtem Zustand. Will man sie ab und zu dem Blick entziehen, bietet sich auch hier ein Rollo an.

Sammlerstücke präsentieren

Meißner Porzellan, Münzen oder Siegerpokale – fast jeder hat eine Sammlung von Dingen, die ihm am Herzen liegen. Vitrinen, Setzkästen und die passende Beleuchtung sorgen dafür, dass aus ihnen attraktive Schaustücke werden.

Eine geschmackvolle Vitrine erregt Bewunderung und wird rasch zum Glanzpunkt im Wohnzimmer.

Setzkästen

Viele Sammler haben bereits als Kind begonnen, sich für bestimmte Gegenstände zu interessieren – mit Comicfiguren oder Autos bestückte Setzkästen findet man in vielen Kinder- und Jugendzimmern. Auch Erwachsene präsentieren solche Dinge gern offen in Setzkästen:

- Mit etwas Glück findet man auf dem Flohmarkt vielleicht noch einen **originalen Setzkasten** – er wurde ursprünglich in Druckereien zur Aufbewahrung von Lettern benutzt. Ansonsten gibt es natürlich auch **Nachbauten** in allen möglichen Größen und mit verschieden großen Fächern.
- Die Präsentation im Setzkasten hat allerdings einen Nachteil: Da die Gegenstände offen in den Fächern liegen, **verstauben sie leicht**. Dies macht Arbeit und kann den ausgestellten Objekten sogar schaden.

Die Präsentation hinter Glas

Wertvolle Sammlerstücke werden hinter Glas präsentiert. In früheren Zeiten gab es dafür fast in jedem Wohnzimmer eine Vitrine, in der edle Kristallvasen, Bronzefiguren, Münzen oder Zinnfiguren optimal zur Geltung kamen.

Spartipp

Vitrinen kann man gut aus zweiter Hand kaufen – da sie früher zur Einrichtung gehörten, findet man noch immer schöne Stücke auf dem Flohmarkt.

- Auch in Vitrinen dringt Staub. Damit dies nicht zu schnell geschieht, ist eine **gute Verglasung** das A und O einer hochwertigen Vitrine. Darüber hinaus muss das Glas der Vitrine natürlich regelmäßig geputzt werden.
- Um ihre Wirkung nicht zu verlieren, sollten die ausgestellten Schaustücke regelmäßig entstaubt werden. Handelt es sich um kleine Gegenstände, verwendet man hierfür am besten einen **Staubpinsel**.
- Kostbare Einzelstücke können auch in eigenen **Klein- oder Tischvitrinen** präsentiert werden. Diese kann man, auf die Größe des Schaustücks abgestimmt, anfertigen lassen.

Beleuchtung

- Eine passende **Vitrinenbeleuchtung** rückt die präsentierten Objekte ins rechte Licht. Besondere Stücke setzt man zusätzlich mit einem kleinen **Halogenspot** in Szene.
- Unschön wirkt eine Beleuchtung direkt von oben – ideal ist dagegen ein **Lichteinfallswinkel von 60°**. Bei flacheren Winkeln können störende Lichtreflexe auftreten.
- Bevor man die Beleuchtung auswählt, sollte man unbedingt prüfen, ob die Schaustücke das Licht auch vertragen oder dadurch **Schaden nehmen** können.

Schlafzimmer

Will man ein neues Bett anschaffen, ist es wichtig, die einzelnen Bestandteile wie Bettgestell, Lattenrost, Matratze, Bettdecke und Kopfkissen optimal aufeinander abzustimmen. Bei der Auswahl sollte man sich Zeit nehmen und auf jeden Fall Probe liegen.

Das Bettgestell auswählen

- Das traditionelle Bett aus **Massivholz** ist robust und vermittelt Behaglichkeit. Geeignet sind weiche (Fichte und Kiefer) wie auch harte Holzarten (Buche, Kirsche, Erle).
- Aus **Spanplatten** gefertigte Betten sind zwar relativ günstig, aber meist nicht sehr stabil. Außerdem enthalten sie oft Leim, der mit Schadstoffen belastet sein kann.
- Bei **Rattan- und Polsterbetten** sollte man darauf achten, dass sich unter Geflecht oder Polstern keine Spanplatten verbergen. Die Polster sollten immer abnehmbar und waschbar sein.
- **Metallbetten** kommen derzeit wieder in Mode. Ihre Lebensdauer sowie die Formstabilität sind in jedem Fall höher als die von Holzbetten.

Rund um den Lattenrost

- Die billigste Variante ist der **Rollrost**. Er besteht aus Holzlatten, die durch ein Kunststoffband verbunden sind.
- Die Preise von **starren Lattenrosten** variieren stark, und zwar abhängig davon, ob bestimmte Zonen des Rostes verstärkt sind oder nicht. Bei vielen Modellen kann die Liegehärte individuell angepasst werden.
- In Bezug auf die Qualität ist auf die **Anzahl der Federholzleisten** im Rahmen zu achten.
- Bei **verstellbaren Lattenrosten** sind Kopf- und Fußbereich höhenverstellbar – vorteilhaft, wenn man im Bett lesen oder fernsehen will.
- Sehr empfehlenswert ist ein **motorgetriebener Lattenrost**, da der Rost mithilfe einer Fernbedienung ohne Kraftaufwand verstellt werden kann.

Lässt sich das Kopfteil verstellen, steht einem Frühstück im Bett nichts entgegen!

Gut zu wissen

Das Himmelbett

Viele Menschen träumen von einem Himmelbett. Früher war es nicht nur ein Symbol für Reichtum und Adel, sondern bot vor allem eine gewisse Privatsphäre. Nicht selten lebten nämlich in einem Haushalt viele Menschen in ein und demselben Raum. Dicke Brokatvorhänge sind mittlerweile aus der Mode gekommen, dennoch vermittelt ein Himmelbett auch heute noch Geborgenheit und Sicherheit.

Ein Moskitonetz schützt während der warmen Jahreszeit vor Mückenstichen. Ein paar künstliche Blumen am Netz sorgen schon im Frühling für eine beschwingte Stimmung.

Auswahl der Matratze

- **Kaltschaummatratzen** sorgen für ein gesundes Schlafklima. Da sie sehr weich sind, können sie jedoch zu Rückenproblemen führen.
- **Gelmatratzen** zählen zu den neuesten Entwicklungen auf dem Matratzenmarkt und erinnern in puncto Schlafkomfort an das Wasserbett, sind aber leichter zu pflegen.
- **Latexmatratzen** passen sich dem Körper und der Schlafposition perfekt an, daher bieten sie einen hohen Schlafkomfort. Außerdem sind sie völlig frei von störenden Geräuschen.
- **Federkernmatratzen** erfreuen sich aufgrund ihrer Langlebigkeit großer Beliebtheit. Die Luftzirkulation ist durch die Hohlräume zwischen den Federn immer gewährleistet. Je höher die Qualität, desto besser der Schlafkomfort. Den höchsten Komfort bieten **Taschenfederkernmatratzen**, da sie eine hohe Punktelastizität bieten: Jede Feder ist in eine eigene Tasche eingenäht und kann sich unabhängig von den umliegenden Federn bewegen.

Bettdecken und -laken

- **Feder- und Daunenbetten** sind warm, weich und feuchtigkeitsdurchlässig.
- **Schaf- und Alpakawolle** sowie **Kamelhaar** sorgen für trockene Wärme und sind für Rheumatiker ideal.
- **Baumwolle** nimmt Feuchtigkeit auf, wärmt aber weniger stark. Dieser Stoff ist, wie auch Leinen und Wildseide, besonders geeignet für sommerliche Temperaturen.
- **Chemiefaser** ist insbesondere für Allergiker empfehlenswert. Decken aus diesem Material nehmen keine Feuchtigkeit auf, sondern geben diese und die überschüssige Körperwärme an die Luft ab.
- **Bettlaken** bestehen aus unterschiedlichsten Materialien wie Frottee, Biber oder Leinen. Während Biber im Winter wärmt, ist ein Leinenlaken im Sommer das Tuch der Wahl.
- Besonders einfach lassen sich **Spannbetttücher** aufziehen: Dank ihres Gummizugs sind sie stets knitterfrei gespannt.

Für jeden das richtige Kopfkissen

- In jedem Fall das Kissen **passend zur Schlafstellung** wählen: Das Kopfkissen eines Seitenschläfers sollte dicker sein als das eines Rückenschläfers, da es den Kopf abstützen muss. Alternativ gibt es im Fachhandel auch spezielle Seitenschläferkissen.
- Bei **Nackenproblemen** sollte man zu einem kleineren Kissen greifen, das 80 cm breit, aber nur 40 cm lang ist. Größere Kissen, die man sich abends zurechtlegt, verlieren nachts in der Regel die gewünschte Form. Das Ergebnis sind Nacken- und sogar Rückenschmerzen am Morgen.
- Bei Nackenschmerzen, die trotz des speziell ausgewählten Kissens nicht verschwinden, sollte man unbedingt einen **Arzt konsultieren**. Ursachen von Nackenproblemen können sowohl eine schwache Muskulatur sein, die man durch sportliche Aktivitäten stärken kann, als auch gravierende Wirbelsäulenprobleme, die in Behandlung gehören.

Schonen und Schützen

Damit die Freude an neuen Einrichtungsgegenständen oder dem frisch abgezogenen Parkett nicht gleich durch Flecken oder Kratzer getrübt wird, stehen verschiedene Hilfsmittel wie Hussen, Lehnenschoner, Überwürfe oder Möbelgleiter zur Verfügung.

Sind Flecken im Polsterstoff nicht mehr zu entfernen, bieten sich maßgeschneiderte, elegante Hussen an, die man farblich auf die Einrichtung abstimmt.

Sitzmöbel

- **Hussen** verlängern die Lebensdauer eines Polstermöbels. Hierbei handelt es sich um maßgeschneiderte oder auch lose drapierte Überzüge, mit denen man neue Sitzmöbel schonen kann – insbesondere wenn kleine Kinder und Vierbeiner darauf herumtoben. Ist die Husse verschmutzt, wird sie einfach abgenommen und gewaschen.
- Hussen können auch **Dekorationszwecken** dienen: Aus edlen Stoffen gefertigt, verleihen sie einer Sitzgruppe Glanz und kaschieren unterschiedliche Stühle.
- Die Armlehnen wetzen sich beim Sessel oder Sofa meist am schnellsten ab: Ein **Lehnenschoner** schützt vor Abnutzung und Schweiß.
- Auch eine **dekorative Decke**, die über die Sitzfläche eines Sessels oder Sofas drapiert wird, schont die Polstermöbel.
- Ein **Überwurf**, der das gesamte Sofa bedeckt, kaschiert ältere oder aus der Mode gekommene Möbel und verleiht dem Wohnraum gleichzeitig ein neues Ambiente.
- Abnehmbare Bezüge kann man auch **neu einfärben**.

Boden

Ein neuer Boden ist eine Freude für das Auge. Gebrauchsspuren lassen sich nicht verhindern, wohl aber hinausschieben.

- Unter Tischen und Stühlen auf jeden Fall **Filzgleiter** anbringen. Selbstklebende Filzgleiter lösen sich manchmal ab und hinterlassen dann hässliche Klebstoffflecken. Es gibt im Fachhandel auch Filzgleiter zum Schrauben, die meist länger halten.
- Die **Rollen** eines Schreibtischstuhls sollten auf jeden Fall auf den Boden abgestimmt werden. Zusätzlich legt man eine **Schutzmatte** unter den Stuhl, denn auch parkettgeeignete Rollen wetzen den Boden ab.
- Damit weder Sand noch Steinchen in die Wohnung gelangen, kann man ein **Straßenschuhverbot** aussprechen. Mit schönen Besucherpantoffeln oder warmen Wollsocken lässt sich das Schuhverbot versüßen.

Wer seine Gäste bittet, in der Wohnung die Straßenschuhe auszuziehen, sollte passende Gästehausschuhe bereithalten.

Sicher und bequem wohnen

Wer bei der Einrichtung von Haus oder Wohnung einige Grundsätze berücksichtigt oder entsprechende Umbaumaßnahmen durchführen lässt, verschafft sich mehr Lebensqualität, vermeidet Unfälle und geht Gefahrensituationen gezielt aus dem Weg.

> **Gut zu wissen**
>
> Stolperfallen aufspüren
>
> *Stürze ereignen sich meist in den eigenen vier Wänden. Daher sollte man die Wohnung gründlich auf Gefahrenquellen hin überprüfen: Gibt es Hindernisse wie erhöhte Türschwellen? Kann man über Kabel stolpern? Gibt es im Wohnbereich Teppiche oder Läufer, die zur Stolperfalle werden können? Ist die Beleuchtung in den einzelnen Räumen ausreichend?*

Nützliche Hilfsmittel

- In die unmittelbare Nähe der Wohnungstür gehört ein **Lichtschalter**, damit man nicht im Dunkeln durch die Wohnung laufen muss. Sollte dieser fehlen, können Lampen auch per Bewegungsmelder oder über ein Funksteckdosensystem mit Fernbedienung eingeschaltet werden.
- Lichtschalter und Steckdosen in einer **Kontrastfarbe** zur Tapete sind immer gut zu sehen.
- Ein kleines **Nachtlicht**, das den Weg zur Toilette markiert, gibt Sicherheit in der Dunkelheit.
- Bei Ganzglastüren ist **bruchsicheres Glas** wichtig, um bei einem Aufprall Schlimmeres zu verhindern. In jedem Fall sollte man das Glas kenntlich machen, etwa mithilfe von dekorativen Folien oder Motiven zum Aufkleben.
- **Schallmindernde Maßnahmen** wie beispielsweise schallschluckende Vorhänge oder Fußböden machen die Verständigung im Raum einfacher.
- Alle **Bodenbeläge sollten antistatisch sein**, um elektrostatische Entladungen beim Anfassen von Türklinken oder Wasserhähnen zu vermeiden.
- **Stühle mit Armlehnen** am Esstisch erleichtern das Aufstehen deutlich.
- Wenn Sofa und Sessel eine entsprechend **hohe Sitzfläche** haben, fallen das Hinsetzen und Aufstehen leichter. Das Gleiche gilt auch für das Bett.
- Eine **Ablage für Schlüssel und Handy** gehört neben die Wohnungstür, aber so, dass sie von außen nicht zu sehen ist. Mit ihrer Hilfe vergisst man diese wichtigen Dinge nicht so leicht.
- **Elektrische Jalousien** und **automatische Rollläden**, die zu einer bestimmten Zeit auf- und zugehen, gestalten das Alltagsleben wesentlich komfortabler.

Im Bereich von Treppen ist ein stabiler Handlauf Pflicht – richtig ausgewählt, kann er sogar positiv zur Gestaltung beitragen.

Bad und Küche

- **Wasserfeste Spezialaufkleber** in Bade- oder Duschwanne bieten größere Rutschsicherheit als eine Badematte.
- Ein **Dusch- oder Badewannensitz** ist nicht nur im Alter eine große Hilfe, er erleichtert auch das Säubern von kleinen Kindern.
- **Fest montierte Haltegriffe** an der Badewanne helfen beim Ein- und Aussteigen.
- Eine sichere, problemlos bedienbare Armatur hat einen **Einhebelmischer** für die leichte Regelung der Wassertemperatur und einen **Verbrühschutz**.
- Ein **höhenverstellbares Waschbecken** vereint die Bedürfnisse von Groß und Klein.
- Um in der Küche die Oberschränke gefahrlos erreichen zu können, bieten sich **platzsparende Trittleitern** zum Zusammenklappen an, die sich elegant in einer Sockelschublade verstecken lassen.

Balkon

- Sollte sich die **Balkonschwelle** nicht durch den Einbau einer anderen Tür beseitigen lassen, hilft es meist, das Niveau des Balkonfußbodens durch eine Holzkonstruktion ein wenig zu erhöhen. Achtung: Die Brüstungshöhe muss weiterhin den Vorschriften entsprechen.
- Ist die **Balkonbrüstung** ab einer Höhe von 60 cm transparent, kann man auch im Sitzen gut vom Balkon schauen. Das vermindert auch den Drang kleiner Kinder, die Brüstung zu erklimmen.
- Bringt man einen **Windschutz** an, kann man den Balkon auch an kühleren Tagen genießen.

Garten und Eingang

- Stufen im Garten lassen sich durch **Rampen** ersetzen, die leichter zu begehen und im Sommer wie im Winter einfacher zu reinigen sind.
- Den Eingangsbereich und alle Stufen im Garten **blendfrei ausleuchten**, um ein Stolpern in der Dunkelheit zu vermeiden.
- Haus- und Gartenleuchten sollten mit **Bewegungsmeldern** ausgestattet werden. Sobald sich jemand nähert – ganz gleich, ob gebetener oder ungebetener Besuch –, wird das Hausumfeld hell erleuchtet.
- Ein bodengleicher und **rutschsicherer Fußabstreifer** sorgt für zusätzliche Sicherheit im Eingangsbereich.
- Eine leicht erreichbare Klingel und ein **beleuchtetes Klingelschild** mit gut lesbarem Namen erleichtern es dem Besuch, die richtige Wohnung zu finden.
- Eine von der Straße aus **gut erkennbare Hausnummer** und ein sichtbar angebrachter, großer Briefkasten erfreuen nicht nur den Zeitungs- oder Postboten.
- Ein Wetterschutz wie ein **Windfang** oder ein **Vordach** wird bei schlechtem Wetter von Bewohnern wie Besuchern mit Erleichterung und Dankbarkeit quittiert.

Im Alter oder für körperbehinderte Menschen ist eine ebenerdige Dusche ideal – man kann bequem hineingelangen und kommt ohne fremde Hilfe zurecht.

Stauräume schaffen

Wenn Schränke und Bücherregale überquellen und der Computer offen im Wohnzimmer steht, ist es Zeit, neue Stauräume zu schaffen. In jeder Wohnung gibt es noch leere Ecken und Nischen, die sich hierfür geschickt einsetzen lassen.

Unter einem Hochbett findet man jede Menge Platz, der sich für Schränke und Regale nutzen lässt.

Zusätzliche Schränke und Regale

- In einen Raum, der groß genug ist, kann man mithilfe von Gipskartonplatten und etwas Geschick eine zusätzliche Wand einziehen: So entsteht eine **Abstellkammer** oder auch ein **begehbarer Kleiderschrank**. Die Konstruktion sollte jedoch so gestaltet werden, dass sie beim Auszug leicht demontierbar ist.
- Auch **Nischen** lassen sich zum Kleiderschrank umfunktionieren, indem man eine Kleiderstange montiert. Der Abstand zwischen Kleiderstange und rückwärtiger Wand muss dabei einem halben Kleiderbügel entsprechen. Ist kein Platz für eine Tür, bringt man ein Rollo an.
- Unter **Dachschrägen** oder schrägen Treppenaufgängen kann man durch individuelle Lösungen zusätzlichen Stauraum schaffen. Praktisch etwa ist ein **herausfahrbarer Schrank** auf Rollen.
- Auch **Fenster**, die keine schöne Aussicht bieten, oder **Türen**, die nie geöffnet werden, lassen sich durch Einlegeböden aus Glas oder Holz zu Regalen umfunktionieren, die man mit attraktiven Ziergegenständen bestückt.

Stauraum im Schlafzimmer

- Zu den beliebtesten Stauräumen zählt der **Platz unter dem Bett**. In einem Bettkasten, in Kisten oder stabilen Kartons können hier z. B. überzählige Decken und Kissen für Gäste untergebracht werden. Besonders komfortabel ist diese Lösung, wenn die Kisten auf Rollen laufen und an ihrer Frontseite Griffe oder Schlaufen angebracht sind.
- **Wandborde über dem Bett** schaffen neue Abstellflächen. Möchte man hier wichtige, aber unansehnliche Dinge unterbringen, schafft man sich dekorative Boxen an.
- Ist das Schlafzimmer groß, kann man auch über den **Einbau eines Podests** für das Bett nachdenken, unter dem besonders viel Stauraum entsteht.

Flure und Korridore nutzen

Flure und Korridore nehmen oft viel Platz in der Wohnung ein, werden aber viel zu wenig als Stauraum eingesetzt.

- Individuell angepasste **Regale nach Maß** nutzen hier jede Ecke und jeden Winkel. Eine solche Lösung muss nicht teuer sein: Im Baumarkt gibt es günstige und sehr flexible Regalsysteme, mit denen sich fast jeder Einrichtungswunsch erfüllen lässt.
- **Über der Eingangstür** kann man bei genügend Raumhöhe ein Brett montieren lassen, auf dem Koffer, Reisetaschen und andere sperrige Gegenstände Platz finden.

Durch einen Rollcontainer, Regalbretter und eine Platte nach Maß entsteht in der Nische ein praktischer Arbeitsplatz.

Ein **Vorhang** oder ein **Rollo** verbirgt diese Dinge vor neugierigen Blicken. Versieht man das Brett zusätzlich mit nach unten strahlenden Halogenspots, entsteht im Eingangsbereich eine anheimelnde **Lichtinsel**.

- Unter der Treppenschräge im Flur ist oftmals ausreichend Platz für ein kleines, aber feines **Minibüro**. Ein maßgenau eingepasster Schreibtisch und ein bis zwei Borde nutzen den toten Raum ideal aus.

Stauraum in Küche und Esszimmer

Hat die Küche eine wohnliche Atmosphäre, entwickelt sie sich schnell zum Dreh- und Angelpunkt der ganzen Wohnung. Umso wichtiger ist es, dass genügend Stauraum dabei hilft, in diesem Bereich Ordnung zu halten.

- In **tiefen Küchenunterschränken** lassen sich auch größere Gerätschaften wie Töpfe, Pfannen und Elekrohaushaltsgeräte griffbereit aufbewahren.
- **Oberschränke** ruhig in entsprechender Höhe wählen – in den obersten Fächern, die man nur mithilfe einer Trittleiter erreicht, werden selten benutzte Utensilien wie der Fonduetopf oder das Raclettegerät untergebracht.
- **Hochschränke** mit Apothekerauszügen oder Jalousien, die von zwei Seiten zugänglich sind, sind besonders flexibel und wahre Raumwunder.
- **Eckschränke** mit einem drehbaren Rondell nutzen den vorhandenen Platz optimal aus.
- **Nischen** können für den Abfallbehälter oder für eine Küchentuchstange genutzt werden.

Mehr Platz im Kinderzimmer

Kinderzimmer müssen in Sachen Stauraum oft Wunder vollbringen, da sie dem Nachwuchs gleichzeitig als Spiel-, Lern- und Schlafraum dienen. Im Lauf der Jahre sammelt sich eine erstaunliche Menge an Spielzeug, Kleidung, Büchern und Bastelmaterial an, die wohlgeordnet untergebracht sein will.

- Bei Platzmangel sollte man überlegen, ob man nicht ein **Hochbett** ins Kinderzimmer stellt – darunter gibt es jede Menge Platz etwa für einen Schreibtisch oder eine gemütliche Sitzecke.
- An einem Deckenhaken kann man eine robuste **Stoffaufbewahrung** oder ein **Netz** befestigen, in der Kuscheltiere, Bälle und anderes Spielzeug untergebracht werden.
- Bunte **Körbe, Boxen und Truhen** helfen beim Aufräumen der Spielsachen am Abend.

Gut zu wissen

Richtig einlagern

Kleidungsstücke packt man am besten in weißes Seidenpapier ein. Eine weitere Schicht aus blauem Seidenpapier schützt weiße Wäsche vor dem Vergilben. Zwischen die Kleidungsstücke gehört ein Lavendelsäckchen oder Mottenpapier. Praktisch zum platzsparenden Einlagern von Kleidung oder Decken sind auch Vakuumbeutel mit Absaugventil: Man legt die Textilien hinein und saugt die Luft mit einem Staubsauger ab. Hüte sind in Hutschachteln am besten aufgehoben und Ledertaschen stopft man mit Seidenpapier aus, damit sie ihre Form nicht verlieren.

Tapeten

Ob man die Wände seiner Wohnräume lieber einfarbig gestaltet oder mit bunten Mustern verziert, ist in erster Linie Geschmackssache. In jedem Fall sollte die Tapete aber zu den Polsterbezügen und dem Stil der Einrichtung passen.

Farblich harmoniert diese Tapete perfekt mit dem Sofa und den Accessoires.

Raumwirkung

Tapeten verändern die Raumwirkung maßgeblich. Sie können Räume gliedern, strukturieren und größer erscheinen lassen:

- **Große Muster** sind meist sehr dominant. In einem großen Raum kann dies edel wirken, in kleinen oder verwinkelten Zimmern fühlt man sich davon aber schnell erdrückt.
- Kleine Räume sollten hell und unifarben oder mit **kleinen Mustern** gestaltet werden. Letzteres gilt auch für Räume, in denen man viel Zeit verbringt.
- Damit eine auffällige Mustertapete optimal zur Geltung kommt, sollte die **Möblierung im Stil passend** und eher zurückhaltend sein.
- Senkrechte **Streifen an der Wand** lassen einen niedrigen Raum höher erscheinen – die Decke bleibt dabei weiß.
- Quer zur Tür verlaufende **Deckenstreifen** verkürzen den Raum optisch. Streifen längs zur Tür verlängern ihn.
- Bevor man tapeziert, kann man den künftigen **Raumeindruck simulieren**, indem man ein großes Stück der gewählten Tapete an die Wand hält.
- Kleine Risse oder Unebenheiten in der Wand lassen sich mit **Strukturtapete** wirksam überdecken.
- Beim Kauf der Tapete unbedingt auf die **Seriennummer** achten, so dass bei einem späteren Nachkauf die gleiche Charge gewählt werden kann.

Qual der Wahl

Welche Tapete die richtige ist, hängt von den persönlichen Vorlieben und vom Geschick des Tapezierers ab:

- **Gemusterte Papiertapeten** sind die Klassiker und in großer Auswahl im Handel erhältlich.

- **Raufaser** ist die Tapete, die noch immer am meisten eingesetzt wird und in unterschiedlicher Körnung zu haben ist. Sie kann nach dem Tapezieren in jeder erdenklichen Farbe überstrichen werden.
- **Vliestapeten** bestehen aus Kunststoff, enthalten jedoch in der Regel keine Schadstoffe. Sie sind sehr einfach zu tapezieren, da man den Kleister direkt auf die Wand aufbringt.
- **Struktur- oder Prägetapeten** sind dagegen schwieriger zu verarbeiten. Sie haben ein Reliefmuster oder sind aufgeschäumt, wodurch sie mitunter an Putz erinnern.
- Mit dem Begriff **Textiltapete** bezeichnet man Tapeten, deren Oberfläche mit einer Textilschicht versehen ist.
- **Kunststofftapeten** sind sehr robust und für Feuchträume oder Keller geeignet. Wichtig ist, dass sie PVC-frei sind.

Tapezieren leicht gemacht

- Alte Tapeten lassen sich besser entfernen, wenn man sie mit einer **Nagelwalze** perforiert und mit Wasser anfeuchtet. Bei Vliestapeten ist dies nicht notwendig: Sie lassen sich problemlos abziehen.
- Vor dem **Befeuchten der Tapete** den Strom über die entsprechenden Sicherungen abschalten – von Steckdosen und Lichtschaltern kann anderenfalls Gefahr ausgehen.
- Bei alten Anstrichen testet man den **Untergrund**, indem man ein Stück Klebeband auf die Wand klebt und mit einem Ruck wieder abreißt: Hält der Anstrich an der Wand, wird auch die Tapete haften.
- **Leimfarbe** muss vor dem Tapezieren abgewaschen werden, **Lack- und Ölfarbe** kann man anschleifen und ablaugen.
- Beim Tapezieren immer **an der Fensterseite beginnen**.
- Damit die Tapete auch haftet, müssen Gipskartonplatten und sandige Putze vor dem Tapezieren **grundiert** werden.
- Die **Ränder und Ecken der Tapetenbahnen** besonders sorgfältig einkleistern.

Bordüren

- Bordüren verleihen einem Raum einen **edlen Rahmen**. Sie eignen sich auch, um **Wände optisch zu teilen** oder Übergänge zwischen zwei verschiedenen Tapeten zu kaschieren.
- Bordüren sind **in verschiedenen Varianten** erhältlich und können in der Regel auf einer Tapete verklebt werden. Eine Ausnahme bilden **strukturierte Oberflächen**, da der Kleber dort keine entsprechende Angriffsfläche findet.
- Das **Anbringen** ist ganz einfach: Die Position der Bordüre wird durch eine **waagrechte Linie** markiert.
- Anschließend die Bordüre **auf Länge zuschneiden** (sicherheitshalber 10 cm dazugeben), einkleistern und den Klebstoff nach Anweisung einwirken lassen.
- Dann legt man die Bordüre an der Markierung an und drückt sie mit einem **Nahtroller** an. Hierbei arbeitet man sich von einer Raumecke zur anderen vor.
- In der Ecke die Bordüre mit einem Lineal andrücken, den **Überstand über das Lineal knicken** und an der Falzkante mit einer Schere oder einem Cuttermesser abschneiden.
- Unter den Rändern der Bordüre hervorquellenden **Kleber sofort entfernen**.
- Bordüren auf keinen Fall **auf frisch tapezierte Wände kleben** – die Wand muss durchgetrocknet sein.
- Die Wand sollte unter der Bordüre dunkler sein als darüber, um eine **großzügige Raumwirkung** zu erzielen.

BORDÜREN SELBST HERSTELLEN

1. Die Ränder des für die Bordüre vorgesehenen Streifens an der Wand mit Malerkrepp markieren.
2. Dann wird der Streifen in einer zur Einrichtung passenden Farbe grundiert. Diese Farbe ist später die Farbe des Hintergrunds.
3. Nun in der Breite der Bordüre eine Plastikfolie zuschneiden.
4. Aus der Folie bestimmte Motive ausschneiden: etwa Wolken für das Kinderzimmer oder einfach geometrische Formen.

5. Die Folie mit Malerband auf der Bordüre fixieren und die ausgeschnittenen Motive mit einem Pinsel austupfen. Achtung: Vorher muss die Grundierung getrocknet sein.

Teppiche und Läufer

Teppiche und Läufer schmücken den Boden, schützen vor Fußkälte und dämpfen den Schall. Da sie von Raum zu Raum unterschiedlichen Belastungen ausgesetzt sind, sollte man vor dem Kauf genau überlegen, welchen Anforderungen der Teppich standhalten muss.

> **Gut zu wissen**
>
> Geprüfte Qualität
>
> *Das „Certificate of Quality" der Europäischen Teppichgemeinschaft informiert vor allem über die Qualität des Materials. Vergeben werden 1–5 Sterne, wobei 5 Sterne die höchste Qualitätsstufe kennzeichnen. Daneben legt man Wert auf Ökologie und Umwelt – so wird vor der Vergabe das Vorhandensein eines aktuellen Umweltlabels vorausgesetzt.*

Qual der Wahl

- Die Auswahl an Teppichen und Läufern ist riesengroß – um hier die richtige Wahl zu treffen, sollte man sich vorab einige **Fragen stellen**: Welchen Nutzen soll der Teppich bringen? Wie ist das Zimmer eingerichtet? Wie sieht der bisherige Boden im Zimmer aus? Welcher Preis kann für den Teppich gezahlt werden?
- Auf einem Belag aus Holz, Laminat oder Stein soll ein Teppich in erster Linie **Akzente setzen**. Daher kommt es hier vorrangig auf das Design an.
- Im Kinderzimmer sollte der Teppich vor allem **pflegeleicht** sein. Besondere Bedeutung kommt hier dem Aspekt der Reinigung zu: Lassen sich Flecken problemlos entfernen?
- Am Arbeitsplatz, wo Bürostühle mit Rollen zum Einsatz kommen, muss der Teppich sehr **strapazierfähig** sein.
- Hilfreich beim Kauf sind verschiedene Zertifikate. Das **Rugmark-Siegel** etwa hat sich die Bekämpfung illegaler Kinderarbeit in den Teppichindustrien Indiens, Pakistans und Nepals zum Ziel gesetzt. Fester Bestandteil der Strategie sind überraschende Inspektionen der Betriebe vor Ort.

Teppicharten

- Strapazierfähige Teppiche zeichnen sich durch kurze, harte Fasern aus. Sie bestehen häufig aus **Kunstfasern** oder weisen zumindest einen hohen Kunstfaseranteil auf.
- Hochwertigere Teppiche aus **Naturfasern** mit hohem Flor sind flauschiger, nehmen jedoch Verschmutzungen leichter an und sind aufwendiger in der Pflege.
- **Schlingenware**, bei der die Florfäden aus Wolle, Synthetik oder Mischgewebe ins Grundgewebe eingenäht sind, ist rustikal und relativ unempfindlich gegen Flecken. Sie eignet sich daher gut für stärker beanspruchte Räume.
- Beim **Velourteppichboden** ist der Schlingenflor aufgeschnitten. Aufgrund ihrer samtweichen Oberfläche empfiehlt sich diese Variante für das Schlafzimmer oder die Wohnräume. Besonders robust ist Velours, bei dem das Garn unter Wärmezufuhr zweifach gezwirnt wurde.

Auf Steinfußböden sorgt ein Teppich für ein wohnliches, anheimelndes Ambiente.

- Beim **Nadelvlies** werden übereinandergeschichtete Faservliese aus Polyamid oder Polypropylen mit einem Träger vernadelt. Diese Bodenbeläge sind äußerst strapazierfähig, durch ihre melierte Musterung unempfindlich gegenüber Schmutz und relativ preisgünstig. Man setzt sie deshalb bevorzugt in Büroräumen ein.

Tipps für Teppiche und Läufer

- Eine gute Idee ist es, stark genutzte und damit fleckanfällige Bereiche der Wohnung mit **Teppichfliesen** auszulegen. So kann man einzelne verschmutzte Platten auswechseln, ohne dass man gleich den gesamten Teppich erneuern muss – ein Trick, der die Lebensdauer des Bodenbelags verlängert und gleichzeitig den Geldbeutel schont.
- Statt Randleisten aus Teppich lassen sich auch **Holzleisten** anbringen. Diese verstauben weniger und sind leichter zu reinigen.
- Nach oben **abstehende Ecken** eines Läufers können zu gefährlichen Stolperfallen werden. Man kann sie leicht beseitigen, indem man sie mit einem Brei aus Speisestärke einstreicht. Nach dem Trocknen bügelt man die Ecken einfach flach (zwischen Bügeleisen und Teppich zum Schutz ein Stück Packpapier legen). Die Reste der Speisestärke mit einer Nagelbürste entfernen.

Gummi-Unterlagen sorgen dafür, dass der Teppichabtreter vor der Haustür nicht verrutscht.

- Ein Läufer sollte ab und zu **um 180° gedreht werden**, um eine einseitige Belastung zu vermeiden.
- Um **Druckspuren** in hochflorigen Teppichen zu vermeiden, ist es ratsam, bewegliche Möbel immer wieder leicht zu verschieben.
- Für die **Reinigung hochfloriger Teppiche** sollte man statt Teppichschaum lieber trockene Teppichreiniger verwenden, da es relativ lange dauern kann, bis ein feuchter Hochflorteppich wieder getrocknet ist.
- In vielen Reinigungen kann man effizient arbeitende **Teppichreinigungsgeräte** ausleihen.
- Will man Teppiche und Läufer **gegen Motten schützen** und unangenehme Gerüche beseitigen, empfiehlt es sich, sie hin und wieder mit Lavendelöl zu besprenkeln.
- Zum **Auffrischen verblasster Farben** wischt man den Teppich mit einer Lösung aus Wasser und Essig ab, die im Verhältnis 10:1 angesetzt wird. Um unangenehme Überraschungen zu vermeiden, sollte man den Teppich zuvor an einer unauffälligen Stelle auf Farbechtheit testen.
- Bei **störenden Flecken**, die beim besten Willen nicht mehr zu entfernen sind, macht man aus der Not eine Tugend und kreiert einen **bunten Teppich**: Mit einem Stanzeisen stanzt man die verschmutzten Stellen aus und wiederholt den Vorgang in regelmäßigen Abständen auf der ganzen Fläche. Aus ausgelaufenen Mustern vom Händler, die preiswert zu haben sind, stanzt man ebenfalls Formen aus, die man nun in die Teppichlöcher einsetzen kann.

EIN SPIELTEPPICH FÜRS KINDERZIMMER

1. Einen kurzflorigen, quadratischen Teppichrest aus dem Teppichgeschäft besorgen und umketteln lassen.
2. Mit Schneiderkreide ein Spielfeld vorzeichnen – etwa für Mensch ärgere Dich nicht, Mühle oder Schach.

3. Die Kreidezeichnung nun mit Stoffmalfarbe auf den Teppich übertragen. Für runde Formen eine Schablone benutzen.
4. Spielfiguren können entweder aus alten Plastikflaschen oder aus Stoff gefertigt werden.

Terrasse und Balkon

Zu klein, zu schmal, zu schattig, zu heiß: Die Größe und Ausrichtung von Balkon oder Terrasse kann man sich meist nicht aussuchen. Doch mit den richtigen Ideen lässt sich jeder Außenbereich perfekt in Szene setzen und zu einer Oase der Erholung machen.

Die passenden Möbel

Bei der Auswahl kommt es zunächst auf die Größe von Balkon oder Terrasse an – der Außenbereich sollte nicht zu vollgestellt werden, damit man ihn gern nutzt und gut sauber halten kann.

- Da viele Balkone sehr klein sind, stehen dort platzsparende Möbel hoch im Kurs: Beliebt sind z. B. **Klapptische**, die man an die Wand montieren kann. Ein schwenkbares Tischbein sorgt hierbei für Stabilität.
- Auf begrenztem Raum unterbringen lassen sich auch **runde oder eckige Hocker** sowie **klappbare Balkonstühle**, die man gut verstauen kann.
- Auf kleinen Balkonen sind **Stühle mit verstellbarer Rückenlehne** praktischer als Sonnenliegen.
- Ganz besonders gefragt sind **Funktionsmöbel**: In wasserdichten Truhen, die man auch als Sitzgelegenheit nutzen kann, verschwinden am Abend Sitzkissen und Polster.
- Ein **Strandkorb** eignet sich für schmale, lang gestreckte Balkone: An der Schmalseite aufgestellt, schafft er eine gemütliche Sitzecke und sorgt gleichzeitig für Windschutz. Mit einer **witterungsbeständigen Schutzhülle** wird der schwere Strandkorb wind- und wetterfest.
- Wer schwere Balkon- und Terrassenmöbel nicht bei jedem Regen ins Haus tragen will, sollte darauf achten, dass sie der **Witterung standhalten**. So gibt es beispielsweise Gartenmöbel aus Kunstfasergeflecht, die in der Optik Rattanmöbeln gleichen. Das Material trotzt Wind, Wetter und UV-Strahlung.
- **Hängematten** oder **Hängestühle** eignen sich eher für größere Balkone – für sie braucht man Platz zum Schwingen und eine feste Aufhängung oder ein Gestell.
- Große Balkone oder Terrassen sind ideal für **Sonnenliegen, Deckchairs** und ganze **Sofalandschaften**.
- Geschickt strukturieren lassen sich große Außenbereiche wie etwa eine Dachterrasse mithilfe von entsprechend bestückten **Pflanzkübeln, Paravents, Hochbeeten** oder verschieden hohen **Podesten**.

Ein Tisch, der sich mit einem Handgriff nach Belieben verkleinern oder vergrößern lässt, ist ideal für Balkon und Terrasse.

Mindestens ebenso schön wie Balkonkästen sind üppig bepflanzte Schalen und Kübel.

Sonnenschutz

Auf fast jedem Balkon und jeder Terrasse braucht man einen Sonnen- und Blendschutz in Form eines Sonnenschirms oder -segels, einer Markise oder eines begrünten Spaliers.

- **Sonnenschirme** sind in vielen Größen, Formen, Mustern und Materialien erhältlich. Wer sich im Herbst auf die Suche nach dem geeigneten Modell begibt, kann durch Rabattaktionen viel Geld sparen.
- Üblicherweise steht der Sonnenschirm in einem **Standfuß**. Für kleine Balkone gibt es allerdings auch platzsparende **Halterungen**, die man an das Geländer schraubt, oder Befestigungen für die Wand oder die Decke.
- **Markisen** sind effektive und dekorative Schattenspender. Die **fest installierte Gestellkonstruktion** kann mit Stoff oder einer Plastikplane bespannt sein und wird mithilfe einer Kurbel oder eines Motors ein- und ausgefahren. Was die Markise so beliebt macht, ist ihre **Flexibilität**: Nach Bedarf und Sonnenstand kann sie ganz oder nur teilweise ausgezogen werden.
- Das **Anbringen einer Markise** ist nicht ganz einfach, da das Gestell in der Regel relativ schwer ist und sicher befestigt werden muss. Im Zweifelsfall überlässt man das lieber einem **Fachmann**.
- **Sonnensegel** bestehen aus einem stabilen und robusten Tuch, das mit Seilen oder Karabinerhaken an bestimmten Punkten befestigt wird. Es gibt sie in standardisierten Formen wie **Dreiecken, Vierecken oder Trapezen**; man kann sie aber auch nach Maß anfertigen lassen.
- Auch Pflanzen lassen sich als **Schattenspender** einsetzen. Geeignet hierfür sind hohe **Kübelpflanzen** wie etwa schnell wachsender Bambus. **Begrünte Spaliere** oder an einer Pergola emporrankende **Kletterpflanzen** bieten ebenfalls Schutz vor der Sonne, wenn man sie an der richtigen Stelle platziert.

Dekoration ist alles

Neben der Möblierung und der richtigen Bepflanzung ist die Dekoration ein wichtiges Element der Balkon- oder Terrassengestaltung. Eine große Rolle spielen dabei die kleinen Accessoires, mit denen sich beispielsweise ein orientalisches oder maritimes Flair schaffen lässt.

- Will man eine mediterrane Stimmung erzeugen, setzt man **Terrakottatöpfe**, antik wirkende **Plastiken** oder schmiedeeiserne Möbel ein.
- Ein mit Seerosen bestückter **Miniteich** oder ein Wasserbecken mit **Schwimmkerzen** sorgt für ein beschwingtes Ambiente.
- An den Orient erinnern **leuchtend bunte Sitzkissen** und Räucherstäbchen.

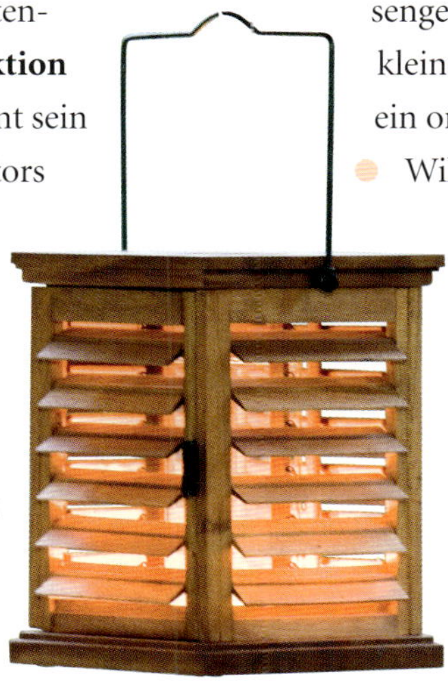

Originelle Accessoires wie dieses Windlicht sorgen für ein individuelles Flair.

Gut zu wissen

Urlaubszeit!

Zum Glück gibt es passende Bewässerungssysteme für Kübelpflanzen. Für kleinere Exemplare empfehlen sich Bewässerungskugeln, mittlere und große versorgt man über poröse Tonkegel, die über einen Schlauch Wasser aus einem Vorratsbehälter ansaugen (ein genügend großer Vorratsbehälter liefert etliche Wochen lang Wasser). Man kann auch mehrere Kegel in einen Topf stecken.

Tisch- und Küchentextilien

In der guten alten Zeit war eine Aussteuertruhe ohne kostbare Tischwäsche, Geschirrtücher und bestickte Serviettentaschen undenkbar. Auch heute spielen diese Gegenstände noch eine wichtige Rolle, kommen jedoch viel farbenfroher und munterer daher als früher.

Rund um den Tisch

Die Wahl von Tischtuch und Servietten richtet sich in erster Linie nach dem Anlass – bei einem offiziellen Fest deckt man anders ein als zum Familienessen oder Kindergeburtstag.

- Beim Kauf neuer Tischwäsche ist es ratsam, darauf zu achten, dass sie **farblich mit dem Geschirr** harmoniert.
- Das altbewährte Leinen- oder Baumwolltischtuch sollte mindestens **bis 60 °C waschbar** sein, damit der Rotweinfleck vom gemütlichen Abendessen nach der Wäsche nicht mehr zu sehen ist.
- Bei bunten Tischdecken unbedingt Wert auf **Farbechtheit** legen. Durch das häufige Waschen bleichen die Farben anderenfalls schnell aus.
- **Spitzentischdecken** sollten ebenfalls bis 60 °C waschbar sein. Verziert man ein Tischtuch mit Spitze, diese unbedingt vorher waschen, damit sie bei der ersten Wäsche des Tischtuchs nicht einläuft. In diesem Fall muss man die Spitze abtrennen und neu annähen.
- Abwischbare **Plastik- und Wachstischdecken** sind sehr praktisch – und das nicht nur für den Gartentisch. Heutzutage sind sie in vielen modisch-frischen Farben und Mustern erhältlich.
- **Papiertischdecken** gibt es in beliebigen Größen, Farben und Mustern. Sie eignen sich jedoch nur für den einmaligen Gebrauch.
- Eine **Moltonunterlage** unter dem Tischtuch verhindert das Verrutschen der Decke. Außerdem schützt sie den Tisch vor Feuchtigkeit und dämpft störende Geräusche von Messer und Gabel während der Mahlzeit.
- Eine **Mitteldecke** und **Platzsets** schonen die Tischdecke. Im Notfall lassen sich darunter auch **Flecken verstecken** –

Spartipp

Küchentücher kann man aus alten Leinenlaken oder alter Leinenbettwäsche nähen. So spart man die Ausgabe für neue.

Perfekt aufeinander abgestimmt und damit eine Zierde für den Tisch sind Decke, Serviette und Geschirr.

Selbst gehäkelte Topflappen erinnern an die gute alte Zeit und sind wieder in Mode.

man sollte aber im Normalfall immer eine frische Ersatzdecke bereithaben. Platzsets gibt es aus verschiedensten Materialien. In Haushalten mit Kindern empfehlen sich **Sets aus Plastik**, die man nach der Mahlzeit schnell abwischen kann.

- Ein **Tischläufer** quer über dem Tisch sieht nicht nur dekorativ aus, sondern schützt die Oberfläche auch vor Kratzern und Flecken, etwa wenn man eine Blumenvase oder eine Obstschale auf den Tisch stellen möchte. Auch **Häkeldeckchen** sind für diesen Zweck geeignet.
- **Stoffservietten** bestehen meist aus Baumwoll- oder Leinenstoffen. Gängiger sind allerdings **Papierservietten**, die es in allen Formen und Farben, meist sogar passend zum Anlass, im Handel gibt.

In der Küche

Unzählige Male hat man sie am Tag in der Hand – die Geschirrtücher, die heutzutage in einer großen Vielfalt von Farben und Materialien auf dem Markt sind.

- **Geschirrtücher aus Baumwolle**: Sie stellen unter den Trockentüchern die günstigste Variante dar. Leider sind sie qualitativ in der Regel nicht sehr hochwertig. Zum einen trocknen sie nicht besonders gut, zum anderen riechen sie oft nach einiger Zeit unangenehm. Dieser Geruch lässt sich meist auch durch mehrere Waschgänge nicht beseitigen.
- **Geschirrtücher aus Leinen**: Leinen oder Halbleinen ist für Geschirrtücher hervorragend geeignet. Tücher aus diesen Materialien trocknen gut und fusseln nicht, was vor allem beim Abtrocknen von Gläsern vorteilhaft ist. Außerdem halten Geschirrtücher aus Leinen und Halbleinen sehr lange. Allerdings muss man sie vor Gebrauch oft mehrfach waschen, damit sie wirklich effektiv trocknen.
- **Geschirrtücher aus Mikrofaser**: Diesen Tüchern sagt man eine besonders hohe Effizienz nach. Sie trocknen nach Gebrauch auch selbst sehr schnell – das liegt daran, dass das ganze Tuch aus einem einzigen Faden hergestellt wird. Dieser ist so dünn, dass er die Feuchtigkeit nicht aufnimmt. Sie sammelt sich stattdessen in den Zwischenräumen. Für Menschen mit besonders trockener Haut oder Neurodermitis sind Mikrofasertücher jedoch mitunter unangenehm, da der Stoff an der rauen Haut hängen bleibt.
- Grundsätzlich sollte man Geschirrtücher vor Gebrauch **bei 95 °C waschen**. Statt einem Weichspüler, der sich wie ein Mantel um das Tuch legt, sodass man damit nicht mehr vernünftig abtrocknen kann, verwendet man besser Essigwasser. Dieses hat zudem den Vorteil dass es unangenehme Gerüche beseitigt.

SERVIETTEN FALTEN: DIE LILIE

1 Die Serviette zu einem Dreieck falten. Dann rechte und linke Ecke auf die obere Spitze legen, sodass wieder ein Quadrat entsteht.

2 Nun zwei Drittel der nach unten zeigenden Spitze nach oben falten und dann die Spitze wieder auf die Grundlinie falten. Die Spitze darf auf keinen Fall nach unten überstehen, sonst kippt die gefaltete Serviette später um.

3 Nun die Serviette zusammenstecken, indem man die linke und rechte Seite nach hinten biegt und eine Lasche in die Falte schiebt. Die runde Form mit den Händen nachformen.

4 Zum Abschluss die oberen beiden Ecken (die Blütenblätter der Lilie) nach links und rechts herunterziehen.

TÜRKRÄNZE

Türkränze stellen eine wunderbare Möglichkeit dar, die Wohnungstür individuell zu schmücken. Die Grundbestandteile des Kranzes werden je nach Jahreszeit und Anlass gewählt – so stimmen im Advent etwa mit Engeln dekorierte Kränze auf die Weihnachtszeit ein.

Festlich, leicht und anmutig wirkt dieses Herz aus weißen Margeriten.

EIN HERBSTLICHER TÜRKRANZ

1 Einen Styroporkranz mit Zweigen, Efeuranken oder sonstigem Grün bedecken. Das Grün mit Blumendraht umwickeln.

2 Dann weitere Dekoelemente wie Blumen, Früchte oder Accessoires anbringen. Hat ein Element keinen Stiel, befestigt man es mithilfe von Blumendraht.

3 Zum Abschluss den Kranz mit einem geschmackvollen Geschenkband verzieren.

Im Wechsel der Jahreszeiten

- Die ersten Frühlingsboten kann man auf einem **Grundkranz aus Weidenzweigen** präsentieren.
- Im Sommer eignen sich beispielsweise **Gräser und Heu** sowie Blumen von einer Sommerwiese für den Kranz.
- Im Herbst können **Ranken von wildem Wein, Efeu oder Weinblätter** verwendet werden. Auch Beeren und Früchte künden von der Erntedankzeit.
- Im Dezember lassen **Kränze aus Tannenzweigen** eine stille Vorfreude auf Weihnachten aufkommen.

Besondere Anlässe

Bereitet man ein Fest oder eine Party vor, stimmt ein entsprechender Kranz auf das Ereignis ein. Auf den Grundring werden einfach zum Anlass passende Dekorationselemente montiert. Die Möglichkeiten sind nahezu unbegrenzt:

- Weihnachtsmänner und pausbäckige Engel, bunte Ostereier und kleine Häschen weisen auf **religiöse Feste** hin.
- Der Türkranz muss nicht immer rund sein: Als **Grundform** eignet sich neben dem Kreis genausogut ein Herz oder ein Oval.
- Individuell gestalten kann man mit Tierfiguren, Herzen und Keramikware: So bietet es sich beispielsweise an, für ein **Hochzeitsfest** ein kleines Hochzeitspaar in den Kranz einzuflechten.
- **Trockenblumen** geben dem Kranz eine florale Note. Da sie empfindlich sind, sollte man sie jedoch nicht für Kränze verwenden, die an einer häufig betätigten Tür hängen.
- **Bänder, Perlenschnüre** und getrocknete **Blumen** harmonieren gut miteinander und wirken dekorativ. Anlässlich einer Party wählt man am besten Bänder in bunten und knalligen Tönen, um ein fröhliches Ambiente zu schaffen.
- Bleibt ein Türkranz länger in Gebrauch, kann man auch ein **Namensschild einarbeiten** – ein individueller und schöner Ersatz für das Türschild.
- Für einen **runden Geburtstag** bietet es sich an, das Lebensalter in der Mitte des Kranzes zu präsentieren.
- Anlässlich einer **Führerscheinprüfung** kann man den Kranz launig mit Autos oder Verkehrszeichen schmücken.
- Eine ganz besondere Wirkung erzielt man, wenn man **Duftelemente** wie Kräuter und Gewürze in den Kranz einbindet: Hierfür eignen sich beispielsweise Zimtstangen, Orangen, Lindenblüten, Pfefferminze, Kamille, Rosmarin, Thymian, Salbei oder Erika.

Uhren

Kaum etwas erinnert so an die Behaglichkeit der guten alten Zeit wie das gleichmäßige Ticken und Schlagen einer Standuhr. Als Requisit aus längst vergangenen Tagen ist sie auch ein wunderbares Element unserer heutigen Wohnkultur.

Historische Uhren

Die ersten mechanischen Uhren tickten in mittelalterlichen Klöstern; Pendeluhren gibt es seit dem 17. Jh. Seither werden die Zeitmesser mittels Funk- oder Digitaltechnik immer genauer und kleiner, aber schöne historische Uhren bleiben weiterhin ein Schmuckstück für jeden Wohnraum.

- Als Klassiker gilt die **Standuhr**. Technisch handelt es sich hier um eine durch Gewichte angetriebene Pendeluhr. Wer Glück hat, findet ein Exemplar auf dem Trödelmarkt. Im Antiquitätenhandel haben Standuhren meist schon einen hohen Preis.
- Kleiner und leichter in einen Raum zu integrieren ist die **Wanduhr**. Die historischen Modelle orientieren sich an der **Wiener Wanduhr**, einer Pendeluhr in einem an drei Seiten verglasten Holzgehäuse.
- **Tischuhren**, die man auf eine Kommode oder in ein Regal stellt, gibt es in vielen Varianten – etwa durch einen Glassturz geschützte Exemplare oder Uhren mit einem kostbaren, auf der Vorderseite verglasten Holzgehäuse.

Bei der Portaluhr (einer Tischuhr) prangt das Ziffernblatt zwischen zwei Säulen.

Uhren aufziehen

Mechanische Uhren müssen täglich aufgezogen werden:

- Beim **Gewichtsantrieb** sollte man die Gewichte aufziehen, bevor sie ganz durchgelaufen sind. Beim Nachstellen die Gewichte leicht anheben, damit die Lager (ab und zu sparsam ölen) geschont werden.
- Beim **Federantrieb** muss man beim Aufziehen besonders vorsichtig sein – am besten zählt man die Umdrehungen mit. Der Schlüssel darf niemals überdreht werden.

Uhrenpflege

- Die **Zeiger von historischen Uhren** niemals rückwärtsdrehen.
- Die lackierten **Gehäuseoberflächen** vorsichtig mit Reinigungspolitur behandeln und dann mit einem Antikwachs versiegeln.
- Beim **Transport einer Pendeluhr** die Pendel entfernen und die Pendelgabel fixieren. Bei **kurzen Transportwegen** zumindest das Gehäuse so halten, dass sich das Pendel ans Werk „anlehnen“ kann.
- Bei einer antiken Uhr sollte man eine gewisse Ungenauigkeit in Kauf nehmen, denn ein **ständiges Nachregulieren** schadet der Uhr.

Gut zu wissen

Die Funkuhr

Wer den Pflegeaufwand einer historischen Uhr scheut, wird die Vorteile einer Funkuhr zweifellos zu schätzen wissen: Diese übernimmt selbstständig das von einem Langwellen-Zeitzeichensender per Funk ausgestrahlte Zeitsignal. Deshalb zeigt die Funkuhr immer die exakte Uhrzeit, man muss sie nie von Hand nachstellen und selbst die Umstellung von Winter- auf Sommerzeit erfolgt automatisch.

Wände verschönern

Bunte, fantasievoll gestaltete Wände betonen die Individualität einer Wohnung und sorgen für gute Laune. Die Gestaltungsmöglichkeiten sind vielfältig – man kann Schablonen, Schwämme, Stempel oder Zierelemente einsetzen, um ein Ambiente nach Maß zu schaffen.

Schablonenmalerei

Die Schablonenmalerei ist eine alte Maltechnik zur Belebung einfarbiger Wandflächen. Das wichtigste Hilfsmittel bei der Wandgestaltung ist eine Schablone, in die ein dekoratives Muster eingeschnitten ist. Man fixiert die Schablone dort, wo das Zierelement erscheinen soll, und malt oder tupft die Freiflächen der Schablone mit Farbe aus. In vielen historischen Häusern kann man prachtvolle Muster bestaunen, die auf diese Art entstanden sind. Mithilfe der Schablonenmalerei werden auch heute noch Innenwände individuell gestaltet.

Nicht nur Wände, sondern auch Kacheln lassen sich mithilfe der Schablonenmalerei verzieren.

- **Geeignete Schablonen** kauft man entweder fertig im Fachhandel oder stellt sie mit etwas Geschick selbst her.
- Wer im Umgang mit dem Pinsel nicht sonderlich geübt ist, sollte sich auf **zwei bis drei Farben beschränken** und keine zu filigranen Muster auswählen.
- Je glatter der Untergrund, desto einfacher das Auftragen des Musters. Aber auch Materialien wie eine Raufaser- oder Strukturtapete können mithilfe der **Stupftechnik** verschönert werden. Dafür empfiehlt sich allerdings ein trockener und stabiler Pinsel.
- Im Fachhandel ist **spezielle Schablonierfarbe** erhältlich. Grundsätzlich eignet sich aber jede dickflüssigere Farbe.
- Nicht nur Wände können durch die Schablonenmalerei verschönert werden – auch für **Möbel, Türen** und **Stoffe** (Stoffmalfarbe) eignet sich diese Art der Gestaltung.

Schwammtechnik

Mit der Schwammtechnik lässt sich ein interessantes Farbspiel auf die Wände zaubern. Es ergeben sich lebendige Flächen, die eine unregelmäßige Struktur haben, ohne dabei unruhig zu wirken. Je nach Wandbeschaffenheit, Wahl der Farben, Art des Schwamms und des Druckes beim Farbauftrag lassen sich unterschiedlichste künstlerische Effekte erzielen, die von edel bis antik reichen.

- Zur Vorbereitung den Untergrund **im gewünschten Farbton grundieren** und gut durchtrocknen lassen.
- Dann mit einem **Natur- oder Effektschwamm** aus dem Fachhandel etwas Farbe aufnehmen und mit leichtem Druck mehrfach in unregelmäßigen Abständen auf die Wand **tupfen**.

Mit Holzstempeln lassen sich ansprechende Motive auf die Wand aufbringen – allerdings sollte man hier etwas Geduld an den Tag legen.

- Man arbeitet entweder **Ton in Ton** oder bringt einen **Effekt im Kontrastton** auf.
- Schließlich kann man auch **mehrere Farbschichten übereinanderstreichen** und dann teilweise wieder entfernen, sodass der darunter liegende Farbton durchschimmert. **Dispersionsfarben** entfernt man dabei mit Wasser und Schwamm, **Ölfarben** mit Terpentinersatz und Schwamm.
- Obwohl die Schwammtechnik sehr einfach ist, sollte man zuerst **auf einem Karton üben**, bevor man eine ganze Wand in Angriff nimmt.

Korkfliesen und -tapeten

Kork vermittelt eine warme, behagliche Atmosphäre. Gleichzeitig ist er robust, unempfindlich gegenüber Temperatureinwirkungen und beständig gegen Wasser.

- **Korkfliesen** können auf alle tragfähigen, festen, sauberen und trockenen Untergründe aufgebracht werden. Zuvor sollten **alte Farbanstriche gründlich entfernt** und Wandunebenheiten mit einer gipshaltigen Spachtelmasse sorgfältig geglättet werden.
- **Vor der Verarbeitung** empfiehlt es sich, die Korkplatten mindestens 2 Tage lang ausgepackt in kleinen Stapeln von maximal 4–5 Stück im Zimmer zu lagern, damit sie sich später an der Wand nicht verziehen.
- **Korktapeten** lassen sich gut mit normalen Textiltapeten kombinieren und eignen sich daher optimal, um Akzente in einem Raum zu setzen.
- Nach dem Einkleistern sollten Korktapeten nur **sehr kurz weichen**. Bei der Verarbeitung ist eine **spezielle Nahtrolle** zum Andrücken der Nahtstellen sehr hilfreich.

Zierleisten und Schmuckornamente

Zierelemente ermöglichen stilvolle, klassische oder avantgardistische Formgebungen – der Kreativität sind hier keine Grenzen gesetzt.

- Zu den am häufigsten verwendeten Zierelementen gehört die **Wandabschlussleiste** am Übergang von der Wand zur Decke bzw. zum Fußboden.
- **Zierprofile** verdecken unsaubere Tapetenabschlüsse, im Nachhinein verlegte Kabel, nüchterne Vorhangschienen und vieles mehr.
- **Zierleisten, Kehlen und Simse** können Unregelmäßigkeiten und kleine Risse im Putz sowie dünne Rohre auf geschickte Art und Weise kaschieren.
- Einer Altbauwohnung mit entsprechend hohen Räumen gibt eine **Deckenrosette** Flair. Derartige Zierelemente sind in verschiedensten Formen und Dekoren erhältlich.
- Nachträglich angebrachte Zierelemente eignen sich auch, um einen **Raum optisch zu korrigieren** und ungünstige **Proportionen auszugleichen**.

Gut zu wissen

Rauchvergilbte Wände

Durch Zigarettenrauch stark vergilbte Wände lassen sich nicht einfach überstreichen – das in den Putz eingezogene Nikotin schlägt immer wieder durch. Auf jeden Fall müssen bei einer Renovierung der Wohnräume die alten Tapeten komplett entfernt werden. Übernimmt man eine Wohnung, in der ein sehr starker Raucher gelebt hat, ist es eventuell sogar notwendig, den Putz abzuschlagen.

Zimmerpflanzen

Pflanzen verleihen einem Raum Atmosphäre. Hohe Pflanzen wie Gummibäume oder Palmen setzen Akzente, kleine schmücken die Fensterbank. Um lange Freude an den Pflanzen zu haben, sollte man bei der Auswahl die Standortansprüche berücksichtigen.

Gut zu wissen

Der richtige Standort

Neben der Wasserversorgung spielt das Licht eine wichtige Rolle für das Gedeihen der Pflanzen: So eignen sich Kakteen und Sukkulenten optimal für ein der Sonne ständig ausgesetztes Südfenster. Am Nordfenster oder in relativ dunklen Zimmerbereichen fühlen sich dagegen Geweihfarn und Schusterpalme wohl – Letztere war früher in Schuster- oder auch Metzgerläden oft zu finden.

Ein gesundes Raumklima

Pflanzen sind nicht nur schön, sondern haben auch positive Auswirkungen auf das Raumklima und damit auf die Gesundheit, da sie die Luftfeuchtigkeit im Raum erhöhen. Im Winter, wenn man viel heizt, ist dies von Vorteil.

- Große Pflanzen wie etwa Gummibäume produzieren mehr **Luftfeuchtigkeit** als kleine.
- In Hydrokultur gehaltene Pflanzen verstärken diesen Effekt, weil der **Blähton** mehr Wasser speichert als Blumenerde.
- Da Zimmerpflanzen nachts Sauerstoff verbrauchen und Kohlenstoffdioxid produzieren, sollte man sie **nicht in Schlafräumen** platzieren.

Richtig gießen

- Üblicherweise gießt man Pflanzen mit der Gießkanne **von oben**, wobei das Gießwasser Zimmertemperatur haben sollte.
- Zwiebelgewächse und Pflanzen mit empfindlichen Wurzeln wie Weihnachtsstern oder Usambaraveilchen werden auf einen Untersetzer gestellt und **von unten gegossen**, damit die Zwiebel oder Wurzel nicht zu faulen beginnt.
- Viele Pflanzen, darunter Kakteen und Zitruspflanzen, schätzen die **Tauchmethode**, bei der man den kompletten Wurzelballen in ein größeres Gefäß mit Wasser taucht. Erst wenn keine Luftbläschen mehr aufsteigen, ist der Ballen richtig vollgesogen.
- Fast alle Pflanzen lieben es, wenn sie nicht nur gegossen, sondern ab und zu mit Wasser **besprüht** werden. Hierfür sollte man allerdings nur kalkarmes Wasser verwenden, sonst bilden sich unschöne Kalkringe.
- **Regenwasser** und abgestandenes **Mineralwasser** sind zum Gießen gut geeignet, ebenso abgekühltes salzfreies **Kochwasser** von Kartoffeln oder Eiern. **Leitungswasser** sollte dagegen grundsätzlich über Nacht stehen gelassen werden.
- Etwa 1 Stunde nach dem Gießen die **Übertöpfe kontrollieren** und überschüssiges Wasser abgießen.
- Zweimal pro Jahr kann man die Pflanzen (besonders Kakteen und Exemplare mit großen Blättern) mit einer **reinigenden Dusche** verwöhnen: Entweder man stellt sie in den Regen hinaus oder man braust sie mit dem Duschkopf ab. Bei Kakteen sollte man den Topf schräg halten, damit das Wasser nicht direkt hineinläuft.

Regelmäßige Pflege

Wer seinen Pflanzen ein wenig Aufmerksamkeit schenkt, wird mit gesundem Blattwerk und einer üppigen Blütenfülle belohnt.

Wenn man Orchideen richtig pflegt, blühen sie immer wieder – und dies über viele Jahre hinweg.

Pflanzen schaffen Behaglichkeit und erzeugen eine angenehme Raumwirkung.

- Als natürlicher Pflanzendünger sind Eierschalen (sie liefern Kalk), Kaffeesatz und schwarzer Tee ganz hervorragend geeignet.
- Pflanzen **nicht immer wieder an einen anderen Platz stellen** oder wiederholt drehen: Es gibt viele Zimmerpflanzen, die schon bei einer leichten Veränderung der Position ihre Blätter abwerfen.
- Der **Winter** ist für die meisten Pflanzen eine **Zeit der Ruhe**. Nun sollte man spärlicher gießen und die Pflanzen – wenn möglich – in kühler temperierte Räume stellen.
- Damit Zimmerpflanzen richtig atmen können, sollte man sie hin und wieder **vorsichtig abstauben**.
- Große Blätter **mit verdünntem Bier abwischen** – auf diese Weise bringt man sie zum Glänzen.
- **Welke Blüten und Blätter sofort entfernen**, damit sie kein Ungeziefer anziehen können.
- **Schädlicher Staunässe** kann man entgegenwirken, indem man die Erde ab und zu lockert. Vor dem Bepflanzen der Töpfe sollte man außerdem darauf achten, dass die **Abzugslöcher frei bleiben** – am besten legt man leicht gebogene Scherben kaputter Tontöpfe oder Blähton darüber.
- Eine wichtige Rolle spielt auch die **Blumenerde**: Am besten geeignet ist eine Mischung aus gesiebtem Kompost, Gartenerde und Sand.

Rückschnitt

- Ein **regelmäßiger Rückschnitt** ist wichtig, da auf diese Weise das Wachstum kontrolliert und gefördert wird.
- Grundsätzlich gilt die Regel, Pflanzen **einmal im Jahr** zurückzuschneiden. Der Zeitpunkt hängt hierbei allerdings von der Pflanzenart ab.
- Will man die **Anzahl der Seitentriebe und Blüten erhöhen**, sollte man den Haupttrieb beschneiden. Er wird anschließend in mehrere Richtungen neu austreiben.
- Der Schnitt sollte immer glatt sein. Bei Pflanzen, die im Sommer auf Balkon oder Terrasse stehen, muss er in einem **Winkel von 45°** nach unten geführt werden, sodass das Regenwasser abfließen kann.
- Wichtig ist auch das **Entfernen kranker Zweige**.

EIN GARTEN IN DER FLASCHE

1 Eine große, weitbauchige Flasche mit Kies füllen, bis der Boden bedeckt ist. Dann den Griff eines Löffels und einer Gabel mit Stöcken verlängern (hierfür Klebeband benutzen).

2 Erdsubstrat auf den Kies geben und glatt streichen. Zum Einfüllen ein Papprohr benutzen, damit die Flaschenwände sauber bleiben.

3 Pflanzen mithilfe von Löffel und Gabel einsetzen – geeignet sind beispielsweise Farne, Efeu und Orchideen. Auf keinen Fall zu dicht pflanzen, damit ausreichend Platz zum Wachsen bleibt.

4 Mit abgekochtem, abgekühltem Wasser vorsichtig angießen und die Flasche fest verschließen. Ist die Flasche durchgehend beschlagen, hat man zu viel gegossen.

5 Den Flaschengarten nicht in die Sonne oder auf die Heizung stellen.

Garten
leicht gemacht

Der Garten ist für viele ein Rückzugsort in unserer hektischen Welt. Mit einer geschickten Planung hält man die Gartenarbeit in Grenzen, ohne auf chemische Dünger oder Unkrautvernichtungsmittel zurückgreifen zu müssen. Hier finden Sie nicht nur viele Tipps rund um alte Sorten, sondern auch um Aussaat, Schnitt, Winterschutz oder Gartenmöbel.

Alte Gemüse- und Obstsorten

Alte Gemüse- und Obstsorten überzeugen nicht nur wegen ihrer Beständigkeit und Anspruchslosigkeit, sondern auch wegen ihres oft intensiveren Geschmacks. Nicht zuletzt deshalb entdeckt man traditionsreiche Sorten auch in der Gastronomie wieder.

Stielmangold galt früher wie die Schwarzwurzel als Armeleutespargel.

Gutes aus dem Gemüsebeet

Viele alte Gemüsesorten eignen sich gerade auch für den kleineren Garten, da sie ihn durch ihre Farben und Blattformen optisch aufwerten.

- Der dekorative **Gemüseamarant** wird seit 5000 Jahren angebaut. Die Blätter werden wie Spinat zubereitet, schmecken aber milder. Die Saatpflanze braucht einen sonnigen Standort und viel Feuchtigkeit, mag aber keine Staunässe.
- Die zarten Blätter des **Löwenzahns** ergeben einen schmackhaften Salat. Am besten zieht man ihn aus Wurzelstecklingen. Alte Blätter schmecken bitter.
- Jedes Frühjahr und nach jedem Schnitt treibt der winterharte **Blattmangold** aus und kann von Mai bis Oktober geerntet werden. Die langen Stiele des **Stielmangolds** bereitet man wie Spargel zu.
- Aufgrund ihres würzigherben Geschmacks dient die **Petersilienwurzel** als Grundlage von klaren Brühen.
- Eigentlich ein Unkraut, gewinnt **Postelein** oder **Portulak** an Beliebtheit, weil das vitaminreiche Gemüse in Salaten oder Frischkäse sehr lecker schmeckt und sich an sonnigem, windgeschütztem Standort leicht ziehen lässt.
- **Meerkohl** liebt Sonne und fruchtbaren Boden. Im Januar bedeckt man die jungen Triebe mit einem hohen Blumentopf und legt über das Drainageloch einen Stein. So bleiben die Triebe bleich. Man bereitet die Sprossen wie Spargel zu. Ihr Geschmack erinnert an Brokkoli.
- Das anspruchslose Stängelgemüse **Stielmus oder Rübstiel** bevorzugt mittelschwere, eher sandige Böden und kann 4–6 Wochen nach der Aussaat geerntet werden. Dicht säen. Die jungen, fein säuerlich schmeckenden Blattstiele werden wie Spinat oder Mangold zubereitet.
- Die winterharten Knollen des **Topinamburs** pflanzt man im Frühjahr etwa 15 cm tief. Im Herbst werden die Stängel auf 1,5 m eingekürzt, damit die Knollen besser reifen. Die frischen Knollen, deren Geschmack an Artischocke erinnert, erntet man bei Bedarf.
- Die weiße **Zuckerwurzel** liebt offene Standorte und einen nährstoffreichen Boden. Man erntet nach dem ersten Frost und bereitet sie wie Möhren zu, der süßliche Geschmack ähnelt dem von Esskastanien.

Die Sorte Jonathan zählt wegen ihrer leuchtend roten Schale und ihres Duftes seit Langem zu den Weihnachtsäpfeln.

Lagerobst sollte keine angeschlagenen Stellen aufweisen. Pflückhilfen verhindern, dass die Früchte auf den Boden fallen.

Alte Apfelsorten

Im 17. Jh. kannte man in Deutschland noch etwa 1500 Apfelsorten, von denen sich nur wenige erhalten haben.

- Viele alte Apfelsorten stellen **keine großen Ansprüche an den Boden** und sind dabei vergleichsweise **robust**. Hierzu zählen Blutapfel, Dithmarscher Borsdorfer, Hibernal, Kaiser Wilhelm, Roter Jungfernapfel oder Süderhex.
- **Gute Lagersorten** sind Boikenapfel, Landsberger Renette, Martini, Mecklenburger Orangenapfel, Roter Eiserapfel, Roter Pariner, Stahls Winterprinz oder Stina Lohmann.
- Zu den **Frühapfelsorten** gehören Angelner Herrenapfel, Krumpeter, Paul Ohm, Weinsauer oder Weißer Klarapfel.
- Für **Spaliere** eignen sich Alkmene, Blutroter Gravensteiner, Holsteiner Cox oder Schöner von Boskop.
- Zum **Entsaften** und für die **Mostherstellung** nimmt man Ananasrenette, Drüwken, Gewürzluiken, Iversenapfel, Maunzenapfel, Roter Trierer Weinapfel oder Wiltshire.
- Die Sorten Grahams Jubiläumsapfel, Jakob Lebel, Jakobsapfel und Schöner von Boskop sind seit alters wichtig zum **Kuchenbacken** und für die Herstellung von **Apfelmus** oder auch **Bratäpfeln**.

Alte Birnensorten

Die Birne stammt vermutlich aus dem Kaukasus oder Anatolien. Heute gibt es etwa 5000 Birnensorten auf der ganzen Welt.

- Zu den **robusten, anspruchslosen Sorten** zählen die Augustbirne, Clara Fries, Conference, Petersbirne und Winterkippe.
- Gräfin von Paris, Madame Verté, Jeanne d'Arc oder Pierre Corneille lassen sich **sehr gut lagern**.
- **Zum Einkochen** eignen sich Nationalbergamotte, Speckbirne und Winterkippe.

Alte Steinobstsorten

Kirschen, Pflaumen und Zwetschgen zählt man zum Steinobst. Auch hier zeichnen sich die alten Sorten in der Regel durch geringe Bodenansprüche und größere Widerstandsfähigkeit aus.

- **Zum Einkochen** eignen sich sehr gut die Zwetschgensorten Anna Späth, Bühler Frühzwetschge, Ersinger Frühzwetschge und Schönberger Zwetschge.
- Die Pflaumensorten Königin Viktoria und The Czar sowie die Zwetschgensorten Auerbacher Frühzwetschge, Bühler Frühzwetschge, Hauszwetschge und Zimmers Frühzwetschge **lösen sich besonders gut vom Stein**.
- **Resistent** gegen die **Kirschfruchtfliege** sind Burlat und Kassins Frühe Herzkirsche.
- Die Sorten Frühe Rote Meckenheimer, Kassins Frühe Herzkirsche, Kordia, Lapins, Oktavia und Sam haben eine besonders **platzfeste Haut**.
- **Einmachen** kann man Große Schwarze Knorpel und Hedelfinger Riesenkirsche.

ERDMIETE ANLEGEN

1. Man hebt eine etwa 40 cm tiefe Grube aus und legt sie zum Schutz gegen Mäuse mit feinmaschigem Draht aus. Darauf kommt eine Schicht aus Sand und trockenem Laub.
2. Das Wurzelgemüse wird sofort nach der Ernte lagenweise geschichtet, lediglich das Blattgrün wird abgedreht. Zwischen die Lagen kommt Stroh.
3. Die letzte Strohschicht wird mit einer 10 cm dicken Erdschicht zugedeckt.

Petersilienwurzeln kann man wie andere Wurzelgemüse bis zu 6 Monate in einer Erdmiete lagern.

Bauerngarten

Der Bauerngarten steht in der langen Tradition der alten Klostergärten. Er vereint, ohne streng zu trennen, Nützliches wie Kräuter und Gemüse aus dem Nutzgarten mit der üppigen Blüten- und Farbenpracht eines Ziergartens.

An der nach Süden ausgerichteten Mauer gedeiht Spalierobst. Auf den breiten Wegen kommt man auch mit einer Schubkarre gut von Beet zu Beet.

Die Mönche haben im Mittelalter die Gartenkultur entwickelt. Als Basis der medizinischen Versorgung baute man in den Klostergärten neben Gemüse zunächst Heilpflanzen an. Mit zunehmendem Wissen um die positiven Wirkungen vieler Blühpflanzen und die Vorteile der Mischkultur hielten Blumen Einzug. Dieses Beispiel nahm sich die Landbevölkerung ab dem 16. Jh. zum Vorbild für die eigenen Gärten.

Gestaltungsmerkmale im Bauerngarten

Ein Bauerngarten sollte auf möglichst ebener Fläche so angelegt werden, dass er vor Wind geschützt ist, aber viel Sonne abbekommt. 25 m^2 sind das Minimum.

- Auf einer **Skizze** sollte man Beetflächen, Wege, mögliche Sitzplätze und die vorgesehene Bepflanzung festhalten.
- Traditionelle Bauerngärten werden **streng geometrisch** angelegt. Auf einer rechteckigen oder quadratischen Fläche teilt ein Wegkreuz vier Beete ab. Beim Anlegen der Wege sollte man unbedingt die Breite der späteren Umrandungspflanzen berücksichtigen.
- Das aus Kies oder Rindenmulch gestreute **Wegkreuz** erleichtert die Arbeit, man kann die Beete für Aussaat, Pflege und Ernte gut erreichen.
- Typisch ist die **Umpflanzung der Wege** mit Buchsbaumhecken, die nicht höher als 50 cm werden sollten.
- In kleineren Bauerngärten **umranden** Sie die einzelnen **Beete platzsparend** mit Ringelblumen, Stauden oder auch Schnittlauch.
- Idealerweise beginnt man im **Herbst** mit der Anlage des Bauerngartens. Man setzt die ersten Gehölze und Stauden und bedenkt dabei die Wuchshöhe und den Schattenwurf.

Hochwüchsige und niedrige Stauden, Ton in Ton oder vielfältig bunt – im Bauerngarten kann man nach Herzenslust kombinieren.

- **Grenzt der Bauerngarten mit einer Seite an die Hauswand**, kann man Spalierpflanzen oder je nach Himmelsrichtung eine Hortensienrabatte einplanen.

Mitte und Umrandung

- Bei einer größeren Anlage plant man in der **Mitte ein Rondell** ein. Dort steht dann nach alter Tradition entweder ein **Brunnen** oder eine **Hochstammrose**.
- Statt eines Brunnens kann man einen großen **Holz- oder Betonbottich** in die Mitte stellen und dort das Regenwasser sammeln. Den unschönen Beton lässt man von Rankpflanzen überwachsen.
- Auch ein kleiner **Pavillon** oder eine **Bank unter einem berankten Bogen** passt gut in die Mitte des Gartens.
- Normalerweise frieden eine **Hecke oder ein Zaun** den Bauerngarten ein. Bei größeren Gärten kann man Buche, Liguster oder Weißdorn pflanzen und deren Höhe nach Belieben anpassen. Das dunkle Grün bringt Ruhe in die bunte Anlage und sorgt dafür, dass der Bauerngarten trotz all seiner Vielfalt nicht überladen wirkt.

Pflanzen für den Bauerngarten

Im Bauerngarten setzt man die Pflanzen sehr dicht nebeneinander und achtet auf Mischkultur, damit der Boden nicht auslaugt, Schädlinge und Krankheiten sich nicht ausbreiten, man nicht allzu viel düngen muss und mit möglichst wenig Aufwand einen großen Ertrag erzielt.

- Im Bauerngarten findet man traditionsgemäß **alte Gemüsepflanzen** wie Gartenmelde, Pastinaken, Schwarzwurzeln, Stangenbohnen oder auch alte Tomatensorten.
- Dazwischen pflanzt man **Heil- und Gewürzkräuter**, etwa Baldrian, Bohnenkraut, Dill, Dost, Kamille, Knoblauch, Liebstöckel oder Pfefferminze.
- **Alte Duftpflanzen** wie Duftwicke, Levkojen, Phlox, Salbei oder Zentifoliarosen ziehen Schmetterlinge und vor allem Bienen an, die wichtig für die Befruchtung sind.
- Pflanzt man **selbst aussäende Stauden** wie Akelei, Fenchel, Fingerhut, Glockenblume oder Lupine, ist stets für Pflanzenreichtum gesorgt.
- Die **Ringelblume** blüht von Juni bis November sehr ausgiebig. Man kann zudem ihre Blüten essen und als Heilkraut wirkt sie entzündungshemmend. Es gibt niedrige und hohe Sorten.
- **Hochwüchsige Stauden** wie Rittersporn oder Stockrosen setzt man an den Zaun oder die Hecke, dort finden sie gegebenenfalls Halt.

Stauden wie Glockenblume, Lupine, Margerite, Phlox, Schafgarbe oder Tränendes Herz sind aus einem Bauerngarten nicht wegzudenken.

BEERENSTRÄUCHER

Die kleinen Gehölze mit ihren süßen Früchten gehören in jeden Garten. Sie bringen eine reiche Ernte voller Vitamine und benötigen dabei nicht allzu viel an Pflege. An sonnigen bis halbschattigen und windgeschützten Plätzen gedeihen sie am besten.

BEERENSTRÄUCHER PFLANZEN

1 Das Pflanzloch muss etwa 50 cm tief und doppelt so breit wie der Wurzelballen sein. Um Staunässe vorzubeugen, wird der Boden gut gelockert.

2 Ins Pflanzloch gibt man etwas verrotteten Kompost und stellt dann den gut gewässerten Strauch hinein.

3 Das Loch mit Erde und Kompost füllen. Vorsichtig antreten und gut wässern.

Gute Startbedingungen

Beerensträucher bevorzugen tiefgründige und humose Böden ohne stauende Nässe. Bei schweren und lehmigen Böden vergreisen sie schnell und tragen dann weniger Frucht.

- **Wurzelnackte Beerensträucher** pflanzt man im Herbst, so können die Pflanzen über den Winter gut einwurzeln.
- **Containerware** kann man praktisch das ganze Jahr pflanzen, am besten wachsen die Sträucher aber an, wenn man sie im Herbst oder Frühling setzt.
- Bei Brombeeren, Johannisbeeren und Stachelbeeren gibt es inzwischen **Sorten ohne Stacheln**, sodass auch Kinder bei der Ernte ihre Freude haben. Eine stachellose Brombeere ist Black Satin.
- Mit **kletternden stachellosen Brombeersorten** kann man auch einen Laubengang oder eine Pergola verschönern.
- Der **Wurzelballen von Schwarzen Johannisbeersträuchern** muss 7–8 cm unter der Erdoberfläche liegen, das fördert ein kräftiges Wachstum an der Basis der Pflanze.
- Ins Pflanzloch von **Roten Johannisbeeren** gibt man etwas mit **Steinmehl vermischten Kompost**. Die Zweige sollten bis in 15 cm Höhe über dem Boden unbewachsen sein.
- Damit man die Pflanzen gut wässern kann, bildet man rund um die Basis eine **Gießmulde**.
- **Abstand** sorgt für ein konkurrenzloses Gedeihen und beugt in verregneten Sommern dem Grauschimmel vor.
- Bei einer **Neupflanzung von Himbeeren** darf man keinen Standort wählen, an dem in den vergangenen 5 Jahren Himbeeren wuchsen.
- Ein **Sonderfall** ist die **Heidelbeere**. Sie gedeiht nur in saurem Substrat, sodass man dem Boden Rhododendronerde oder Laub- und Nadelkompost beimischen muss. Beim Gießen nur Regenwasser verwenden.

Sträucher schneiden

Beerensträucher schneidet man vor Wintereinbruch oder gleich nach der Ernte. Die meisten Sträucher tragen an einjährigen Trieben, Stachelbeeren an 1–2-jährigen Trieben und rote Johannisbeeren an 2–3-jährigem Holz. Eine gute Ernte setzt

Johannisbeeren kann man im Juni und Juli ernten, spät reifende Sorten bis in den August hinein.

Abgeerntete Himbeerruten werden nach der Ernte sofort bodennah abgeschnitten, damit die Pflanze ihre Kräfte schonen kann.

also den richtigen Schnitt voraus. Er versorgt den Strauch mit Licht und Luft. Beschädigte Ruten oder Zweige werden entfernt, ebenso am Boden liegende kranke Triebe.

- **Himbeertriebe** schneidet man nach der Pflanzung auf 5 cm über dem Boden zurück.
- Bei **Brombeeren** schneidet man braune abgestorbene Triebe im Frühjahr am Boden ab und entfernt sie aus dem Strauch. Pro Jahrgang belässt man 6–8 robuste Ruten.
- **Johannisbeeren** sollten insgesamt etwa 8 kräftige Basistriebe haben: jeweils zwei ein-, zwei-, drei- und vierjährige Triebe. Die Haupttriebe des Vorjahrs kürzt man um ein Drittel ein. Bei Schwarzen Johannisbeeren dürfen die ältesten Triebe lediglich 3 Jahre alt sein.
- **Stachelbeersträucher** sollten an der Basis nicht mehr als 5 kräftige Triebe haben, sonst entwickeln sich neue Triebe schlecht. Auch hier kürzt man alte Triebe um ein Drittel ein, kein Trieb sollte älter als 6 Jahre sein.

Die richtige Pflege

Da die meisten Beerensträucher Flachwurzler sind, hackt man die Erde, wenn überhaupt, nur sehr vorsichtig und oberflächlich, um die Wurzeln nicht zu beschädigen.

- Eine **Wermutpflanze** neben dem Johannisbeerstrauch beugt Säulchenrost und Blattläusen vor.
- **Knoblauch, Maiglöckchen oder Schafgarbe** halten, neben Stachelbeerbüsche gepflanzt, die Büsche gesund und steigern ihren Ertrag.
- Unter Himbeeren setzt man zur Schädlingsabwehr **Bärlauch, Ringelblume und Vergissmeinnicht**.
- Eine **Mulchdecke** aus angetrocknetem **Rasenschnitt, Stroh oder Laub** lieben viele Beerensträucher. Es wächst kaum Unkraut und der Boden bleibt feinkrümelig und gleichmäßig feucht.
- Mit einer Schicht **Rindenmulch** beugt man, wenn die Beerensorte im Garten nicht mehltauresistent ist, dieser Krankheit vor.
- Stachelbeersträucher dürfen, vor allem zur Reifezeit, **keinem direkten Sonnenlicht** ausgesetzt sein, die Früchte erleiden sonst einen Sonnenbrand.

Zur Erntezeit

- **Blaubeerkämme** helfen bei der Ernte nicht wirklich, ganz im Gegenteil reißen sie auch Blätter mit ab. Daher sollte man Blaubeeren mit der Hand pflücken.
- Beeren sammelt man in **kleineren Gefäßen**, da sie sonst unter dem eigenen Gewicht zerdrückt werden. Um mit beiden Händen ernten zu können, wählt man ein **Gefäß mit Henkel** und trägt es am Arm. Körbe legt man mit **Papiertüchern** aus.
- Sieht es nach einer **guten Stachelbeerernte** aus, sollte man im Mai oder Juni einen **Teil der Früchte grün pflücken** und einmachen, die anderen werden dann größer und besser.
- Gegen die Vögel schützt man die Ernte am wirkungsvollsten mit **Netzen**.

Eine gute Ernte bieten Himbeersorten, die im Sommer an den zweijährigen und im Spätsommer an den einjährigen Trieben Früchte tragen.

Blumenbeete und -rabatten

Bei der Anlage und Bepflanzung eines Blumenbeets spielen die Lage des Beetes im Garten sowie die Bodenverhältnisse eine wichtige Rolle. Und natürlich soll es im Beet so lange wie möglich und abwechslungsreich blühen.

Vorn am Beetrand machen sich kleine einjährige Pflanzen gut. Eine ungerade Anzahl wirkt schöner.

Die richtigen Pflanzen

Im Garten kann es, ob Sonne oder Schatten und unabhängig von der Jahreszeit, fast immer blühen.

- In einem **Jahreszeitenbeet** finden sich früh blühende Zwiebelpflanzen neben Stauden, die zwischen Frühsommer und Herbst Farbe zeigen. Geranie, Mädchenauge, Stiefmütterchen oder Tagetes blühen sehr lange.
- Im **Schatten** gedeihen Alpenveilchen, Anemone, Elfenblume, Frauenmantel, Gauklerblume, Johanniskraut oder Lungenkraut.
- **Feuchten Schatten** vertragen Christrose, Fingerhut, Funkie und Maiglöckchen, außerdem Primel oder Schneeglöckchen.
- Für eine **Frühsommerrabatte** sät man etwa Gartenmohn, Lupinen und Rittersporn aus. Dazu passen Mädchenauge, Sonnenbraut und Sonnenhut sowie bunte Stockrosen.
- Im Sommer wirken **Ziergräser** als Insel in einem Blumenbeet optisch besonders schön. Solche Gräser sind bis in den Spätherbst ein Blickfang und passen in jeden Sommerblumenstrauß.
- Damit die Beete **auch im Winter** nicht völlig kahl sind, sollte man Platz für immergrüne Stauden wie Elfenblume oder Fackellilie einplanen.
- Pflanzen mit schönen Blattformen oder niedrige Gehölze mit bunter Rinde oder Früchten bringen **Abwechslung** in ein Blumenbeet.
- Bei der **Auswahl der Pflanzen** achtet man auf viele Knospen, gute Verzweigung und einen gut entwickelten, feuchten Wurzelballen. Dann wachsen sie problemlos an.

Gestaltung der Beete planen

Mit einer detaillierten Planung macht man sich die Arbeit um vieles leichter und spart im Zweifelsfall auch bares Geld, weil man die passenden Pflanzen in der richtigen Anzahl erwirbt. Als Gartenneuling beginnt man mit wenigen eher pflegeleichten Sorten.

- Zunächst fertigt man eine **Skizze samt Pflanzplan** an. Der Pflanzplan berücksichtigt die Größe der Pflanzen und sonnige bzw. schattige Bereiche.
- Blumenbeete sollte man **niemals zu schmal anlegen**. Vieles darf sich ausbreiten, daher plant man zwischen den einzelnen Pflanzen genügend Platz ein.

Miniaturwerkzeuge im Set sind für kleinere Arbeiten im Beet sehr praktisch.

Auf einem Gartenplan skizziert man im kleinen Maßstab Gebäude, Terrasse, Gehölze und Beete sowie die vorgesehene Bepflanzung der Beete.

- Für den sogenannten **Etageneffekt** sieht man eine vertikal gestaffelte Anpflanzung vor: In die Mitte eines Beetes bzw. an den hinteren Rand gehören hochwachsende Pflanzen, davor folgen mittelhohe und ganz vorn niedrige Sorten.

Einfassung und Pflege des Beetes

Ein Blumenbeet muss nicht unbedingt eckig sein. Exakte Umrisse erzielt man mit Hilfsmitteln.

- Für **gradlinige Beetkanten** schlägt man zwei Stöcke an die geplanten Endpunkte und spannt dazwischen eine Schnur.
- Runde, ovale oder ellipsenförmige Beete lassen sich leicht mithilfe des Gartenschlauchs abstecken. **Unregelmäßig geformte Blumenrabatten** erhält man, indem man die Grenzlinie mit Sand abstreut oder sie mit Steinen vorlegt.
- Bei breiteren Beeten oder Rabatten helfen **Trittsteine**, jede Stelle im Beet zu erreichen, ohne Pflanzenteile zu zertreten. Außerdem verdichtet sich der Boden so nicht durch das Begehen und bleibt schön locker.
- Bringt man zwischen den Pflanzen eine **Mulchschicht** aus, bleibt die Erde feucht und das Nachwachsen von Unkraut wird unterdrückt.
- In einem formellen oder asiatisch anmutenden Beet kann man auch **weiße Kiesel- oder Schottersteine** zu diesem Zweck ausstreuen.

Spartipp

In Gärtnereien oder auf Wochenmärkten erhält man preisgleich bessere Ware als beim Discounter.

Problemstandorte

In vielen Gärten gibt es Problemzonen, in denen sich aber trotzdem mit etwas Überlegung und Aufwand ein Blumenbeet anlegen lässt.

- An **Hanglagen** schützt man Neuanpflanzungen vor dem Abrutschen bei Regen mit einem im Boden verankerten Kunststoffnetz.
- An den **Fuß des Hanges** gehören Pflanzen, die höhere Feuchtigkeit tolerieren, da sich hier abfließendes Wasser sammelt.
- **Vor Mauern** wärmt sich, vor allem wenn sie stark von der Sonne beschienen werden, der Boden auf; daher pflanzt man hier nur Sorten, die trockenen Boden vertragen.
- Da die **Beetecken** oft rasch austrocknen, pflanzt man hier Sorten, die trockene Böden mögen.
- In **sehr sonnigen Gärten** schafft man durch Gehölze und kleine Bäume Schatten für empfindliche Pflanzen.

Gut zu wissen

Schnittblumen schneiden

Als Grundregel für den richtigen Schnitt gilt: Aufgeblühte Blumen schneidet man frühmorgens, Knospen am Abend. Iris, Narzissen, Nelken, Ringelblumen, Rosen, Taglilien und Tulpen werden als Knospe geschnitten. Gladiolen, Kreuzblumen, Löwenmaul, Lupinen, Pfingstrosen, Prachtscharte und Rittersporn sollten dagegen schon teilweise aufgeblüht sein. Astern, Chrysanthemen, Dahlien, Sonnenblumen und Sonnenhut entfalten in der Vase nur voll geöffnet ihre Pracht.

Bodenbeschaffenheit

Für die meisten Gartenpflanzen ist ein lockerer, humoser und nährstoffreicher Boden mit leicht saurem bis neutralem pH-Wert optimal. Man wird diese idealen Verhältnisse selten vorfinden, kann den Boden aber mit wenig Aufwand verbessern.

Sandiger Boden ist trockenkörnig und bröckelt rasch, guter Lehmboden schmiert zunächst und bröckelt nach einiger Zeit.

Bodenarten

Man unterscheidet aufgrund der jeweiligen Anteile an Sand, Ton und Lehm sowie dem Kalk- und Humusgehalt leichte Sandböden, schwere Tonböden und mittlere Lehm- oder Lössböden.

- **Sandböden** lassen sich gut bearbeiten, die Pflanzenwurzeln können sich leicht ausbreiten, Wasser und Nährstoffe werden aber schlecht gebunden. Kompost erhöht den Humusanteil, Mulchen verhindert schnelles Austrocknen.
- Dagegen können sich in dichten **Tonböden** Wurzeln nur schwer ausbreiten. Wasser und Nährstoffe sind so fest gebunden, dass viele Pflanzen beides kaum aufnehmen und schnell welken, selbst wenn die Erde feucht ist. Tonböden lockert man unter Zugabe von Sand und Kompost.
- Beste Bedingungen für den Garten bieten **Lehm- oder Lössböden**. Wasser und Nährstoffe werden gut gespeichert, die Struktur des Bodens ist locker, sodass die Pflanzen leicht wurzeln und die Nährstoffe gut erreichen. Gibt man etwas Kompost oder organischen Dünger zu, laugt der Boden nicht aus.

Die Bodenanalyse

Es gibt verschiedene Methoden, mit denen man ohne großen Aufwand die Bodenbeschaffenheit feststellen kann.

- Die **Spatenprobe** nimmt man an mehreren Stellen im Garten vor. Man hebt Proben bis in etwa 50 cm Tiefe aus und erkennt rasch, ob der Boden eher sandig oder lehmig, eher locker, steinig oder verdichtet ist.
- Die Bodenbeschaffenheit zeigen auch die **Wurzeln** der Pflanzen an. Ein kleiner Wurzelballen und krumme oder miteinander verflochtene Wurzelstränge weisen auf eher undurchlässigen Boden hin.
- Viele **Lebewesen** wie Asseln, Regenwürmer oder Tausendfüßler im Erdreich deuten auf gute Bodenqualität hin.

Pflanzen entgeht nichts

Sogenannte Zeigerpflanzen bevorzugen bestimmte Böden. Man kann von ihrem Vorkommen im Garten also auf die Bodenbeschaffenheit schließen.

- Auf **verdichteten, schweren Tonböden** fühlen sich Ackerkratzdistel, Ackerschachtelhalm, Breitwegerich, Huflattich, Knöterich, Königskerze und Löwenzahn wohl.
- Färberkamille, Sichelmöhre, Storchschnabel, Wegerich und Weiße Lichtnelke lieben hingegen **trockene Böden**.

Die Hortensienblüte zeigt an, ob der Boden sauer oder alkalisch ist. Sie blüht in saurem Milieu blau, in alkalischem rosaviolett.

- **Humose Böden** werden durch Brennnessel, Löwenzahn und Vogelmiere angezeigt.
- An Brennnessel, Distel, Gänsefuß, Hederich, Hirtentäschel, Huflattich, Melde, Nachtschatten, Stumpfblättrigem Ampfer und Vogelmiere erkennt man **nährstoffreiche Böden**.
- Eindeutige Anzeichen für **nährstoffarme Böden** liefern Gänseblümchen, Heidekraut, Kleiner Wiesensauerampfer, Margerite, Sauerklee, Stiefmütterchen und Weißklee.

Säure- und Kalkgehalt müssen stimmen

Das Gedeihen vieler Gartenpflanzen hängt unmittelbar vom Säuregehalt des Bodens ab, denn nicht alle mögen ein zu saures oder zu basisches Milieu.

- **Alkalische Böden** erkennt man an Ackersenf, Bingelkraut, Flughafer, Luzerne, Wegwarte oder Wiesensalbei.
- Adlerfarn, Ehrenpreis, Gänseblümchen, Hasenklee, Kleiner Wiesensauerampfer, Sauerklee, Stechpalme und violette Stiefmütterchen gedeihen in **sauren Böden**.
- Auch die **Essigprobe** gibt ein eindeutiges Ergebnis: Spritzt man ein wenig Essig auf einen Klumpen Erde, sprudelt der Essig bei kalkhaltigem Boden.
- Auf **kalkreichen Böden** wachsen gerne Ackerglockenblume, Ackerwinde, Hasenklee, Huflattich, Klatschmohn, Klee, Leberblümchen, Ringelblume, Rittersporn, Storchschnabel, Wegwarte, Wiesensalbei und Wolfsmilch.

Den Boden verbessern

Die meisten Böden kann man durch Zugabe verschiedener Materialien gut verbessern.

- In schweren Tonboden arbeitet man bis in 30 cm Tiefe **Gärtnerkies oder grobkörnigen Sand** ein, um die Durchlässigkeit zu erhöhen.
- Sandböden brauchen regelmäßig **organisches Material** wie Kompost oder Stallmist. Zur Stabilisierung pflanzt man Gazanie, Johanniskraut, Mittagsblume oder Tamariske.
- In saure Böden arbeitet man zum Ausgleich im Herbst **Gärtnerkalk, Kreide oder Mergel** ein. Zudem muss man sauren Böden über die Düngung **Phosphate und Kali** in Form von Holzasche oder Beinwelljauche zuführen.
- Kalkböden kann man nur sehr aufwendig durch wiederholtes Einarbeiten von großen Mengen **Schwefel oder Torf** verändern. Besser pflanzt man Buche, Buchs, Forsythie, Schneeball, Bohnen, Kohl oder Salat, die gut mit dem Boden zurechtkommen. Durch regelmäßige **organische Düngung** speichert Kalkboden Nährstoffe besser.

MIT TESTSET DEN PH-WERT BESTIMMEN

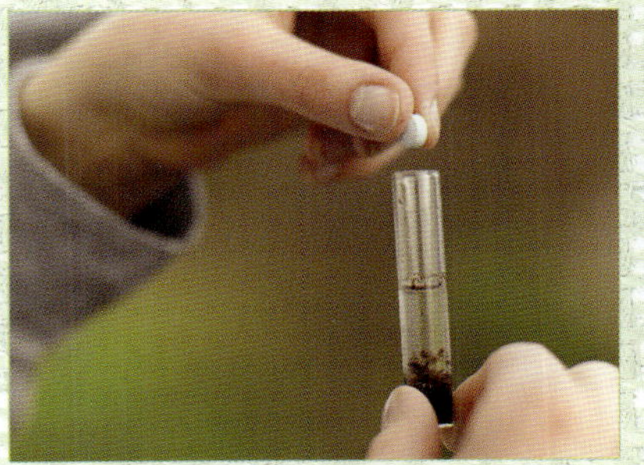

1 Geben Sie eine Bodenprobe mit etwas Wasser in das Glas des Testsets und fügen Sie eine Tablette hinzu. Glas verschließen und gut schütteln.

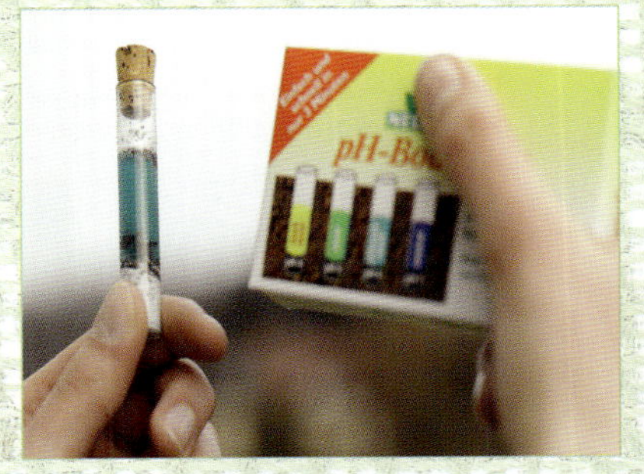

2 Vergleichen Sie die eintretende Farbveränderung der Flüssigkeit mit der Farbskala des Testsets und bestimmen Sie so den pH-Wert.

Düngen und Stärken

Mithilfe der organischen Düngung versucht man den Nährstoffhaushalt im Boden im Hinblick auf die unterschiedlichen Ansprüche der Pflanzen auszugleichen oder zu verbessern. Auf organische Weise kann man Pflanzen auch stärken.

Düngemittel wie Kompost oder Stallmist müssen bei neu angelegten Beeten gut mit der Grabgabel untergegraben werden.

Gründüngung

Bei der Gründüngung wird der Boden durch das Aussäen bestimmter Pflanzen verbessert. Ihre Wurzeln durchdringen das Erdreich und sorgen für eine tief greifende und gründliche Durchlüftung des Bodens.

- Im **Frühjahr** ausgesäte Gründüngungspflanzen mäht man kurz vor der Blüte ab, zerkleinert sie und harkt sie unter die Erde. Sie reichern den Boden mit Nährstoffen an.
- Pflanzen, die im **Herbst** gesät wurden, lässt man über den Winter stehen und mäht sie im Frühling ab.
- Gründüngung eignet sich insbesondere für **Leerflächen** und für **Flächen mit Dauerkulturen** wie Erdbeeren, Rhabarber, Rosen oder Spargel.
- Um **Krankheiten zu vermeiden**, müssen Gründüngungspflanzen einer anderen Pflanzenfamilie angehören als der der nachfolgenden Gemüsekultur.
- Zwischen April und September sät man **Bienenfreund** in leichte bis schwere Böden. Er wächst schnell, ist pflegeleicht und lockt überdies Bienen an.
- Winterhart sind **Hopfenklee** und **Winterwicke**, sie eignen sich für mittelschwere bis schwere bzw. leichte bis mittelschwere Böden.
- **Lupinen** wurzeln sehr tief und reichern den Boden mit Stickstoff an. Man sät sie von April bis Anfang September in sandige bis lehmige Böden.
- Für mittelschwere Böden eignet sich **Ölrettich**, anschließend darf man kein Kohlgemüse anpflanzen.
- Mit der **Ringelblume** bessert man lockere bis schwere Böden auf, sie bildet Humus.

Dünger auf natürlicher Basis

Organische Düngemittel lassen sich leicht ausbringen und wirken langfristig.

- **Kompost** aus den eigenen Garten- und Küchenabfällen ist eine gute Stickstoffquelle für den Boden. Er wird im Frühjahr auf die Beete gebracht und etwa 2 cm eingearbeitet.
- Gut abgelagert muss **Stallmist** sein, sonst verbrennt er die Pflanzen. Er wird auf einem Haufen gesammelt, gut gewässert und mit einer Folie abgedeckt, damit er feucht bleibt und verrottet. Stallmist wird im Herbst ausgebracht und gut in den Boden eingearbeitet. Kohlarten, Salate und Kürbisgewächse vertragen die sofortige Pflanzung, Bohnen, Erbsen, Möhren und Rettiche erst im Jahr darauf.
- Den im **Fachhandel erhältlichen getrockneten Stallmist** kann man einfach auf die Beete streuen oder als Kompostbeschleuniger verwenden.
- Im Frühjahr streut man **Knochen- oder Blutmehl** aus, es enthält hauptsächlich Phosphor und Kalzium. Der Pflanzerde für junge Gehölze sollte man für ein gesundes Wachstum unbedingt Knochenmehl beimischen, und auch Kübelpflanzen freuen sich über eine regelmäßige Gabe.
- **Hornmehl** wird leicht vom Boden aufgenommen und versorgt Pflanzen rasch mit Stickstoff, Phosphor und Kalium. Man kann es das ganze Jahr ausbringen, insbesondere vor Aussaat oder Pflanzung. 60 – 80 g / m² sind optimal.

Der Kompost wird vorsichtig zwischen den Pflanzen verteilt und dann mit einer Harke ins Erdreich eingearbeitet.

- **Holzasche** ist ein hervorragender Dünger für Kartoffeln, Möhren, Tomaten und Sellerie sowie Rosen. Man streut im Frühjahr den feinen Staub dünn in die Saatrillen oder Pflanzlöcher und arbeitet ihn leicht in den Boden ein.
- Direkt aufs Beet gibt man **Kaffeesatz**. Er düngt nicht nur, sondern vertreibt auch Schnecken. Da die haushaltsüblichen Mengen meist zur Bodenverbesserung nicht ausreichen, muss man noch zu anderen Düngern greifen.
- Farne, Rosen und Tomaten freuen sich hin und wieder über **Milchdünger**. Man mischt Milch oder Molke im Verhältnis 1 : 3 mit Wasser. Die Pflanzen nehmen mit den Wurzeln Aminosäuren aus der Milch auf; die Milchbrühe beugt auch Mehltau vor.
- Regen wäscht aus sandigen Böden viele Nährstoffe aus. Daher muss man mehr düngen und **Stickstoff**, z. B. in Form eines Borretschauszugs, zusetzen.
- Zerdrückte Eierschalen stellen eine gute **Kalziumquelle** dar. In sauren Böden verändern sie aber das Milieu, da sie stark alkalisch wirken.

Brühen, Jauchen und Tees

Um Pflanzen gegen Schädlinge, Krankheiten und Pilze zu stärken, setzt man verschiedene Arten der Kräuterzubereitung ein, für deren Zubereitung und spätere Verdünnung man Regenwasser oder abgestandenes Leitungswasser verwenden sollte.

- Legt man 1 kg Kräuter bis zu 24 Stunden in 10 l kaltem Wasser ein, erhält man einen Auszug oder Aufguss, den man nach dem Abseihen stark verdünnt verwendet. Ein **Brennnesselauszug** hält Schädlinge ab, mit einem **Knoblauchauszug**, dem etwas Schmierseife beigesetzt wurde, bekämpft man Blattläuse und beugt Pilzkrankheiten vor.
- Im gleichen Mengenverhältnis und ebenfalls mit kaltem Wasser wird die **Kräuterbrühe** angesetzt, allerdings nach einem Tag für etwa 30 Minuten leicht gekocht.
- **Ackerschachtelhalmbrühe** wird gespritzt und wirkt gegen viele Krankheiten: Blattfallkrankheit bei Beerenobst, Blattfleckenkrankheit, Kräuselkrankheit des Pfirsichs, Echten Mehltau, Monilia, Rost, Salatfäule, Sternrußtau und Schorf. Vermischt mit etwas Schmierseife, kann man sie auch gegen Blattläuse und Spinnmilben einsetzen.
- Gegen Schnecken spritzt man **Farnkraut- oder starke Kaffeebrühe** oder gießt **Tannenzapfenbrühe**.
- Für einen Tee übergießt man Kräuter mit kochendem Wasser und lässt den Sud etwa 10 Minuten ziehen. **Basilikumtee** – 8 TL getrocknete Blätter auf 1 l Wasser – spritzt man gegen Blattläuse und Spinnmilben.
- Für **Kräuterjauchen** weicht man 1 kg frische bzw. 150 g getrocknete Kräuter in 1 l Wasser ein und lässt sie dann 10 – 20 Tage vergären, wobei man täglich umrührt. Kräuterjauchen dürfen nur stark verdünnt angewendet werden.
- Eine **Birkenblätterjauche** aus frischem Laub wirkt vorbeugend gegen Schorf an Blättern und Früchten, eine **Löwenzahnjauche** fördert die Fruchtqualität von Beeren- und Baumobst.

Brennnesseljauche

1 kg frische oder 150 g getrocknete Brennnesseln
10 l Wasser

Brennnesseln in einer Schüssel zerdrücken, Wasser zufügen und die Pflanzen gut eintauchen. Mit Folie oder Deckel verschließen, 3 Wochen gären lassen, täglich umrühren, abseihen. Brennnesseljauche stärkt die Widerstandskraft, sollte aber nur bei bedecktem Himmel ausgebracht werden.

Fruchtwechsel

Die Vorteile der Dreifelderwirtschaft sind den Bauern seit Jahrhunderten bekannt. Wer das Rotationsprinzip im Gemüse- und Obstgarten übernimmt, wird mit hohen Erträgen belohnt und muss weniger düngen sowie Schädlinge weniger fürchten.

Pflanzt man im Gemüsegarten alljährlich die gleiche Sorte im selben Beet an, wird der Boden ausgelaugt, da die Pflanzen immer die gleichen, für sie wichtigen Nährstoffe entnehmen. Über kurz oder lang finden sie diese dann nicht mehr und können nicht mehr gedeihen.

Erdbeeren können neben Grünspargel oder Rhabarber auch einige Jahre an einem Standort bleiben.

Kürbis gehört wie seine Verwandten Zucchini und Gurke zu den Starkzehrern.

Erholung macht stark

Mit einem Sortenwechsel gönnt man dem Boden Erholung, er kann sich regenerieren.

- Je mehr Zeit verstreicht, bevor man im selben Beet wieder die gleiche Pflanze zieht, desto besser: Ein **Vierjahresrhythmus** ist ideal.
- Der Fruchtwechsel **erspart oft die Düngung**, da einige Pflanzen Nährstoffe an den Boden abgeben, die von anderen benötigt werden. So setzen die Wurzeln von Bohnen oder Erbsen beim Verrotten viel Stickstoff frei, der im Folgejahr das Wachstum von Kohlpflanzen fördert.
- Auch **Schädlingen und Pilzkrankheiten**, die sich im Boden ausbreiten, wird **vorgebeugt**. Die Pilzsporen oder der Insektennachwuchs finden im Folgejahr keine geeigneten Wirtspflanzen und gehen ein. Erbsen sollte man aus diesem Grund frühestens nach 2 Jahren wieder im gleichen Beet anpflanzen, Zwiebeln erst nach 3 Jahren.
- Ist eine Kohlsorte an der **Kohlhernie** erkrankt, sollte man mindestens 7 – 8 Jahre warten, bevor sie wieder im gleichen Beet gezogen wird.
- Selbst in **kleineren Gärten** mit nur einem Gemüsebeet ist ein Fruchtwechsel möglich, indem man die Pflanzensorten von Reihe zu Reihe über die aufeinanderfolgenden Jahre wechselt.

Fruchtfolge planen

Bei der Planung einer Fruchtfolge ist zu berücksichtigen, ob eine Pflanze zu den Stark-, Mittel- oder Schwachzehrern gehört. Starkzehrer haben einen sehr hohen Nährstoffbedarf. Sie wachsen reichlich, schnell und brauchen eine kräftige organische Düngung. Mittelzehrer benötigen weniger Nährstoffe, wachsen langsamer, die Düngung sollte sparsamer sein. Pflanzen mit geringem Nährstoffbedarf nennt man Schwachzehrer, sie brauchen höchstens Kompost.

- Im Gemüsebeet folgt auf einen **Starkzehrer** ein **Mittelzehrer**, im dritten Jahr pflanzt man einen **Schwachzehrer**.
- Am einfachsten ist die Planung des Fruchtwechsels mit einem **Tagebuch**. In ihm vermerkt man genau, wann man wo was angepflanzt hat.
- Als Beispiel einer **gut geplanten Rotationsfolge** baut man jeweils Gemüse aus den folgenden Gruppen nacheinander an: Auf Kohlgemüse folgen Hülsenfrüchte, dann Knollen- und Nachtschattenpflanzen und zuletzt Zwiebelgewächse.

Garten winterfest machen

Heimische Pflanzen sind normalerweise winterhart. Trotzdem sollte man den Garten gut vorbereiten, damit auch empfindliche Pflanzen harte Frosttage überstehen.

Schutz aus der Natur

Als Schutzmaterialien zum Abdecken oder Einhüllen von Pflanzen eignen sich Laub, Tannen- oder Fichtenreisig, Stroh, Sackleinen oder Jute.

- **Fichtenreisig** bietet optimalen Winterschutz: Es verliert nach und nach seine Nadeln und lässt so wieder mehr Licht an die Pflanzen. Das Reisig wird wie ein kleines Dach über die Pflanzen gestellt. Die Luftzufuhr muss gewährleistet sein, sonst kommt es zu Fäulnis oder zu Krankheiten.
- Unbedingt vorher das **Laub** auf Schädlinge, Pilzbefall oder andere Krankheiten überprüfen.
- **Sackleinen und Jute** sind leicht und geschmeidig, sodass die Pflanze nicht beschädigt wird. Zum besseren Schutz kann man Stroh zwischen Pflanze und Jutehülle geben.

Gegen die Kälte

Pflanzen aus wärmeren Regionen, frisch gesetzte Pflanzen und Jungpflanzen überstehen strenge Winter nur eingepackt in Sackleinen oder Fichtenreisig.

- Stämme von **Obstgehölzen** versieht man mit einem weißen Anstrich oder einem Pappmantel, damit die Rinde bei starken Temperaturunterschieden oder sehr kalten Nächten nicht platzt.
- **Empfindliche Stauden** und solche, die erst im Spätherbst gepflanzt wurden, schützt man mit trockenem Laub oder Stroh, wintergrüne Sorten dagegen mit Fichtenreisig.
- **Hohe Ziergräser** bindet man in Büscheln zusammen, sie sind dann besser geschützt gegen Frost und Schnee und bieten Winterquartier für viele Nützlinge.
- Hat der Frost den **Boden** rund um Stauden oder Gehölze aufgeworfen, drückt man ihn wieder fest, um die Wurzeln zu schützen.
- Auf den **Zweigen von jungen Nadelhölzern** sammelt sich weniger Schnee, wenn man sie mit Streifen von Sackleinen zusammenbindet.

Bei starkem Frost benötigen auch winterharte Kübelpflanzen Schutz. Man stellt sie auf Holzscheite und packt sie in Decken oder Folie ein.

> ***Gut zu wissen***
>
> Im Kübel
>
> *Frost von – 6 bis – 10 °C vertragen Echte Feige, Erdbeerbaum, Granatapfel, Hanfpalme, Jasmin, Kamelie, Klebsame, Lorbeer, Olive, Sternjasmin und Wollmispel. Leichte Fröste vertragen Bleiwurz, Feigenopuntie, Myrte, Oleander, Rosmarin und Strauchmargerite.*

Gartengeräte

Die Basisausstattung an Gartenwerkzeugen umfasst nur wenige Geräte. Spaten und Harke, Gießkanne und Gartenschlauch, Rechen, Schere und Besen braucht man immer, selbst wenn man lediglich einen kleinen Garten sein Eigen nennt.

Nach der gründlichen Säuberung müssen Metall- und Holzteile der Gartengeräte trocknen, damit sie keinen Schaden nehmen.

Gut zu wissen

Schutz bei der Gartenarbeit

Um im Garten gut und sicher arbeiten zu können, sind Handschuhe und vernünftiges Schuhwerk unerlässlich. Fürs Arbeiten auf Knien – etwa Unkrautjäten oder Pflanzensetzen – empfiehlt sich ein Knieschutz: Eine mit einem alten Kissen oder Lumpen gefüllte Tüte oder eine alte Matte genügt. Die Fingernägel bleiben sauber, wenn man sie vor der Gartenarbeit in ein Stück Seife krallt; der Raum zwischen Nägeln und Fingern füllt sich dann mit Seife und Gartenerde kann sich nicht festsetzen.

Auf Qualität achten

Hochwertige Gartengeräte haben ihren Preis, aber gutes Material und stabile Verarbeitung garantieren eine lange Lebensdauer und im Nachhinein lohnt die Ausgabe.

- Spaten und Grabgabeln aus **rostfreiem Stahl** oder **verchromte** Exemplare sind zwar teuer, dafür aber sehr lange haltbar. Außerdem arbeitet es sich mit den polierten Oberflächen leichter.
- Kleine Gartengeräte in **grellen Signalfarben** finden sich im Gras oder unter Unkraut leichter wieder. Man kann die Griffe auch selbst anmalen.
- Gartengeräte sollte man **nicht aus dem Katalog** oder über das **Internet** kaufen, man muss wissen, wie sie in der Hand liegen. Außerdem dürfen sie nicht zu schwer sein.
- Viele Gartengeräte können mittels **Teleskopschiene** ausgezogen werden, auf diese Weise schont man den Rücken.

Pflege verlängert die Lebensdauer

Nach dem Gebrauch eines Gartengeräts entfernt man sofort Erde, Grasschnitt oder Schmutz.

Die beweglichen Metallteile schmiert man regelmäßig mit Maschinenöl.

- Hartnäckige Schmutzreste auf den Schneiden von Garten- oder Astscheren säubert man mit **Brennspriritus**.
- Metallflächen werden zur **Rostvorbeugung** nach Gebrauch mit einem ölgetränkten Lappen abgewischt.
- **Unbequeme Griffe** kann man ganz einfach mit etwas Schaumstoff ummanteln.
- **Schubkarren** lehnen, sofern sie keinen Platz im Geräteschuppen haben, hochkant mit den Griffen an einer Wand. So sammelt sich kein Wasser und sie rosten nicht.
- Verklebte Grasreste unter dem Rasenmäher löst man mit einer nicht zu harten **Bürste**.

Vor der Einlagerung im Winter

- Große Klingen von Sense oder Sichel werden mit einem Wetzstein geschärft, kleine Klingen mit einer Feile.
- Griffe und Stiele aus Holz ölt man mit **Leinsamenöl** ein, dann bleiben sie geschmeidig.
- Metallteile reinigt man mit feiner **Stahlwolle**. Um Rostflecken zu entfernen, steckt man sie mehrfach in ein Sand-Öl-Gemisch.
- Metallgeräte dürfen **niemals auf dem Boden lagern**, da sie dort feucht werden können und rosten. Den Rasenmäher stellt man auf eine Holzplatte.

Gartenmöbel pflegen

Bei der Wahl der Gartenmöbel sollte man sich an den Charakter des eigenen Gartens halten. In formelle Ziergärten passen Metallmöbel oder eine Steinbank, in einen Bauerngarten schwere Holzmöbel.

Aus Holz und Stein

Im Gegensatz zu Möbeln aus Stein sind Gartenmöbel aus Holz selten witterungsbeständig. Die Grundimprägnierung von heimischen Nadelholzmöbeln schützt zwar vor Feuchtigkeit, im Winter sollte man die Möbel aber einlagern.

- Holzmöbel darf man **nicht in einem geheizten Raum lagern**, das Holz wird spröde und reißt.
- In Möbel aus **stark ölhaltigem Holz** wie Akazie, Lärche, Robinie oder Teak kann Feuchtigkeit kaum eindringen. Damit sie nicht so rasch ergrauen, reibt man sie in jedem Frühjahr mit speziellen Ölen ein.
- Streicht man eine neue **Steinbank** mit Wasser und Joghurt im Verhältnis 10 : 1 ein, setzt sie rascher Patina an.

Der möglichst umweltfreundliche Lack- oder Lasurschutz von Gartenmöbeln aus Holz muss rege mäßig erneuert werden.

Korb, Kunststoff oder Metall?

Wer wenig Platz hat, sollte auf stapelbare, leichte Ware aus Korb, Kunststoff oder Metall zurückgreifen. Schmiedeeisen ist dagegen sehr sperrig und schwer.

- **Korbmöbel** aus Bambus, Peddigrohr und Rattan wirken romantisch. Da sie äußerst feuchtigkeitsempfindlich sind, darf man sie keinesfalls im Freien überwintern, sie würden faulen und schimmeln.
- Bei **Kunststoffmöbeln** vertragen nur die hochwertigen große Temperaturunterschiede und sind gegen den ständigen Wechsel von Regen und Sonne gefeit. Im Übrigen ist Kunststoff sehr pflegeleicht, braucht allerdings Schutz vor Frost. Durch Kälte entstehen im Material kleine Risse, in denen sich Schmutz festsetzt.
- Allen Wetterlagen trotzen **Aluminium- und Edelstahlmöbel**, sie stehen auch den Winter im Freien durch.
- **Schmiedeeiserne Möbel** sind mit klarem oder buntem Überlack gestrichen und damit im Prinzip wetterfest. Vor Winterbeginn die Lackschicht auf kleine Risse überprüfen, denn hier setzt sich rasch Rost an. Dann muss man sie vor Nässe schützen oder den Lack ausbessern.

Korbmöbel reinigen

1 Wenn möglich, stellt man die Korbmöbel in die Badewanne.

2 Dann spritzt man sie mit der Dusche oder draußen mit dem Schlauch gut ab und schrubbt sie mit Bürste, Seife und Soda. Gut trocknen lassen, allerdings nicht in der Sonne.

3 Flecken behandelt man mit einem in Mentholspiritus getauchten weichen Tuch.

Gemüse- und Salatbeete

Der Nutzgarten gehört in den sonnigsten und flachsten Teil des Gartens, die Beete sollten in Ostwestrichtung verlaufen, damit sich die Pflanzen, wenn sie größer werden, nicht gegenseitig beschatten.

Das kleine Gemüsebeet liegt direkt neben dem Komposthaufen, man erspart sich lange Wege.

Ein neues Beet entsteht

Um gut arbeiten zu können, sollte das Gemüsebeet maximal 1,2 m Breite und von allen Seiten Zugang haben, also nicht an eine Mauer oder Hecke grenzen. Die Wege zwischen den einzelnen Beeten sollten etwa 30 cm breit sein.

- Einfache **Bretter** auf den Wegen verhindern, dass man bei Regenwetter im Schlamm versinkt. Bei Feuchtigkeit werden sie aber leicht rutschig.
- Am besten trennt man den **Gemüsegarten in zwei Teile**: In einem wächst, was man täglich ernten möchte, also Möhren, Radieschen, Rettich oder Salat. Den anderen Teil nutzt man für Dauerkulturen wie Kräuter, Meerrettich, Rhabarber oder Kohlarten.
- Beeren- oder Haselnusssträucher eignen sich als **attraktive Umrahmung** von Gemüsebeeten. Sie schützen zudem vor kaltem Wind.
- Unkräuter wie Brennnessel, Giersch oder Vogelmiere weisen auf **guten Boden** hin, sie benötigen für ihr Wachstum die gleichen Nährstoffe wie Gemüse.
- In einem neuen Gemüsebeet pflanzt man zunächst Sorten, die in **Konkurrenz zu Unkraut** und in noch nicht optimalen Bodenverhältnissen gedeihen. Großblättrige Sorten wie Kürbis oder Zucchini hemmen das Wachstum von Unkraut. Kartoffeln und Topinambur lockern den Boden.
- Die **Grunddüngung**, am besten mit Kompost, wird etwa 3 Wochen vor der ersten Aussaat ausgebracht.
- Kleinwüchsige Gemüsepflanzen gehören auf die **Sonnenseite** von großwüchsigen, damit sie genügend Licht abbekommen. Außerdem erleichtert diese Anpflanzung das Gießen und Düngen.
- Wer auf **unterschiedliche Reifezeiten** bei der Aufteilung des Beetes achtet, kann die verschiedenen Pflanzen dicht nebeneinander setzen.

Anzucht im Warmen und Aussaat

- **Anzuchtschalen oder -kisten aus Plastik** haben den Vorteil, dass sie sich leicht reinigen lassen und sich daher keine Krankheiten festsetzen können.

Eierkartons aus Pappe eignen sich für die Samenanzucht. Man darf sie allerdings nur einmal benutzen.

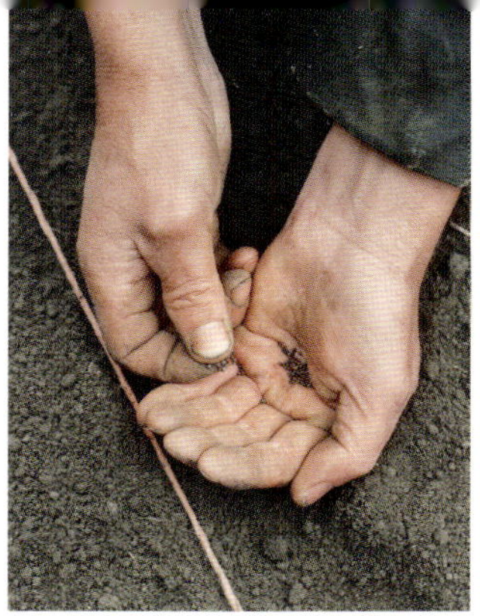

Die Saat kommt in gerade Furchen, die man entlang einer gespannten Schnur mit einem Stock zieht.

- Versehen Sie die einzelnen Saatgefäße unbedingt mit **Etiketten**, auf denen Datum und Sorte notiert werden.
- Je **weniger Samen** man in ein Gefäß streut, desto weniger Arbeit hat man später beim Vereinzeln der Pflanzen.
- **Größere Saatkörner** sät man in größerem Abstand aus, einzeln oder paarweise – falls ein Korn nicht keimt.
- Dagegen wird **kleineres Saatgut** – Spinat oder Mangold – breitwürfig auf dem Beet ausgestreut.
- **Sehr feine Samen** vermischt man mit etwas Sand, dann fallen sie weniger dicht und lassen sich besser verteilen.
- Lässt man Samen von Hülsenfrüchten oder Fruchtgemüse 24 Stunden in einer **Milchbeize** vorquellen, keimen sie schneller.
- Draußen kann die **Aussaat früher erfolgen**, wenn man den Boden einige Tage zuvor mit einem schwarzen Vlies oder einer schwarzen Plastikfolie abdeckt und er sich dadurch erwärmt.
- Sät man langsam wachsende Sorten wie Möhren zwischen schnell wachsenden Salat, kann man den **Platz optimal ausnutzen**.

Beete pflegen

Im Gegensatz zu Blumenbeeten erfordern Nutzbeete deutlich mehr regelmäßigen Arbeitsaufwand, damit man sich an einer reichen Ernte freuen kann.

- **Bewässerungsgräben** zwischen den Reihen sorgen dafür, dass das Gießwasser langsam und direkt zu den Wurzeln sickern kann – das ist praktisch für alle Gemüsesorten, die nicht von oben gegossen werden sollten.
- Das **Gießwasser** sollte immer **handwarm sein**, sonst bekommen die Pflanzen gerade bei heißer Witterung einen regelrechten Schock.
- Als **natürliche Nährstofflieferanten** dienen Gründüngungspflanzen wie Klee, Luzerne oder Winterwicke, die im Herbst in den Boden eingearbeitet werden. Man sollte im Gemüsebeet einen Platz für sie reservieren.
- Im Spätherbst bessert man den Boden in abgeernteten Beeten mit **Mulch** auf.
- Stark **duftende Kräuter** oder Blumen rund ums Gemüsebeet wie Dill, Sumpfblume oder Tagetes **locken Nützlinge** wie Marienkäfer oder Schwebfliegen an.

Eindringlinge abwehren

- Schädlinge wie Raupen und Schnecken **sammelt man einzeln ab**. Schnecken verstecken sich gern im Gras, den Rasen rund ums Gemüsebeet also kurz halten.
- Sind Sträucher oder Hecken in der Nähe des Beetes im Frühling von Blattläusen befallen, schützt man das junge Gemüse mit **durchsichtigem Vlies** oder **Folie**.
- **Fliegengitter** auf den frisch eingesäten Beeten halten Katzen und Vögel fern. Haben die Samen ausgetrieben, kann man daraus Schutzgitter für die empfindlichen Keimlinge herstellen.
- Als **Vogelscheuche** hängt man glitzernde Gegenstände an Äste oder einen in den Boden gerammten verzweigten Stock. Da sie sich im Wind bewegen und zudem das Sonnenlicht reflektieren, vertreiben sie gefräßige Vögel.

Das ganze Jahr hindurch muss man Unkraut jäten, damit es dem Gemüse nicht Platz und Kraft raubt.

Kräuterauszug für Setzlinge

50 g Brennnessel
10 g Salbei
10 g Weinraute
10 g Wermut
20 g Wurmfarn
20 g Zwiebelschalen
10 l Wasser

Die getrockneten Kräuter im Wasser 24 Stunden einweichen, dann aufkochen und abfiltern. Die fertige Jauche 10-fach verdünnen und die Setzlinge damit zur Stärkung angießen. Wöchentlich wiederholen.

Das Gartenjahr

Mit dem Jahresverlauf wiederholen sich alljährlich die im Garten anstehenden Arbeiten. Je nach Orts- und Wetterlage widmet man sich ihnen etwas früher oder später. Im Frühling muss man stets mit einem späten Frosteinbruch rechnen.

Frühling:

- Im Ziergarten werden Rosen, Gehölze und Stauden gepflanzt bzw. zurückgeschnitten, vorhandene Stauden geteilt und verpflanzt sowie einjährige Sommerblumen gesät.
- Im Obstgarten schneidet man Beerensträucher und Weinspalier zurück, pflanzt empfindliche Sorten wie Aprikose oder Pfirsich und bestreicht Frostrisse.
- Im Gemüsegarten sät man Erbsen, Gartenkresse, Löwenzahn, Puffbohnen, Spinat und Steckzwiebeln aus und lässt Knollen im Keller vortreiben.

Spätfrühling:

- Im Ziergarten pflanzt man Gehölze, lichtet früh blühende Sträucher nach der Blüte aus, bindet Kletterrosen hoch und stellt Kübelpflanzen nach den Eisheiligen ins Freie. Zweijährige Sommerpflanzen sowie Frühjahrsblüher werden gesät, Dahlien und Gladiolen gesetzt.
- Im Obstgarten mulcht man Erdbeeren oder legt Stroh unter die Pflanzen. Ein übermäßiger Fruchtbehang an Bäumen wird ausgedünnt. Reich tragende Beerentriebe muss man abstützen und Obstbäume gut wässern, damit sich die Früchte entsprechend entwickeln.
- Im Gemüsegarten kann man jetzt Lauch, Fruchtgemüse und Kohlsorten für den Winter pflanzen sowie Bohnen, Mangold und Schwarzwurzeln säen. Kartoffelpflanzen werden angehäufelt und Tomaten abgestützt.
- Zur Ernte stehen Kohlrabi, Mairüben, Radieschen, Rettich, Rhabarber, Schnitt- und Pflücksalat und Spinat an sowie die ersten Beeren.

Sommer:

- Im Ziergarten entfernt man verwelkte Blütenstände, abgestorbene Staudenteile und Wildtriebe bei Rosen. Sommergrüne Hecken werden geschnitten und Frühsommerblüher bis zum Boden gekürzt. Außerdem setzt man herbstblühende Zwiebelgewächse und teilt Irisrhizome.
- Im Obstgarten vermehrt man Erdbeerpflanzen durch Ausläufer und pflanzt neue Erdbeeren an. Stark tragende Äste an Obstbäumen werden abgestützt und nach der Ernte nimmt man den ersten Auslichtungs- und Pflegeschnitt vor. Ab Ende August werden Obstgehölze nicht mehr gegossen. Beerensträucher werden nach der Ernte geschnitten.
- Im Gemüsegarten sät man Feldsalat, den letzten Kopfsalat, Radicchio, Rettich, Spinat, Spitzkohl, Wirsing und Winterkresse. Gepflanzt werden nun Blumenkohl, Endivie, Grünkohl, Kohlrabi und Lauch. Bei Tomaten entfernt man alle Seitentriebe und unterbricht das Wachstum, wenn sich etwa 5 Fruchttrauben gebildet haben.
- Ernten kann man neben Salat und vielen Gemüsesorten die ersten Kartoffeln und Tomaten, ferner die letzten Beeren, Frühäpfel und Steinobst.

Spätsommer:

- Im Ziergarten schneidet man immergrüne Hecken, bindet spät blühende Stauden auf und pflanzt zweijährige Sommerblumen. Jetzt werden

Zwiebelpflanzen fürs Frühjahr gesetzt und einjährige Blüher komplett entfernt.
- Im Obstgarten ist Pflanzzeit für Beeren- und Haselnusssträucher, neue Fruchttriebe bei Brombeeren muss man hochbinden. Obstbäume sollte man nicht mehr schneiden.
- Im Gemüsegarten pflanzt man auf Brachflächen Gründüngungspflanzen an und kann noch Feldsalat, Spinat oder Winterzwiebeln aussäen. Um bei Tomaten der Kraut- oder Knollenfäule vorzubeugen, schützt man sie mit einem Foliendach.
- Die Ernte nimmt viel Zeit in Anspruch: Äpfel, Birnen, Brombeeren, Holunderbeeren sowie Hasel- und Walnüsse sind reif, außerdem Fruchtgemüse, Lauch, Spätkartoffeln und Spätmöhren.

Herbst/Winter:

- Im Ziergarten pflanzt man Rosen und häufelt Edelrosen an. Nach dem ersten Frost kommen Dahlien, Gladiolen, Knollenbegonien und Ranunkeln aus der Erde und werden kühl gelagert. Ziergehölze lichtet man aus. Staudenbeete und Rabatten mit Komposterde, Rindenmulch oder Laubstreu bedecken. Immergrüne Gehölze vor dem Frost gut wässern.
- Im Obstgarten pflanzt man bei frostfreiem Wetter Obstbäume. An frostfreien Wintertagen nimmt man Auslichtungs- und Pflegeschnitte vor.
- Im Gemüsegarten schützt man Beete vor dem ersten Nachtfrost. Noch nicht abgeerntetes Gemüse wird mit Folie abgedeckt, dadurch reift es schneller.
- Ernten kann man Endivien, Feldsalat, Grünkohl, Rosenkohl und Winterlauch sowie an frostfreien Wintertagen Pastinaken und Meerrettich.

Gewächshaus

Zum Überwintern empfindlicher Pflanzen oder für Exoten, denen es in unseren Regionen zu kalt ist, für die Anzucht von Gemüse und Obst oder auch für Zierpflanzen ist ein Gewächshaus ideal. Die Energiekosten für das Haus können allerdings hoch sein.

Gestelle und Regale schaffen Platz. Beim Gießen muss man darauf achten, dass kein Schmutzwasser von oben auf untere Pflanzen tropft.

In großen Gewächshäusern sorgt eine Umwälzpumpe für den Luftaustausch.

Licht und Luft

Ein Gewächshaus muss möglichst hell stehen und möglichst groß sein, damit die Luft zirkulieren kann.

- Damit das Haus im Winter **genug Licht** abbekommt, setzt man es in Ostwestrichtung.
- Pflanzen haben unterschiedliche **Lichtbedürfnisse**: Zarte, weichblättrige müssen dicht ans Fenster.
- Wer **wenig Platz** hat, kann hartblättrige Pflanzen sogar unter den Pflanzgestellen deponieren.
- Ist für stark verschmutzte Scheiben Reinigungsmittel nötig, achtet man darauf, dass die Pflanzen außer Reichweite stehen, oder deckt sie mit **Plastikfolie** ab.
- Damit es im Gewächshaus bei starker Sonneneinstrahlung nicht zu heiß wird, streicht man es im Frühjahr mit einer weißen **Spezialfarbe**, die im Herbst abgewaschen wird.
- Ohne gute **Belüftung** geht es nicht, Fenster zum Aufklappen sind also unerlässlich, ebenso wie Vorrichtungen zum Beschatten und zum Abdecken für besonders heiße Sommertage. Ein Ventilator unterstützt gegebenenfalls die Belüftung.
- An heißen Sommertagen **spritzen** Sie das Innere des Gewächshauses **mit Wasser** aus, um es feucht zu halten.

Giessen von Gartenpflanzen

Regelmäßiges Gießen – nicht zu viel, nicht zu wenig – ist bei jeder Pflanze wichtig. Wer die regenreiche Zeit im Frühjahr und Herbst nutzt und dann Wasser sammelt, sorgt für heiße Tage vor.

Jungpflanzen gießt man sehr vorsichtig an, damit sie ihren Halt nicht verlieren.

Wer braucht wie viel?

An den Blättern einer Pflanze kann man prinzipiell erkennen, ob sie eher viel oder wenig Wasser braucht.

- Auf **wenig Durst** weisen kleine, ledrige, dornige, glänzende oder fleischige Blätter hin sowie Blätter mit einer wachsartigen Schicht. Mit wenig Wasser kommen Pflanzen im Steingarten oder mediterrane Pflanzen aus sowie Efeu, Fuchsschwanz, Kapuzinerkresse, Salbei, Tagetes, Zinnie.
- Pflanzen mit weichen, großen oder dünnen Blättern haben dagegen **viel Durst**, ebenso wie alle blühenden Pflanzen und solche mit festem Ballen.

Wann und wie gießen?

Pflanzen im Blumen- oder Gemüsebeet oder Hecken gießt man morgens vor 9.30 Uhr. Dann trocknen die Blätter rasch ab und das Risiko einer Pilzinfektion reduziert sich. Abends gewässerte Pflanzen stehen die ganze Nacht hindurch im nassen Erdreich, die Wurzeln könnten faulen und zudem lockt die nächtliche Feuchtigkeit Schnecken an.

Bei größeren Neuanpflanzungen legt man einen Bewässerungsschlauch, so gelangt das Wasser tropfenweise in die Erde.

- Man gießt **eher selten, dafür aber gründlich**: In der durch Gießpausen weniger feuchten Erde bildet sich ein weiter verzweigtes und tiefer reichendes Wurzelsystem aus. Bei schwerem Boden darf allerdings keine Staunässe entstehen.
- Einen **preiswerten Bewässerungsschlauch** bastelt man aus einem alten Gartenschlauch: Man bohrt kleine Löcher hinein, verbindet ihn mit dem Hauptschlauch und kann ganz gezielt und dosiert wässern.
- **Blätter** sollte man, vor allem bei Melonen, Paprika und Tomaten, **nicht wässern**, und von eventuell beregneten Blättern empfiehlt es sich, das Wasser abzuschütteln. Andernfalls kann es zu Pilzerkrankungen kommen.
- **Blüten** darf man **niemals gießen**: Die kleinen Wassertröpfchen wirken im Sonnenlicht wie ein Brennglas.
- Bei **starker Hitze** im Sommer ist es besser, die Pflanzen zu **besprühen**, allerdings nicht bei praller Sonne.
- **Junge Keimlinge** brauchen **eher Wasser** als alte mehrjährige Pflanzen mit tiefen Wurzeln.
- Das Gießwasser sollte stets **lauwarm und abgestanden** sein.

Spartipp

Als einfaches und preiswertes Bewässerungssystem dient eine Plastikflasche: Man schneidet den Flaschenboden ab und steckt die Flasche dann kopfüber in die Erde. Füllt man die Flasche, gibt sie das Wasser langsam durch den Flaschenhals in den Wurzelbereich der Pflanze ab.

Die Regentonne schließt man direkt ans Fallrohr der Dachrinne an. Steht sie erhöht, kann man die Kanne gut befüllen.

- Wer mit der Gießkanne nur alle paar Tage intensiv gießt, sollte das im Sommer im **Abstand von etwa 30 Minuten wiederholen**. Das Wasser dringt tiefer ins Erdreich ein.
- Beim Wässern mit einem Beregnungssystem prüft man, bis **in welche Tiefe die Trockenheit reicht**. Sind die oberen 3 cm trocken, rechnet man mit einer Bewässerungszeit von etwa 60 Minuten, bei 5 cm sogar 90 Minuten.
- **Gehölze** gießt man im **Bereich der Haarwurzeln** unter den äußeren Zweigen. Große Bäume brauchen in Trockenperioden viel Wasser, besonders Obstbäume zur Zeit der Blüte und Fruchtreife. Gießen Sie über mehrere Stunden mit einem ringförmig um den Baum gelegten Schlauch.

BEWÄSSERUNGSHILFE

1 Neben einer Pflanze, die sehr viel Wasser benötigt, gräbt man ein etwa 15 cm tiefes Loch.

2 In das Loch wird ein entsprechend großer Blumentopf mit dem Abflussloch nach unten gestellt und mit einem Teller oder einer Folie abgedeckt.

3 In regelmäßigen Abständen mit Wasser füllen. Es versickert langsam in der Erde und erreicht direkt die Wurzeln.

Regenwasser sammeln

Regenwasser wird von den meisten Pflanzen besser vertragen als Brunnen- oder Leitungswasser, weil gesammeltes Regenwasser meist wärmer und kalkfrei ist. Kalkhaltiges Wasser hinterlässt bald weiße Flecken auf den Blättern.

- Gibt man hin und wieder etwas **Holz- oder Aktivkohle** ins Wasser, bleibt es klar.
- Regentonnen und oberirdische Zisternen versieht man mit einer **Abdeckung**, sodass keine Tiere hineingelangen.
- In einem unterirdischen Erdtank verdunstet das Wasser nicht und es bilden sich keine Algen. Allerdings benötigt man eine Pumpe, die mit dem Gartenschlauch verbunden ist und das Wasser verteilt.

Neu gepflanzte Gehölze brauchen besonders viel Wasser. Über eine Gießmulde kann man sie kräftig einschlämmen.

Optimale Feuchte

Ein lockerer Boden lässt Wasser leichter bis an die Wurzeln gelangen. Deshalb harkt man das Erdreich regelmäßig, auch in Pflanztrögen.

- Nach einem heftigen Sommerregen **lockern** Sie den **Boden** nur an der Oberfläche, sonst verdunstet die im Erdreich vorhandene Feuchtigkeit zu schnell.
- Eine **Mulchschicht** sorgt dafür, dass die Feuchtigkeit länger im Boden bleibt und die Pflanzen nicht dursten.

Hecken – Anlage und Pflege

Dicht wachsende Hecken sind ein vollwertiger Ersatz für den Gartenzaun, insbesondere wenn man immergrüne Pflanzen wählt. Sie bieten außerdem Sicht- und Windschutz sowie Lebensraum für Vögel und andere nützliche Tiere.

Damit die Heckenpflanzen später in einer geraden Linie stehen, steckt man den Pflanzgraben mit Schnur und Pflöcken ab.

Anlage der Hecke planen

Bei der Planung einer Hecke muss man bestimmte Grenzabstände – üblicherweise 1 m – zum Nachbargrundstück einhalten. Außerdem darf die Hecke nicht höher als 3 m sein.

- Für eine **locker wachsende Hecke** setzt man 1–2 Pflanzen pro Meter, für **streng geformte** 2–5 Pflanzen.
- **Doppelreihige Hecken** werden besonders dicht. Man setzt die einzelnen Pflanzen versetzt, damit sie sich besser ausbreiten können.
- Sehr hübsch sehen gemischte Hecken mit **farblich abgestimmtem Laub oder Nadeln** aus. Kombinieren Sie verschiedene Eibenarten oder Thuja mit Rotbuche.
- Soll die Hecke **Windschutz** bieten, wählt man Eibe, Linde oder Ulme, als **Lärmschutz** eignen sich Liguster oder Kirschlorbeer.
- **Gegen unerwünschte Einblicke** und **Eindringlinge** pflanzt man Berberitze, Ilex, Weiß- oder Feuerdorn.

Die Hecke pflanzen

Heckenpflanzen wachsen auf sehr engem Raum. Deshalb ist es unerlässlich, dass der Boden gut aufgelockert und mit Kompost angereichert wird. Bei schweren Böden mischt man Sand oder Lavagranulat unter.

- Legt man eine **Plastikfolie oder ein Vlies** über den Pflanzgraben und schlitzt am Pflanzort jeweils ein Loch hinein, so hält die Folie später Unkraut zurück, reduziert die Verdunstung im Sommer und schützt die Wurzeln im Winter vor Frost. Zusätzlich kann man Mulch zwischen den Pflanzen ausstreuen.
- Man verteilt die Pflanzen so, dass sich die **Seitentriebe gerade berühren**. Setzt man sie enger, ist das Wachstum von Anfang an eingeschränkt.
- Hohlräume vermeidet man, indem man die **Pflanzen gut rüttelt**, sodass sich die Erde zwischen den Wurzeln verteilt.

Die Dolden des Flieders erblühen im Mai.

Gut zu wissen

Die Duftthecke

Duftende Hecken aus Brautspiere, Deutzie, Flieder oder Sommerflieder rufen Erinnerungen an alte Zeiten wach. Solche Hecken sind pflegeleicht, man muss sie nicht jedes Jahr schneiden und sie sind Anziehungspunkt für Bienen und Hummeln, Schmetterlinge und Vögel.

Der Heckenschnitt

Schon nach der Pflanzung erfolgt der erste Schnitt: Laubgehölze kürzt man bis zur Hälfte ein, da sie sehr schnell wachsen. Nadelgehölze bringt man auf eine einheitliche Wuchshöhe.

- Ist die **Laubhecke** gut angewachsen, wird im Sommer stets nur das neue Holz beschnitten, das fördert die Verzweigung. Im Winter dagegen schneidet man bis ins Altholz, um die Bildung neuer starker Triebe zu fördern.
- Hecken aus **Nadelgehölzen** müssen regelmäßig nachgeschnitten werden. Schnitte in altes Holz sollte man vermeiden, da die Äste meist kahl bleiben.
- **Formhecken** müssen im Verlauf des Frühlings und des Sommers dreimal geschnitten werden.
- Besonders **buschig und dicht** wird die Hecke, wenn man die Seiten schräg schneidet, d. h. unten weniger als oben.

Damit die Heckenlinie oben nicht schief wird, spannt man zuvor eine Schnur in der gewünschten Höhe.

- Eine am Fuß der Hecke ausgelegte **Folie oder ein altes Tuch** erleichtern nach dem Schnitt der Hecke das Aufsammeln des Abfalls.

In milden Klimata oder an geschützten Standorten ergeben Fuchsienpflanzen farbenprächtige Hecken.

Hecken pflegen

Hecken sind pflegeleicht: Ist der Boden bei der Pflanzung gut vorbereitet worden, muss man meist nicht nachdüngen.

- Immergrüne Hecken kann man im Frühjahr mit **Hornspänen düngen**, ansonsten reicht es aus, den Boden locker zu halten.
- Vor allem in **Trockenzeiten** – winters wie sommers – muss man Hecken **wässern**. Immergrüne Hecken brauchen dabei weniger Wasser als Laub- oder Blütenhecken.
- Im Spätherbst **entfernt** man **totes Holz, jätet Unkraut** und erneuert gegebenenfalls die Mulchschicht.
- **Kahle Stellen** in einer Hecke kann man gut durch das Anpflanzen einer blühenden **Kletterpflanze** überspielen. Man zieht deren Triebe über die Lücken.

Kletterpflanzen

Kletterpflanzen geben einem unansehnlichen Schuppen ein neues Kleid, verschönern eine Pergola, Windschutzmauer oder einen alten Drahtzaun. Selbst ein kahler Lichtmast wird durch rankendes Grün zum Blickfang.

Welke Blüten müssen stets entfernt werden, nur dann blüht die Pflanze lange und immer wieder aufs Neue.

Wo und wie man pflanzt

Je nach Sorte bevorzugen Kletterpflanzen verschiedene Standorte. Man setzt sie immer mit Abstand zu Mauern oder Kletterhilfen und versorgt sie mit organischem Material.

- **Immergrüne Pflanzen** mögen schattige oder halbschattige Nord- oder Nordostfassaden, z. B. Efeu, Immergrünes Geißblatt oder Winterjasmin. Die Kletterhortensie fühlt sich hier ebenfalls sehr wohl.
- **Laub abwerfende Kletterer** wie Clematis, Pfeifenwinde oder Trompetenblume gedeihen eher an sonnigen Südwest- oder Südostfassaden.
- Man **pflanzt Kletterer im Frühling**, damit sie bis zum ersten Frost gut angewachsen sind.
- Der **Wurzelballen** der Pflanze sollte mit mindestens **3 – 5 cm Erde bedeckt sein**.

Einjährige Kletterpflanzen wie die Schwarzäugige Susanne kann man gut im Topf ziehen.

- Eine **Schicht aus grobem Kiesel** über der Pflanzstelle verhindert, dass die Hauswand beim Gießen oder starkem Regen mit hochspritzender Erde verschmutzt wird. Sie schützt zudem vor zu starkem Austrocknen. Warten Sie mit dem Aufbringen der Kieselschicht, bis sich die Erde nach mehrmaligem Wässern abgesenkt hat.
- Clematis wie auch andere Kletterpflanzen mögen **kühle Füße**, d. h. eine Basis, die im Schatten liegt. Da sie ansonsten Sonne brauchen, beschattet man die Basis mit Mulch, einem Steinkranz, einem Ziegel oder auch einer niedrigen Pflanze.

Beim Klettern unterstützen

Kletterpflanzen halten sich auf unterschiedliche Weise an der Unterlage fest, manche wie Efeu oder wilder Wein können es allein, Clematis oder Wistarie brauchen dagegen eine Kletterhilfe. Bei der Auswahl der Kletterhilfen sollte man sich an den Eigenschaften der Pflanze orientieren.

- **Waagrechte Rankhilfen** aus Holz eignen sich für Kletterrosen und Winterjasmin. Rosen können sich mit den Dornen festhaken.
- Waldreben oder Wicken orientieren sich an **senkrechten und waagrechten Rankhilfen**.
- Hängt man **Rankhilfen an Haken an der Wand** auf, kann man sie leicht mitsamt den Trieben abheben.

Gut zu wissen

Schaden Efeu & Co.?

Viele Hausbesitzer fürchten, dass Kletterer die Fassade schädigen. Das passiert aber nur, wenn die Fassade Risse aufweist, in die die Pflanze eindringen kann. Normalerweise klammern sich Kletterer mit ihren Saugnäpfen, Haftscheiben, Klimmhaaren oder Haftwurzeln nur an die Fassade.

Die in vielen Farben erhältlichen Kletterrosen brauchen Sonne, dann wachsen sie bis zu 5 m hoch.

- Halterungen und Scherengitter aus Holz kann man leicht selbst bauen. Bei der Auswahl und Verarbeitung des Holzes muss man bedenken, dass die **Pflanzen** beim Emporwachsen **an Gewicht zulegen**. Schnee bringt zusätzliche Last, Wind zerrt an den Ranken, das muss man bei der Stabilität ebenfalls einplanen.
- Die einzelnen Triebe bindet man vorsichtig und eher locker **mit weicher Schnur oder Bast** an die Rankhilfe. Sie müssen sich im Wind bewegen können und nehmen im Wachstum auch an Durchmesser zu.

Kletterpflanzen schneiden

Wer darauf achtet, die Pflanzen regelmäßig zurückzuschneiden, wird belohnt: Sie werden kräftiger und treiben neu aus.

- Haben die Kletterer die gewünschte **Endhöhe** erreicht, **stutzt** man **sie jeden Monat leicht** zurück. Triebspitzen kürzt man um ein Drittel, dann verzweigen sie sich neu.
- **Unmittelbar nach der Blüte** schneidet man früh blühende Clematis auf das gewünschte Maß zurück. Bei spät blühenden Sorten kürzt man die Triebe aus dem Vorjahr bis auf zwei Knospen oberhalb der Basis ein.
- Wilde Clematis, Efeu, wilder Wein oder Kletterhortensie muss man **nur alle paar Jahre auslichten**.

Die Dipladenie mag einen hellen warmen Standort, allerdings keine pralle Sonne. Man sollte sie feucht und im Winter frostfrei halten.

- Bei **mehrjährigen Kletterpflanzen** schneidet man die Triebe zwischen März und Mai kräftig zurück.
- Wenn ältere Pflanzen nicht mehr recht austreiben, wirkt manchmal ein **radikaler Rückschnitt** Wunder.
- Um Ziegel oder Dachrinnen zu schützen, muss man **starkwüchsige Kletterer** wie Schlingknöterich oder Wistarie gut beobachten und gegebenenfalls zurückschneiden.

Geschickt kombinieren

- Damit der **Boden** rund um die Kletterpflanze und das Rankgerüst **nicht allzu kahl wirkt**, pflanzt man im Wurzelbereich anspruchslose, flach wurzelnde Stauden.
- Auch **Bäume** lassen sich **beranken**. Haben sie eine schmale Krone, setzt man den Kletterer nahe an den Stamm. Bei einer ausladenden Krone pflanzt man ihn am Kronenrand und lässt ihn am Seil bis zu einem robusten Ast wachsen.
- Einen **schönen Effekt** erzielt man mit der Kombination zweier zu unterschiedlicher Zeit blühender Clematisarten oder einer früh blühenden Clematis und einer Kletterrose.

Kompost

Das einfachste und preiswerteste Düngemittel ist der Kompost aus dem eigenen Garten. Hier kann man organische Küchen- und Gartenabfälle entsorgen, die sich, gut vermischt, im Verlauf eines Jahres in nährstoffreichen Humus verwandeln.

Mit einem Komposthaufen macht man sich den organischen Kreislauf der Natur zunutze. Je vielfältiger man die Materialien mischt, desto wertvoller ist die spätere Komposterde. Bereits nach etwa 3–4 Monaten entsteht der so genannte Roh- oder Frischkompost, der bestens zum Mulchen oder zur Herbstdüngung der Gemüsebeete geeignet ist. Etwa ein Jahr braucht Kompost, um völlig zu reifen, er ist dann feinkrümelig und dunkel wie frische Erde.

Material für den Komposthaufen

Auf den Kompost dürfen alle gesunden, organischen Materialien, die innerhalb eines Jahres verrotten:

- **Küchenabfälle** wie Gemüse- und Obstabfälle einschließlich der Schalen von Bananen und Zitrusfrüchten, soweit sie unbehandelt sind, verdorbene, trockene Lebensmittel, Kaffeepulver und Teeblätter samt Papierfilter, Eierschalen.
- **Papier** von Servietten, Küchenpapier, unbeschichtetes Papier und Papiersäcke zum Entsorgen von Bioabfall.
- **Gartenabfälle** wie zerkleinerter Baum-, Hecken- und Strauchschnitt, Blumen- und Staudenreste, Laub – wegen des hohen Gerbsäuregehalts allerdings kein Nuss- und Eichenlaub –, Wurzeln, Unkraut ohne Samen.
- **Grasschnitt** darf man nur in dünnen Schichten auflegen, am besten vermischt mit gröberem Material, damit weiterhin genug Luft in den Komposthaufen gelangt.
- **Blumenerde**, Schnittblumen und Topfpflanzen mit Erde, zerkleinerte **Holzreste** aus unbehandeltem Holz.

Was man beachten muss

- Ein Platz im **Halbschatten** ist ideal. In der prallen Sonne würde Kompost rasch austrocknen und im Schatten könnte er faulen.
- Kompost benötigt eine bestimmte **Feuchtigkeit** und sollte sich anfühlen wie ein gut ausgedrückter Schwamm. Ein weißgrauer Belag oder viele Ameisen weisen darauf hin, dass das Kompostmaterial zu trocken ist. Dann muss man wässern.
- Außerdem sollte man stets für **gute Belüftung** sorgen. Dazu sticht man mit einem Stab Belüftungslöcher bis zum Erdboden.
- Holunder oder Haselnuss eignen sich für die **Umpflanzung**. Sie darf nicht zu eng sein, damit der Kompost zugänglich bleibt und man beim gelegentlichen Umsetzen problemlos mit Schaufel und Grabgabel hantieren kann.
- Kleinere Komposthaufen kann man auch mit einem **Spalier** einfassen, an

Gut zu wissen

Nicht kompostieren

Mehrjährige Unkräuter, Wurzelunkräuter, bunte Zeitschriften oder dickes Papier und Pappe sowie Essensreste, die Ungeziefer anlocken, gehören nicht auf den Kompost.

Hier hat man ungehinderten Zugang. Zum Schutz vor Tieren wird die Öffnung mit Hasendraht verschlossen.

KRESSETEST ZUR REIFEPRÜFUNG

1 Man sät in einem kleinen Schälchen Kresse auf Material aus dem Kompost an.

2 Keimt sie in 2–3 Tagen und entwickeln sich grüne Blättchen, ist der Kompost reif und auch für empfindliche Pflanzen geeignet.

3 Keimt nichts oder entwickeln sich gelbe Blätter, ist der Kompost noch zu frisch zum Ausbringen auf die Beete.

Den gröberen Holzschnitt schichtet man 20–25 cm hoch auf, er sorgt später für eine gute Belüftung des Komposts von unten.

dem sich Kapuzinerkresse, Wicken oder andere Kletterer hochranken. Auch Sonnenblumen oder Strauchmalven verdecken einen Komposthaufen.

- Gegen **Fäulnisgeruch** setzt man Duftpflanzen, meist riecht der Kompost aber nach frischer Walderde.

Aufschichten des Komposthaufens

Der Komposthaufen gehört direkt auf den Erdboden, niemals auf Stein- oder gar Betonboden: Er braucht Erdkontakt, nur so können alle Lebewesen, die zur Verrottung beitragen, ungehindert hinein. Außerdem müssen entstehende Sickerstoffe gut ablaufen können.

- Nur für große Gärten eignet sich die **Dreihaufenmethode**: Im ersten Haufen sammelt man frische Gartenabfälle. Er wird im Winter zu einem zweiten Haufen umgesetzt und kann nun in Ruhe reifen. Im nächsten Winter siebt man den reifen Kompost durch und gibt ihn auf den dritten Haufen. Mit diesem Kompost wird im Garten gedüngt.
- Bei allen Komposthaufen bildet **gröberer Holzschnitt die unterste Lage**. Darauf gibt man etwas Erde und schichtet danach bis zu etwa 1 m Höhe das Kompostmaterial auf.
- Streut man **Algenkalk oder Gesteinsmehl** auf die jeweiligen Schichten, erhält der Kompost zusätzlich wichtige Mineralien und Spurenelemente.
- **Laub** sammelt man am besten getrennt in einem abgedeckten Ring aus Maschendraht. Dort zersetzt es sich rasch und fördert mit seinen sauren Eigenschaften das Wachstum von Brombeeren, Himbeeren oder Rhododendren.

Den Kompostiervorgang unterstützen

Mit einigen Schaufeln Gartenerde oder Kräuterjauchen kann man den Verrottungsvorgang beschleunigen.

- Gießen Sie dazu hin und wieder **unverdünnte Löwenzahn- oder Brennnesseljauche** bzw. einen stark verdünnten **Borretschauszug** über den Kompost.
- Das in **Beinwelljauche** enthaltene Allantoin fördert die Verrottung von Stroh und zellulosehaltigen Pflanzenresten.

Nach unten verdichtet sich das Material mehr und mehr. Beim Verrotten entstehen Temperaturen von bis zu 60 °C.

Krankheiten im Garten

Bis vor wenigen Jahren noch bekämpfte man Pflanzenkrankheiten auch im Hausgarten mit chemischen Mitteln. Heute besinnt man sich wieder auf altbewährte Methoden, um Schädlingen entgegenzuwirken und Nutz- und Zierpflanzen gesund zu halten.

Auslöser und Vorbeugung

Gartenpflanzen werden meist witterungsbedingt von Pilzen befallen: Sowohl sehr feuchtes wie auch sehr trockenes Wetter kann solche Erkrankungen fördern. Daneben verursachen Viren und sehr viel seltener Bakterien sowie Nährstoffmängel oder -überschüsse Krankheiten.

- Zur Vorbeugung achtet man schon bei der Pflanzung auf den **Standort** und berücksichtigt die Regeln der **Mischkultur** und der **Fruchtfolge**.
- Ganz wichtig ist es, die Pflanzen **nicht zu überdüngen** und sie mit **Brühen und Jauchen zu stärken**.

Chlorose

Diese Stoffwechselstörung ist auch unter der Bezeichnung Gelbsucht bekannt. Sie tritt bei zu kalkhaltigem oder zu dichtem Boden oder bei Staunässe vor allem bei Himbeeren, Hortensien, Pelargonien, Moorbeetpflanzen, Rhododendren oder Rosen auf.

- Einzelne **Blätter**, Pflanzenteile oder sogar die gesamte Pflanze **vergilben**, die **Blüten** werden **blass**. Nur die Blattadern verlieren ihr Grün nicht. Die Pflanze verkümmert.
- Vorbeugend gießt man mit **weichem Regenwasser** und hin und wieder mit **Brennnesseljauche**.
- Ist es bereits zu einer Chlorose gekommen, **lockert** man den **Boden** auf und arbeitet **Humus** zur Verbesserung ein.

Grauschimmelfäule

Diese Pilzkrankheit tritt häufig bei Obst und Gemüse auf, vor allem bei Erdbeeren, Paprika, Salat, Tomaten und Weinreben. Aber auch viele Zierpflanzen sind betroffen.

- Befallene Stellen erkennt man an einem **grauweißen Pilzgeflecht**. Diese Pflanzenteile faulen und sterben ab.
- Ein **trockenluftiger Standort** beugt vor. Bei Erdbeeren legt man unter den Pflanzen **Stroh** aus, damit die Früchte nicht auf der Erde liegen.
- Hat die Grauschimmelfäule bereits die Pflanze erfasst, **entfernt man alle kranken Teile**.

Mehltau

Diese Pilzerkrankung ist besonders gefürchtet, wobei man zwischen Echtem und Falschem Mehltau unterscheidet. Echter Mehltau gefährdet Äpfel, Aprikosen, Erbsen, Erdbeeren, Gurken, Pfirsiche, Rittersporn, Rosen, Stachelbeeren sowie Weinreben. Anfällig gegen Falschen Mehltau sind Erbsen, Erdbeeren, Feldsalat, Kohlgewächse, Kopfsalat, Meerrettich, Radieschen, Rettich, Schwarzwurzeln, Spinat und Zwiebeln.

- **Echter Mehltau** tritt meist an trockenen Tagen auf und zeigt sich als **weißlicher, mehlartiger Belag** auf der Blattoberseite sowie auf Blüten, Stängeln und Früchten.
- Zur Vorbeugung kauft man mehltauresistente Sorten und setzt die Pflanzen mit **Abstand** an offene und sonnige

Das Spritzen von Kräuterbrühen gegen Krankheiten sollte man immer abends oder an bedeckten Tagen vornehmen, damit die Blätter nicht verbrennen.

Gut zu wissen

Nur Radikalschnitt hilft

Feuerbrand ist eine hochansteckende Bakterienkrankheit, die vor allem Kernobst und verschiedene Ziergehölze befällt. Sie dringt bis ins Innere der Gehölze ein. Hier hilft nur der radikale Schnitt bis ins gesunde Holz. Die Zweige gibt man in den Hausmüll und die Schnittwerkzeuge desinfiziert man mit 70%igem Alkohol.

Am Weinblatt erkennt man typische Chlorosemerkmale. Himbeer- und Brombeerblatt sind von Rostpilzen befallen.

MOOSEXTRAKT

50 g getrocknetes Moos
1 l kaltes Wasser

Das Moos zerkleinern und 24 Stunden ins Wasser geben. Danach filtern und unverdünnt in eine Sprühflasche abfüllen. Zur Vorbeugung gegen Echten Mehltau wird alle paar Wochen, bei Befall alle paar Tage gespritzt. Torfmoos, Lebermoos und Laubmoos sind am wirkungsvollsten.

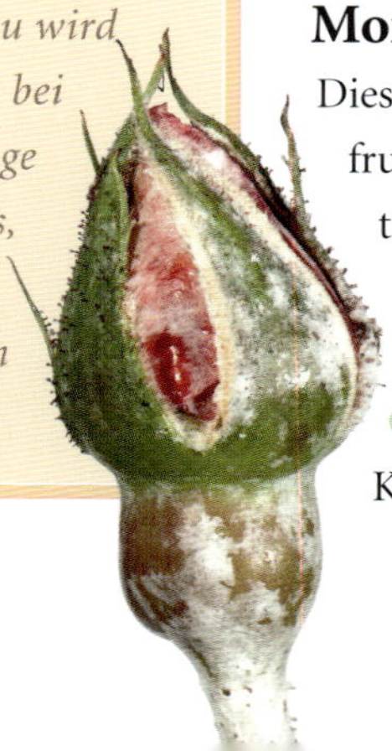

Standorte. Dazwischen pflanzt man **Knoblauch** und stärkt die Pflanzen mit **Schachtelhalmbrühe**.

- Bei Mehltaubefall **schneidet man erkrankte Blätter, Triebe und Zweigspitzen aus**. Man kann sie kompostieren, der Pilz stirbt ab.
- **Falscher Mehltau** tritt bei feuchtem Wetter und feuchtem Klima im Gewächshaus auf und breitet sich sehr schnell aus. Man erkennt ihn an **hellen Flecken** an der Blattoberseite und einem **gräulichen Belag** auf der Unterseite.
- Vorbeugend kauft man auch hier **resistente Sorten** und pflanzt nicht zu eng. Beim Gießen sollte kein Wasser über die Blätter fließen. Von Frühling bis Sommer alle 2–3 Wochen mit **Ackerschachtelhalmbrühe und -jauche** oder **Rhabarberbrühe** spritzen. Durch ihren hohen Gehalt an Kieselsäure wirken sie dem Pilzbefall entgegen.
- Sind bereits Pflanzenteile befallen, muss man die ganze **Pflanze sofort entfernen**.

Monilia

Diese Pilzkrankheit tritt als Moniliaspitzendürre und Moniliafruchtfäule vor allem bei Kern- und Steinobst auf. Zu Infektionen an den Zweigen kommt es in der Blütezeit und bei feuchtem, nasskaltem Wetter. Fruchtfäule tritt bei Beschädigungen der Fruchtschale auf.

- Die **Spitzendürre** findet man häufig bei Aprikose, Kirsche, Pfirsich und Zwetschge. Dabei **welken die Blüten** und die **Triebe sterben von der Spitze her** ab. Bereits erkrankte Blätter fallen allerdings nicht von selbst ab.
- Die **Fruchtfäule** bildet einen Schimmelpelz aus und betrifft besonders die Früchte von Apfel-, Kirsch- oder Pflaumenbäumen. Auch die Früchte fallen nicht immer ab.
- Vorbeugend **schneidet** man gefährdete Bäume **sehr luftig und gut** aus. Als Stärkungsmittel bringt man Tee von **Meerrettichblättern und -wurzeln** aus, auch **Ackerschachtelhalmbrühe und Knoblauchtee** helfen.
- Ist die Monilia bereits vorhanden, **sondert** man bei der Fruchtfäule sofort **alle kranken Früchte aus**. Bei Spitzendürre **alle erkrankten Zweige bis ins gesunde Holz zurückschneiden**. Früchte und Zweige können ins Innere des Komposts, wo die Hitze den Pilz abtötet.

Rostpilze

Von diesen Schwächeparasiten gibt es spezialisierte Arten, die stets dieselbe Pflanzenart befallen, z. B. Malven oder Löwenmäulchen, Bohnen, Lauch sowie Spargel. Andere Rostpilze wechseln die Wirtspflanze und benötigen zum Fortbestehen im Lebenszyklus einen Aufenthalt bei einer anderen Pflanze – vor allem im Obst- und Ziergarten kommen diese Sorten vor.

- Man erkennt die Erkrankung an den **orange- oder rotfarbenen Pusteln an den Blattunterseiten**. Auf der oberen Blattseite sieht man gelbrote Flecken.
- Vorbeugend pflanzt man an einem **sonnigen und luftigen Standort** und lockert den Boden häufig auf. Pflanzenstärkend wirken z. B. **Ackerschachtelhalmbrühen**.
- **Befallene Blätter entfernt man sofort**. Ins Innere des Komposts gegeben, sterben sie bei hohen Temperaturen ab.

Kräutergarten

Ein Beet mit Küchen- und Heilkräutern braucht stets einen sonnigen Platz mit lockerem, durchlässigem Boden. Am besten legt man es unweit des Hauses an. Dann hat man die wichtigsten Gewürze und Heilmittelzutaten stets parat.

Althergebrachte Kräuterbeete

Seit alters kennt man dreidimensionale Beete – Kräuterschnecken oder Kräuterspiralen mit mehreren Bodenzonen, in denen nach bestimmten Regeln ausgesät bzw. angepflanzt wird. Pflanzen finden hier auf kleinstem Raum optimale Bedingungen und es gibt wesentlich weniger Schädlinge als in einem normalen Beet. Außerdem ist das Beet von allen Seiten her zugänglich.

- Eine **Kräuterspirale** legt man im Frühjahr oder im Herbst auf einer Grundfläche von mindestens 3 m^2 an. Man zeichnet die Spiralform vor und beginnt mit der Wasserzone.
- Der kleine, etwa 80 cm tiefe **Tümpel** sollte am Beginn der Spirale im Süden des Beetes liegen und wird mit **Teichfolie ausgelegt** und mit Steinen befestigt.
- Dann hebt man die Restfläche spatentief aus und füllt sie mit einer Mischung aus Sand und Humus. In der Mitte des Beetes entsteht ein kleiner, etwa 1 m hoher **Hügel**, den man spiralförmig **mit Natursteinen befestigt**. Sie speichern die Sonnenwärme, die später den Pflanzen zugutekommt. Das sich nach oben windende Beet stattet man mit unterschiedlichem Füllboden aus, sodass folgende Bereiche entstehen:
- In und um die **Wasserzone** ist der lehmige Boden feucht und nass. Hier gedeihen Brunnenkresse, Bachbunge, Kalmus und Wasserminze.
- In der folgenden sonnigen, kompostreichen **Feuchtzone** gedeihen Guter Heinrich, Kerbel, Knoblauchsrauke, Petersilie, Pfefferminze, Sauerampfer, Schildampfer, Schnittlauch und Schnittknoblauch, Wilde Rauke sowie Zitronenmelisse optimal.
- Im Halbschatten liegt die **Normalzone** mit eher trockenem Humusboden: beste Bedingungen für Basilikum, Dill, Koriander, Liebstöckel, Melisse, Oregano, Pimpinelle, Portulak, Ringelblume oder Ysop.

Pflanzen finden in einer Kräuterschnecke auf kleinstem Raum optimale Bedingungen, während Schädlinge hier schlechtere Voraussetzungen haben als in einem normalen Beet.

Nach der Ernte legt man die frischen Kräuter locker in einen mit Papier ausgelegten Korb, damit sie nicht zerdrückt werden.

Blätter und Blüten zupft man mit den Händen ab, härtere Stängel werden mit einer scharfen Schere abgeschnitten.

Gut zu wissen

Sparsam düngen bringt mehr Aroma

Fürs Kräuterbeet benutzt man selbstverständlich nur natürliche Dünger – wenn überhaupt. Die Pflanzen verlieren nämlich an Aroma, wenn man zu viel des Guten tut. Ein wenig Kompost in den Boden eingearbeitet oder Hornspäne aufs Beet gestreut, das reicht völlig aus.

- In der **Trockenzone** wachsen südliche Kräuter. Der Boden ist durchlässig und kann sogar durch eine Drainage trocken gehalten werden. Hier wachsen Bohnenkraut, Currykraut, Lavendel, Majoran, Quendel, Salbei oder Thymian.

Das Kräuterbeet pflegen

Die genügsamen Kräuter benötigen meist nur wenig Wasser. Viel wichtiger ist, dass Wasser gut ablaufen kann, z. B. durch eine Drainageschicht aus Kieselsteinen unter der Muttererde.

- **Hacken** Sie die Bodenfläche zwischen den Kräutern **regelmäßig**, damit sie nicht verhärtet und das Wasser abfließt, ohne einzudringen.
- Viele Kräuter lieben **Kalk**. Bärlauch, Bohnenkraut, Estragon, Kümmel, Majoran, Minze, Petersilie, Rosmarin, Schnittlauch oder Thymian gedeihen dann besonders gut.
- Eine **Hecke aus Buchsbaum, Lavendel oder Ysop** schützt das Kräuterbeet vor Wind und im Winter vor Frost.
- **Strauchartige Kräuter** wie Lavendel oder Thymian schneidet man im Herbst zurück, um Frostschäden zu verhindern.
- Damit sich **Kräuter nicht zu sehr ausbreiten**, muss man sie **regelmäßig schneiden**. Auch die **Fruchtstände** mancher Pflanzen wie z. B. Borretsch muss man **gut im Auge behalten**.
- Die Wurzeln von Minze oder Zitronenmelisse bilden **starke Ausläufer**, die rasch das ganze Beet überwuchern. Am besten **pflanzt man sie in Tontöpfe**, um das Wachstum einzudämmen.
- Einjährige Kräuter sollte man **jedes Jahr an einem anderen Standort aussäen**, um Bodenmüdigkeit vorzubeugen.
- Manche Kräuter brauchen **Abstand**: Liebstöckel kann andere nahe Pflanzen schädigen und Dill verträgt sich nicht mit Fenchel.

Kräuter und Samen ernten

Die beste Sammelzeit ist der späte Vormittag oder die Mittagszeit. Wurzeln allerdings sammelt man frühmorgens.

- Die **Samen von Dill, Fenchel, Koriander oder Liebstöckel** sammelt man, sobald die Fruchtstände braun werden.
- **Knoblauch** nimmt man aus der Erde, bevor das Laub vertrocknet, dann halten sich die Zwiebeln besser.
- Viele Kräuter muss man **vor der Blüte ernten**, da ihre Würzkraft sonst nachlässt oder sogar wie bei Beifuß verloren geht. Nur Lavendel, Thymian und Oregano erntet man zur Blütezeit.
- **Zitronenmelisse** erntet man **nachmittags**, dann entwickeln die Blätter die höchste Würzkraft, und zwar vor bzw. unmittelbar nach dem Aufbrechen der Blüte.

Viele Kräuter wie Estragon, Petersilie oder Schnittlauch kann man am Küchenfenster überwintern lassen und weiter ernten.

Mischkultur

Traditionsgemäß baut man vor allem im Gemüsebeet bestimmte Pflanzenarten zusammen an. Das hat seinen Grund: Die einzelnen Pflanzen schützen und stärken sich gegenseitig.

Setzt man Brokkoli und Tagetes in Mischkultur, halten die Wurzelausscheidungen der Tagetes Kohlschädlinge fern.

Wie funktioniert die Mischkultur?

Bei der Mischkultur nutzt man die Tatsache, dass Pflanzen dem Boden einerseits unterschiedliche Nährstoffe entnehmen, andererseits aber auch Substanzen und Düfte abgeben, die ihre Nachbarn – positiv oder negativ – beeinflussen.

- Eine Mischkultur legt man immer **von der Beetmitte her an** und wählt einen harmonischen Partner mit gleicher Aussaat- oder Pflanzzeit.

Vorteile der Mischkultur

- Ein Beet in Mischkultur hat einen **geringeren Wasserbedarf**, da die Pflanzen dicht zusammenwachsen und den Boden besser beschatten; es verdunstet weniger Wasser.
- Aufgrund der dichten Anpflanzung erreicht man auf kleinerer Fläche einen **höheren Ertrag**.
- Mischkulturen benötigen meist **wesentlich weniger Düngemittel**, da die Pflanzen jeweils unterschiedliche Nährstoffe aus verschiedenen Bodentiefen aufnehmen und auch jeweils andere – wichtige – Ausscheidungen an den Boden zurückgeben.
- Manche Pflanzen **fördern das Aroma des Nachbarn**. Kümmel und Koriander verbessern den Geschmack von Frühkartoffeln, Dill intensiviert den von Möhren.
- In Mischkulturen haben **Schädlinge weniger Chancen**, da einige Pflanzen durch ihre Ausscheidungen für andere eine Art Schutzschild bilden.
- **Knoblauch** verhindert bei Obstbäumen Mehltau und tötet manche Pilze ab, außerdem stärkt er die Abwehrkräfte von Erdbeeren und hält den Grauschimmel fern.
- Nematoden können die Wurzelausscheidungen von **Lilie oder Ringelblume** nicht ausstehen, **Tomaten oder Sellerie** vertreiben Kohlweißlinge.
- Bei **Möhren und Zwiebeln** kann man buchstäblich zwei Fliegen mit einer Klappe schlagen: Sie schützen den jeweils anderen vor Möhren- bzw. Zwiebelfliegenbefall.

Gut zu wissen

Harmonische Partner

Bei der Anlage einer Mischkultur muss man darauf achten, ob sich Pflanzensorten vertragen. Tomaten passen zu Feld- und Kopfsalat, Kohl, Möhren, Radieschen und Rettich, Roten Beten, Sellerie, Spinat und Petersilie, nicht aber zu Kartoffeln, Gurken, Fenchel oder Erbsen. Kartoffeln harmonieren mit Kapuzinerkresse, vielen Kohlarten, Kümmel, Meerrettich, Pfefferminze und Spinat, nicht aber mit Sonnenblumen, Kürbis, Gurken, Sellerie.

Obstbäume

Obstbäume brauchen viel Sonne und einen trockenen Boden, damit sie reichlich Früchte tragen. Außerdem sollten Obstbäume stets in geschützter Lage stehen, damit sie vor späten Frösten sicher sind.

Vor und bei der Pflanzung beachten

Wichtig für die erfolgreiche Entwicklung eines Obstbaums sind ein gerader Stamm, starke, gut verteilte Seitenäste und kräftige Wurzeln. Obstgehölze bevorzugen durchlässige Erde; in schweren, feuchten Böden sterben die Wurzeln ab.

- Die **Wurzeln** müssen während des Transports und bis zum endgültigen Einpflanzen **immer feucht** sein. Am besten wickelt man den Wurzelballen in ein Vlies oder eine Folie.
- **Wurzelnackte Pflanzen wässern** Sie vor dem Pflanzen etwa 4 Stunden. Danach werden faule und beschädigte Wurzelteile entfernt. Damit die Wurzeln nach der Pflanzung besser Wasser ziehen, **schneiden** Sie sie etwas an.
- Bei **steinigem Grund** ist eine **größere Grube** vonnöten, der Setzling benötigt mehr guten Boden und Kompost.
- Eine Handvoll keimfähiger **Gerstenkörner als Anwachshilfe** geben im Pflanzloch beim Keimen Wärme ab und produzieren außerdem wichtige wachstumsfördernde Nährstoffe.
- Damit der Obstbaum von Anfang an **richtigen Halt** und guten Stand bekommt, schlägt man an der **Westseite einen Pfahl** in den Boden. Er sollte bis in die Krone reichen. Zum Festbinden eignen sich alte Nylonstrümpfe hervorragend, sie sind dehnbar und beschädigen den Baum nicht.
- Junge Bäume wachsen besser an, wenn man den **Stamm** im ersten Jahr mit **Langstroh, Schilf oder Jutebändern umwickelt**. Austrocknung und Rissbildung durch Sonne oder Frost werden vermieden.

Das Pflanzloch muss bei 40–50 cm Tiefe einen doppelt so großen Durchmesser haben wie der Wurzelballen.

Gut zu wissen

Im Vorjahr düngen

Damit ein Obstbaum möglichst viele gesunde Fruchtknospen ausbildet, muss man ihn bereits im Sommer zuvor mit viel Nahrung versorgen. Man hebt in der zweiten Julihälfte im Abstand der halben Kronentraufe einen Graben rund um den Stamm aus und gießt verdünnte Kuhdung- oder Beinwelljauche hinein. Für einen mittelgroßen Baum rechnet man etwa 30 l Jauche.

Obstbäume pflegen

Auch resistente Obstbaumsorten muss man ständig auf Schädlinge kontrollieren. Den Boden rund um einen jungen

Als Spalierobst kann man Kern- und Steinobst sowie Exoten wie Kiwi und Passionsfrucht ziehen.

Baum hält man in den ersten Jahren bis zur Kronentraufe von Pflanzen frei, damit seine Wurzeln nicht um Nährstoffe konkurrieren müssen.

- Bei allen Bäumen sollte ein **Kranz** von 15 cm um den Stamm **unkrautfrei bleiben**, um der Kragenfäule vorzubeugen.
- Im **Winter** deckt man den Stamm zum Schutz an der Süd- und Südwestseite mit **Brettern oder Jutesäcken** ab. Eine dicke **Decke aus Pferdemist** rund um den Stamm hält die Wurzeln warm und schützt vor dem Austrocknen.
- Gegen **Frostrisse** trägt man im November und Februar an sonnigen frostfreien Tagen einen **Baumanstrich aus Ackerschachtelhalmbrühe und Lehm** auf und wiederholt das Ganze – gegen Tierfraß – im März. Stamm und Äste müssen zuvor trocken sein.
- An einem jungen Baum **bricht** man **im ersten Jahr** die **Blüten ab**, um das Wachstum der Triebe zu fördern.
- Normalerweise **schneiden** Sie Obstbäume ab Januar an sonnigen und frostfreien Tagen, jedoch nicht unter –5 °C.
- Neben kranken und beschädigten Teilen schneidet man **Äste, die nach innen wachsen** und alle **senkrecht in die Höhe** wachsenden Äste.

Spalierbäume

Spalierbäume bieten auf kleinstem Raum die Möglichkeit, Obst anzubauen und zu ernten. Neben den flach an der Wand emporwachsenden ein- und zweiarmigen Bäumen ist die U-Form bei Spalieren sehr traditionell.

- Spaliere sind sehr **pflegeintensiv**, denn im Sommer müssen sie ständig geschnitten und hochgebunden werden.
- Spaliere aus Holz oder Metall werden mit 20–30 cm **Abstand** an der Hausmauer befestigt, damit die Äste sich entfalten können und kein Wärmestau entsteht.
- Ein Baum fürs Spalier sollte **paarförmig vom Haupttrieb ausgehende Seitenäste** haben. Das Formen geht umso leichter, je früher man die Äste biegt.
- Zwischen Mai und Juli kürzt man Triebe, die sich aus Seitenknospen entwickeln, und **biegt die jeweiligen Haupttriebe** 10–20 cm vor der Spitze in die **vorgesehene Richtung**. Bis die Wuchsrichtung stimmt, muss man mehrmals kürzen und auch danach ständig beschneiden.

Das Werkzeug für den Obstbaumschnitt muss stets sauber sein, um die Übertragung von Krankheiten und Schädlingen zu verhindern.

Baumanstrich

1,5 kg frischer Schachtelhalm
10 l Wasser

Zerkleinerte Kräuter 24 Stunden in Wasser ziehen, danach etwa 1 Stunde köcheln und erkalten lassen. Mit dieser Brühe wird die Rinde an Stamm und Ästen abgebürstet. Danach Lehm in die Brühe einrühren, bis ein dünnflüssiger Brei entsteht. 2 Stunden stehen lassen und dann mit einem groben Pinsel auftragen.

RASEN

Ob Zierrasen, Spielareal oder Blumenwiese, die grüne Fläche im Garten will je nach Beanspruchung richtig angelegt und umsorgt sein. Für die normale Pflege benötigt man Rasenmäher, Rechen, einen Schlauch sowie einen Rasensprenger.

Abgerundete Übergänge zwischen Beeten und Rasenfläche wirken sehr abwechslungsreich und harmonisch im Ziergarten.

Planung eines neuen Rasens

Vor der Aussaat eines neuen Rasens gilt es einiges zu bedenken. Z. B. gedeihen auf sonnigen Flächen andere Grassorten als im Halbschatten oder Schatten.

- Berücksichtigen Sie die **Bodenqualität.** Ist sie schwer oder leicht, steinig, sauer oder basisch? Diese Bestandsaufnahme ist wichtig für die Bodenvorbereitung.
- Schließlich hängt die Wahl des Samens von den **Anforderungen** ab, denen der Rasen gewachsen sein sollte. Werden Kinder oder Tiere darauf herumtoben, braucht man eine strapazierfähige Sorte.

Boden vorbereiten und Saat ausbringen

Etwa 2 Wochen vor der Aussaat muss man alle Wurzeln, Steine sowie eventuellen Bauschutt beseitigen und den Boden gründlich umgraben.

- Ist der **Boden** sehr **schwer**, mischt man **Sand** für bessere Durchlüftung und Durchlässigkeit unter. **Humusarmen** Boden bessert man mit **Torf, Rindensubstrat** oder auch **Kompost** auf, bis er eine dunkle Farbe annimmt.
- Gleichzeitig sollten Sie **unebene Stellen ausgleichen** und bei größeren Flächen den Boden mit einer Bodenwalze **verfestigen**. Dann muss die Erde sich setzen.
- Optimale Ergebnisse erzielt man bei einer **Aussaat zwischen Mitte April und Juni**, wenn der Boden feucht ist.
- Damit der **Samen gleichmäßig verteilt** wird, übt man vorher mit Sand oder bastelt aus einer alten Blechdose einen Streuer, indem man in den Boden kleine Löcher bohrt.
- Wählen Sie einen möglichst **windstillen Tag** und streuen Sie die Hälfte der Samen in die eine, die andere Hälfte in die entgegengesetzte Richtung.
- **Säen** Sie **abschnittsweise** und kennzeichnen Sie bei großen Flächen einzelne Abschnitte mit einer Schnur. Am Rand wird mehr gesät, damit der Rasen dort dichter wird.

Je exakter der Abschluss von Rasenflächen an Beeten ist, desto einfacher fällt das Mähen an den Grenzlinien. Für Problemfälle gibt es den Kantenschneider.

- Dann werden die Samen mit dem Rechen **einige Millimeter in die Erde gebracht**, damit sie nicht verfliegen und gut ankeimen können. Verfestigen Sie die Samen mit der Walze oder Trittbrettern, die Sie unter die Schuhe binden.
- Zuletzt **besprüht** man die Saatkörner. Dies geschieht, damit sie nicht weggespült werden. In den ersten beiden Wochen darf man keinesfalls mineralisch düngen, da sich Saatgut und Dünger nicht vertragen.

Rasen mähen und wässern

Die Dichte der Grasnarbe bestimmt die Häufigkeit des Mähens. Die Schnitthöhe sollte 20 mm nicht unterschreiten, kürzerer Rasen brennt im Sommer leicht aus.

- Einen **neuen Rasen mähen** Sie das erste Mal, wenn die Halme etwa 7–9 cm hoch sind.
- **Pro Mahd** darf der Rasen **höchstens 5 cm** eingekürzt werden. Beim ersten Schnitt im Frühling mäht man nur die Halmspitzen.
- Da das **Schnittgut** dem Boden Nährstoffe liefert und den Rasen beschattet, sollte man es auch einmal **liegen lassen**.
- In trockenen Sommerperioden **sprengen Sie einmal wöchentlich ausgiebig**. Der Boden sollte bis in 15 cm Tiefe feucht sein, so kann das Gras tiefe Wurzeln ausbilden.
- Um die **Verdunstung gering** zu halten, bewässert man frühmorgens oder abends ab 18 Uhr.

Rasenpflege

Ältere Rasenflächen kann man wieder auf Vordermann bringen, indem man vertikutiert oder lüftet.

- Beim **Vertikutieren** reißt man mit einer Harke das Moos aus dem Rasen, dessen Wurzeln werden dabei zerstört, sodass nichts nachwächst. Normalerweise vertikutiert man den Rasen im April oder in der zweiten Oktoberhälfte.
- Bei **Staunässe** bietet das **Lüften** Abhilfe. Dabei werden mit der Grabgabel 7–8 cm tiefe Löcher in den Boden gestanzt und mit Sand gefüllt.
- Bei **geringer Staunässe** kann man feinkörnigen **Sand** über die Rasenfläche **streuen**. Er wird bei Regen von Regenwürmern untergegraben.
- Im **Frühjahr** düngt man mit **stickstoffhaltigem Dünger**, im **Herbst** dagegen sollte der Dünger mehr **Phosphat** zur Stimulierung der Wurzelbildung enthalten. Stickstoffreichen Dünger nur bei feuchtem Wetter aufbringen.
- Bei **Frost** sollte man den **Rasen** möglichst **nicht betreten**, da die Halme brechen und unschöne Spuren bleiben.
- Ist am **Rand ein Rasenstück beschädigt**, sticht man es rechteckig heraus und legt es kopfüber wieder in das entstandene Loch. Dann die Stelle mit etwas Erde einebnen, Samen darauf ausstreuen und die Stelle vorsichtig wässern.

Durch die beim Lüften mit der Grabgabel gestanzten Löcher kann das Wasser besser abfließen.

KAHLE STELLEN IM RASEN AUSBESSERN

1. Stechen Sie die Stelle mit dem Spaten aus und lockern Sie die Erde mit einer Harke.
2. Entfernen Sie alle Wurzeln von Unkräutern und ebnen Sie die Fläche ein.
3. Füllen Sie die Stelle mit einem Gemisch aus Sand und Kompost und säen Sie Rasensaat aus. Andrücken und wässern.

Bewährte Wetterregeln

Wind und Wolken zeigen an, wenn sich das Wetter ändert. Auch Tiere sind Wetterpropheten und manche Pflanzen zeigen mit ihrem Blühen an, wie es ums Wetter bestellt ist. Moderne Meteorologen bestätigen: Viele alte Wetterregeln stimmen.

Wind, Wolken und Nebel

„Ander' Wind, ander' Wetter", lautet eine alte Bauernregel und tatsächlich erfolgt ein Wetterumschwung, wenn sich die Windrichtung rasch ändert. Für den Gärtner gelten auch folgende Regeln:

- Der Nordwind ist ein rauer Vetter, aber er bringt beständig' Wetter. Bläst im August der Nord, dauert das gute Wetter fort.
- Wenn der Himmel gezupfter Wolle gleicht, das schöne Wetter bald dem Regen weicht.
- Sind abends über Wies' und Fluss Nebel zu schauen, wird Petrus anhaltend schön' Wetter zusammenbrauen.

Farbspiele am Firmament

Die Farben des Himmels – Morgen- und Abendrot sowie der Regenbogen – sagen Entscheidendes über das Wetter aus. Denn sie entstehen durch den Wasserdampf, der sich je nach Wetterlage in den unteren Luftschichten befindet: Je mehr Wasserdampf vorhanden ist, desto kräftiger zeigen sich die Farben. Ein morgendliches Farbenspiel deutet auf Regen hin, abendliches dagegen führt in der Nacht zu Tau auf dem Boden. Je klarer der folgende Morgen mit einem hellen Sonnenaufgang beginnt, desto sicherer ist die Wetterlage. Verlassen kann man sich als Gärtner auf folgende Regeln:

- Abendrot – Gutwetterbot', Morgenrot mit Regen droht.
- Morgenhell' ist ein guter Reisegesell'.
- Abendrot bei West gibt dem Frost den Rest.
- Der Abend rot und weiß das Morgenlicht, dann trifft uns böses Wetter nicht.
- Regenbogen am Abend lässt gut' Wetter hoffen; Regenbogen am Morgen lässt für Regen sorgen.

Sonne und Mond als Wettermacher

Halos nennen Meteorologen Ringe um den Mond oder auch die Sonne. Sie zeigen den Menschen seit alters Wetterveränderungen an. Folgende Wetterregeln von Sonne und vor allem Mond sind überliefert, jeder Gärtner sollte sie kennen:

- Gibt Ring oder Hof sich Sonne und Mond, bald Regen und Wind uns nicht verschont.
- Wenn die Sonne scheint sehr bleich, ist die Luft an Regen reich.
- Neumond mit Wind ist zu Regen und Schnee gesinnt.
- Der Vollmond verschluckt die Wolken.
- Gewitter in der Vollmondzeit verkünden Regen weit und breit.
- Geht der Mondwechsel mit dem Ostwind gleich, bleibt's Wetter den Monat über an Regen reich.
- Ein bewölkter Morgen bei abnehmendem Mond verheißt einen schönen Nachmittag.

Tiere sagen das Wetter voraus

Tiere sind so fest in der Natur und ihrem Geschehen verwurzelt, dass sie Wetterveränderungen spüren; das müssen sie auch, denn oft hängt ihr Leben vom Wetter ab. Als Gärtner sollte man vor allem auf Vögel achten und dann die richtigen Schlussfolgerungen treffen:

- Zieh'n die Vögel nicht vor Michaeli (29. September) fort, wird's nicht Winter vor Christi Geburt.
- Sieht man die Zugvögel schon zeitig ziehen, bedeutet's, dass sie vor der Kälte fliehen.

Untersuchungen ergaben, dass diese Regel stimmt. Instinktiv spüren vor allem Zugvögel, wann der Winter kommt. Umgekehrt gilt aber auch:

- Wenn die Drossel schreit, ist der Lenz nicht mehr weit.

Beobachtet man das Verhalten anderer Tiere, kann man ebenfalls Schlüsse auf das Wetter ziehen.

- Reißt die Spinne ihr Netz entzwei, kommt der Regen bald herbei.
- Sind die Maulwurfshügel hoch im Garten, ist ein strenger Winter zu erwarten.
- Frösche auf Stegen und Wegen deuten auf baldigen Regen.
- Wenn am Stock die Bienen bleiben nah, ist der Regen recht bald da.

Blüte und Jahreszeiten

Die Blüte bestimmter Pflanzen zeigt die natürlichen Jahreszeiten an:

- Vorfrühling: Beginn der Schneeglöckchenblüte ab 10. März
- Vollfrühling: Apfelblüte ab 7. Mai
- Frühsommer: Holunderblüte ab 5. Juni
- Hochsommer: Vollblüte der Winterlinde ab 5. Juli
- Spätsommer: Beginn der Haferernte ab 9. August
- Frühherbst: Vollblüte der Herbstzeitlose ab 30. August
- Spätherbst: Beginn des allgemeinen Laubfalls ab 24. Oktober

Rosen

Die Königin der Blumen mit ihren unzähligen Farben und Formen gibt es seit mindestens zwölf Millionen Jahren. 1867 wurde als erste Teehybride La France gezüchtet. Alle Rosensorten, die es vor diesem Jahr schon gab, gelten als alte Rosen.

Gut zu wissen

Farbe bis in den Winter

Einige Rosensorten wie Rosa canina, Rosa rubiginosa *oder* Rosa rugosa *bilden im Herbst große, leuchtend rote Hagebutten, sofern man die Frühjahrsblüte nicht schneidet. Die vitaminreichen Früchte lassen sich sehr gut zu Mus verarbeiten oder getrocknet als Basis für Früchtetees verwenden.*

Alte Rosensorten

Ständiges Neuzüchten hat dazu geführt, dass so manche alte Rosenart in Vergessenheit geriet und ausstarb. Seit rund 100 Jahren bemüht man sich um die historischen Rosenarten und konnte etliche Sorten wiederbeleben.

- Alte Rosen sind **widerstandsfähiger, frosthärter** und ganz allgemein pflegeleichter als neue Sorten. Als eine der schönsten alten Rosen gilt Königin von Dänemark aus dem Jahr 1816. Diese Strauchrose kommt auch mit schwierigen Bedingungen zurecht.
- Da diese Rosen meist sehr **intensiv duften**, machen sie sich besonders gut in der Nähe von Sitzplätzen oder unter einem Fenster.

Rosen pflanzen

- **Containerware** kann man das ganze Jahr hindurch pflanzen, die Rosen wachsen aber oft nicht so gut an.
- **Rosen ohne Ballen** pflanzt man nach den letzten Frosttagen. Zuvor müssen sie gut gewässert werden, am besten über Nacht.
- Sehr gut bekommt Rosenwurzeln vor dem Pflanzen ein Bad in einem **flüssigen Lehmbrei.**
- Vor dem Pflanzen erfolgt ein **Rückschnitt**: Kleinere Fadenwurzeln kürzt man um die Hälfte, größere Wurzeln um ein Drittel. Die Zweige kürzt man ebenfalls auf etwa 25 cm.

- Die **Veredelungsstelle** muss knapp unterhalb der Erdoberfläche liegen. Um zu erkennen, ob das Pflanzloch tief genug ist, legt man einen Stock quer darüber und hält die Rose hinein.
- Der **Pflanzabstand** ist sehr wichtig: Bei Buschrosen sollten es 40–45 cm sein, bei Zwergrosen reichen 20 cm. Bei Park-, Strauch- und Hochstammrosen sollte der Abstand 1–1,5 m betragen. Kletterrosen brauchen zumindest 1,5 m.
- Zur **Schädlingsabwehr** pflanzt man stark duftende Blumen oder Kräuter: Lavendel, Rosmarin und Thymian wehren Blattläuse ab, Tagetes tötet zudem Nematoden, Schnittlauch verhindert Mehltau, und der Schwefel in Knoblauch oder Zwiebeln hemmt das Pilzwachstum.

Kletterrosen und Rambler schneidet man eher wenig, sie blühen auch an den mehrjährigen Trieben.

Rosen pflegen

- Den **Winterschutz** entfernt man bei Rosen an einem trüben und wolkigen Tag: Zu viel Sonne und Wärme versetzen der Pflanze nach einer langen Winterruhe einen regelrechten Schock.
- Die erste **Düngergabe** erhält die Rose, wenn der Haselnussstrauch blüht.
- Wasserlösliche Dünger darf man nicht auf trockenen Boden, sondern nur bei **feuchter Witterung** anwenden.
- Ein **Dungwasser** bewirkt bei Rosen wahre Wunder: Man gibt eine Tasse getrockneten Rinderdung auf 7,5 l Wasser, lässt ihn einige Tage einweichen und verdünnt die Flüssigkeit dann, bis sie die Farbe von schwachem Tee annimmt. Dann gießt man damit den Wurzelbereich.
- Auch bewährt hat sich klein geschnittene **Bananenschale**, die man unterharkt. Sie gibt Kalk, Magnesium, Schwefel, Stickstoff, Kalium und Phosphat sowie Kieselsäure an die Rosenpflanze ab.
- Rosen gießt man auch in trockenen Phasen nicht täglich, dafür aber gründlich. Eine Rosenpflanze braucht in Trockenperioden je nach Größe 10–20 l Wasser pro Woche, damit sie üppig blüht.
- Man darf sie **niemals von oben wässern**, da es sonst zu Pilzkrankheiten kommen kann.
- Zur Vorbeugung gegen **Pilzerkrankungen** spritzt man morgens eine Lösung aus 1 TL Backpulver auf 4 l Wasser. Mit 2–3 Tropfen Seife verbindet sich die Lösung besser.
- Ab **Ende Juli nicht mehr düngen**: Neue Triebe könnten im Winter erfrieren. Deshalb werden Rosen bei einer Herbstpflanzung auch nicht sofort gedüngt.
- Um zu verhindern, dass sich Strauchrosen im Winter heben, bedeckt man den **Wurzelhals mit Kompost**. Große Strauchrosen bindet man mit weicher Schnur zusammen, damit sie bei Wind oder unter einer Schneelast nicht so leicht brechen.

Rosen schneiden

Der korrekte Schnitt bei Rosen soll das Wachstum und die Blütenbildung fördern.

- Insbesondere beim Schnitt von Kletter- oder Strauchrosen verletzt man sich leicht. Neben einer **guten Schere** sollte man sich daher **Spezialhandschuhe** zulegen.
- **Wildtriebe**, die aus dem Boden sprießen, werden mit einer Drehbewegung direkt an der Basis abgerissen.
- Den **Schnittabfall** muss man sofort von den Beeten entfernen, da sich zahlreiche Erreger darauf ansiedeln können. Der Abfall gehört nicht auf den Komposthaufen, sondern in den normalen Hausmüll, da mancher Krankheitserreger selbst die hohen Temperaturen im Innern des Komposts übersteht.
- Bei **Strauchrosen** erreicht man ein buschigeres Wachstum, wenn man sie im Herbst um ein Viertel einkürzt.

Das regelmäßige Entfernen von verwelkten Büten und abgestorbenen Pflanzenteilen nennt man Ausputzen.

Schädlingsabwehr ohne Chemie

Ungeziefer kann man auf sanfte Weise zu Leibe Rücken. Man bekämpft die kleinen Plagegeister mit Spritzmitteln auf pflanzlicher Basis oder setzt bestimmte Pflanzen, die unerwünschte Mitbewohner durch ihren Geruch oder ihre Wurzelausscheidungen vertreiben.

> **Gut zu wissen**
>
> Lebensraum für Nützlinge schaffen
>
> *Finden Nützlinge im Garten genügend Lebensraum, haben Schädlinge weniger Chancen. Ohrwürmer lieben Blattläuse und fühlen sich in Blumentöpfen wohl, die mit Holzwolle oder Stroh gefüllt umgekehrt in Astgabeln hängen. Ein Totholzhaufen, Hecken, Holzstöße, Trockensteinmauern oder Laubhaufen bieten Igel, Blindschleiche, Erdkröte oder Eidechse Unterschlupf.*

Ameisen

- Ameisenstraßen, die Richtung Haus oder Terrasse führen, bestreut man mit den Blättern **stark riechender Kräuter** wie Kerbel, Lavendel, Minze, Thymian sowie Wacholder oder mit **Gewürzen** wie Chilipulver oder Salz.
- Auch um Anpflanzungen von **Farnkraut**, **Feldsalat** oder **Rainfarn** machen Ameisen einen großen Bogen.

Blattläuse

- Zum Schutz von Bäumen pflanzt man **Anis** oder **Koriander** zwischen die einzelnen Stämme, bei Rosen setzt man **Knoblauch, Lavendel** oder **Tagetes. Kapuzinerkresse** mögen die Läuse gar nicht.
- Sind Pflanzen bereits befallen, **spritzen** Sie diese morgens mit einem scharfen Wasserstrahl oder einer milden Spülmittellösung ab. Eine **Gießkur** mit Rainfarn- oder Brennnesseltee hilft ebenfalls.

Erdflöhe

- Erdflöhe siedeln sich gerne in Pflanzenkübeln an. Steckt man einige **Streichhölzer** kopfüber in die Erde, verschwinden sie – der Schwefel, der durch das Gießwasser aufgelöst wird, vertreibt sie; die Pflanzen schädigt er nicht.
- 1 oder 2 **Knoblauchzehen** in der Blumenerde erzielen die gleiche Wirkung.
- Bei trockenem Wetter kann man Beete zum Schutz vor Erdflöhen mit **Holzasche** oder **Sägemehl** bestreuen.
- Außerdem verabscheuen Erdflöhe **Pfefferminze, Salat, Wermut** und **Zwiebeln**.

Frostspanner

- Die Raupen des Frostspanners schädigen die Blätter von Gehölzen bis hin zum Kahlfraß. Die Weibchen bewegen sich krabbelnd fort, deshalb bringt man vor Oktober, wenn sie ihre Eier ablegen, **Leimringe** an den Baumstämmen an. Die Ringe nimmt man erst im späten Winter wieder ab.
- **Singvögel** ernähren sich von den Faltern. Mit Nisthilfen und Tränken sorgt man dafür, dass die Vögel sich im Garten wohlfühlen.
- Wer zur Zeit des Blattaustriebs zudem mit **Rainfarntee** spritzt, tut ein Übriges.

Kartoffelkäfer

- Der aus Mexiko stammende Schädling frisst die Blätter der Kartoffelpflanze und anderer Nachtschattengewächse. Bei geringem Befall können Sie die **Eier entfernen** sowie die **Larven und Käfer absammeln**. Dann wird die Pflanze mit **Steinmehl** bestäubt, es tötet die Larven ab.

Marienkäfer ernähren sich von Blattläusen. Man setzt sie einfach vorsichtig auf die befallene Pflanze.

Zur Vorbeugung gegen Schnecken und andere Schädlinge bietet man Igeln und anderen Nützlingen Lebensraum im Garten.

- Vorbeugend sollte man zwischen Nachtschattengewächse **Kümmelpflanzen** setzen, ihre Ausdünstungen vertreiben Kartoffelkäfer.

Kohlweißling

- Die Raupen des Kohlweißlings schädigen mit Ausnahme des Grünkohls alle Kohlarten und andere Kreuzblütler, indem sie die Blätter bis auf die Rippen abfressen. Die gefährlichste Zeit ist Mai bis September. Bei geringem Befall kann man die **Raupen absammeln und vernichten**.
- Vorbeugend pflanzt man **Mischkulturen** mit Beifuß, Pfefferminze, Salbei, Sellerie, Thymian oder Tomaten oder baut das Gemüse unter einem **Fliegennetz** an.

Schnecken

- Bei mildem Wetter oder feuchter Wärme gefährden Schnecken Jungpflanzen aller Art sowie weichblättrige Pflanzen. Treten die Tiere vereinzelt auf, kann man sie morgens und abends **absammeln**.
- Hilfreich sind Schutzpflanzungen mit Bohnenkraut, Kamille, Kapuzinerkresse, Petersilie, Salbei und Senf.
- Gegen Nacktschnecken hat sich Gerstenstreu um die Beete bewährt, da Schnecken nicht gern über Scharfkantiges kriechen.

Spinnmilben

- Ein feines Gespinst auf der Blattunterseite zeigt den Befall mit der kleinen roten Spinnmilbe an. Sie sitzt bevorzugt auf den Blättern von Gurken- und Bohnengewächsen sowie Zimmerpflanzen. Das Spritzen mit **Brennnesseljauche** oder eine Kur mit **Zwiebelsud** helfen.
- Außerdem kann man **Raubmilben** aussetzen. Dieser natürliche Feind ist in jedem gut sortierten Gartenhandel erhältlich.

Wühlmäuse

- Vor allem Gehölze, aber auch Rosen, Stauden, Zwiebel- und Knollengewächse sowie Wurzelgemüse werden durch Wühlmäuse beeinträchtigt. Gießen Sie die **stark riechende Jauche** von Holunder- oder Nussbaumblättern, Thujazweigen oder Heringsköpfen in die Gänge.
- Als **Abwehrpflanzen** setzt man kreuzblättrige Wolfsmilch, Hundszunge, Steinklee, Knoblauch, außerdem Narzissen und Kaiserkrone.

Die Wurzel- und Blattausdünstungen der Kapuzinerkresse halten Blattläuse von Zier- und Gemüsepflanzen fern.

Rainfarn gegen Milben

200 g frische oder 30 g getrocknete Rainfarnblätter
1 l Wasser

Blätter im Wasser aufkochen und 1 Stunde ziehen lassen. Für Tee im Verhältnis 1:1 verdünnen und gießen. Rainfarnjauche aus 300 g frischen Blättern und 10 l Wasser wird unverdünnt zweimal pro Woche gegossen oder gespritzt. Rainfarn ist giftig, deshalb gilt besondere Vorsicht bei Kindern und Tieren.

Sichtschutz schaffen

Ein Sichtschutz soll die Privatsphäre im Garten oder auf der Terrasse wahren oder den wenig ansehnlichen Anblick von Mülleimern oder Komposthaufen verbergen. Er kann aus Holzelementen bestehen oder aus Pflanzen, etwa an Spalieren.

Der schnell wachsende Bambus eignet sich auch in Kübeln als Sichtschutz auf der Terrasse.

Zäune

In einem neuen Garten findet man nur allmählich heraus, welche Ecke zum Lieblingsplatz wird und wo man am ehesten vor neugierigen Blicken geschützt sein möchte. Daher fügt man seinen Sichtschutz erst später hinzu.

- Natürliche Materialien wie **Holz, Weide oder Bambus** eignen sich für fast alle Gärten. So kann man an einem vorhandenen oder neu errichteten Zaun problemlos Bambusmatten oder Sichtschutzelemente aus geflochtener Weide oder Haselnuss befestigen.
- Leicht begrünen lässt sich ein vorhandener oder neuer Holzzaun mit **Kletter- oder Rankpflanzen und Hängekörben**. So wird der Sichtschutz zum Teil des Gartens.

Hohe Kübelpflanzen

Mit einem Sichtschutz aus Kübelpflanzen bleibt man flexibel. Indem man einzelne Sorten austauscht oder Töpfe umstellt, kann man immer wieder neu kombinieren und manch überraschenden Akzent setzen.

- Viele Pflanzen wachsen gut in Kübeln, wenn auch meist **nicht so hoch** wie im Garten. Sie brauchen zusätzliche Nahrung, da sie nicht im tiefen Erdreich wurzeln.
- Mit Bougainvillea, Oleander, Olivenbäumchen oder Zitrusfruchtbäumchen in schönen Tonkübeln zieht **südliches Flair** in den Garten ein.
- Hortensien, Kornelkirschen oder Weigelien **blühen reich** und haben **dichte Bätter**.
- Wer **winterharten** und **immergrünen** Sichtschutz möchte, pflanzt Bambus, Buchs oder Thuja in Kübeln an.
- Um den Pflanzen **Höhe zu geben**, stellt man sie auf einen flachen Stein, einen Holzklotz oder eine niedrige alte Bank.

Bepflanzte Spaliere

Bei der Planung eines Sichtschutzspaliers muss man die vorwiegende Windrichtung und den Sonnenstand bedenken, denn davon hängt das Gedeihen der Rankpflanzen ab. Zu hohe Spaliere werfen unnötig viel Schatten.

- Holzspaliere oder auch eine Pergola sollte man aus robustem und **wetterfestem, druckimprägniertem Holz** errichten, dann braucht man zur weiteren Pflege keine giftigen Holzschutzmittel zu verwenden.
- Besonders **schnell wachsen** an Spalieren die einjährigen Feuerbohnen: In wenigen Wochen entsteht eine grüne Wand mit hübschen roten Blüten. Im Herbst kann man die Bohnen essen.

Den Sitzplatz umrahmen am Holzspalier Passionsblume, Feuerbohne und Sternwinde.

- Mit **immergrünen Kletterpflanzen** wie Efeu oder einigen Geißblattsorten versehen, bieten Spaliere auch im Winter einen perfekten Sichtschutz.
- Für einjährige, nicht zu schwere Kletterer können Sie aus **Bambusstöcken** mit wenigen Handgriffen ein **Spalier bauen**. Legen Sie die Stöcke gitterförmig übereinander und verbinden Sie sie an den Kreuzungspunkten mit Gartendraht. Anschließend nur noch an der Wand befestigen.
- **Dicht wachsende Kletterrosen** bieten an Spalieren einen reichlich blühenden und je nach Rosensorte wunderbar duftenden Sichtschutz.
- Viele Spalierpflanzen muss man **regelmäßig zurückschneiden**, damit sie in Form bleiben und nicht zu ausladend oder schwer werden. Andernfalls besteht die Gefahr, dass das Spalier unter der Last zerbricht.
- **Stark duftende Pflanzen** wie Geißblatt oder Jasmin an einem Spalier rund um den Komposthaufen oder vor einem Müllbehälter verbergen den unattraktiven Anblick und überdecken gleichzeitig unangenehme Gerüche.

Hecken

Hecken dienen als lebender Zaun einerseits zur Begrenzung eines Grundstücks, sorgen je nach ausgewählten Pflanzen andererseits aber auch für Sichtschutz.

- Rund um einen Sitzplatz im Garten macht sich eine **Blütenhecke** besonders gut. Mischen Sie Ziergehölze, die zu unterschiedlichen Zeiten blühen, wie Flieder, Forsythie, Garteneibisch, Sanddorn oder Schmetterlingsstrauch.
- Wer **mehr Schutz** haben möchte, greift zu den fast undurchdringlichen Gehölzen wie Berberitze, Feuerdorn, Schlehe, Stechpalme, Weißdorn, Zwergquitte oder Wildrosen. Sie alle haben Stacheln oder Dornen.
- **Immergrünen Sichtschutz** geben Berberitze, Bergkiefer, Buchs, Eibe, Kirschlorbeer, Liguster, Rhododendron, Strauchmispel, Scheinzypresse oder Thuja.
- Zu den **schnellwüchsigen Heckenpflanzen** gehören Feldahorn, Kirschlorbeer und Liguster sowie die Koniferen Leylandzypresse und Scheinzypresse.
- **Raschen Sichtschutz** bieten auch hohe Stauden oder hoch wachsende Sonnenblumen. Farne oder hohe Ziergrassorten wie das Riesenchinaschilf wachsen ebenfalls sehr schnell.
- Der immergrüne **Bambus** wirkt filigran und wächst schnell und hoch. Für den Sichtschutz gibt es besonders dichtblättrige Sorten. Abwechslung bietet eine Kombination mit verschiedenfarbigen Bättern oder Stämmen.
- **Laubhecken** aus Hain- oder Rotbuchen verlieren auch im Winter nicht alle Blätter und dienen Igeln und anderen Nützlingen als Unterschlupf. In Liguster und Berberitze fühlen sich viele Vögel wohl.

Gut zu wissen

Pflegeleichter Sichtschutz

Einjährige Kletterpflanzen wie Duftwicke, Kapuzinerkresse, Prunkwinde, Rosenkelch oder Sternwinde wachsen nicht nur sehr rasch, sie nehmen auch nicht so viel Raum ein und müssen nicht geschnitten werden. Im Frühjahr sät oder pflanzt man Setzlinge und achtet darauf, dass die Triebe Halt finden; im Spätherbst entfernt man die abgestorbene Pflanze.

Topf- und Kübelpflanzen

Nicht nur südländische Pflanzen, auch heimische Gewächse machen sich im Blumentopf gut und verschönern teilweise das ganze Jahr über Balkon oder Terrasse. Will man frostempfindliche Pflanzen überwintern, braucht man einen geeigneten Ort.

Um die Drainage in einem Pflanzgefäß zu verbessern, gibt man unten einige Steine oder Tonscherben hinein.

Die Auswahl

In allem, was man mit Erde füllen kann, wachsen auch Pflanzen. Selbst in Körben, Kisten oder einem halben kleinen Weinfass fühlen sich viele Blumen noch wohl.

- Bevorzugen Sie Gefäße aus **gebranntem Ton**, denn sie sind durchlässig für Wasser und Luft.
- Die täuschend ähnlichen, deutlich **leichteren Gefäße aus Kunststoff** fallen bei starken Winden nicht um, wenn man vor dem Bepflanzen einige schwere Steine hineinlegt.
- **Metall- und Holzgefäße** rosten oder verrotten schnell, wenn sie zu feucht werden. Man stellt die Pflanzen in Plastiktöpfen hinein oder legt die Gefäße mit Folie aus.

Gefäße vorbereiten

Damit sich die Pflanzen wohlfühlen, bedarf es einiger Vorbereitungen:

- Alle Gefäße, auch neue, **gründlich reinigen** und Reinigungsmittelrückstände gut ausspülen.
- Die unschönen **weißen Kalkbeläge** auf der Außenseite von Tontöpfen schrubbt man mit Essigwasser ab.
- In Keramiktöpfe klopft man mit einem Hammer vorsichtig ein **Drainageloch** in die Bodenmitte.
- Drainagelöcher bedeckt man mit einer **Muschel** oder einem **Kronkorken**, damit beim Gießen die Erde und damit die Nährstoffe nicht ausgeschwemmt werden.
- In großen Kübeln verhindert man **Staunässe** an den Wurzeln, indem man den Topf zu etwa einem Viertel mit grobem Kies füllt und darauf erst die Pflanzerde gibt.
- **Billige Blumenerde** sollte man meiden. Sie verklumpt beim Gießen. An heißen Tagen trocknet sie zudem rasch aus und wird steinhart: Wasser kann kaum bis an die Wurzeln gelangen, die Pflanze verkümmert.
- Am Standort der Töpfe sollte man auf guten **Wasserabfluss** achten und die Gefäße nötigenfalls auf einige größere Steine oder Holzscheite stellen. Untersetzer füllt man bis zu 1 cm Höhe mit Kies an.

Schwere Kübelpflanzen bewegt man rückenschonender und sicherer mit einer Sackkarre.

Damit Hochstammpflanzen wie dieser Roseneibisch durch die Last der Blüte oder starken Wind nicht umknicken, stützt man sie mit einem Holzstab.

- Das Hochstellen der Kübel schützt in **kalten Nächten** zudem die Wurzeln, da es direkt am Boden am kältesten ist.

Im Gefäß gedeiht fast alles

- **Ganzjährig** gedeihen in Pflanzgefäßen neben Buchs und kleinen Nadelgehölzen auch Hängekätzchenweide, Winterjasmin und schwachwüchsige Ziergehölze.
- Unter winterharte Immergrüne setzt man als Farbtupfer eine **Christrose** oder einige **Frühlingsblüher**.
- Auf dem Balkon oder der Terrasse fühlen sich **Kletterpflanzen** wie Passionsblume, Waldrebe oder eine Rose im Kübel wohl und verdecken unschöne Betonwände.
- Bei starkem **Schneckenbefall im Garten** zieht man Dahlien, Eisenkraut, Hortensie oder Studentenblume im Kübel. Dort erreichen die Schnecken sie nicht.
- Vertragen Rhododendren, Azaleen oder andere **Säure liebende Pflanzen** den Gartenboden nicht, setzt man sie in der passenden Erde in Kübel und stellt sie in die Beete.
- Für **Schatten- oder Halbschattenstandorte** wählt man Buchs, Fleißige Lieschen, Fuchsien, Heidekrautgewächse, Hortensien, Lobelien, Lorbeer oder Palmfarn.

Pflege und Winterschutz

- Nicht winterharte Pflanzen gehören **vor den ersten Frostnächten** ins Winterquartier. Empfindliche Exemplare ziehen im September um und bleiben bis zu den Eisheiligen dort.
- Ob die Pflanze **Wasser** benötigt, stellt man fest, indem man einen Finger etwa 1–2 cm tief in die Blumenerde steckt. Fühlt sich die Erde trocken an, wird nachgegossen.
- Die **Erdkruste** sollte man regelmäßig **auflockern**, damit das Gießwasser besser eindringen kann.
- Topfpflanzen benötigen mehr **Düngung**, da die Nährstoffe in der Pflanzerde begrenzt sind.
- Im Kochwasser von Gemüse oder Eiern sind viele **Mineralien** enthalten, über die sich Kübelpflanzen freuen.
- Ab **August** wird nicht mehr gedüngt; so überstehen die Pflanzen den Winter besser.
- Der **Überwinterungsstandort** – Wintergarten, Treppenhaus, Gewächshaus – sollte hell und kühl sein, die optimale Temperatur liegt zwischen 5 und 8 °C.
- Auch in der Ruhephase benötigen die Topfpflanzen hin und wieder **Wasser**, wenn auch wenig.
- Auch winterfeste Kübelpflanzen muss man vor starkem Frost schützen. Man packt das Gefäß in **Sackleinen**,steckt **Tannenzweige** oder **Stroh** dazwischen und bindet das Ganze oberhalb des Topfrands zu.
- Kalte Winterwinde trocknen die Wurzeln von Kübelpflanzen rasch aus. An **frostfreien Tagen** muss man sie deshalb **gießen**. Das Wasser sollte nicht zu kalt sein.

Gut zu wissen

Flohmarkt als Fundstätte

Auf dem Flohmarkt kann man so manches finden, was sich als Blumengefäß eignet: bunte, vielfältige Töpfereien aus anderen Ländern, Wannen oder Kannen, Blecheimer oder ein altes Becken. Selbst in ausrangierten Kochtöpfen finden Blumen ein neues Zuhause.

Blumentöpfe gibt es in vielen Größen und Formen. Rund um den Wurzelballen sollten einige Zentimeter Platz für Erde bleiben.

Unkraut beseitigen

Kein Gärtner sieht es gern, wenn im Blumen- oder Gemüsebeet neben all den sorgsam gehegten Pflanzen plötzlich andere Kräuter wachsen. Da hilft nur Jäten und Harken, aber man kann auch vorbeugend einige Maßnahmen ergreifen.

Im Gemüsebeet darf man mit der Hacke nur sehr vorsichtig das Unkraut zwischen den einzelnen Gemüsepflanzen entfernen.

Häufige Unkräuter

Die robusten und meist anspruchslosen Unkräuter sind unbeliebt, weil sie empfindlichere Pflanzen rasch verdrängen. Sie haben aber auch positive Seiten: Man erkennt an ihnen die Bodenbeschaffenheit, ihre Wurzeln fördern die Durchlüftung des Bodens, reichern ihn mit Nährstoffen an und wirken der Erosion entgegen. Viele Unkräuter dienen zudem als Basis für Jauchen oder Brühen zur Vorbeugung und Bekämpfung von Schädlingen und Krankheiten im Garten. Als Heilkräuter genießen Kräuter wie Ackerschachtelhalm, Spitzwegerich und viele andere überdies einen ausgezeichneten Ruf.

- Die **Ackerkratzdistel** ist nicht nur hartnäckig, sie zieht auch gerne Schädlinge an. Man entfernt zunächst die Blüten des bis zu 1,2 m hohen Wurzelunkrauts und gräbt die Pflanzen dann möglichst mitsamt der Wurzel aus. Reste dürfen nicht auf den Kompost, denn die Wurzeln könnten sich dort vermehren.
- **Ackerschachtelhalm** wird auch Scheuerkraut genannt und hat ein weit verzweigtes Wurzelsystem, das sich nur schwer entfernen lässt. Die Pflanze vermehrt sich durch Sporen und Wurzeln. Sie liebt Feuchtigkeit, wirksam bekämpfen kann man sie nur mit einer Drainage im Erdreich oder indem man den Boden zeitweilig kalkt. Ackerschachtelhalm darf keinesfalls auf den Kompost, er vermehrt sich dort weiter.

Frauenmantel oder Alchemilla gedeiht auch an halbschattigen Standorten und verdrängt durch seinen dichten Wuchs und die breiten Blätter Unkraut.

- Die anspruchslosen **Brennnesseln** lieben stickstoffhaltigen Boden. Wenn man sie nicht eindämmt, wuchern sie und bilden regelrechte Horste. Als Flachwurzler werden sie entweder wöchentlich abgemäht – dann verkümmern die Wurzeln innerhalb von 2 Jahren – oder einzelne Pflanzen samt der Wurzel aus dem Boden gezogen.
- **Gamander-Ehrenpreis** gedeiht auf lockeren, stickstoffreichen Böden. Das zwischen März und Juli blühende Samenunkraut entfernt man per Hand.
- Sogar in engsten Spalten zwischen Gehwegplatten oder an der Hausmauer wächst der **Spitzwegerich** oder Huflattich. Man muss jede Pflanze einzeln vor der Blüte ausgraben. Das Samenunkraut kann dann kompostiert werden.
- Von März bis Oktober blüht die **Vogelmiere**, sie siedelt sich im Rasen, aber auch in Gemüse- und Staudenbeeten an. Vor der Samenbildung kann man die Pflanze leicht mit der Hand aus dem Boden ziehen.

- Bei **Wicken** wie Zaun- und Vogelwicke handelt es sich um sehr widerstandsfähige Rankpflanzen, die in meterlangen Trieben wuchern und kaum einzudämmen sind. Sie vermehren sich über Samen und über die Triebe, die Pfahlwurzeln ausbilden. Regelmäßig jäten und aushacken und vor allem die Wurzeln entfernen.

Unkraut entfernen

Unkraut nimmt anderen Pflanzen Nährstoffe und Licht, deshalb muss man es regelmäßig entfernen.

- **Das Jäten** erfolgt am besten an trockenen Tagen nach dem Regen: Das Erdreich ist locker und die Pflanze lässt sich leicht herausziehen.
- Ist das Wetter trocken, kann man das herausgezupfte Unkraut **an Ort und Stelle verrotten** lassen.
- **Hacken** sollte man dagegen nur bei trockenem Wetter, da die Sämlinge sonst zu rasch neue Wurzeln bilden können.
- Beim **Umgraben** eines Beetes gelangen in der Tiefe ruhende Samen an die Oberfläche und können keimen. Daher muss man einige Tage nach dem Umgraben jäten.

Die Pfahlwurzeln des Löwenzahns reichen sehr tief. Mit einem Wurzelstecher sticht man sie tief und komplett aus.

- **Blütenköpfe oder Samenstände** am Unkraut schneidet man vor dem Jäten oder Hacken ab, damit die Samen nicht in die Erde gelangen.
- In den Spalten und Ritzen zwischen Bodenplatten oder an der Hausmauer kann man Unkraut mit **kochend heißem Wasser** zu Leibe rücken.
- Auf Unkraut im Rasen streut man **Salz**. Auch das Begießen mit einer **Essig-Wasser-Lösung** im Verhältnis 1:1 hilft.

Unkraut vorbeugen

Chemische Mittel bergen die Gefahr, dass man dem Erdreich so schadet, dass auch andere Pflanzen eingehen.

- Biologisch sinnvolle Unkrautbekämpfer sind Pflanzen, die durch ihr eigenes Wachstum dem Unkraut Licht und Nährstoffe nehmen. Dazu gehören vor allem die **Bodendecker**.
- Dicht wachsende Bodendecker wie Dickmännchen, Elfenblume, Golderdbeere und Teppichknöterich eignen sich für **Standorte im Halbschatten**.
- In **sonnigen Beeten** pflanzt man zur Vorbeugung Teppichsedum oder auch Bodendeckerrosen.
- Auch das Aussäen von **Gründüngungspflanzen** unterdrückt Unkraut. Später fördern sie das Wachstum im Beet.
- Mulcht man zwischen den Beetpflanzen, kommen unerwünschte Unkräuter nicht an die Oberfläche. Als **Mulch** kann man frischen Rasenschnitt verwenden, im Steingarten auch Kies.
- Bei größeren oder unzugänglichen Flächen legt man schwarze **Mulchfolien** aus, die dort, wo die Beetpflanzen stehen, kreuzweise eingeschnitten werden.

Gut zu wissen

Die kulinarische Seite des Unkrauts

Mit vielen Unkräutern kann man den Speisezettel erweitern: Gänseblümchen, Giersch, Löwenzahn und Vogelmiere schmecken im Salat. Gundelrebe und Sauerampfer ergeben eine delikate Suppe oder – wie auch Brennnesselblätter – ein spinatähnliches Gemüse. Oder probieren Sie einmal frittierte junge Brennnesselblätter.

Vermehrung von Pflanzen

Die jeweilige Methode zum Vermehren einer Pflanze hängt von der Sorte ab. Wichtig ist, dass die Vermehrung zum richtigen Zeitpunkt geschieht und die Samen bzw. der Pflanzenteil oder Trieb in gut vorbereitete Erde gelangen.

AUSSAAT IM TOPF

1 In den mit Anzuchterde gefüllten Topf steckt man einige Samen und einen Plastikstab, auf dem die Sorte notiert wurde.

2 Dann stülpt man eine Plastiktüte über den Topf. Sie hält die Erde feucht und schützt zudem vor Luftzug.

Vermehrung durch Samen

Rasen oder robustere Pflanzen kann man im Frühjahr gleich im Freien aussäen, bei empfindlichen Sorten empfiehlt sich die Aussaat im Haus oder Gewächshaus.

- Prinzipiell sammelt man ausgereifte Samen **bei Sonne** und lässt sie an einem luftigen Ort, aber nicht im prallen Sonnenlicht, auf Küchenpapier trocknen.
- Samen müssen stets trocken, kühl und dunkel gelagert werden. Zur **Aufbewahrung** eignen sich beschriftete Papiertüten, Briefumschläge oder kleine Plastikdosen.
- Um die **Keimfähigkeit** zu prüfen, gibt man einige Samen in ein Glas Wasser, die keimfähigen sinken nach unten.
- **Dunkelkeimer** wie Bohnen sät man 2 cm tief, **Lichtkeimer** wie Basilikum oder Lobelien streut man auf die Anzuchterde und drückt sie leicht fest, damit sie guten Kontakt zur Erde haben. Mithilfe eines Siebes bestreut man sie höchstens hauchdünn mit Erde.

Saathilfen

- Mit einem alten **Bleistift** oder **Schraubenzieher** lassen sich ganz einfach Saatlöcher in die Erde bohren.
- Für die Aussaat größerer Samenkörner im Freien gibt man die Samen in eine **Flasche**, bohrt ein Loch in einen **Korken**, setzt den Korken auf und steckt einen **Strohhalm** durch das Loch. So kommen die Samen einzeln heraus.
- Damit kleine Samen bei der Aussaat im Freien nicht zu eng nebeneinander fallen, vermischt man sie mit **Sand** oder schüttelt sie durch ein **Küchensieb** auf das Beet.
- **Leere Plastikbecher** von Joghurt oder Margarine sind eine preiswerte Alternative zu handelsüblichen Saatgefäßen. Man säubert sie und versieht sie mit Abflusslöchern.

Sämlinge pflegen

- Damit das Saatgut oder die jungen Sämlinge nicht aus der Erde geschwemmt werden, befeuchtet man sie mit einem **Pumpzerstäuber** oder einem **Wäschesprenger**.
- Im Freien schützt man die Aussaat vor dem Wegschwemmen durch das Auflegen von **Sackhüllen**. Die Säcke lassen das Licht durch, mildern aber den Aufprall des Gießwassers oder von Regentropfen ab.

Zur besseren Wurzelbildung topft man nach der Teilung kleine Staudenteile zunächst in Tontöpfe.

Zur Vermehrung teilt man den Wurzelballen einer Staude mit einem scharfen Messer oder dem Spaten in zwei oder mehrere Teile.

- Sämlinge brauchen viel Licht. Daher stellt man die Töpfe mit dem Saatgut auf **Alufolie**, das natürliche Licht wird reflektiert und so verstärkt.
- Ins Freie setzt man die Pflänzchen idealerweise abends an **bedeckten Tagen**. Anschließend wird vorsichtig gewässert.
- Zum **Schutz** vor Schnecken, zu großer Kälte oder dem Austrocknen stülpt man halbierte Plastikflaschen über Jungpflanzen. Bei mehreren nebeneinanderliegenden Pflanzen greift man zu einem Vlies.

Stecklinge

Stecklinge nennt man abgeschnittene Triebe oder Triebstücke der Mutterpflanze, die zur Wurzelbildung in Wasser oder Erde gesteckt werden. Ein Gemisch aus Anzuchterde und grobkörnigem Sand ist optimal für Stecklinge.

- Beim Schneiden trocknen Stecklinge nicht so rasch aus, wenn man sie in eine **Plastiktüte** gibt.
- Sollen Weichholzstecklinge in Wasser wurzeln, verhindert ein Stück **Kaninchendraht** oder feste, mit einigen Löchern versehene **Alufolie** über der Glasöffnung, dass sie zu tief ins Wasser rutschen.
- Gibt man etwas **Gesteinsmehl** oder einer **5%ige Brühe aus Braunalgen** in die Anzuchterde, fördert dies das Wurzelwachstum von Hartholzstecklingen.
- Schneidet man Hartholzstecklinge unten ein wenig ein und klemmt ein **Roggen- oder Weizenkorn** in den Einschnitt, regen die von diesem Korn produzierten Wuchsstoffe auch die Bewurzelung des Stecklings an.

Stauden teilen

Alle mehrjährigen Stauden, die keine Pfahlwurzeln und mehr als einen Trieb haben, kann man teilen.

- Jeder Teil muss ausreichend **Wurzeln** und zwei oder drei **Triebknospen** haben. Sehr alte Teile werden entfernt.
- **Prachtstauden** wie Schwertlilie oder Sonnenhut erreichen ihr Optimum im 5.–7. Jahr. Danach sollte man sie teilen.

Absenken von Pflanzentrieben

Bei dieser Vermehrungsmethode werden Triebe zur Bewurzelung zum Boden hingebogen und von der Mutterpflanze gekappt, sobald sie Wurzeln gebildet haben.

- Man wählt einen **einjährigen biegsamen Trieb**, der relativ nahe an der Basis der Mutterpflanze sitzt.
- Das Absenken eignet sich zur Vermehrung vieler **Beerensträucher und Kletterpflanzen**.

Von Fuchsien schneidet man mit einer scharfen Gartenschere Weichholzstecklinge und stellt sie zum Bewurzeln ins Wasser.

Versetzen von Pflanzen

Wer seinen Garten umgestalten will, kommt manchmal nicht umhin, Stauden, Sträucher oder gar einen Baum umsetzen zu müssen. Die Pflanze darf niemals zu lange außerhalb des Erdreichs bleiben.

Um die richtige Pflanztiefe zu überprüfen, stellt man die Pflanze ins Loch und legt einen Stock über das Loch. Die Veredelungsstelle muss im Erdreich liegen.

Der richtige Zeitpunkt

Die beste Zeit, um Pflanzen zu versetzen, ist im Spätsommer oder Frühherbst. Vor Wintereinbruch haben sie dann ausreichend Gelegenheit, Wurzeln zu bilden und anzuwachsen.

- Pflanzen Sie generell bei **feuchtkühlem Wetter** um, damit reduzieren Sie den Stress für die Pflanze.
- **Immergrüne Gehölze** setzt man im Oktober oder April um, wenn die Erde feucht und warm ist.
- **Frostempfindliche Sträucher** wie Bartblume, Eibisch, Hibiskus oder Hortensie werden im Frühling verpflanzt.

Große Gehölze versetzen

Bäume oder alte Sträucher muss man auf den Umzug vorbereiten, sonst nehmen sie den Standortwechsel übel. Dazu verlegt man die Faserwurzeln, die ein Gehölz fürs Überleben braucht, in die Nähe der Basis, also der Hauptstämme des Gehölzes, um. Viele Faserwurzeln finden sich nämlich im Bereich der Kronentraufe und reichen manchmal sogar darüber hinaus.

- Im April werden mit dem Spaten die Wurzeln rund um die Haupttriebe leicht **schräg zum Strauch hin abgestochen**. Im September wird umgepflanzt.
- Alten, wertvollen Gehölzen lässt man noch **mehr Zeit**: Im Spätsommer wird schräg zur Basis ein kleiner, 40 cm tiefer und 25 cm breiter Graben rund um das Gehölz ausgehoben und mit frischer Erde und Kompost gefüllt. In der Folgezeit gut wässern, damit sich hier neue Fadenwurzeln bilden. Versetzt wird die Pflanze erst im Folgejahr.
- Um Mangelerscheinungen durch beschädigte Wurzeln vorzubeugen, sollte man die Triebe der umgesetzten Pflanze **bis zu einem Drittel einkürzen**.
- Eine **Handvoll Knochenmehl** und verrotteter Kompost geben dem Gehölz im neuen Pflanzloch einen guten Start.
- Größere Gehölze wie Kletterrosen und Bäume sollten Sie nach dem Versetzen an einem oder mehreren **Pfählen verankern**, damit sie an stürmischen Herbsttagen nicht vom Wind aus dem Boden gerissen werden.
- Damit umgesetzte Pflanzen, ob Strauch, Staude oder Baum, nicht austrocknen, deckt man den Boden rundum mit einer dicken **Mulchschicht** ab.

Stauden versetzen

Stauden werden nach der Blütezeit umgepflanzt. Wer im Frühjahr umpflanzt, muss damit rechnen, dass die Staude in diesem Jahr nicht blüht.

- Wer im Spätherbst oder sogar Winter umsetzt, kann sich das ausgiebige **Gießen sparen**.
- Bringt man ins neue Pflanzloch für Stauden **Kompost** oder Humus ein, unterstützt das den Neuaustrieb der Staude.

Vögel im Garten

Einen Garten ohne Vögel, ohne ihren morgendlichen und abendlichen Gesang, kann man sich kaum vorstellen. Außerdem sorgen sie dafür, dass weniger Schädlinge vorkommen.

Viele Vögel wie dieses Rotkehlchen nisten oft jahrelang am selben Platz.

Viele Vogelarten wie Amseln Blau- und Kohlmeisen, Buntspechte, Grünfinken, Rotkehlchen oder Zaunkönige verbringen das ganze Jahr im Garten. Im Sommer gesellen sich dann Zugvögel wie Gartenrotschwanz oder Singdrossel dazu.

Gute Bedingungen

Wer Vögeln Schlaf-, Brut- und Schutzplätze bietet, kann sich bald über viele Vogelarten im eigenen Garten freuen.

- Man sollte möglichst viele **Sträucher und Hecken** pflanzen, denn sie bieten den gefiederten Nützlingen Raum zum Nisten und gleichzeitig genügend Material für den Nestbau, sichere Plätze für den Schlaf und vor allem Schutz vor Wind und Wetter.
- Auch **Kletterpflanzen** eignen sich wunderbar als Lebensraum für Vögel, vor allem, wenn sie an Mauern, Wänden oder Zäunen emporgezogen werden.
- Bachstelze, Grauschnäpper, Hausrotschwanz und Zaunkönig lieben kleine **Höhlen** in alten Bäumen.
- Blühende Gehölze, die im Herbst **Beeren** tragen, versorgen die gefiederten Freunde mit ausreichend Nahrung. Besonders gern mögen Vögel die Früchte von Brombeere, kletternder Hundsrose, Schlehe oder der Heckenpflanzen Berberitze, Holunder, Kornelkirsche und Weißdorn.
- Das schön blühende **Geißblatt** bietet hervorragende Nistplätze. Seine Früchte sind für den Menschen allerdings giftig. Gleiches gilt für das Pfaffenhütchen.

Gastfreundschaft

- Für ein Vogelhaus oder den Nistkasten nehmen Sie ein etwa 2 cm starkes, **ungehobeltes Kiefern- oder Fichtenholz**. Innen muss es rau bleiben, damit die kleinen Vögel die Höhle gut verlassen können.
- Der **Nistkasten** hängt an einem geschützten, nicht zu sonnigen Ort in mindestens 3 m Höhe. Das Flugloch sollte nach Südosten zeigen.
- Eine **Vogeltränke** steht auf einem Steinsockel, an dem Katzen nicht hochklettern können. Achten Sie darauf, dass die Tränke immer mit frischem Wasser gefüllt ist.
- Legen Sie im Winter die oberste **Kompostschicht** um, Vögel finden darunter viele Insekten.

Vogelfutter

250 g ungesalzener Rindertalg (oder ungehärtetes Kokosfett)

500 g Körner, Rosinen und Haferflocken

Das Fett in kleine Stücke schneiden und im Topf schmelzen lassen. Unter Rühren Körner, Rosinen und Haferflocken zugeben, bis eine zähe Masse entsteht. Abkühlen lassen, zu Knödeln formen und aufhängen.

In kalten Wintern freuen sich Vögel über ein zusätzliches Nahrungsangebot, z. B. im Vogelhäuschen.

ZIERSTRÄUCHER UND -BÄUME

Ziergehölze sind anspruchslose Gewächse, die den Garten jahrelang verschönern. Sie geben einen Rahmen oder ziehen als Solitäre im Rasen Blicke auf sich. Durch ihre Blattfarben, Blüten und Beeren setzen sie farbenfrohe Akzente.

Alte Magnolien wie dieses Prachtstück erfreuen jedes Frühjahr wieder mit einer üppigen weißrosa Blüte.

Auswahl und Standort

Licht- oder Bodenverhältnisse spielen eine wichtige Rolle, schließlich kann man Bäume oder Sträucher nicht Jahr für Jahr umsetzen.

- Ziergehölze, die in allen vier Jahreszeiten optisch etwas zu bieten haben, eignen sich wunderbar für **kleinere Gärten**, in denen der Platz für eine größere Pflanzenauswahl fehlt. Der Blasenbaum zeigt im Frühjahr rot gefiederte, im Sommer gelbe Blütenrispen und papierdünne, wie kleine Ballons wirkende Früchte. Im Herbst färben sich die Blätter orangegelb. Feuerahorn treibt rot aus, hat gelblichweiße Blütendolden, rötliche Früchte und im Herbst rotes Laub.
- Im **Schatten** gedeihen Blutjohannisbeere, Buche, Eibe, Kolwitzie, Kornelkirsche, Mahonie, Seidelbast, Traubenkirsche und Zaubernuss.
- Für **feuchte Standorte** wählt man Faulbaum, Japanischen Ahorn, Purpurweide, Roten Hartriegel, Schwarzerle, Silberweide oder Weißdorn.
- **Neben Blumen- oder Gemüsebeete** sollte man nie Birken, Erlen, Weiden oder Zierkirschen pflanzen, da sie flach wurzeln und die Bodenbearbeitung dann schwierig wird.
- Gehölze entziehen dem Boden Wasser und Nährstoffe, **Nachbarpflanzen** müssen das tolerieren.

Bunte Gehölze für Herbst und Winter

- **Schöne rote Früchte** findet man in der kalten Jahreszeit an Berberitze, Eberesche, immergrüner Eibe, Essigbaum, am Gemeinen Schneeball oder Weißdorn.
- Mahonie und Schlehe schmücken sich mit **blauen** Früchten, die Schönfrucht mit **lilarosafarbenen** Früchten.

Zum Anbinden windet man das Seil in Achten um Baum und Stützstab.

- Der Schlangenhautahorn gefällt im Winter mit seiner grün-weiß gestreiften **Rinde**, der Korkflügelstrauch mit grüner und die Kupferbirke mit orangeroter Rinde.

Gehölze pflanzen

Frühjahr und Herbst sind die besten Pflanzzeiten für Gehölze. Ziersträucher und auch Bäume sind noch in der Ruhezeit oder bereiten sich nach dem Laubfall bereits auf den Winter vor.

- **Verfilzte Wurzelballen** lockert man mit einer Gabel auf und zieht die Wurzeln dann auseinander.
- Dann reduziert man Wurzeln und Triebe. Dieser **Schnitt** fördert das Wachstum neuer, gesunder Pflanzenteile. Einen Baum legt man dazu auf zwei Holzböcke.
- Der **Stützstab** für Bäume wird immer vor der Pflanze ins Pflanzloch gesetzt, damit er die Wurzeln nicht beschädigt.
- Preiswerter als die im Handel erhältlichen Baumbinder oder Seile sind **Nylonstrümpfe**, die aufgrund ihrer Elastizität besonders junge Bäume schonen.

Gehölze schneiden und pflegen

Außer dem Schnitt, der die Pflanze mit Licht und Luft versorgt, brauchen Ziergehölze wenig Pflege.

- Die **beste Zeit für einen Schnitt** ist das frühe Frühjahr, kurz vor dem Austrieb. Bei starkem Frost darf man nicht schneiden. Frühjahrs- und Frühsommerblüher schneidet man direkt nach der Blüte.
- Werden **Blütensträucher** nach einigen Jahren struppig und bilden eher blütenunwillige Äste aus, lichtet man sie gründlich aus. Bogentriebe von Berberitzen oder Forsythien kürzt man direkt hinter der Biegestelle.
- Immergrüne Sträucher und Nadelgehölze sowie Goldregen, Hartriegel, Magnolie oder Zaubernuss brauchen **keinen regelmäßigen Schnitt**, er würde ihnen sogar schaden.
- **Mulchschichten** um die Gehölzbasis sorgen an heißen Sommertagen dafür, dass die Erde nicht austrocknet, gleichzeitig sind sie ein guter Schutz gegen Unkraut.
- Die **Stämme junger Bäume** kann man mit einer aufgeschlitzten Plastikflasche oder Kaninchendraht vor Beschädigungen schützen.
- Wenn ein Strauch nicht blüht, kann es dem Boden an **Kali mangeln**. Holzasche oder eine Kur mit Beinwelljauche helfen in diesem Fall.

Das Pflanzloch für Ziergehölze muss mindestens doppelt so groß sein wie der Wurzelballen der Pflanze.

Gut zu wissen

Manche mögen einen Radikalschnitt

Viele blühende Ziersträucher danken einen mutigen Schnitt mit schönem Wachstum und reicher Blüte. Manche mögen sogar eine Radikalkur, z. B. Blauraute, Rispenhortensie oder Schmetterlingsstrauch.

Zwiebel- und Knollenpflanzen

Zwiebelpflanzen gehören zu den ersten Frühlingsboten, andere Sorten wie Dahlien, Gladiolen oder Herbstzeitlose blühen bis in den späten Herbst. In der Pflege sind die Gewächse eher anspruchslos, man kann sie sogar auf dem Balkon in Töpfen ziehen.

Frühlingsblüher wie Iris, Krokusse, Narzissen, Traubenhyazinthen oder Tulpen werden im Herbst ab September gesetzt.

Auswahl treffen

Je größer, desto besser, diese Maxime gilt bei Blumenzwiebeln tatsächlich, denn die schönsten Blüten bringen große Zwiebeln hervor.

- Zwiebeln oder Knollen müssen eine **intakte Außenhaut** und einen **festen Kern** aufweisen. Treiben sie aus oder haben sie faule Stellen, muss man sie aussortieren.
- Kann man Blumenzwiebeln nach dem Kauf nicht sofort setzen, erfolgt die **Lagerung** an einem kühlen, dunklen und luftigen Ort. Wertvolle Sorten sind optimal im Gemüsefach des Kühlschranks untergebracht.
- Für **Halbschatten** eignen sich Lilien, Maiglöckchen oder Sternhyazinthe, im **Schatten** gedeihen Buschwindröschen oder Märzenbecher.

Richtig setzen

Zwiebelpflanzen gedeihen bestens in lockerer, wasserdurchlässiger Erde. Ist der Boden eher schwer, gibt man in die Pflanzgrube eine 1 – 2 cm dicke Sandschicht. Sie sorgt dafür, dass die Zwiebeln in der nasskalten Jahreszeit nicht verfaulen.

- Die **Pflanztiefe** sollte stets mindestens zweimal so tief wie der Durchmesser der Zwiebeln sein.
- Bei **Lilien** gibt es, was die Pflanztiefe angeht, viele Ausnahmen, man hält sich an die Anweisung auf der Packung.
- Für eine **dichte Blütenfülle** bietet es sich an, Zwiebeln in unterschiedlicher Tiefe zu pflanzen. Gerade auf beengtem Raum wie in einem **Tontopf** erzielt man so bessere Ergebnisse.
- **Narzissen und Schachbrettblumen** sollte man nach dem Setzen der Zwiebeln leicht angießen. In feuchtem Boden bilden sich ihre Wurzeln schneller.
- Pflanzen Sie Zwiebeln, die Sie wieder herausnehmen wollen, in **Plastikkörben, Netzen oder Drahtgeflechten**. Dann lassen sie sich leichter entfernen und sind außerdem vor Nagern geschützt.
- **Sommerblüher** wie Dahlien, Gladiolen oder Montbretien setzt man im April in gut gelockerten Boden. Sie mögen wie alle Zwiebelgewächse keine Staunässe.

Zwiebel- und Knollenpflanzen pflegen

Die meisten Zwiebelpflanzen gedeihen ohne große Pflege prächtig. Selbst gießen muss man sie kaum.

Setzt man niedrig blühende Zwiebelpflanzen vor langstielige Lilien, Narzissen oder Tulpen, ergibt sich eine Etagenwirkung.

- Um **hoch wachsende Pflanzen** wie Gladiolen oder Dahlien später zu stützen, steckt man bereits beim Setzen einen Stock in den Boden. So bleiben Zwiebeln oder Wurzeln unbeschädigt.
- **Tulpenzwiebeln** nimmt man in feuchten Regionen nach dem Welken des Laubes aus der Erde, trocknet sie und lagert sie dann bis zum Herbst dunkel in einem Bett aus Sand, Torf oder Sägemehl.
- **Nach dem Verwelken** schneiden Sie nur die Blüten von Zwiebelpflanzen ab, damit keine Energie in die Bildung von Samen fließt. Das Laub benötigt die Pflanze, um Nährstoffe für den Winter einzulagern.
- Um durch **Pilze oder Bakterien** verursachte Krankheiten zu verhindern, pflanzt man Zwiebeln und Knollen immer wieder an unterschiedliche Plätze.

Zwiebeln und Knollen vermehren

Die Vermehrung von Zwiebelgewächsen ist kinderleicht. Viele bilden selbst kleine Zwiebeln oder Brutknollen, die man lediglich von der Mutterpflanze lösen und über den Winter kühl und geschützt lagern muss.

- **Irisrhizome** gräbt man alle 2–3 Jahre nach der Blüte aus, teilt sie in mehrere Stücke und kürzt die Blätter ein. Der älteste Teil der Pflanze wird entsorgt.
- Vor dem Einpflanzen im Frühjahr zerschneidet man **Dahlienknollen** mit einem Messer. An jedem Teil sollte eine Triebknospe vorhanden sein.

Lilien durch Zwiebelschuppen vermehren

- Im Herbst graben Sie die Zwiebel aus und **reißen vorsichtig 4–6 äußere Schuppen** ab. Dann bestäuben Sie die Wunde der Mutterzwiebel zum Schutz mit Holzkohlenpuder und graben die Zwiebel erneut ein.
- Die Schuppen setzt man bis zur Hälfte in ein **Gemisch aus Gartenerde und Sand** und hält sie mit Plastikfolie bedeckt feuchtwarm bei Zimmertemperatur. Grellem Sonnenlicht sollte man sie allerdings nicht aussetzen.
- Innerhalb von etwa 8 Wochen **bilden sich kleine Zwiebeln** samt zarten Wurzeln aus. Die Zwiebeln pflanzt man einzeln in Töpfchen, nur die oberste Spitze sollte aus der Erde schauen, und bewahrt sie kühl und dunkel bei etwa 5 °C auf.
- Sobald sich im Frühjahr die **ersten zarten Blätter ausbilden**, kann man die kleinen Pflänzchen an nicht zu kalten Tagen vorsichtig **ins Beet setzen**.

Spartipp

Wer Blumenzwiebeln statt der Pflanze kauft, spart viel Geld. Außerdem ist die Auswahl an Frühblühern in Zwiebelform deutlich größer. Ausgefallene Sorten werden kaum als Pflanze angeboten.

Zu den ersten Frühlingsboten zählen früh blühende Hyazinthen und Narzissen.

Register

C

D

G

H

L

M

N

O

P

S

T

U

V

Bildnachweis

Abkürzungen: o. = oben, M. = Mitte, u. = unten, l. = links, r. = rechts, Hintergr. = Hintergrund
GI = Getty Images
mi = mauritius images
RD = Reader's Digest

Cover (v.o.n.u.): Friedrich Strauss; RD/LAZI &LAZI; StockFood/Eising Studio – Food Photo & Video; iStockphoto.com/Julia_Sudnitskaya (Hintergrund)

2 l. und 8/9, 2 M. und 72/73, 2 r. und 116/117, 3 l. und 170/171, 003 M. und 232/233, 3 r. und 288/289: RD/LAZI & LAZI; 10 Hintergr.: mi/Rosenfeld; 10 l., r. und 11: RD/LAZI & LAZI; 12 mi/H. Schwarz; 13 o.: mi/Pierre Bourrier; 13 u.: mi/imagebroker/BAO; 14 RD/GID; 15 u.: RD/LAZI & LAZI; 15 o.: mi/Josephine Clasen; 16 o. l. und u. l.: RD/LAZI & LAZI; 16 r.: J.Garcia/photocuisine/Corbis; 16/17 GI/Tom Grill; 17 r.: mi/West Studios; 18 und 19 r.: RD/GID; 19 l.: GI/Philip und Karen Smith; 20 mi/age; 21 l.: GI/Dorling Kindersley; 21 r.: RD/LAZI & LAZI; 22 r.: mi/Nikky; 22 l.: mi/Alamy; 23 RD/LAZI & LAZI; 24 mi/Andre Pöhlmann; 25 r.: mi/imagebroker/BAO; 26 l.: RD/GID; 26 r.: GI/Alexander Walter; 27 RD/GID; 28 RD/LAZI & LAZI; 28/29 Estelle Klawitter/zefa/Corbis; 29 r.: mi/Imagebroker/BAO; 30 r.: GI/Michael Rosenfeld; 30 l.: GI/DreamPictures; 31 l.: GI/Look/Peter von Felbert; 31 M.: GI/Altrendo; 31 r.: mi/imagebroker/BAO; 32 l.: RD/LAZI & LAZI; 32 r. und 33: RD/GID; 34 GI/The Image Bank; 35 u. r.: GI/StockFood Creative/Damir Begovic; 35 o. r.: mi/Botanica; 36 GI/Candice Farmer; 37 o.: RD/LAZI & LAZI; 37 l.: mi/imagebroker/BAO; 38 l.: RD/GID; 38 r.: mi/Pacific Stock; 39 GI/Photonica/Brandon Harman; 39 Hintergr.: mi/Imagebroker/BAO; 40 l.: GI/Michael Rosenfeld; 40/41 mi/Andreas Schätzle; 42 mi/Wolfgang Filser; 43 o.: GI/Blickpunkte; 43 u.: GI/Teubner; 44 o.: GI/Michael Brauner; 44 u.: mi/imagebroker/BAO; 45 GI/Julie Pigula; 46 l.: mi/Rosenfeld; 46 Hintergr.: GI/Frank Greenaway; 46 Hintergr.: GI/Frank Greenaway; 47 o. r.: mi/Stock Image; 47 u. r. und l.: RD/LAZI & LAZI; 48 l.: mi/Alamy; 48 r.: RD/LAZI & LAZI; 49 l.: mi/imagebroker/Jochen Tack; 49 r.: mi/Erwin Rachbauer; 50 mi/SuperStock; 51 Hintergr.: PhotoAlto; 51 r.: mi/Alamy; 52 r.: mi/Ypps; 52 l.: mi/Phototake; 53 r.: mi/westend61; 53 l.: mi/Andre Pöhlmann; 54 Hintergr.: PhotoAlto; 54 u.: GI/StockFood Creative/Roger Stowell; 55 GI/Iconica/Zia Soleil; 56 mi/age; 57 mi/Alamy; 58 o. l. und u. l.: RD/GID; 58 r.: mi/Workbookstock; 59 mi/Botanica; 60 o. l. und u. l.: RD/LAZI & LAZI; 60 r.: GI/Stone/David Sacks; 61 GI/StockFood Creative/Ulrich Kerth; 62 Rolf Bruderer/Corbis; 63 l.: Steve Lupton/Corbis; 63 Emely/zefa/Corbis; 64 l.: mi/imagebroker/BAO; 64 o.: GI/Linda Whitwam; 65 r.: RD/LAZI & LAZI; 65 l.: mi/Photononstop; 65 r.: Hintergr.: mi/Imagebroker/BAO; 66 o. r.: GI/Image bank/Veronique Beranger; 66 u.: GI/Dorling Kindersley; 67 Sean Justice/Corbis; 68 u.: RD/GID; 68 o.: mi/Busse Yankushev; 69 o.: Hintergr.: mi/Busse Yankushev; 69 l.: B. BOISSONNET/Image Point FR/Corbis; 70 r.: mi/Food and Drink; 71 l.: Mika/zefa/Corbis; 71 r.: mi/Profimedia; 74 Stock Image/Jupiterimages; 75 RD/LAZI & LAZI; 76 l.: Photo Disc; 76 r.: mi/Pierre Bourier; 77 mi/Pierre Bourrier; 78 r.: PhotoAlto; 78 l.: GI/Don Klumpp; 79 r. und l.: RD/LAZI & LAZI; 80 l.: RD/GID; 80/81 mi/Rosenfeld; 81 r.: mi/SELF; 82 l.: mi/Matthias Schlief; 82/83 RD/LAZI & LAZI; 83 o.: RD/GID; 84 l.: PhotoAlto; 84 r.: Botanica/Jupiterimages; 85 l. und r.: RD/LAZI & LAZI; 85 Hintergr.: GI/Dave King; 86 mi/rosenfeld; 87 r.: RD/LAZI & LAZI; 87 M.: Phovoir; 88 o.: mi/Foodpix; 88 u.: mi/Alamy; 89 l.: RD/LAZI & LAZI; 89 r.: GI/Inga Spence; 90 mi/Karin Skogstad; 91 l.: mi/Nikky; 92/93 o.: RD/LAZI & LAZI; 92 l.: GI/Anthony Marsland; 93 r.: mi/mindbodysoul; 93 l.: mi/imagebroker/BAO; 94 mi/Alamy; 94/95 RD/LAZI & LAZI; 95 RD/GID; 96 mi/Baumann; 97 l.: PhotoAlto; 97 r.: mi/Alamy; 98 RD/LAZI & LAZI; 99 r.: mi/Pierre Bourrier; 99 l.: mi/Alamy; 100 French Photographers only/Jupiterimages; 101 r.: mi/Alexander Kupka; 101 l.: mi/Garden Picture Library; 102 r.: GI/Doug Sokell; 102 l.: Garcia/photocuisine/Corbis; 103 M.: Dietrich Rose/zefa/Corbis; 103 r.: mi/SELF; 104 l.: RD/LAZI & LAZI; 104 r.: GI/Ralf Schultheiss; 105 r.: mi/Phototake; 105 l.: mi/Urbanlip; 106 l.: RD/GID; 106 r.: RD/LAZI & LAZI; 107 u. r.: mi/Nora Frei; 107 o. r.: mi/age; 108 GI/Daniel Bosler; 109 l.: GI/Lew Robertson; 109 r.: mi/Piere Bourrier; 110 u.: mi/Foodpix; 110 o.: mi/Botanica; 111 o.: Alfred Saerchinger/zefa/Corbis; 111 u.: mi/Nora Frei; 112/113 Michael Keller/Corbis; 112 u. l.: GI/Dorling Kindersley; 113 r.: mi/John Curtis; 114 r.: mi/Karayo; 114 l., 115, 118, 119 l. und 119 r.: RD/LAZI & LAZI; 120 GI/Steve Gorton; 121 r.: mi/Nikky; 121 l.: Solus-Veer/ Corbis; 122 GI/Roger Charity; 123 GI/StockFood Creative/Ulrich Kerth; 124 James Mitchell/zefa/Corbis; 125 Anna Kern/Etsa/Corbis; 126/127 GI/Chris harvey; 127 r.: mi/imagebroker; 128 RD/LAZI & LAZI; 129 u.: PhotoAlto; 129 o. r.: GI/altrendo images; 130 RD/LAZI & LAZI; 130 Hintergr.: PhotoAlto; 131 GI/Jonathan Knowles; 132 Fancy; 133 Photo Disc; 133 Hintergr.: mi/Busse Yankushev; 134 l.: RD/LAZI & LAZI; 134 r.: Fancy; 135 M.: mi/Hans-PeterMerten; 135 l.: IPS Co./Corbis; 135 r.: GI/Russell Sadur; 136 r.: RD/LAZI & LAZI; 136 l.: GI/Shinya Sasaki/NEOVISION; 137 o. und u.: RD/LAZI & LAZI; 138 GI/Dave Rudkin; 139 GI/Andy Whale; 140 r.: RD/LAZI & LAZI; 140 l.: mi/Haag & Kropp; 141 RD/LAZI & LAZI; 142 mi/Cristo Rich; 143 RD/LAZI & LAZI; 144 l.: GI/Jesco Tscholitsch; 144 r.: Fernando Bengoechea/Beateworks/Corbis; 145 RD/LAZI & LAZI; 146 l.: mi/Brigitte Protzel; 146 r.: RD/LAZI & LAZI; 147 mi/Westend61; 148 o. l. und u. l.: RD/LAZI & LAZI; 148 r.: David Papazian/Beateworks/Corbis; 149 RD/LAZI & LAZI; 150 GI/James Cotier; 151 o. r. und u. r.: RD/LAZI & LAZI; 152 l.: mi/Ripp; 152 r.: Turbo/zefa/Corbis; 153 l.: GI/Marina Jefferson; 153 r.: GI/Neo Vision; 154 r.: RD/LAZI & LAZI; 154 l.: GI/Jamie Grill; 155 o.: mi/Boris Kumicak; 155 u.: RD/LAZI & LAZI; 156 GI/Jo Sax; 157 l.: GI/Matthew Ward; 157 r.: mi/Alamy; 158 Hintergr.: mi/Brigitte Protzel; 158 r.: GI/Elizabeth Simpson; 159 mi/imagebroker/Jochen Tack; 160 GI/Image Bank/Laurence Dutton; 160 Hintergr.: mi/Imagebroker/Michael Jaeger; 161 o.: RD/LAZI & LAZI; 162 r.: mi/pepperprint; 163 Andrew Bordwin/Beateworks/Corbis; 164 RD/LAZI & LAZI; 165 mi/Flora; 166 l.: RD/LAZI & LAZI; 166 r.: GI/Catherine Ledner; 168 M.: GI/Britt Erlanson; 168 Hintergr.: Ashley Cooper/Corbis; 169 o. und u.: RD/LAZI & LAZI; 172, 173 r. und 173 l.: mi/Nikky; 174 l.: RD/GID; 174 r.: mi/Foodpix; 175 r.: GI/Angie Norwood Browne; 175 l.: GI/Michael Rosenfeld; 176 l.: RD; 176 r.: RD/GID; 177 o.: RD; 177 M. und u.: RD; 178 GI/Charles Nesbit; 179 r.: GI/Lew Robertson; 179 l.: mi/Boris Kumicak; 180 RD/LAZI & LAZI; 181 mi/Alamy; 182 mi/GAP; 183 o. r.: GI/Dorling Kindersley; 183 u. r.: GI/Peter Rees; 183 l.: RD/GID; 184 o.: Conde Nast Archive/Corbis; 184 u.: PhotoAlto; 185 Michelle Garrett/Corbis; 186 GI/Image Studios; 187 l., o. r., M. r., u. r.: RD/GID; 188/189 mi/age; 189 r.: mi/Pedro Perez; 190 GI/Meike Bergmann; 191 o. l.: GI/Food Image Source; 191 u.: RD/GID; 191 o. r.: GI/Davies und Starr; 192 r.: RD/LAZI & LAZI; 192 l.: Y. Bagros/photocuisine/Corbis; 193 M.: mi/Spirit; 193 l.: mi/Alamy; 193 r.: RD/LAZI & LAZI; 194 l.: mi/Josef Kuchlbauer; 194/195 RD/GID; 195 mi/Busse Yankushev; 196 o.: RD; 196 u.: GI/Michael Rosenfeld; 197 o. r.: GI/StockFood Creative/Alexander Feig; 197 u. r.: mi/Food and Drink; 198 r.: GI/Michael Rosenfeld; 198 l.: GI/Tom Grill; 199 l.: Dieterlen/photocuisine/Corbis; 199 o. r., M. r., u. r. und 200 Hintergr.: RD/GID; 200 o.: RD/LAZI & LAZI; 200 l.: Roulier/Turiot/ photocuisine/Corbis; 201 o.: PhotoAlto; 201 u.: RD/GID; 202 r.: mi/Peter Rathmann; 202 l.: Hussenot/photocuisine/Corbis; 203 o.: GI/Lukas Creter; 203 r.: RD; 204 r.: GI/Tom Grill; 204 l.: RD; 205 RD; 206 mi/Rosenfeld; 207 r.: GI/DEA/ N. Chasseriau; 207 Hintergr.: GI/Lew Robertson; 207 l.: mi/Haag + Kropp; 208 GI/DEA/P. MARTINI; 209 u.: PhotoAlto; 209 r.: mi/Andreas Schätzle; 210 GI/StockFood Creative/Ulrich Kerth; 211 u.: mi/Westend61; 211 o.: RD; 213 o. l. und M. l.: RD/GID; 213 M. l.: Brand X Pictures; 213 u. l.: RD/GID; 213 r.: GI/altrendo images; 214 RD/GID; 215 l.: GI/Dorling Kindersley; 215 r.: GI/Johner; 216 l.: GI/Anna Watson; 216 r.: GI/Clive Streeter; 217 l.: GI/StockFood Creative/Roger Stowell; 217 r.: mi/Rosenfeld; 218 l.: RD; 218/219 RD/GID; 219 o.: RD/GID; 219 u.: RD; 220 r.: GI/Dorling Kindersley; 220 l.: GI/Image Bank/Yellow Dog Productions; 221 l.: GI/Chris Everard; 221 r.: GI/FhF Greenmedia; 222 RD/GID; 223 l.: GI/StockFood Creative/Michael Rosenfeld; 223 o. r., M. r. und u. r.: RD/GID; 224 GI/Katsutoshi Hatsuzawa/NEOVISION; 224 r.: mi/DK Images; 225 u.: Göttfert Küchentechnik; 225 o.: GI/Dorling Kindersley; 226 mi/Peter Oppenländer; 227 l.: B.Norris/photocuisine/Corbis; 227 u. r.: GI/Werner Dieterich; 227 o. r.: Manceau/photocuisine/Corbis; 228 l.: GI/StockFood Creative/Lew Robertson; 228 r.: RD/LAZI & LAZI; 229 mi/Flora; 230 Hintergr.: mi/Busse Yankushev; 230 u.: GI/Michael Rosenfeld; 231 u.: GI/Dorling Kindersley; 231 o.: RD; 234 Stefan Thurmann/Schoener Wohnen/Picture Press; 235 Heinrich Heine GmbH; 236 GI/Amanda Turner; 237 l.: GI/Matthew Ward; 237 r.: RD/GID; 238 l.: Klaus Hackenberg/zefa/Corbis; 238/239 Tips Images/f1 online; 239 r.: bildagentur online; 240 Studio Tom Kinsbergen/Beateworks/Corbis; 241 r.: GI/Neo Vision; 241 l.: Toru Kurobe/amanaimages/Corbis; 242 l.: RD/GID; 242 r.: Envision/Corbis; 243 RD/LAZI & LAZI; 244 l.: Rodney Hyett, Elizabeth Whiting & Associates/Corbis; 244 r.: Richard Leo Johnson/Beateworks/Corbis; 245 l.: Abode/Beateworks/Corbis; 245 M.: GI/Steve Gorton; 245 r.: GI/Mark Lund; 246 o.: Gerhard Steiner/Corbis; 247 l.: GI/Friedrich Strauss; 247 r.: Friedrich Strauss; 248 l.: mi/Flora; 248 r.: Gisela Caspersen/ Brigitte/Picture Press; 249 o.: Clay Perry/Corbis; 249 r.: RD/LAZI & LAZI; 250 Gregor Schuster/Photo AG/zefa/Corbis; 251 GI/Andy Crawford; 252 William Geddes/Beateworks/Corbis; 253 l.: GI/Ginette Chapman; 253 r.: GI/Karyn Millet; 254 o.: RD/GID; 254 u.: Friedrich Strauss; 255 Hintergr.: mi/Busse Yankushev; 255 r.: mi/Arne Pastoor; 256 RD/LAZI & LAZI; 257 mi/Martin Ley; 258 r.: GI/Evan Sklar; 259 GI/Alice Edward; 260 Beautiful Corbis RF; 261 Firefly Productions/Corbis; 262 GI/Christian Hoehn; 263 Dana Hoff/Beateworks/Corbis; 264 l. und r.: RD/LAZI & LAZI; 265 l.: GI/redcover.com; 265 M.: Jahreszeiten Verlag/Gabi Zimmermann; 265 r.: Jahreszeiten Verlag/Helge Mundt; 266 GI/Bieke Claessens; 267 GI/AAGAMIA; 268 Biber Umweltprodukte Versand GmbH/Mayr Record Scan; 269 r.: Abode/Beateworks/Corbis; 269 l.: RD/LAZI & LAZI; 270 Angelika Klein/arturimages; 271 r.: mi/Red Cover; 272 Konstantin Eulenburg/Brigitte/Picture Press; 273 Heike Schröder/Schoener Wohnen/Picture Press; 274 l.: Jonas von der Hude/Living at Home/Picture Press; 274/275 l.: GI/Chemistry; 275 r.: RD/LAZI & LAZI; 276 mi/Quickimage; 277l.: GI/Tim Ridley; 277r.: RD/LAZI & Lazi 278 GI/Bieke Claessens; 279 o.: GI/altrendo travel; 279 u.: George B. Diebold/Corbis; 280 l.: mi/Boris Kumicak; 280/281 r.: RD/LAZI & LAZI; 281 o.: Sagel & Kranefeld/zefa/Corbis; 281 r.: RD; 282 l.: mi/Flora; 282 r.: IPS/Index Stock/Corbis; 283 o.: Jose Luis Pelaez, Inc./Corbis; 283 l.: Michael Boys/Corbis; 284 Jacqui Hurst/Corbis; 285 l.: GI/Carlos Dominguez; 286 mi/Marie Krausova; 287 picture-alliance/Flora Press; 290 l.: mi/JIRI; 290 r.: mi/Chrile; 291 r.: mi/Rosenfeld; 291 l.: Norman Jung/zefa/Corbis; 292 mi/Klaus Scholz; 293 l.: Friedrich Strauss; 293 r.: GI/Jonathan Buckley; 294 Hintergr.: mi/Taurus; 294 r.: GI/Peter Anderson; 294 l.: Friedrich Strauss; 295 r.: mi/Klaus Hackenberg; 295 l.: Friedrich Strauss; 296 r.: mi/Boris Kumicak; 296 l.: Ephraim Ben-Shimon/Corbis; 297 RD/LAZI & LAZI; 298 l.: Bob Rowan, Progressive Image/Corbis; 298/299 GI/The Image Bank/ Michael Melford; 299 o. r. und u. r.: RD/LAZI & LAZI; 300 l.: GI/Craig Knowles; 300 u.: mi/imagebroker/Michael Peuker; 300 u.: mi/H. Schwarz; 301 r.: mi/Rosenfeld; 301 l.: Friedrich Strauss; 302 l.: mi/Harald Lange; 302 M. und r.: RD/GID; 303 RD/LAZI & LAZI; 304 u. und o.: Friedrich Strauss; 305 l.: GI/Greg Ryan/Sally Beyer; 306 l.: Mark Bolton/Corbis; 306 RD/LAZI & LAZI; 307 l.: GI/Dave King; 307 r.: GI/Maxine Adcock; 308 l., r., 309 l., r., M., 310 l. und r.: Friedrich Strauss; 311 r.: GI/FhF Greenmedia; 311 l.: DJV Bildportal/Hans Reinhard; 312 Hintergr.: Fotoclip; 312 l.: GI/Matthew Septimus; 312 o. r.: mi/photolibrary; 313 l.: RD/GID; 313 r.: mi/Cash; 314 r.: GI/Jutta Klee; 314 l.: Friedrich Strauss; 315 r.: mi/Jeff O'Brien; 315 l.: Friedrich Strauss; 316 r.: Massimo Listri/Corbis; 316 l.: Friedrich Strauss; 317 GI/Steven Wooster; 318 o. und u.: Friedrich Strauss; 319 Turbo/zefa /Corbis; 320 o. r.: mi/Robert Knöll; 320 u. l.: GI/Nigel Cattlin; 320 o. l.: GI/Nigel Cattlin; 320 M. o.: mi/Alamy; 321 r.: mi/Rudolf Schmidt; 321 l.: GI/David Murray; 322 u.: GI/altrendo images; 322 o.: Friedrich Strauss; 323 o. r.: PhotoAlto; 323 l.: Friedrich Strauss; 324 l.: GI/Iconica/Bryan Mullennix; 324/325: GI/Dorling Kindersley; 325 u.: mi/Hans Reinhard; 326 Friedrich Strauss; 327 o.: mi/Spirit; 327 u.: Friedrich Strauss; 328 l.: GI/The Image Bank/Andy Sotiriou; 328 r.: GI/Lester Lefkowitz; 329 r.: mi/Klaus Scholz; 329 l.: mi/Photo Researchers; 329 M.: mi/E. Henseler; 330/331: Michael Boys/Corbis; 330 l.: Hans Reinhard/zefa/Corbis; 331 r.: GI/Dorling Kindersley/Peter Anderson; 332 Anthony Bannister; Gallo Images/Corbis; 333 r.: mi/Garden Picture Library; 333 l.: DJV Bildportal/Nils Reinhard; 334/335 Friedrich Strauss; 334 l. und 335 r.: Friedrich Strauss; 336 l.: RD/GID; 336 r. und 337 l.: Friedrich Strauss; 337 r.: RD/LAZI & LAZI; 338 l.: GI/FhF Greenmedia; 338 r.: DJV Bildportal/Hans Reinhard; 339 Hintergr.: mi/Busse Yankushev; 339 l.: GI/Dorling Kindersley/Peter Anderson; 340 u. l. und o. l.: GI/Dorling Kindersley/Dave King; 340 r., 341 l., r. und 342 Friedrich Strauss; 343 l.: GI/Skye Chalmers; 343 r.: Friedrich Strauss; 344 RD/LAZI & LAZI; 345 r., l. und 346 l.: Friedrich Strauss; 346 DJV Bildportal/Hans Reinhard; 347 r.: RD/GID